HAMBURGER BEITRÄGE ZUR ÖFFENTLICHEN WISSENSCHAFT

Im Auftrag der Universität Hamburg
herausgegeben von
Rainer Ansorge, Ludwig Huber, Helmut Vogt

BAND 6

Inge Stephan/Hans-Gerd Winter (Hg.)

HAMBURG IM ZEITALTER DER AUFKLÄRUNG

Dietrich Reimer Verlag Berlin · Hamburg
1989

CIP-Titelaufnahme der Deutschen Bibliothek

Hamburg im Zeitalter der Aufklärung / Inge Stephan ;
Hans-Gerd Winter (Hg.). – Hamburg : Reimer, 1989
(Hamburger Beiträge zur öffentlichen Wissenschaft ; Bd. 6)
ISBN 3-496-00975-6

NE: Stephan, Inge [Hrsg.]; GT

© 1989 by Dietrich Reimer Verlag
Dr. Friedrich Kaufmann
Unter den Eichen 57
1000 Berlin 45

Umschlaggestaltung: Werner Ost, Frankfurt/M.
unter Verwendung des Kupferstichs von Christian Fritzsch,
Feuerwerk auf der Binnenalster im Jahre 1742.

Satz: Laser-Drucker Arbeitsstelle für wissenschaftliche
Weiterbildung der Universität Hamburg

INHALTSVERZEICHNIS

Einleitung

Karl BIEDERMANN, der Verfasser des ersten umfassenden kulturge-
schichtlichen Werkes über "Deutschland im 18. Jahrhundert", beschreibt
Hamburg in dieser Zeit als eine "reichbegüterte Welthandelsstadt, in der
sich Güter und Menschen aus allen Ländern begegneten". Es habe "wie
seine Warenballen, so auch mannigfache befruchtende Keime geistigen
Lebens über die Hinterlande" ausgestreut. In ihrem "Weltverkehr, ihrem
Wohlstande und der durch beides erzeugten Entwicklung eines kräftigen
Bürgerstandes" habe die Stadt "fruchtbare und nachhaltige Elemente sittlichen und geistigen Fortschritts" besessen.[1] Hamburg ist für Biedermann
ein Paradigma für die "Wiedererhebung des bürgerlichen Elementes zu
selbständigem Dasein und Bewußtsein" und damit seiner Befreiung vom
"Zustande der Unselbständigkeit, Unnatur und Verkümmerung", die in der
Mehrzahl der Territorialstaaten noch länger fortgedauert habe.[2] Daß dieses
Bild Hamburgs eine Konstruktion aus einer späteren Perspektive darstellt,
zeigt der Vergleich mit zeitgenössischen Reisebeschreibungen, über die in
diesem Band Wolfgang GRIEP berichtet. In ihnen finden sich viele Berichte darüber, daß sich die Hansestadt von der allgemeinen Rückständigkeit Deutschlands gar nicht so sehr unterschieden hat. So ist das
Hamburgbild geprägt von der jeweils eingenommenen Perspektive.

Immerhin ist Hamburg im Vergleich zu vielen anderen Territorien im
Deutschen Reich im 18. Jahrhundert eine lange Friedensperiode beschert.
Sie beginnt mit dem Hauptrezeß von 1712, der die religiösen und sozialpolitischen Auseinandersetzungen vor und nach der Jahrhundertwende mit der
vorsichtigen, aber deutlichen Restauration der alten Verfassung beendet,
nach der der sich selbst ergänzende Rat den entscheidenden Anteil an der
politischen Macht innehat und aus der Bürgerschaft die übergroße Mehrheit
der Einwohner Hamburgs, d.h. diejenigen, die innerhalb der Mauern keinen
umfangreichen schuldenfreien Grundbesitz vorweisen können, ausgeschlossen bleiben. Die Friedensperiode reicht bis zur dänischen Besetzung
1801, ja eigentlich sogar bis zur Besetzung durch die Franzosen ab 1806,
die in der Stadtgeschichte einen tiefen Einschnitt darstellt. Die außenpolitische Situation Hamburgs festigt sich mit dem Gottorper Vergleich von
1768, in dem die vordem immer wieder bedrohliche Macht Dänemark den
Status als von Holstein unabhängige kaiserliche Freie Reichsstadt anerkennt. Durch eine Schaukelpolitik zwischen den Großmächten - vor allem
Preußen, Dänemark, England, Frankreich und Österreich - gelingt es dem

Rat, die Hamburger Handelsinteressen recht erfolgreich zu wahren, wobei die Kaufmanns- und Manufakturstadt von den zahlreichen Kriegen - vor allem dem Siebenjährigen - profitiert. Die Veränderung der über den Hafen laufenden Handelsströme schafft politische und ökonomische Probleme, aber auch neue ungeahnte Profitmöglichkeiten (vgl. dazu den Beitrag von Carsten PRANGE). Frankreich und seine Kolonien werden allmählich zum wichtigsten Handelspartner, dem gegenüber ältere Partner wie Spanien, Portugal und die Niederlande langsam zurücktreten. Die profitable Grön-land-Walfahrt - aus dem Tran des Walspecks wird die Straßenbeleuchtung gewonnen - geht nach anfänglicher Expansion gegen Ende des Jahrhunderts zurück. Im letzten Drittel expandiert der Handel mit Nordamerika. Der Kaufmann und Aufklärer Johann Ulrich PAULI, der 1765 seine "Er-mahnung" zur "Aufrichtung" einer "Patriotischen Gesellschaft" zur Pflege von "Handlung, Künsten", "Manufakturen" und "Ackerbau" verfaßt, stellt entsprechend fest, "daß unsere Republik nicht das geringste weiter ist, als ein bloßer Handlungs-Staat, wo alles und jedes sein politisches Leben, Weben und Seyn von der Handlung hat".[3] Das "Commercium" hat auch eindeutig die Oberhand über die wichtigsten produktiven Bereiche, zum Beispiel die Zuckersiederei und die Textilherstellung.[4]   Neben dieser Machtposition der Kaufleute wird als Hamburger Besonderheit immer wieder die Verflechtung zwischen Kaufleuten und Akademikern hervorge-hoben.[5] So müssen nach dem Hauptrezeß von den 32 Ratsmitgliedern drei Bürgermeister und elf Ratsherren graduierte Juristen sein. Auch ver-wandtschaftliche Beziehungen verbinden Juristen und Kaufleute, hinzu treten die aus dem Handel sich ergebenden ökonomischen Not-wendigkeiten. Daneben ist in Hamburg traditionell der kulturelle und poli-tische Einfluß der lutherischen Geistlichkeit groß - vor allem vermittelt über die Hauptpastorenämter. An Forschung und Lehre Interessierte finden Anstellung am Akademischen Gymnasium und am Johanneum, häufig aber auch als Hauslehrer und früh schon als Journalist. Nicht zuletzt aufgrund der Handelsnotwendigkeiten entwickelt sich Hamburg zum wichtigsten Pressezentrum im Deutschen Reich.[6] Hierzu trägt bei, daß die Zensur im allgemeinen mild gehandelt wird.

'Hamburg im Zeitalter der Aufklärung' - der Titel dieses Bandes sig-nalisiert, daß es ein solches in dieser Stadt gegeben haben könnte. Die For-schungen - insbesondere von Franklin KOPITZSCH - haben gezeigt, daß in Hamburg die Aufklärung nicht nur ein Anliegen weniger isolierter Intel-lektueller gewesen ist, sondern ihr Gedankengut zumindest von Teilen der Oberschicht übernommen wurde. Auch die mächtige Kirche kann nicht einheitlich als ein Gegner der Aufklärung gelten, wie der spektakuläre

Kampf des Hauptpastors Johann Melchior GOEZE gegen alle Arten vermeintlicher und wirklicher Häresie glauben machen könnte. Die Gegenposition zu Goeze vertritt der tolerante, der Orthodoxie abgeneigte Diakon Julius Gustav ALBERTI (vgl. zur Fehde zwischen den beiden den Beitrag von William BOEHART).

Im Prozeß der Durchsetzung aufklärerischer Positionen ist eine vorwiegend "gelehrte" Phase von einer vorwiegend "sozialpolitischen" zu unterscheiden. In der ersten Phase entfaltet sich in philosophisch-literarischen Werken die aufklärerische Gelehrtenrepublik, wobei Johanneum und Akademisches Gymnasium die institutionelle Basis bilden (vgl. dazu den Beitrag von Jürgen RATHJE). Die erste Phase kulminiert 1724 in der Gründung der ersten "patriotischen Gesellschaft", deren soziale Basis bereits in der Verbindung von Gelehrten mit Journalisten und vor allem Ratsmitgliedern besteht. Diese Gesellschaft gibt von 1724 bis 1726 die erste erfolgreiche deutsche moralische Wochenschrift, den "Patrioten" heraus, der vor allem der Hamburger Oberschicht die Grundsätze eines vernunftgemäßen Lebens nahebringen will (vgl. dazu den Beitrag von Hans-Gerd WINTER). Mit der Gründung der "Patriotischen Gesellschaft" von 1765 dokumentiert sich eine noch mehr erweiterte soziale Basis der Aufklärung: Kaufleute, Gelehrte und Ratsmitglieder gründen die noch heute bestehende Gesellschaft, zu der 1790 auch Handwerker gestoßen sind.[7] Die geistige Grundrichtung des "Patrioten" von 1724 wird ins Praktische gewendet, indem sich diese Gesellschaft aktuellen Problemen in Handel, Gewerbe, Schulwesen und den Künsten widmet. Ihre Erkenntnisse und Nachrichten verbreitet sie über die "Hamburgischen Adreß-Comtoir-Nachrichten". Diese seit 1767 erscheinende Zeitung verbindet die Funktion eines Handelsblattes mit der eines Forums der Aufklärer. Die Bemühungen der Gesellschaft gelten zum Beispiel der Straßenpflasterung und -beleuchtung, der Gründung eines Feuerlöschwerkes, der Marschenentwicklung ebenso wie der Errichtung von Schulen (Zeichenklasse 1769, Navigationsschule 1785). Eine wichtige, überregional anerkannte Leistung ist die Eröffnung einer Armenanstalt 1788 (vgl. dazu die Beiträge von Rita BAKE und Arno HERZIG). Von Johann Albert FABRICIUS, dem Physikotheologen, Sprachforscher und Historiker (vgl. zu ihm den Beitrag von Jürgen RATHJE) bis zu Hermann Samuel REIMARUS, dem Gymnasialprofessor, Fürsprecher einer 'natürlichen' Religion und heimlichen radikalen Religionskritiker wirken in der Stadt zahlreiche aufklärerisch gesinnte Wissenschaftler. Dichter wie Barthold Heinrich BROCKES, Friedrich von HAGEDORN, Matthias CLAUDIUS, Friedrich Gottlieb KLOPSTOCK und sogar Gotthold Ephraim LESSING wirken ganz oder zeitweilig in der

Stadt (vgl. dazu die Beiträge von Bettina CLAUSEN, Heinz HILLMAN, Jörg SCHÖNERT, Marianne SCHULLER, Horst GRONEMEYER und Klaus BRIEGLEB). Das Scheitern der Nationaltheateridee Lessings in der Hansestadt spricht nicht gegen die Möglichkeit, über diese Institution ein Publikum zu versammeln; denn seit 1771 gelingt es dem großen Schauspieler und Intendanten Friedrich Ludwig SCHRÖDER, für einen langen Zeitraum eine feste Bühne zu etablieren, auf der - zum Teil mit großem Erfolg - SHAKESPEARE dem Publikum nahegebracht wird und Lessing, die wichtigsten Sturm und Drang-Dichter wie auch GOETHE und SCHILLER gespielt werden.[8]

Diese Schilderung soll zeigen: es gibt genügend Gründe, Hamburg als ein Zentrum der Aufklärung anzusehen. Dafür spricht nicht zuletzt auch, daß ein so engagierter Aufklärer wie LESSING in der bürgerlich bestimmten freien Reichsstadt eine neue Existenz aufbauen will und Hamburg selbst in der folgenden Wolfenbüttler Zeit verbunden bleibt, sowohl aufgrund vieler Freundschaften des Herzens und des Geistes, als auch aufgrund der heftigen Fehde mit dem Hauptpastor GOEZE, in die er über die Veröffentlichung der deistisch orientierten religionskritischen "Fragmente eines Ungenannten" gerät, hinter denen sich REIMARUS verbirgt. Lessing veröffentlicht Teile der in einem ganz kleinen Kreis handschriftlich zirkulierenden "Apologie oder Schutzschrift für die vernünftigen Verehrer Gottes".[9] Am erzwungenen Ende dieser Fehde steht der Entzug der Zensurfreiheit durch den braunschweigischen Hof. Bis zu seinem Tode muß Lessing mit einem Häresieverdacht leben (vgl. dazu den Beitrag von Klaus BRIEGLEB). Für Hamburg als ein Zentrum der Aufklärung spricht auch, daß es in seinen Mauern zahlreiche Sympathisanten der französischen Revolution gibt - bis hinauf in die führenden Kaufmannskreise, die freilich von der Republik auch ökonomisch profitieren (vgl. dazu den Beitrag von Arno HERZIG). Auch nach dem Königsmord gibt es in Hamburg noch Revolutionssympathisanten (vgl. den Beitrag von Inge STEPHAN). KLOPSTOCK, der unter anderem mit einer Ode den Herzog von Braunschweig vom Reichsfeldzug gegen Frankreich abhalten will, gibt trotz späterer heftiger Enttäuschung sein französisches Bürgerrecht nicht zurück (vgl. dazu den Beitrag von Horst GRONEMEYER).

Freilich darf Hamburg im 18. Jahrhundert nicht als eine aufgeklärte Stadt angesehen werden. Erstens ist der Einfluß der aufklärerisch Gesinnten auf die Oberschicht begrenzt. Selbst in ihr überwiegen traditionale Verhaltensweisen und vor allem das ökonomische Interesse. Zweitens schränkt die mächtige Orthodoxie den innerhamburgischen Spielraum der Aufklärer lange Zeit deutlich ein. Drittens: Obwohl Aufklärer im Rat sitzen oder auf andere Weise zur Führungsschicht gehören, begrenzt gerade dieser 'offizielle' Charakter eine mögliche Radikalität der Aufklärung. Der Kompromiß mit der bestehenden Ständegesellschaft ist ihr deutlich eingeschrieben. Ihr "Patriotismus" ist ans Gemeinwohl der bestehenden Republik gebunden. Viertens: Es paßt hierzu, daß die Verankerung der Aufklärung in den Mittel- und Unterschichten auch gegen Ende des Jahrhunderts fehlt (vgl. dazu den Beitrag von Arno HERZIG), die in der zweiten Hälfte des 18. Jahrhunderts zahlenmäßig noch zunehmen und - vor allem in der ökonomischen Krise nach dem Siebenjährigen Krieg - immer mehr verelenden. Es erweist sich hier, daß die Vernunftprogrammatik dem Lebensstil dieser Schichten - seien sie zünftig gebunden oder nichtzünftig (Boenhasen), Tagelöhner, Arbeiter oder Dienstboten - fremd bleiben muß. Reformen von oben aus aufklärerischem Geist und durchaus entsprechend dem Profitdenken der Oberschicht wirken sich unten als Formierung und Disziplinierung aus (vgl. zu den Manufakturarbeiterinnen den Beitrag von Rita BAKE, zu den Prostituierten den Beitrag von Heide SOLTAU). Überwiegend fehlt noch ein wirkliches Verständnis für die soziale Frage, das heißt für die tatsächliche Lage des "Pöbels", die sein "unvernünftiges" Verhalten determiniert.

Es zeigt sich, daß die Aufklärung aus recht verschiedenen Blickwinkeln betrachtet werden kann und ihr Begriff damit eine je unterschiedliche Kontur und Wertung erhält. Es liegt uns fern, den Streit über die Bewertung der Aufklärung entscheiden zu wollen. Die Beiträge von BOEHART, KOPITZSCH, RATHJE und Heinrich RODEGRA zeichnen ein eher positives Bild. Wie mit lebensspendenden Wasseradern scheint das kulturelle, literarische und politische Leben Hamburgs im 18. Jahrhundert von der Aufklärung durchzogen zu sein; aufklärerisches Gedankengut sickert immer stärker in bestimmte Zirkel, Gruppen und Schichten der Bevölkerung ein und entfaltet dort seine emanzipatorische, modernisierende und humanisierende Kraft. Die dazu gehörigen Stichworte sind: Öffentlichkeit, Bildung, Vernunft und Fürsorge. Sie verweisen vor allem auf die Aufklärung als Medium und Forum von Demokratisierung, wie sie HABERMAS im "Strukturwandel der Öffentlichkeit" beschrieben hat. In anderen Beiträgen, zum Beispiel bei CLAUSEN, HERZIG, SOLTAU und WINTER erscheint die Aufklärung eher als eine elitäre Selbstverständigungs- und Aufstiegsideologie des besitzenden und räsonnierenden Bürgertums, ja gar als Repressions- und Ausgrenzungsinstrument sowohl auf sozialem und politischem Gebiet wie auch im privaten Bereich, wo sich Aufklärung als Triebkontrolle und Selbstdisziplinierung äußert. Die diesbezüglichen

Stichworte sind: Unterdrückung der äußeren und inneren Natur, Umschlag von Aufklärung in Mythos, instrumentalisierte Vernunft, Ausgrenzung und Kasernierung. Alle diese Stichworte verweisen nicht nur auf die Aufklärungskritik der Kritischen Theorie (ADORNO / HORKHEIMER "Dialektik der Aufklärung") zurück, sondern auch auf die zivilisationskritischen Arbeiten von ELIAS ("Der Prozeß der Zivilisation"), FOUCAULT ("Wahnsinn und Gesellschaft", "Überwachen und Strafen") und anderen Autoren, die die Nacht- und Schattenseiten der Aufklärung für die politische Kultur Europas im allgemeinen und für die Ausbildung des neuzeitlichen Individuums im besonderen sehr eindrucksvoll beschrieben haben.

Auf der einen Seite erscheint Aufklärung als Instrument einer längst fälligen Säkularisierung und Modernisierung, als Motor für die Freisetzung der wirtschaftlichen und kulturellen Kräfte, kurz als Grundlage aller jener Entwicklungen und Werte, die von den verschiedensten um Emanzipation, Freiheit und Gerechtigkeit kämpfenden Gruppen der Gesellschaft in den letzten zwei Jahrhunderten immer wieder für sich beansprucht worden sind. Auf der anderen Seite erscheint Aufklärung als ein klassenspezifisches Instrument der Unterdrückung, Ausgrenzung und Herrschaftsabsicherung und wird für viele fatale politische Entwicklungen bis in die Gegenwart hin verantwortlich gemacht.

Diese Diskussion in ihre historischen und geographischen Koordinaten zurückzuführen, ist eine Aufgabe dieses Bandes. Denn natürlich stellt sich die Aufklärungsproblematik jeweils anders dar, je nachdem in welchem geographischen und zeitlichen Rahmen man sich bewegt. Dies gilt nicht nur für die freien Reichsstädte, bzw. die Territorialstaaten des 18. Jahrhunderts, sondern auch für die Differenzierung in Früh- und Spätaufklärung und erst recht für die Unterscheidung zwischen französischer und deutscher Aufklärung. Die viel beklagte Rückständigkeit, Obrigkeitsverbundenheit und 'Halbherzigkeit' der deutschen Aufklärung gegenüber der französischen resultiert nicht nur aus der Verschiedenartigkeit der gesellschaftlichen Strukturen und Systeme, sondern ist auch Produkt einer damit zusammenhängenden verspäteten Rezeption, die durch zwei sehr unterschiedliche Ereignisse belastet wird: Das Erdbeben von Lissabon 1755 gibt dem Fortschritts- und Vernunftglauben der europäischen Aufklärung einen ersten nachhaltigen Stoß und führt bei Teilen der Intelligenz zu einem Skeptizismus, der sich zum Teil lähmend auf die Aneignung der Aufklärung in Deutschland auswirkt. Das zweite entscheidende Ereignis ist die französische Revolution, die den einen als Triumph der Aufklärung, anderen dagegen eher als deren fatale Konsequenz erscheint. Das Ergebnis ist, daß nach 1789 Aufklärung und Revolution quer durch alle politischen Lager zusammengedacht werden, was ebenfalls nicht ohne Konsequenzen für die weitere Rezeption der Aufklärung in Deutschland sein kann. Die ausgedehnten und mit großem ideologischen und rhetorischen Aufwand geführten Debatten der Zeitgenossen, ob Aufklärung zur Revolution führe oder ihre richtige Dosierung eine solche verhindern helfe - um eine Variante in dieser Auseinandersetzung zu nennen - ist dabei für eine unbefangene Rezeption eher schädlich als nützlich gewesen. Hier kündigt sich die Verlagerung politischer Auseinandersetzungen in den ideologischen Bereich an, deren Problematik sich erst im 19. und 20. Jahrhundert in aller Deutlichkeit zeigen sollte.

Die Beiträge dieses Bandes entstanden im Rahmen des Hamburger öffentlichen Vorlesungswesen. Sie wurden im Sommersemester 1986 und im Wintersemester 1986/87 gehalten. Neben den eher literatur- und sozialgeschichtlich ausgerichteten Beiträgen von CLAUSEN zu BROCKES, WINTER zum "Patrioten", HILLMANN zu HAGEDORN, SCHULLER zu Meta KLOPSTOCK, GRONEMEYER zu KLOPSTOCK, SCHÖNERT zu CLAUDIUS, STEPHAN zur Revolutionspublizistik stehen vorwiegend sozialgeschichtliche, bzw. ideologiegeschichtliche Beiträge, so die Aufsätze von Herzig zu den Unterschichten, BAKE zu den Manufakturarbeiterinnen, SOLTAU zur Prostitution in Hamburg, von KOPITZSCH zu den Sozietäten und von RATHJE zu den Gelehrtenschulen. Die Widersprüche zwischen Orthodoxie und Aufklärung behandelt der Beitrag von BOEHART. Musikhistorisch, aber auch auf die Hamburger Geschichte bezogen, ist der Beitrag von Eckart KLESSMANN zum Wirken von TELEMANN. Medizinhistorisch ausgerichtet ist RODEGRAs Beitrag über die Hamburger Medizin. Aspekte von Handel und Schiffahrt im 18. Jahrhundert behandelt PRANGE. Die geographische Lage Hamburgs zwischen Elbe und Alster, Binnenland und Meer in ihren Folgen für die Stadtentwicklung steht im Mittelpunkt des Beitrages von Hartmut BÖHME. Und das Bild Hamburgs in zeitgenössischen Reisebeschreibungen behandelt GRIEP.

Dieser Band kann kein vollständiges Bild der Entwicklung Hamburgs im 18. Jahrhundert zeichnen. So fehlt z.B. eine Betrachtung der Hamburger Juden und ihres Anteils am Aufklärungsprozeß. Der Band will auch nicht die "Grundzüge einer Sozialgeschichte der Aufklärung" von Franklin KOPITZSCH ersetzen. Aber von den verschiedenartigen Einzelbetrachtungen aus entsteht ein facettenreiches Bild. Mannigfache Bezüge auch zwischen scheinbar auseinanderliegenden Bereichen ergeben sich. Insofern dürfte der

Band eine Fülle an Anregungen, Ansichten und Erkenntnissen bieten. Die Vortragsform der Beiträge wurde bewußt beibehalten.

Wir danken der "Johanna und Fritz Buch Gedächtnis-Stiftung" und der Wissenschaftsbehörde der Freien und Hansestadt Hamburg für ihre finanzielle Unterstützung, sowie Rolf FECHNER für die Hilfe bei der Herstellung des Buches.

ANMERKUNGEN

1) Karl BIEDERMANN: Deutschland im 18. Jahrhundert. (1854- 1880). Hrsg. u. eingel. von Wolfgang EMMERICH. Frankfurt 1979. (Ullstein-Buch. 35031.) S. 354.

2) Karl BIEDERMANN: Deutschland. Vorrede zu Bd 2, Thl 1. Leipzig 1858. S. 8.

3) Johann Ulrich PAULI: An alle wahre Patrioten Hamburgs gerichtete Ermahnung, zur Aufrichtung einer ähnlichen Patriotischen Gesellschaft, zur Aufnahme der Handlung, der Künste, der Manufakturen und des Ackerbaues, wie die zu London und Paris ist; nebst einer Beylage: Auszug aus der Handlungszeitung von Paris genannt, den gegenwärtigen Zustand beyder Gesellschaften betreffend. Hamburg 1765. S. 15. Ein Exemplar dieser Schrift ist von Franklin KOPITZSCH in der Schleswig-Holsteinischen Landesbibliothek Kiel entdeckt worden. Es wird von ihm auszugsweise vorgestellt in: F. K.: Grundzüge einer Sozialgeschichte der Aufklärung in Hamburg und Altona. Hamburg 1982, S. 331 - 337 (Beiträge zur Geschichte Hamburgs. 21)

4) KOPITZSCH, S. 195.

5) KOPITZSCH, S. 196.

6) Vgl. allgemein: Paul RAABE: Die Zeitschrift als Medium der Aufklärung. In: Wolfenbüttler Studien zur Aufklärung. Bd. 1. Wolfenbüttel 1974. S. 99 - 136. Zu Hamburg: Ernst BAASCH: Geschichte des Hamburgischen Zeitungswesens von den Anfängen bis 1914. Hamburg 1930.

7) Zur Patriotischen Gesellschaft vgl. Gunter KOWALEWSKI: Geschichte der Hamburgischen Gesellschaft zur Beförderung der Künste und nützlichen Gewerbe (Patriotische Gesellschaft), gestiftet im Jahre 1765. 3 Bde. Hamburg 1897; Die Patriotische Gesellschaft zu Hamburg 1765 - 1965; Festschrift der Hamburgischen Gesellschaft zur Beförderung der Künste und nützlichen Gewerbe. Hamburg 1965; Franklin KOPITZSCH: Die Hamburgische Gesellschaft zur Beförderung der Künste und nützlichen Gewerbe (Patriotische Gesellschaft von 1765) im Zeitalter der Aufklärung. Ein Überblick, In: Deutsche patriotische und gemeinnützige Gesellschaften. Hrsg. von Rudolf VIERHAUS. München 1980. (Wolfenbüttler Studien. 81.) S. 71 - 118.

8) Zu SCHRÖDER vgl. Friedrich Ludwig Wilhelm MEYER: Friedrich Ludwig Schröder. Ein Beitrag zur Kunde des Menschen und des Künstlers. Neue wohlfeilere Ausg. 2 Bde. Hamburg 1823; Berthold LITZMANN: Friedrich Ludwig Schröder. Ein Beitrag zur deutschen Literatur- und Theatergeschichte. 2 Bde. Hamburg, Leipzig 1890 - 1894.

- Allgemein zu Literatur und Theater: (J. G. RHODE:) Briefe über Schauspielkunst, Theater und Theaterwesen in Deutschland. Hamburgs deutsche und französische Bühne. Hamburg 1799; Feodor WEHL: Hamburgs Literaturleben im 18. Jahrhundert. Leipzig 1856.- Zur Oper: Helmuth Christian WOLFF: Die Barockoper in Hamburg (1678 - 1738). Wolfenbüttel 1957; Gisela JAACKS (u.a.): 300 Jahre Oper in Hamburg. Hamburg 1977; Die Hamburger Oper: eine Sammlung von Texten der Hamburger Oper aus der Zeit 1678 - 1730. Hrsg. von Reinhart MEYER, Bd 1- 3. München 1980. Einführung und Kommentar zur dreibändigen Textsammlung. Hamburg 1984; Werner BRAUN: Vom Remter zum Gänsemarkt. Aus der Frühgeschichte der Hamburger Oper 1677 - 1697. Saarbrücken 1987 (Saarbrückener Studien zur Musikwissenschaft. N. F. 1).

9) Zu Hermann Samuel REIMARUS vgl. u.a. Hermann Samuel Reimarus (1694 - 1768) ein "bekannter Unbekannter" der Aufklärung in Hamburg. Vorträge, gehalten auf der Tagung der Joachim Jungius-Gesellschaft der Wissenschaften in Hamburg am 12. und 13. Oktober 1972. Göttingen 1973. (Veröffentlichungen der Joachim Jungius- Gesellschaft der Wissenschaften Hamburg); Hans-Werner MÜSING: Hermann Samuel Reimarus (1694 - 1768) und seine Religionskritik an Hand eines unveröffentlichten Manuskriptes. In: Zeitschrift für Hamburgische Geschichte 62 (1976), S. 49 - 80; Else WALRAVENS: Hermann Samuel Reimarus und Gotthold Ephraim Lessing. Zwei Richtungen der Aufklärung in Deutschland. In: Gotthold Ephraim Lessing und Freiheit des Denkens. Brüssel 1982. S. 33 - 50; William BOEHART: Zur Öffentlichkeitsstruktur des Streits um die Wolfenbüttler "Fragmente". In: Lessing und die Toleranz. Beiträge der vierten internationalen Konferenz der Lessing Society in Hamburg vom 27. - 29. Juni 1985. Hrsg. von Peter FREIMARK (u.a.) München 1986. (Lessing Yearbook. Sonderbd.) Die "Apologie" von Reimarus wird im Auftrag der Joachim Jungius- Gesellschaft der Wissenschaften von Gerhard ALEXANDER herausgegeben. 2 Bde. Frankfurt 1972; Die vornehmen Wahrheiten der natürlichen Religion. Mit einer Einl. unter Mitarbeit von Michael EMSBACH und Winfried SCHRÖDER. Hrsg. von Günther GAWLICK. Göttingen 1985.

WOLFGANG GRIEP

"DIE HANDLUNG STEHT IN FLOR ..."
ÜBER DAS BILD HAMBURGS
IN REISEBESCHREIBUNGEN AUS DEM 18. JAHRHUNDERT

1. OSTFRIESLAND UND DIE FOLGEN

Vor mehreren Jahren erschien in einigen Tageszeitungen ein Foto, das unserem ehemaligen Landwirtschaftsminister Josef ERTL mit seinem chinesischen Amtskollegen Huo SHILIAN zeigt.[1] Beide trafen sich damals in Bad Wiessee, um Landwirtschaftliches miteinander zu bereden. Auf dem Bild stehen sie nebeneinander, Ertl links, der chinesische Gast rechts. Beide sind in Landestracht: unser Minister in etwas unglücklich sitzenden, aber geschickt festgehaltenen Lederhosen, in Kniestrümpfen und Hemdsärmeln; sein Amtskollege in einem gut geschnittenen Mao-Anzug. Wie sie da so stehen, sieht für mich, der ich kein Bayer bin, Ertl wesentlich fremdartiger aus als der Chinese. Ich will damit sagen: Exotik ist keine Sache von Entfernungen, sondern von Sehgewohnheiten und soziokulturellen Standards. Die exotische Fremde beginnt oft schon hinter der nächsten Ecke.

Wir wissen zum Beispiel alle, wie die Ostfriesen das Licht ausmachen und wozu dort die Gräben neben den Straßen gut sind. Dank Otto WAALKES sind wir auch über die Brunftzeit der Ostfriesen informiert und darüber, wieviele Junge das Weibchen nach neunmonatiger Tragzeit zu werfen pflegt. Und da wir die Entstehung und den Höhepunkt der Ostfriesenwitz-Welle alle selbst erlebt haben, wird wohl kaum jemand daran zweifeln, daß sie - jenseits des Komischen - eine sehr moderne Hervorbringung unseres kulturellen Überlegenheitsgefühls sind.

National- und Regionalstereotype sind allerdings meist älter, als man denkt. Vor mehr als zweihundert Jahren - 1783 - schrieb bereits ein deutscher Autor über den Küstenstrich zwischen Weser und Ems:

Alles Land ist theils purer Sand, theils ächtes Froschland, Schlamm und Morast. Die Flüsse treten alljährlich aus und setzen das Land auf viele Meilen Breite unter Wasser. ... Die Einwohner sind durchaus schneckenartig, bleich von Farbe, weich von Fleisch und eingeschrumpft. Ihre kleinen, runden Figuren stechen mit den schlanken Deutschen in den südlichen Gegenden stark ab. Rothe Wangen sieht man unter dem Mannsvolk dieser Gegenden fast gar nicht, und sie sind auch unter dem Frauenzimmer seltener, als weiter gegen Süden. Man lebt hier, wie in Dänemark, schiffs-

mäßig, von gesalzenem Fleisch, welches sie sehr schmackhaft zu machen
wissen, von Fischen, Hülsenfrüchten und Brandtwein, den auch die ge-
meinen Weibsleuthe mit großen Gläsern trinken. ... Das Volk ist unem-
pfindlich, schwerfällig, finster und zum Theil auch unreinlich; doch ist es,
besonders in dem hannövrischen, nicht so wild und ungesittet, als das dä-
nische.[2]

Das ist von Johann Kaspar RIESBECK, dem Autor, keineswegs als
Witz gemeint. Für seine Berichte von der bleichen, branntweinsaufenden
Schneckenrasse bürgt er als Augenzeuge. Und es mag sein, daß Johann
Gottfried HOCHE, Pfarrer in einem kleinen Ort bei Osnabrück, diese oder
ähnliche Berichte noch in den Ohren hatte, als er 1799 eine Reise in das
"Saterland, Ostfriesland und Gröningen" unternahm. Denn kaum war er
über die Hase in das unbekannte und unkartographierte Land eingedrungen,
als ihm einige Einheimische - "Wilde", schreibt Hoche - entgegentraten
und in einer unverständlichen Sprache auf ihn einredeten.[3] Um die Urein-
wohner von seinen friedlichen Absichten zu überzeugen, weiß Hoche in
dieser Situation kein besseres Mittel, als ihnen einen guten Schluck
Branntwein aus der mitgebrachten Flasche anzubieten.[4]

Wie erstaunt er allerdings, als die "Wilden" den Alkohol verschmähen,
und wie überraschend ist dann der Anblick des weiten, ebenen Landes, das
dem Auge so wenig Halt- und Ruhepunkte gewährt:

...die Wolken scheinen auf der Erde zu liegen. Nicht ein Hügel, nicht ein
Busch oder Baum macht eine Abwechselung. Aus der Ferne schimmert ein
rothes Dörfchen, oder ein einzelnes Landhaus über Wiesen und Viehherden
herüber. ... Sieht man das alles zum erstenmale, hat es freilich etwas Über-
raschendes, etwas Reizendes. Aber hat man es mehrere Stunden gesehen,
so ermüdet es, denn die Natur hat hier nichts Großes, nichts Prächtiges. Es
ist ein Land der Idyllen. Ich war schon mehrere Meilen gegangen, sahe
immer dasselbe, und wünschte sehnlichst eine Abwechselung. ... Die Phy-
siognomie der Menschen fand ich wie die Physiognomie des Landes. Das
Volle, Gedrängte, die Röthe der Wangen und Lippen geben das Bild der
Gesundheit, des Wohlseyns, der Sorgenlosigkeit, worin die interessanteren
Züge des feinern Begehrungsvermögens, die sanftern Ausdrücke der innern
Ästhetik so leicht verwischt werden.[5]

Aber wo sind die bleichen, weichen, eingeschrumpelten Menschen von
Johann Kaspar RIESBECK? In fünfzehn Jahren können sich die Verhältnisse wohl kaum so radikal gewandelt haben. Wer ist also der glaub-
würdigere Augenzeuge, Riesbeck oder HOCHE? Des Rätsels einfache Lösung: Riesbeck - auch wenn er es noch so sehr beteuert - ist nie in Ostfriesland gewesen.[6] Er hat nur ein weiteres Mal nachgeschrieben, was seine
Vorreisenden, ebensowenig verbürgt, über Land und Leute zu sagen
wußten, was sich im Bewußtsein der Zeitgenossen längst zum Versatzstück

der Wirklichkeit geformt hatte. Noch 1826 weiß Carl Julius WEBER in seinen "Briefen eines in Deutschland reisenden Deutschen" sehr witzig von den "schwammigen" und nun "fischrothen" Menschen zwischen Weser und Ems zu berichten und von ihren Wohnstätten, die "wahren Hottentotten-Craals" gleichen.[7] Die Stereotype hatten eine wesentlich stärkere Anziehungskraft als die aufklärenden Berichte von Pfarrer Hoche und seinen Mitstreitern.

Aber wie genau hat eigentlich HOCHE die Wirklichkeit getroffen? Aus seiner Beschreibung läßt sich unschwer entnehmen, daß ihm der weite Horizont nicht gerade behagt; er vermißt die "Abwechslung", das "Überraschende", das "Große". Seine Ideallandschaft ist als Gegenbild ständig präsent: ein mannigfaltiges, nach Weite und Höhe reich gegliedertes Landschaftstableau, das sich bei jeder Bewegung des Reisenden in neuen, überraschenden Aussichten öffnet.[8] Ostfriesland muß sich an ihm messen lassen - und verliert. Konsequent sucht Hoche darum die ostfriesische Wirklichkeit als imaginären Raum zu charakterisieren: "Es ist ein Land der Idyllen." Und wenn er auch den Bewohnern die "Röthe ihrer Wangen und Lippen" zurückgibt, im Ergebnis ist seine Beschreibung kaum subtiler als die Riesbecks: "Die Physiognomie der Menschen fand ich wie die Physiognomie des Landes." Das ist eine unumstößliche aufklärerische Regel, zwischen dem "Äußeren des Wohnorts" und dem "Charakter, den Sitten, der Lebensweise der Bewohner" einen unzertrennlichen Zusammenhang zu konstatieren. Da sich in jedem Detail die Ordnung repräsentiert, läßt sich an jedem auch das Ganze erschließen: aus der "Außenseite" eines Menschen sein Inneres, aus den Fassaden der Gebäude das häusliche Leben, aus der Naturbeschaffenheit des Landes die Sozialphysiognomie der Bewohner.[9] So muß es sein, so ist es also auch in Ostfriesland.

Sie fragen sich sicher inzwischen, was dies alles mit Hamburg und der Reiseliteratur des 18. Jahrhunderts zu tun hat. Etwas sehr Grundsätzliches. Das ostfriesische Beispiel sollte vor allem die profane Tatsache illustrieren, daß im Umgang mit überlieferten Texten allemal Vorsicht angebracht ist. Reisebeschreibungen sind Quellen wie alle anderen literarischen Quellen auch. Sie spiegeln nicht Realität wider, sondern verarbeitete und gestaltete Realität. Das komplizierte Gewebe aus Tatsachen, Vorurteilen und Phantasie ist mitunter nur schwer zu entwirren. Als erprobte Faustregel gilt: keine Reise hat so stattgefunden, wie sie sich hinterher liest.

Manches mögen Fremde schärfer und genauer sehen als die Einheimischen, manches mögen sie auch folgenloser beschreiben und kritisieren können als die jeweiligen Untertanen. Aber manches sehen die Besucher vielleicht auch nicht oder nur flüchtig, kennen Zusammenhänge nicht, vergröbern oder lassen Nebenumstände außer acht, die doch zur Bestimmung des Ganzen gehören.[10] Und vor allem ist der Blickwinkel des Beschreibers nicht so frei und selbstgewählt, wie er manchmal glaubt. Selbst wenn er wirklich an Ort und Stelle war und überzeugt ist, nichts als die nackte Wahrheit zu schreiben - in jedem Fall stellt sich einiges zwischen den Text und die Wirklichkeit: nationale und regionale Standards, Sehgewohnheiten und mentale Dispositionen, vielleicht auch noch der höchst individuelle Zustand der Augen, der Galle und des Magens. Zu den Wahrnehmungen kommen die Entscheidungen, was man ohne Gefahr und mit Anstand sagen darf und wie, kommt Gehörtes, Gefälschtes, Erfundenes. Je weniger die Reisenden diese Filter beachten, desto mehr färben sie Blick und Urteil.

2. DIE JUWELEN DER KAUFMANNSFRAU

Die Euphorie beispielsweise, mit der deutsche Reisende die fortschrittlichen politischen und sozialen Zustände in England beschrieben[11], erklärt sich vollends erst im Blick auf die feudale Verfassung des Heiligen Römischen Reiches Deutscher Nation; und umgekehrt entsprang die Geringschätzung, mit der englische Reisende Deutschland zu betrachten pflegten, direkt ihrer Identifikation mit der heimischen Ordnung. Joseph MARSHALL etwa, der auf einer langen Reise "durch Holland, Flandern, Deutschland, Dänemark, Schweden, Rußland und Polen in den Jahren 1768, 1769 und 1770" auch durch Hamburg gekommen ist, verschwendete keinen Satz auf die republikanische Verfassung der Stadt, die jeder deutsche Reisende als glücklichen Ausnahmefall unter trostlosen absolutistischen Verhältnissen ausführlich würdigte.[12]

Stattdessen registrierte der Engländer sehr genau den sozialen und kulturellen Abstand zum englischen Vorbild. Seine Erfahrung der Stadt ist Teil seines Urteils über das Land, das er bereist - und das ist ersichtlich ein Entwicklungsland mit starken exotischen Zügen. Ohne weitere Bedenken fließt ihm, wenn er von den Einwohnern schreibt, das Wort "Wilde" aus der Feder:

Einen Umstand muß ich hier bemerken; es ist der, daß ich von den Ufern des Rheins an ... nicht einen einzigen Pallast oder Lustschloß und Sitz eines alten Barons, keinen Landsitz eines Privatedelmannes, mit einem Worte, nichts als elende Dörfer oder verfallene Hütten, Sitze der Armuth, auf dem Lande angetroffen habe. ... Was für einen Kontrast macht das nicht gegen das Reisen in England! ... Das mehrste sieht hier vollkommen traurig aus,

und die Leute haben wilde Blicke und Sitten. ... Die Einwohner haben man-
che Striche fruchtbares Land, das einen jeden bereichern könnte, der es mit
Verstand und Fleiß anbauete. Es fehlt aber an beidem; die Landesgesetze
und Gewohnheiten sind sehr darwider. In den mehrsten Gegenden bauen
die Bauern das Land nicht für sich, sondern für den Adel, indem sie leib-
eigen sind. Wenn aber die Eigner einen Versuch machten, und das Land,
wie in England, zu langen Pachten an Pächter vermietheten, ohne dagegen
was anderes zu verlangen, als den bloßen Pacht in Gelde, dem Pächter
aber die Freiheit ließen, sein Land auf die Art, die ihm die vortheilhafteste
zu sein scheint, zu bestellen, so würden sie bald den Vortheil davon wahr-
nehmen, und die Emsigkeit würde sich bald einstellen.[13]

Der sozialen Rückständigkeit auf dem Land entspricht die Rückständigkeit in der Stadt, was Kultur und gesellschaftliche Umgangsformen betrifft.
Trotz aller Handelsverbindungen, trotz Manufaktur- und Gewerbefleiß
haftet vielen Hamburgern nach Meinung des Autors noch immer etwas
bäuerlich Deutsches an.

Überhaupt siehet man hier bei allen Sachen etwas Plumpes; wiewohl man
auch in Ansehung der vermögendsten Einwohner eine Ausnahme darin
machen muß, in deren Häusern ich so viel Geschmack und Kostbarkeit an-
getroffen habe, als bey irgend jemand in London von gleichem Vermögen.
Nur bey Leuten von niedrigerem Stande; nicht eben bey den niedrigsten,
sondern bey Kaufleuten und Manufacturisten, deren Umstände nicht gar zu
glänzend sind, trifft man gerade das Gegentheil an; sie kommen in keinem
Stücke denen von ähnlichem Stande in den Handelsstädten in England
bey.[14]

Nun sind solche Bemerkungen nicht unbedingt hamburg-spezifisch;
MARSHALL demonstriert nur an einem passenden Beispiel das staunens-
wert niedrige Niveau der deutschen Kultur- und Sozialverhältnisse im Verhältnis zur besten aller möglichen Gesellschaften, der englischen. Dies gilt
etwa auch von seinen Bemerkungen über den Mangel an Komfort in den
Hamburger Wirtshäusern: "die Oerter zur Aufnahme der Fremden sind
elend", schreibt er, "ein einziges Haus ausgenommen, welches aber aus-
schweifend theuer ist."[15] Die Reisenden, nicht nur die englischen Gentle-
men, hatten auf ihren Deutschlandfahrten allerorten Grund genug, derart
über miserable Gasthäuser zu klagen - und über das, was damit zusammen-
hing: unfreundliche, rohe Wirte, überhöhte Rechnungen, dreiste Trinkgeld-
forderungen und übles Volk in den Wirtsstuben.[16] Was bleibt also an hamburgischen Besonderheiten in Marshalls Beschreibung?

Den Engländer interessiert vor allem Handel und Gewerbe. Hamburg ist
für ihn unzweifelhaft die größte Handelsstadt im Deutschen Reich, und
weitschweifend berichtet er mit ersichtlichem Wohlwollen über den Wa-
renverkehr, die einzelnen Unternehmungen, Verbindungen, Manufakturen,
Fabriken, Banken und Geschäftshäuser.[17]

Die Stadt selbst gefällt ihm nicht sonderlich:

*Zwar ist sie ohne allen Streit die beste Stadt, die ich je gesehen habe, seit-
dem ich den deutschen Boden betreten, und es ist kündig genug, daß sie die
blühendste und volksreichste im ganzen Reiche ist.[18]*

Doch dieses Lob betrifft vor allem den Gewerbefleiß der Bewohner.
Was das Äußere angeht, ist die "beste" Stadt nicht die schönste. Das zeigt
sich besonders im Detail.

*Die Straßen sind gar nicht angenehm, sondern enge, schief und schlecht
gepflastert, und da die Häuser sehr hoch sind, so giebt es viele, die selbst
um Mittage halb finster sind; und sie werden dadurch noch abscheulicher,
daß sie an jeder Seite mit einer Reihe Bäumen besetzt sind. Die Gebäude
sind alle von Backsteinen, nicht eben aufs beste angestrichen. Überhaupt
genommen, ist die Stadt nicht so hübsch als Bristol, ob sie gleich größer
ist.[19]*

Aber was will man in einem so unterentwickelten Land wie dem Deutschen Reich auch anderes erwarten? Handel allein verfeinert noch nicht das
ästhetische Empfinden; Geld macht noch keine Kultur. Das ist wieder die
alte Klage von der allgemeinen Rückständigkeit, vom Leben ohne die Seg-
nung der rechten gesellschaftlichen Politesse. Sie hat allerdings doch noch
einen hamburgischen Zug:

*Überhaupt genommen ist diese Stadt kein Ort, wo ein Fremder um des Ver-
gnügens wegen hingehen darf. Die Leute sind im Handel vertieft, von dem
sie nicht abbrechen, als nur wenn sie sich recht lustig machen wollen, entweder bey einer Kindstaufe, oder auch auf einer Hochzeit, oder bey einem
Begräbnismahl, denn sie gastiren sowohl bey dem Absterben als bey der
Geburt ihrer Verwandten, und alsdenn haben Geschmack oder Zierlichkeit
bei diesen Anlässen der Üppigkeit und des Aufwandes, keinen Einfluß. ...
Die Üppigkeit ... zeigt sich in Hamburg am mehrsten bey den Gastereyen in
öffentlichen Häusern, ... bey welchen Gelegenheiten viele reiche Leute
mehr aufgehen lassen, als sie brauchen würden Häuser zu bauen, und die
Gebauten zu besetzen.[20]*

Mit dieser Kritik steht Joseph MARSHALL nicht allein. Schon Thomas
LEDIARD, Sekretär bei der englischen Gesandtschaft in Hamburg, berichtet 1728 von dem erschreckenden Mißverhältnis zwischen dem täglichen Leben der Hamburger und dem plötzlichen verschwenderischen
Aufwand ihrer Feste;[21] und Thomas NUGENT, ein englischer Historiker,
staunt 1766 über die simple, "zu nachlässige" Tracht der Hamburger Kauf-
mannsfrau im Hause und ihren übertriebenen Juwelenluxus bei öffentlichen
Auftritten.[22]

Solche anschaulichen Geschichten wie die LEDIARDs von dem großen,
geräucherten oder gesalzenen Stück Rindfleisch, das "am Sonntage abge-
kocht" und dann die ganze Woche über in immer neuen Variationen "zur

Mahlzeit aufgetragen" wird, um Familie wie Dienstboten zu sättigen,[23] sucht man allerdings bei MARSHALL vergebens. Seine Beschreibung scheint gleichsam destilliert zu größtmöglicher Allgemeingültigkeit; er gibt Ergebnisse, ohne die einzelnen Additoren zu nennen. Und das ist auch kein Wunder bei dieser Reisebeschreibung, denn Joseph Marshall - Esquire, wie er sich auf dem Titelblatt nennt - hat nie gelebt, seine Reise hat nie stattgefunden.

George HILL, der tatsächliche Verfasser, war ein ansonsten recht unbedeutender Schriftsteller, der die beschriebenen Länder wahrscheinlich nie selbst gesehen hat.[24] Er schrieb mit durchaus fortschrittlicher Intention gegen die großbürgerlichen und adeligen Bildungsreisen seiner Landsleute, die die nördlichen Staaten von Europa selten besuchten; er schrieb auch mit einer deutlichen politischen Kritik am Absolutismus und Feudalsystem. Dabei hat er seinen Bericht aus den wenigen Beschreibungen, die er nutzen konnte, immerhin so sorgsam und getreu zusammengesetzt, daß die Fiktion kaum einen Zeitgenossen auffiel. Das Buch sei "angenehm" und habe "viel eigenes", bemerkt etwa der Rezensent der "Göttingischen gelehrten Anzeigen", und auch Johann BECKMANN lobt die Authentizität von MARSHALLs Reiseerfahrungen.[25] Einige gröbere Fehler schoben die Kritiker auf Verständigungsprobleme des Autors in fremden Sprachen oder auf "seine Vorurteile gegen monarchische Regierung".[26] Das Werk war so erfolgreich, daß es in England und auch in der deutschen Übersetzung mehrere Auflagen erlebte. Manche Reisen, von denen man gern liest, haben eben überhaupt nicht stattgefunden.

Daß HILL sein Werk geschickt kompiliert hat, macht seine Darstellung auch nicht unrichtiger. Sonst hätte sie die Zeitgenossen, die Zusammenschnitte in der Regel schnell durchschauten, nicht so gründlich getäuscht. Aber sie traf in der Tat genau das Bild der Stadt in den Köpfen der fremden Besucher - nicht nur der englischen übrigens. Noch 1797, nachdem die Französische Revolution eine Menge Emigranten in die Hansestadt geschwemmt hatte, schrieb der französische Arzt MENEURET in seinem "Essay sur la ville d'Hambourg" mit gelinder Ironie:

Hamburg ist noch zurück. Seit einem sehr berüchtigten Zeitabschnitt hat es einige Fortschritte gemacht. Noch einige Jahre, oder Begebenheiten, welche neue Schwärme von Fremden oder einen Zuwachs an Reichtum herbeiführen, sind nötig, um jene Fortschritte zu vermehren und um, zwar will ich nicht behaupten sein Glück, aber seine Sittenausbildung, sein Fortkommen in Wissenschaften und Künsten, im Luxus, in Behaglichkeiten und Thorheiten zu vervollständigen.[27]

3. DAS GROSSE FRESSEN

Wenn wir nun unser Augenmerk von den ausländischen Reisenden ab- und den deutschen Besuchern zuwenden, so ist es vielleicht am auffallendsten, daß das Hamburg-Bild dieser beiden Gruppen, je weiter das Jahrhundert fortschreitet, desto weniger differiert. Noch zu Beginn des 18. Jahrhunderts schrieb der anonyme Verfasser einer "Nachricht von der Stadt Hamburg" grimmig gegen das damals schon virulente Fremdurteil:

Die Einwohner anlangend / so wird zwar von einigen Ausländern an ihnen die galante politesse desiderirt werden / wodurch sich einige andere engagiert machen. Wer aber in der Welt nur ein wenig sich umgesehen / wird außer allem Zweifel gefunden haben / wie gröblich diejenigen fehlen / welche sich unterstehen nach dem Maße eines oder anderen Particuliern mit dem sie etwa zu thun gehabt / gantze Länder und Städte auszumessen / und dahero leichtlich die Billigkeit haben / dieser Meynung seinen Beifall zu versagen / biß auf eine genauere Untersuchung / bey welcher er leichtlich befinden wird / daß zu Hamburg unter Leuten von Distinction es ja so galante / gereisete / geschickte und gelehrte Leute gebe / als an einigem andern Orte ...[28]

Gegen die ausländischen Anwürfe betont der Verfasser die Normalität der Hamburger Verhältnisse. Nun ist es nicht unbedingt eine Entkräftung, wenn man auf einen Vorwurf mit dem Hinweis antwortet, es sei hier nicht besser oder schlechter als anderswo, und darum führt der Autor, um speziell die Gelehrsamkeit der Hamburger zu belegen, ein seiner Meinung nach unanfechtbares Faktum ins Feld:

Obwohl die größte Anzahl der Einwohner in Handelsleuten / und davon dependirten / den Handwerckern und Seefahrern bestehet / ... so kann dennoch Hamburg so viel graduirte Persohnen / sonderlich in jure und medicina auffzeigen / als einziger Ort in gantz Teutschland / und was noch mehr rühmenswürdig / so sind die graduirten in solchem Ansehen / daß die solennité einer Leich-Prozession bloß nach der Anzahl der graduirten Leich-Begleiter / (ob sie schon keineswegs verwandt) reglirt wird / denen hinwider vor gehabte Bemühung ... eine gewisse Erkenntlichkeit gereicht wird.[29]

Ein halbes Jahrhundert später wird dieser "Begräbnis-Pomp" und die "mit klingender Münze gezahlte lächerliche Ostentation" zu den "schimpflichen" Resten der "altreichsstädtischen Sitten" gezählt werden, und auch die Menge der Graduierten ist nun kein Gradmesser mehr für den Flor der Wissenschaften.[30] Christlob MYLIUS, der Vetter LESSINGs, der 1753 auf dem Weg in die Neue Welt auch längere Zeit in Hamburg Station macht, notiert in seinem Tagebuch:

Mit der Gelehrsamkeit ist es in Hamburg schlecht beschaffen. Da hört man von nichts als Geld, Waarencourant und Banco, leichtem und schwerem

Gelde und tausend Kleinigkeiten; auch unter den vielen Doctoren und Li-
centiaten, welche meistens von Herzen unwissend sind. Was noch ja etwas
von Universitäten an Verstande mitbringt, das frißt und säuft sich hier
doch alles dumm. Weiber, Gärten, Schmäuse und Familienzeremonien sind
der Gelehrten wie der Kaufleute meiste Beschäftigung.[31]

Dies ist das Hamburg-Bild, das auch George HILL aus den Beschreibungen seiner Landsleute extrahiert hatte: das Bild einer blühenden Handelsstadt, in der Erwerbsstreben und ausschweifender Luxus heimischer
sind als gesellschaftliche Gewandtheit, Wissenschaften und Künste.

Diese nicht unbedingt vorteilhaften Charakteristika haben schon ihren
festen Platz, bevor noch in den achtziger und neunziger Jahren die Mehrzahl der Hamburg-Beschreibungen erscheint, und sie ändern sich auch bis
ins 19. Jahrhundert nicht wesentlich. Natürlich ist das Bild im einzelnen fa-
cettenreicher, natürlich wandeln sich in der historischen Entwicklung und
je nach Mentalität des Schreibers die Nuancen, Farben und Schattierungen.
Die Grundlinien bleiben jedoch unverändert; sie prägen als Topoi die individuellen Berichte, noch bevor die Reisenden Hamburg erreicht, noch bevor sie eine Zeile geschrieben haben.

Wie groß ihre Ausstrahlung und Wirksamkeit ist, zeigt sich am deut-
lichsten in den Schilderungen, die explizit als Apologie der Hamburger
Verhältnisse publiziert wurden. Bereits 1772 erscheinen "Hamburgs Annehmlichkeiten von einem Ausländer beschrieben", zehn Briefe an einen
fiktiven Adressaten, der seinerseits geradezu als Verkörperung der Haupt-
Negativurteile über die Stadt fungiert. Es ist bezeichnend für die Argu-
mentationsweise des anonymen Verfassers, daß dieser Empfänger Hamburg aus eigener Anschauung gar nicht kennt. Seine Einwendungen, die der
Autor in den Briefen jeweils paraphrasiert, um sie dann zu widerlegen, beruhen also offensichtlich auf Hörensagen: der "werte" Empfänger bezweifelt etwa die Schönheit der Stadt, kritisiert den übergroßen Aufwand der
Bewohner und sorgt sich um deren Umgangsformen.[32] Nach Auffassung
der Zeit haben Zweifelsucht, Mißmut und Miesmacherei organische Ursachen, die auf einer Störung der Gallensekretion beruhen.[33] Darum kann
der Autor der "Annehmlichkeiten" das Problem um die seiner Meinung
nach ungerechtfertigten Vorurteile auch relativ leicht lösen:

Denn da Ihnen, wegen Ihrer Krankheit, alles gelb und schwarz vorkommt,
so werden Sie bald auf meine Farbe, bald auf meinen Pinsel schimpfen,
oder mich wol gar einen Dichter und Schmeichler nennen. Aber wie ge-
schwinde wären Sie zu bekehren, wenn die Vorsehung sich meiner an-
nehmen, und, meine Nachrichten zu rechtfertigen, Sie nur auf ein Jahr
nöthigen wollte, Hamburg gegen diese und jene Stadt unseres Vaterlandes
zu vertauschen. Ich kenne die mehrsten etwas bedeutenden Städte in

24

Deutschland, und kann daher in etwas mehr die Glückseligkeit von Hamburg beurteilen, als viele, die außer Hamburg sehr wenige Städte kennen.[34]

Bei diesem Urteil, so betont der anonyme Autor, sei es ihm nicht um billige oder gar bestellte Lobrednerei zu tun; er ist, wie er in der Vorrede erklärt, von den Vorzügen Hamburgs überzeugt.[35] Als Fremder kann er auch kaum in den Ruch der Schmeichelei pro domo geraten: das Wort "Ausländer" im Titel signalisiert trotz der apologetischen Absicht der Schrift Unparteilichkeit und Wahrheitsstreben.

Nun hätten die damaligen Leser das Wort "Ausländer" schon sehr geschickt auslegen müssen, um es richtig zu verstehen. Denn Ausländer war der Autor zwar, aber kein Fremder. Altona, knapp tausend Schritte von Hamburgs Toren entfernt, gehörte damals zum dänischen Reich, und hier war Johann Peter WILLEBRAND, der ungenannte Verfasser der "Annehmlichkeiten", von 1759 bis 1766 Polizeidirektor gewesen. Aufgrund von Kompetenzstreitigkeiten mit seinen dänischen Vorgesetzten und dem Altonaer Magistrat hatte er nach vielen Widrigkeiten seinen Abschied nehmen müssen und sich 1771 schließlich in der benachbarten Hansestadt niedergelassen, "zu deren Einrichtungen und Sitten er eine lebhafte Zuneigung gefaßt hatte."[36]

So einfach, wie WILLEBRAND meinte, waren allerdings die Vorurteile über Hamburg nicht zu widerlegen. In Wirklichkeit wurde aus keinem reisenden Saulus ein Paulus, sobald er die Stadt erst richtig kennengelernt hatte. Die Berichte der Reisenden belegen das Gegenteil. Das verbreitete Bild entsprach offensichtlich im Kern der damaligen Realität, einige Auslegungs- und Benennungsspielräume zugestanden.[37] Garlieb MERKEL bemerkt 1801 in seinen "Briefen über Hamburg und Lübeck":

Die Hauptzüge im Charakter der Hamburger waren also Thätigkeit im Erwerben, Gefühl ihres Wertes und Wohlseyns, Bewußtseyns ihrer Rechte, Anhänglichkeit an das Hergebrachte, bei dem sich ihre Väter wohl befanden, und Liebe zum sinnlichen Genuß. Freilich haben diese Eigenschaften, wie fast alle in der Welt, zwei Namen, und übel gelaunte Reisende haben sie zuweilen Gewinnsucht, Geldstolz, breiten Reichsstädtischen Philistersinn und Schlemmerei genannt: doch Hamburg hat seine Patrioten, die solchen Richtern heimzuleuchten wußten. ... Ich mag nicht um Namen zanken: mir gefällt dieses Völkchen mit seinen prononcirten Menschlichkeiten, obgleich ich nicht lange bei demselben leben möchte[38].

Das eigentlich Pikante an dieser Erklärung ist, daß MERKEL tatsächlich nicht um Namen zu streiten brauchte, weil er das System der Doppelbenennung selbst perfekt praktizierte: während er in dieser, unter seinem Namen veröffentlichten Schrift die wohlwollende Interpretation der hamburgischen Charaktereigenschaften vorstellt, betreibt er in der fast gleichzeitig, aber anonym veröffentlichten "Reisegeschichte" ohne jede Beschönigung das Geschäft der angeblich "übelwollenden Reisenden". Mit scharfen Spott etwa geißelt er hier die alles beherrschende, alles verschlingende Genußsucht der Hansestädter:

Ich kenne einen Mann von Geiste, der das Essen für ein so niedriges Bedürfnis hält, daß man es nie in Andrer Gegenwart befriedigen sollte. Sicher sah er nie Hamburger essen, sonst würde er begriffen haben, von welcher Wichtigkeit eine wohlbesetzte Tafel ist, und wie man in manchen Regionen das Essen sogar als einen Gottesdienst behandeln, den Göttern zu Ehren Mahlzeiten anstellen konnte.

Mit welchem Ernst man jede Schüssel betrachtete! Welche Verklärung in den Gesichtern aufging, wenn eine neue Tracht aufgesetzt ward; wie angelegentlich man selbst das interessanteste Gespräch vom Wechselcours abbrach, sobald nur die ersehnte Portion auf dem Teller lag, mit welchem Eifer man kauete und kauete! - Von Viertelstunde zu Viertelstunde veränderten sich die Gesichter: immer blöder wurden die Augen, immer gedunsener die Wangen, immer schwerer die Zunge. Vergebens wurden unaufhörlich neue Weine gereicht: nicht geistiger Rausch des Getränks, der schwere, irdische der Sattheit bemächtigte sich der arbeitenden Gäste ...39

Von dieser jede gesellschaftliche Konvention sprengenden Freßgier wissen alle damaligen Reisenden zu erzählen. Die Skala ihrer Äußerungen reicht von Amüsiertheit bis zum Entsetzen, ihre Berichte finden sich in veröffentlichten Reisebeschreibungen ebenso wie in Briefen und Tagebüchern. Und wenn man als skeptischer und vorsichtiger Interpret auch an der Wahrheitstreue mancher Publikation zweifeln mag, so muß man immerhin den privaten Aufzeichnungen einen recht hohen Grad an Authentizität zubilligen. Ich gebe hier nur drei Beispiele aus der Zeit der Jahrhundertwende. Wilhelm von HUMBOLDT notiert summarisch in seinem Tagebuch von 1796:

Die Lebensart ist auf einen hohen Ton, wie in den größten Hauptstädten gestimmt. ... Der Luxus im Essen und Trinken ist sehr groß.40

Der Braunschweiger Kaufmann Jakob Friedrich LANGERFELD, der 1809 zu einer Hochzeit nach Hamburg gereist war, schreibt in komischer Verzweiflung über das Erlebte an seine daheimgebliebene Frau:

Nach der Trauung gieng es dann zu einem Essen um 7 Uhr, das 7 Mägen erforderte, um es genießen zu können. O Himmel - welches Morden unter Vögeln, Fischen und Quadrupeden war vorher gegangen! Da waren Wachteln, Rephühner, Fasanen, Capaunen, Puter, Hasen, Rehe, Forellen, Sander, Dorsch, und nun die Pasteten, Patees, Compots, Ragouts, Fricassees, Entrements, ich glaube auch der Teufel und seine Großmutter, erster gebraten, letztere gesotten, waren da und schmekten gut! Versichern kann ich, daß mehr gegessen als gesprochen wurde - lederne Gesellschaft, aber fleischige Speisen. Mündlich die Schilderung.41

Im Gegensatz zu diesen flüchtigen Besuchern lebte der Bremer Ferdinand BENEKE mehr als fünfzig Jahre in Hamburg. Seine Tätigkeit als Armenpfleger verschaffte ihm eine genauere Kenntnis der Lebens- und Sozialverhältnisse als vielen anderen Reisenden, die die unteren Volksschichten nur aus der üblichen bürgerlichen Distanz wahrnahmen. Nach einer Essenseinladung - er war gerade nach Hamburg gekommen - schreibt er 1796 in sein Tagebuch:

Eine Gesellschaft der angesehensten Hamburgischen Bürger. Stupende Völlerey im Essen und Trinken..., altreichsstädtische Steifheit und Kälte.[42]

Noch sieben Jahre später hat er sich nicht mit den Gegebenheiten abgefunden. Nach einer ähnlichen Gelegenheit notiert er 1803:

Die Eßlust der Hamburger entstand aus dem vernünftigen Triebe nach Beschäftigung. Andre meinen, die Eßlust habe ihre spirituelle Armseligkeit erzeugt. Das ist aber nicht wahr, denn jene ist vielmehr von dieser erzeugt und - ersetzt wirklich was.[43]

Die verschwenderischen Gemeinschafts-Gelage sind nur der augenfälligste Teil einer umfassenden Genußsucht. Unter dem Pseudonym Quintus Aemilius PUBLICOLA veröffentlichte Johann Hermann STÖVER, auch ein Wahlhamburger, 1789 ein dreibändiges Reisejournal, in dem er unter dem Schutz des Decknamens die "neuesten politischen, civilen und litterarischen Zustände" in Norddeutschland sehr drastisch und freimütig charakterisiert. Über den Zeitvertreib der reichen Kaufleute bemerkt er:

So eifrig der Hamburger auf Gewinnst, und so attend er auf seine Geschäfte ist, eben so stark raffiniert und denkt er auf Wohlleben und Erlustigungen. Sind die Geschäfte expedirt, so sieht er in der Karte seiner Erlustigungen nach und wählt darin die Nummer, die ihm in dem Augenblicke gefällt. Geld schont er dabei nicht, wenn auch manchmal auf den Unterhalt des künftigen Tages noch in einer schlaflosen Nachtstunde spekulirt werden sollte.[44]

Andere Reisende monieren, daß "das Spiel und zumal das hohe Spiel hier viele Verehrer findet", die "zum Verderben der Familien" in kurzer Zeit "viele tausend Gulden" verspielen;[45] sie mokieren sich über die "schädlichen Winkelergötzungen", die "Lüderlichkeiten", "Wollust" und "Ausschweifungen", die "hier so häufig sind",[46] bemerken mißbilligend einen den Reichtum selbst "der ersten Häuser oft übersteigenden Luxus": "elegante Equipagen, eine zahlreiche Bedienung, prächtig meublierte Zimmer, pallastähnliche Gartenhäuser und ... Mahlzeiten, die jeder fürstlichen und königlichen Tafel Ehre machen."[47] Solcher Repräsentationssucht, solcher unmittelbaren Befriedigung des augenblicklichen sinnlichen Genusses wird mitunter selbst die kaufmännische Solidität geopfert:

Sobald es ein Kaufmann auf 100 000 Gulden gebracht hat, muß er seine Equipage und seinen Garten haben. Sein Aufwand steigt mit seinem Vermögen, und dann ist der kleinste Schlag imstande, ihn wieder in den Koth zurückzuwerfen.[48]

Auch STÖVER kennt solche Beispiele:

Du kannst leicht erachten, wie hoch dem Innhaber die Unterhaltung eines Lustgartens, der sonst keinen weiteren Nutzen als den der Augenweide und der schönen Landluft .. bringt, ... jährlich zu stehen komme. Es gibt Gärten, deren Unterhaltung das Jahr hindurch über 1000 Reichsthaler, oft 1500 bis 2000 Reichsthaler erfordert. ... Daß die Beispiele, wo man den Ruin eines Hauses diesem Gartenaufwande zunächst mit zuzuschreiben hat, nicht selten sind, wirst Du von selbst leicht erachten.[49]

Das Erstaunen der Reisenden über diese ausschweifende Genußsucht, über "die sybaritische Lebensart der Hamburger"[50] hat, gerade was die Hansestadt betrifft, einen besonderen Akzent.

Sparsamkeit, Wirtschaftlichkeit und eine weise Ökonomie galten als die grundlegenden häuslichen Tugenden des rechtschaffenen Bürgers, durch die er sein eigenes wie auch das Glück des Gemeinwesens nachhaltig befördern konnte. "Das allerwichtigste, insonderheit für den Bürgerstand", schreibt Karl Friedrich BAHRDT 1798 in seinem "Handbuch der Moral", "ist Vermeidung des Luxus."[51] Denn Üppigkeit, Prunk und Verschwendungssucht, Unmäßigkeit, eitle Flitterpracht und egoistische Schwelgereien sind die überall sichtbaren schlimmen Zeichen adeligen Hoflebens und absolutistischer Macht. "Luxus", schreibt Bahrdt weiter, "heißt ein solcher Aufwand, der keinen der eigentlichen Zwecke des Aufwandes befördert, sondern bloß für Eitelkeit und Veränderlichkeit des Geschmackes geschieht."[52]

Die Literatur der Zeit ist voll von den Berichten über die Prachtentfaltung und Geldverschwendung der großen und kleinen Potentaten, von den kostspieligen Genüssen der Wenigen, erkauft um das Elend ihrer Untertanen. "Die Großen der Erde", notiert KNIGGE über den Umgang mit diesen Menschen, "sehen sich als Wesen besserer Art an, von der Natur begünstigt zu herrschen und zu regieren, die niedrigen Klassen hingegen bestimmt, ihren Egoismus, ihrer Eitelkeit zu huldigen, ihre Launen zu ertragen und ihren Phantasien zu schmeicheln."[53]

Nun war allerdings, vor allem seit dem zweiten Drittel des 18. Jahrhunderts die Diskrepanz zwischen einer theoretischen und einer praktischen bürgerlichen Moral nicht mehr zu übersehen. Die damaligen "Skizzen", "Briefe" und "Bemerkungen" etwa über Wien, Berlin, München, aber auch über die kleineren Residenzstädte beklagen in immer neuen Beispielen, wie sehr in den bürgerlichen Oberschichten ein prunkvoll-repräsentativer Lebensstil wesentlicher Bestandteil des Sozialverhaltens geworden ist[54]:

"Leider wird dieser Ton, den Fürsten und Vornehme von solcher Art, wie ich sie (eben) ... beschrieben habe, angeben und ausbreiten, von allen Ständen, die einigen Anspruch auf feine Lebensart machen, nachgeäfft", fährt KNIGGE fort und rechnet seinen Lesern in einer langen Liste die Torheiten, Mißstände und Laster vor, die aus dem schlechten Vorbild unabweisbar entspringen.[55]

Dennoch ist für die Zeitgenossen der Luxus hier noch etwas anderes als der in Hamburg. In den Residenzstädten bleibt als Entschuldigung immer der schlechte Einfluß des Hofes. Unter den günstigen republikanischen Auspizien der Hansestadt erwartete man jedoch auch einen anderen Lebensstil. MERKEL schreibt über seine ersten Eindrücke, als er, aus dem absolutistischen Harburg kommend, die Elbe überquert:

Ich sah den Genius der Freiheit mit einer Bürgerkrone geziert über den gothischen Türmen schweben; seine Rechte schüttete ein reiches Füllhorn aus; lächelnd hielt er mit der Linken einen blühenden Demantschild den gekrönten Sklaven entgegen, die ihm ohnmächtige Pfeile vom Ufer nachschickten und dennoch zugleich begierig die Früchte verschlangen, die sich seitwärts von dem Gusse des Füllhorns verzettelten. Nein, kein Vorurtheil irgend einer Art nahm mich gegen Hammoniens Bürger ein, als ich an der Kaye des Baumhauses emporkletterte.

Ich sah dem ersten Hamburger, der mir begegnete, forschend ins Gesicht; dem zweiten, dem dritten: - Nicht den Stempel hohen Selbstgefühls, nicht Republikaner-Stolz und Kraft las ich in ihnen. "Satt!" rief mir das erste entgegen; "satt" das zweite, und das dritte wiederum "Satt!" Ich ging einige Straßen so lesend entlang, ich durchirrte in den folgenden Tagen eine Menge von Gesellschaftszirkeln: - das Edelste, was ich in dem großen blöden Glasauge dieser Republikaner verzeichnet fand, hieß: "Ich habe gegessen und ihr sollt auch essen![56]

Ebenso argumentiert ein ungenannter Beiträger zum "Neuen Deutschen Merkur" von 1799. In einem Vergleich zwischen den Hansestädten Bremen und Hamburg kommt er zu dem Schluß:

Auch in Bremen ist hoher Wohlstand, aber sein Gebrauch ist noch nicht verderblicher Luxus geworden, hat noch nicht alle Gefühle zum Egoismus sublimirt. Hamburg ist wohl nicht zu groß und reich für eine Republik, aber wohl für die republikanischen Tugenden und Gefühle.[57]

Es ist sicher kein Zufall, daß diese Kluft zwischen einer republikanischen Konstitution und dem absolutistischen Lebensstil der Oberschicht gerade in einer Zeit so scharf artikuliert wird, in der im Gefolge der Französischen Revolution die Beziehungen zwischen Verfassung, Moral und sozialem Fortschritt allgemein Gegenstand weitläufiger Erörterungen sind.

MERKEL fand 1799 in Hamburg noch "nicht einmal etwas, das den neuen Republikanern unseres Zeitalters ähnlich sah" und schließt seinen Befund mit der beunruhigenden Versicherung:

Die glänzenden Eigenschaften des Republikaners treten nur in den Zeiten der Drangsal hervor, und die Hamburger haben, Dank sey es ihrem Glücke, seit langer Zeit keine Veranlassung gehabt, sie zu zeigen.[58]

Dies bezieht sich allerdings nur auf die außenpolitische Situation; im Inneren sind die verderblichen Folgen der herrschenden Unmoral längst sichtbar geworden. Wie überall im Reich wirkt auch hier das schlechte Vorbild, und Johann Arnold MINDER, ansonsten ein warmer Verteidiger der Hamburger Verhältnisse, muß 1794 "mit Bedauern auch oft hier sowohl als anderswo" wahrnehmen,

daß in so manchen Häusern unter der Hülle eines schimmernden Glanzes die traurige Dürftigkeit und die drückendste Nahrungssorge sich versteckt, um wenigstens durch das Gefühl in den Augen anderer hervor zu stechen, seine eigne oft ängstliche Verlegenheit etwas vergessen zu können. Dieser äußre Glanz ist auch nicht selten ein besonderer Kunstgriff des schon gesunkenen Wohlstandes seinen Credit zu erhalten ...[59]

Die nachhaltige Erschütterung des sozialen Gefüges reicht bis in die niederen Volksklassen. STÖVER sieht einen staunenswerten Aufwand, den "Unfug des übertriebenen Luxus und der Modesucht" bei den "Handwerkern, den Comptoirbediensteten, selbst bei den Laquayen und Schuhputzern, den Packknechten und Tagelöhnern". Sie sind verführt durch das schädliche Vorbild, aufgemuntert durch die "Leichtigkeit des Gewinns in dieser Stadt."[60] Der wirtschaftliche Aufschwung in den achtziger Jahren begünstigte diese Entwicklung; die Inflation der neunziger und der empfindliche Rückgang des Handels im Jahre 1799[61] machte die Risse im sozialen System nur allzu offensichtlich.

Kaum jemand bezweifelte, daß die verderbten Sitten direkt in die soziale Krise geführt hatten, zu den Bankrotten, Zusammenbrüchen und dem krassen Nebeneinander von höchstem Glanz und tiefster Armut. Gegen Ende des Jahrhunderts geißelten so viele Broschüren, Flugblätter und Artikel die offensichtlichen Hamburger Mißstände, daß sich der Advokat und Senatorensohn Johann Ludwig GRIES "aus Liebe zu seiner Vaterstadt" aufgerufen fühlte[62], eine Verteidigungsschrift zu publizieren: "Sind die gehäuften Klagen der neueren Schriftsteller über Hamburg gerecht?"

Sie sind es seiner Meinung nach natürlich nicht. GRIES diskutiert vor allem drei Gegenargumente. Das erste lautet:

Wer wollte dem treuen Arbeiter seine Erholung, dem fleißigen Geschäftsmann seine Ruhe mißgönnen? Thätigkeit und Genuß gehören zusammen.[63]

Dies ist natürlich mehr eine wohlwollende Entschuldigung des status quo als eine treffende Widerlegung, und so muß auch GRIES "notwendig zugeben, daß einzelne Menschen in Hamburg, vielleicht sogar, daß einzelne Familien jenen Schilderunen entsprechen, daß einzelne so leben, so dem Genuß nachjagen. Aber kann das in einer so volkreichen Stadt auch anders sein?"[64]

Wo der übertriebene Luxus, wo die Verschwendung anfängt und der begründete Aufwand aufhört, ob die Überfülle der Lebensmittel zu tadeln ist, wo sie doch in einer Handels- und Seestadt so wohlfeil sind, wann der Hang zum Genuß zur Sucht wird - das sind allerdings, wie schon bei MINDER und KÜTTNER[65], so auch bei GRIES letztlich Diskussionen um Auslegungsspielräume, die im Zweifel nur das Negativbild bestätigen.

Auch ein zweiter Vorwurf ist von GRIES nur schwer zu entkräften. Er zitiert zunächst die Äußerungen eines anonymen Verfassers in einer "Skizze zu einem Sittengemälde von Hamburg"; nach Ansicht von Gries eine der "ausführlichsten und detailiertesten Anklagen gegen Hamburg."[66] Dabei identifiziert sich der Anonymus - zumindest in diesem Punkt - gar nicht mit den Vorwürfen, die er wiedergibt:

Die Franzosen sind schuld ...! Das ist der Gesichtspunkt, aus welchem der bei weitem größere Theil unserer niederen Klassen dieses Übel ansieht, und das Wort der Behauptung, das ihnen unwiderleglich scheint.[67]

GRIES hat gegen diese Volksmeinung kein belegbares Argument, aber immerhin die "feste Überzeugung, es sey Hamburg über diese Aufnahme unglücklicher Flüchtlinge kein Vorwurf zu machen; und der Satz, daß sie zur Sittenverschlimmerung bey uns beygetragen hätten, sey völlig falsch. ... Die Aufnahme, oder eigentlich Duldung dieser Flüchtlinge, war das Werk der lautersten Menschlichkeit, ist so ganz in dem Geist unserer glücklichen Verfassung, die Jeden schützt, der den Gesetzen gemäß lebt ... Und wie manchen nützlichen Bürger hat Hamburg dadurch gewonnen, wie manches gutes Geschäft sich dadurch zugeführt?"[68]

Es ehrt GRIES, daß er derartige Sündenbock-Schuldzuweisungen entschieden abwehrt; die These von den unheilbringenden Fremden hat aber, wie die Geschichte zeigt, eine stärkere Wirkung gehabt. Noch - oder: gerade wieder - 1909 sind in einer Untersuchung über den "Einfluß des Handels auf das Geistesleben Hamburgs" die Sätze zu lesen:

Mit den Fremden ... gewann Hamburg wenig Vortheile idealer Natur, hingegen die Einbürgerung der Laster aus aller Welt. Die Reinhard, Villiers, Dumas haben gewiß manche Anregung besserer Art nach Hamburg gebracht; was die Franzosen sonst hier einführten, war, außer einigen Vortheilen für Industrie und Handel, sehr unerfreulich.[69]

GRIES vertraut vor allem der Schlagkraft seines dritten Arguments. Wie kann man vom bloßen egoistischen Genuß, von fehlenden republikanischen Tugenden sprechen, wenn es "unleugbare Thatsachen" gibt, die Wohltätigkeit, Redlichkeit und Patriotismus unzweifelbar belegen? Wieder zitiert er zunächst als Zeugnis einen anonymen Beitrag im "Hanseatischen Magazin":

Es wird in Hamburg nicht gebettelt. Niemand kann in Hamburg Noth leiden. Mehrere hundert angesehene Bürger beschäftigen sich mit der Armenversorgung. Jeder Kranke, der nicht imstande ist, Arzt und Medizin zu bezahlen, kann freye Kur und Arzney, auch Unterstützung während seiner Erwerbslosigkeit, erhalten. Für die Erziehung und Bildung der Kinder der Armen mit die Anstalt äußerst wirksam. Der Verarmung der untern Klassen der Einwohner Hamburgs wird so vorgebeugt, daß kein ehrlicher, geschickter und thätiger Familienvater unverschuldet in Verlegenheit sein kann. Die Zahl der Armen hat sich in diesen zehn Jahren um die Hälfte verringert.[70]

Dem kann GRIES nur freudig beipflichten:

Wahrlich, das ist die schönste Apologie für Hamburg: das widerlegt die Ankläger am treffendsten. In eben der Stadt, wo (nach der Angabe jener Schriftsteller, der Verf.) so unbändig nach dem niedrigsten, fast nur thierischen Genuß gejagt wird, ist es durch die mühevolle Arbeit vieler Bürger, und durch Entbehrungen und Aufopferungen fast aller Einwohner dahin gekommen, daß es buchstäblich wahr ist: Niemand kann in Hamburg nothleiden.[71]

4. DIE LÖCHER IM SYSTEM

Ist das wirklich buchstäblich wahr? Johann Luwig GRIES hat jedenfalls die Buchstaben der meisten Reisebeschreibungen für sich. Die hamburgischen Maßnahmen zur Sozialfürsorge waren weit über die Grenzen des Reiches hinaus gerühmt[72]: die 1788 durch Stiftungen eingerichteten und unterhaltenen Armenanstalten mit einem Armenkollegium und Armenpflegern, die Kranken-, Irren- und Waisenhäuser, die Besserungsanstalten, die unermüdlichen Anstrengungen der gemeinnützigen Gesellschaften. "Nirgends sonst in Deutschland findet man so viele, so treffliche Anstalten zur Unterstützung der Dürftigen, als hier", schreibt auch Garlieb MERKEL.[73]

Dank eines funktionierenden Ordnungs- und Auslesesystems ist von der Straße geschafft und abgeschoben, was das soziale Gefüge in der Stadt stören könnte: die Juden sind in Altona, die Bordelle außerhalb der Stadt auf dem Hamburger Berg, die Verbrecher im Zuchthaus, die Irren im Pesthof.[74] Diese Ghettos sind durch den Machtspruch der Obrigkeit geschaffen, erhalten und genau begrenzt; sie sind - auch dort, wo sie Mängel und Gebrechen aufweisen - Zeichen einer funktionierenden Ordnung.[75] Über den Zweck solcher Maßnahmen läßt sich darum vernünftig diskutieren; Verbesserungen liegen im Interesse des Gemeinwesens. Deshalb befördern die Hamburger Bürger auch, wie GRIES schreibt,

das Beste ihrer ärmern Brüder mit aller Kraft, sinnen mit aller Anstrengung ihres Geistes auf die noch höhere Vervollkommnung dieser, in ihrer Art einzigen, selbst für England musterhaften Anstalt.[76]

Die "ärmern Brüder" -: das ist ein wohlüberlegter Euphemismus, denn die Armen, Waisen, Invaliden, Eigentumslosen sind in jedem Fall Objekt der Sozialfürsorge. Wenn sie sich den Maßnahmen zum "Wohl des Ganzen" nicht fügen, wird aus den "Brüdern" schnell Pöbel, Auswurf, Hefe des Volkes.

Gegen Ende des Jahrhunderts bemerken einige Reisende erschreckt die Löcher im sozialen System: die Ghettos, die nicht planvoll errichtet, sondern untergründig aus unerträglichen Verhältnissen erwachsen sind, die nicht mehr Ordnungsarbeit, sondern Zerrüttung signalisieren. "Mit dem größten Erstaunen" erblickt etwa ein "reisender Handlungsbedienter" 1788 unvermutet in der Hamburger Neustadt

Gänge, welche zuverläßig keine 8 Fuß breit waren, gleichwohl wimmelte es von bewohnbaren Menschen, in Löchern, wo ich wahrlich keine lebende Seele gesucht hätte. Du kannst also leicht einen Schluß auf die Luft und Reinlichkeit machen, so darinnen herrscht. Mein Führer (denn ohne selbigen würde ein Fremder in einen Irrgarten von Gängen gerathen) gab mir zu verstehen: daß es am Tage noch sehr erträglich sey, des Abends dürfte ich ja nicht in diese Gänge kommen.[77]

Die Inflation hat die Armen in Hamburg, die "gerade nur nicht arm und elend genug sind, um ins Armenhaus aufgenommen zu werden"[78] - und die, die dorthin nicht wollen - unter die Erde getrieben. Bei einem Rundgang durch die Stadt stößt auch Garlieb MERKEL auf die Höhlen dieser Ausgestoßenen:

Fast kein Strahl der Sonne gelangt zu ihnen, wohl aber, bei anhaltendem Regen, der Abfluß des überströmenden Gassenkoths: ja in manchen Gegenden dringt sogar, bei hoher Fluth, das Wasser der Elbe ein. ...

Man versicherte mich, es gäbe Menschen, die in dieser traurigen Unterwelt gebohren, erzogen, und Greise geworden, und zuweilen in einer Reihe von Jahren nicht aus ihr emporgestiegen wären, die Sonne zu sehen. Von ämsigen Hausmüttern, die für einen Haufen von Kindern zu sorgen haben, von sitzenden Handwerckern, vorzüglich von chronisch Kranken, von denen diese Höhlen wimmeln, schien es mir wahrscheinlich, und noch mehr als das, wenn ich die Beschaffenheit dieser Wohnungen des Elends erwäge, die fast eine unterirdische Stadt bilden. Lange Gänge führen durch sie hin. In einer Stadtgegend steigt man eine zerbrochene Stiege in sie hinab, und kommt in einer ganz andern wieder herauf.

Mich schauderte, wenn ich durch sie hindurchging und mir dachte, daß man ein ganzes Leben in diesen dumpfigen, kalten, ekelhaften Gräbern verbringen könnte. Die süße Fabel der Kindheit, der süßere Roman des Jünglingsalters - was für eine Gestalt, welchen Inhalt mögen sie hier haben! - Meine Einbildungskraft erliegt der Anstrengung, sich den Stoff dazu, die Möglichkeit zu denken, und doch ist es so: die Unglücklichen sind ja Menschen wie wir. Eine einzige Stiege sondert sie von uns - aber welch ein Abstand, wenn man die Seele eines von ihnen durchschauen könnte. ... Ihre Begriffe von der Welt, glaube ich, müßten so sehr voneinander abweichen, wie die eines Maulwurfs, der vor dem Licht, zu dem er sich wider Willen heraufwühlt, schmerzhaft die Augen zublinzt...79

Angesichts dieser Zustände wird die patriotische Sozialfürsorge, die Johann Ludwig GRIES so enthusiastisch vorführt, in ihren engen Grenzen erkennbar. Der Armenpfleger Ferdinand BENEKE hat die meisten der Unterwelt-Bewohner bereits abgeschrieben. Im Tagebuch von 1799 notiert er über die "Höhlen, in welchen die Menschen wie in Sklavenschiffen oder Heringstonnen beieinander gepackt sind":

Der Hefen des Pöbels wohnt hier, und schallendes Getobe mehrer bestialisch besoffener Menschen störte mich in meinem Geschäfte mehr als einmahl, bis ich die Lärmenden mit Drohungen, die ich nie zu vollführen willens war, beschwichtigte. Unter diesem Lärm, unter all diesen Gerüchen und Prospekten, in der Mitte eines Haufens halbnakter, verwilderter, zerschlagener und krüppelhafter Menschen saß ich dann, an einem mehr schwebenden als stehenden Tische, und protokollirte, was ich erfragt. - Am mehrsten dauern mich die wenigen guten Menschen, die in diesem Höllenpfuhl und gleichsam unter den Verdammten wohnen müssen, und alle die armen Kinder, die in dieser Gifthütte ihren Lebensmajus verkeuchen - doch derentwegen kam ich ja, und bey Gott! ich will nicht umsonst gekommen sein!80

Bereits am Ende des 18. Jahrhunderts ist der Boden der Sozialordnung sichtbar unterminiert, hat die Proletarisierung breiter Schichten der Bevölkerung unübersehbare Fortschritte gemacht. Die "Verdammten" dieser Erde, die "Maulwürfe" sind schon in ihre unverwechselbare soziale Identität gezwungen, nicht nur in Hamburg, sondern ebenso in Frankfurt, Berlin, München, Wien und vielen anderen großen Städten.81

Die Situation ist zwar sichtbar, das Problem aber kaum im Ansatz erkannt. Noch sieht der anonyme Handlungsbediente in der Existenz der "armen unglücklichen Geschöpfe" vor allen Dingen ein Wohnungs-, MERKEL ein moralisches Problem. BENEKE vermag ohne Schwierigkeiten, die "wenigen Guten" auszulesen; die "Verdammten" bleiben verdammt. Sie sind für den Bürger noch keine Gefahr.

Erst später erhalten die Berichte von den unterirdischen Labyrinthen, von den dumpfen, kalten Kellergewölben und ihren elenden, bleichen Bewohnern einen schrecklicheren sozialen Sinn, und kurze Zeit später sind es dann auch schon Versatzstücke aus einem ganzen Arsenal an Unterweltsbildern - in den "Geheimnissen von Paris" ebenso wie in denen von Berlin oder den "Geheimnissen von Hamburg"[82] -, die dem lesenden Bürger des Abends ein wohliges Schauern vermitteln.

ANMERKUNGEN

1) Vgl. FOHRBECK, K. / WIESAND, A. J.: Wir Eingeborenen. 1983, S. 27.

2) RIESBECK, J. K.: Briefe. 1783, Bd. 2, S. 326-329.

3) HOCHE, J. G.: Reise, 1800, S. 92 f.

4) Ebd. Über die Trinklust der Ostfriesen bemerkt noch Justus GRUNER, sein Fuhrmann habe an einem Tag "gewiß anderthalb bis zwei Maaß Branntwein" getrunken - das wären zwei bis drei Liter (GRUNER, J.: Wallfahrt. 1803, Bd. 1, S. 367).

5) HOCHE, J. G.: Reise. 1800, S. 270 f.

6) Vgl. PEZZL, J.: Denkmal. 1786, S. 46 f.: "Ein aufmerksamer Leser merkt es dem Buch leicht ab, wo der Verfasser tatsächlich gewesen ist oder nicht. Im ersten Fall ist er sehr genau in der Beschreibung des Localen. ... Im zweiten Fall hat er von Freunden und Büchern geborgt." RIESBECK kannte aus eigener Anschauung nur das Rheinland, Teile von Süddeutschland und Österreich.

7) WEBER, C. J.: Deutschland. 1828, Bd. 4, S. 174 u. 176.

8) Die aufklärerische Ideallandschaft, die durch Begriffe wie "angenehmer Kontrast", "beständiger Wechsel" und "mannigfacher Nutzen" charakterisiert ist und in fast allen Reisebeschreibungen der Zeit den impliziten Bezugspunkt für die Landschaftsbeschreibungen bildet, ist m.W. noch nicht eingehend untersucht worden. HOCH schreibt direkt vor dem angeführten Zitat: "Wer an Gebirgsgegenden gewöhnt ist, wird es schwerlich hier aushalten ... Nirgends findet das Auge einen Ruhepunkt, nirgends etwas Anziehendes und Großes." (ebd., S. 269 f.).

9) HOCHE schreibt in diesem Zusammenhang: "Der Mensch stehet mit den Dingen außer ihm, in einer näheren Verbindung, als er wohl selbst glauben mag." (ebd., S. 271). Vgl. auch die weiteren Ausführungen bei GRIEP, W.: Reiseliteratur. 1980, S. 761 f.

10) Über Irrtümer und Vorurteile beim Betrachten und Beschreiben reflektieren seit den 80iger Jahren des Jahrhunderts zunehmend die Reiseschriftsteller selbst. Vgl. dazu etwa für Hamburg KÜTTNER, K. G.: Reise.: 1801, Bd. 1. S. 75- 78; MINDER, J. A.: Briefe. 1794, S. 6. Zum Problem allgemein vgl. SEGEBERG, H.: Reise. 1983, S. 14-31.

11) Vgl. dazu neuerdings MAURER, M.: Aufklärung. 1987, v.a. S. 60-94, 409-424.

12) Wilhelm DIBELIUS, der das Bild Hamburgs in der englischen Reiseliteratur aus dem 16. bis 18. Jahrhundert untersuchte, kennt nur ein Werk, das auf die republikanische Verfassung der Stadt eingeht, ein anonymes "Picture of Hamburg or the Englishman's Guide to that free imperial city" (London o. J. (nach 1803)). Vgl. Dibelius, W.: Englische Berichte. 1914, S. 71 u. 72 f. Von den 52 deutschen Reisenden im 18. Jahrhundert, deren Hamburg-Berichte ich ermitteln konnte, vergißt kaum einer, die beispiellose "bürgerliche Freiheit" der Hansestadt (so etwa SCHREIBER, A. W.: Bemerkungen. 1793, Bd. 2, S. 72) zu erwähnen. "Ich kenne keine Republik, die das Mittel zwischen Aristokratie und Demokratie so glücklich traf, und sich gegen die Inkonvenienzen beyder Regierungsarten so sicher zu setzen wußte, als diese", schreibt z. B. RIESBECK (Riesbeck, J. K.: Briefe. 1783, Bd. 2, S. 293).

13) MARSHALL, J.: Reisen. 1773, Bd. 2, S. 94 u. 101.

14) Ebd., S. 116.

15) Ebd., S. 120.

16) Vgl. HIBBERT, C.: Europareise. o.J., S. 172-177.

17) Vgl. MARSHALL, J.: Reisen. 1773, Bd. 2, S. 109-115.

18) Ebd., S. 113.

19) Ebd., S. 106 f.

20) Ebd., S. 119 u. 117.

21) LEDIARD, T.: Kundschafter. 1764, S. 323 f.

22) NUGENT, T.: Reisen. 1781, S. 50.

23) LEDIARD, T.: Kundschafter. 1764, S. 323.

24) Mehr als zehn Jahre nach Erscheinen der Originalausgabe deckte der Entomologe Johann Christian FABRICIUS in seinen "Briefen aus London" das Pseudonym auf: HILL habe das Buch "auf seiner Studierstube, ohne England verlassen zu müssen, geschrieben." (Fabricius, J. C.: Briefe. 1784, S. 205). Dennoch ist Hills Werk auch später noch häufig als tatsächliche Reise gelesen worden; so etwa auch von W. DIBELIUS: Englische Berichte. 1914, S. 73 u. ö.

25) Vgl. "Göttingische Anzeigen von gelehrten Sachen", Jg. 1773, S. 904; Physikalischökonomische Bibliothek von Johann BECKMANN, Bd. 4 (1774), S. 159-177 (das Zitat auf S. 159 f.). Es muß allerdings der Gerechtigkeit halber hinzugefügt werden, daß die "Allgemeine deutsche Bibliothek" (Bd. 23/2) schon 1775 vermutete, MARSHALL sei "eben so wenig wirklich gereist, wie des la Porte reisender Franzose" (S. 559).

26) Göttingische Anzeigen 1773, S. 904.

27) Zit. nach MEYER, F. J. L: Skizzen. 1799, Tl. 1, S. 6.

28) Anonym: Nachricht. o. J., S. 314.

29) Ebd., S. 315.

30) MEYER, F. J. L.: Skizzen. 1799, Tl. 3, S. 24 f.

31) GUTHKE, K. S.: Mylius. 1974, S. 164.

32) WILLEBRAND, J. P.: Annehmlichkeiten. 1772, S. 44 f., 61 f., 88.

33) Vgl. zur antiken Tradition und den Ausformungen dieser Lehre von den Körpersäften FLASHAR, H.: Melancholie. 1966. Dort auch weitere Literatur.

34) WILLEBRAND, J. P.: Annehmlichkeiten. 1772, S. 60 f.

35) Ebd., Vorrede, unpag.

36) NIRRNHEIM, H.: Willebrand. 1898, S. 261.

37) Vgl. dazu etwa den Versuch von KÜTTNER, die "mannigfaltigen Dinge" in Hamburg, "die die Fremden so gern tadeln", nach pro und contra wägend darzustellen: Küttner, K. G.: Reise. 1801, Bd. 1, S. 78-94.

38) MERKEL, G. H.: Briefe. 1801, S. 167.

39) MERKEL, G. H.: Reisegeschichte. 1800, S. 241. Vgl. dazu auch die anonyme Entgegnung "Über eine öffentliche Beurtheilung der Hamburger". - In: Hanseatisches Magazin. Bd. 3. - Bremen 1800, S. 322-336.

40) HUMBOLDT, W. v.: Tagebuch. 1894, S. 112.

41) MACK, H.: Hamburg. 1916, S. 76.

42) BENEKE, F.: Hamburg. 1976, S. 191.

43) Ebd., S. 192. Vgl. auch die weiteren Eintragungen bis 1808 (ebd., S. 192 f.). Über die Freßlust der Hamburger berichtete u. a. auch Heinrich Wilhelm Basilius von RAMDOHR eine Anekdote, die ihm von "einer hollsteinischen dame von großem geiste und sehr pikanter conversation" erzählt worden ist - er selbst habe derartige Gelage in Hamburg nicht kennengelernt: Ramdohr, H. W. B. v.: Studien. 1792, S. 23- 25.

44) STÖVER, J. H.: Niedersachsen. 1789, Bd. 1, S. 105, Vgl. auch Anonym: Charakteristik, S. 91 f.

45) Das erste Zitat bei MINDER, J. A.: Briefe. 1794, S. 75; das folgende bei RIESBECK, J. K.: Briefe. 1783, Bd. 2, S. 303.

46) STÖVER, J. H.: Niedersachsen. 1789, Bd. 1, S. 185. Vgl. auch KÜTTNER, K. G.: Reise. 1801, Bd. 1, S. 93 f.

47) MINDER, J. A.: Briefe. 1794, S. 63.

48) RIESBECK, J. K.: Briefe. 1783, Bd. 2, S. 290.

49) STÖVER, J. H.: Niedersachsen. 1789, Bd. 1, S. 111 f. Vgl. auch KÜTTNER, K. G.: Reise. 1801, Bd. 1, S. 183.

50) GRIES, J. L.: Klagen. 1800, S. 4.

51) BAHRDT, K. F.: Handbuch. 1789, S. 202.

52) Ebd. Vg. auch BALET, L. / GERHARD, E.: Verbürgerlichung. 1973, S. 44-54 u. ö.

53) KNIGGE, A. Frhr. v.: Umgang. 1975, S. 239 f.

54) Vgl. dazu die Ausführungen bei BALET, L. / GERHARD, E.: Verbürgerlichung. 1973, S. 288-290.

55) KNIGGE, A. Frhr. v.: Umgang. 1975, S. 261 f.

56) MERKEL, G. H.: Reisegeschichte. 1800, S. 211 f.

57) Zit. nach GRIES, J. L.: Klagen. 1800, S. 3 f.

58) MERKEL, G. H.: Briefe. 1801, S. 159 f.

59) MINDER, J. A.: Briefe. 1794, S. 85 f.

60) STÖVER, J. H.: Niedersachsen. 1789, Bd. 1, S. 106. Vgl. auch ebd., S. 128; MEYER, F. J. L.: Skizzen. 1799, Tl. 1, S. 35 f.; Tl. 2, S. 47 f.

61) Vgl. dazu die zeitgenössischen Äußerungen bei MEYER, J. H. L.: Skizzen. 1799, Tl. 2, S. 40-52; KÜTTNER, K. G.: Reise. 1801, Bd. 1, S. 184 f. Vgl. auch WOHL-WILL, A.: Geschichte. 1914, S. 233 f.

62) "Am Ende eines Jahrhunderts dringt sich einem Jeden, der seine Vaterstadt liebt, die Frage so natürlich und ernstlich auf: wie steht's um unser Wohl? wie steht's um unsre Sittlichkeit? Sind die häufigen Klagen, die man jetzt über Hamburg hört, sind sie gerecht?" (GRIES, J. L.: Klagen. 1800, S. 6.)

63) Ebd., S. 9.

64) Ebd.

65) Vgl. MINDER, J. A.: Briefe. 1794, S. 203-227; KÜTTNER, K. G.: Reise. 1801, Bd. 1, S. 195-205.

66) Diese "Skizzen", 1799 und 1800 anonym im "Hanseatischen Magazin" erschienen, werden von SCHRÖDER (Lexikon. 1854, Bd. 2, S. 596) GRIES selbst zugeschrieben. Das ist allerdings ein Fehler, der wahrscheinlich auf den merkwürdigen Doppeltitel der Broschüre von Gries zurückgeht: "Sind die gehäuften Klagen neuerer Schriftsteller über Hamburg gerecht? Auch Skizzen zu einem Sittengemälde von Hamburg". In MEUSELs "Gelehrtem Teutschland" (Bd. 9 <1801>, S. 457) kann man dies schon wahlweise als einen oder zwei Titel lesen, und bei SCHRÖDER werden dann endgültig zwei Werke daraus. Der Verfasser der "Skizzen zu einem Sittengemälde von Hamburg" ist allerdings der Hamburger Domherr Friedrich Johann Lorenz MEYER. Die Fassung des "Hanseatischen Magazins" fand im Jahr darauf Verwendung in seiner Buchveröffentlichung "Skizzen zu einem Gemälde von Hamburg" (6 Hefte. Hamburg 1800-1804). Vgl. dazu auch RIEDEL, K. V.: MEYER. 1963, S. 90 f.

67) MEYER F. J. L.: Skizzen. 1799, Tl. 2, S. 52.

68) GRIES, J. L.: Klagen. 1800, S. 15.

69) BAASCH, E.: Einfluß. 1909, S. 41.

70) GRIES zitiert nicht wörtlich, sondern gibt nur die Hauptpunkte des Beitrages "Armenanstalt in Hamburg" wieder. Der Aufsatz stammt nach Angaben des "Magazin"-Herausgebers von Kaspar VOGHT (Hanseatisches Magazin. Bd. 2 (1799), S. 140-165).

71) GRIES, J. L.: Klagen. 1800, S. 7.

72) Vgl. dazu KÜTTNER, K. G.: Reise. 1801, Bd. 1, S. 96-113.

73) MERKEL, G. H.: Briefe. 1801, S. 313. Vgl. dort auch die weiteren Ausführungen.

74) Vgl. dazu STÖVER, J. H.: Niedersachsen. 1789, Bd. 1, S. 133-136, 182-193 u. ö.; MINDER, J. A.: Briefe. 1794, S. 33 f., 228-245; MERKEL, G. H.: Briefe. 1801, S. 282-294; KÜTTNER, K. G.: Reise. 1801, Bd. 1, S. 231 f.

75) Einige dieser Überlegungen habe ich in meinem Beitrag "Die reinliche Stadt. Über fremden und eigenen Schmutz", weiter ausgeführt, der in dem von Conrad WIEDE-MANN herausgegebenen Tagungsband "Rom - Paris - London" (Stuttgart: Metzler 1988) erschienen ist.

76) GRIES, K. L.: Klagen. 1800, S. 7.

77) Anonym: Briefe. 1788, S. 6.

78) MERKEL, G. H.: Briefe. 1801, S. 23.

79) Ebd., S. 23 f.

80) BENEKE, F.: Hamburg. 1976, S. 188.

81) Vgl. z. B. SCHULZ, J. C. F.: Wanderungen. 1786, S. 67.

82) Im Gefolge von Eugene SUE's Roman erschien eine große Zahl von Nachahmungen und Fortsetzungen, darunter auch 1844 in 4 Teilen die "Geheimnisse von Hamburg" von Johann Wilhelm CHRISTERN. Der Roman wurde noch 1888 wieder neu aufgelegt.

LITERATURVERZEICHNIS

ANONYM: Briefe eines Reisenden Handlungsbedienten über Leipzig, Hamburg und Lübeck. An seinen Bruder in Sachsen. - Clausthal 1788.

ANONYM: Kleine Charakteristik von Hamburg, von einem Kosmopoliten, drey Treppen hoch. - o. O. 1782.

ANONYM: Nachricht von Hamburg. - o. O. u. J. (Leipzig 1704?).

BAASCH, Ernst: Der Einfluß des Handels auf das Geistesleben Hamburgs. - Leipzig 1909.

BAHRDT, Karl Friedrich: Handbuch der Moral für den Bürgerstand. - Tübingen: J. F. Balz und W. H. Schramm 1789.

BALET, Leo / E. GERHARD: Die Verbürgerlichung der deutschen Kunst, Literatur und Musik im 18. Jahrhundert. Hrsg. und eingeleitet von Gert MATTENKLOTT. - Frankfurt a. M. / Berlin / Wien 1973.

BENEKE, Ferdinand: Hamburg um die Wende vom 18. zum 19. Jahrhundert. Tagebuchaufzeichnungen Ferdinand Benekes. Zusammengestellt von Renate HAUSCHILD-THIESSEN. - In: Hamburgische Geschichts- und Heimatblätter. Bd. 9. - Hamburg 1976, S. 181-208.

DIBELIUS, Wihelm: Englische Berichte über Hamburg und Norddeutschland aus dem 16. bis 18. Jahrhundert. - In: Zeitschrift des Vereins für hamburgische Geschichte. Bd. 19. - Hamburg 1914, H. 1, S. 51-82.

FABRICIUS, Johann Christian: Briefe aus London vermischten Inhalts. - Dessau/Leipzig 1784.

FLASHAR, Hellmut: Melancholie und Melancholiker in den medizinischen Theorien der Antike. - Berlin 1966.

FOHRBECK, Karla / WIESAND, Andreas J.: "Wir Eingeborenen." Zivilisierte Wilde und exotische Europäer. Magie und Aufklärung im Kulturvergleich. - Reinbek 1983.

GRIEP, Wolfgang: Reiseliteratur im späten 18. Jahrhundert. - In: GRIMMIGER, Rolf (Hrsg.): Deutsche Aufklärung bis zur Französischen Revolution. 1680-1789. - München 1980, S. 739- 764. (Hansers Sozialgeschichte der deutschen Literatur. 3.).

GRIES, Johann Ludwig: Sind die gehäuften Klagen neuerer Schriftsteller über Hamburg gerecht? Auch Skizzen zu einem Sittengemälde von Hamburg. - Hamburg: Benjamin Gottlob Hoffmann 1800.

GRUNER, Justus: Meine Wallfahrt zur Ruhe und Hoffnung oder Schilderungen des sittlichen und bürgerlichen Zustandes Westphalens am Ende des 18. Jahrhunderts. 2 Bde. - Frankfurt a. M. 1803.

GUTHKE, Karl S.: Hamburg im Jahre 1753 von Christlob Mylius. - In: Hamburgische Geschichts- und Heimatblätter. Bd. 9. - Hamburg 1976, H. 7, S. 57-166.

HIBBERT, Christopher: Gentleman's Europareise. Aus dem Englischen. - Frankfurt a. M.: Ariel o. J. (um 1970).

HOCHE, Johann Gottfried: Reise durch Osnabrück und Niedermünster in das Saterland, Ostfriesland und Gröningen. - Bremen: Friedrich Wilmans 1800.

HUMBOLDT, Wilhelm von: Tagebuch Wilhelm von Humboldts von seiner Reise nach Norddeutschland im Jahre 1796. Hrsg. von Albert LEITZMANN. - Weimar 1894.

KNIGGE, Adolf Freiherr von: Über den Umgang mit Menschen. (Text nach der 4. Auflage von 1792). - Leipzig: Reclam 1975.

ANONYM (KÜTTNER, Karl Gottlob): Reise durch Deutschland, Dänemark, Schweden, Norwegen und ein Theil von Italien, in den Jahren 1798. 1799. 4 Bde. - Leipzig: Georg Joachim Göschen 1801.

ANONYM (LEDIARD, Thomas): Der deutsche Kundschafter in Briefen eines durch Westphalen und Niedersachsen reisenden Engländers aus der zweyten Londner Ausgabe von 1740 übersetzt von U. LEMGO: Meyer 1764.

MACK, Heinrich: Hamburg und die Hamburger im Jahre 1809. Briefe eines Braunschweigers. - In: Zeitschrift für Hamburgische Geschichte. 21 (1916), S. 63-81.

MAURER, Michael: Aufklärung und Anglophilie in Deutschland. - Göttingen 1987.

MARSHALL, Joseph (Pseud. für George HILL): Reisen durch Holland, Flandern, Deutschland, Dänemark, Schweden, Rußland, Pohlen und Preußen in den Jahren 1768, 1769 und 1770. Aus dem Englischen übersetzt. 3 Bde. - Danzig: Daniel Ludwig Wedel.

ANONYM (MERKEL, Garlieb Helwig): Eine Reisegeschichte. Vom Verfasser der Rückkehr ins Vaterland. - Berlin: H. Frölich 1800.

MERKEL, Garlieb Helwig: Briefe über einige der merkwürdigsten Städte im nördlichen Deutschland. Bd. 1 (alles). - Leipzig: J. F. Hartknoch 1801.

ANONYM (MEYER, Friedrich Johann Lorenz): Skizzen zu einem Sittengemälde von Hamburg. (Im Jahre 1799 entworfen.) Bd. 2. - Bremen 1799, S. 1-54; Bd. 3 (1800), S. 5-65.

ANONYM (MINDER, Johann Arnold): Briefe über Hamburg. - Leipzig: Johann Samuel Heinisus 1794.

NIRRNHEIM, Hans: Johann Peter Willebrand. - In: Allgemeine Deutsche Biographie. Bd. 43. - München 1898, S. 261-262.

NUGENT, Thomas: Reisen durch Deutschland, und vorzüglich durch Meklenburg. Aus dem Englischen übersetzt. 2 Bde. - Berlin / Stettin: Nicolai 1781.

ANONYM (PEZZL, Johann): Biographisches Denkmal Risbeck's, Verfasser der Briefe eines reisenden Franzosen und andrer Schriften. - Kempten 1786.

RAMDOHR, Heinrich Wilhelm Basilius von: Studien zur Kenntniss der Schönen Natur, der schönen Künste, der Sitten und der Staatsverfassung, auf einer Reise nach Dänemark. - Hannover: Helwing 1792.

RIEDEL, Karl Veit: Friedrich Johann Lorenz Meyer. 1760-1844. Ein Leben in Hamburg zwischen Aufklärung und Biedermeier. - Hamburg 1963.

ANONYM (RIESBECK, Johann Kaspar): Briefe eines Reisenden Franzosen über Deutschland. An seinen Bruder zu Paris. Übersetzt von K. R. 2 Bde. - o. O. u. V. 1783.

ANONYM (SCHREIBER, Alois Wilhelm): Bemerkungen auf einer Reise von Strasburg bis an die Ostsee. Im Sommer 1791. 2 Thle. - Leipzig 1793.

SCHRÖDER, Hans: Lexikon der hamburgischen Schriftsteller bis zur Gegenwart. Bd. 2. - Hamburg 1854.

ANONYM (SCHULZ, Joachim Christoph Friedrich): Kleine Wanderungen durch Deutschland. In Briefe an Herrn D. K***. - Basel 1786.

SEGEBERG, Harro: Die literarisierte Reise im späten 18. Jahrhundert. Ein Beitrag zur Gattungstypologie. - In: Wolfgang GRIEP / Hans-Wolf JÄGER (Hrsg.): Reise und soziale Realität am Ende des 18. Jahrhunderts. - Heidelberg 1983, S. 14-31.

ANONYM (STÖVER, Johann Hermann): Niedersachsen. In seinem neuesten politischen, civilen und litterarischen Zustande. Ein in der Lüneburger Haide gefundenes merkwürdiges Reisejournal. 3 Bde. - Rom (Hamburg?) 1789.

ANONYM (WEBER, Carl Julius): Deutschland, oder Briefe eines in Deutschland reisenden Deutschen. 4 Bde. - Stuttgart: Gebrüder Frankh 1828.

ANONYM (WILLEBRAND, Johann Peter): Hamburgs Annehmlichkeiten von einem Ausländer beschrieben. - Hamburg: Estienne und Sohn / Leipzig: Hilscher 1772.

WOHLWILL, Adolf: Neuere Geschichte der Freien und Hansestadt Hamburg insbesondere von 1789 bis 1815. - Gotha: Perthes 1914.

CARSTEN PRANGE

HANDEL UND SCHIFFAHRT IM 18. JAHRHUNDERT

Zum besseren Verständnis der Entwicklung von Handel und Schiffahrt des 18. Jahrhunderts in Hamburg ist eine kurze Skizzierung der Situation im 16. sowie 17. Jahrhundert erforderlich. Im ausgehenden Mittelalter wurde Hamburg das "Brauhaus der Hanse" genannt. Wichtig war auch Hamburgs Handel mit Schonen, Bergen, Island, Flandern und England; noch war Lübeck mächtiger. Das änderte sich mit dem Machtverfall der Hanse im 16. Jahrhundert. Hamburgs Rat und Kaufmannschaft gründeten 1558 die Börse und gestatteten 1567 den englischen Kaufleuten - Merchant Adventurers - in Hamburg ihre Niederlassung - English Court - einzurichten. Hamburg nahm protestantische und jüdische Glaubensflüchtlinge aus den spanischen Niederlanden seit 1570 auf. Die Zahl der Einwohner verdoppelte sich bis 1600 auf 40.000.[1] Die Zuwanderer brachten Geld und Geschäftsbeziehungen mit. Hamburgs Handel verlagerte sich vom Nord- und Ostseeraum zum Atlantik. Die Iberische Halbinsel wurde neben den Niederlanden zum wichtigsten Handelspartner Hamburgs. Die Waren aus dem Westen wurden nach dem deutschen Hinterland sowie nach Skandinavien und Rußland weiterverkauft. Zur Förderung des Handels wurde 1619 die Hamburger Bank gegründet. Die Gewinne der Alteingesessenen wie der Zuwanderer waren beträchtlich. Sie ermöglichten es der Stadt im Zeitraum zwischen 1616 und 1625, uneinnehmbare Befestigungsanlagen zu bauen und sich gegen die Gefahren des heraufziehenden 30jährigen Krieges zu schützen. So blieb Hamburg in einer Zeit der Erstarkung der Territorialmächte unabhängig. An dieser Unabhängigkeit waren auch die Handelspartner dieser Stadt interessiert; die großen Seemächte Holland, England, Frankreich und Spanien sowie die deutschen Staaten Brandenburg-Preußen und Hannover. Schweden war gleichfalls daran gelegen, daß Hamburg nicht dänisch wurde. Hamburg hat seinerseits durch seine Unabhängigkeit in den westeuropäischen Seekriegen wie auch in den Kriegen LUDWIGS XIV. gegen das Reich und dessen Verbündete sowie im Siebenjährigen Krieg zur Erhaltung seiner Neutralität beigetragen. Kriegerische Unruhen bedeuteten eine starke Gefährdung des Handels und der Schiffahrt, konnten aber auch erhebliche Gewinne einbringen, wie später anhand von Handelskrisen noch darzustellen sein wird. Die Einwohnerzahl im 17. Jahrhundert hatte weiterhin zugenommen, sie betrug um 1700 etwa 60.000 Einwohner; desgleichen stieg in kaufmännischen Kreisen der Wohlstand.

In der ersten Hälfte des 17. Jahrhunderts unterhielt Hamburg eine regelmäßige Schiffahrtsverbindung nach Amsterdam, der Bündnisse zwischen den Generalstaaten und den Hansestädten zugrunde lagen. Mitte des 17. Jahrhunderts befanden sich von etwa 400 Kaufleuten ca. die Hälfte im Kommissionsgeschäft. Hamburg lieferte beispielsweise Getreide, Schiffbauholz (Sachsenwald), Produkte eigener Gewerbe und des Binnenlandes sowie aus Rußland Wachs, Holz, Felle, Häute und dergleichen. Als Importe gelangten u. a. Gewürze (Pfeffer, Ingwer) aus Ostindien, Tabak und Kaffee aus der Levante, Fische (Heringe, Austern) und Textilien über Hamburg in das deutsche Binnenland, in die nordischen Staaten sowie nach Rußland. Der Handel mit Spanien und Portugal in der zweiten Hälfte des 17. Jahrhunderts war sehr ertragreich.[2] Die Handelsschiffe mußten allerdings gegen nordafrikanische Seeräuber, sog. Barbaresken, aus Algier, Tripolis und Tunis, geschützt werden. Es wurden bewaffnete Schiffe für die Konvoifahrt, d. h. die Fahrt in Gruppen unter Begleitschutz, gebaut. 1667/69 entstanden mit "Leopoldus Primus" und "Wapen von Hamburg I" erste armierte Schiffe auf hiesigen Werften, die Handelsschiffe auf ihren Fahrten begleiteten. Doch trotz des Einsatzes bewaffneter Schiffe gerieten weiterhin viele Seeleute von Einzelfahrern in die Gewalt der nordafrikanischen Piraten. In diesem Zusammenhang ist erwähnenswert, daß bezüglich der Versicherung von Schiffen und ihrer Güter - Ende des 16. Jahrhunderts hatten Niederländer Kenntnisse und Erfahrungen hierzu in Hamburg einfließen lassen - im Falle einer Piraterie oder von Schiffverlusten durch Eisgang sowohl Versicherungen wegen des damit verbundenen Risikos als auch Versicherte angesichts hoher Prämienzahlungen (5-10% des Warenwertes) abgeschreckt wurden und somit erst im Verlauf des 18. Jahrhunderts das Seeversicherungsgeschäft sich auf breiter Basis zu entwickeln begann. Die Auslösung der in Gefangenschaft geratenen Seeleute wurde durch Einrichtung einer Sklavenkasse, die durch Beiträge der Seeleute, Zuschüsse der 1623 gegründeten Admiralität - deren Hauptaufgabe die Organisation des Schutzes der Kauffahrer vor Seeräubern war - und durch Spenden finanziert wurde, zu lösen versucht. Zur Anregung der Spendentätigkeit der Bevölkerung dienten geschnitzte Holzfiguren mit Darstellung von Seeleuten in Ketten und in bittender Gebärde, die an den Kirchenzugängen aufgestellt, die Einnahmen dieser Sklavenkasse verbessern helfen sollten. Erhalten gebliebene Figuren im Museum für Hamburgische Geschichte verdeutlichen die sozialgeschichtlichen Bezüge der Konvoifahrt.

Unter dem Namen "Wapen von Hamburg" hat es eine Reihe von Konvoischiffen gegeben; ein Baumodell der "Wapen von Hamburg III" von 1720 befindet sich ebenfalls im Museum für Hamburgische Geschichte.[3] Die Kosten für den Bau und die Ausrüstung sowie Unterhaltung dieser Schiffe waren beträchtlich. Deshalb war Hamburg mit Einstellung der Konvoifahrt 1747 bemüht, sich durch Verträge mit den Barbaresken freizukaufen. 1751 wurde ein Vertrag mit Algier geschlossen, der den Hamburger Schiffen freie Fahrt zusicherte. Als Gegenleistung erhielt Algier zwei mit Juwelen Kanonen, Pulver und Schiffsausrüstungen voll beladene Schiffe. Spanien jedoch, das mit den Barbaresken sich in erbitterten Auseinandersetzungen befand, betrachtete diesen Vertrag als Unterstützung seiner Feinde und drohte aus Verärgerung über den Schritt Hamburgs alle spanischen Häfen für hiesige Schiffe zu schließen. Daraufhin hob Hamburg den Vertrag bereits nach einem Jahr wieder auf.

Neben Konvoischiffen wurden jedoch hauptsächlich Handelsschiffe, auch für Dänemark, Schweden und Portugal, auf hiesigen Werften gebaut. 1725/26 ließ der Hamburger Kaufmann STENGELIN zwei Ostindienfahrer mit je 30 Kanonen für die kaiserliche Kompanie in Ostende hier bauen. Ein Modell eines dieser Ostindienfahrer, das aus dem Arsenal der hiesigen Admiralität stammt, befindet sich in unserem Museum. Im Zusammenhang mit dem Bau hiesiger Schiffe ergaben sich teilweise heftige Konkurrenzkämpfe zwischen in der Stadt ansässigen Zunftmeistern und freien, nicht der Zunft unterstehenden Schiffszimmerermeistern aus den Vorstädten. Mathematisch errechnete Schiffsrisse, beispielsweise die des schwedischen Schiffbaumeisters CHAPMAN sowie Kenntnisse und Fertigkeiten niederländischer Baumeister beeinflußten den hiesigen Schiffbau im 17. und 18. Jahrhundert.

Die Bedrohung hamburgischer Schiffe durch Piraten war einer der Anlässe, die zur Gründung der Kommerzdeputation führten und die in ihrem Selbstverständnis einer zunächst reinen Standes- und Interessenvertretung hiesiger Kaufleute als die Nachfolgeinstitution des 1517 von den hansischen Schiffergesellschaften der Schonen-, Flandern- und Englandfahrer geschaffenen "Kaufmannsrates" angesehen wird. Dieser von den "zur See handelnden Kaufleuten" 1665 eingerichteten Institution, seit 1867 unter dem Namen Handelskammer, wurde erst allmählich vom Rat der Stadt eine Mitwirkung in allen Fragen des Handels und der Schiffahrt zugestanden.[4] Daneben besaß das Admiralitätskollegium außer der Verantwortung für das Konvoiwesen die Aufsicht über alle Angelegenheiten des Hafens, der Schiffahrt und der Niederelbe. Dazu gehörte sowohl das Lotsenwesen als auch die Unterhaltung der Fahrwassermarkierungen wie Elbtonnen oder die Kohlefeuer auf Neuwerk und Helgoland. Ferner oblag dem Kollegium die Seerechtsprechung sowie die Ernennung hamburgischer Konsuln im Ausland. 1749 errichtete die Admiralität eine Navigationsschule. Durch die französische Besetzung zu Beginn des 19. Jahrhunderts wurde die Admiralität aufgehoben und die Hamburger Verwaltung neu gestaltet. Die Aufgaben der Admiralität übernahm nach 1814 die Schiffahrts- und Hafendeputation sowie das Handesgericht.

Auch die Wal- und Robbenfang betreibenden hamburgischen Grönlandfahrer im nördlichen Eismeer wurden von Kaperschiffen europäischer Mächte, unter ihnen Konkurrenten auf dem Gebiet des Walfangs, wie beispielsweise die Niederlande und England, bedroht. Während der englisch-niederländischen Seekriege in der zweiten Hälfte des 17. Jahrhunderts bildete das neutrale Hamburg Zufluchtsort zahlreicher holländischer Walfänger. Walfang und Walverarbeitung entwickelten sich zu einem der wichtigsten Gewerbe dieser Stadt. Dank niederländischer Zuwanderer belebte sich das Gewerbe der Seiden- und Wollweber, Posamentierer, Caffamacher, Gewandfärber und Gerber. 1730 werden mit dem Kattundruck die Anfänge erster Manufakturen in Hamburg verzeichnet. Auf die zunehmende soziale Differenzierung infolge wirtschaftlicher Entwicklungen wird in einem der nächsten Vorträge "Zur Arbeits- und Lebenssituation Hamburger Manufakturarbeiterinnen im 18. Jahrhundert"[5] näher eingegangen werden. Die Wohlhabenheit des Großbürgertums, sichtbarer Ausdruck im Bau prächtiger Kaufmannshäuser (Fassaden, Innenräume, Mobiliar) sowie Landhäuser in den Vororten mit entsprechend großzügig gestalteten Gartenanlagen nach zunächst französischem, später englischem Vorbild, beginn sich deutlich abzuheben von den Fachwerkbauten der Gewerbetreibenden oder der Kleinhändler.

Mitte des 17. Jahrhunderts begann für Hamburg die wirtschaftlich recht bedeutsame Grönlandfahrt.[6] Hiesige Walfänger erlebten noch die letzten Jahre der reichen Walfänge in den Baien Spitzbergens. Die rücksichtslose Verfolgung der Wale erschöpfte jedoch die Fanggründe um Spitzbergen. Der Walfang verlagerte sich auf die offene See und später in die westgrönländischen Gewässer. Die für den Walfang gebräuchlichen Schiffstypen bildeten zunächst Fleuten, später zunehmend auch Bootschiffe. Da bei den weiten Entfernungen größere Schnelligkeit erwünscht war, wurde das Verhältnis der Breite zur Länge verändert und der Schiffsrumpf, insbesondere bei Fleuten, schlanker. Eine Steigerung der Segelleistung wurde auch durch Verbesserungen der Takelage angestrebt. Um in der Eismeerfahrt bestehen zu können, waren die Schiffe am Steven mit einer eisernen Verstärkung ausgestattet. Wurde im Fanggebiet ein Wal gesichtet, wurden die kleinen Beiboote (Schaluppen) zu Wasser gelassen. Der Wal wurde gejagt, harpuniert und mit Lanzen getötet. Das tote Tier wurde zum Schiff geschleppt und mit starken Tauen längsseits des Schiffes festgemacht. Dann begann das Flensen, das Abziehen der Speckschicht. In Fässern verpackt, wurde der Speck unter Deck verstaut. Die Grönlandfahrt war für die Hamburger Reeder gewinnbringend, jedoch war die Arbeit im Eismeer nicht immer ungefährlich. Nicht nur Kaperer, sondern der eigentliche Walfang von den kleinen Fangbooten aus sowie plötzlicher Eisgang bedrohten die Walfänger. Die Besatzung stammte zumeist aus Nordfriesland und den Elbmarschen. Die Saison erstreckte sich vom Frühjahr bis zum Spätsommer. Derweil wurde die Feldarbeit und Viehwirtschaft von Frauen geleistet. Blieb der Mann auf See, mußte die Witwe sich oft als Tagelöhnerin verdingen. Die Jungen fuhren bereits in frühen Jahren zur See.

Der Walfang war ein bedeutender Wirtschaftszweig nicht nur in Hamburg, auch im damals zu Dänemark gehörenden Altona. Schiffszimmerer, Segelmacher und andere Handwerker lebten von der Ausrüstung der Schiffe. Nachdem zunächst das Walfett noch auf Spitzbergen zu Tran verarbeitet worden war, sorgten später Tranbrennereien auf dem Hamburger Berg nahe dem heutigen St. Pauli Fischmarkt für die Verarbeitung des Specks. Dabei wurde der Walspeck in Kupferkesseln erhitzt. Das ausgekochte Fett wurde abgeschöpft und durch Abkühlung und Filtrierung von Schadstoffen gereinigt. Anschließend wurde das Fett in Fässer abgefüllt. Der beim Tranbrennen entstehende abscheuliche Gestank führte zu zahlreichen Klagen der in der Nähe wohnenden Bürger. Jedoch war der zu Beleuchtungszwecken notwendige Tran begehrt und wurde hochbezahlt. 1673 gab es in Hamburg annähernd 400 Tranlaternen. Den besten Tran erhielten die Apotheker, den schlechtesten die Gerber und Seifensieder; das meiste aber entfiel auf die Straßenbeleuchtung, die ohne Waltran nicht denkbar gewesen wäre. Neben dem Speck wurden auch die Barten des Wals verarbeitet. Als einer dem Horn ähnlichen Substanz fand das Fischbein wegen seiner Elastizität und Härte als Ausgangsmaterial für Kämme, Spangen, Knöpfe, Sprungfedern oder Schirm- und Korsettstangen Verwendung.

Aber während auf den friesischen Inseln alte Grabsteine an die Reisen der Walfänger erinnern, weist in Hamburg nur noch der Straßenname "Schulterblatt", herrührend von einem Wirtshaus mit Walschulterblatt als Aushängeschild, an diese Zeit. Dabei haben hiesige Walfänger in der Zeit ihres Wirkens von der Mitte des 17. bis ins 19. Jahrhundert rund 6.000

Fangfahrten in das nördliche Eismeer unternommen, an denen zeitweise jährlich bis zu 83 Schiffe beteiligt waren.

Die Geschichte des Walfangs in Hamburg ist vor allem auch eine Geschichte der Reederfamilien wie ROOSEN, BEETs, AMSINCKs und HUDTWALKER.[7] Sie stellten ausreichend Kapital bereit und musterten Schiffe für Fangfahrten aus, bei denen weder Erfolg noch Heimkehr garantiert waren. So gingen beispielsweise 1777 sieben Schiffe im Eis verloren; 320 Mann Besatzung kamen ums Leben. Darüber hinaus wurden den hiesigen Walreedern, im Gegensatz zu ihren ausländischen Konkurrenten, vielfältige Abgaben wie Schiffszölle, Fisch- und Konvoigeld auferlegt. Für die Reederei Roosen bildete die Personenfahrt neben der Tranbrennerei ein weiteres Nebengeschäft. Auf sog. Schmackschiffen, einem besonderen Schiffstyp der Küstenfahrt, reisten die Walfängerbesatzungen im Frühjahr von den friesischen Inseln und den Küstenorten nach Hamburg; im Spätherbst kehrten sie wieder heim. Ende des 18. Jahrhunderts nahm das Handelshaus Roosen die Kaufmannsreederei in großem Umfang auf. Roosen betrieb nicht nur die für Hamburg traditionelle Amsterdam- und Londonfahrt, sondern begann auch die bislang vernachlässigte Archangelskfahrt, für die die Grönlandfahrer besondere Erfahrungen mitbrachten. Auf diesem Wege gelangten Holz und Getreide aus Rußland unter Vermeidung des Sundzolls nach Frankreich, das dafür ein Viertel seiner Kolonialwaren, vor allem Kaffee und Zucker, an die Hamburger verkaufte.

Nach dem spanischen Erbfolgekrieg zu Beginn des 18. Jahrhunderts verlagerte sich Hamburgs Westhandel von Spanien nach Frankreich. Der Handelsvertrag von 1716 förderte die Einfuhr besonders von Zucker. Mitte des 18. Jahrhunderts stand der Warenaustausch mit Frankreich, dessen Höhepunkt mit der Französischen Revolution 1789 erreicht wurde, im Vordergrund. Als Folge dieser Revolution gelangten zahlreiche französische und niederländische Firmen nach Hamburg, das zu der Zeit etwa 130.000 Einwohner zählte und anstelle Amsterdams als ein Vorhafen amerikanischer Waren auf dem europäischen Kontinent fungierte. Mit der Eroberung der Niederlande durch Frankreich 1795 wurde auch der holländische Ostindien- und Levantehandel über Hamburg abgewickelt.

Während im 17. Jahrhundert der Hamburger Hafen das Gebiet von den Vorsetzen über Kehrwieder bis einschließlich Grasbrook umfaßte und unzureichend ausgebaggerte Fahrrinnen die Schiffahrt behinderten - Schiffe mit größerem Tiefgang mußten bereits bei Neumühlen gelöscht bzw. geleichtert werden -, wurde es erforderlich, Ende des 18. Jahrhunderts im Niederhafen (Jonashafen) eine zweite Duckdalbenreihe anzulegen, um den

Seeschiffen ausreichende Ankerplätze zur Verfügung stellen zu können. Einige Zahlenbeispiele sollen die wachsende Bedeutung des hamburgischen Hafens und die Zuwächse im Handel belegen: 1788 waren in Hamburg 151 Schiffe beheimatet, 1799 war ihre Zahl bereits auf 280 Schiffe gewachsen. Um 1800 liefen über 2.000 Schiffe den Hamburger Hafen an. Das Handelsvolumen weitete sich aus; diese Feststellung ist im Ergebnis eindeutig noch dem europäischen Handel zuzuschreiben.[8] Die Importwaren brachten Hamburg Steuern und dem Transithandel hohe Umsätze. Der Verkehr nach Übersee beschränkte sich vorerst auf wenige unregelmäßige Fahrten.

Ein weiteres bedeutendes Gewerbe der Stadt bildete für über zwei Jahrhunderte die Zuckerbäckerei[9] - nicht mit dem heutigen Konditorengewerbe gleichzusetzen -, d. h. die Verarbeitung des aus Westindien und Lateinamerika stammenden und zunächst über iberische, später französische Häfen eingeführten Rohrzuckers. Das aus Zucker gewonnene Produkt wurde per Segelschiff in Fässer, Kisten oder Säcken nach Hamburg gebracht und mittels Schuten bzw. anderer Kleinfahrzeuge von den auf Reede liegenden Seeschiffen zu den an den Fleeten gelegenen Speichern transportiert. Dort wurde die Ladung mittels Haspelwinden, kleinen Handkränen, gelöscht. In der Mehrzahl bildete dieses Gewerbe Kleinbetriebe mit bis zu zwölf Arbeitskräften. Endprodukt des über mehrere Stufen verlaufenden Siedeprozesses, der anschliessenden Abkühlung und Trocknung bildete der Zuckerhut. Dieser Verarbeitungsprozeß konnte sich bis zu mehreren Monaten erstrecken; die sich anschließende Sirup- und Kandisherstellung benötigte einen etwas längeren Zeitraum. Die Zuckerbäcker waren von der Anlandung entsprechender Partien Zucker abhängig. Während der Wintermonate ruhte der Schiffsverkehr. Die Mehrzahl der Zuckersiedereien bildeten Familienbetriebe, die je nach Bedarf Gehilfen heranzogen. In der Form des Zuckerhutes wurde der fertige Zucker ausgeliefert, dessen Nachfrage besonders durch den im 17. Jahrhundert aufkommenden Kaffee- und Teegenuß erhöht wurde. Bis zur Mitte des 18. Jahrhunderts belieferten Hamburgs Zuckersiedereien einen großen Teil Deutschlands und fast ganz Nordeuropa. Um 1750 verfügte Hamburg über 365 Zuckersiedereien. In ihrer wirtschaftlichen Bedeutung war die Zuckersiederei durchaus dem mittelalterlichen Braugewerbe vergleichbar. Der hiesige Zucker war für seine gute Qualität bekannt. Deswegen und wegen des doch relativ günstigen Preises gegenüber den Konkurrenten (für die Konsumenten war Zucker noch recht teuer; noch immer wurde vorwiegend mit Honig gesüßt) gelang es den benachbarten Territorialmächten, besonders Preußen, zunächst auch nicht, den Hamburger Zucker durch eigene protektionistisch betriebene Zuckersiedereien und Einfuhrverbote vom Markt zu verdrängen. Hamburg erhob seinerseits wirtschaftliche Forderungen, um mit seinen Exporten bestehen zu können: Lockerung der Verkaufsbeschränkungen, Zollerleichterungen sowie Förderung der Handelsfreiheit, d.h. Aufhebung der Durchfuhrzölle - Forderungen, die sicherlich im Zeitalter der Aufklärung vielen Zeitgenossen zukunftsweisend erschienen. Doch waren diese wünschenswerten Maßnahmen so uneigennützig nicht. Hamburg erhoffte sich Vorteile, wie beispielsweise auch in dem bereits erwähnten Vertrag mit den Barbaresken in Algier. Moralische bzw. wirtschaftspolitische Bedenken wurden gelegentlich zurückgestellt, wenn es den hamburgischen Kaufleuten um das Geschäft ging. Die Besetzung Hamburgs durch napoleonische Truppen sowie die Kontinentalsperre gegen England Anfang des 19. Jahrhunderts bedeuteten für das Zuckergewerbe eine totale Beeinträchtigung seiner Produktion und Exporte. Alle in Hamburg befindlichen englischen Waren wurden beschlagnahmt und auf dem Grasbrook öffentlich verbrannt. Der aufkommende Gebrauch der Zuckerrübe als Rohstoff Mitte vorigen Jahrhunderts bedeutete das Ende des hiesigen Zuckerbäckergewerbes. Durch die Enzyklopädisten DIDEROT und D'ALEMBERT sowie durch die Veröffentlichungen des DUHAMEL DU MONCEAU sind wir über die Produktionsverfahren der Zuckerraffination, insbesondere auch durch bildliche Darstellungen, gut unterrichtet. Durch die notwendigen Zuliefererbetriebe wie Kupferschmiede, Küper, Reepschläger, Ewerführer, Kalkbrenner, Töpfer, Karrenzieher und Kranleute boten Zuckergewerbe und Handel nahezu 8.000 Menschen Beschäftigung.

Hamburgs Schiffahrt beschränkte sich bis zum letzten Viertel des 18. Jahrhunderts vornehmlich auf Nord- und Ostsee, die Biscaya und das nördliche Eismeer. Die Mittelmeerfahrt wurde in starkem Maße durch die Barbaresken, wie bereits erwähnt, behindert; die Überseefahrt blieb vorerst den Schiffen der Kolonialmächte vorbehalten. Am Siebenjährigen Krieg (1756-1763) hatte das auf Neutralität bedachte Hamburg durch umfangreiche Heereslieferungen partizipieren können, jedoch blieb das Hinterland durch Preußens Maßnahmen zur Förderung des Oderverkehrs und Ausbaus Stettins für Hamburgs Transithandel wenig ergiebig. Ferner führte bei Kriegsende die Einlösung großer Mengen von Wechseln in Amsterdam sowie in Hamburg zu Zahlungsschwierigkeiten und zum Teil auch zum Bankrott vieler Handelshäuser. Ende des 18. Jahrhunderts kam es erneut zu einem allgemeinen Preisverfall und infolge vieler Fehlspekulationen zu einer Handelskrise verbunden mit zahlreichen Insolvenzen, d.h. viele miteinander in Verbindung stehende Firmen brachen zusammen. Das mit militärischen Auseinandersetzungen unter Umständen auch Geld zu gewinnen war, hatte die Erfahrung gelehrt. Die Folge war in diesem Zusammenhang, daß die Kaufleute gewaltige Warenmengen ankauften, für die sich ständig steigende Preise erzielen ließen. Dieser Spekulationsboom mußte in sich zusammenbrechen, sobald sich die Zeiten verschlechterten. Dieser Umstand trat ein, als infolge eines strengen Winters der Hafen und somit die Schiffahrt zum Erliegen kamen und die Lagermiete für die gehorteten Waren bei gleichzeitigem Preisverfall stark angestiegen waren.

Mit Anerkennung der Vereinigten Staaten durch Großbritannien und infolge der Unabhängigkeitserklärungen der lateinamerikanischen Republiken war es möglich geworden, auch unter hamburgischer Flagge Schiffe nach Übersee segeln zu lassen. Waren wie beispielsweise Reis, Zucker, Kakao, Kaffee, Tabak und Baumwolle wurden importiert; schlesische sowie westfälische Leinwand und sächsische Webwaren u. a. exportiert. Namen wie VOGHT, SIEVEKING, PARISH, KLEFEKER, PASCHEN oder BERENBERG stehen für den sich langsam entwickelnden Überseehandel als Beispiele hiesiger Kaufmannsfamilien.[10] 1789 lief auf einer hiesigen Werft am Kehrwieder ein Dreimaster vom Stapel, der über 40 Jahre unter Hamburger Flagge segeln und den Namen "Catharina" führen sollte. Dieses Schiff war eines der ersten, das 1795 bis 1798 mehrfach nach Charleston und Philadelphia/Nordamerika gelangte. Das bedeutete für Hamburgs Handel und Schiffahrt den Beginn einer neuen Epoche.

Regelmäßige Reisen jedoch unternahm dieses Schiff erst ab 1825 nach Bahia in Brasilien. Ab diesem Zeitpunkt gelangten auch andere Segelschiffe hiesiger Reeder und Kaufleute beispielsweise nach der Westküste Amerikas und nach der Südsee, nach West- und Ostafrika, nach Java und nach China, um neue Handelsbeziehungen anzuknüpfen. Das gelang innerhalb einer Generation. Schon 1856 wurden die ersten Dampferlinien nach New York und Rio de Janeiro eingerichtet. Doch bildet dies bereits ein neues Kapitel in der hamburgischen Schiffahrtsgeschichte.

Im Folgenden soll eine kurze Darstellung der Wechselbeziehungen zwischen Presse und Wirtschaft in Hamburg im 17. Jahrhundert gegeben werden, um in diesem Zusammenhang bereits frühaufklärerische Ansätze ansprechen und belegen zu können.[11] In Hamburg wurde das erste Kaffeehaus von einem Engländer 1677 eröffnet; von einer erhöhten Nachfrage nach Zucker war bereits die Rede. Während das bereits 1652 begründete Londoner Kaffeehaus vor allem Schiffversicherern und Schiffsinteressenten als Versammlungsort diente, trafen sich in Hamburg besonders Kaufleute zum Nachrichtenaustausch. Es ist interessant, daß das im Verlauf des 17. Jahrhunderts sich entwickelnde Zeitungsgeschäft in seinen Anfängen eng verknüpft ist mit wirtschaftlichen Vorgängen, da mit dem Warenaustausch zumeist auch eine Nachrichtenvermittlung verbunden war. Die bereits erwähnte Gründung von Börse und Bank belegen die Bedeutung des damaligen Geld- und Warenverkehrs dieser Stadt. In unmittelbarer Nähe der Börse ließen sich im 17. Jahrhundert zahlreiche Zeitungsunternehmen nieder. Hier bestand das Zentrum des hamburgischen Zeitungsgeschäftes, da mit der Börse neben dem Wirtschafts- ein Nachrichtenmittelpunkt entstanden war, wo Kaufleute ihre Neuigkeiten auszutauschen pflegten und das Botenwesen sich etablierte.

In den Wochenblättern der zweiten Hälfte des 17. Jahrhunderts wird wirtschaftlichen Ereignissen zunehmend größere Bedeutung beigemessen. Die Vielfalt der Wirtschaft und Handel interessierenden Themen, die teilweise über das rein Inhaltliche hinausgehen und gelegentlich belehrende Züge annehmen, wächst. Vereinzelt bieten wirtschaftliche Meldungen Anlaß für besondere Fragestellungen und Hinweise, die dem Leser als warnendes Exempel gelten sollen; beispielsweise in erzieherischer Absicht verfaßte Meldungen, in denen Zeitgenossen vor schlechten Geschäftspraktiken gewarnt werden. Hier durchaus im Sinne der allmählich einsetzenden Aufklärung. Doch wurden nicht alle wirtschaftlichen Informationen von den Kaufleuten begrüßt. So wandten sie sich zum Beispiel gegen die Angabe genauer Fangorte sowie in einem anderen Fall gegen die Bekanntgabe von Warenpreisen, wodurch sich einige Händler in ihrer Preisgestaltung unter Druck gesetzt fühlten bzw. befürchteten, daß die Konkurrenz daraus Nutzen ziehen könnte. Für die Wirtschaft bedeutsam waren auch Hinweise auf u. a. Viehkrankheiten bzw. -seuchen. Da die Zeitgenossen um die Bedeutung derartiger Berichte für den Fortbestand des Handels wußten, kam es vereinzelt zu Gegendarstellungen, so beispielsweise in einer Erklärung des Rates, in der dieser den Verdacht auf Seuchen in dieser Stadt als frei erfunden und gegenstandslos bezeichnete. Solche vermeintlichen Richtigstellungen, mit denen es Meldungen über das Bestehen ansteckender Krankheiten abzuwiegeln galt, sind in den Zeitungen jener Zeit häufiger anzutreffen.

Im Zusammenhang mit Darstellungen wirtschaftlicher Informationen zeigen die Zeitungsverfasser gelegentlich auch Interesse an pädagogischen Aspekten. Vereinzelt finden sich Hinweise auf kaufmännische Unterrichtsangebote in Form von Anzeigen, insbesondere über Unterrichtung in "Buchhalterei und Rechenkunst" sowie Erteilung von Unterricht zwecks späterer Tätigkeit im Geschäftshandel. Daneben werden Fachbücher, z. B. zur Buchhaltung und zum kaufmännischen Rechnen, angezeigt.

Neben der Presse, mit ähnlichen Intentionen, gab es im 18. Jahrhundert zahlreiche Vereinsgründungen, wie beispielsweise die 1765 nach englischem Vorbild geschaffene "Hamburgische Gesellschaft zur Beförderung der Künste und nützlichen Gewerbe" - kurz Patriotische Gesellschaft genannt -, die auch auf wirtschaftlichem Gebiet erfolgreich wirkte. Diese dem Gemeinwohl dienende Institution strebte mit Hilfe der Wissenschaft vernünftige und praktische Verbesserungen auch auf Gebieten wie dem Schiffbau, der Gewerbe und Handwerke an. Daneben gab es Einrichtungen wie die 1737 als erste deutsche Freimaurerloge in Hamburg geschaffene Institution, die als Stätte der Begegnung zwischen Gelehrten und Kaufleuten ihre Bedeutung gewann. Johann Georg BÜSCH schuf Ende des 18. Jahrhunderts seine Handlungsakademie. Doch waren manche Kaufleute von der Gründung dieser Akademie weniger begeistert; ihnen galten die Bemühungen Büschs als zu akademisch, nicht praxisnah genug. Daneben gab es genügend weitere Gelegenheiten, z. B. das gastliche Landhaus des Großkaufmanns SIEVEKING, wo sich Künstler, Wissenschaftler und Kaufleute trafen und miteinander reden konnten. Franklin KOPITZSCH hat bereits in seinem Vortrag über die "Hamburger Sozietäten und zeitgenössische Literatur im 18. Jahrhundert" auf die engen Beziehungen zwischen kaufmännischen und literarischen Interessen am Beispiel SIEVEKINGs, VOGHTs oder HUDTWALCKERs hingewiesen. Ernst BAASCH, durch viele Veröffentlichungen zum Thema Wirtschaft und Handel ausgewiesener Kenner hamburgischer Verhältnisse, betont in einem Beitrag über den Einfluß des Handels auf das Geistesleben dieser Stadt die Abneigung insbesondere der Geistlichkeit gegen alles "Commercium".

Bei aller Aufgeklärtheit ist eine nicht zu übersehende Judenfeindlichkeit, die von Vorurteilen und Konkurrenzangst geprägt war, im Hamburg jener Zeit festzustellen.[12] Bereits Mitte des 17. Jahrhunderts wurden jene Juden, die nicht den für das Wirtschaftsleben unentbehrlich gewordenen portugiesischen - sogenannten sephardischen - Juden zugehörten, aus der Stadt gewiesen. Hamburgs Geistlichkeit sowie die Oberalten dieser Stadt hatten sich damit gegenüber dem Rat der Stadt durchsetzen können. Die vertriebenen deutschen Juden fanden teilweise in Altona Aufnahme, wo sie durch Schutzbriefe des dänischen Königs gegen entsprechende finanzielle Zahlungen Untertanenrechte genossen. Allerdings trat im Verlauf des 18. Jahrhunderts eine gewisse Beruhigung ein; um 1800 lebten in dieser Stadt 6.300 deutsche und 130 portugiesische Juden. Sie bildeten zur damaligen Zeit die größte Jüdische Gemeinde, wobei die deutschen Juden von vielen Ämtern ausgeschlossen waren und sich vorwiegend als Pfandleiher, Geldwechsler oder im Kleinhandel betätigen durften. Die Verfassung untersagte ihnen Grundbesitz, bot ihnen nur beschränkte Berufsmöglichkeiten und räumte ihnen keinerlei politische Rechte ein.

Ein Zitat von Jacob GALLOIS, dem wir u. a. eine ausführliche Chronik zur Geschichte dieser Stadt verdanken, mag die Faszination, aber auch zugleich die Relativität dessen, was Hamburg in den Augen vieler Besucher und Zeitgenossen bedeutete, belegen:

Da Hamburg nur von seinem Handel lebt, so kann man sich denken, daß es dort viele Kaufleute gibt. Das sind Wesen von ganz besonderer Rasse, deren Hirne mit Geschäften ausgefüllt sind und vollgestopft mit Spekulationen, die nur auf den Gott des Gewinnes gerichtet sind. Man errät leicht, daß sie viel mehr 'interessiert' als interessant sind. Sie verbringen ihr Leben in ihren Büros, ewig am Schreibtisch klebend, die Feder hinter dem Ohr, und von Zeit zu Zeit den Blick auf die Zimmerdecke richtend, um zu zeigen, daß sie nachdenken. Sie können nichts als Ziffern malen. Freundschaft wird einkalkuliert, Ergebenheit addiert, Treu und Glauben subtrahiert, Arglist multipliziert, - kurz, alles in allem , sie kennen von allen Regeln nur diejenige der Rechenkunst und begreifen einfach nicht, daß irgend etwas anderes ausgehen könne als mit Gewinn oder Verlust.

Adam Riese ist ihr Voltaire. Daher hat auch ihr Benehmen die ganze Anmut einer Preisliste, die ganze Liebenswürdigkeit einer Rechnung, ja die Artigkeit eines Frachtbriefes. Kommt man ihnen mit Literatur, so reden sie von Zucker oder Kaffee, und auf das Thema Gefühle antworten sie mit Kakao und Gewürz. Begegnet man zufällig einem Kaufmann auf der Straße und begrüßt ihn, so macht er ein Gesicht, als erwarte er zwei Prozent Provision für die Erwiderung des Grußes...

Sind auch die Kenntnisse der Kaufleute nicht sehr ausgedehnt, so gilt das keineswegs von ihren Beziehungen: von ihrem Kontor aus sind sie in allen Teilen der Welt auf der Suche nach Waren.[13]

ANMERKUNGEN

[1] s. H. MAUERSBERG: Wirtschafts- und Sozialgeschichte zentraleuropäischer Städte 1960, S. 30 ff.

[2] Vgl. dazu Angaben bei E. BAASCH: Zur Statistik des Ein- und Ausfuhrhandels Hamburgs Anfang des 18. Jahrhunderts, in: Hansische Geschichtsblätter, 54 Jg./1930, S. 104-108 sowie S. 125-135.

[3] J. BRACKER: Wapen von Hamburg (III), Hamburg Porträt, H. 1/1976.

[4] B. STUDT / H. OLSEN: Hamburg 1951, S. 124 f. sowie E. v. LEHE / H. RAMM / D. KAUSCHE Heimatchronik, 1967[2], S. 485-492.

[5] s. R. BAKE: Vorindustrielle Frauenerwerbsarbeit, 1984. Dazu ein im Museum für Hamburgische Geschichte befindliches Modell mit Darstellung einer Kattundruckerei

um 1770 im Maßstab 1:20, das besonders die einzelnen der von Frauen geleisteten Arbeitsvorgänge detailliert widerspiegelt.

6) Dazu L. BRINNER: Die deutsche Grönlandfahrt, Berlin 1913. W. OESAU, Hamburgs Grönlandfahrt auf Walfischfang und Robbenschlag vom 17. bis 19. Jahrhundert, Glückstadt/Hamburg 1955 sowie J. MÜNZING: Die Jagd auf den Wal, Heide 1978.

7) Einen kurzen Überblick über das Unternehmen Berend ROOSEN vermittelt W. KRESSE: Aus der Vergangenheit der Reiherstiegwerft, S. 13-16. S. auch E. BAASCH, Die führenden Kaufleute und ihre Stellung in der hamburgischen Handelsgeschichte, in: Hamburger Übersee-Jahrbuch 1922, S. 43 f.

8) B. STUDT/H. OLSEN: Hamburg 1951, S. 128. S. auch W. KRESSE: Materialien zur Entwicklungsgeschichte der Hamburger Handelsflotte 1966, S. 15 ff. u. S. 32 f. und P. JEANNIN: Die Hansestädte im europäischen Handel des 18. Jahrhunderts, in: Hansische Geschichtsblätter, 89. Jg. / 1971, S. 45 f. und S. 54 f.

9) C. PRANGE: Das Gewerbe der Zuckersieder in Hamburg, in: Zuckerhistorische Miszellen, 1987, S. 110-142.

10) P. E. SCHRAMM: Hamburger Kaufleute in der zweiten Hälfte des 18. Jahrhunderts, in: Tradition, 2. Jg./1957, S. 307- 333.

11) C. PRANGE: Darstellungen wirtschaftlicher Vorgänge in Zeitungen und Zeitschriften des 17. Jahrhunderts in Hamburg und Altona, in: Beiträge zur Deutschen Volks- und Altertumskunde, Bd. 19/1980, S. 107-116.

12) F. KOPITZSCH: Grundzüge einer Sozialgeschichte der Aufklärung, Teil 2/1982, S. 502 f. S. auch E. BAASCH: Die führenden Kaufleute, in: Hamburger Übersee-Jahrbuch 1922, S. 42.

13) J. GALLOIS, zitiert nach : H. THOMSEN: Hamburg 1963², S. 108.

LITERATURVERZEICHNIS

BAASCH, Ernst, Hamburgs Convoyschiffahrt und Convoywesen. Ein Beitrag zur Geschichte der Schiffahrt und Schiffahrtseinrichtungen im 17. und 18. Jahrhundert, Hamburg 1896.

DERS., Der Einfluß des Handels auf das Geistesleben Hamburgs, Leipzig 1909.

DERS., Quellen zur Geschichte von Hamburgs Handel und Schiffahrt im 17., 18. und 19. Jahrhundert, Hamburg 1908- 1910.

DERS., Die führenden Kaufleute und ihre Stellung in der hamburgischen Handelsgeschichte, in: Hamburger Übersee- Jahrbuch 1922, Hamburg o. J., S. 37-57.

DERS., Zur Statistik des Ein- und Ausfuhrhandels Hamburgs Anfang des 18. Jahrhunderts, in: Hansische Geschichtsblätter, 54. Jg. 1929, Lübeck 1930, S. 89-145.

BAKE, Rita, Vorindustrielle Frauenerwerbsarbeit. Arbeits- und Lebensweise von Manufakturarbeiterinnen im Deutschland des 18. Jahrhunderts unter besonderer Berücksichtigung Hamburgs, Köln 1984.

BRACKER, Jörgen, Die "Wapen von Hamburg" (III) - ein schwimmender Barockpalast, Hamburg-Porträt 1, Hamburg 1976.

JEANNIN, Pierre, Die Hansestädte im europäischen Handel des 18. Jahrhunderts, in: Hansische Geschichtsblätter, 89. Jg., Köln/Wien 1971, S. 41-74.

KOPITZSCH, Franklin, Zwischen Hauptrezeß und Franzosenzeit 1712-1806, in: Hamburg - Geschichte der Stadt und ihrer Bewohner, hrsg. von W. JOCHMANN u. H. - D. LOOSE, Bd. I: Von den Anfängen bis zur Reichsgründung, Hamburg 1982, S. 351-415.

DERS., Grundzüge einer Sozialgeschichte der Aufklärung in Hamburg und Altona, Hamburg 1982.

KRESSE, Walter, Aus der Vergangenheit der Reiherstiegwerft in Hamburg, Hamburg 1961.

DERS., Materialien zur Entwicklungsgeschichte der Hamburger Handelsflotte 1765-1823, Hamburg 1966.

V. LEHE, Erich/RAMM, Heinz/KAUSCHE, Dietrich, Heimatchronik der Freien und Hansestadt Hamburg, Köln 1967[2].

MAUERSBERG, Hans, Wirtschafts- und Sozialgeschichte zentraleuropäischer Städte in neuerer Zeit. Dargestellt an den Beispielen von Basel, Frankfurt a. M., Hamburg, Hannover und München, Göttingen 1960.

MÜNZING, Joachim, Die Jagd auf den Wal. Schleswig-Holsteins und Hamburgs Grönlandfahrt, Heide i. H. 1978.

OESAU, Wanda Hamburgs Grönlandfahrt auf Walfischfang und Robbenschlag vom 17.-19. Jahrhundert, Glückstadt/Hamburg 1955.

PRANGE, Carsten, Darstellungen wirtschaftlicher Vorgänge in Zeitungen und Zeitschriften des 17. Jahrhunderts in Hamburg und Altona, in: Beiträge zur Deutschen Volks- und Altertumskunde, Bd. 19, Hamburg 1980, S. 107-116.

DERS., Das Gewerbe der Zuckersieder in Hamburg, in: Zuckerhistorische Miszellen, Teil III, H. 24, Berlin 1987, S. 110- 142.

REISSMANN, Martin, Die hamburgische Kaufmannschaft des 17. Jahrhunderts in sozialgeschichtlicher Sicht, Hamburg 1975.

SCHRAMM, Percy Ernst, Hamburger Kaufleute in der zweiten Hälfte des 18. Jahrhunderts, in: Tradition. Zeitschrift für Firmengeschichte und Unternehmer-Biographie, Jg. 2, H. 4, München 1957, S. 307-333.

STEIN, Hans-Konrad, Der Grundbesitz der vermögenden Lübecker und Hamburger Oberschicht im 16.-18. Jahrhundert, in: Zeitschrift des Vereins für Lübeckesche Geschichte und Altertumskunde, Bd. 65, Lübeck 1985, S. 87-118.

STIEDA, Wilhelm, Zur Geschichte der hamburgischen Handlungsakademie von Johann Georg Büsch, in: Zeitschrift des Vereins für Hamburgische Geschichte, Bd. 15, Hamburg 1910, S. 1-9.

STUDT, Bernhard/OLSEN, Hans, Hamburg - Die Geschichte einer Stadt, Hamburg 1951.

THOMSEN, Helmuth, (Hrsg.), Hamburg, München 1963[2].

HARTMUT BÖHME

HAMBURG UND SEIN WASSER IM 18. JAHRHUNDERT

1. SAKRALITÄT UND PROFANITÄT DES WASSERS

Daß ein Reich der Natur, das Wasser, für den Aufbau der Geschichte, Wirtschaft und Kultur eines Landes grundlegend ist und deren Verlauf dauerhaft mitbestimmt, wird in der Geschichtswissenschaft und Kultursoziologie kaum mitbedacht. Geschichte erscheint dem neuzeitlichen Bewußtsein als Prozeß dessen, was der Mensch mit der Natur und mit sich selbst macht. Die Umkehrung bleibt weitgehend außer Bewußtsein: was nämlich die Natur, hier also das Wasser, mit dem Menschen macht. Dies wird in der Geschichtsschreibung zwar notiert - als eigentlich historisch unspezifische Katastrophe etwa, z.b. eine Überschwemmung oder eine erntevernichtende Trockenheit, die zu Teuerung und Hungersnot führt. In welcher Weise aber die natürlichen Umwelten den historischen Kulturprozeß insgesamt mitbestimmen, wird nicht eigentlich zum Thema der Geschichte. Wenn J. G. HERDER von dieser Naturbasis der Geschichte noch selbstverständlich ausging, so blieb das für das Geschichtsdenken des 19. Jahrhunderts weitgehend folgenlos.

Dies ist, blickt man auf fernere und ältere Kulturen, ein charakteristisch neuzeitliches und europäisches Phänomen. In den sakral bestimmten Kulturen ist die Mächtigkeit der Naturreiche, vor allem das Wasser, ein Fundament nicht nur der Religionen und Mythologien, sondern darin auch der Reflexion des Menschen hinsichtlich seines Ortes im Kosmos. Das Wasser hatte dabei immer eine überragende Bedeutung. In nahezu allen Kosmogonien ist das Wasser die selbst unerschaffene Urmatrix, aus der ein Gott die Welt durch den Prozeß der ursprünglichsten Separation ("und Gott trennte...") oder der Polarisierung bildet. Nicht nur weil alles organische Leben auf Wasser angewiesen ist, sondern auch, weil selbst das Feste, das Anorganische aus dem Wasser hervorgeht, ist dieses das Urelement des Lebens schlechthin. Ist das Wasser in den Kosmogonien lebensstiftend und schöpferisch, so aber auch bedrohlich, unheimlich und gefährlich für das prekäre Überleben der Menschen als Grenzerhaltung gegenüber den Übermächten der Natur. Das zeigt sich immer dort, wo die Natur groß und tödlich ist: in den Wüsten, den Gebirgen, und vor allem am Meer. Das Landtier Mensch, das auf Wasser angewiesen ist, verehrt dieses ebenso ursprünglich wie es ihm Verhängnis und Strafe ist. Nicht zufällig ist in der jüdisch-christlichen Tradition die Sintflut das Urbild der göttlichen Strafe: die mächtige, erdverschlingende Wasserflut ist das höchste Bild der Allmacht und des Zornes Gottes - an der Todesflut begreift der Mensch archetypisch, daß sein Überleben als Gattung durch die Übergewalten einer Natur, in der Gott spricht, gefährdet ist. Ebenso grundlegend sind die Urbilder des segnenden und erhaltenden Gottes ans Wasser gebunden: Moses, der aus dem Wüstenfelsen die Quelle schlägt, um das verdurstende Volk Israels zu retten. Und jenes großartige Bild der Kinder Israels, die durch die trockene Furt des Roten Meeres maschieren, umgeben von turmhohen Wassermauern, welche die verfolgenden Ägypter verschlingen werden.

So lehrt das Element Wasser die Menschen fundamentale Beziehungen: Geburt und Tod, Lebenserhaltung und Todesbedrohung, brennenden Durst und Erquickung, Strafe und Gnade. Ebenso selbstverständlich gingen die Vorsokratiker von der fundamentalen Rolle des Wassers im Aufbau des Kosmos und des Lebens aus. Und in der Odyssee finden wir Bilder des paradiesischen *locus amoenus*, der um eine Quelle geordnet ist, ebenso wie jene Grenzfahrt zwischen Rettung und Untergang, die Schiffsfahrten des Odysseus als Urbild des immer nur gerade eben gelingenden Aktes der selbstmächtigen Erhaltung menschlicher Identität in einer fremden, feindlichen Welt.

Bis zur Neuzeit blieb die sakralkulturelle und philosophische Hochschätzung des Wassers eine Konstante der europäischen Kultur. Eine aufgeklärte Profanierung des Wassers konnte es vor diesem Hintergrund nicht geben - sie vollendet sich, wie wir sehen werden, erst im 18. Jahrhundert als Ergebnis einer Geschichte, in welcher die weltumspannende Seefahrt zum Modell der Selbstermächtigung des Menschen zum Herren dieser Erde werden konnte. Nun erst wird das Wasser zu dem, was es uns ausschließlich ist: zum Medium von Zwekken, die wir ihm setzen - in Zusammenhängen, deren organisierendes Zentrum die Menschen und nur sie sind: Ernährung, Wirtschaft, Verkehr, Militär, Politik, Recht. Und natürlich Wissenschaft und Technik, die den Raum des Wissens bilden, in welchem das Wasser seine geheimnislosen Anworten auf die Verhörfragen der Experimentatoren zu geben hat. Es setzt die Zeit ein, in der das, worin sich die Macht des Wassers zurückgezogen hat, in Dürre- oder Flutkatastrophen, nicht etwa noch die geheimnisvolle Sprache der Natur spricht, sondern das opake Gemurmel des Zufalls und des Unglücks. Die Macht der Natur, sofern sie sich auch in der menschenverderbenden Tödlichkeit von Katastrophen ausdrückt, hat zum letzten Mal 1755 bei der Erdbebenkatastrophe von Lissabon die Qualität eines philosophischen Schreckens. Danach endgültig rücken der selbstgewirkte Segen und die selbstgezeugte Katastrophe des Massentodes an die Stelle des mythischen Doppelgesichts der Natur, die im Segen und der Tödlichkeit des Wassers für Jahrtausende das kulturelle Selbstbewußtsein der Menschen geprägt hatte. Die Profanierung einer wasserbezogenen Kultur werden wir an der Geschichte Hamburgs im 18. Jahrhundert verfolgen können.

2. WASSER UND GESCHICHTE HAMBURGS

Der Geograph Ernst KAPP[1] hat 1845 in einer Art kulturmorphologischer Typologie die Weltgeschichte als Stufenfolge dreier Kulturformen ausgelegt: beginnend mit der *potamischen*, der *Flußkultur*, wofür vor allem die Euphrat/Tigris Region und die Nil-Kultur Ägyptens stehen, über die *thalassale Kultur*, die sich binnenmeerisch, also etwa im Mittelmeerbecken bildet, bis schließlich zur *ozeanischen Kultur*, deren Typ am profiliertesten durch die englische Seemacht seit dem 17. Jahrhundert gebildet wird. Diese Typologie wird - mit politisch konservativen Konsequenzen - in der kulturphysiognomischen Darstellung "Vom Kulturreich des Meeres" durch Kurt von BOECKMANN (1924)[2] - in der Nachfolge von Leo FROBENIUS[3] - und dann durch den reaktionären Staatstheoretiker Carl SCHMITT in seinem Buch "Land und Meer" (1942, 1954, 1981) weiterentwickelt. So problematisch die hierbei vorgenommenen ideologischen Bewertungen sind, so anregend sind die Gesichtspunkte, die in die Analyse historischer Gesellschaftsformen eingebracht werden: Schmitt sieht in den Übergängen von der potamischen zur thalassalen und schließlich zur ozeanischen Kultur grundlegende Revolutionen der Raumordnungen[4] sich vollziehen, in denen die Gewichte der politischen Macht sich danach verteilen, welche Gesellschaft technisch, ökonomisch und philosophisch jeweils die neu sich abzeichnenden Raumdimensionen am optimalsten zu realisieren versteht. Der Gegensatz von Land und Meer verändert sich in der Neuzeit, seit der Raumrevolution des COLUMBUS, die der kopernikanischen Wende vorausgeht, grundlegend: das politische Gewicht beginnt sich strukturell von den Landmächten bzw. von *thalassal* ausgerichteten Mächten, wie z. B. Venedig, zu verschieben zu jenen Staaten, die kraft geographischer Lage und politischer Strategie der ozeanischen Herausforderung sich gewachsen zeigen.

Was hier als welthistorische Stufenfolge typologisch entwickelt wird, läßt sich auch als Gliederung regionaler Räume zur Anwendung bringen.

Die Geschichte Hamburgs[5] zeigt in ihrem Verlauf bis zu Beginn des 19. Jahrhunderts deutlich drei große Epochen: Hamburg entsteht als Stadt nicht an der *Elbe*, sondern an der *Alster* und ist in den ersten Jahrhunderten flußorientiert. Die *Schiffahrt* ist binnenländisch bestimmt. Die Elbe mit ihrem bedrohlichen Ebbe- und Flutrhythmus lag außerhalb des bewältigbaren Raums der Stadt. Die Aufstauung der Alster (12./13. Jahrhundert) zu einem See hängt mit der Mühlenwirtschaft zusammen, wodurch sich Hamburg zum Zentrum der Verarbeitung und des Vertriebs umliegenden Getreideanbaus machte. Der *Hafen* war inmitten der Stadt ein Alster-Hafen. Wichtiger als der Handel elbabwärts war der elbaufwärts (Oberbaumhafen).

Die *Hanse*-Zeit veränderte dies grundlegend, insofern mit dem neuen, nunmehr wichtigsten, Niederbaum-Hafen die Elbabwärts-Richtung dominierend wurde. Zwar blieb Hamburg bedeutendster Umschlagplatz der Alster- und Elbschiffahrt (Binnenlandorientierung); doch die Stadtentwicklung schritt voran durch die mit der Hanse ins Werk gesetzte *thalassale* Ausrichtung von Schiffahrt und Handel. Diese waren, wie im Mittelalter üblich, küstennah und binnenmeerisch. Die Ostseeländer sowie Norwegen (Hamburger Niederlassung in Bergen), zunehmend auch England und Holland wurden für die Raumwahrnehmung der Hamburger seeorientierten Kaufmannsschaft wichtig. Der Bau des historisch verspäteten Alster-Trave-Kanals dagegen (Fertigstellung 1529), der die Landverbindung zwischen Lübeck und Hamburg - schon die Straßenachse war von großer Bedeutung für die wirtschaftliche Macht der beiden Städte - effektiver machen sollte, zeigt zu Beginn des 16. Jahrhunderts noch deutlich ein *potamisches* Denken, während Holländer und Engländer bereits auf der Schwelle zum ozeanischen Horizont standen.

Freilich hatte Hamburg immer darauf zu achten, daß es - als amphibischer Ort zwischen Land und Meer, als küstennahe Flußstadt ohne Territorium - die potamischen und thalassalen Aspekte austarierte. In dieser Balance stecken für Jahrhunderte alle Chancen der Stadt: ihre politische Diplomatie hatte, dem *Elbe*- und *Alster*verlauf ins Land hinein Rechnung tragend, sich auf die Handelssicherung mit den Binnenstaaten auszurichten; wie umgekehrt die mit der *Hanse* hinzutretende *thalassale* Orientierung eine prinzipielle Berücksichtigung der durch Seeschiffahrt miteinander verbundenen Länder erforderte.

Man kann sagen, daß die wirtschaftlichen Erfolge und Krisen der Stadt fast immer davon abhingen, ob Hamburg seine Plazierung an der Grenze zwischen rein binnenländischen, potamischen und thalassalen Staaten neutral halten konnte. Ob es sich um Auseinandersetzungen zwischen Schweden und Dänemark, ob es um den multinationalen 30jährigen Krieg, ob es um Konflikte zwischen Preußen und Sachsen, zwischen Holland und Spanien, England und Frankreich, oder schließlich um die napoleonischen Kriege geht; ob es ferner sich um eigene Konflikte mit Dänemark, Preußen, Hannover, England oder Frankreich handelt - : immer hat Hamburg versucht, eine um Neutralität bemühte Politik zu führen, die ein Resultat der *Handelsgeographie* dieser Stadt war. Die Verfügbarkeit des Wassers der Alster und Elbe, dann des Wassers von Ost- und Nordsee, die Erhaltung der Stadt als Stapel-, Verarbeitungs- und Umschlagsort von Warenströmen -: das sind über Jahrhunderte die entscheidenden Imperative der Rats-Politik. Daß der *Hammonia* mythologisch Neptun und Merkur beigesellt wurden, zudem auf vielen Karten die Allegorien Pax und Consilium, ist auf der Ebene der emblematischen Selbstdeutung der Stadt ein Ausdruck der amphibischen Grenzstellung Hamburgs zwischen Binnen- und Seemächten. Die städtischen *Allegorien* haben dabei nicht im Dunkeln gelassen, daß die Chancen, die in der geographischen Lage einer gut geschützten Binnen- und Seehafen-Stadt liegen, vor allem ökonomische sind: das *cornu copiae*, das Füllhorn der Glücksgöttin, der wankelmütigen *fortuna* sollte sich als Strom des Reichtums dank kluger Politik auf die Stadt, d.h. die tonangebende Kaufmannschaft richten. Der Wasserstrom, der Warenstrom, der Geldstrom: *cornu copiae* - das Füllhorn in der Lenkungsinstanz des neuen Herren, des Kaufmanns. (Abb. 1)

Dennoch mußte Hamburg jene Innovation versagt bleiben, die in anderen Ländern, voran in Spanien und Portugal, dann in Holland, Frankreich und vor allem in England, eine neue Epoche in den Raumordnungen der Staaten eingeleitet hatte: der *Überseehandel*. Er war monopolisierter Bestand der Kolonialmächte und der ozeanischen Morphologie der neuen Politik, die zunehmend die Strategien der nicht mehr binnenmeerisch gefesselten Staaten bestimmte. Die Newcomer des Kolonialismus hatten nur drei Chancen des Einbruchs in die Machtzonen der ersten Kolonialmächte Spanien und Portugal: zum einen durch die staatlich lizensierte Piraterie, zum anderen durch die Eroberung eigener Kolonien, schließlich - darin wurde die Seeschlacht zwischen Spanien und England 1588 symptomanisch - durch die strategische Verwandlung des Seekrieges von einem aufs Wasser verlegten Landkrieg in einen echten Seekrieg.[6] Im Falle Hollands war anderes ausschlaggebend: die see- und schiffsbautechnische Spitzenstellung, die Führung im Walfang und die Gründung einer schlagkräftigen kapitalistischen Handelsorganisation. Natürlich gehört hierzu auch die für Jahrhunderte gültige, zunächst jedoch gegen die etablierten Kolonialmächte gerichteten Rechtsdoktrin von der Freiheit der Meere, die der Holländer

Bild 1: Dieser Stich läßt das Füllhorn, entsprechend der christlichen Allegorik, deren sich Hessel bedient, weder als Füllhorn der Fortuna erscheinen noch dem profanen Handel Hamburgs erwachsen, sondern aus den Händen Gottes hervorgehen. Die offiziellen städtischen Allegorien des Reichtums sind dagegen rein profan. Was Hamburg ist, verdankt es sich selbst (und seiner Lage am Wasser): das ist aufklärerisch.

Hugo GROTIUS 1666 formulierte. Damit waren seetechnisch, strategisch, ökonomisch und rechtspolitisch die Bedingungen für eine nicht mehr terrestrische, sondern marine Kultur erfüllt.

Zu alldem hatte Hamburg entweder keinen Zugang oder aufgrund seiner geographischen Bedingungen keine Chance. Daß die entscheidenden historischen Innovationen von den neuen Seemächten ausgingen, hätte Hamburg leicht ins Abseits bringen können. Die Hanse war ohnehin bedeutungslos geworden. Daß Hamburg nicht mit ihr untergegangen ist, ist ein Erfolg der Politik des 17. und 18. Jahrhunderts. Zum einen hat Hamburg in Gefolge der Religionskriege immer Zuzug aus dem Ausland ermöglicht: portugiesische Juden, französische Hugenotten, holländische Protestanten und natürlich englische Kaufleute. Sie alle brachten Kapital und Kompetenz in die Stadt. Dieses Prinzip, das sich noch bis in die Zeit der französischen Revolution mit ihren französischen Flüchtlingswellen hielt, hat Hamburg ein Netz europäischer Verbindungen zu den Seefahrtsnationen gesichert, hat gewaltige Umlenkungen von Handels- und Kapitalströmen mit sich gebracht, die den Ausschluß aus dem direkten Überseehandel ziemlich effektiv kompensierten.

Zum anderen hat Hamburg, nachdem der Kolonialhandel im großen Stil begonnen hatte, im Lauf des 16. und 17. Jahrhunderts den *Seehandel* über den Nordseeraum hinaus auf Spanien, Portugal, vor allem aber auf Holland und Frankreich erweitert. Hamburg wurde zur Stadt des kolonialen Zwischenhandels, d.h. es optimierte seine Lage als *Binnen- und Seeschiffahrtshafen*. Die Stadt suchte eine Vorrangstellung darin zu erlangen, exotische Luxuswaren aus den Kolonialländern einzuführen und in die Territorialstaaten weiterzuverkaufen. Gegen die Piraterie kopierte Hamburg schnell das Prinzip der militärisch geschützten Konvoifahrten (Gründung der Hamburger Admiralität) bzw. versuchte, durch Verträge und hohe Geldaufwendungen die Gefährlichkeit der Kaperfahrer herabzusetzen. Ferner stieg Hamburg wenigstens an der Front ein, die den Nicht-Kolonialländern als Gewinnquelle offenstand: der *Walfang*. Bis in die zweite Hälfte des 18. Jahrhunderts hatten die Walfangflotte und die Tranbrennereien am Hamburger Berg (außerhalb der Stadtmauern) trotz des großen Risikos eine erhebliche ökonomische Bedeutung.[7] Kluge kapitalistische Innovationen, wie z. B. die Gründung von Versicherungsanstalten und die Einführung einer stabilen Hamburger Währung, wodurch Hamburg sich im 18. Jahrhundert zum führenden Kapitalmarkt des Kontinents entwickelte, konnten ebenfalls die Nachteile kompensieren, die aus der Aussperrung vom *Überseehandel* resultierten. Hamburg war im 18. Jahrhundert immer noch eine aus *pota-*

mischen und *thalassalen* Strukturmomenten klug komponierte Stadt, in der sich jedoch aufgrund der eingeleiteten, die ozeanische Aussperrung auspendelnden Maßnahmen der Sprung in den ozeanischen Horizont strukturell vorbereitete.

Dies kann an den ökonomischen Prinzipien abgelesen werden, die nach der Gründung der *"Patriotischen Gesellschaft* zur Beförderung der Manufakturen, der Künste und nützlichen Gewerbe"* 1765 vertreten werden. Johann Albert Heinrich REIMARUS etwa oder der Direktor der Handels-Akademie, der Mathematiker Johann Georg BÜSCH, begründeten aus der geographischen Lage Hamburgs - auch hier also ist das Wasser stichwortgebend - einen freihändlerischen *Liberalismus.* Zwar war dieser zunächst gegen die Monopolien gerichtet, wodurch Preußen nach 1763 die Elbschifffahrt Hamburgs und damit ganze Wirtschaftszweige in eine Krise brachte. Die Handelsmonopole und Zollpolitik der Territorialmächte mußten den Handel auf einem multinationalen Strom wie der *Elbe* naturgemäß erheblich erschweren, und davon war niemand mehr getroffen als Hamburg, das sich seit langem als Umschlag- und Drehscheibe zwischen *Binnenwirtschaften* und *Seewirtschaften* eine ökonomische Zukunft suchte. Die liberalen Wirtschaftstheorien der *"Patriotischen Gesellschaft"* werden in ihrer Innovationskraft aber erst recht verständlich, sieht man sie in der Perspektive der wenig später erfolgenden amerikanischen Unabhängigkeitserklärung und der fast gleichzeitigen Theorie der wirtschaftlichen Wohlfahrt der Nationen von Adam SMITH.[8] Sehr bald stellte sich heraus, daß wichtiger als die bekämpften binnenländischen Monopolien für Hamburg die Tatsache wird, daß mit der beginnenden Emanzipation der Kolonialländer ein Freihandel mit diesen möglich wird: der Wirtschaftsliberalismus ist am Ende des 18. Jahrhunderts die ideologische Vorbereitung für den Aufbruch Hamburgs in die *ozeanische* Epoche seiner Geschichte. Die Ankunft des ersten amerikanischen Schiffes aus Baltimore 1788 ist die symbolische Wende, die das Ende der *potamisch-thalassal* eingegrenzten Raumordnung Hamburgs markiert.

Die führenden Hamburger Kaufleute wie SIEVEKING und Caspar VOGHT leiten praktisch den direkten Welthandel, den *Überseehandel* ein, der ideologisch in der Forderung des Reimarus nach dem Übergang der gebundenen zur freien Verkehrswirtschaft vorbereitet wurde. Die neuen Kontinente, Nord- und Südamerika, Afrika und später auch Fernost vernetzten Hamburg mit dem Welthandel. Nicht schon die durch Zwischenhandel indirekte Präsenz Hamburgs im Welthandel, nicht der dadurch über Hamburg gelenkte Strom exotischer Waren bedeutete schon den Sprung Hamburgs in die *ozeanische* Dimension der Geschichte, sondern erst die Befreiung der Kolonien im Zusammenspiel mit der liberalökonomischen Mentalität der seeorientierten Kaufmannsschaft läßt Hamburg zum nördlichen Zentrum Kontinentaleuropas hinsichtlich des Überseehandels werden. Das ist der Beginn des 19. Jahrhunderts mitten im 18. Die spezifische Wasser-Lage Hamburgs, der Stadt ohne Territorien und darum ohne binnenländische Mentalität, die es z. B. auch bei einer seefahrttreibenden Nation wie Frankreich immer gegeben hat, diese marine Grundstruktur Hamburgs hat auch an dieser historischen Gelenkstelle ihre herrschenden Einwohner, die Kaufleute, die Zeichen der Zeit richtig entziffern lassen. Dennoch bleibt Hamburg als reichsunmittelbare und später freie Hansestadt natürlich von jenem Prozeß ausgeschlossen, der die ozeanische Stufe der Geschichte am nachhaltigsten bestimmt: daß nämlich die politische Macht in Zukunft durch die radikale Koppelung von *Seehandel* und *Seestreitmacht* gebildet wird. Der Wirtschafts*liberalismus* Hamburgs ist im 18. Jahrhundert die Ideologie einer Stadt, die keine Seekriegsmacht war und nie sein wird, um an den neuen ozeanischen Balancierungen der Macht wenigstens ökonomisch zu partizipieren. Das ist die Fortsetzung der jahrhundertelangen Ratspolitik auf einem neuen historischen Niveau: nämlich die Elbe als Warenstrom, als *cornu copiae* zu erhalten. Aller Republikanismus hat hier seine Bedingung und Grenze.

3. STADTPLÄNE: MINERVA - NEPTUN - MERKUR

1708 - 1712. Die bürgerlichen Unruhen gehen zu Ende.[9] Die populistischen Rebellen sind verhaftet und verurteilt. Das städtische Großkapital siegt. 1712 erhält Hamburg eine neue Verfassung, die die Macht des Rates und des kapitalkräftigsten Teils der Bürgerschaft sicherstellt. Im gleichen Jahr gelingt ein, wenn auch sehr teure Einigung mit dem jahrzehntelang beunruhigenden dänischen Nachbarn - wieder einmal hatte König CHRISTIAN IV. die Hamburger militärisch erpreßt, dabei die Notlage der Stadt während der letzten europäischen Pest 1712-15 ausnutzend. Die Pest kostete mindestens 10 000 der armen und ärmsten Einwohner das Leben. - Nun eigentlich kann das 18. Jahrhundert beginnen -: eine fast hundertjährige Ruhe von Kriegen liegt vor Hamburg. 1768 erfolgte die endgültige Vereinbarung mit Dänemark im Gottorper Vertrag - Dänemark war nun längst schon Schuldner des Hamburger Kapitals. Bis zum Einmarsch der napoleonischen Truppen 1808 - hiermit mag man das 18. Jahrhundert enden lassen - war Hamburg fast immer der Gewinner territorialer Kriege, aber auch der französischen Revolution. Es war nach den schwierigen Zeiten des 16. und 17. Jahrhunderts eine lange Zeit friedlicher Entwicklung von Handel und Kultur.

Die Bedeutung des Wassers wollen wir, nun auch unter Einbeziehung der alltagspraktischen und ästhetischen Dimensionen genauer anschauen: die *Elbe*, die *Alster*, die unterdessen sechs *Häfen* - alter Alsterhafen (im Nicolaifleet), Oberbaumhafen (für die Flußschiffe), der Holzhafen am Grasbrook, der Binnenhafen (auch Niederbaum), der Rummelhafen (letzterer ist der erste Hafen in der Elbe außerhalb der Stadtbefestigung) sowie ab 1795 der Jonashafen (Duckdalben-Hafen im Elbstrom).

Vergleichen wir zunächst drei *Stadtpläne*: 1594 - 1690 - 1791, zwei Jahrhundertschritte. In der Veränderung von 1594 zu 1690 (Abb. 2 und 3) fällt folgendes auf: die systematische *Fortifikation* der Stadt (durch einen holländischen Baumeister) mit 21 Bastionen, gerade noch rechtzeitig zum 30jährigen Krieg fertiggestellt (eine gewaltige städtische Investition). Die Einbeziehung der Häfen in die Befestigung. Die konsequente Nutzung des Alsterwassers zu Fortifikationszwecken. Die Entstehung des Beckens der Innenalster innerhalb der Stadtmauern. Das Pfahlwerk in der Außenalster zur Schiffahrtskontrolle der Alster. Die bedeutende Vergrößerung des seewärts gerichteten Nieder- und Binnenhafens. Das Fleetensystem im Stadtzentrum. Bemerkenswert am 1690er-Plan ist die selbstbewußte *Allegorik* (Pax, Concordia, Consilium, Justitia,) sowie die opulenten barocken Wappen von Hamburger Bürgermeistern. Die stolze Heraldik und Allegorik korrespondiert der räumlich idealisierten Festungsgeometrie (Annäherung an die Kreisform): sie hatte Hamburg uneinnehmbar gemacht - und das wird bis zu Napoleon so bleiben.

Auf einem Landschaftsplan von 1716 (Abb. 4) liegt die igelartige Festung Hamburg gegenüber dem labyrinthischen Elbverlauf zwischen den Elbinseln und Wärdern, auch optisch ein geballtes Kraftzentrum zwischen Alstersee und Elbbecken. Man erkennt bereits das Neue Werk, das in die Festung einbezogene Viertel St. Georg sowie die Gartengliederung von *Harvestehude*. Im unteren Kartenteil ist ein Prospekt der Stadt eingefügt: von der Elbe aus über den vorgelagerten Grasbrook auf die imponierenden Silhouette der Stadt. Reger Schiffsverkehr. Bemerkenswert ist erneut die *Allegorik*. Rechts die wie Minerva bewaffnete *Hammonia*, der eine Wasserfrau sowie ein kentaurenartiges männliches Wasserwesen (das Gesicht ähnelt Neptun) das Wappenschild der Stadt entgegenhalten: die Stadt aus dem Wasser. Zwei Engel stemmen eine Triumphkrone empor. Links unter dem herabschwebenden Gott des Handels, Merkur - mit Stab und Flügelhelm -,

Bild 2: Stadtplan von Hamburg 1594 aus Braun & Hageberg's Städtewerk.

Bild 3: Stadtplan von Hamburg 1690 nach einem Stich von Arend Petersen.

Bild 4: Prospect und Grundriss der kaiserl. Freyen Reichs- und Hanse Stadt Hamburg samt ihrer Gegend. Stich von Joh. Bapt. Homann 1716.

eine weitere *Allegorie* der Stadt: eine Frau mit Krone, auf die Merkur noch einen Lorbeerkranz setzt, mit dem Reichsstab des kaiserlichen Doppeladlers in der Linken (zum Zeichen der Reichsunmittelbarkeit) und einem Buch in der Rechten (zum Zeichen des weisen Rats). Die weibliche Figur links neben Hammonia, diese anblickend, könnte eine Allegorie der Schifffahrt - Nautica - sein: in der Hand hält sie ein nautisches Gerät. Dann bedeutete die allegorische Gruppe die Vereinigung von Handel und Schifffahrt in der Hammonia. Bestätigt wird dies durch das Arrangement zu Füssen der Gruppe: ein Globus, Kompaß, Anker sowie Ballen, Kisten und Tonnen - Zeichen von Schiffahrt und Handel. Hinter der Gruppe ein Triumph-Obelisk (mit auf der Spitze balancierter Erdkugel). Dieser Stich des Nürnberger Kupferstechers Johann Babtist HOMANN enthält trefflich das prangende, mythologisch stilisierte Selbstbewußtsein der Wasserstadt Hamburg.[10]

Der detailgenauere Kartenriß von 1791 (Abb. 5) - wir sehen diesmal von allegorischen Beiwerk ab, das dem vorangegangenen etwa entspricht - zeigt, daß die *Fortifikation* beibehalten ist. Deutlich ist hier die Einbeziehung St. Georgs (1679) ins Festungswerk zu sehen - wie auch, daß das sog. Alte Werk noch eine Mischbebauung aus Landvillen mit prächtigen Gärten und elenden Gassenvierteln, Viehweiden und Alleen aufweist. Gut sind die *Hafen*erweiterungen zu erkennen: schon 1768 kann der Nieder- und Rummelhafen 400 Seeschiffe aufnehmen. Hamburg ist mit den größten Seehäfen des Kontinents konkurrenzfähig. - Erkennbar ist nun auch die endgültige Form des Binnen-Alsterbeckens mit der neuen, erweiterten Promenade des *Jungfernstiegs* (die Kosten für die 8-Meter-Verbreiterung in die Alster hinein wurden durch Spenden aufgebracht -: das Bürgertum hat begonnen, etwas für die ästhetische Exposition seiner Macht zu tun). Wichtig ist ferner die deutliche Bebauung Harvestehudes mit Landhäusern. Man erkennt an der Abfolge der Karten: als nahezu uneinnehmbare Festung hat Hamburg sich die totale Kontrolle über den Alster- und Elbverkehr gesichert. Im Zeichen der bewaffneten Klugheit - Minerva - bedeutete dies die Versicherung von Neptun und Merkur: die Quellen des städtischen Reichtums. Zugleich hatte mit diesem System der städtischen Sekurität etwas Neues eingesetzt: die Nutzung des Wassers nicht nur als Wirtschafts- und Herrschaftsraum, sondern - in der Sprache des 18. Jahrhunderts - als Lustort.

Bild 5: Stadtplan von Hamburg 1790 nach einem Stich von F. A. v. Lawrence.

4. BAROCK-GARTEN UND BAROCKE WASSER-DEUTUNG IN HAMBURG

Die Ästhetisierung des *Alster*-Raums und der extramuralen ländlichen Bezirke Hamburgs in Richtung auf Hamm, später dann auch elbabwärts (Elbhügel) hängt mit dem Niedergang der Alster als bedeutender Wirtschaftsader Hamburgs zusammen (dem entspricht der jahrundertelange Ausbau der Elbhäfen), allgemeiner jedoch mit der Konsolidierung des Kaufmannskapitals - trotz des Zwischenspiels der bürgerlichen Unruhen. Ganz entgegengesetzt zu den Thesen Max WEBERs [11] - über den Zusammenhang von Askese und Kapitalismus - hatte das Hamburger Bürgertum einen einzigartigen "seigneuralen Kapitalismus" entwickelt. Im Falle Hamburgs mag man eher Werner SOMBARTs [12] These über die wechselseitige Verflechtung von Luxus und Kapitalismus zustimmen. Die Hamburger Großkaufmannsschaft hat einen bedeutenden Sinn für die Inszenierung des erwirtschafteten Reichtums entwickelt. Freilich ist das nicht der "Geist der Verschwendung" (Sombart), sondern - und hier hatte Hamburg etwas von der barocken Hof- und Festkultur begriffen - eine durchaus rationale Investition: der luxurierende ästhetische Schein exponiert wie nichts anderes den Stolz, die Selbstgewißheit, den Erfolg und die Macht dessen, der solche Inszenierung sich leistet. Die *Stadt*-Ästhetik ist eine Ästhetik der Macht (das ist ihre Lust) - und darum allemal keine sinnlose, sondern eine feinsinnig kalkulierte Verschwendung. Freilich kann man die Ästhetik des Alsterraums und des übrigen Vorlandes, obwohl sie in der zweiten Hälfte des 17. Jahrhunderts breit einsetzt, nicht aus einem gewissermaßen barocken Kapitalismus herleiten. Die Profanität, die in der *Wasser*-Ästhetik Hamburgs sich im Verlauf des 17. und 18. Jahrhunderts durchsetzt, enthält nicht mehr jene barocke Dramaturgie des tragischen Welttheaters, das als Gegenpol zu jeder diesseitigen Sinnenfreude des Barocks hinzugedacht werden muß. Um die hamburgspezifische Barockform zu zeigen, möchte ich auf den *Barockgarten* des Bürgermeisters Lucas von BORSTEL und auf die noch ganz im Geist der barocken Emblematik geschriebenen "Hertzfliessende(n) Betrachtungen von dem Elbe-Strom" des Pesthof-Pastors Peter HESSEL von 1675 eingehen.

L. v. BORSTEL war Bürgermeister während der Pestzeit und des militärischen Cordons um die Stadt: in Hamburgs schlimmster Notzeit im 18. Jahrhundert. Ein Blick auf sein Landhaus mit Garten (Abb. 6) zeigt, daß diese Not die Herren der Stadt nicht traf. Hier herrscht, in kleinerem als dem höfischen Maßstab, die barocke Geometrisierung der Natur, auch der Einfluß der holländischen Gartenästhetik: eine - für uns heute - steife Mathematik als Triumph der Form über das Chaos (immerhin aber streunen

Bild 6: Ansicht eines Gartens, dem Bürgermeister Lucas von Borstel gehörig.
Stich von F. v. Amama.

Hühner über den Hof). Der Garten erscheint in seiner Struktur erst, indem der Kupferstecher ihn aus der Landschaft nach vorne klappt, so daß man eine Aufsicht hat. Das entspricht völlig der herrscherlichen Garten-Ästhetik des Barock: sie dient dem Blick von oben; vor dem Auge des Souveräns breitet sich die inszenierte Ordnung, in der sich Natur wie Untertanen darzustellen haben. Kleinmaßstäblich ist diese Herrschafts-Ästhetik in den Gärten Hamburgs des 17. und 18. Jahrhunderts realisiert. Eingelassen in einen ländlichen Prospekt, sind sie doch, oft durch Hecken oder Zäune, aus diesem herausgeschnitten und demonstrieren als Artefakte die der Natur gegenüber überlegene Stellung dessen, der sich die durchstilisierte Natur im Blick ästhetisch aneignet. Der Blick von oben: daß auf ihn es ankam, zeigt auch der Garten des Ratsherren und Lyrikers Barthold Hinrich BROCKES[13], der in seinem Garten (ungefähr am Besenbinder Hof) einen Aussichtsturm bauen ließ, um eben das zu sehen, was der Borstel-Garten uns zeigt: die aus der Ländlichkeit herausgehobene, artifizielle Architektur des Gartens.

Auf dem BORSTEL'schen Garten-Prospekt ist zu erkennen, daß die Gärten sehr oft in Richtung Hamm und Horn gelegen waren, ohne Einbezug des *Alster-* oder *Elbe*-Wasserraums. Freilich haben die Hamburger *Barockgärten* auf den vorgelagerten Wärdern dennoch dem Wasser eine bedeutende Rolle eingeräumt (auch dies ein holländischer und hofbarocker Einfluß): oft war das Landhaus von Wassergräben umzogen, man baute Grotten, Springbrunnen und Vexierwässer, Seemuschelkammern und Korallenbeete und sorgte durch Bewässerungen für ungeheuren Blumenreichtum wie auch für die Gewächshäuser und Orangerien. Der Hauptpastor von Jacobi, Balthasar SCHUPPIUS konnte schon Mitte des 17. Jahrhunderts zu dieser Garten-Kultur Hamburgs ausführen:

Hamburg ist ein irdisches Paradies, ein compendium mundi. Ich weiß mich nicht zu besinnen, daß ich eine Stadt in Deutschlands gesehen habe, welche so viele schöne Lustgärten hat als Hamburg.[14]

Die seigneurale Garten- und *Wasserästhetik* bringt die aus der Erfahrung des erfolgreichen Umgangs mit den Elementen der Natur gewonnene Einstellung des Hamburger Bürgertums zum Ausdruck. Eine entgegengesetzte Bedeutung des Wassers und der Natur finden wir im Elbe-Buch des Peter HESSEL. Ihm geht es um die Elbe als eine "geistliche Wasser-Schuel".[15] Wiewohl wir in Hessels Buch eine Fülle von Realien finden - den Elbverlauf, die Fischerei, die Überflutungen, die Schiffahrt, die Wal-Fängerei, die Trinkwasserversorgung, die Brunnenkur, die Vereisung der Elbe im Winter, Schiffsunglücke auf der Elbe, schließlich verschiedene Wasser-Wunder -, so geht es doch nicht um eine bestandsaufnehmende Topo- oder

Oecographie, wie sie im Zuge der Aufklärung sich im 18. Jahrhundert entwickelt: hierfür wäre das Hamburg-Buch von J. L. von HEß (1801)[16] zu nennen, das dem deutungsabstinenten, realienbezogenen Beschreibungsstil aufklärerischer Reise- oder Städte-Literatur entspricht. Die Elbe und die Alster sind bei Heß profane Objekte rationaler Welterfassung geworden.

Ganz anders bei Peter HESSEL. Er lebt noch ganz im Denken der Schöpfungstheologie und der christlich-barocken *Allegorik*, worin die Welt der Dinge den Vorderraum einer Bühne abgibt, auf der ihnen allererst Bedeutung zuwächst. Der Deutungsabstinenz von HEß entspricht bei Hessel ein wahrer Bedeutungsrausch. Die *Elbe* wandelt sich bei ihm zu einer heilsgeschichtlichen Bühne, auf der der Mensch das Drama seiner Existenz "in diesem Angst-Meer" (Titel) aufführt. Jede Erscheinung der Elbe, jede wasserbezogene Handlung ist sie selbst und ist nicht sie selbst, insofern in ihr, wahrgenommen oder nicht, die Frage des Heils gestellt ist. Darum bedient sich Peter Hessel der ehrwürdigen Doktorin des "Buches des Natur", durch das Gott zum Menschen spricht.[17] Die Elbe wird als ein solches Buch entziffert. Das hermeneutische Verfahren ist dabei durch die Denkform der *Allegorie* bestimmt. Durch die allegorische Verwandlung aller Elb-Erscheinungen wird der Text der Natur zu einem metaphysischen Text, der der Bibel an die Seite tritt. Der barocke Allegorien-Rausch der Schrift - der sich auch in der Beleg-Wut Hessels ausdrückt - führt zwangsweise zu einer unvergleichbar weiträumigen Deutungsdimension der Elbe, wie sie nie zuvor bestand und nie wieder erreicht wird. Das Elbwasser, gerade insofern es sich als Text aus dem liber naturae muß erweisen lassen können, wird von Hessel in radikaler, manchmal abstruser Konsequenz in allen Spielarten seiner Erscheinung und Nutzbarkeit entfaltet. Hier herrscht nicht die methodische Selektion und Perspektive auf einen Phänomen-Bereich, z. B. der Hafen oder die Grönlandfahrten oder der Fischbestand, je nach wissenschaftlichem Diskurs, in welchem man sich bewegt. Sondern die Kunst der Allegorie besteht gerade darin, die Totalität des Wasser-Komplexes Elbe zur Totalität des metaphysischen Weltdramas in eine lückenlose Beziehung zu bringen. Darum kann es später, als die Diskurse sich nach Wissens-Disziplinen ausdifferenzieren, eine solche Sprechweise von Phänomen Wasser/Elbe nicht mehr geben. Die diskursive Vervielfältigung in den Thematisierungen der Elbe, der Alster, der Schiffahrt, des Hafens, der Trinkwasserversorgung, der medizinischen Aspekte des Wassers usw., wie sie im Zeitalter der Aufklärung einsetzt, ist hier gewissermaßen noch blockiert durch die Totalität einer Schrift, die als einziger, endloser, nie abschließend ausdeutbarer Supertext sich durch die Natur (und hier durch die

Elbe) hindurchzieht - darin die Größe und Weisheit, den Zorn und die Güte
Gottes offenbarend, der das einzige Zentrum der Schrift ist.[18]

5. BROCKES UND DIE WASSER-ÄSTHETIK ZU BEGINN DES 18. JAHRHUNDERTS

Den konsequentesten Ausdruck der Hamburger Wasser- und Gartenkultur
im 18. Jahrhundert findet man sicherlich bei Barthold Hinrich BROCKES.
Zwar gibt es bei ihm, wie bei Peter HESSEL, ebenfalls den theologischen
Bezug auf das Buch der Natur, das Brockes in seiner Lyrik nachzubuchsta-
bieren sucht. Und doch hat sich Entscheidendes geändert. Die Natur, die
Wasserwelt der Elbe und der Alster, die Gärten mit ihren Landvillen und
ihrem Blumenschmuck, die landschaftlichen Prospekte der Hamburger
Umgebung, die vereiste Elbe, die Grönlandfahrten, ja auch die Sturmfluten
sind nicht mehr Elemente einer metaphysischen, tendenziell tragischen
Dramaturgie, sondern einer durchweg aufgeklärten Ästhetik. Zwar mündet
jedes Gedicht seiner 9bändigen Sammlung "Irdisches Vergnügen in Gott" -
das sind dreißig Jahre Poesie der Nebenstunden (doch hat der Ratsherr auch
12 Kinder gezeugt) - zwar also mündet jedes Gedicht im Preis der göttlichen Ordnung, in der frommen Geste der Bewunderung jenes großen
Werkmeisters, der diese Welt für den Menschen in einer kaum auslotbar
zweckvollen Anordnung aus seinen Händen entlassen hat. Nicht jedoch die
barocke *Allegorie*, sondern das physikotheologische Argument beherrscht
die Lyrik von Brockes. Er kannte die englischen Physikotheologen und war
Freund des großen Theologen Johann Albert FABRICIUS[19], mit welchem,
wie auch zusammen mit dem Poeten Martin RICHEY, er die erste deutsche
Moralische Wochenschrift "Der Patriot" (1724-26) herausgab. Fabricius hat
nicht nur englische Physikotheologen übersetzt, sondern auch eine drei-
bändige "Hydro-Theologie" (Hamburg 1734)[20] geschrieben, deren eigentümliche innere Gespanntheit darin besteht, daß moderne naturwissen-
schaftliche und technisch-mechanistische Erklärungen eingelassen sind in
einen teleologischen Gesamtrahmen: das wissenschaftlich-rationalistische
Weltmodell und der tätige Schöpfergott, der die Instanz sinnbestimmter
Weltordung ist, sind noch nicht unwiderruflich in Widerspruch zueinander
geraten. Ja, unter dem Dach physikotheologischer Sinnversicherung, im
Vertrauen auf den tragenden Effekt des Heilplans im Materieprozeß der
Welt selbst kann der *Optimismus* weltzugewandten Handelns, können
Technik und Wissenschaft blühen[21].

Die vieldutzend Wasser-Gedichte von BROCKES, sehr oft in unmittelbarer Anlehnung an Hamburger Gegebenheiten, lesen sich streckenweise wie das poetische Responsorium zu FABRICIUS. Ich nenne einige Gedicht-Titel: "Das Wasser im Frühlinge", "Zufällige Gedanken über zwey nach Grönland abseegelnde Schiffe", "Das Wasser" (enhält 78 8-versige Strophen - ein großartiges Panorama aller Wasser-Erscheinungen); "Betrachtung wallender Wasser-Wogen"; "Erbauliche Betrachtung schnell-vergehender Wolcken"; "Der Regen"; "Das Treib-Eis"; "Die gefrorenen Fenster"; "Gottes Grösse in den Wassern"; "Die Elbe"; "Inseln"; "Himmels-Spiegel" (der Gartenteich als Spiegel des Himmels); "Gedanken über Schrittschuhe"; "Die Wallfische"; "Die Fläche des Meeres im Sturm"; "Die Schönheit des stillen Meers"; "Zierliche Wasserbilder"; "Wassergedanken"; "Wassergraben"; "Zusatz zu den Wassertropfen"; "Erinnerung einiger Umstände einer gefährlichen Wasser-Fahrt von Ritzebüttel nach Hamburg" (Brockes ging 1735 als Ratsherr für einige Jahre ins ländliche Amt Ritzebüttel an der Elbmündung) usw..[22]

BROCKES wird mit diesen Gedichten einer der großen Wasser-Lyriker. Das kann hier so wenig gezeigt werden, wie daß er als Lyriker sich durchweg auch als wissenschaftlich reflektierter Aufklärer behauptet, der erste deutsche Lyriker, der die kopernikanische Wende tatsächlich vollzogen hat. - Ich kann hier nur den Zusammenhang der Lyrik von Brockes mit der Hamburger Wasserkultur im ganzen andeuten. Die *Elbe* etwa wird als ein höchst nützlicher Strom charakterisiert, dessen Ebbe- und Flutrhythmus wie ein pumpender Blutkreislauf den von Adern durchzogenen Stadtkörper belebend durchströmt.

BROCKES übernimmt die alte, von LEONARDO oder Athanasius KIRCHER bekannte Theorie des von Adern durchzogenen Erdleibes,[23] um sie auf Hamburg zu übertragen - man wird sehen, daß dies bei ihm keinen naturphilosophischen, sondern ökonomischen Effekt hat:

Kömmt sonst verschied'nen Weisen für,
Es sey die Flut,
Ein Saft der Welt, der Erde Blut;
So kommt die Elbe mir,
Vornehmlich auch in uns'rer Stadt Canälen,
Als Blut in Adern für. Denn wie der Adern Saft
Dem Cörper Nahrung, Wachstum, Kraft,
Gesundheit, Leben bringt; so wird der Handelschaft
(Als uns'rer Stadt und uns'rer Börse Selen)
Kraft, Nahrung, Wachstum, Geist und Leben
Durch ihr Geblüt, durch ihren Strom gegeben.[24]

Das Wasser, Ebbe und Flut, die Elbe, die Kanäle: sie sind die Metaphern des pulsierenden Warenverkehrs, die natürlich scheinende Fassung des Blut-/Warenkreislaufes, der seine "seelische" Fassung in der Börse und im Warentausch findet. Eben diese fundierende ökonomische Bedeutung der Elbe ist es, die seit einem halben Jahrhundert die Ästhetik der Wasser- und Landlust im Hamburger Vorland und an der Alster ermöglichte. Diese von BROCKES - der sich als reicher Ratsherr auskennt - vorausgesetzte Differenzierung in den Wirtschaftsraum Elbe und den ästhetischen Lustraum Alster findet sich zum ersten Mal freilich schon in einem lateinischen Gedicht des 1584 gestorbenen Henning CONRADINUS (im homerischen Versmaß):

> Oftmals lenk ich den Schritt in die fetten Gefilde der
> Marschen,
> Schau auf die Elbe hinaus, wie sie segelnde Schiffe
> hinabträgt
> Oder bei wechselnder Flut die Schätze der Fremden
> herbeischafft
> Weit übers Meer, und die Schiffer mit Jubel die Heimat
> begrüßen.
> Oft ist mein Ziel auch die Alster, von weißen Schwänen
> bevölkert,
> Wo aus den feuchten Wiesen ein kühlender Lufthauch
> emporsteigt.
> Sanfter blinkt dort das Wasser, von zartem Schilfsaum
> umrändert,
> Und über Wiesen begegnet dem Ruf ein liebliches Echo![25]

Elbe: *locus oeconomicus* - Alster: *locus amoenus*. Die bei CONRADIN noch arkadisch-ländliche Schlichtheit der Alster wandelt sich im 18. Jahrhundert gründlich. Das Horazische *procul negotiis*, das als Motiv des lyrischen Landlobes ein literarischer Topos ist und vor allem von HAGEDORN benutzt wird, hat in Hamburg niemals nur die ästhetischen Züge schöner Sinnenfreude des einfachen Landlebens. Fern der Geschäfte: das hieß nicht fern des Luxus, sondern - seit dem steigenden Wohlstand der führenden Kaufmannsschaft Hamburgs - im Gegenteil Entfaltung des Luxus[26]. Die Natur bei BROCKES ist darum vor allem angeeignete Natur, die durch Garten- und Wasserkunst veredelte, erhöhte Natur, in der der Betrachtende zuletzt zwar Gott, zuerst aber eine absolut anthropozentrische Ordnung entziffert. Die Pretiosität der lyrischen Sprache bei Brockes ebenso wie die moderne Wissenschaftlichkeit seiner Darstellung entspringt dem selbstgewissen Ausdruck des Hamburger Bürgertums, das an der Front des historischen Fortschritts sich weiß. Die poetische Inventarisierung der Welt durch den Ratsherren entspricht dem souveränen Blick über den kunstvollen Garten, den natürlich auch Brockes hatte, mit dem Unterschied, daß anders als der Fürst, dem das Tableau der angerichteten Natur Genüge tut, der Bürger Brockes - im Geist der Wissenschaft und der Ökonomie - sich in die Einzeldinge, die vor seinen Augen ausgebreitet sind, erkennend vertieft.

Die Landvillen Hamburgs, diejenigen auf den Wärdern und erst recht dann die am Wasser, an Alster und Elbe, die horazischen Attitüden der sie begleitenden Kultur von BROCKES bis HAGEDORN hatten mit bürgerlichem Bescheiden nichts zu tun. Die Stadt war eng, dreckig, stinkend und wurde es täglich mehr. Die Hamburger Landvillen als die ästhetischen Selbstdarstellungsbühnen der herrschenden Familien nehmen die fürstlichen Traditionen der Parks, Eremitagen, des Lustschlosses mit ihren Gärten- und Wasserkünsten im bürgerlichen Maßstab auf und verweisen zudem zurück auf die Tradition der italienischen Landvillen der Renaissance, welche städtische Eliten (Rom, Florenz) sich errichteten - vielleicht aber die Römer besser gelesen hatten als Hagedorn.[27] Denn der Ursprung des an den Ort der Landvilla gekoppelten lyrischen Lobes des Landes und der Stadtferne: das ist die römische Patrizier-Villa: Senatoren - das arbeitende Land überschauend - trieben an einem schattigen *locus amoenus* Herrschaftspolitik in angenehmeren Gewande feiner Kultur. Davon hatten die Hamburger Eliten mehr begriffen, als Hagedorn, der Lyriker der *Alster* und *Harvestehudes*, sich in den horazischen Gesten seiner Verse träumen ließ.

7. "IST ALLES SCHÖN, IST ALLES SEHENSWERT"? - VOM HAMBURGER HORAZ ZUR BLICKÄSTHETIK DES HERREN-KAUFMANNS.

Natürlich ist der Sohn eines wohlhabenden Kaufherrn, Friedrich von HAGEDORN, der freilich - der Vater starb früh - sich mit dem bescheidenen Salär des Sekretärs einer englischen Handelsgesellschaft begnügen mußte, aber nicht konnte, dem auch die beabsichtigte gute Partie, die ihn sorgenlos ein luxurierendes Leben hätte führen lassen, scheiterte - natürlich also war Hagedorn, der Liebenswürdigste der Hamburger Bonvivants, ein ausgezeichneter Kenner der Szene. Wir wollen das durch Konfrontation zwischen Gedichtteilen und zeitgenössischen Bildern demonstrieren, die das Ambiente der Alster und Harvestehudes uns vor Augen führen. Ich zitiere aus dem Gedicht "Horaz".

Du bist es wert, der Landluft Freund zu sein,
Horaz, mir dir hab ich den Trieb gemein.
Uneingedenk der Stadt und ihrer Sorgen,
Empfind ich hier die Freiheit und den Morgen.
Wir bleiben hier, nun uns kein Schwätzer trennt,
Und Harvestehud ist heute mein Tarent.
Oft grenzt die Lust unwissend an dem Leide,
Doch nicht allhier, doch nicht an jener Weide,
An diesem Fluß (Alster) Wohin mein Blick sich kehrt,
Ist alles schön,
ist alles sehenswert.[27] (Abb. 7)

Es scheint - in Bild und Text -, daß der Alster-Raum wirklich noch jene ungestörte ländliche Idylle fern der Stadt zu sein scheint, wie HAGEDORN ihn hier feiert.

Sehen wir in das vielleicht berühmteste Gedicht HAGEDORNs - "Die Alster":

Der Elbe Schiffahrt macht uns reicher;
Die Alster lehrt gesellig sein!
Durch jene füllen sich die Speicher;
Auf dieser schmeckt der fremde Wein.
In treibenden Nachen Schifft Eintracht und Lust,
Und Freiheit und Lachen erleichtert die Brust.[29]

Wir erkennen die nun schon klassische Dichotomie von Elbe und Alster, Wirtschaftsraum und ästhetisch-geselligem Raum. Freilich: so sehr im Unklaren bleibt, wie gewissermaßen subjektlos "sich die Speicher" füllen - wohl kaum von selbst -, so undeutlich ist, daß die Geselligkeit und Freiheit, die Lust und Eintracht, die gefeiert werden, die der städtischen Elite sind. Auf den Bildern ist genauer zu sehen, wen denn das opake "Wir" des Gedichtes meint. (Abb. 8 und 9).

Hier finden wir die Familie der höheren Schicht, von einem Ruderknecht fortbewegt - man ruderte nicht selbst -; der "fremde Wein" auf dem kleinen Tisch des Bootes (das Volk trank Bier); die Pfeife; die Alster-Schwäne - seit dem 16. Jahrhundert von der Stadt zur ästhetischen Zier der Alster unterhalten; das spiegelnde Wasser; die stolze Hamburg-Fahne: immer den Festungscharakter erinnernd; - die HAGEDORNsche Geselligkeit entpuppt sich als die "Eintracht und Lust" derjenigen, die von Arbeit freigesetzt waren oder eine spezifisch bürgerliche Freizeitästhetik sich leisten konnten. Die Alster wird für die bürgerlichen Schichten und die reisenden Besucher der Stadt zu einem bevorzugten Vergnügungsort, auf dem sich eine wasserbezogene Kultur und Ästhetik entwickeln. Die Spuren der Arbeit sind getilgt ebenso wie die wirtschaftliche Bedeutung der Alster:

Bild 7: Brücke zwischen Winterhude und Eppendorf. Zeichnung von Radl.

Bild 8: Blick vom Jungfernstieg auf die Binnen- und Außenalster. Stich von G. A. Liebe, Leipzig 1770.

Bild 9: Eine Alsterschute um 1800. Aquatintablatt von C. Suhr.

denn diese war im 18. Jahrhundert für die Ärmeren durchaus noch Raum der Arbeit. Was im Sommer die Schüten, sind im Winter die Schlittschuhe und Eissegler - Abbildungen wie Gedichte (BROCKES, KLOPSTOCK) bezeugen dieses winterliche Vergnügen des Bürgertums. In langen Kälteperioden gab es damals schon reges Leben zwischen Buden auf dem Eis, Schlittenkutschfahrten, Promenieren und Flanieren wie auf dem Jungfernstieg.

"Es war sehr aufgekommen", so der Ratsherr LOCHAU im 18. Jahrhundert, "daß die Leute sich abends in den Schüten auf der Alster divertierten, sonderlich die Fremde hatte collationen und Music, dabey schossen sie mit Büxen die gantze Nacht durch".[30]

> Das Ufer ziert ein Gang von Linden
> In dem wir holde Schönen sehn,
> Die dort, wann Tag und Hitze schwinden,
> Entzückend auf- und niedergehn.
> Kaum haben vorzeiten
> Die Nymphen der Jagd,
> Dianen zur Seiten
> So reizend gelacht.[31]

Hier haben wir, mythologisch geziert, den Jungfernstieg. (Abb. 10) - Es ist ein Bezirk, der tatsächlich der Lust vorbehalten scheint. Die alten Bleichen sind verschwunden; die Doppelreihe der Linden ist zu erkennen; Flanierende beiderlei Geschlechts - das entspricht der Realität; Karossen. Im Vordergrund der abgepfählte Bereich, der im Winter für die Schwäne[32] eisfrei gehalten wurde. Doch auch Lastträger und Lastgespanne. Im Hintergrund die beiden Türme der Kalkbrennerei. Die Sphäre der Arbeit bleibt nicht unsichtbar. Was werden Dianas Nymphen sagen? - Nun, gehörten sie zum wohlhabenden Bürgertum, so mochte eine zarte Galanterie während des Promenierens statthaft sein. Niemand denkt an Aktaion, auch wenn man galant von Diana redet. Von Bettlern und Arbeitern sah man tunlichst ab. Auch von den Nymphen, die als ärmste Bauerntöchter etwa aus Ochsenwärder kamen und Blumen anboten. Es dauert nicht lange, daß sie zur Reservearmee der Prostitution gehören: Venus-Nymphen am Jungfernstieg. HAGEDORN: "Die rege Freiheit überall / Nichts lebet gebunden, / Was Freundschaft hier paart". - Links die Wasser-Kunst von 1620 - sie mahnt an ein ganz anderes Problem des Hamburger Wassers: das Trinkwasser. Die Alster war bis zu Beginn des 19. Jahrhunderts - wie die Elbe bis nach dem Großen Brand 1842 - Trinkwasserreservoir. Die Wasser-Künste - es gab vier - wurden privatwirtschaftlich betrieben. Das saubere, teils durch Rohrleitungen, teils durch Kesselwagen vertriebene Wasser war

Bild 10: Ansicht des verbreiterten Jungfernstiegs und der Binnen-Alster am Ende des 18. Jahrhunderts. Nach einem Aquatintablatt gez. von F. W. Skerl.

ein Privileg der Reichen. Das Volk schöpfte vor dem Haus, auch aus den Fleeten, in die alles hineinfloß: Abfall, Tier- und Menschenkot, Waschwasser, Abwässer von Färbereien. Der Regen und die Flut mochte den Dreck fortschwemmen. Bei Ebbe stanken die Fleete erbärmlich. - Bald ist die Zeit vorbei, da das Hamburger Bier - eine frühe Reichtumsquelle Hamburgs aus der Hanse-Zeit - gerühmt wird auch wegen des reinen Wassers, das dafür zur Verarbeitung kam. - 1793 wird auf der Binnen-Alster auf Anregung der "Patriotischen Gesellschaft" ein Bade-Schiff errichtet -: eine moderne Einrichtung, wenigstens für die bürgerliche Klasse, die - Hamburger sind dabei führend - zu Beginn des 19. Jahrhunderts die Badekultur, das Badewesen, das See-Bad entdeckt. Denn schon am Ende des 18. Jahrhunderts kommen ärztliche Stimmen auf, die vor dem Alster-Wasser als Trinkwasser warnen. Baden konnte man in der Alster bis weit ins 20. Jahrhundert. Als sauberstes Wasser gilt bis 1850 das Elbwasser. Die Trinkwasser-Versorgung wird für große Städte eine ernsthafte Sorge. Erst nach dem Brand 1842 wird man das Problem durch Siel-Bauten und (später) die riesigen Wasser-Werke auf Rothenburgsort strukturell angehen. Das Problem bleibt bis heute.

Am Ende wollen wir einen Reisenden am Ausgang des Jahrhunderts zu Wort kommen lassen. Karl August BÖTTIGER hat in seinem Tagebuch von 1795 mit genauem Gespür geschildert, worauf es in der wasserbestimmten Ästhetik der Alster und der Elbe ankommt. Es ist eine spezifische Blick-Ästhetik, die die neuen Park-Anlagen an der Elbe erlaubten, die seigneurale Ästhetik des Herren-Kaufmanns und sei er, wie im Falle SIEVEKINGs ein ideologischer Parteigänger der Französischen Revolution (ihren Folgen dankt er Millionen).

Die Lage des Sieveking'schen Garten ... ist die entzückendste, die man sich nur denken kann. Das vorderste große Gartengebäude liegt hart an der Elbe. Mit Entzücken erinnere ich mich noch der von der Sonne vergoldeten Abenscene, als wir einmal abends nach Tische auf der in der Elbe aufgemauerten Terrasse im bunten Kreise festlich gekleideter Menschen den Kaffee tranken, während mit der Flut Schiffe aller Nationen und Klimae den königlichen Strom majestätisch vor uns vorüberzogen und wir mit unseren Ferngläsern die Passagiers in der Kajüte und auf dem Verdeck musterten ... Ein neben mir stehender Hamburger Kaufmann erhielt Glückwünsche, weil eben sein Schiff aus Cadix ankam. Ein anderer versicherte mich mit stolzem aber sehr verzeihlichem Selbstbewußtsein, daß Hamburg nicht allein jetzt der z w e i t e Handelsplatz in Europa, sondern in sehr vielen Artikeln in unmittelbarer Concurrenz mit London selbst sei, wovon ich mich gleich einige Tage nach meiner Ankunft auf dem gedrängt vollen Börsenplatze, wo eben der Friede mit Spanien der Speculation ein ungeheures Feld geöffnet hatte, und in Voigt's und Sieveking's Comptoiren schon völlig überzeugt hatte.33

Die neuen Villen, Gärten, Ausgucke - das sind Logenplätze eines Schauspiels, in welchem - wie bei BROCKES - die Elbe und ihr Schiffsverkehr unmittelbar auf das ökonomiche Zentrum, die Börse, bezogen sind. In den "Skizzen zu einem Gemälde von Hamburg" des Italien-Reisenden F. J. L. MEYER von 1800 wird dem "armen Operntheater in Paris" mit seinem "hohen Zauber deiner Dekorationsverwandlungen" der "grosse Schauplatz der Elbe" entgegengehalten.[34] In der Tat haben wir es hier mit einem besonderen Schauspiel zu tun. Die Zuschauer schauen dabei sich selbst zu. Der Blick, den die Elbe dem Kaufmann bietet, verdoppelt ihn in den Betrachter und in den Teil seines entäußerten Ichs, der als Schiff ihm entgegenkommt. Die Wasser-Ästhetik Hamburgs, als eine Kultur der arbeitsjenseitigen Zeit, dient dem Selbstgenuß derjenigen, die die Effekte ihrer Investition - wie BÖTTIGER sagt: als "Elbprocession" an sich vorüberziehen lassen.

Ein anderes Mal sitzt BÖTTIGER auf der Galerie des Baumhauses, seit langem ein bevorzugter Ort von Kaufleuten, die im Blick über Hafen und Elbe sich selbst zur Darstellung bringen (freilich auch LESSING trank hier gerne Coffee):

Ich saß bei Tische gerade den Fenstern gegenüber, durch welche der Blick auf den majestätischen Strom und auf Alles, was er auf seinem Rücken trägt, hinabgleitete. Ein Glas des edelsten an der Garonne gekelterten Traubensaftes, mit solchen Aussichten vor dem Auge hinabgeschlürft, ist wahrer Nectar.[35]

Ganz anders die Alster:

Am liebsten verweilte auch jetzt mein Blick an der durch ihre Gärten und Rasenplätze lieblicher winkenden Seite der Binnenalster, an deren Ufer ich in Schröder's Hause die reizendsten Aussichten bei jedem Blick durchs Fenster gehabt hatte. ... Früh beim ersten Erwachen fiel sogleich mein Blick durch den Balkon ... in das von der Morgensonne beleuchtete und von Hamburgs schönsten Palästen umringte Becken der Binnenalter ... Wer wollte, wenn sich Einem ein solches Schauspiel öffnet, zwischen den Matrazen fortschnarchen. Fröhlich sprang ich auf und setzte mich zwischen die Orangerie auf dem Balkon, um so in dem mir immer neuen Naturgenuß zu schwelgen. ... Nicht weniger entzückend war die Abendansicht ... und die Mondscheinscene ... Da glaubte man in die Feenstadt an den adriatischen Lagunen verzaubert zu sein.[36]

Der Gast hat die Lehre Hamburgs verstanden: der majestätische Blick auf die Elbe, der ästhetisch-poetische Blick auf die Alster. *Locus oeconomicus* und *locus poeticus*: diese ästhetische Ausdifferenzierung seiner beiden "Wasserwelten" (BÖTTIGER) hat das Hamburger Bürgertum im 18. Jahrhundert geschaffen - als zwei Seiten desselben: der merkurisch-marinen Stadt.

ANMERKUNGEN

1) Ernst KAPP: Erdkunde. (1845) 2. Aufl. 1868, S. 90 ff, 163 ff, 247 ff. Diese typologische "politische Geographie" folgt der "physischen Geographie". Im 3. Teil liefert Kapp eine "Culturgeographie". Zweifellos ist Kapps philosophische Geographie in vielen Einzelerkenntnissen überholt, ebenso wie sie politisch - hinsichtlich der Teleologie, die den Gang der Weltgeschichte vom Orient über den Mittelmeerraum zu den germanischen (ozeanischen) Völkern laufen sieht - völlig obsolet ist. Gleichwohl steckt in dem Denkansatz, der philosophische, geographische, naturgeschichtliche und sozialgeschichtliche Entwicklungen zu integrieren sucht, eine Weite, die heute fast völlig verloren ist. Auch wächst heute die Einsicht, daß für unser Verstehen von Geschichte die naturgeschichtlichen und geographischen, im weiteren Sinn ökologischen Dimensionen einzubeziehen sind. Man darf das Erbe solchen Denkens nicht Carl SCHMITT und seinen ideologischen Nachfolgern überlassen. Dabei gilt es natürlich auch, die unreflektierten anthropozentrischen und eurozentrischen Deutungsmuster Kapps zu überwinden. - Grundsätzliches zur Kulturgeschichte des Wassers vgl.: Hartmut BÖHME (Hg.) Zur Kulturgeschichte des Wassers. Frankfurt/M. 1988.

2) K. v. BOECKMANN: Kulturreich des Meeres. 1924.

3) L. FROBENIUS: Kulturreich des Festlandes. 1923.

4) C. SCHMITT: Land und Meer. 3. Aufl. 1981, S. 55 ff. - Kulturell bedeutsame Revolutionen in den Raumvorstellungen der Gesellschaften basieren natürlich nicht nur auf Veränderungen des Raumes durch Seefahrt, sondern, historisch nahezu gleichzeitig, auch auf der Umwälzung der kosmologischen Raumstrukturen in der kopernikanischen Wende. Vgl. dazu H. BLUMENBERG: Kopernikanische Welt. 1975.

5) Für den skizzierten Umriß der Geschichte Hamburgs beziehe ich mich auf folgende Werke, die ich vor allem unter dem Aspekt ihrer Aussagen zu Hamburg zu seinen Wasserräumen (Alster, Elbe, See) berücksichtigt habe: E. KLESSMANN: Geschichte Hamburgs. 5. Aufl. 1985. - E. v. LEHE u.a.: Heimatchronik Hamburgs. 2. Aufl. 1967. - P. E. SCHRAMM (Hg.): Kaufleute. 1949. - E. FINDER: Hamburgisches Bürgertum. 1930. - F. J. L. MEYER: Gemälde von Hamburg. 1800. - J. L. v. HEß: Hamburg 3 Teile. 2. Aufl. 1810. - J. G. GALLOIS: Geschichte Hamburgs. 1867. - Th. SCHRADER (Hg.): Hamburg vor 200 Jahren. 1892. - Hamburg um die Jahrhundertwende. 1900. - G. KOWALEWSKI: Patriotische Gesellschaft. 1910. -R. HERTZ: Seehandelshaus Godeffroy. - Chr. NEHLS / J. F. BUBENDEY: Die Elbe. 1892. - B. N. MOLTMANN: Hamburgs Schiffahrt o. J. - Joh. M. LAPPENBERG: Hamburgs Rechte an der Alster. 1859. - W. MELHOP: Alster 1932. - H. REINCKE: Alster. 1950. - Lagerhaus-Gesellschaft (Hg.): Hamburger Hafen 1939. - E. BAASCH: Hamburgs Handel. 1910. - K. KREYSSING: Antipiratischer Verein 1819. - M. LINDEMANN: Fischerei. 1869.

6) Dies hat C. SCHMITT: Land und Meer. 1981, S. 27 ff richtig erkannt.

7) 1675 war der Höhepunkt der Hamburger Walfängerei: 83 Grönlandfahrten brachten jeweils ca. 11 Wale als Fracht zurück. Im 18. Jahrhundert ging wegen Überfischung die wirtschaftliche Bedeutung des Walfangs kontinuierlich zurück.

8) Adam SMITH: An Inquiry into the Nature und Causes of the Wealth of Nations. London 1776. Ins Deutsche zuerst übersetzt von J. Fr. SCHILLER u. Chr. A. WIDMANN. 2 Bde. Leipzig 1776-78.

9) Zu den sog. bürgerlichen Unruhen vgl. KLESSMANN: Geschichte Hamburgs. 1985, S. 216 ff; Th. SCHRADER: Hamburg. 1892, S. 299-367.

10) Vgl. die 1636 von Sebastian DADLER entworfene Medaille, "auf deren Vorderseite der Handelsgott Merkur wehrhaft geharnischt als ein römischer Imperator und im Standmotiv dem Riesenstandbild zu Rhodos gleich, sich breitbeinig über die Hafeneinfahrt und zugleich schützend vor die Stadt stellte" (Jörgen BRACKER in: ders. / C. PRANGE (Hg.): Alster. 1981, S. 15. Eine Abbildung der Medaille findet sich als Frontispiz von G. HATZ: Hamburgische Geschichte. Hamburg Porträt Heft 5/1977.

11) Max WEBER: Protestantismus: In: ders.: Soziologie. 1968, S. 357 ff.

12) Werner SOMBART: Liebe. 1984.

13) Eine zentralperspektivisch stilisierte, stark barock geometrisierte Abbildung von BROCKES' Garten findet sich im "Auszug aus dem Irdischen Vergnügen in Gott". 1738, S. 89. - Zur Hamburger Gartenkultur vgl. Gärten. Landhäuser. Ausstellungskatalog 1975.

14) Zit. bei E. FINDER: Hamburgisches Bürgertum 1930, S. 353.

15) Peter HESSEL: Elbe-Strom. Altona 1675, repr. Hannover o.J.

16) J. L. von HEß: Hamburg. 3 Teile. 1801 (2. Aufl. 1810).

17) Vgl. dazu E. ROTHACKER: "Buch der Natur". 1979. - H. BLUMENBERG: Lesbarkeit. 1981.

18) Allenfalls bei Johann Albert FABRICIUS (vgl. Anm. 20) findet man einen ähnlich weiten, freilich nicht mehr barocken, sondern aufgeklärten theologischen Deutungsrahmen für sämtliche Erscheinungsformen des Wassers und des menschlichen Umgangs mit diesem.

19) Zur FABRICIUS vgl. einführend U. KROLZIK: In: M. BÜTTNER (Hg.): Geographie 1982, S. 131-46.

20) Johann Albert FABRICIUS: Hydro-Theologie. 1734. - Dazu einführend U. KROLZIK: Naturverständnis. In: Medizinhistorisches Journal Bd. 15 (1980), H. 1/2, S. 90-102. Sowie in: Hartmut BÖHME: Wasser 1988.

21) Zu BROCKES vgl. H.-D. LOOSE: Brockes. 1980. Als Einführung ist brauchbar das Nachwort von E. HAUFE zu B. H. Brockes: Im grünen Feuer glüht das Laub o.J. (1981), S. 129-145.

22) Die Nachweise in der Reihenfolge der Gedicht-Nennungen (Band- und Seitenzahl von B. H. BROCKES': Irdisches Vergnügen in Gott. 9 Teile, Hamburg 1721-48 oder aus dem "Auszug" von 1738): Auszug S. 17-26: Auszug S. 111-2; Auszug S. 386-412; Auszug 427/8; Auszug 429-35; Auszug S. 436-440; Auszug S. 470-73; Auszug S. 474-6; Auszug S. 675-83; I, S. 161-2; V, S. 127-8; VI, S. 200-3; VI; S. 343-4; VII, 87-90; VII, S. 91.94; VI, 171; Vi, 127; VI, 103/4; VI, 352/3; VIII, 185-193.

23) Vgl. dazu A. PERRIG: Erde. In: Jb der Hamburger Kunstsammlungen Bd. 25 (1980), S. 51 ff. H. BREDEKAMP: Erde. In: kritische berichte Jg. 9 (1981), Heft 4/5, S. 5-37.

24) B. H. BROCKES: Irdisches Vergnügen in Gott. 2 Teil. 1727, S. 162.

25) Zitiert bei H. REINCKE: Alster: In: Jb des Alstervereins 29, 1950, S. 5 - zu Conradin vgl. einführend H. SCHRÖDER: Lexikon der hamburgischen Schriftsteller bis zur Gegenwart. Bd. 1, Hamburg 1851-53 (8 Bde.).

26) Zu bürgerlichen Festen in Hamburg vgl. E. FINDER: Bürgertum. 1930, S. 279-339.

27) Zu den italienischen Renaissance-Villen und ihren römischen Vorbildern vgl. R. BENTMANN / M. MÜLLER: Villa. 1970.

28) Aus Friedrich von HAGEDORN: Horaz: In: ders.: Gedichte. 1968, S. 153. - Zu Hagedorn einleitend: H. STIERLING: Hagedorn. 1911. (= Mitt. a.d. Museum für Hamburgische Geschichte Nr. 2).

29) Aus HAGEDORN: Die Alster, ebd., S. 52. - Bernhard BLUME hat das Motiv der Kahnfahrt in der Literatur des 18. Jahrhunderts, auch unter Bezug auf Hamburg, zuerst bearbeitet, in: ders.: Existenz. 1980, S. 195-237, bes. 204 ff. Blume ist nahezu der einzige Literaturwissenschaftler, der in seinen Forschungen Perspektiven auf eine Literaturgeschichte des Wassers entwirft (ebd., S. 149-306).

30) Zitiert bei FINDER: Bürgertum. 1930, S. 384.

31) Ebd.

32) Schwäne auf der Alster wurden vom Senat schon im 16. Jahrhundert gehalten. Der 1721 nach Hamburg berufene Komponist Georg Philipp TELEMANN hat in der Suite F-Dur für 4 Hörner, 2 Oboen, Fagott und Orchester einen Satz "Der Schwanengesang" aufgenommen (die ganze Suite enthält Hamburg-Bezüge). Berühmt ist die zum 100. Jahrestag der Hamburger Admiralität geschriebene Ouvertüre C-Dur "Hamburger Ebb und Flut" von 1723.

33) K. A. BÖTTIGER: Zustände. Bd. 2, 1838, S. 30/1.

34) F. J. L. MEYER: Skizzen. 1800, S. 15.

35) BÖTTIGER: Zustände, Bd. 2, 1838, S. 31.

36) Ebd., S. 50.

LITERATURVERZEICHNIS

Ernst BAASCH: Quellen zur Geschichte von Hamburgs Handel und Schiffahrt im 17. 18. und 19. Jahrhundert. Hamburg 1910.

R. BENTMANN / M. MÜLLER: Die Villa als Herrschaftsarchitektur. Frankfurt am Main 1970.

Bernhard BLUME: Existenz und Dichtung. Essays und Abhandlungen. Frankfurt am Main 1980.

Hans BLUMENBERG: Die Genesis der kopernikanischen Welt. Frankfurt am Main 1975.

Ders.: Die Lesbarkeit der Welt. Frankfurt am Main 1981.

Kurt v. BOECKMANN: Dokumente zur Kulturphysiognomik: Vom Kulturreich des Meeres. Berlin 1924.

Hartmut BÖHME (Hg.): Zur Kulturgeschichte des Wassers. Frankfurt/M. 1988.

K. A. BÖTTIGER: Literarische Zustände und Zeitgenossen. Bd. 2, Leipzig 1838.

Jörgen BRACKER / Carsten PRANGE (Hg.): Alster, Elbe und die See. Hamburg 1981.

Horst BREDEKAMP: Die Erde als Lebewesen. In: kritische berichte Jg. 9 (1981), Heft 4/5, S. 5.37.

Barthold Heinrich BROCKES: Im grünen Feuer glüht das Laub. Weimar o.J. (1981).

Ders.: Irdisches Vergnügen in Gott. 9 Teile, Hamburg 1721- 48.

Ders.: Auszug aus dem Irdischen Vergnügen in Gott. Hamburg 1738.

Johann Albert FABRICIUS: Hydro-Theologie oder Versuch, durch aufmerksame Betrachtung der Eigenschaften, reichen Austheilung und Bewegung der Wasser, die Menschen zur Liebe und Bewunderung ihres gütigen, weisesten, mächtigsten Schöpfers zu ermuntern. 3 Bde. Hamburg 1734.

Ernst FINDER: Hamburgisches Bürgertum in der Vergangenheit. Hamburg 1930.

Leo FROBENIUS: Dokumente zur Kulturphysiognomik: Von Kulturreich des Festlandes. Berlin 1923.

J. G. GALLOIS: Geschichte der Stadt Hamburg. Hamburg 1867.

Gärten, Landhäuser und Villen des hamburgischen Bürgertums. Kunst, Kultur und gesellschaftliches Leben. Ausstellungskatalog des Museums für Hamburgische Geschichte. Hamburg 1975.

Friedrich von HAGEDORN: Gedichte. Hg. v. A. ANGER. Stuttgart 1968.

Hamburg um die Jahrhundertwende. Hamburg 1900.

Hamburger Freihafen-Lagerhaus-Gesellschaft (Hg.): 750 Jahre Hamburger Hafen. Hamburg 1939.

Gerd HATZ: Hamburgische Geschichte im Spiegel der Medaillen (17./18. Jahrhundert). Hamburg Porträt Heft 5/1977.

Richard HERTZ: Das Hamburger Seehandelshaus J. C. Godeffroy und Sohn 1766- 1879.

J. L. von HEß: Hamburg topographisch, politisch und historisch beschrieben. 3 Teile. (1801) 2. Aufl., Hamburg 1810.

Peter HESSEL: Hertzfliessende Betrachtungen vom Elbe-Strom. Altona 1675, repr. Hannover o.J.

Ernst KAPP: Vergleichende Allgemeine Erdkunde. (1845) 2. Aufl. Braunschweig 1868.

Eckart KLESSMANN: Geschichte der Stadt Hamburg. 5. Aufl., Hamburg 1985.

G. KOWALEWSKI: Die Hamburgische Patriotische Gesellschaft und die Wirtschafts-systeme des 18. Jahrhunderts. Hamburg 1910.

Karl KREYSSING: Über den zu Hamburg errichteten antipiratischen Verein. Hamburg 1819.

Udo KROLZIK: Johann Albert Fabricius (1668-1736). In: M. BÜTTNER (Hg.): Zur Entwicklung der Geographie vom Mittelalter bis zu Carl Ritter. Paderborn, München, Wien, Zürich 1982, S. 131-46.

Ders.: Das physikotheologische Naturverständnis und sein Einfluß auf das naturwissen-schaftliche Denken im 18. Jahrhundert. In: Medizinhistorisches Journal Bd. 15 (1980), Heft 1/2, S. 90-102.

Joh. Martin LAPPENBERG: Historischer Bericht über Hamburgs Rechte an der Alster. Hamburg 1859.

Erich v. LEHE u.a.: Heimatchronik der Freien und Hansestadt Hamburg, Köln 1967[2].

Lexikon der hamburgischen Schriftsteller bis zur Gegenwart. Bd. 1, Hamburg 1851-83 (8 Bde.).

Moritz LINDEMANN: Die arktische Fischerei der deutschen Seestädte 1620-1868. Gotha 1869.

Hans-Dieter LOOSE: Barthold Heinrich Brockes (1680-1747). Dichter und Ratsherr in Hamburg. Neue Forschungen zu Persönlichkeit und Wirkung. Hamburg 1980.

Wilhelm MELHOP: Die Alster. Geschichtlich, ortskundlich und flußbautechnisch. Hamburg 1932.

B. N. MOLTMANN: Hamburgs Schiffahrt in alter und neuer Zeit. Hamburg o.J.

Chr. NEHLS / J. F. BUBENDEY: Die Elbe. Hamburgs Lebensader. Hamburg 1892.

Alexander PERRIG: Die Anatomie der Erde. In: Jb. der Hamburger Kunstsammlungen Bd. 25 (1980), S. 51 ff.

Heinrich REINCKE: Die Alster als Lebensader Hamburgs. Hamburg 1950.

Erich ROTHACKER: Das "Buch der Natur". Materialien und Grundsätzliches zur Me-taphengeschichte. Bonn 1979.

Carl SCHMITT: Land und Meer. Eine weltgeschichtliche Betrachtung. Köln 1981[3].

Th. SCHRADER (Hg.): Hamburg vor 200 Jahren. Ges. Vorträge. Hamburg 1892.

Percy Ernst SCHRAMM (Hg.): Kaufleute zu Haus und über See. Hamburgische Zeug-nisse des 17. 18. und 19. Jahrhunderts. Hamburg 1949.

Adam SMITH: An Inquiry into the Nature und Causes of the Wealth of Nations. Lon-don 1776. Ins Deutsche zuerst übersetzt von Fr. SCHILLER u. Chr. A. WIDMANN. 2 Bde. Leipzig 1776-78.

Werner SOMBART: Liebe, Luxus und Kapitalismus. Berlin 1984.

Hubert STIERLING: Leben und Bildnis Friedrich von Hagedorns. Hamburg 1911. (= Mitteilung a. d. Museum für Hamburgische Geschichte Nr. 2).

Max WEBER: Asketischer Protestantismus und kapitalistischer Geist. in: ders.: Sozio-logie. Weltgeschichtliche Analysen. Stuttgart 1968, S. 357 ff.

JÜRGEN RATHJE

GELEHRTENSCHULEN. GELEHRTE, GELEHRTENZIRKEL UND HAMBURGS GEISTIGES LEBEN IM FRÜHEN 18. JAHRHUNDERT

Erhalten bleibt alles durcheinander:
ein Tagtrottel, ein Talent, vielleicht
das Genie, viele gute Mittelstandsleute.
Erhalten zu bleiben ist kein Zeichen
von Wert.

Kurt Tucholsky

Nicht von Pädagogik soll hier die Rede sein, obwohl das Thema sich dazu eignet. Aber die Personen, um die es hier geht, verstanden sich nicht in erster Linie als Pädagogen.[1] Ihr Beitrag galt vor allem den Künsten und Wissenschaften während der ersten Jahrhunderthälfte, und diesen Blickwinkel haben wir von ihnen übernommen. Welche Rolle haben Vertreter der Hamburger Gelehrtenschulen in diesem Zusammenhang gespielt?

Die Frage nach den Künsten und Wissenschaften im frühen 18. Jahrhundert macht neue Erklärungen notwendig. Ebenso die Frage nach den Gelehrten der Zeit. Wir sprechen heute nicht mehr dieselbe Sprache.

Im damaligen Sinne des Wortes war ein *Gelehrter* ein Wissenschaftler oder ein Schriftsteller, womöglich ein Dichter, oder er gehörte Wissenschaft und Literatur zugleich an, was oft der Fall war.[2] Kein Wissenschaftler, hingegen doch wohl ein Gelehrter war beispielsweise der Erbauer der Hamburger St. Michaeliskirche, und dementsprechend finden wir ihn im wichtigsten Schriftstellerlexikon[3] der Stadt wieder, und als Gelehrter galt auch der Komponist Georg Philipp TELEMANN,[4] dessen dichterische Beiträge einem Christian Friedrich WEICHMANN und Johann Peter KOHL die Aufnahme in ihre Sammlung der "Poesie der Nieder-Sachsen"[5] wert waren. Zahlreiche Gelehrtenlexika[6] unterrichten über die Gelehrten der Epoche[7]. Dichtung war gelehrte Dichtung: ihre Rezeption setzte in Hamburg nicht anders als anderswo in Europa Bekanntschaft mit der griechischen und römischen Literatur sowie ein gewisses Maß an religiöser Bildung voraus; die Leser und das Publikum von Theater und Oper[8] waren, anders dagegen als heute, diesem Anspruch ständig konfrontiert, und, begreift man Gelehrsamkeit im damaligen Sinne des Wortes, dann erkennen wir auch nach zweieinhalb Jahrhunderten in dem unserer muttersprachlichen Kompetenz fremd gewordenen *gelehrten Frauenzimmer*[9] die ebenso zutreffende wie respektvolle Bezeichnung für die Autorinnen jener Zeit[10] wieder.

Das größte Hindernis auf dem Wege zu Hamburgs Gelehrtenwelt im Zeitalter der Frühaufklärung ist nicht deren, sondern unsere eigene Fortschrittsgläubigkeit, die es erschwert, in sozial- und kulturgeschichtlicher Hinsicht jene Betrachtungsweisen zu ignorieren, die seit dem Heraufziehen des bürgerlichen Zeitalters nicht nur unser Denken, sondern auch unsere Wertmaßstäbe, unsere Vorlieben und Abneigungen bestimmen. Und, so leicht wir auch der Feststellung zustimmen, daß "seit rund 1770 eine Fülle neuer Bedeutungen alter Worte und Neuprägungen auftauchen, die den gesamten politischen und sozialen Erfahrungsraum verändert und neue Erwartungshorizonte gesetzt haben",[11] so schwer tun wir uns in der Praxis mit der nicht minder einleuchtenden Erkenntnis, daß "durchgehaltene Worte für sich genommen kein hinreichendes Indiz für geichbleibende Sachverhalte"[12] sind.

So war *Gelehrsamkeit* noch im 17. Jahrhundert im engsten Sinne gleichbedeutend mit einem großen Bücherwissen, unlösbar verbunden mit lateinischer Sprache und Kultur. In dieser Form hatte das frühe 18. Jahrhundert den Begriff übernommen und deshalb auch die "schönen Wissenschaften"[13] der Gelehrsamkeit zugerechnet. Im Verlaufe dieses Jahrhunderts unterscheidet man sie dann von Weisheit, aber auch von Wissenschaft, schließlich entsteht der Begriff der Bildung und löst sich von dem der Gelehrsamkeit. Diese, welche "anfangs die herrschaft über das ganze geistige gebiet hatte oder in anspruch nahm",[14] erfährt somit eine Bedeutungsverengung. Die ausgegrenzten Begriffe Bildung und Wissenschaft haben ihr den Rang abgelaufen.

Ähnlich ergeht es dem *Gelehrten*. Dieses schon früh im Deutschen geläufige und mit Lesen, Schreiben, geistlicher Tätigkeit in Zusammenhang gebrachte, dann aber auch von den anderen aus der Antike übernommenen Wissenschaften beanspruchte Wort fällt in seinem Kern mit dem Beherrschen der lateinischen Sprache zusammen und ist im 16. Jahrhundert als Synonym für den heutigen klassischen Philologen nachweisbar.[15] In der Bedeutung von "Philologe", "Lehrer an einer Lateinschule" wird der Begriff lange durchgehalten und gelangt so ins 18. Jahrhundert. Wie die Gelehrsamkeit, so hat auch der Gelehrte seinen Mittelpunkt in der Bücherwelt. Wie gelehrt einer ist, erkennt man am Grade seiner Vertrautheit mit eben dieser Bücherwelt. Eine weitere Steigerung erfährt der Begriff, wenn der Gelehrte auch selber Bücher schreibt. Das mit den überlieferten Vorstellungen der Gelehrtenwelt vertraute 18. Jahrhundert hatte auch die althergebrachte Verbindung zwischen den Gelehrten und der Dichtkunst übernommen. Es befand sich darin durchaus im Einklang mit der als Autorität betrachteten Antike, deren Vorbildlichkeit mit der "Querelle des anciens et des modernes"[16] in seinen ersten Jahrzehnten zwar erschüttert wird, deren Ausstrahlung aber im weiteren Verlauf dieses letzten Jahrhunderts des alten Europa nur langsam an Glanz verliert. So war ein Horaz in seiner Auffassung von *doctus* dem Zeitalter der natürlichen Vernunft gewiß näher, als wir es heute sind, wenn er schreibt:

> Ibam forte via sacra, sicut meus est mos,
> nescio quid meditans nugarum, totus in illis:
> accurrit quidam notus mihi nomine tantum
> arreptque manu "quid agis, dulcissime rerum?"
> "suaviter, ut nunc est," inquam "et cupio omnia quae vis."
> cum adsectaretur, "numquid vis?" occupo. at ille
> "noris nos" inquit; "*docti* sumus."(...)[17]

Friedrich von HAGEDORN verlegt den Schauplatz zwar aus dem Rom des 1. vorchristlichen Jahrhunderts in das Hamburg des 18. Jahrhunderts, aber die Einheit von Gelehrsamkeit und Dichtung in seinem "Schwätzer" ist dieselbe geblieben:

> Jüngst , da ich mich, wie einst, den Grillen überlasse,
> Gerat ich ungefähr in die Mariengasse.
> Ein Fremder, den ich nur dem Namen nach gekannt,
>
> Läuft plötzlich auf mich zu, ergreift mich bei der Hand
> Und spricht: "Wie geht's? Mon Cher!" Noch ziemlich, wie Sie sehen,
> Von Ihnen hoff ich auch erwünschtes Wohlergehen.
>
> Er folgt mir Schritt vor Schritt und klebt mir lächelnd an.
> Ist etwas, frag ich ihn, womit ich dienen kann?
> Er danket und versetzt: "Sie werden mich schon kennen
> Und Ihre Freundschaft mir als einem *Dichter* gönnen."(...)[18]

Gelehrt ist seinerseits ein Ehrentitel im damaligen Sinne des Wortes und somit geeignet, die Anerkennung für die Großen der Dichtung noch zu unterstreichen. Als "schön", "reizend", "gelehrt", "reich an Trefflichkeiten" bezeichnet HAGEDORN an anderer Stelle HOMER[19], "den Dichter aller Zeiten" und befindet sich mit diesem Gebrauch des Begriffs im Einklang mit der Tradition der Zeitgenossen in anderen Ländern Europas:

Nature, like Liberty, is but restrain'd
By the same Laws which first herself ordain'd.
Hear how *learn'd* Greece her useful Rules indites,
When to repress, and when indulge our Flights (...).[20]

Allerdings kommt es bereits im Verlaufe des 18. Jahrhunderts zur Abgrenzung des Dichters gegenüber dem Gelehrten in der alten Bedeutung, der seinerseits an Ansehen verliert[21], zumal da die neuen Ideen, das Volkstümliche, das Nationale, als Gegensatz zur Gelehrsamkeit und vornehmen Bildung gesehen werden, "die in gleichgültiger höhe (...) in ihrem allgemeinen latein oder französisch"[22] darüber schwebe.

Wir hingegen meinen, wenn wir im Sinne unseres Gegenstandes von *Gelehrten* und *Gelehrsamkeit* sprechen, die alten, im frühen 18. Jahrhundert noch gängigen Wortbedeutungen und distanzieren uns der angemessenen historischen Perspektive wegen gleichzeitig von späteren Verengungen dieser Begriffe und hinzugekommenen negativen Konnotationen.

Mit dem Begriff der *Künste und Wissenschaften*[23] zu jener Zeit können wir uns kürzer fassen. In der Beschäftigung mit ihnen, ihrer Förderung und Verbreitung, bestand das Wesen der Gelehrsamkeit alter Schule, ganz im obengenannten Sinne.

Der Aussage, daß zu keiner Zeit in Hamburg die Künste und Wissenschaften ein höheres Ansehen[24] erreichten als im frühen 18. Jahrhundert, ist, unter dem Blickwinkel der Lokalgeschichte betrachtet, kaum zu widersprechen. Die dem nationalen Aspekt verpflichteteren Fachwissenschaften müssen uns hier nicht unbedingt folgen. Wohl werden sie, mit dem Blick zum Beispiel auf die Frühaufklärung[25], die moralischen Wochenschriften[26], auf Naturpoesie und Gelegenheitsgedicht[27], eine gewisse Bedeutung des damaligen Hamburg nicht in Abrede stellen. Aber auf geistigem Gebiet machten gleichzeitig Zürich und Leipzig im deutschsprachigen Raum mit ebenso großer Berechtigung von sich reden zum einen, und zum anderen ist Hamburg der deutschen Kulturgeschichte nicht sehr nachhaltig als der Ort bekannt, an dem die "Schutzschrift"[28], das "Irdische Vergnügen in Gott"[29], die "Tafelmusik"[30], die "Zwey Bücher von der Zufriedenheit"[31] oder gar die "Bibliotheca Latina mediae et infimae aetatis"[32] entstanden sind, sondern als die Stadt KLOPSTOCKs, LESSINGs, Matthias CLAUDIUS' und Karl Philipp Emanuel BACHs. Die Tatsache, daß Künste und Wissenschaften in Hamburg bereits zwischen 1720 und 1740 ihren Höhepunkt überschritten[33] hatten, kann daran wenig ändern. Daß ihr einstiges Ansehen zudem in Vergessenheit geriet, haben sie mit der deutschen Literatur zwischen 1680 und 1740 gemeinsam[34], deren

Rezeptionsgeschichte sich mit dem späteren Vorurteil gegen alles, was an das Ancien Régime, an Frankreich überhaupt erinnerte[35], verbinden sollte.

Bei der zeitlichen Übereinstimmung und angesichts diverser kultureller Gemeinsamkeiten mit dem Ancien Régime kann auch Vergleichbares in der Lebensweise der Gelehrten nicht überraschen: Broterwerb und literarische oder wissenschaftliche Produktion sind sehr oft zweierlei[36]. Das gilt allgemein und ist im alten Hamburg auch nicht anders. So war z. B. Joachim Johann Daniel ZIMMERMANN (1710-1767), der Dichter von TELEMANNs "Landlust"[37], Pastor an St. Katharinen, und Michael RICHEY (1678-1761), der Verfasser des reedierten[38] "Idioticon Hamburgense" (1754), Professor für Geschichte und Griechische Sprache am Akademischen Gymnasium. Ein geschätzter Anwalt war Christian Heinrich POSTEL (1658-1705), Hamburgs prominentester Operndichter[39], und der Kunst- und Juwelenhändler Johann Adolf HOFFMANN (1676-1731) hatte nicht nur CICEROs "De officiis"[40] und ANTONIN[41] ins Deutsche übertragen, sondern war auch noch der Verfasser jener von den Zeitgenossen überaus bewunderten "Bücher von der Zufriedenheit"[42]. Christian Friedrich WEICHMANN (1698-1770), Dichter und Herausgeber der Anthologie "Poesie der Nieder-Sachsen"[43] lebte als Journalist in Hamburg[44], und der Dichter des "Landlebens in Ritzebüttel"[45] war bekanntlich Ratsherr.

Was wir heutzutage *nur* als den sozialen Hintergrund geistiger Produktivität zu betrachten geneigt sind, ist in Wirklichkeit deren *Vordergrund*. Der Epigrammatiker Christian WERNICKE (1661-1725) hätte sich nie als Dichter einstufen lassen, betrachtete sich vielmehr als Diplomaten und Hofmann[46], nicht anders als ein Jean RACINE (1639-1699) - königlicher Historiograph und Begleiter LUDWIGs XIV. auf dessen Feldzügen - seinen Zeitgenossen nicht in erster Linie als tragischer Dichter galt, sondern vor allem als Hof- und Weltmann[47]. Und so, wie der uns aus der Geschichte der Literatur, der Pädagogik[48] bekannte FÉNELON (1651-1715) prominenter Geistlicher, Erzbischof von Cambrai war, ist es auch nichts besonderes, wenn die im Mittelpunkt unserer Aufmerksamkeit stehenden gelehrten Persönlichkeiten des alten Hamburg ihrer eigenen Selbsteinschätzung nach zuerst einmal im öffentlichen Leben[49] ihren Mann standen und dann, sozusagen *zusätzlich*, noch durch das Verfassen eigener Werke ihren Beitrag zu den Wissenschaften und Künsten gaben.

Fazit: der Zugang zum geistigen Leben des alten Hamburg ist uns nicht allein durch zweihundertjährige Vorurteile erschwert, sondern auch durch den Mangel an Information. Allzu andersartig sind die kulturellen und sozialen Gegebenheiten des frühen 18. Jahrhunderts[50]. Eine Wiederannäherung ist gleichwohl nicht ohne Reiz, zumal da unter anderen Hamburg auf geistigem Gebiet im deutschen Sprachraum damals führend war. Dieser Reiz erhöht sich noch, bedenkt man, daß diese Phase mit der Klassik in England - in Frankreich mit dem Zeitalter der großen Philosophen zusammenfällt.

Die Frage nach den öffentlichen Einrichtungen, auf die in Hamburg Künste und Wissenschaften sich hätten stützen können, ließe sich leicht mit dem Hinweis auf Kirche, Gelehrtenschulen und Oper beantworten. Allein, das kirchliche Bezugsnetz nennenswerter Gelehrter erweist sich bei näherem Hinsehen als relativ klein. Die verändernden Kräfte, die zum Aufschwung des geistigen Lebens im alten Hamburg führten, gingen vielmehr zahlreich und eindeutig von den Gelehrtenschulen und der Oper aus.

Die am 2. Januar 1678 eröffnete Oper am Gänsemarkt ist fast anderthalb Jahrhunderte jünger als die Gelehrtenschulen, geht diesen aber mit dem Höhepunkt ihrer Entwicklung, ihrer Ausstrahlung voran. Bedenkt man, daß die Dichter der Oper es damals an Ansehen mit den Musikern aufnehmen konnten[51], daß dichterische Höhe und Ausdruckskraft ihrer Texte "in allen späteren Operntexten bis auf den heutigen Tag nur selten wieder erreicht"[52] wurde, und kennt man außer den gelehrten Dichtern der Oper auch deren Komponisten und die dem hamburgischen Schauplatz verbundenen Ratspolitiker und Diplomaten, dann wird ein Bezugsnetz erkennbar, das auch vor den Gelehrtenschulen nicht endete[53] und bis zu den aus diesen hervorgegangenen Freundeszirkeln reichte. An Persönlichkeiten wie Michael RICHEY und Johann Ulrich von KÖNIG wird dergleichen deutlich, aber auch Georg Philipp TELEMANN und Johann Samuel MÜLLER sind beiden Zentren geistiger Aktivität verbunden.

Befassen wir uns mit den Gelehrtenschulen des alten Hamburg und einigen ihrer bedeutenderen Vertreter, so bedeutet dies mithin eine bewußte Eingrenzung des erheblich umfangreicheren Themas der hamburgischen Gelehrsamkeit im frühen 18. Jahrhundert.

Von zweierlei Gelehrten ist dabei die Rede: von Lehrern des Johanneums und Professoren des Akademischen Gymnasiums. Das Johanneum, eine anfangs fünf-, später achtklassige Lateinschule, war 1529 von Johann BUGENHAGEN gegründet worden, auf den auch das von 1613 bis 1883 bestehende Akademische Gymnasium zurückgeht. Das Johanneum, das "älteste öffentliche Lehr-Institut unsers Staates (...), sowohl für künftige Gelehrte, als auch für künftige Bürger[54] von Anfang an gleich bestimmt"[55], besuchte man im Alter von 10 bis 18 Jahren. Danach konnte man drei Jahre lang am Akademischen Gymnasium, dem höchsten "Lehr-Institut unsers

Staates (...), zunächst und hauptsächlich für künftige Gelehrte aus allen Fächern der Wissenschaften bestimmt"[56], studieren, das wie das Johanneum zwar die Räume des ehemaligen St. Johannis-Klosters benutzte, sich aber, als eine Art Selekta des Johanneums gedacht, mit seinen sechs Professuren[57] und dem damit verbundenen wissenschaftlichen Betrieb deutlich vom Johanneum unterschied[58]. Das Ansehen des Akademischen Gymnasiums konnte sich auf Gelehrte von Rang gründen wie den Naturforscher Joachim JUNGIUS, den Historiker Peter LAMBECK und den Altphilologen Vincent PLACCIUS, dessen Nachfolger als Professor der Beredsamkeit und Moral am 13. Juni 1699 Johann Albert FABRICIUS wird.

FABRICIUS'[59] geistigen Rang hat am kürzesten und treffendsten sein Kollege Sebastian EDZARDI, Professor der Logik und Metaphysik am Akademischen Gymnasium, auf einen Nenner gebracht: in einem brieflichen Nachruf. Aus seinem humorlosen Tadel spricht nicht nur ungewolltes Lob, sondern auch eine beachtliche - wenn auch unreflektierte - Vertrautheit mit dem, was Fabricius über alle Mittelmäßigkeit erhob:

Vir erat copiosae eruditionis et multarum eminentium virtutum, sed pro dolor in religione nimis moderatus vel tepidus. Ita non parum nocuit ecclesiae et studiosae iuventuti. Interim, prout nunc sunt mores, verendum, ne successorem minoris adhuc pro orthodoxia zeli accipiat, nisi deus gymnasium nostrum oculis omnipotentis suae misericordiae respexerit. [60]

Aus EDZARDIs Sicht, der sich nicht allein mit einzelnen Gelehrten, sondern gleich mit ganzen Fakultäten und Körperschaften anzulegen pflegte[61], war Zurückhaltung in religiösen Richtungskämpfen sicher etwas vom Verwerflichsten, und das erst recht, wenn es dabei um eine Freund-Feind-Situation ging wie im *Renovationsstreit*[62] während der zweiten Phase der *Bürgerlichen Unruhen*[63] in Hamburg. Eben damals hatte FABRICIUS auf öffentliche Parteinahme verzichtet, obgleich seine Abneigung gegen den Dichter und Anhänger der Ratspartei, Barthold FEIND, ebenso belegt ist wie seine Anerkennung für dessen Widersacher, den Hauptpastor Christian KRUMBHOLTZ[64] von St. Petri, das Sprachrohr der Volkspartei. Der die Volkspartei begünstigenden orthodoxen Richtung dürfte Fabricius erheblich näher gestanden haben als der pietistischen. Ob er bei einer der beiden Parteien die für ihn selbst entscheidenden frühaufklärerisch-gemeinnützigen Bestrebungen besser aufgehoben glaubte als bei der anderen, ist fraglich. Fabricius hatte nur einmal in seinem Leben bei der Verteidigung dessen, was er für die Wahrheit hielt, öffentlich gestritten[65] und blieb der vita contemplativa[66] auch dann treu, als allgemeine Fraktionswut Solidarität heischte, als Parteigänger sich einen Namen machen konnten, wenn sie, wenig patriotisch, das öffentliche Leben in ihre Streitereien einmischten[67].

FABRICIUS' Zurückhaltung im Kampf der Zeloten entsprach aber auch jener Urbanität, die sein Schwiegersohn und Kollege Hermann Samuel REIMARUS ausdrücklich an ihm hervorhebt:

Nunquam illum per tot annos vidi vehementi commotione elatum, nunquam cupiditati, voluptati, aut iræ, quæ ipsa magnos sæpe vincit animos, indulgentem, nihil temere, timide, insolenter, aut indecore adeo agentem (...).[68]

Aus dieser Haltung spricht sowohl die positive Seite der Gelehrsamkeit als auch viel Geduld: "In doctrinæ vero Christianæ via regia mansit ipse (...)"[69], nämlich im Sinne der Offenbarungsreligion und im Gegensatz zu der damals vordringenden *natürlichen* Religion der Aufklärung[70], deren "Schutzschrift"[71] ihrerseits aus der Feder des FABRICIUS-Biographen stammt.

Dem Lob der Offenbarungsreligion dienen auch FABRICIUS' physikalisch-theologische Schriften, sein Beitrag zu zeitgenössischen Bestrebungen, Naturwissenschaft und Christentum, die seit Aufkommen des heliozentrischen Weltbildes getrennte Wege gingen, zueinander zu führen. Diese sich über zwanzig Jahre erstreckenden Publikationen dürften ihn letztlich mehr gefesselt haben als das Gezänk von Orthodoxen und Pietisten. Er selbst ist es, der die Physikotheologie durch Übersetzungen aus dem Französischen[72] und Englischen[73] erstmalig einer deutschen Leserschaft vorstellt. Diese Werke, die in der Erkenntnis der Natur die Güte des Schöpfers preisen, sind deutsch geschrieben ebenso wie die daran anschließenden, in den letzten fünf Lebensjahren veröffentlichten, von Fabricius selbst stammenden physikalisch-theologischen Schriften[74].

Der 1668 in Leipzig geborene und 1736 in Hamburg gestorbene Universalgelehrte war eine international anerkannte Größe. Zahlreich sind seine philosophischen und theologischen, seine historischen Arbeiten[75]. Bis heute lebendig geblieben sind seine der Altphilologie wohlbekannten Verdienste um die griechische, lateinische, mittellateinische und byzantinische Literaturgeschichte[76].

Ein Kämpfer war FABRICIUS nicht,[77] geschweige denn ein Eiferer wie EDZARDI. Er hatte in Hamburg mit seiner Familie[78] und in der Forschung die Gelassenheit und Ruhe gefunden, deren er ebenso bedurfte wie die Geselligkeit: "Is sincerus aliorum hominum amor tanto gratior erat in Fabricio, quo magis externa comitate ornabatur," bezeugt REIMARUS[79]. Selbst die Geringsten habe er mit seinem Gruß geehrt, ihnen Zutritt zu seinem Haus gewährt, und er sei ein liebenswürdiger Gastgeber gewesen. Fabricius verstand sich auf die schmeichelnde Anrede, bemühte sich aufrichtig um die Freundschaft anderer, nahm im vertraulichen Umgang stets auf Alter, Geschlecht, Rang und persönliche Eigenart seiner Gesprächspartner Rücksicht, konnte dabei auch ausgelassen sein. REIMARUS sieht darin nicht die Flexibilität des Geltungsbedürftigen, sondern eine sozusagen angeborene, gutmütig-heitere Urbanität. Auch die Skepsis des Alters und die damit üblicherweise verbundene Zurückhaltung habe Fabricius' Hang zur Geselligkeit so wenig beeinträchtigen können, daß er von sich sagte, ihm sei Freundschaft und vertrauter Umgang eines einzigen lebenden rechtschaffenen Mannes lieber als die Beschäftigung mit sechshundert Toten. Aus diesem Grund, so berichtet Reimarus, machte Fabricius es sich gewissermaßen zur Lebensregel seiner vierzig in Hamburg zugebrachten Jahre, sich wöchentlich an einem bestimmten Tag mit einem Freundeskreis zu treffen. Reimarus nennt die Namen[80].

Der erste dieser regelmäßig zusammentreffenden Freundeskreise bestand aus FABRICIUS, dessen Vorgänger im Amt Vincent PLACCIUS und weiteren, nicht genannten Personen und fällt in die Zeit, da Fabricius noch nicht Professor am Akademischen Gymnasium, sondern Famulus und Bibliothekar bei dem in die Geschichte der *Bürgerlichen Unruhen* eingegangenen Johann Friedrich MAYER[81] war. Der Polyhistor Placcius[82], der 1642 in Hamburg geboren war und dort auch 1699 starb, lehrte seit 1675 am Gymnasium. Er war Junggeselle, eine Gelehrtenpersönlichkeit, die ein zurückgezogenes Leben schätzte. Seine Interessen lagen auf dem Gebiet des Rechts, der Philosophie, der Theologie, wie seine zahlreichen Schriften belegen. Von ihm stammt auch ein "Gründlicher Beweis von der menschlichen Seelen Unsterblichkeit, aus dem bloßen Lichte der Natur"[83]. Placcius führte eine bedeutende gelehrte Korrespondenz. Er war mildtätig und vermögend. Die größte Freude war für ihn der Aufenthalt in seinem Landhaus in Nienstedten, wo er oft seine Schüler und hamburgische Gelehrte bei sich empfing.

Dem zweiten FABRICIUS-Kreis gehörten Eberhard LANGERMANN, Johannes MÜLLER und andere, von REIMARUS nicht namhaft gemachte Gelehrte an. Der 1668 oder 1669 in Hamburg geborene und in Hamburg 1728 gestorbene Eberhard LANGERMANN[84] hatte 1694 in Leiden zum Doktor der Medizin promoviert und hatte sich, nachdem er in seine Vaterstadt zurückgekehrt war, als Arzt niedergelassen. Diesem Berufsstand gehörte, obgleich nicht bis zu seinem Tode, der ebenfalls in Hamburg geborene und gestorbene Johannes Müller (1651-1724) an, der 1677 in Padua zum Doktor der Medizin promovierte. Müller[85] wurde Leibarzt bei Prinz FRIEDRICH AUGUST von Sachsen-Eisenach, darauf bei dessen Vater Johann Georg und nahm auf diese Weise an deren Feldzügen teil: in Österreich, als die Türken 1683 Wien belagerten, und in Ungarn. 1686 kehrt er nach Hamburg zurück, eröffnet dort eine Arztpraxis und wird 1696 zum Professor der Physik und Poesie am Akademischen Gymnasium gewählt. Eine Anzahl lateinischer Gedichte sind von ihm überliefert.

Zwei Theologen und abermals ein Arzt gehören FABRICIUS' drittem Gelehrtenzirkel an. Der in Hamburg 1679 geborene und 1731 gestorbene Nicolaus STAPHORST[86] wurde 1705 Pastor an St. Johannis und beschäftigte sich sein Leben lang mit hamburgischer Kirchengeschichte, für die er alle irgend erreichbaren Urkunden sammelte und 1720 edierte. Sein Hauptwerk erschien 1723-1729 in fünf Bänden unter dem Titel: "Historia ecclesiae Hamburgensis diplomatica, das ist: Hamburgische Kirchengeschichte aus glaubwürdigen und mehrentheils noch ungedruckten Urkunden". Freilich kam er mit diesem überaus groß angelegten Werk nur von 811 bis 1531, was aber Staphorsts Verdienst und den hohen Wert dieses Werkes - nicht zuletzt der vielen darin mitgeteilten Urkunden wegen - keineswegs mindert. Der andere Theologe ist der wie Staphorst in Hamburg geborene und gestorbene Joachim MORGENWEG (1666-1730). Morgenweg[87] studierte von 1689 bis 1692 in Leipzig und könnte dabei Fabricius bereits begegnet sein[88]. Wieder in seine Heimat zurückgekehrt, wird er Kandidat des hamburgischen geistlichen Ministeriums und Dezember 1698 Pastor am Waisenhaus. Im Januar 1699, dem Jahr, in welchem Fabricius die Professur am Akademischen Gymnasium antritt, wird Morgenweg in sein Amt eingeführt. Wohl setzt Morgenweg sich für Verbesserungen und Reformen des Waisenhauses ein, mischt sich aber nicht in die pietistisch-orthodoxen Händel und gleicht auch hierin seinem Freunde Fabricius. Nichtsdestoweniger hatte ihm 1696 noch der damalige Senior des Ministeriums Samuel SCHULTZE ein ausführliches "Testimonium orthodoxiae"[89] ausgestellt. Wie Fabricius war auch Morgenweg ein Mann, dessen Gelehrsamkeit als außergewöhnlich bezeichnet werden muß: Seine Sammlung von hebräischen, arabischen und persischen Handschriften, seine Kupferstichsammlung und eine erlesene Bibliothek sind hier zu nennen. Er musizierte und dichtete[90], bemühte sich sogar um die Errichtung einer hamburgischen Galerie, aber dieser Plan wurde nicht Wirklichkeit. Der hamburgischen Geschichte ist Morgenweg zumal durch seine heimliche Heirat mit Prinzessin JULIANE LOUISE (1657-1715), der ältesten Tochter des vormals regierenden Fürsten ENNO LUDWIG von Ostfriesland, bekannt[91]. Sein Leben teilte er zwischen den Amtspflichten, gelehrten Interessen und dem Zusammensein mit der Prinzessin in deren Stadthause am Resendamm[92] und ihrem Ottensener Landhaus an der Elbe. Zum engeren Freundeskreis der beiden zählten der angesehene Rechtsgelehrte Lizentiat FÜRSEN, Christian Ludwig SEILER(1666-1737), der seit 1701 Pastor an Maria Magdalenen war, Juliane Louises Hausarzt BIESTER und Timotheus STIELER, ihr Sachwalter und Nachbar. Es fragt sich, welche Verbindungen es zwischen diesen und der dritten Fabricius-Runde gab, zu der, außer Fabricius, Staphorst und MORGENWEG noch der Arzt Christian Joachim LOSSAU[93] zu rechnen ist, der vierte Gelehrte, den REIMARUS in diesem Zusammenhang nennt.

Den vierten FABRICIUS-Kreis, die Gesprächsrunde der "Bibliotheca Historica", erwähnt REIMARUS nicht[94]. Zum ersten Mal steht bei einem der Gelehrtenzirkel ein pädagogischer, also gemeinnütziger Gedanke im Mittelpunkt, und zum ersten Mal geht es dabei um eine gemeinsame Veröffentlichung. Die 1715 bis 1729 erscheinende "Hamburgische Bibliotheca Historica", eine zehnbändige kommentierte Bibliographie historischen Inhaltes hatten die mit dieser (wöchentlich zusammentreffenden) Gesprächsrunde identischen Autoren Fabricius, HÜBNER, RICHEY und der Kieler Mitarbeiter HANE der "Studierenden Jugend zum Besten zusammen getragen"[95]. Diese waren für ein solches Unternehmen qualifiziert, zumal da sie alle, in Verbindung mit ihren gelehrten Interessen, eine Lehrtätigkeit entweder ausübten oder doch anstrebten.

Der in Türchau in der sächsischen Oberlausitz 1668 geborene und 1751 in Hamburg gestorbene Johann HÜBNER[96] war zur Zeit des "Bibliotheca Historica" - Kreises Rektor des Johanneums. Irgendwelcher Beliebtheit erfreute er sich in dieser Eigenschaft gewiß nicht. Überliefert ist sein unkollegiales Verhalten und dessen desintegrierende Wirkung auf Lehrkörper und Schulordnung - ja selbst Schikanen und Tätlichkeiten verbanden sich mit seiner Amtsführung[97]. Als weniger provinziell erwies sich sein Instinkt für pädagogische Reformen. Dieser zeigte sich in Lehrbüchern, die er für mehrere Fächer[98] schrieb. Historische Bedeutung auf didaktischem Gebiet erlangte er durch Einführung des Arbeitsunterrichts, der dem von ihm verfaßten Lehrbuch für den Unterricht in biblischer Geschichte[99] methodisch zugrunde liegt. Ebenso frühaufklärerisch wie Hübners Lehrbücher waren seine praktisch-pädagogischen Maßnahmen zur Förderung der Muttersprache[100]. Seine Gedichte in deutscher Sprache nennt auch GOEDEKE[101].

HÜBNER hatte das Gymnasium in Zittau besucht und war dort Schüler von Christian WEISE, der ihn persönlich förderte. 1691 Privatdozent in

Leipzig, 1694 Rektor des Merseburger Gymnasiums, kam er erst 1711 nach Hamburg, wo er das Rektorat des Johanneums von FABRICIUS übernahm, der es für drei Jahre vorübergehend innegehabt, sich aber mit dieser ihn fachfremd anmutenden Tätigkeit nie recht hatte anfreunden können.

Philipp Friedrich HANE[102] der von Kiel aus Beiträge vor allem zum 9. und 10. Band der "Bibliotheca Historica" lieferte, ist nicht als Mitglied ihrer Gesprächsrunde nachgewiesen. Als diese aus der Taufe gehoben wurde und man mit den Veröffentlichungen begann, war er noch Schüler des Johanneums oder Student am Akademischen Gymnasium, zumal da die Planung und Vorbereitung des publizistischen Vorhabens wahrscheinlich nicht erst 1715, sondern schon 1714 oder früher begann, die Entstehung der vierten FABRICIUS-Gelehrtengesellschaft mithin entsprechend früh[103] anzusetzen ist. Hane wurde 1696 in Belitz bei Güstrow geboren, besuchte von Michaelis 1712 bis Ostern 1715 das Johanneum und wurde am Akademischen Gymnasium am 16. Mai 1715 immatrikuliert. Er setzte sein Studium in Rostock fort, dann in Jena, wo er 1718 Magister der Philosophie wurde. 1723 habilitierte er sich in Kiel, wurde dort 1724 Universitätsbibliothekar, 1725 ordentlicher Professor der Kirchen- und Zivilgeschichte, 1730 außerordentlicher Professor der Theologie, 1733 Oberkonsistorial- und Kirchenrat, 1758 ordentlicher Professor der Theologie. Hane starb 1774 in Kiel. Von diesem um die Kirchengeschichte verdienten Gelehrten stammt eine Vita des Ignatius von LOYOLA[104] und der zu seiner Zeit Aufsehen erregende "Entwurf der Kirchengeschichte(n) Neuen Testaments, wie solche in den erfüllten und aufgeklärten Weissagungen der göttlichen Offenbarung St. Johannis enthalten sind"[105], sein Hauptwerk. Die Frage, wie der junge Hane seinerzeit korrenspondierendes Mitglied des "Bibliotheca Historica"-Kreises geworden sei, ist offen. Seine Lebensdaten lassen auf eine Förderung durch seine Lehrer Fabricius und HÜBNER schließen.

An dem vierten Mitglied dieser Gelehrtengesellschaft, dem Hamburger Michael RICHEY, hat Sebastian EDZARDI sicherlich nicht mehr Freude gehabt als an FABRICIUS, dessen mangelnder Eifer im Streit um die rechte Glaubensauslegung ihn so sehr verdroß[106]. Im Namen der fiktiven Verfasserfigur des zunächst anonym erschienenen "Patrioten" ließ Richey erkennen, daß es jenem nicht darum gehe, Menschen zu wahren Christen zu machen. Die Republik habe inzwischen "nicht nur frommer, sondern zugleich kluger und gescheidter Bürger vonnöthen". Christliche Unterweisung überlasse er den Geistlichen. Er dagegen werde sich nicht davon abbringen lassen, "nach der blossen gesunden Vernunfft, die Tugend als etwas schönes, und die Laster als etwas häßliches abzuschildern".[107] Richey

sah keinen Widerspruch darin, aufklärerische Bestrebungen dieser Art mit
seiner Loyalität gegenüber der in Hamburg damals noch tonangebenden
lutherischen Orthodoxie zu verbinden. Einen "Patrioten" definiert er als
einen Menschen,

*dem es um das Beste seines Vaterlandes ein rechter Ernst ist, der seinen
GOtt recht erkennet, das Predigt- Amt ehret, die Obrigkeit fürchtet, und
dem gemeinen Wesen redlich zu dienen geflissen ist.*[108]

RICHEY war ein ebenso entschiedener Gegner der Unionsbestre-
bungen[109] seiner Zeit wie des religiösen Separatismus. Diese Haltung findet ihre Erklärung in seinem Einverständnis mit den im damaligen Hamburg herrschenden Verhältnissen, jener Verquickung von staatlicher und
kirchlicher Verfassung, die bei aller Toleranz gegenüber in der Stadt lebenden Minderheiten anderer Religionsgemeinschaften nur das öffentliche
Praktizieren des lutherischen Bekenntnisses zuließ. In seinen handschrift-
lichen Anmerkungen zu Heinrich Ludwig GUDEs "Nachricht von der Stadt
Hamburg" notiert er immerhin:

*Ein gewissens-Zwang ist eigentlich eine Gewaltsahmkeit, die dem Ver-
stande eines Menschen von anderen zugeleget wird, daß er ohne Ueberzeu-
gung für wahr u. recht erkennen, u. bekennen soll, was er nicht für wahr
oder Recht begreifet. Dieser Nahme des Gewissens-Zwanges wird miß-
bräuchlich derjenigen Verweygerung beygelegt, womit man nach dem
Grundsatz seiner Republick oder seiner Religion solchen Leuten begegnet,
die in eine Bürgerliche oder Kirchliche Gemeinschafft begehren aufgenommen zu werden, davon sie nach des Orts Verfassungen nicht fähig sind, ob
man gleich sie nicht zwinget, von ihrer Meinung zu lassen, sondern ihnen
alle Freyheit gönnet, nach ihrem Gewissen zu glauben, was sie wollen,
wenn sie nur hinwiederum andern nicht anmuthen, in dando jure vel civita-
tis vel cultus publici wider Gesetz u. Gewissen zu verfahren, denn sonst
würden solche Andringer sich desselben Gewissen-Zwanges, den sie dem
verweygerndem Theile beymessen schuldig machen.*[110]

RICHEY[111], der seinen Lehrstuhl für Geschichte und Griechische
Sprache am Akademischen Gymnasium überaus lange, von 1717 bis 1761,
innehatte, war im Unterschied zu HÜBNER über die Maßen beliebt. Nach
dem Zeugnis Johann Georg BÜSCHs, der bei Richey Geschichte hörte, war
dieser "mit den größten Naturgaben für die Geschäfte eines öffentlichen
Lehrers ausgerüstet"[112].

*Dürre und abgefallen in seiner Leibes-Gestalt zeigte er in der Haltung
seines Körpers, in jeder Geberde, und in seinen meisten Reden eine hin-
reissende Lebhaftigkeit des Geistes. Sein Wiz verlis ihn nicht bis zum Ende
seiner Tage, und floß ihm in seinen Vorlesungen ungesucht und sehr natürlich zu.*[113]

BÜSCH, der am Akademischen Gymnasium von 1746 bis 1748 studierte, merkt übrigens einschränkend an, RICHEY habe in späteren Jahren

mit dem Wissen seiner Zeit nicht mehr Schritt gehalten, so daß seine Gelehrsamkeit sich nur mehr auf wenige Schwerpunkte konzentriert habe. Auf
diesen Gebieten freilich sei er weiterhin überzeugend gewesen. Wohl bescheinigt Büsch ihm Urbanität, bedauert aber seinen Hang zur Förderung
von Studenten aus wohlhabenden und alten Familien. Büsch sieht darin bei
Richey keinen eigennützigen Zug, sondern erklärt dieses Verhalten aus
dessen Hamburger Jugenderfahrungen und dem Zunehmen konservativer
Tendenzen gerade in den Jahrzehnten der *Bürgerlichen Unruhen*.

Nichtsdestoweniger war RICHEYs Öffentlichkeitswirkung gewaltig[114].
Fragt man nach den Gründen, so nennen einzelne Autoren[115] nicht Richeys
Teilnahme an der "Bibliotheca Historica" - Gesprächsrunde[116], sondern,
neben seiner Mitgliedschaft bei der Teutsch-übenden Gesellschaft und
seiner Mitarbeit am "Patrioten", das "Idioticon" und vor allem immer
wieder seine Gedichte[117]. Einem Panegyrikos Hamburgs seien seine Lob-
und Festgedichte zu vergleichen, sie richteten sich nicht an Könige und
Mäzene, sondern an Mitbürger. Richey spreche als Gleicher zu Gleichen
und stelle immer wieder thematisch die Verbindung zu Hamburgs Wohlfahrt und Glück her. Es handle sich bei den Adressaten dieser Gedichte um
Menschen, zu denen eine persönliche Beziehung bestanden habe: der
langen Zeit wegen allein schon, die Richey unter ihnen als Lehrer und Professor gelebt habe. Hunderte seien seine Schüler gewesen, an deren Wohlergehen er auch in späteren Jahren Anteil genommen habe. Da Richey
wußte, daß man ihn liebte und verehrte, enthalte auch der Ton seiner Gelegenheitsgedichte etwas Persönliches, Authentisches. Bis spät ins 18.
Jahrhundert hinein seien Hamburger auf seine Gedichte versessen gewesen.

Als Gelehrter war RICHEY ein ausgezeichneter Kenner der Wissenschaftsgeschichte und verfügte über ein für seine Zeit ungewöhnlich reich-
haltiges bibliographisches Wissen[118]. Er war ein angenehmer Gesell-
schafter, ein gelehrter bürgerlicher honnête homme, wie aus der Beschreibung seines Zeitgenossen Zacharias Conrad von UFFENBACH[119],
der ihn 1710 in Stade kennenlernte, hervorgeht. RICHEYs charakteristisch-
stes Merkmal, seine Liberalität, hat sein Biograph Gottfried SCHÜTZE[120]
anschaulich beschrieben. Als Förderer der deutschen Sprache und Kultur
ebenso wie als Förderer bürgerlichen Gemeinsinns und damit als Verfechter der Selbstachtung einer gedemütigten Bürgerschaft[121], als Vertreter
praktischeer Vernunft wirkte Richey nachhaltig auf seine Zeitgenossen[122].

Mit HÜBNER teilte RICHEY seine sprachpflegerischen Neigungen,
FABRICIUS verdankte er seine Hinwendung zur Gelehrtengeschichte, zur
Gelehrsamkeit überhaupt[123], überdies hatte Richey am Akademischen

Gymnasium von 1696 bis 1699, noch vor Fabricius' Amtsantritt, in seiner Studentenzeit bei dessen Freund und Vorgänger PLACCIUS sowie bei Fabricius' Förderer Johann Friedrich MAYER gehört. Zwischen diesen Jahren und der Zeit des "Bibliotheca Historica" - Kreises lag Richeys abgebrochenes Wittenberger Studium und sein Rektorat in Stade. Seit Sommer 1712 lebte er wieder in Hamburg, wo er bis zum Antritt seiner Professur (im Januar 1717) privatisierte. In der "Bibliotheca Historica" stammen die meisten Artikel von Richey, und die besten[124], wenn man Hübner glauben darf.

Im Unterschied zur "Bibliotheca Historica" - Runde wird der fünfte und sechste gelehrte Freundeskreis, dem FABRICIUS angehörte, vom REIMARUS[125] wieder genannt. Es handelt sich dabei um die Gelehrten der Teutsch-übenden Gesellschaft und um die Patriotische Gesellschaft von 1724. Den Hamburger Teilnehmern an jener vorangegangenen Runde begegnen wir in der Teutsch-übenden Gesellschaft[126] wieder, deren Zielsetzung, die Förderung der deutschen Sprache und Poesie, infolgedessen nicht überrascht. Dagegen überrascht die Ausweitung des Bezugsnetzes: Durch die Mitgliedschaft des Dichters Johann Ulrich von KÖNIG[127] ist die Verbindung der aus den Gelehrtenschulen hervorgegangenen Gruppe mit der Oper hergestellt. König seinerseits verfügte über Verbindungen zu den gesellschaftlich höchststehenden Kreisen[128] in Hamburg. Diplomatenkreisen gehörte ein weiteres Mitglied, der schwedische und deutsche Dichter Samuel von TRIEWALD[129] an, der als Gouvernementssekretär des schwedischen Herzogtums Bremen und Verden mit dessen Generalgouverneur Mauritz Graf VELLINGK aus Stade nach Hamburg gekommen war, wo beide sich wegen der für Schweden ungünstigen Entwicklung des Nordischen Krieges zeitweilig aufhielten. Mit der Mitgliedschaft des dichtenden Hamburger Rechtsanwaltes und ab 1719 am Niedergericht als Richter tätigen BROCKES-Schwagers Georg Jakob HOEFFT[130] und des damals wie RICHEY in Hamburg privatisierenden Dichters und späteren Ratsherrn Barthold Heinrich Brockes[131] ist die Brücke geschlagen zu jenen Kreisen von Personen, die für ein Amt in den politischen Institutionen des Stadtstaates in Frage kamen.

Ein näheres Eingehen auf Thematik, Geschichte, Öffentlichkeitswirkung und Rezeptionsgeschichte der Teutsch-übenden Gesellschaft wäre ein eigenes Thema, dessen Abhandlung hier[132] zu weit führen würde. An der Patriotischen Gesellschaft von 1724[133], die REIMARUS wohl nennt, deren Mitglieder er aber namentlich nicht mehr aufführt[134], beteiligen sich nur mehr zwei Vertreter der Gelehrtenschulen, die uns bekannten Professoren

FABRICIUS und RICHEY. Dafür aber gehören ihr mehrheitlich, außer dem bereits in der Teutsch-übenden Gesellschaft aktiven BROCKES, neu hinzugewonnene Persönlickeiten an, vor allem aus dem Rat, jedoch auch Kaufmannschaft, Geistlichkeit und Presse sind vertreten. Aus dieser vielseitigen Gesellschaft ist der "Patriot"[135] hervorgegangen.

Bis 1748 trafen sich die Mitglieder dieser Patriotischen Gesellschaft zu regelmäßigen Sitzungen. In demselben Jahr erscheint in Genf MONTESQUIEUs' "Esprit des Lois", in dessen Kapitel über die Rolle der Erziehung in Republiken ausgesprochen ist, was auch den "Patrioten" mit ihrem gesellschaftlichen und publizistischen Unternehmen vorschwebte:

C'est dans le gouvernement républicain que l'on a besoin de toute la puissance de l'éducation. La crainte des gouvernements despotiques naît d'elle-même parmi les menaces et les châtiments; l'honneur des monarchies est favoriesé par les passions, et les favorise à son tour: mais la vertu politique est un renoncement à soi-même, qui est toujours une chose très pénible.

On peut définir cette vertu, l'amour des lois et de la patrie. Cet amour, demandant une préférence continuelle de l'intérêt public au sien propre, donne toutes les vertus particulières; elles ne sont que cette préférence[136].

Wie sich erahnen läßt, dachte MONTESQUIEU, der Deutschland aus eigener Anschauung kannte[137], bei diesen Ausführungen nicht vorrangig an eine der Kaiserlich freien Reichsstädte. Diese entsprachen ohnehin nicht seinen Idealvorstellungen der Republik[138] und die *Patrioten* ihrerseits hatten, zumal in den Jahren nach den *Bürgerlichen Unruhen*, wenig Gelegenheit, in ihrer Bürgerschaft weltbürgerlich-vorurteilslosem Denken und freiwillig-praktischer Betätigung zum Wohl des Gemeinwesens[139] zu begegnen. Sie waren vielmehr erst die Verfechter einer solchen Haltung, und ihre Wochenschrift diente deren Propagierung, die sich mit den sprachlich-literarischen Zielen der Teutsch-übenden Gesellschaft verband. Hatte Hamburg bislang nur wenige *Patrioten*, so ließ sich von seinen Gelehrten, deren einige, wie wir gesehen haben, sich schließlich gemeinnützigen Bestrebungen verschrieben, damals Erfreulicheres sagen:

Wie häuffig die Wissenschaften, und wie mancherley die Theile der unumschränckten Gelehrsamkeit auch immer seyn mögen; so finden sich dennoch Leute hieselbst, die von einer jedweden Ahrt derselben vollkömmlich Meister sind. Ja, ich wette, ob nicht Hamburg in diesem Fall wenigstens mit zwo Universitäten zugleich es auffnemen könne, und den Vorzug behalten werde.[140]

ANMERKUNGEN

1) Mit Ausnahme von Johann HÜBNER.

2) Diese Überlegungen liegen auch Hamburgs einschlägigem Schriftstellerlexikon zugrunde: H. SCHRÖDER: Lexikon 1851-83.

3) Ebd. Bd. 7, S. 235-236.

4) Ebd. S. 368-369.

5) Poesie der Nieder-Sachsen. Hg. v. C. F. WEICHMANN, fortgesetzt v. J. P. KOHL, 1721-1738.

6) Im 18. Jahrhundert erscheinen gleich zwei hamburgische Gelehrtenlexika: A. C. BEUTHNER: Hamburgisches Staats- und Gelehrten-Lexikon 1739; J. O. THIESS: Versuch einer Gelehrtengeschichte von Hamburg. 1780.

7) Ausgangspunkt für unsere Erörterungen ist das Jahr 1693, in dem Johann Albert FABRICIUS nach Hamburg kam.

8) Vgl. J. P. PRAETORIUS, G. P. TELEMANN: Calypso 1727; C. F. HUNOLD, R. KEISER: Nebucadnezar 1704.

9) Vgl. J. C. EBERTI: Eröffnetes Cabinet deß gelehrten Frauen-Zimmers 1706.

10) Bd. 6 der "Poesie der Nieder-Sachsen" ist ausdrücklich auch "Den sämtlichen Niedersächsischen (...) Dichterinnen" dieser Sammlung zugeschrieben.

11) R. KOSELLECK: Begriffsgeschichte 1978, S. 23.

12) Ebd. S. 26.

13) J. u. W. GRIMM: Wörterbuch Bd. 4, Abt. 1, T. 2, Sp. 2959.

14) ebd. Sp. 2958.

15) ebd. Sp. 2961-2962.

16) Vgl. P. van TIEGHEM: Doctrines littéraires 1957, S. 69-91.

17) Q. HORATIUS FLACCUS: Sermones et Epistulae 1967, S.56. "Ging ich da kürzlich auf der heiligen Straße, sinnend nach meiner Gewohnheit, - ein Verslein mag's gewesen sein, das ich im Kopfe hatte: da rennt ein Herr auf mich zu - ich kenne ihn eben dem Namen nach - drückt mir hastig die Hand: 'Wie geht's mein Verehrtester?' 'O, soweit ganz leidlich', sagte ich; 'und ich hoffe, daß es dir nach Wunsch ergeht.' Als er Miene machte, sich mir anzuschließen, kam ich weiterem zuvor mit der Frage: 'Kann ich sonst noch dienen?' Er aber sprach: 'Du solltest von mir gehört haben; ich zähle zur schöngeistigen Gemeinde.'" (Übersetzung v. Wilhelm SCHÖNE, ebd. S. 57).

18) F. von HAGEDORN: Gedichte, 1968, S. 146.

19) ebd. S. 165.

20) A. POPE: Poems 1968, S. 146.

21) Vgl. *Patriot* 1724-26, St. 82, 83, 111, 123, 135, 137. J. u. W. GRIMM: Wörterbuch Bd. 4, Abt. 1, T. 2, Sp. 2967.

23) So formulierte auch noch J. - J. ROUSSEAU: Si le rétablissement des sciences et des arts a contribué à épurer les mœurs. 1750. Vgl auch: Encyclopédie des sciences, des arts et des métiers. 1751-80.

24) Zum Ansehen der hamburgischen Gelehrten vgl.: Patriot 1724-26, St. 82.

25) Vgl. F. KOPITZSCH: Grundzüge 1982.

26) Vgl. W. MARTENS: Botschaft der Tugend 1971.

27) Vgl. U.-K. KETELSEN: Naturpoesie 1974; W. SEGEBRECHT: Gelegenheitsgedicht 1977.

28) H. S. REIMARUS: Schutzschrift. Hg. v. G. ALEXANDER, 1972.

29) B. H. BROCKES: Irdisches Vergnügen 1721-48.

30) G. P. TELEMANN: Musique de Table 1733.

31) J. A. HOFFMANN: Zufriedenheit 1722.

32) J. A. FABRICIUS: Bibliotheca Latina mediae et infimae aetatis. 1734-46.

33) H. REINCKE: Hamburgs Anteil 1925, S. 72.

34) C. PERELS, J. RATHJE, J. STENZEL: PdN. Nachweise und Register 1983, S.9.

35) Vgl. dazu N. ELIAS: Zivilisation Bd. 1, 19774, S. 36-50. Gegenüberstellung von "Kultur" und "Zivilisation", und soziale Genese des französischen Begriffs "Zivilisation".

36) Vgl. W. SEGEBRECHT: Gelegenheitsgedicht 1977, S. 213.

37) Poesie der Nieder-Sachsen. Hg. v. C. F. WEICHMANN, fortgesetzt v. J. P. KOHL, Bd. 5, 1738, S. 322 - 324.

38) M. RICHEY: Idioticon (1743) 1975.

39) Der alte Realkatalog der StuB Hamburg führt 28 Opern von ihm an.

40) J. A. HOFFMANN: Übersetzung der drei Bücher des M. T. Cicero von den menschlichen Pflichten. 1727.

41) J. A. HOFFMANN: Des römischen Kaisers Marcus Aurelius Antoninus erbauliche Betrachtungen über sich selbst. 1723.

42) J. A. HOFFMANN: Zufriedenheit 1722.

43) Poesie der Nieder-Sachsen. Hg. v. C. F. WEICHMANN, fortgesetzt v. J. P. KOHL, 1721-1738.

44) Er wurde 1728 Justizrat in Blankenburg und ging 1731 nach Wolfenbüttel.

45) B. H. BROCKES: Irdisches Vergnügen Bd. 7, 1743.

46) Vgl. C. PERELS, J. RATHJE, J. STENZEL: PdN. Nachweise und Register 1983, S. 188.

47) J. RATHJE: Racine, Phädra 1975, S. 138.

48) Vgl. F. de SALIGNAC de LA MOTHE FÉNELON: Télémaque 1699; Ders.: Éducation des filles 1687.

49) Vgl. dazu im Ancien Régime die Käuflichkeit der Ämter (und die Möglichkeit, sie auf die Nachkommen zu vererben) als materiellen Hintergrund für Künste und Wissenschaften.

50) Die literarische Erschließung dieser Epoche z. B. ist erst in unserer Zeit in Gang gekommen.

51) Hamburger Oper. Hg. v. R. MEYER, Bd. 1, 1980, Geleitwort.

52) H. C. WOLFF: Barockoper Bd. 1, 1957, S. 60.

53) ebd. S. 23.

54) NB die Unterscheidung zwischen Bürgern und Einwohnern. Bürger war, wer das Bürgerrecht besaß.

55) J. A. R. JANSSEN: Ausführliche Nachrichten 1826, S. 355.

56) ebd. S. 426.

57) Logik/Metaphysik, Praktische Philosophie/Beredsamkeit/Moral, Geschichte/Griechische Sprache, Physik/Poesie, Mathematik, Orientalische Sprachen.

58) Akademische Grade konnte man am Gymnasium nicht erwerben.

59) H. S. REIMARUS: Commentarius 1737.

60) Zitiert nach K. D. MÖLLER: Fabricius 1937, S. 6. "Diesen Mann zeichneten umfassende Gelehrsamkeit und zahlreiche einzigartige Qualitäten aus, aber in Angelegenheiten der Religion war er leider allzu maßvoll oder vielmehr lau. Auf diese Weise fügte er der Kirche und der studierenden Jugend beträchtlichen Schaden zu. Inzwischen muß man nach Lage der heutigen Verhältnisse fürchten, daß er einen Nachfolger erhält,der einen noch geringeren Eifer für die othodoxe Sache aufbringen wird, falls Gott seine Blicke nicht in seiner allmächtigen Barmherzigkeit wieder auf unser Gymnasium lenkt."

61) H. SCHRÖDER: Lexikon Bd. 2, S. 135.

62) Der Streit um die Wiederberufung des orthodoxen Hauptpastors Johann Friedrich MAYER (St. Jakobi), der nach Greifswald gegangen war. Dieser Streit nahm klassenkämpferische Züge an und endete 1704.

63) Langjährige Auseinandersetzungen um den absolutistischen Machtanspruch des Rats in den letzten Jahrzehnten des 17. und dem ersten Jahrzehnt des 18. Jahrhunderts. Höhepunkte 1684 - 86 und 1701 - 08. Diesen Abschnitt hamburgischer Geschichte beendet 1712 der Hauptrezeß, der dem Rat durch Abgrenzung seiner Kompetenzen gegenüber der Bürgerschaft ein absolutistisches Regieren unmöglich macht. Im Gegenzug werden die Auflagen zur Erlangung des Bürgerrechts empfindlich verschärft.

64) K. D. MÖLLER: Fabricius 1937, S. 55-56.

65) ebd. S. 4.

66) J. RATHJE: Gelehrtenrepublik 1983, S. 106.

67) J. RATHJE: "Patriot" hamburgische Zeitschrift 1979, S. 129.

68) H. S. REIMARUS: Commentarius 1737, S. 76. "Während dieser vielen Jahre sah ich ihn nie sich in der Erregung gehenlassen, nie der Leidenschaft, dem Genuß, dem

Zorn hingegeben, der doch seinerseits große Geister oft besiegt, nie unüberlegt, ängstlich, überheblich oder nur unpassend handeln."

69) ebd. S. 86. "Er blieb auf dem geraden Weg der reinen christlichen Lehre."

70) K. D. MÖLLER: Fabricius 1937, S. 35.

71) H. S. REIMARUS: Schutzschrift. Hg. v. G. ALEXANDER, 1972.

72) J. A. FABRICIUS: Beweis / daß ein GOtt sey 1714.

73) J. A. FABRICIUS: Astrotheologie 1728; Ders.: Physico-Theologie 1730.

74) J. A. FABRICIUS: Betrachtung des Feuers 1732; Ders,: Hydro-Theologie 1734.

75) Über einen bisher nicht beachteten Aspekt seines Werkes, die geographisch-physikalischen Arbeiten, unterrichtet M. BÜTTNER: Entwicklung der Geographie 1982.

76) J. RATHJE: Gelehrtenrepublik 1983, S. 104-05.

77) Vgl. K. D. MÖLLER: Fabricius 1937, S. 4-7.

78) Er war mit der Tochter Johann SCHULTZEs verheiratet, der das Rektorat des Johanneums von 1683 bis 1708 innehatte.

79) H. S. REIMARUS: Commentarius 1737, S. 83. "Fabricius' ehrlich empfundene Menschenliebe nahm um so mehr für diesen ein, als sie sich auch in seinen Umgangsformen zeigte."

80) ebd. S. 83-84.

81) Als Haupt der lutherischen Orthodoxie hatte er die Partei des Rates und die Pietisten gegen sich.

82) G. E. EDZARDI: 'Επιταφιος honori Vincentii Placcii 1699; H. SCHRÖDER: Lexikon Bd.6, 1873, S.60-66; J. LEMCKE: Placcius 1925.

83) V. PLACCIUS: Unsterblichkeit 1685.

84) J. MOLLER: Cimbria literata Bd. 1, 1744, S. 329; F. G. BUEK: Die Hamburgischen Oberalten 1857, S. 104; H. SCHRÖDER: Lexikon Bd. 4, 1866, S. 339.

85) A. C. BEUTHNER: Hamburgisches Staats- und Gelehrten-Lexikon 1739, S. 272; H. SCHRÖDER: Lexikon Bd. 5, 1870, S. 427-28.

86) A. C. BEUTHNER: Hamburgisches Staats- und Gelehrten-Lexikon 1739, S. 307; H. SCHRÖDER: Lexikon Bd. 7, 1879, S. 280- 82; J. H. HÖCK: Bilder 1900, S. 142-45.

87) J. MOLLER: Cimbria literata Bd. 1, 1744, S. 440; H. SCHRÖDER: Lexikon Bd. 5, 1870, S. 385-88; O. BENEKE: Geschichten u. Denkwürdigkeiten 1890³, S. 242-70; W. MÜLLER-WULCKOW: Prinzessin Juliane Louise 1949, S. 63-64.

88) FABRICIUS studierte in Leipzig von 1686 bis 1693 hauptsächlich Theologie.

89) H. BRUHN: Kandidaten 1963, S. 137.

90) Der Nachweis einer Ausgabe der Gedichte MORGENWEGs war uns nicht möglich.

91) Diese Verbindung, des Standesunterschiedes wegen damals anstößig, wurde geheimgehalten bis zu einer Aussprache mit dem Senior des Ministeriums und Pastor an St. Katharinen Johann VOLCKMAR. Dieser hatte MORGENWEG zur Rede gestellt.

92) Heute: Jungfernstieg.

93) Zwei Personen, Vater u. Sohn, beide Dr. der Medizin, kämen in Frage: Chrisitian Joachim LOSSAU I., geb. 1637 (Königsberg), gest. 1721 (Hamburg o. Schleswig); Christian Joachim LOSSAU II., geb. 1693 (Schleswig), gest. 1753 (Hamburg). H. SCHRÖDER: Lexikon Bd. 4, 1866, S. 547-48 u. 548-50.

94) Möglicherweise, weil nicht FABRICIUS selbst, sondern Johann HÜBNER ihr Begründer ist. Vgl. J. RATHJE: Gelehrtenrepublik 1983, S. 103.

95) (J. A. FABRICIUS, P. F. HANE, J. HÜBNER, M. RICHEY:) Bibliotheca Historica 1715-29. Die Sammlung enthält ca. 1000 Titel historischer Schriften mit Werkanalysen und biographischen Notizen. Statt "HANE" findet sich auch die Schreibweise "Hahn". Da in der überwiegenden Zahl der Fälle "Hane" steht, schließen wir uns dieser Version an. Vgl. auch ADB Bd. 10, 1879, S. 501.

96) J. A. FABRICIUS: Vita Joannis Hübneri 1733; H. SCHRÖDER: Lexikon Bd. 3, 1857, S. 413-19; F. BACHMANN: Johann Hübner 1899.

97) A. BORCHERDT: Hamburg 1891, S. 18-20.

98) Geschichte, Geographie, deutsche Poesie.

99) J. HÜBNER: Biblische Historien 1714.

100) Vgl. J. RATHJE: Gelehrtenrepublik 1983, S. 107.

101) K. GOEDEKE: Grundriß Bd. 3, 1887, S. 302.

102) J. O. THIESS: Gelehrtengeschichte der Universität zu Kiel Bd. 1, 1800, S. 298-322; ADB Bd. 10, 1879, S. 501.

103) J. SCHEIBE: Patriot u. sein Publikum 1973, S. 30.

104) P. F. HANE: Leben u. Thaten Ignatii Lojolae 1721.

105) P. F. HANE: Kirchengeschichte(n) NT 1768-72.

106) "Est-ce une infériorité intellectuelle de ne pas avoir une position catégorique, bornée?" fragt Eugène Ionesco. (E. IONESCO: Notes 1966, S. 228).

107) Patriot. Hg. v. W. MARTENS, Bd. 1, (1724) 1969, S. 26-27.

108) Ebd. S. 26.

109) M. RICHEY: Gedichte 1764, S. 234.

110) H. L. GUDE: Nachricht 1707, S. 258. RICHEYs Anmerkungen sind aus dem Jahr 1758.

111) G. SCHÜTZE: Vorreden zu Richey in: M. RICHEY: Gedichte Bd. 2 u. 3, 1764 u. 1766; H. SCHRÖDER: Lexikon Bd. 6, S. 262-72; K. GOEDEKE: Grundriß Bd. 3, 1887, S. 342; C. PERELS, J. RATHJE, J. STENZEL: PdN. Nachweise und Register 1983, S 143-57.

112) J. G. BÜSCH: Gang meines Geistes 1794, S. 118.

113) ebd.

114) J. RATHJE: Gelehrtenrepublik 1983, S. 109-10.

115) F. WEHL: Literaturleben 1856; F. L. HOFFMANN: Richey 1863; G. G. GERVINUS: Deutsche Literatur 1872; K. JACOBY: Literarisches Leben 1892.

116) J. SCHEIBE: Patriot u. sein Publikum 1973, S. 30-31; J. RATHJE: Patriot. Ges. 1980, S. 54; J. Rathje: Gelehrtenrepublik 1983, S. 103-104.

117) M. RICHEY: Gedichte 1764-66.

118) F. L. HOFFMANN: Richey 1863, S. 372.

119) Z. C. von UFFENBACH: Merkwürdige Reisen Bd. 2, 1753, S. 153-54.

120) G. SCHÜTZE: Vorrede zu Richey in: M. RICHEY: Gedichte Bd. 2, 1764.

121) Der Versuch der Bürgerschaft, dem absolutistischen Machtanspruch des Rates ihren eigenen Führungsanspruch entgegenzusetzen, hatte mit dem Einmarsch der Truppen des Niedersächsischen Kreises 1708 in einer Niederlage geendet.

122) J. RATHJE: Gelehrtenrepublik 1983, S. 108.

123) G. W. GÖTTEN: Gelehrtes Europa Bd. 1, 1735, S. 124-25.

124) Neue Zeitungen von gelehrten Sachen 1716, S. 126.

125) H. S. REIMARUS: Commentarius 1737, S. 83.

126) Sie hielt ihre wöchentlichen Sitzungen von Januar 1715 bis Herbst 1717 ab. Zur Teutsch-übenden Gesellschaft vgl.: C. C. PETERSEN: Teutsch-übende Gesellschaft 1847; R. A. T. KRAUSE: Teutsch-übende Gesellschaft 1907; J. SCHEIBE: Patriot u. sein Publikum 1973, S. 30-35; J. RATHJE: Gelehrtenrepublik 1983, S. 109-14.

127) J. C. ROST: Vorrede zu J. U. von KÖNIG: Gedichte 1745; M. ROSENMÜLLER: Johann Ulrich von König 1896.

128) Nähere Beziehungen bestanden vor allem zwischen KÖNIG und dem hamburgischen Diplomaten und Bürgermeister Lucas von BOSTEL (1649-1716). Je eine Oper widmete König Maria Aurora Gräfin KÖNIGSMARCK (1662-1728) und Bendix von AHLEFELD (1656-1720).

129) C. PERELS, J. RATHJE, J. STENZEL: PdN Nachweise und Register 1983, S. 169.

130) ebd., S. 96; J. MOLLER: Cimbria literata Bd. 1, 1744, S. 256; H. SCHRÖDER: Lexikon Bd. 3, 1857, S. 292.

131) J. M. LAPPENBERG: Selbstbiographie 1847; A. BRANDL: Brockes 1878; U.-K. KETELSEN: Naturpoesie 1974, S. 25-42; G. GUNTERMANN: Rezeptionsgeschichte Irdisches Vergnügen 1980; J. KLEIN, I. M. KIMBER, H. P. FRY, G. H. SUTTON, G. GUNTERMANN, U.-W. KETELSEN in: Brockes neue Forschungen. Hg. v. H.-D. LOOSE, 1980; G. Guntermann: Welt im Licht 1982.

132) Zu einigen, diese Gesellschaft berührenden Gesichtspunkten im Hinblick auf Verbindungen zwischen KÖNIG, RICHEY und BROCKES vgl. J. RATHJE: Gelehrtenrepublik 1983, S. 109-14.

134) Zur Patriotischen Gesellschaft vgl.: H. HUBRIG: Patriotische Gesellschaften 1957, S.14-20; J. SCHEIBE: Patriot u. sein Publikum 1973, S. 35-50; J. RATHJE: Patriot. Ges. 1980.

135) Patriot. Hg. v. W. MARTENS: Schriften wider u. für den Patrioten 1964; 1969-84; K. JACOBY: Die ersten Wochenschriften 1888; J. KIRCHNER: Patriot - Frühgeschichte 1957; W. Martens: Schriften wider und für den Patrioten 1964; Ders.: Verfasserschaft 1964; Ders.: Botschaft der Tugend 1968 (Studienausg. 1971); Ders.: Flugschriften 1972; J. SCHEIBE: Patriot u. sein Publikum 1973; D. PEIL: Emblematisches, Allegorisches 1975; P. NASSE: Frauenzimmer-Bibliothek 1976; D. PEIL: Allegorische Gemälde 1977; J. RATHJE: "Patriot" hamburgische Zeitschrift 1979; Ders. Patriot. Ges. 1980.

136) C.-L. de SECONDAT, baron de LA BREDE et de MONTESQUIEU: Esprit des Lois Bd. 1, 1949, S. 38-39. "In der Republik ist die ganze Macht der Erziehung erforderlich. In der Despotie entsteht die Furcht unter Drohungen und Strafgerichten von selbst. In der Monarchie wird das Ehrgefühl von Begierden genährt und begünstigt diese wiederum. Die Bürgertugend aber besteht in der Selbstverleugnung und diese fällt immer schwer.

Man kann diese Tugend als Gesetzestreue und Vaterlandsliebe definieren. Diese Liebe, die verlangt, daß man ständig das Gemeinwohl über den eigenen Schatten stellt, verleiht zusätzlich Tugenden; sie bestehen nur in solchem Darüberstellen." (MONTESQUIEU: Gesetze und Prinzipien der Politik. Hg. u. übersetzt von Karl CORNIDES, Fribourg, Frankfurt a. M., Wien 1949, S. 37-38).

137) Er bereiste es vom 1. 8. 1729 - 10. 10. 1729. Vgl. P. SCHUNCK: Montaigne u. Montesquieu 1987, S. 290.

138) ebd. S. 300.

139) J. RATHJE: Patriot. Ges. 1980, S. 56.

140) Patriot. Hg. v. W. MARTENS, Bd. 2, 1970, S. 249; vgl. dazu W. Martens: ebd. Bd. 4, 1984, S. 266.

LITERATURVERZEICHNIS

BACHMANN, Friedrich: Johann Hübner Johannei Rector 1711-1731. Ein Beitrag zur Geschichte der deutschen Literatur. (Programm). Hamburg 1899.

BENEKE, Otto: Hamburgische Geschichten und Denkwürdigkeiten. Berlin 18903.

BEUTHNER, Arnold Christian;: Hamburgisches Staats- und Gelehrten-Lexikon. Hamburg 1739.

Allgemeine Deutsche Biographie. Leipzig 1875-1912.

Bibliotheca Historica: siehe FABRICIUS, Johann Albert.

BORCHERDT, Albert: Das lustige alte Hamburg. Scherze, Sitten und Gebräuche unserer Väter. Zweite Hälfte. Hamburg 1891.

BRANDL, Alois: Barthold Heinrich Brockes. Innsbruck 1878.

BROCKES, Barthold Heinrich: Irdisches Vergnügen in Gott, bestehend in Physikalisch- und Moralischen Gedichten. Hamburg 1735-1748.

BRUHN, Hans: Die Kandidaten der hamburgischen Kirche von 1654 bis 1825. Album Candidatorum. Hamburg 1963 (= JENSEN, Wilhelm: Die hamburgische Kirche und ihre Geistlichen seit der Reformation, Hamburg 1958-1963, Bd. 3).

BUEK, F. Georg: Die Hamburgischen Oberalten, ihre bürgerliche Wirksamkeit und ihre Familien. Hamburg 1857.

BÜSCH, Johann Georg: Ueber den Gang meines Geistes und meiner Thätigkeit. Hamburg 1794.

BÜTTNER, Manfred: Zur Entwicklung der Geographie vom Mittelalter bis zu Carl Ritter. Paderborn 1982.

DIDEROT, Denis u. ALEMBERT, Jean le Rond d' (Hrsg.): Encyclopédie ou Dictionnaire raisonné des sciences, des arts et des métiers, par une société de gens de lettres. Hg. v. , Paris 1751-1780.

EBERTI, Johann Caspar: Eröffnetes Cabinet deß gelehrten Frauen-Zimmers. Frankfurt und Leipzig 1706.

EDZARDI, Georg Eliezer: 'Επιταφιοs honori supremo memoriaeque Vincentii Placcii.-in: FABRICIUS, Johann Albert: Memoriae Hamburgenses. Bd. 4, Hamburg 1699, S. 436-454.

ELIAS, Norbert: Über den Prozeß der Zivilisation. Soziogenetische und psychogenetische Untersuchungen. o. O. 1977[4].

FABRICIUS, Johann Albert: William Derhams (...) Astro-Thelogie, oder: Himmlisches Vergnügen in Gott, bei aufmerksamen Anschauen des Himmels und genauerer Betrachtung der himmlischen Körper zum augenscheinlichen Beweis, daß ein Gott, und derselbige ein allgütiges, allweises, allmächtiges Wesen sei. Hamburg 1728.

FABRICIUS, Johann Albert: Des Ertz-Bischoffs von Cambrai, Herrn Francisci de Salignac de la Mothe-Fénelon Augenscheinlicher Beweiß / daß ein Gott sey / Hergenommen aus der Erkäntniß der Natur / und also eingerichtet / daß es auch die Einfältigen begreiffen können. Hamburg 1714.

(FABRICIUS, Johann Albert, HANE, Philipp Friedrich, HÜBNER, Johann, RICHEY, Michael:) Hamburgische Bibliotheca Historica. Der Studierenden Jugend zum Besten zusammen getragen. Leipzig 1715-1729.

FABRICIUS, Johann Albert: Bibliotheca Latina mediae et infimae aetatis. Hamburg 1734- 1746.

FABRICIUS, Johann Albert: Hydro-Theologie, oder Versuch, durch aufmerksame Betrachtung der Eigenschaften, reichen Austheilung und Bewegung der Wasser die Menschen zur Liebe u. Bewunderung ihres gütigsten, weisesten, mächtigsten Schöpfers zu ermuntern. Hamburg 1734.

FABRICIUS, Johann Albert: William Derhams Physico-Theologie, oder Naturleitung zu Gott durch aufmerksame Betrachtung der Erdkugel und der darauf sich befindenen Creaturen; zum augenscheinlichen Beweis, daß ein Gott und derselbige ein allgütigstes, allweises, allmächtiges Wesen sei. Hamburg 1730.

FABRICIUS, Johann Albert: Pyrotheologiae sciagraphia, oder Versuch, durch nähere Betrachtung des Feuers die Menschen zur Liebe und Bewunderung ihres gütigsten, weisesten, mächtigsten Schöpfers anzuflammen. Hamburg 1732.

FABRICIUS, Johann Albert: Vita Joannis Hübneri, Rectoris Scholae Hamburgensis. Hamburg 1733.

FÉNELON, Francois de Salignac de la Mothe: Les aventures de Télémaque, fils d'Ulysse. Den Haag, Brüssel 1699.

FÉNELON, Francois de Salignac de la Mothe: Éducation des filles. Paris 1687.

FRY, Harold P.: Barthold Heinrich Brockes und die Musik.- in: Barthold Heinrich Brockes (1680-1747) Dichter und Ratsherr in Hamburg. Neue Forschungen zu Persönlichkeit und Wirkung. Hg. v. LOOSE, Hans-Dieter, Hamburg 1980, S. 71-104.

FRY, Harold P. u. GUNTERMANN, Georg: Verzeichnis der Schriften von und über Barthold Heinrich Brockes.- in: ebd. S. 191-217.

GERVINUS, Georg Gottfried: Geschichte der deutschen Literatur. Bd. 3, Leipzig 1872[5].

GOEDEKE, Karl: Grundriß zur Geschichte der deutschen Dichtung. Aus den Quellen. Bd. 3, Dresden 1887[2].

GÖTTEN, Gabriel Wilhelm: Das jetztlebende gelehrte Europa, oder Nachrichten von den vornehmsten Lebensumständen jetztlebender Europäischer Gelehrten. Bd. 1, Braunschweig 1735.

GRIMM, Jacob und Wilhelm: Deutsches Wörterbuch. Leipzig 1854-1960.

GUDE, Heinrich Ludwig: Nachricht von der Stadt Hamburg. Halle 1707. (Hamburgisches Staatsarchiv: Handschriftensammlung CCLXIII (273).

GUNTERMANN, Georg: Barthold Heinrich Brockes in Ritzebütel. Zur Geschichte eines literarischen Lokalterminus.- in: Barthold Heinrich Brockes (1680-1747) Dichter und Ratsherr in Hamburg. Neue Forschungen zu Persönlichkeit und Wirkung- Hg. v. LOOSE, Hans-Dieter, Hamburg 1980, S. 137-166.

GUNTERMANN, Georg: Barthold Heinrich Brockes' "Irdisches Vergnügen in Gott" und die Geschichte seiner Rezeption in der deutschen Germanistik. Bonn 1980.

HAGEDORN, Friedrich von: Gedichte. Stuttgart 1968.

HANE, Philipp Friedrich: Leben und Thaten Ignatii Lojolae, berühmten Stifters des Jesuiter Ordens. Rostock 1721.

HANE, Philipp Friedrich: Entwurf der Kirchengeschichte(n) Neuen Testaments, wie solche in den erfüllten und aufgeklärten Weissagunen der göttlichen Offenbarung St. Johannis enthalten sind (...). Leipzig, Kiel 1768-1772.

HÖCK, Johann Heinrich: Bilder aus der Geschichte der Hamburgischen Kirche seit der Reformation. Hamburg 1900.

HOFFMANN, F. L.: Hamburgische Bibliophilen, Bibliographen und Litterarhistoriker. XV. Michael Richey.- in: Serapeum Jg. 24, 1863, S. 369-381.

HOFFMANN, Johann Adolf: Des römischen Kaisers Marcus Aurelius Antoninus erbauliche Betrachtungen über sich selbst. Hamburg 1723.

HOFFMANN, Johann Adolf: Übersetzung der drei Bücher des M. T. Cicero von den menschlichen Pflichten. Hamburg 1727.

HORATIUS FLACCUS, Quintus: Sermones et Epistulae. Hg. v. FÄRBER, Hans u. SCHÖNE, Wilhelm.- in: Horaz: Sämtliche Werke. München 1967.

HUBRIG, Hans: Die Patriotischen Gesellschaften des 18. Jahrhunderts. Weinheim 1957.

HÜBNER, Johann: Zwey und fünfzig auserlesene Biblische Historien aus dem Alten und Neuen Testament, der Jugend zum Besten abgefasset. Leipzig 1714.

HUNOLD, Christian Friedrich u. KEISER, Reinhard: Nebucadnezar, König zu Babylon/ Unter dem Großen Propheten Daniel. Hamburg 1704.- in: Die Hamburger Oper. Eine Sammlung von Texten der Hamburger Oper aus der Zeit 1678-1730. Hg.v. MEYER, Reinhart. Bd. 2, München 1980, S. 63-114.

IONESCO, Eugéne: Notes et contre-notes. Paris 1966.

JACOBY, Karl: Literarisches Leben um die Wende des 17. Jahrhunderts.- In: Hamburg vor 200 Jahren. Gesammelte Vorträge. Hg. v. SCHRADER, Theodor, Hamburg 1982, S. 49-142.

JACOBY, Karl: Die ersten moralischen Wochenschriften Hamburgs am Anfange des 18 Jahrhunderts. in: Wissenschaftliche Beigabe zum Osterprogramm des Wilhelm-Gymnasiums in Hamburg. Hamburg 1888.

JANSSEN, Johann Anton Rudolf: Ausführliche Nachrichten über die sämmtlichen evangelisch- protestantischen Kirchen und Geistlichen der freien und Hansestadt Hamburg und ihres Gebietes, so wie über deren Johanneum, Gymnasium, Bibliothek und die dabei angestellten Männer. Hamburg 1826.

KETELSEN, Uwe-K.: Barthold Heinrich Brockes als Gelegenheitsdichter.- in: Barthold Heinrich Brockes (1680-1747) Dichter und Ratsherr in Hamburg. Neue Forschungen zu Persönlichkeit und Wirkung. Hg. v. LOOSE, Hans-Dieter, Hamburg 1980, S. 163-189.

KETELSEN, Uwe-K.: Die Naturpoesie der norddeutschen Frühaufklärung. Poesie als Sprache der Versöhnung: alter Universalismus und neues Weltbild. Stuttgart 1974.

KIMBER, Ida M.: Barthold Heinrich Brockes' Irdisches Vergnügen in Gott als zeitgeschichtliches Dokument.- in: Barthold Heinrich Brockes (1680-1747) Dichter und Ratsherr in Hamburg. Neue Forschungen zu Persönlichkeit und Wirkung. Hg. v. LOOSE, Hans-Dieter, Hamburg 1980, S. 45-70.

KIRCHNER, Joachim: Der Hamburger "Patriot", eine Untersuchung zur Frühgeschichte der Zeitschrift.- in Publizistik Bd. 2, 1957, S. 143-156.

KLEIN, Jürgen: Barthold Heinrich Brockes als Politiker.- in: Barthold Heinrich Brockes (1680-1747) Dichter als Ratsherr in Hamburg. Neue Forschungen zu Persönlichkeit und Wirkung. Hg. v. LOOSE, Hans-Dieter, Hamburg 1980, S. 11-43.

118

KÖNIG, Johann Ulrich von: Des Herrn von Königs Gedichte aus seinen von ihm selbst verbesserten Manuscripten gesammlet und herausgegeben. Hg. v. ROST, Johann Christoph, Dresden 1745.

KOPITZSCH, Franklin: Grundzüge einer Sozialgeschichte der Aufklärung in Hamburg und Altona. Hamburg 1982.

KOSELLECK, Reinhart: Begriffsgeschichte und Sozialgeschichte. - In. Historische Semantik und Begriffsgeschichte. Hg. v. Koselleck, Reinhart, Stuttgart 1978, S. 19-36.

KRAUSE, Rudolf A. Th.: die Teutsch-übende Gesellschaft in Hamburg. In: Niedersachsen. Norddeutsche Monatshefte, Jg. 12, 1906/07, S. 186- 188.

LAPPENBERG, Johann Martin: Selbstbiographie des Senators Barthold Heinrich Brockes.- In: Zeitschrift des Vereins für Hamburgische Geschichte Jg. 2, 1847, S. 167-229.

LOOSE, Hans - Dieter (Hrsg.): Barthold Heinrich Brockes (1680-1747) Dichter und Ratsherr in Hamburg. Neue Forschungen zu Persönlichkeit und Wirkung. Hamburg 1980.

MARTENS, Wolfgang: Die Botschaft der Tugend. Die Aufklärung im Spiegel der deutschen Moralischen Wochenschriften. Stuttgart 1968 (Studienausg. 1971).

MARTENS, Wolfgang: Die Flugschriften gegen den "Patrioten" (1724). Zur Redaktion auf die Publizistik der frühen Aufklärung. In: Rezeption und Produktion zwischen 1570 und 1730, Festschrift für Günther Weydt, Bern, München 1972, S. 515-536.

MARTENS, Wolfgang: Die Schriften wider und für den "Patrioten", Bibliographie.- in: Archiv für Geschichte des Buchwesens, Jg. 5, Frankfurt am Main 1964, Sp. 1353-1368.

MARTENS, Wolfgang: Zur Verfasserschaft am "Patrioten" (1724-26).- in: Euphorion, Zeitschrift für Literaturgeschichte Jg. 58, 1964, S. 396-401.

MARTENS, Wolfgang: Der Patriot. Nach der Originalausgabe Hamburg 1724-26 in drei Textbänden und einem Kommentarband. Berlin 1969-1984.

MEYER, Reinhart (Hrsg.): Die Hamburger Oper. Eine Sammlung von Texten der Hamburger Oper aus der Zeit 1678-1730. München 1980.

MÖLLER, Kurt Detlev: Johann Albert Fabricius 1668-1736.- in: Zeitschrift des Vereins für Hamburgische Geschichte Jg. 36, 1937, S. 1-64.

MOLLER, Johann: Cimbria literata. Kopenhagen 1744.

MONTESQUIEU, Charles- Louis de Secondat, Baron de la Bréde et de: De l' Esprit des lois. Paris 1949.

MÜLLER-WULCKOW, W.: Ein Bildnis der Prinzessin Juliane Louise von Ostfriesland (1657-1715).- in: Jahrbuch der Geschichte für bildende Kunst und vaterländische Altertümer zu Emden Jg. 29, 1949, S. 63- 64.

NASSE, Peter: Die Frauenzimmer-Bibliothek des Hamburger "Patrioten" von 1724. Zur weiblichen Bildung in der Frühaufklärung. Stuttgart 1976.

PEIL, Dietmar: Allegorische Gemälde im "Patrioten" (1724 bis 1726).- in: Frühmittelalterliche Studien, Jahrbuch des Instituts für Frühmitttelalterforschung der Universität Münster Jg. 11, 1977, S. 1975, S. 229-266.

(PERELS, Christoph, RATHJE, Jürgen, STENZEL, Jürgen:) C. F. Weichmanns Poesie der Nieder-Sachsen (1721-1738). Nachweise und Register. Wolfenbüttel 1983.

PETERSEN, Christian: Die Teutsch-übende Gesellschaft in Hamburg.- in: Zeitschrift des Vereins für Hamburgische Geschichte Jg. 2, 1847, S. 533- 564.

PLACCIUS, Vincent: Gründlicher Beweis von der menschlichen Seelen Unsterblichkeit, aus dem bloßen Lichte der Natur. Frankfurt 1685.

WEICHMANN, Christian Friedrich v.(Hrsg.): Poesie der Nieder-Sachsen. Hg. (Bd. 1-3), fortgesetzt v. KOHL, Johann Peter (Bd. 4-6). Unveränderter Nachdruck der Hamburger Ausgabe von 1721- 1738, München 1980.

POPE, Alexander: The Poems of Alexander Pope. Hrsg. v. BUTT, John, London 1968.

PRAETORIUS, Johann Philipp und TELEMANN, Georg Philipp: Calypso oder der Sieg der Weisheit über die Liebe. Hamburg 1727.- in: Die Hamburger Oper. Eine Sammlung von Texten der Hamburger Oper aus der Zeit 1678-1730. Hg. v. MEYER, Reinhart, Bd. 3, München 1980, S. 255-300.

RATHJE, Jürgen: Zur hamburgischen Gelehrtenrepublik im Zeitalter Matthesons.- in: New Mattheson Studies. Hg. v. BUELOW, George J. und MARX, Hans Joachim, Cambridge University Press 1983, S. 101-122.

RATHJE, Jürgen: Geschichte, Wesen und Öffentlichkeitswirkung der Patriotischen Gesellschaft von 1724 in Hamburg - in: Deutsche Patriotische und Gemeinnützige Gesellschaften. Hg. v. VIERHAUS, Rudolf, München 1980, S. 51-69.

RATHJE, Jürgen: Der "Patriot", eine hamburgische Zeitschrift der ersten Hälfte des 18. Jahrhunderts.- in: Zeitschrift des Vereins für Hamburgische Geschichte Jg. 65, 1979, S. 123-143.

RATHJE, Jürgen: Racine. Phädra.- in: Lexikothek. Spektrum der Literatur. München, Wien 1975, S. 138-139.

RATHJE, Jürgen: Johann Albert Fabricius. In: KILLY, Walter: Literaturlexikon. Autoren und Werke deutscher Sprache. Bd. 3. München, Gütersloh 1989.

REIMARUS, Hermann Samuel: Apologie oder Schutzschrift für die vernünftigen Verehrer Gottes. Hg. v. ALEXANDER, Gerhard, Frankfurt 1972.

REIMARUS, Hermann Samuel: De Vita et Scriptis Johannis Alberti Fabricii Commentarius.

REINCKE, Heinrich: Hamburgs Anteil am deutschen Geistesleben der Vergangenheit.- in: Hamburg in seiner wirtschaftlichen und kulturellen Bedeutung für Deutschland (Festschrift für die deutsche Lehrerversammlung in Hamburg 1925), Hamburg 1925, S. 50-84.

RICHEY, Michael: Anmerkungen über die bey Rengern in Halle herausgekommene Nachricht von Hamburg nebst einer Anleitung zur Hamburgischen Historie. Hamburg 1758. Siehe unter GUDE, Heinrich Ludwig.

RICHEY, Michael: Deutsche Gedichte. Hg. v. SCHÜTZE, Gottfried, Hamburg 1764-1766.

RICHEY, Michael: Idioticon Hamburgense. Hamburg 1743, Nachdruck Hamburg 1975.

ROSENMÜLLER, M.: Johann Ulrich von König. Ein Beitrag zur Literaturgeschichte des 18. Jahrhunderts. Diss. Leipzig 1896.

ROUSSEAU, Jean-Jacques: Discours qui a remporté le prix á l'Académie de Dijon, en l'année de 1750, sur cette question pro polseé par la méme académie: "Si le rétablissement des sciences et des arts a contribué á épurer les moeurs." Genf 1750.

SCHEIBE, Jörg: Der "Patriot" (1724-1726) und sein Publikum. Untersuchungen über die Verfasserschaft und die Leserschaft einer Zeitschrift der frühen Aufklärung. Göppingen 1973.

SCHRÖDER, Hans: Lexikon der hamburgischen Schriftsteller bis zur Gegenwart. Hamburg 1851-1883.

SCHUNCK, Peter: Montaigne und Montesquieu auf der Reise durch Deutschland - ein Beitrag zum französischen Deutschlandbild. in: Translation und interkulturelle Kommunikation. Hg. v. ALBRECHT, Jörn, DRESCHER, Horst W., GÖHRING, Heinz, SALNIKOW, Nikolai, Frankfurt am Main, Bern, New York, Paris 1987, S. 289-306.

SEGEBRECHT, Wulf: Das Gelegenheitsgedicht. Ein Beitrag zur Geschichte und Poetik der deutschen Lyrik. Stuttgart 1977.

SUTTON, Geoffrey Howard: Neun Briefe von Barthold Heinrich Brockes an unbekannte Empfänger.- in: Barthold Heinrich Brockes (1680-1747) Dichter und Ratsherr in Hamburg. Neue Forschungen zu Persönlichkeit und Werk. Hg. v. LOOSE, Hans-Dieter, Hamburg 1980, S. 105- 135.

TELEMANN, Georg Philipp: Musique de Table. Hamburg 1733.

THIEGEM, Philippe van: Petite Histoire des grandes doctrines littéraires en France. Paris 1957.

THIESS, Johann Otto: Gelehrtengeschichte der Universität zu Kiel. Kiel 1800-1803.

THIESS, Johann Otto: Versuch einer Gelehrtengeschichte von Hamburg. Hamburg 1780.

UFFENBACH, Zacharias Conrad von: Merkwürdige Reisen durch Niedersachsen, Holland und Engelland. Bd. 2, Frankfurt, Leipzig 1753.

WEHL, Feodor: Hamburgs Literaturleben im achtzehnten Jahrhundert. Leipzig 1856.

WOLFF, Hellmuth Christian: Die Barockoper in Hamburg (1678-1738). Wolfenbüttel 1957.

Neue Zeitungen von gelehrten Sachen. Leipzig 1716.

Bild 11: Johann Albert Fabricius. Stich von Christian Fritzsch 1736.

Bild 12: Michael Richey. Stich von Christian Fritzsch.

FRANKLIN KOPITZSCH

SOZIETÄTEN UND LITERATUR IN DER HAMBURGER AUFKLÄRUNG

In Hamburg wie in anderen ihrer Zentren entfaltete sich die für Vernunft und Mündigkeit, für Kritik und Publizität, für Reformen eintretende Aufklärung seit dem ausgehenden 17. und beginnenden 18. Jahrhundert kontinuierlich und konsequent von einer zunächst literarisch-wissenschaftlichen Richtung über eine breite literarisch-publizistische Strömung zu einer nahezu alle Lebensbereiche umfassenden, konkrete "Verbesserungen" - so der zeitgenössische Begriff für Reformen - durchsetzenden praktisch-gemeinnützigen Reformbewegung[1] . Dieser bis ins frühe 19. Jahrhundert reichende Prozeß spiegelt sich im Vereinswesen deutlich wider. Zu den Kennzeichen der Aufklärung gehört, daß sie sich in Zusammenschlüssen - informellen wie formellen - organisierte, in denen ihre Träger und Anhänger zum Gedanken- und Meinungsaustausch, zum kritischen Diskurs und zur Reformarbeit fanden. In einer weitgehend noch ständisch geprägten, in festen Vor- und Nachordnungen denkenden und handelnden Welt wurden in diesen Sozietäten neue Prinzipien des Umgangs formuliert und verwirklicht, demokratische Verhaltensweisen und Entscheidungswege eingeübt. Menschen unterschiedlicher Profession und Konfession kamen hier zusammen - im Zeichen von Aufklärung und Toleranz. Ohne die Sozietätsbewegung, ohne die Vereinsbildung ist die Aufklärung nicht denkbar, ohne sie ihr Erfolg, ihre allmählich größer und breiter werdende Wirkung nicht zu erklären.[2] Daß die Literatur an diesem fundamentalen Vorgang beteiligt war, soll im folgenden am Beispiel Hamburgs in der gebotenen Kürze aufgezeigt werden.

In der Aufklärung wurde die Lektüre zum "Medium sozialer Kommunikation"[3], zur Grundlage des Diskurses, zum wichtigsten Bildungselement und zum Faktor der Gruppen- und Vereinsbildung. In der Frühzeit der Aufklärung ging es häufiger nicht nur um Literaturrezeption, sondern auch um Literaturproduktion. Aus einem Freundeskreis, dem Herausgeberkollegium der von 1715 bis 1729 in zehn Bänden erschienenen "Hamburgischen Bibliotheca historica, zum Besten der studirenden Jugend zusammengetragen", entstand 1715 die "Teutsch-übende Gesellschaft". Neben den Editoren Johann Albert FABRICIUS, Professor am Akademischen Gymnasium, Michael RICHEY, der 1717 ebenfalls an diese zwischen Gelehrtenschule und Universität stehende Lehranstalt berufen wurde, und Johann HÜBNER, Rektor des Johanneums, gehörte Barthold Heinrich BROCKES, ein Jurist, der 1720 in den Rat gewählt werden sollte, zu den Gründern. Jeden Sonnabend versammelten sich die Mitglieder, um sich mit Fragen der deutschen Sprache zu beschäftigen, eigene Veröffentlichungen auszutauschen und kritisch zu besprechen. Nach zwei Jahren stellte die Vereinigung ihre Arbeit ein, doch dürften Brockes, Fabricius und Richey ihre gemeinsamen Interessen weiter gepflegt haben, bald unter Hinzuziehung neuer Freunde wie dem Schriftsteller und Journalisten Christian Friedrich WEICHMANN, der 1721 nicht nur Brockes' Hauptwerk "Irdisches Vergnügen in Gott" mit dem ersten von schließlich neun Teilen herausgab, sondern auch den ersten von sechs umfangreichen Bänden der "Poesie der Niedersachsen", einer Sammlung von Gedichten, die im Titel ausdrücklich Bezug auf die "Teutsch-übende Gesellschaft" nahm[4].

Durch BROCKES' Wahl in den Rat - bis heute ist er der einzige Hamburger Ratsherr und Senator geblieben, der im Amt wie als Dichter erfolgreich war - kam es Anfang der zwanziger Jahre zu Verbindungen zwischen den Gelehrten und Literaten auf der einen und Angehörigen der politischen Führungsschicht auf der anderen Seite. Wohl 1723 bildete dieser Zirkel die "Patriotische Gesellschaft", die von 1724 bis 1726 die bedeutendste Moralische Wochenschrift in deutscher Sprache "Der Patriot" herausgab. Damit wurde der Schritt in eine größere Öffentlichkeit vollzogen, der "Mit-Bürger" zum Adressaten der "Botschaft der Tugend".[5] Diese Botschaft zu verkünden, war das Ziel der neuen Sozietät. Sie beanspruchte das Recht auf vernünftige Sittenkritik und geriet damit wie mit ihrer diesseitsorientierten Welt-Anschauung in Konflikt mit der in Hamburg starken lutherischen Orthodoxie, die einen lebhaften Flugschriftenstreit auslöste. Doch die Attacken blieben angesichts der Verflechtung des Blattes mit den politisch einflußreichen Kräften erfolglos, erhöhten nur die Nachfrage nach der schon bald weit über Hamburg hinaus verbreiteten Zeitschrift. Die "Patrioten" plädierten unermüdlich und abwechslungsreich für ein vernunftgemäßes, tätiges, dem Gemeinwesen verpflichtetes Leben, bezogen sich auf Vorbilder in der Antike wie unter den Heiden, bewiesen Toleranz und Weltoffenheit, griffen nicht allein auf das Buch der Bücher, sondern auch auf das Buch der Natur zurück. Sie entwarfen die "Vision selbstbewußter und sozial und politisch selbstverantwortlicher Bürgerlichkeit".[6]

Gegen den Gedanken der Erbsünde, gegen das Bild von der Vergänglichkeit des Irdischen setzte der "Patriot" neue Vorstellungen von der Welt und den Menschen. "Die Fähigkeit des Menschen, aus eigener Kraft, mittels der Vernunft, tugendhaft zu werden, ist ein Axiom aller seiner Bemühungen. Daß diese Welt nicht eine Durchgangslandschaft, sondern Platz der Bewährung und irdischer Glückseligkeit für den Bürger sei, ist Tenor zahlreicher seiner Stücke. Der Leser wird angeleitet, zu philosophieren, sich vernünftige Gedanken über Gott und die Welt zu machen, unabhängig von den Lehren der Kirche".[7] Den Hamburger Bürgern bot der "Patriot" nach den jahrzehntelangen Bürgerkämpfen, nach den heftigen Auseinandersetzungen zwischen Pietismus und Orthodoxie feste, wohlbegründete Orientierung. Mit der Moralischen Wochenschrift, mit BROCKES' Naturdichtung und mit RICHEYs zahlreichen Gelegenheitsgedichten wirkte Literatur in der ersten Hälfte des 18. Jahrhunderts nachhaltig auf das Leben, wurde zu einer - zumindest in Teilbereichen - gesellschaftsgestaltenden und -verändernden Macht. Als der "Patriot" 1726 sein Erscheinen einstellte - Buchausgaben kamen 1728/29, 1737/38, 1747 und 1765 heraus -, endete keineswegs die Arbeit der Patriotischen Gesellschaft. Sie wurde nun zu einer Vereinigung, in der Angehörige der engeren politischen Führungsschicht gemeinsam mit einigen befreundeten Gelehrten zusammenkamen, weniger zur abstrakten Diskussion "des gemeinen Wohls", sondern vielmehr zum Gespräch über dessen konkrete Verwirklichung in Hamburg. Daß dieser Kreis ein erhebliches politisches Gewicht besaß, in Staat und Kirche Einfluß nahm, zeigen Briefe orthodoxer Hamburger Geistlicher aus den anderthalb Jahrzehnten nach 1726 in aller Deutlichkeit.

Neben BROCKES wurde in den dreißiger und vierziger Jahren eine weitere aus der Literaturgeschichte gut bekannte Gestalt zu einem Mittelpunkt der Hamburger Aufklärung: Friedrich von HAGEDORN. Er gehörte einem von dem Musiker und Schriftsteller Johann MATTHESON gestifteten "Orden des guten Geschmacks" an und war im Jahr 1734 Kanzler dieser Vereinigung, zu der auch Diplomaten bzw. Mitarbeiter von Diplomaten zählten. Wichtiger war von Hagedorns Mitgliedschaft in der Tischgesellschaft des Wundarztes und Menschenfreundes Peter CARPSER. Jeden Freitag versammelte sich bei ihm ein Kreis von Juristen, Journalisten, Buchhändlern, Geistlichen und Kaufleuten, darunter der als Autor von Trauerspielen bekannte Georg BEHRMANN. Ein weiterer Treffpunkt dieser Runde war, wie Gotthold Ephraim LESSINGs Vetter Christlob MYLIUS überlieferte, das Dressersche Kaffeehaus. Enge Verbindungen bestanden zwischen dem Hagedorn-Kreis und der hamburgischen Publizistik, die von den Kontakten mit Literaten und Diplomaten profitierte. Über Carpser war dieser Zirkel schließlich mit einer neuen Organisationsform der Aufklärung eng verknüpft, mit der Freimaurerei, die 1737 in Hamburg Eingang fand. Die literarische Bedeutung der Freimaurerei verdient im übrigen eine eigene Untersuchung, insbesondere im Blick auf die Freimaurerlieder und die Logenreden.[8]

Mehrere Hamburger Aufklärer haben sowohl in der Literaturgeschichte wie in der Historie der Freimaurer einen Platz. So war Johann Joachim Christoph BODE, eine zentrale Figur in der Loge "Absalom", der Übersetzer von Laurence STERNEs "Yoricks empfindsamer Reise".[9] Nicht zuletzt durch des Freundes Engagement wurde LESSING in den Hamburger Jahren auf die Freimaurerei aufmerksam. Aufgrund der inneren Spannungen in der Loge im Zeichen der strikten Observanz konnte Bode den Freund jedoch nicht aufnehmen, was dessen Interesse an der Sache nur verstärkte. Erst in der Wolfenbütteler Zeit trat Lessing während eines Besuches der Hamburger Loge "Zu den drei Rosen" bei. Die Sitzung am 15. Oktober 1771 blieb freilich die einzige, die er besuchte. Wie Lessing wurde 1774 auch Matthias CLAUDIUS in nichtöffentlicher Sitzung die Aufnahme und die Beförderung zum Meister gewährt.[10] Zur zentralen Persönlichkeit der Freimaurerei wurde schließlich der Theaterdirektor und Schriftsteller Friedrich Ludwig SCHRÖDER, bei dem die enge Verbindung von Aufklärung und Freimaurerei ebenso deutlich wird wie die Bedeutung der Logen für die gesellschaftliche Integration der lange als Randgruppe betrachteten Schauspieler. Daß sich die Arbeit der Logen keineswegs im geheimen vollzog, vom Ritual einmal abgesehen, bezeugte schon von HAGEDORN, der in seiner HORAZ nachgedichteten Satire "Der Schwätzer" von 1744 einen Freimaurerball im Baumhaus, dem im 18. Jahrhundert so beliebten geselligen Treffpunkt am Hafen, erwähnte.

Die sechziger Jahre des 18. Jahrhunderts sahen auch in Hamburg wichtige Neuanfänge und neue Orientierungen in der Aufklärung. Aus einem Freundeskreis, der sich um den Gymnasialprofessor Hermann Samuel REIMARUS, damals ein angesehener Philosoph und unbekannter Bibelkritiker, versammelte, entstand 1765 die "Hamburgische Gesellschaft zur Beförderung der Künste und nützlichen Gewerbe", die sich schon bald den Ehrennamen der Patriotischen Gesellschaft erwarb. Sie wurde zum Mittelpunkt der praktisch-gemeinnützigen Reformbestrebungen und zu einem entscheidenden Faktor der Modernisierung. Ihre Anfänge fanden auch literarischen Niederschlag. Der "Hamburgische unpartheyische Correspondent" veröffentlichte als Neujahrsgedicht für 1766 den Beitrag eines aus Hamburg stammenden und nun in Leipzig studierenden Kaufmannsohnes. Johann Joachim ESCHENBURGs Gedicht "Der Patriot" weist zahlreiche Übereinstimmungen mit dem Idealbild auf, das die gleichnamige Moralische Wochenschrift 1726 von einem Hamburger Bürger zeichnete. Daß

"Der Patriot" 1765 eine Neuauflage erlebte, dürfte kein Zufall gewesen sein. Eschenburg hatte als Primaner des Johanneums eine Schülergesellschaft gegründet, die eine eigene Wochenschrift "Der Primaner" herausgab, von der 1761/62 vier Quartale erschienen. Als Gymnasiasten setzten die Schüler ihre literarische Gesellschaft fort, der sie mangels eines geeigneten Namens den Titel der Anonymischen Gesellschaft gaben. Als studentische Gemeinschaft wurde sie in Göttingen, wo die meisten Mitglieder studierten, fortgeführt. Dort bestand sie bis 1772, als Freundeskreis dann in Hamburg noch bis 1780. Zwei der "Primaner" wurden außerhalb Hamburgs zu führenden norddeutschen Aufklärern: Eschenburg als Professor am Collegium Carolinum in Braunschweig und Esdras Heinrich MUTZENBECHER als Generalsuperintendent in Oldenburg. Als Ästhetiker, Literaturhistoriker, vor allem als Verfasser der ersten vollständigen Übersetzung von William SHAKESPEAREs Schauspielen hat auch Eschenburg einen festen Platz in der Literaturgeschichte.

Stehen ESCHENBURG und sein Kreis für den geistigen Aufbruch der Jugend in den sechziger Jahren im Bereich der beiden gelehrten Schulen, so sind es Johann Michael HUDTWALCKER, Georg Heinrich SIEVEKING und Caspar VOGHT unter den Kaufmannssöhnen. Durch Hauslehrer wurde ihnen das Gedankengut der Aufklärung vermittelt, Lektüre und Theaterbesuche wurden zu prägenden, lebensbestimmenden Eindrücken. Als die "Hamburgische Gesellschaft zur Beförderung der Künste und nützlichen Gewerbe" entstand, in den Jahren 1765/66, gründete der junge Sieveking eine eigene private Patriotische Gesellschaft, deren Mitglieder eine handschriftliche Zeitschrift " Der Menschenfreundliche Patriot" verfaßten. 1767, im Jahr der Gründung des Nationaltheaters, bildeten Voght, Hudtwalcker, Sieveking und Peter OCHS, der spätere Baseler Politiker und Geschichtsschreiber, eine "Gesellschaft fünfzehnjähriger Jünglinge" und 1770 eine Lesegesellschaft, die erste einer Kette dieser für die Aufklärung so charakteristischen Organisation zur gemeinsamen Lektüre in Hamburg. Hudtwalcker und Voght haben überliefert, wie intensiv in diesem Kreis gelesen wurde, UZ, HAGEDORN, RAMLER, BODMER, GESSNER, LESSING -, wie Theater gespielt wurde - Stücke von Lessing, WEISSE und .WIELAND -, wie über theologische und philosophische Fragen debattiert wurde, wobei die jungen Leute die Gegenspieler der Orthodoxie unterstützten, wie begeistert KLOPSTOCK verehrt und wie enthusiastisch im März 1766 eine Wallfahrt zum Grab der Meta KLOPSTOCK in Ottensen des Morgens vor Kontorbeginn angetreten wurde. Berliner, Leipziger und Göttinger Aufklärungszeitschriften wurden bezogen und diskutiert, Lessings und MENDELSOHNs Auffassungen geteilt. Aufklärung und Empfindsamkeit waren in diesem Zirkel dicht beieinander, Natur- und Literaturbegeisterung verschwistert. Voght sprach im Rückblick auf diese Zeit von einer Geistesbefreiung, von Gefühlen, die sich nur im ersten Jahr der Französischen Revolution in ähnlicher Weise eingestellt hätten. Zwanzig Jahre nach Hudtwalckers, Sievekings und Voghts Jugenderfahrungen waren manche der von ihnen erlebten und beschriebenen Zusammenhänge noch lebendig. Georg Friedrich SCHUMACHER berichtete über seine Schülerzeit auf dem Altonaer Christianeum, daß er mit Freunden tief beeindruckt war von Johann Martin MILLERs "Siegwart", gegen den Johann Gottwerth MÜLLERs Romane ein notwendiges Gegengewicht darstellten, daß CLAUDIUS' Werke gern gelesen wurden. Aufklärung und Empfindsamkeit, Lektüre und "Freuden an der Natur" prägten in den späten achtziger und frühen neunziger Jahren die Altonaer Christianeer.[11]

Bereits bekannte Namen begegnen in den siebziger Jahren wieder, als das hamburgische Theater unter SCHRÖDER eine Glanzzeit erlebte - SHAKESPEAREs Werke wurden für die deutsche Bühne entdeckt, zeitgenössische deutsche Autoren gefördert und durchgesetzt. Zur "Gesellschaft der Theaterfreunde", einem Freundeskreis, der Schröder aktiv unterstützte, gehörten BODE und CLAUDIUS, VOGHT, der nach Schröders Weggang nach Wien 1781/82 selbst an der Leitung des Theaters am Gänsemarkt beteiligt war, und Moses WESSELY, der Freund LESSINGs und MENDELSOHNs. HUDTWALCKER, SIEVEKING[12] und Voght blieben ihr Leben lang Freunde und Kenner der Literatur. Als engagierte Reformer und Aufklärer waren sie tätige Mitglieder der Patriotischen Gesellschaft, Hudtwalcker und Sieveking auch Freimaurer, alle Mittelpunkte freundschaftlicher, über Hamburg hinaus bekannter und geschätzter häuslicher Geselligkeit.

Nicht nur die jungen Leute aus der Kaufmannschaft gründeten Lesegesellschaften, auch die ältere Generation nutzte diese Organisationsform. Der von den Handlungsbeflissenen enthusiastisch, von den Christianeern um SCHUMACHER mit Achtung und Respekt verehrte KLOPSTOCK und der vielseitige Johann Georg BÜSCH, Mathematikprofessor am Gymnasium, Leiter einer Handelsakademie von europäischem Rang, Mitgründer der Patriotischen Gesellschaft, unermüdlicher Aufklärer in Wort - im öffentlichen Vorlesungswesen - und Schrift - in zahlreichen publizistischen Beiträgen, in Broschüren und Büchern -, gründeten bald nach des Dichters Übersiedlung von Kopenhagen an Alster und Elbe 1770 eine neue Sozietät. In ihr wurde ein Wunsch des "Patrioten" von 1724 erfüllt: die Teilhabe der Frauen an der Aufklärungsgesellschaft. BROCKES hatte sie in seinem Modell einer Lesegesellschaft ausdrücklich gewünscht. Wie die erhalten gebliebenen Statuten der Klopstock-Büsch'schen Lesegesellschaft zeigen, gaben die Frauen in ihr den Ton an und bestimmten über die Lektüre. Zunächst scheint diese Organisation im Banne der Empfindsamkeit gestanden zu haben, wie aus dem Briefwechsel zwischen LESSING und Eva KÖNIG hervorgeht; Eva König hat auch die Existenz einer französischen Lesegesellschaft überliefert.[13] Doch belegen spätere Berichte, daß das Spektrum der Interessen größer war. Der Oldenburger Aufklärer Gerhard Anton von HALEM besuchte 1779 die Gesellschaft, als gerade ein von ihm anonym veröffentlichter Aufsatz aus dem "Deutschen Museum", der von Heinrich Christian BOIE herausgegebenen Aufklärungszeitschrift, vorgelesen wurde. Boie berichtete 1782 Luise MEJER, daß Friedrich SCHILLERs "Räuber" vorgetragen worden seien und großen Eindruck gemacht hätten. Von Halem schuf nach dem Hamburger Vorbild eine literarische Gesellschaft in Oldenburg, die wiederum zum Muster für Sozietäten in Bremen und Eutin wurde. Neben Klopstock und den Frauen nahmen auch Gymnasiasten und die Eleven der Handelsakademie an den Lesestunden teil.[14] Johann Friedrich Lorenz MEYER, Hamburgs letzter Domherr, aktives Mitglied der Patriotischen Gesellschaft und Freund der schönen Künste, konstatierte rückblickend im Jahre 1800, daß im Kreis um Klopstock und Büsch die Spielleidenschaft der Kaufleute den Vorrang vor der Lektüre behalten und schließlich obsiegt hätte. Deshalb habe die Lesegesellschaft ihre Arbeit einstellen müssen. Dennoch dürfen die von ihr ausgegangenen Wirkungen auf die Frauen, auf junge Leute aus Gymnasium und Handelsakademie nicht unterschätzt werden. Joachim Heinrich CAMPE, der bekannte Pädagoge und erfolgreiche Kinder- und Jugendbuchautor, äußerte sich 1779 in den "Hamburgischen Addreß-Comtoir-Nachrichten" offensichtlich unter Bezug auf die Klopstock-Büsch'sche Vereinigung, möglicherweise auch auf Brockes' Überlegungen zur Teilnahme von Frauen. Er empfahl, die Damen sollten während des Vorlesens nützliche Handarbeiten verrichten und den daraus zu erzielenden Erlös patriotischen und menschenfreundlichen Zwecken zuführen. Sein Vorschlag, der für sein Frauenbild nicht untypisch war,[15] dürfte allerdings weder Beifall noch Nachahmung erfahren haben.

Schon die engagierte Mitwirkung an der Lesegesellschaft zeigt, daß KLOPSTOCK in Hamburg keineswegs als Dichterfürst, von früherem Ruhme zehrend, residierte. Er war vielmehr fest in die Gesellschaft der Aufklärer integriert. So gehörte er auch einer 1783 gegründeten, aus zwölf Personen bestehenden Tischgesellschaft an, die sich einmal im Monat reihum bei einem der Mitglieder versammelte. Dieser Gesprächskreis war eines der wichtigsten Zentren der Meinungsbildung in der Stadt, eng verbunden mit der politischen Führungsschicht, dem Kern der Patriotischen Gesellschaft und einflußreichen Wirtschaftskreisen. In ihm waren neben KLOPSTOCK und BÜSCH auch HUDTWALCKER, MEYER, SIEVE-KING und VOGHT vertreten, dazu weitere wichtige Förderer der Aufklärung wie Johann Arnold GÜNTHER und Johann Albert Heinrich REI-MARUS, Kaufleute wie LESSINGs Freund Johannes SCHUBACK und Johann GABE, schließlich auch zwei Altonaer, der Arzt Jacob MUMSSEN sowie der Kaufmann, Fabrikant und Sozialreformer Johann Daniel LAWÄTZ, die die Verbindung zu den Aufklärern in der Nachbarstadt herstellten. Aus diesem Zirkel gelangten Gabe, Günther und Hudtwalcker in den Senat. Die Namen der Mitglieder hat August von HENNINGS überliefert, der als Beamter wie als Schriftsteller und Publizist einer der führenden Aufklärer im dänischen Gesamtstaat war. Gäste wie er waren der Tischgesellschaft offensichtlich willkommen. Politische Themen, Fragen von Reform und Revolution werden in dieser Runde ausführlich besprochen worden sein. Klopstocks politisches Interesse und Engagement, seine Revolutionsbegeisterung müssen auch im Zusammenhang dieses Kreises und seiner engen, durch den Bruder Victor Ludwig KLOPSTOCK vermittelten, Kontakte zur Hamburger und Altonaer Publizistik gesehen werden. Klopstocks Enthusiasmus für das revolutionäre Frankreich, das ihn ja zum Ehrenbürger machte, teilte Sieveking, der auch dann noch für die Revolution eintrat, als Klopstock sich enttäuscht und resigniert von ihr abwandte.[16]

In der Zeit der Französischen Revolution dominierte in den Aufklärungsgesellschaften, zu denen die Klubs hinzugekommen waren, Vereine, die Unterhaltung, Geselligkeit und Belehrung verbanden, die Lektüre und Diskussionsforen anboten, eindeutig der politische Lesestoff. Zeitungen und Zeitschriften aus ganz Europa wurden stark nachgefragt und zum Gegenstand lebhafter Debatten. SIEVEKING, der mit dem französischen Gesandten François LEHOC 1792 eine "Société de Lecture" gründete, die von konservativen Kräften inner- und außerhalb Hamburgs mit Mißtrauen als politischer Zusammenschluß beobachtet wurde und zum Jahresende ihre Arbeit einstellen mußte, war ein Kenner der Zeitungen, Journale und Flugschriften aus aller Welt wie der neuesten Literatur. Der Weimarer Gymnasialdirektor Karl August BÖTTIGER, der 1795 Hamburg besuchte, nannte ihn das "Orakel der leselustigen Frauen, denen er mit viel Kennerschaft die Lecture auf ihrer Toilette regulirt".[17] Aus Katalogen von Privatbibliotheken, Lesegesellschaften und Klubs geht hervor, daß in diesen bewegten Jahren auch die Belletristik durchaus Interesse fand. Neben den großen

Namen war auch die Trivialliteratur vertreten. Besonderer Wertschätzung erfreute sich in Hamburg ein politischer Schriftsteller, nämlich Adolph Freiherr KNIGGE.[18] Als der vielseitige Aufklärer, Reformer und Senator GÜNTHER 1805 starb, erhielt die Patriotische Gesellschaft seine Bibliothek. Während er einen Teil der Belletristik seiner Familie vererbte, überließ er der Sozietät, die er über viele Jahre geprägt hatte, Werkausgaben von ABBT, Friederike BRUN, ENGEL, FORSTER, GARVE, LESSING, LICHTENBERG, von LOEN, MÖSER, SCHILLER, STURZ, WIELAND sowie von ROUSSEAU und VOLTAIRE. Diese Autoren schienen ihm in einer praktisch-gemeinnützigen orientierten Büchersammlung gut aufgehoben. In Günthers Todesjahr wurde die "Gesellschaft der Freunde des vaterländischen Schul- und Erziehungswesens" gegründet, der älteste noch bestehende Lehrerverein der Welt, der heutige Landesverband Hamburg der Gewerkschaft Erziehung und Wissenschaft. Zu der neuen Organisation gehörten ein Lesezirkel, ein literarischer Verein und eine Gesellschaftsbibliothek, deren Katalog 1828 zwei Autoren nennt, die in der historischen Pädagogik wie in der Literaturgeschichte feste Größen darstellen: Johann Gottfried HERDER und Johann Heinrich PESTALOZZI.[19]

Die Literatur war für den Prozeß der Aufklärung und seinen Erfolg ein wichtiges Element, sie war im 18. Jahrhundert eine bestimmende Kraft im Leben der Lesenden, ein Faktor der Sozialisierung, des Hineinfindens und der Orientierung in Gesellschaft und Welt, und der Soziabilität, der Vereinsbildung und Sozietätsbewegung im Übergang von der ständisch geprägten Ordnung Alteuropas zur modernen Gesellschaft. Die Literatur war - auch und gerade als "Medium sozialer Kommunikation" (Otto DANN - an der "Geistesbefreiung" (Caspar VOGHT) des 18. Jahrhunderts beteiligt. Diese Emanzipation war eine Aufbruchbewegung von Teilen des Bürgertums - des alten Städtebürgertums wie der neuen bürgerlichen Schichten. Lektüre, Diskurs und Assoziation in Lesezirkeln, Lesegesellschaften und Bildungsvereinen trugen im 19. Jahrhundert zur Emanzipation der Volksschullehrer und der Arbeiter bei, waren Vor- und Anfangsstufen politischer Bewegungen, die das Erbe der Aufklärung antraten.

ANMERKUNGEN

Der Vortragscharakter wurde beibehalten. Ausführliche Darstellungen und weiterführende Quellen- und Literaturhinweise enthält F. KOPITZSCH, Grundzüge 1982. Auf dieses Buch wird generell verwiesen. Die folgenden Anmerkungen bieten ergänzende Hinweise insbesondere auf neue Aspekte und seit 1982 erschienene Veröffentlichungen.

1) Dazu eingehend F. KOPITZSCH: Grundzüge 1982. Einführend demn. ders.: Aufklärung.

2) Dazu U. IM HOF: Jahrhundert 1982, und R. van DÜLMEN: Gesellschaft 1986.

3) O. DANN: Lesegesellschaften 1977, S. 161.

4) Diese Sammlung ist jetzt sehr gut erschlossen durch C. PERELS, J. RATHJE, J. STENZEL, Weichmanns Poesie 1983.

5) W. MARTENS: Botschaft 1968, nach wie vor grundlegend.

6) W. MARTENS: Nachwort 1984, S. 515.

7) Ebd., S. 516 f.

8) Vgl. dazu E. LENNHOFF/O. POSNER: Freimaurerlexikon 1966. Sp. 936 f. (Lied, Liedersammlungen, Liederbücher), Sp. 950 f. (Logenreden) und P. NETTL/R. COTTE: Freimaurermusik. Zum Thema Freimaurerei und Literatur s. jetzt die Anthologie von R. APPEL/J. OBERHEIDE: Freiheit 1986, mit Texten u.a. von BODE, CLAUDIUS, LESSING, SCHRÖDER, Friedrich Leopold Graf zu STOLBERG und Johann Heinrich VOSS, die alle mit der Hamburger Freimaurerei verbunden waren.

9) Neuausgabe: L. STERNE: Yoricks Reise 1986 (Nachdruck der 4. Auflage Bremen 1776-1777. Die 1. Ausgabe erschien 1768). Darin: Der Übersetzer an den Leser, S. 5-19.

10) F. KNEISNER: Clausius 1904, S. 57. Ein dem "Wandsbecker Bothen" zugeschriebenes Freimaurer-Lied in M. Claudius: Werke 1968, S. 967 ff. Anmerkungen dazu S. 1056.

11) G. F. SCHUMACHER: Genrebilder 1983, S. 134-137. Auch Schumacher berichtete von Wanderungen zu Meta KLOPSTOCKs Grab. S. ebd., S. 85 f.

12) Zu SIEVEKING jetzt auch KOPITZSCH: Lied 1982.

13) Zur KLOPSTOCK-BÜSCH'schen Lesegesellschaft: G. E. LESSINGs Briefwechsel 1979, S. 55 (Brief Lessings vom 12. Februar 1771), S. 60 (Brief Eva KÖNIGs vom 16. März 1771), S. 63 f. (Brief Eva Königs vom 4. Mai 1771). Der Hinweis auf die französische Lesegesellschaft ebd., S. 64.

14) Zur Teilnahme der "Academisten" s. den Brief von BÜSCHs Mitarbeiter Christoph Daniel EBELING an Abraham Jakob PENZEL in Krakau vom 20. November 1770. In: A. J. Penzel: Sammlung 1798, S. 238. Den Hinweis auf diese Quelle verdanke ich Herrn Prof. Dr. Günter MÜHLPFORDT (Halle/Saale). Zu Penzels abenteuerlichem Lebenslauf s. R. HOCHE: Penzel 1887. Ebeling dürfte mit Penzel aufgrund gemeinsamer pädagogischer und geographischer Interessen in Verbindung gestanden haben.

15) Dazu jetzt neben F. KOPITZSCH: Grundzüge 1982, S. 449 f., H. SLESSAREV: Moral 1986.

16) Anregend und zu weiteren Forschungen herausfordernd P. RÜHMKORF: Vorwort 1969, bes. S. 22-28. S. auch Anm. 12.

17) K. A. BÖTTIGER: Zustände 1972, 2. Band, S. 27.

18) Vgl. vorerst F. KOPITZSCH: Grundzüge 1982, S. 569-578.

19) KOPITZSCH: Aufklärung 1981, S. 27.

LITERATURVERZEICHNIS

Rolf APPEL/Jens OBERHEIDE (Hg.): Freiheit Gleichheit Brüderlichkeit. Deutschsprachige Dichter und Denker zur Freimaurerei. Graz 1986.

Karl August BÖTTIGER: Literarische Zustände und Zeitgenossen. In Schilderungen aus Karl Aug. Böttiger's handschriftlichem Nachlasse. Hg. von K. W. Böttiger. 2 Bände. Nachdruck der Ausgabe Leipzig 1838. Frankfurt am Main 1972.

Matthias CLAUDIUS: Sämtliche Werke. Textredaktion Jost PERFAHL. Mit einem Nachwort und einer Zeittafel von Wolfgang PFEIFFER-BELLI sowie Anmerkungen und Bibliographie von Hansjörg PLATSCHEK. München 1968.

Otto DANN: Die Lesegesellschaften des 18. Jahrhunderts und der gesellschaftliche Aufbruch des deutschen Bürgertums. In: Herbert G. GÖPFERT (Hg.): Buch und Leser. Vorträge des ersten Jahrestreffens des Wolfenbütteler Arbeitskreises für Geschichte des Buchwesens 13. und 14. Mai 1976. Hamburg 1977. (Schriften des Arbeitskreises für Wolfenbüttler Geschichte des Buchwesens, 1), S. 160-193.

Richard van DÜLMEN: Die Gesellschaft der Aufklärer. Zur bürgerlichen Emanzipation und aufklärerischen Kultur in Deutschland. Frankfurt am Main 1986. (Fischer Taschenbuch, 4323).

R. HOCHE: Penzel, Abraham Jakob. In: Allgemeine Deutsche Biographie. 25. Band, Leipzig 1887, S. 363-364.

Ulrich Im HOF: Das gesellige Jahrhundert. Gesellschaft und Gesellschaften im Zeitalter der Aufklärung. München 1982.

Friedrich KNEISNER: Matthias Clausius als Logenbeamter. In: Zirkelkorrespondenz der Großen Landesloge der Freimaurer von Deutschland 33 (1904), S. 57-62.

Franklin KOPITZSCH: Der Aufklärung verpflichtet. Zu den Anfängen der Hamburger "Gesellschaft der Freunde des vaterländischen Schul- und Erziehungswesens". In: 175 Jahre Gesellschaft der Freunde des vaterländischen Schul- und Erziehungswesens. Gewerkschaft Erziehung und Wisssenschaft Landesverband Hamburg. Hamburg o.J. (1981), S. 16-33.

Ders.: Aufklärung, freie Assoziation und Reform: Das Vereinswesen in Hamburg im 18. und frühen 19. Jahrhundert. In: Arno HERZIG (Hg.): Das alte Hamburg (1500-1848). Vergleiche - Beziehungen. Berlin, Hamburg 1989 (Hamburger Beiträge zur öffentlichen Wissenschaft, 5).

Ders.: Grundzüge einer Sozialgeschichte der Aufklärung in Hamburg und Altona. 2 Bände. Hamburg 1982. (= Beiträge zur Geschichte Hamburgs, 21).

Ders.: Ein Lied für arme Teufel. Georg Heinrich SIEVEKING, Johann Wolfgang GOETHE und die Französische Revolution. In: Frieden für das Welttheater. Goethe - ein Mitwirkender, Beobachter und Vermittler zwischen Welt und Theater, Politik und Geschichte. Von Jörgen BRACKER, Hans-Werner ENGELS, Gisela JAACKS, Franklin KOPITZSCH und Michael NORTH. Hamburg 1982, S. 88-98.

Eugen LENNHOFF/Oskar POSNER: Internationales Freimaurerlexikon. Nachdruck der Ausgabe Wien 1932. München, Zürich, Wien und Graz 1966.

Meine liebste Madam. Gotthold Ephraim Lessings Briefwechsel mit Eva König 1770-1776; Hg. von Günter und Ursula SCHULZ. München 1979. (Beck'sche Sonderausgaben).

Wolfgang MARTENS: Die Botschaft der Tugend. Die Aufklärung im Spiegel der deutschen Moralischen Wochenschriften. Stuttgart 1968.

Ders.: Nachwort. In: Der Patriot nach der Originalausgabe Hamburg 1724-1726 in drei Textbänden und einem Kommentarband kritisch hg. von Wolfgang MARTENS. Band 4. Kommentarband. Berlin, New York 1984. (Ausgaben deutscher Literatur des XV. bis XVIII. Jahrhunderts), S. 485-518.

Paul NETTL/Roger COTTE: Freimaurermusik. In: Die Musik in Geschichte und Gegenwart. Band 4. Kassel und Basel 1955, Sp. 887-904.

Abraham Jakob PENZEL: Sammlung merkwürdiger und wichtiger Briefe von angesehenen und berühmten Männern (...) an ihn geschrieben. Leipzig 1798.

Christoph PERELS, Jürgen RATHJE und Jürgen STENZEL (Bearb.): C. F. WEICHMANNs Poesie der Niedersachsen (1721-1738). Nachweise und Register. Wolfenbüttel 1983. (Repertorien zur Erforschung der frühen Neuzeit, 7).

Peter RÜHMKORF: Vorwort: In: Friedrich Gottlieb Klopstock. Gedichte. Ausgewählt von Peter Rühmkorf. Frankfurt am Main und Hamburg 1969. (Fischer Bücherei, 1066), S. 7-28.

Georg Friedrich SCHUMACHER: Genrebilder aus dem Leben eines siebenzigjährigen Schulmannes - ernsten und humoristischen Inhalts -. Nachdruck der Ausgabe Schleswig 1841. Erweitert um ein Nachwort und Register von Franklin KOPITZSCH. Flensburg 1983. (Lebensbilder aus Schleswig-Holstein, 1).

Helga SLESSAREV: "Doppelte Moral" in der Sozialisation der Töchter bei Joachim Heinrich CAMPE und Gotthold Ephraim LESSING. In: Peter FREIMARK, Franklin KOPITZSCH und Helga Slessarev (Hg.): Lessing und die Toleranz. Beiträge der vierten internationalen Konferenz der Lessing Society in Hamburg vom 27. bis 29. Juni 1985. Sonderband zum Lessing Yearbook. Detroit, München 1986. S. 347-356.

Laurence STERNE: Yoricks empfindsame Reise durch Frankreich und Italien, nebst einer Fortsetzung von Freundeshand. Aus dem Englischen von J(ohann) J(oachim) Chr(istoph) BODE. Nördlingen 1986. (Die andere Bibliothek, 18).

IOHANN GEORG BÜSCH

DER KAUFMANNSCHAFT IN HAMBURG GEWIDMET

Bild 13: Johann Georg Büsch. Stich von J. I. Faber nach einem Gemälde von I. R. Lüderitz.

HANS-GERD WINTER

"LEIDE, MEIDE UND HOFFE NACH VORSCHRIFT DER VERNUNFT" - AUFKLÄRUNG UND DISZIPLINIERUNG ALS PROGRAMM IN DER MORALISCHEN WOCHENSCHRIFT "DER PATRIOT" (1724 - 1726)

Die Aufklärung gilt herkömmlich als die Epoche, in der sich der Grundgedanke durchsetzt, die autonome Vernunft sei der allgemeingültige Wertmaßstab für alle menschlichen Werte, Tätigkeiten und Lebensverhältnisse. Das Projekt der Aufklärer, die autonome Vernunft als das eigentliche Wesen des Menschen zu etablieren, hat Norbert ELIAS in seiner mentalitäts- und bewußtseinsgeschichtlichen Arbeit "Über den Prozeß der Zivilisation" (2. Aufl. Bern 1969) als einen beträchtlichen Zivilisationsschub innerhalb des von ihm herausgearbeiteten Prozesses bezeichnet.

ELIAS zeigt den historischen Wandel menschlicher Verhaltensweisen und Bewußtseinsformen zwar hauptsächlich am Beispiel der Entwicklung der höfischen Gesellschaft auf, sein Ansatz bezieht sich aber auf die ganze Geschichte der abendländischen Zivilisation. Eine wachsende gesellschaftliche Funktionsteilung und eine zunehmende Verflechtung aufgrund größerer wechselseitiger Abhängigkeit modelliere den 'psychischen Apparat' des Menschen dahingehend, daß ein ursprünglich als äußere Gewalt erfahrener 'Fremdzwang' sich in einen 'Selbstzwang' des einzelnen wandle. Zivilisierung beinhaltet für Elias eine wachsende äußere und innere Selbstdomestikation. Sie zeige sich in der Kontrolle körperlicher Regungen, ja der ganzen Leiblichkeit wie auch der seelischen Empfindungen. Diese zunehmende Selbstregulierung sieht Elias einhergehen mit der Ausbildung staatlicher Monopolinstitutionen, insbesondere des staatlichen Gewaltmonopols, welches ja der territorialstaatliche Absolutismus des 18. Jahrhunderts vollendet. Besonders fördere den Zivilisierungsprozeß das sich ausbildende komplexe Interdependenzgeflecht der bürgerlichen Ökonomie. (Dieser Aspekt spielt natürlich in der Handelsmetropole Hamburg eine besondere Rolle).

Innerhalb dieser Entwicklung entstünden neue Formen des sozialen Zwanges für den einzelnen: der als äußere Bedrohung erfahrene soziale, bzw. ökonomische Druck werde nach innen gewendet und erscheine als verinnerlichter Zwang, als Zurückdrängen von Spontaneität unter die "Notwendigkeit der weitreichenden Interdependenz". Der einzelne müsse lernen, die längerfristigen Folgen seines Handelns in sein Verhalten einzubeziehen und auch die Reaktionen der anderen Menschen dabei zu berücksichtigen. "Ratio" oder "Verstand" und "Vernunft" sind für ELIAS in diesem Zusammenhang Ausdrücke für eine bestimmte Modellierung des ganzen "Seelenhaushaltes".

Es sind Aspekte einer Modellierung, die sich sehr allmählich, in Schüben und Gegenschüben vollzieht, und die umso stärker hervortritt, je bündiger und totaler durch den Aufbau der menschlichen Abhängigkeiten spontane Trieb- und Affektentladungen des Individuums mit Unlust, mit Absinken und Unterlegenheit im Verhältnis zu Anderen oder gar mit dem Ruin der sozialen Existenz bedroht werden; es sind Aspekte jener Modellierung, mit der sich im psychischen Haushalt schärfer und schärfer Triebzentrum und Ichzentrum voneinander differenzieren, bis sich schließlich eine umfassende, stabile und höchst differenzierte Selbstzwangsapparatur herausbildet. Es gibt nicht eigentlich eine 'Ratio', es gibt bestenfalls eine 'Rationalisierung'.[1]

ELIAS' Deutung des Zivilisationsprozesses berührt sich mit FOUCAULTs Untersuchung der sich steigernden Fähigkeit des Individuums zur Selbstkontrolle in "Überwachen und Strafen" (Frankfurt 1977). Der Bereich des Unberechenbaren, den das unkontrollierte Subjekt darstellt, wird für Foucault in der Moderne durch dessen weitgehende Selbstdisziplinierung abgelöst. Im Zeitalter des Absolutismus beschleunige sich der Aufbau staatlicher und nichtstaatlicher "Anstalten". Mit der Perfektionierung der Überwachungsapparate übernehme der Überwachte die Perspektive des Überwachenden. Mit dem Gewissen werde um den Mittelpunkt der Wahrnehmung eigener und fremder Regungen eine 'Waffenkammer' mit Instrumenten der Selbstbeobachtung und -befragung installiert.

Auch Max WEBER sieht in seinem berühmten Aufsatz über "Die protestantische Ethik und der Geist des Kapitalismus" (1905)[2] den Zivilisationsprozeß als Prozeß der Steigerung von Selbstkontrolle und Affektbeherrschung an. Weber sieht den Grund für diese Entwicklung vorwiegend in der protestantischen, insbesondere puritanischen und calvinistischen Religion. Wenn Gottes Gnade gerade nicht durch die Sünde verlorengehe, sondern durch eine rückhaltslose Selbstanalyse - zum Beispiel in der Beichte - zurückgewonnen werden könne, müsse das Leben als Ganzes einer systematischen Kontrolle und Disziplinierung unterzogen werden.

Von ELIAS', FOUCAULTs und WEBERs im einzelnen sehr unterschiedlichen Thesen her betrachtet, stärkt das Projekt der Aufklärung im Rahmen des Prozesses der Zivilisation die Überwachungsfunktion des Ichs, bzw. im engeren Sinn des Überichs als des Zentrums, von dem her der

Mensch sich in seinen Beziehungen zur Umwelt und den Mitmenschen steuert und auch sein Triebleben teils bewußt, teils unbewußt reguliert. Besonders verdeutlicht dies der moralische Gewissensappell der Aufklärer; denn die Kontinuität der Vernunft im Wechsel der Umstände und Zeit aufrechtzuerhalten, bedingt die Notwendigkeit und Anerkennung von Moral, von verbindlichen Regeln, die das Zusammenleben garantieren.

"Der Patriot" erscheint zwischen dem 5. 1. 1724 und dem 29.12.1726 "bey Johann Christoph Kissnern" in Hamburg. Im Verlauf der folgenden vierzig Jahre erleben seine 156 Stücke, die wöchentlich publiziert werden, vier Neuauflagen: 1728/29, 1737/38, 1746 und 1765.[3] Ihre Verfasser und Herausgeber sind in der Stadt weder unbekannt noch unbedeutend, wenn sie sich auch während des Erscheinens anonym halten. Dichter und Gelehrte verbinden sich mit Geschäftsleuten und politisch aktiven Juristen. Darunter sind vier Ratsherren, der Jurist und Dichter Barthold Heinrich BROCKES, welcher seit 1720 Ratsherr ist, die Juristen Conrad WIDOW und Johann Julius SURLAND, die dem Rat seit 1718, bzw. 1719 als Syndici angehören; der Jurist Johann KLEFEKER wird 1725 zum Ratssyndicus gewählt. Der Inhaber des Licentiats der Rechte Johann Julius ANCKELMANN, ist Sekretär des Kollegiums der Oberalten. Johann Adolf HOFFMANN, ist Kunst- und Juwelenhändler und zugleich erfolgreicher Schriftsteller ("Zwey Bücher der Zufriedenheit", 1722 bis 1767 zehn Auflagen). Journalist und Schriftsteller ist Christian Friedrich WEICHMANN, der Redakteur des "gelehrten Theils" der "Staats- und Gelehrten Zeitungen" und Herausgeber der ersten drei Teile der Gedichtsammlung "Poesie der Niedersachsen" (1721-1738). Bezeichnenderweise ist deren erster Teil (1721) Brockes, deren zweiter (1723) RICHEY, deren dritter (1732) Surland gewidmet. Michael Richey, der Gedichtschreiber und Verfasser des "Idiotikon Hamburgense" (1755) und Johann Albert FABRICIUS, der Verfasser physikotheologischer Schriften, sind Professoren am Akademischen Gymnasium. John THOMAS ist Pastor des English Court. Nach dem Zeugnis Richeys im "Idiotikon" kommt man wöchentlich zusammen, um sich mit Fragen der Hamburger Gesellschaft zu befassen und publizistisch auf die Mitbürger einzuwirken, indem sie "einmal die Woche ein gedrucktes Blatt haben, worin ihnen allerhand Moralische und sie hauptsächlich angehende Neuigkeiten vorgelegt werden" ("Patriot", 156. St., III, 419). "Der Patriot" umfaßt Abhandlungen, Satiren, Fabeln, Träume, Erzählungen, Dialoge, Charakterportraits, fiktive und echte Leserbriefe. Er verarbeitet das rationalistische und moralphilosophische Gedankengut seiner Zeit mit dem Ziel belehrender Unterhaltung, aber auch mit praktischen Vorschlägen zur Lebensgestaltung. Englische Vorbilder, vor allem STEELEs und ADDI-

SONs "Tatler", "Spectator" und "Guardian" haben die Verfasser nach ihrem eigenen Eingeständnis beeinflußt. Von den Nachfolgern in der Gattung unterscheidet sich der "Patriot" durch eine ungleich größere Lebendigkeit und lokale Konkretion. Immer wieder spielen die Autoren verschlüsselt auf Hamburger Personen, Ereignisse und Sitten an, was die Forschung bisher noch nicht im einzelnen aufhellen konnte.

Der Kreis der Autoren entsteht vermutlich aus der Verbindung der in Hamburg verbliebenen Mitglieder der "Teutschübenden Gesellschaft" (1715-1717) BROCKES, RICHEY, FABRICIUS mit Ratsherren wie KLE-FEKER, SURLAND und WIDOW. So können die Ziele des "Patrioten" auch in Hamburgs wichtigsten politischen Gremium vertreten werden. Das Erscheinen der Zeitschrift ist von vornherein auf drei Jahre beschränkt. Die "Patriotische Gesellschaft" überlebt deren Einstellung und besteht bis in die fünfziger Jahre. Nach KOPITZSCH wird nach 1726 der politische Akzent deutlicher.[4] Zumindest die im Senat vertretenen Mitglieder würden von ihren Gegnern als Fraktion wahrgenommen. So bezeichnet der orthodoxe Hauptpastor von St. Petri NEUMEISTER die "Patrioten" "allesamt" als gefährliche "Thomasianer"[5] - eine Anspielung auf den Aufklärer Christian THOMASIUS, der unter anderem für religiöse Toleranz eingetreten war.

Für das frühe 18. Jahrhundert neu und provokant ist, daß sich in der Zeitschrift die fiktive Figur eines Patrioten bereits im ersten Stück und mit dem ersten Wort als "Ich" vorstellt. Dieses Selbstbewußtsein als Individuum resultiert aus dem erreichten und betont herausgestellten Stand der Vernunftautonomie. Der Patriot dankt Gott, daß er von "gesunden und vernünftigen Eltern ... aufgebracht" worden sei, zugleich eine Stelle besitze, die "jederzeit mehr nach eigenem Triebe, als durch anderer Anweisung" sich habe "zum Guten führen lassen" und daß er fähig sei, sich "gegen alle Gewohnheit, Vorurtheile und Leidenschaften" zu "bewaffnen" (1.St., I, 1).

Gemäß dem abstrakten Postulat der Vernunftautonomie hindert den Patrioten "weder Stand, noch Geschlecht, noch Alter", jedermann "ohne den geringsten Unterschied" für seinen "Freund" zu halten. Doch ist der "Patriot" entsprechend dem Stand der Autoren deutlich aus der Erfahrungsperspektive der bürgerlichen Oberschicht heraus geschrieben. Das belegt bereits die Figur des "Patrioten". Er hat "durch verschiedene Erb-Fälle und besonders angestellte Nutzung seiner ... Lehens-Güter ... einige Tonnen Goldes und Baarschafften beysammen" (I,3). Sie ermöglichen ihm ein geruhsames Rentierdasein, wobei er einen Teil seiner Einkünfte sogar zu seiner "Zufriedenheit zu anderer und dem gemeinen Besten" ausgeben kann. Der Blick dieses Patrioten wie der Verfasser der Zeitschriften ist von oben auf die Gesellschaft Hamburgs gerichtet. Man hat Vermögen, das man freilich auch durchbringen kann, gehört zum Teil - wie der erfolgreiche Kaufmann Pasiteles im 155. Stück - "zu den vornehmsten Männern unserer Börse" (III, 412), man hat Dienstboten, besitzt genug, daß man den Armen reiche Almosen spenden kann, man veranstaltet üppige Gastmähler, man trifft sich zu geistiger Auseinandersetzung beim Tee, man liest, man macht der Obrigkeit Reformvorschläge, man zahlt seine Steuern. So macht man sich auch mit einem gesunden Selbstbewußtsein über den Standesdünkel des Adels lustig (vgl. das 30. Stück).

Die Begründung für die publizistische Initiative des "Patrioten" liefert eine Lageanalyse der Stadt Hamburg. Bereits im ersten Stück machen die Verfasser einen bedrohlichen Verfallsprozeß aus, den auch die Kirche nicht aufhalten könne:

Ich (gemeint ist die Figur des Patrioten, H.G.W.) beobachte hierselbst gleichsam einen Sammel-Platz aller derselben Untugenden und Schwachheiten, so mir jemahls auf meinen vielfältigen Reisen vorkommen. Ja ich verspüre unter uns solche fast allgemeine Kaltsinnigkeit oder vielmehr Widerwärtigkeit gegen das wahre Gute, daß auch hier, bey einer so grossen Menge von Menschen, ein Diogenes mit Recht die Menschen suchen könnte. Zwar fehlet es nicht an einer starcken Anzahl von rechtschaffenen, gelehrten, tüchtigen und exemplarischen Geistlichen, welche ihr gantzes Leben bloß zu deren Abhaltung vom Bösen, im heiligem Dienst aufopffern, und ich kann nicht sagen, daß man ermangele, ihre täglichen Ermahnungen, dem Schein nach, eiffrig genug anzuhören; man hält aber auch mit dem blossen Anhören davon seine Pflicht überflüßig erfüllet, ohne noch zu melden, wie daselbe bey den allermeisten den gantzen Gottesdienst ausmache. Ich erstaune, wenn ich die grosse Sicherheit, und das durchgängige Vertrauen zu sich selbst, bey diesem so unzulänglichen Betragen meiner Mit-Einwohner, wahrnehme. Ich sehe täglich, daß aus diesen und andern Uhrsachen ein allgemeiner Verfall bey unserer Stadt einreisset. Es ist überflüssig, die Gründe hieselbst anzuzeigen, warum theils anderwärts, theils insonderheit bey uns, so viele angesehene, alte und wohl-gesessene Geschlechter gantz herunter gekommen, ja fast an den Bettel-Stab, und in Vergessenheit, gerathen, sie sind mir leider allzubekannt, und ich sehe bis in diese Stunde in vielen, dem Ansehen nach, noch so gesegneten Häusern eben dieses Verderben augenscheinlich sich einschleichen. (...) Ich bin überzeuget, daß die meisten nicht durch vorsetzliche Unahrt, sondern durch anderer Beyspiel und den durchgebrochenen Strohm einer gewaltsamen Gewohnheit, mit fort gerissen werden, ohne nur einmal zu dencken, daß sie endlich darin versincken und umkommen müssen (1. St., Bd. I, S. 4 f.).

Der Blick des Verfassers liegt auf den führenden Geschlechtern der Stadt, die durch "eingewurzelte Irrthümer, Mißbräuche und übele Gewohnheiten" gefährdet seien (I,7). Diese Feststellung reflektiert offensichtlich eine Verunsicherung hinsichtlich der eigenen Wertvorstellungen. Sie ist vermutlich eine Folge der schweren sozialen und religiösen Auseinandersetzungen vor dem Hauptrezeß von 1710-12, den "wüsten ... Zeiten", wie es im vorletzten Stück des "Patrioten" heißt (III,413). Im Zuge der Unruhen Ende des 17./Anfang des 18. Jahrhunderts hatte die Bürgerschaft den Zensus und die Erbgesessenheit (die Bindung des Rechtes zur politischen Mitsprache ans Grundeigentum) aufgehoben. Zugleich erlangte sie gegenüber dem Rat die eigentliche Macht, indem sie Ratsmitglieder des Amtes enthob, ihr Honorar sperrte, Neuwahlen vornahm und Zuständigkeiten hinsichtlich Verwaltung und Justiz beanspruchte. Die sozialen Auseinandersetzungen - etwa um die Forderungen der Handwerker - und die religiösen Streitigkeiten zwischen Pietisten und Orthodoxen, Judenfreunden und -feinden paralysierten die Hamburger Politik. Nur mit auswärtiger - kaiserlicher - Hilfe konnte der Rat seine Macht wiedererlangen, wobei zugleich die partielle soziale Öffnung der Bürgerschaft radikal zurückgenommen wurde. (Nur derjenige, der "mit eigenem Feuer und Heerd" in der Stadt wohnt und Grundbesitz mit mindestens 1000 Reichstalern - im Landgebiet 2000 Talern - hat und lutherisch ist, darf künftig den Konventen der Bürgerschaft angehören. Das Kleinbürgertum - aber auch große Teile der mittleren bürgerlichen Schichten - sind damit von der Mitwirkung ausgeschlossen). Die Erfahrung der "Anarchie", die leicht auch die Selbständigkeit Hamburgs hätte kosten können, dürfte nicht nur für die Herausgeber des "Patrioten" traumatisch gewesen sein. Sie hat, wie die Autoren erkennen, auch zu einer politischen Apathie bei der zu politischer Mitwirkung berechtigten Oberschicht geführt, die Hamburgs Sicherheit ebenfalls gefährlich werden kann. Zugleich bilden offensichtlich gerade jetzt aristokratische Verhaltensformen - zum Beispiel ein übertriebener und ökonomisch gefährlicher Luxus - eine große Verführung. Der "Patriot" möchte demgegenüber "die eine Republik in den Stand setzen, daß sie innerlich mehr Kräfte, und äusserlich weniger Nachstellung hat" (155.St., III,416).

Entsprechend beansprucht der "Patriot" die "Auffsicht über die Sitten und das häusliche Betragen der Einwohner" (1. St., I,7). Rückschauend beschreibt er im letzten Stück, er habe "die wichtigsten Pflichten des menschlichen Lebens berührt" und den Menschen als "Ehe-Mann, Vater, Unterthan, Bürger, Kaufmann, Rechtsgelehrten, eine Obrigkeitliche Person, etc." betrachtet. Diese Aufzählung verdeutlicht wieder die Bindung der Autoren an die Oberschicht. Sie signalisiert nicht zufällig mit der Nichterwähnung der weiblichen Hälfte des Menschengeschlechts deren Herabstufung, obwohl Jungfrauen und Frauen in mehreren Stücken zum Objekt von Erziehungsmaßnahmen gemacht werden, als Vorbild- oder Negativfiguren auftreten und als Leserinnen willkommen sind. Das den Bemühungen des "Patrioten" zugrundeliegende Normensystem verdeutlicht die folgende rückblickende Feststellung:

Ich habe ihm die Thorheiten einer übermäßigen Pracht in Kleidern, Carossen, Gärten, Gastereyen, Leichen-Begängnissen etc. entdeckt; den Fleiß, die Sparsamkeit und Wohlanständigkeit hingegen bestens angepriesen. Ich habe ihm eine umständliche Beschreibung der menschlichen Leidenschaften gegeben, und verschiedene gantze Papiere dazu angewandt, um ihm die bösen Wirckungen des Neides, des Hochmuths, der Verläumdung, der Selbst-Liebe, des Geizes, der murrischen Unhöflichkeit, etc. zu zeigen; die Sittsamkeit hingegen, Aufrichtigkeit, Menschen-Liebe, Großmuth, etc. an deren Stelle zu versetzen gesucht. Den Vorzug seines Wesens, seines Glücks und seines Aufenthalts habe ich ihm vorgehalten; in widerwärtigen Umstanden aber mich bestrebet, durch besondere Aufsätze zur Geduld und Vergnüglichkeit ihn aufzumuntern. (156. St., III, 420 f.).

Besonders liegt den Schreibern des "Patrioten" die Mitwirkung der Hamburger Bürger am gemeinen Wohl der Stadt am Herzen. Der vorbildliche Bürger im 155. Stück kennt die "Hamburgischen Rechte und Privilegien". Er ist stolz auf die "Glückseligkeit seiner freyen Reichsstadt" (III, 413f.) und weiß, daß zu deren Erhaltung die Aktivität jedes einzelnen gehört, weshalb er "bürgerliche Ehren Ämter" annimmt und in "Collegien" mitwirkt. Dieser Appell kann nicht zufällig sein, ist doch die Beteiligung an den Konventen der erbgesessenen Bürgerschaft so drastisch zurückgegangen, daß ein großer Teil beschlußunfähig ist. 1719-23 gibt es 49 beschlußunfähige und nur 16 beschlußfähige Convente. 1724-28 tagt die Bürgerschaft dann wesentlich seltener: 11 Convente sind beschlußfähig, neun nicht.[6]

Dadurch, daß der "Patriot" die "Aufsicht" über die Sitten der Einwohner ausüben will, setzt er sich notwendig in Konkurrenz zur Kirche. Die kulturelle Identität der Bürger ist in der ersten Hälfte des 18. Jahrhunderts noch fast ganz in das geschlossene religiöse Weltbild eingebettet. Nicht zufällig führt deshalb die Zielsetzung des "Patrioten" schon nach dem Erscheinen der ersten Nummer zu einem heftigen Flugschriftenstreit. Dieser wird im letzten Stück rückblickend als "etwas schlecht Wetter" gekennzeichnet (III, 422). 54 Flugschriften hat Wolfgang MARTENS[7] ermitteln können, davon 31 wider den "Patrioten". Sie belegen die ungeheure Erregung, die dessen öffentlicher Anspruch hervorruft. Vor allem Teile der in Hamburg traditionell starken lutherisch-orthodoxen Geistlichkeit allen voran der Professor am Gymnasium Sebastian EDZARDI, mehr im Hintergrund auch der Hauptpastor von St Petri Erdmann NEUMEISTER sehen eine Einmischung in ihre Aufgaben und sogar Abweichungen vom kirchlichen Menschenbild bis hin zur Propagierung andersgläubiger oder gar freigeistiger Autoren wie LOCKE, FÉNÉLON oder Christian WOLFF. Der zentrale Einwand richtet sich dagegen, daß der "Patriot" der Seele einige ihr selbst eigene "Wirkungen zum Guten ... zuschreibet" (Des Reformirten Hamburgischen Patrioten erstes Stück, Jan. 1724[8]). Für die Pastoren kann der durch den Sündenfall gezeichnete Mensch sich nicht mit Hilfe der Vernunft wandeln und bessern. Noch in der "Apologie oder Schutzschrift für die Vernünftigen Verehrer Gottes" des Hamburger Gymnasialprofessors Hermann Samuel REIMARUS, aus der LESSING 1774, 1777 und 1778 "Fragmente" veröffentlicht, motiviert dieses Argument "die Verschreyung der Vernunft auf den Kanzeln". Darüber hinaus empfinden viele Kritiker überhaupt den Appell an eine breitere Öffentlichkeit als die gelehrte als anmaßend, zumal in diesen Appell auf dem Papier der einfache ungebildete Mann einbezogen ist. In dem durch die Publikation der Reimarus-Fragmente ausgelösten heftigen Streit mit dem kampfeslustigen und sendungsbewußten orthodoxen Hauptpastor von St. Katharinen, Johann Melchior GOEZE ist der Appell an die Urteilsfähigkeit des gemeinen Lesers immer noch ein Hauptvorwurf gegen Lessing, weil durch diesen Appell die Autorität der Kirche untergraben werde. Der "Ausgang aus der Unmündigkeit des Menschen" bedeutet für die deutsche Aufklärung eben vor allem - wie KANT 1783 rückblickend in "Was ist Aufklärung?" feststellt -, Setzungen, Vorschriften und Kompetenzen der Kirche zum Gegenstand einer allgemeinen Diskussion zu machen, deren Öffentlichkeit durch einen Appell an diese freilich allmählich erst hergestellt werden muß. Der "Patriot" entgegnet den Kirchenmännern, daß die "wahre Gottesgelahrtheit gar wohl eine kluge, aus der gesunden Vernunft fliessende Sittenlehre, als eine nutzbare Dienerin, hinter sich möge hertreten lassen". Der Christ höre "darum nicht auf, weil der Patriot anfängt", er habe "noch von keinem Staat gehöret, in welchem das Christenthum" seinetwegen "in Verfall geraten" (4. St., I,27). In der Buchausgabe von 1728 ist diese Passage verändert. Aufgrund eines gewachsenen Selbstbewußtseins, das sich durch den unerwartet großen Erfolg der Zeitschrift bestätigt sieht, heißt es jetzt, die "Gottesgelahrtheit" solle eine "vernünftige Sittenlehre" "neben sich leiden" können; von der Dienerin ist nicht mehr die Rede; denn inzwischen hat sich eine Öffentlichkeit für eine breite Diskussion über Tugend und Moral gebildet.

Immerhin sieht sich der "Patriot" zeitweilig von Zensur bedroht, vor der ihn wohl nur die hohe Stellung der Herausgeber rettet. Immerhin weist er im 64. Stück eindringlich darauf hin, er wolle Staat und Kirche nicht "verwirren". Dies geschieht deutlich im Bewußtsein der Verflechtung von lutherischer Kirche und Staat in Hamburg. Schließlich war die erste Hamburger moralische Wochenschrift, Johann MATTHESONs "Vernünfftler", 1714 verboten worden. Insgesamt aber dürfte die durch den Flugschriftenstreit ausgelöste zusätzliche Aufmerksamkeit den Erfolg der Zeitschrift eher begünstigt haben. Sie erreicht zeitweilig eine Auflage von 6000 Exemplaren, von denen auch ein Teil auswärts vertrieben wird. Da das lesefähige Hamburger Publikum in dieser Zeit von KOPITZSCH nach Berechnungen SCHENDAs auf 10-15000 Personen geschätzt wird[9], dürfte die Zeitschrift dieses zum größten Teil erreicht haben; denn viele Exemplare werden von mehreren gelesen. Späteren moralischen Wochenschriften gelingt es in der Regel nicht, an diesen Erfolg des "Patrioten" anzuknüpfen.

Seine Verfasser setzten sich ein ehrgeiziges Ziel: sie wollen die Hamburger Oberschicht in ihrem Verhalten grundlegend verändern. Ihnen schwebt ein Mensch vor, der beständig über sich und seine Handlungen reflektiert, statt bewußtlos hergebrachten Normen und Vorurteilen zu folgen. Diese schränkten nämlich seinen Gesichtskreis ein und verleiteten ihn dazu, sich häufiger über sein eigenes wahres Verhalten zu betrügen. So argumentieren die Autoren gern mit dem Gegensatz Schein-Sein. Von außen soll nach innen vorgestoßen werden, ins "Cabinet" der Leser, "in sie selbst" (156. St., III,411). Die Instanz, an die die Schreiber dabei appellieren und die sie durch ihren Appell verstärken und aufbauen, ist das Gewissen. Es besteht für die Autoren aus der "Erinnerungskraft" an Handlungen und Handlungsmotive und aus der "Beurtheilungskraft", die das Erinnerte als "übel" oder "löblich" bewertet (134. St., III,239). Dabei wissen die Autoren, daß selbst "vernünftige und wohl gesittete Menschen" sich selbst "lieber ganz unbekannt bleiben" und auch "von anderen nicht erkannt werden möchten" (50. St., I,421). So stellt sich das Vorbild Philotheus täglich vor den "Spiegel des Gewissens" und untersucht sein "Herz" und die "innersten Neigungen desselben, wie sich solche nach dieser Richtschnur verhalten". Alle Taten - auch vergangene - sind immer wieder zu überprüfen ohne die "Ausflüchte einer spitzfündigen Vernunfft und die menschlichen Vorurtheile" (50. St., I, 423 f.). Besonders mißtrauisch ist Philotheus gegen eigene gute Taten; denn seine Eigenliebe könnte ihn fehlleiten. In dieser unermüdlichen Selbstprüfung steckt die wahrhaft grandiose Phantasie, es könne möglich sein, alle störenden Strebungen und Trübungen des Verstandes auszuschalten und den dann hellen und reinen Verstand alle Handlungen altruistisch tugendhaft bestimmen zu lassen. Die Gefahr des Pharisäertums liegt bei einem so vollkommenen Menschen nahe. (Den Frauen fehlt hierzu in der Regel die Verstandesbildung, welchem Mangel der "Patriot" aber abheben will, unter anderem durch den Vorschlag einer

Frauenzimmerakademie und - bibliothek). Im Aufspüren von Fehlverhalten entwickelt der fiktive Patriot geradezu detektivische Fähigkeiten: "Wundert euch nicht, meine Leser, daß ich um alle Geheimnisse dieser Stadt weiß, und daß mir die umständlichste Beschaffenheit der meisten meiner Mit-Einwohner besser bekannt, als vielleicht ihnen selber!" (1. St., I,5). In diesem Postulat, ein Kenner der Menschen bis in ihre letzten Winkel zu sein, wirkt sich der radikale Herrschaftsanspruch der Vernunft aus. Seinen Lesern gegenüber beansprucht der "Patriot" eine polizeiliche Kompetenz, er unterhält "Kundschafter und Kundschafterinnen". Obwohl ihn selbst "fast niemand" "kennet", hat er so "vollkommene Nachricht" auch von "ge-heimgehaltenen Vorfällen in der Stadt" (1. St., I,6). In diesem Status des unbeteiligten, aber wohlinformierten und daher urteilsfähigen Beobachters drückt sich das Selbstbewußtsein des Missionars der Vernunft ein-drucksvoll aus. Kein Wunder, daß gerade diese Position im Flugschriften-streit um die Zeitschrift immer wieder als anmaßend kritisiert wird.

Es entspricht dem rationalistischen Menschenbild, wenn die Autoren die Berechtigung einer Eigenliebe nicht in Frage stellen - wenn sie "ver-nünftig" ist. Sie wollen nicht jeden Egoismus unterdrücken, sondern die Eigenliebe kanalisieren hinsichtlich der Befolgung der moralischen Vor-schriften. "Die Eigen-Liebe wird viehisch ohne Vernunft, und menschlich mit Vernunfft" (41. St., I,349). Beispielhaft und erfolgreich setzt der Rats-herr und Dichter BROCKES diesen Grundsatz in seinen wohl berechneten sozialen Aufstieg um (vgl. den Beitrag von Bettina CLAUSEN). Entschei-dend ist die vernünftige Selbstkontrolle. Diese erfolgt nach dem schon er-wähnten Tugend-Laster-Schema. Die Autoren führen im 52. Stück eine "philosophische Uhr" ein, die die "Ausdünstungen" des Menschen mißt. Nur wenn der Mensch sich selbst reflektiert oder tugendhaft handelt, rückt der Zeiger ein wenig vor. Nicht nur bei Fehltritten steht er still, sondern auch, wenn man "ruhet, ... isset, trinckt, schläft, vor dem Nacht- Tische sitzt, und überhaupt an den Pflichten unseres Lebens etwas verabsaumt" (I,439f). Kein Wunder, daß bei Herrn Schlafmütze der Zeiger gar nicht vor-rückt und der Wucherer Geldlieb nach dieser Uhr ein paar Jahre eher stirbt, als er geboren wird.

Die ständige Selbstreflexion betrifft aber bezeichnenderweise nicht nur den moralischen Bereich. Nicht zufällig, sondern der Bewußtseins- und Interessenlage der Hamburger Oberschicht entsprechend ist in den Bei-trägen auffallend viel vom Geld die Rede, vom verdienten, aber auch vom verpraßten oder durch Unglück oder Wucher verlorenen. Bei vielen vor-bildlichen oder lasterhaften Typen werden deren finanzielle Verhältnisse mit erwähnt, obwohl sie für die Beurteilung ihres Handelns keine Rolle spielen. Der "Patriot" will nämlich auch zum ökonomischen Umgang mit Geld und Vermögen erziehen. Durch "Arbeitsamkeit" und "Mäßigkeit" steigt das Vorbild Cerontes zum reichen, aber ehrbaren Kaufmann auf, der den "eigenen Credit" wie seinen "Augapfel" bewahrt, mit Überlegung nur einen "mäßigen Vortheil" gibt und nimmt, durch einen "guten Namen" und eine in "Handel An- und Vorschlägen geschickte Feder" andere in "Commißions- Sachen" aussticht und "auswärtige durch Gelindigkeit" an sich lockt, "in Absicht, sich es einmal gedoppelt wieder einzubringen". Besonderen Wert legt der "Patriot" auf ein ausgeglichenes Verhältnis zwischen der Ökonomie des Geschäfts, der Wiederinvestition erwirtschafteten Geldes und dem unabdingbaren standesgemäßen Konsum. Anhand einer bis ins Einzelne gehenden "Extrakt-Rechnung" über Ausgaben für die persönliche Lebenshaltung zeigt er das abschreckende Beispiel einer zum Bankrott führenden Lebensweise auf (2. St., I,16).

Ein solches kalkulierend zweckrationales Verhalten widerspricht nicht den Tugendanforderungen. Ziel und zugleich Argumentationsmuster des "Patrioten" ist die Harmonie zwischen finanziellem und moralischem Gewinn. Besonders deutlich zeigt dies die Erörterung eines Werkhauses für die Armen. Ein solches war in Hamburg 1720 eingerichtet worden.

Durch Manufakturen könnten sich die Armen ohne "Schimpf" nähren, jene seien ihnen ein "wahres Gasthaus"; zugleich verschwinde die "ärgerliche und beschwerliche Betteley", welche vermutlich gerade die Wohlhabenden stört. Außerdem könnten Reiche in Manufakturen "mit Nutzen ihr Geld anwenden", durch Mildtätigkeit zu Gewinn kommen.

Ein Kaufmann, der ökonomisch sein will, muß bestimmte Qualifikationen erfüllen. Der "Patriot" plädiert für eine sehr bewußte Erziehung, die den Sohn von den schlechten Einflüssen des "Pöbels" fernhält, zugleich aber "Lust an kostbarer und künstlerischer Arbeit" weckt und die Tugenden in ihrer "annehmlichen Nutzbarkeit" trainiert. Unabdingbar ist auch eine Auslandsreise, die die aktive Auseinandersetzung mit dem Fremden fördern soll. Selbstverständlich benötigt der Kaufmann Spezialkenntnisse, die sich zum Beispiel auf die "Proportion eines Dinges", die "Einrichtung der Waaren, oder die Beschaffenheit des Landes" beziehen. Fast wichtiger noch ist sein eigenes Verhalten. So muß er schon früh den ökonomischen Umgang mit der eigenen Zeit erlernen. Gut eingeteilt und nützlichen Dingen gewidmet soll diese sein, nicht aber "Spazier-Gängen, Lust-Fahrten oder Spielen". Hingegen sind außerhalb der Arbeitszeit "gute Bücher" und der Umgang mit "Kennern von Künsten und Liebhabern von Wissen-schaften" erlaubt.

Besonders eindringlich beschreibt die Zeitschrift die Bezähmung der Leidenschaften. Im 12. Stück unterhalten sich der antike Philosoph DIO-GENES und ALEXANDER DER GROSSE über die Zufriedenheit. Für den bedürfnislos lebenden Diogenes garantieren sie der "rechte Gebrauch des Verstandes" und die Bezwingung "der ausschweifenden Begierden des Hertzens". Die "sinnlichen Begierden und verkehrten Triebe" seien nämlich die "giftigen Wurtzeln aller Bosheit, allen Unglücks und Mißvergnügens". Selbst Diogenes, der infolge seines Rückzugs aus dem Leben, aufgrund seiner Armut und seines unermüdlichen Trainings in Selbstkontrolle wenig Gelegenheit hat, seinen Wünschen und Trieben freien Lauf zu lassen, kann sich ihrer nur schwer erwehren:

Wollust, Ehrsucht, Geitz, Üppigkeit, Geringschätzung und Schmähung an-derer, Zorn, Neid, Mißgunst, Habsucht, etc. schlaffen mit in meinen Hertzen: denn sobald sie durch die Sinne gereitzet werden, wachen sie auff, und wollen mit Ungestüm heraus brechen; meine Ruhe aber zu befördern, lasse ich sie eine Zeitlang ausrasen, und besänftige sie endlich mit Ver-nunft.

An anderer Stelle wird der Mensch mit dem Kapitän eines Schiffes ver-glichen, der seine "Affecte in solchem Maasse" beherrscht, "als wie" jener sich "des Windes bedient" (138. St., III,278). Die Schreiber des "Patrioten" verwenden viel Platz für abschreckende Beispiele: Fresser, Neider, Streit-hähne, Habgierige, Wucherer, Frauenverführer usw.

Die Selbstdisziplinierung, welche der Herrschaft des Verstandes den Weg ebnet, fordert freilich einen Preis. Zunächst besteht er in einem völ-ligen Verlust von Spontaneität. Die chaotische Vielfalt der menschlichen Natur, das Inkommensurable muß eingedämmt werden. Die Moral ist als Medium und Forum der Entfremdung von dem, was an ihr gemessen wird, zugleich ein deutliches Herrschaftsinstrument. Jede Handlung, jedes Hand-lungsmotiv muß vorher nach allen Seiten abgewogen werden. Ständig soll der Mensch sich Rechenschaft ablegen. Was für eine Last bürdet er sich damit auf für den Zustand eines prekären Gleichgewichtes, einer ständig gefährdeten Ausgeglichenheit! Der vernünftige Mensch des "Patrioten" lebt nämlich in ständiger Angst vor Versuchungen. Weil DIOGENES diese meiden will und muß, darf er mit ALEXANDER nicht tauschen wollen; denn "nachdem ich die Bosheit der Menschen und meine eigene Schwach-heit erkannt, dabei die ... Sicherheit des eingezogenen Lebens geschmeckt habe, wäre es eine Thorheit von mir, mich einer so grossen Last, Gefahr, Unruhe und Verantwortung zu unterwerffen" (12. St., I,104). "Kann ich nicht viel Gutes thun, so thue ich doch niemandem was Böses" (I,107) kommentiert er die eigene Existenz. Am Extrembeispiel des Diogenes wird deutlich: der Rückzug in ein an Versuchungen armes und "eingezogenes" Leben und der Verzicht auf ein gewagtes Sichausleben gehören zu der vom "Patrioten" geforderten Verstandeskultur. "Leide, meide und hoffe nach Vorschrift der wahren Klugheit und Vernunfft; so kanst du deine Tage, auch als ein scheinbar Unglückseliger, in einer ruhigen Zufriedenheit beschliessen" (I,109). Bei Diogenes geht es darüber hinaus um eine grundsätzliche Absage an die große Welt des Hofes - ein Motiv, das dann die populärästhetische Literatur der Aufklärung (z.b. GELLERT, LESSING) variiert.

Obwohl oder besser: weil die Leidenschaften als gefährlich angesehen werden, vermeidet der "Patriot" ihre eingehendere Zergliederung. Es geht so sehr um die Disziplinierung des Gefühlsbereichs, daß Differenzierungen gefährlich wären.

Ein "Französischer von Adel" fordert im 20. Stück, das "so süsse und jeder Creatur angebohrne Lieben" zum Thema zu machen. Ironisch argwöhnt er, der "Patriot" habe "vielleicht in ... jüngeren Jahren nicht eben viele Hertzen gewinnen können, und (möge) folglich nicht gerne an eine Sache zurückdencken ... die ... (ihm) unangenehm gewesen" (20. St., I,171). Liebe ist nämlich nur als "vernünftige Liebe" zugelassen. Bei den Tieren seien "einige blinde, wilde, brünstige, oder rasende Triebe ... die Vormünder ihrer Erhaltung". Der Mensch dagegen müsse vor der Liebe den Partner "für liebens-würdig erkennen" (114. St., III,80). Vor dieser wie jeder Gefühlsäußerung hat also die distanzierte Überlegung zu stehen. Zugelassen ist allein ein mittleres Gleichmaß: "Nicht zu wenig! Nicht zu viel!" (III,181). Auf dieses Ziel trifft ELIAS' Charakteristik der Zivilisierung zu: "Das Leben wird in gewissem Sinn gefahrloser, aber auch affekt- und lustloser, mindestens was die unmittelbare Äußerung des Lustverlangens angeht."[10] Diese Disziplinierung schafft dann das Bedürfnis nach Ersatz, nach dem Erleben von Liebesverlangen und Gewalttat in der Literatur, wie sie zunächst der galante Liebesroman, dann die populären empfindsamen Romane im Stile von GELLERTs "Schwedischer Gräfin" (1746) anbieten - hier durchaus verbunden mit aufklärerischer Moral.

Mehr als Ermahnungen darf der Moralist nicht formulieren; denn psychologische Überlegungen sind ihm fremd. Dies führt immer wieder zu offenkundig wirklichkeitsfremden Ratschlägen. So läßt er im 114. Stück einen "Exsuperantius von Ungeduld" einen Brief schreiben, der Ratschläge für den Umgang mit seinem "Haus-Creuz" erbittet, das bereits zum

"45.mal" das "Ärgernis" gehabt habe. Dieses bezeichnet die nach dem "Patrioten" in Hamburg offenbar weit verbreitete weibliche Hysterie. Zugleich läßt der "Patriot" die Ehefrau "Furia, gebohrene von Leidenichts" sich brieflich über ihren Mann beklagen, der sie finanziell kurz halte, obwohl sie das Geld in die Ehe gebracht habe und er zugleich in allem das Gegenteil von ihr wolle. Gegenüber solcher "schädlichen Zwietracht" bleibt dem "Patrioten" nur die hilflose Ermahnung an die Beteiligten, doch einander auf halben Wege entgegenzukommen.

Allerdings - so wenig der "Patriot" psychologisches Verständnis entwickelt, so sehr fördert er doch den Appell an das Gewissen und durch den Zwang zur Selbstreflexion und -disziplinierung ungewollt die Ausbildung eines psychologischen Bereichs im Menschen. Das erwähnte, immer wieder auftauchende Argument einer Diskrepanz zwischen Außen und Innen, Erscheinung und Wesen ist hierfür ein Indiz. Wenn der Mensch an seinem inneren Wert, am Grad der durch Selbstreflexion errungenen Moralität gemessen wird, muß dies Verdrängungen, Verschiebungen und Wunschprojektionen hervorrufen. Zudem sind Schuldangst und Gewissensnot konstitutiv für den Aufbau des aufgeklärten Menschen. ELIAS formuliert: "Wir sind uns dessen kaum noch bewußt, wie schnell das, was wir unsere Vernunft nennen ..., abbröckeln oder zusammenbrechen würde, wenn sich die Angstspannung in uns und um uns veränderte".[11] Je mehr zwischen Schein und Sein unterschieden wird, wird auch die Möglichkeit gefördert, sich oder/und den anderen ein wahres Sein nur vorzuspiegeln. Die Möglichkeit zum Rollenspiel, die hiermit eröffnet wird - wobei der "Patriot" trainieren will, ein solches zu durchschauen - erinnert an die soziale Rolle des Adeligen an einem territorialstaatlichen Fürstenhof, wo sich in der Tat - nach Elias[12] - zuerst der 'Selbstzwang' in den Kommunikationen durchsetzt. Wenn Mitglieder der Hamburger Oberschicht - zum Teil auch schon aus den Zwängen der sich entwickelnden bürgerlichen Ökonomie heraus - zu einer solchen Haltung kommen, nähern sie sich damit der Lebenshaltung des höfischen Adels an. Diese Feststellung zeigt, daß die Grenzen zwischen bürgerlicher Oberschicht und Adel viel fliessender, sind als die spätere Literatur der Aufklärung vermittelt, die die Normen des Hofes und der bürgerlichen Familie gegeneinander stellt. (Ein Beispiel hierfür ist das im Beitrag von Bettina CLAUSEN dargestellte Aufstiegsdenken BROCKES', das u.a. im Wunsch nach der Erhebung in den Adelsstand seinen Ausdruck findet.)

Wie der Gefühlsbereich nur als Objekt moralisch legitimierter Disziplinierung thematisiert wird, werden auch Krankheiten weitgehend unter dem

Aspekt der Moral betrachtet. Der Leib-Seele-Dualismus und die Degradierung des Körpers vom Primat des Intelligiblen her, wie er im 18. Jahrhundert von Christian WOLFF vertreten wird, aber schon im "Cogito, ergo sum" DESCARTES' prägnant formuliert ist, bilden hierfür die argumentative Grundlage. Im 6. Stück beschreibt ein englischer Briefschreiber die Hamburger Frauen. Neben äußerlichen Reizen und einem Hang zur Putzsucht hätten die verheirateten Frauen auffallend häufig eine "Unpäßlichkeit", bei der "das Herz klopffet, die Adern schwellen ..., die Augen blitzen ..., das Gesicht blaß" wird, eine "äußerste Unruhe" sie beherrscht. Zum Teil nähmen diese Frauen in ihrem "Paroxysmus" ein "fast männliches" Verhalten an, ablesbar zum Beispiel an der Zahl unpassender Flüche. Der Briefschreiber interpretiert dieses "Ärgernis" als "Passionem Hystericam, so eigentlich eine weibliche Krankheit ist" (6. St., I, 45). Der "Patriot" hingegen kommentiert diese 'Krankheit', in der sich ein offenkundig psychischer Konflikt in den verschiedensten körperlichen, meist in Anfällen auftretenden Symptomen äußert, entsprechend der in Hamburg verbreiteten Bezeichnung "Ärgernis" als einen "Gemüts-Fehler", ja als eine verwerfliche "Bosheit des Herzens" (I, 47). Frau "Furia" erfüllt dann nicht ihre ehelichen Pflichten in der patriarchalen Ordnung (vgl. 147. St.).

In diesem Beispiel deutet sich schon an, daß Herrschaftsverhältnisse wie die des Mannes über die Frau, der Eltern über die Kinder, von Hausherr und -herrin über das Gesinde, der Obrigkeit über die Bürger durch den Appell an die Vernunft moralisiert werden. Ausdrücklich bescheinigt ein Brief im 53. Stück dem "Patrioten", daß "unsere Fürsten und Regenten eine besondere Ursache" hätten, ihm "ihre Dankbarkeit zu bezeugen, da er sich bemühet, durch seine nützlichen Lehren wohlgesittete, vernünfftige und gehorsame Unterthanen zu machen" (II,1). Immerhin will die Zeitschrift die "Regenten zuweilen auff eine gute Ahrt" auch "zu ihrem Besten ... erinnern". Dieses Anliegen beinhaltet ein Plädoyer für eine Milderung der Gewalt, da eine unerklärte und nicht legitimierbare Herrschaftsausübung verurteilt wird. "Die menschliche Natur strebt immer nach Freyheit, und will mehr durch Gelindigkeit, als Zwang, geleitet seyn" (II,8). Andererseits hüten sich die Verfasser, die bestehenden Herrschaftsverhältnisse durch moralische Reflexionen in Frage zu stellen. Zum Beispiel geben sie abschreckende Beispiele von Töchtern, die durch die Schuld der Eltern unglücklich verheiratet sind. Andererseits gestatten sie jenen nicht, den Bewerber ihres Herzens einer von den Eltern gewünschten Geldheirat vorzuziehen. Der Untergebene ist in jedem Fall Gehorsam schuldig, auch wenn der Herrschende die moralischen Normen verletzt, an die er gebunden ist. Obwohl der "Patriot" die grundsätzliche Gleichheit aller Menschen als Ver-

151

nunftwesen betont, ist sein Gesellschafts- und Familienbild deutlich hierarchisch, was ja auch dem anfangs erläuterten Blick von oben auf die Verhältnisse entspricht.

Die Herausgeber des "Patrioten" verstehen sich als Reformer. Sie wollen durch die Popularisierung aufklärerischen Denkens die Mentalität der führenden Schicht in Hamburg verändern. Ihnen schwebt der sich selbst reflektierende und Gefühle und Handlungen kontrollierende Mensch vor, der - modern mit ELIAS gesprochen - "Fremdzwang" in "Selbstzwang" verwandelt.

Damit entspricht er den Anforderungen einer Gesellschaft, in der die Funktionen sich differenzieren und die wechselseitigen Abhängigkeiten zunehmen. Die Verfasser des "Patrioten" vertreten noch den Optimismus, daß, was 'vernünftig' ist, auch 'tugendhaft' ist und zugleich das Glück des Individuums garantiert. Die Texte dokumentieren aber auch schon Kosten ihres Programms: äußere Gewalt wird zwar reduziert; aber durch die Verlagerung der Gewalt ins Innere des Menschen als Selbstzwang wird ein neuer Raum für Verdrängungen und Ängste geschaffen. Diese Tendenz wird auch aufgrund der Degradierung und Ausgrenzung des Leibes durch das Räsonnement verstärkt. Der so aufgeklärte Mensch ist unter diesen Aspekten weniger frei als der nicht aufgeklärte. Allerdings ist auch die Zwangsläufigkeit dieser 'Modernisierung' zu betonen; denn ohne sie hätte sich die bürgerliche Ökonomie nicht so entfalten können, daß sie zu einem späteren Zeitpunkt die wirtschaftlichen Fundamente der Ständegesellschaft von innen her aufsprengen konnte.

In den zwanziger Jahren des 18. Jahrhunderts ist ein solches Programm der Aufklärung nur in den oberen Schichten durchsetzbar. Es bleibt dem Lebenszusammenhang des Zunftbürgertums, erst recht dem der unteren bürgerlichen und der Unterschichten fremd, die am Leitbild der "moral economy" (THOMPSON[13]) orientiert sind. Diese können 'Fremdzwang' noch nicht durch 'Selbstzwang' ersetzen. Arbeit zum Beispiel ist nur als Mittel zur Befriedigung ganz unmittelbar notwendiger Bedürfnisse akzeptiert. In der "Matrone", einer von Johann Georg HAMANN verfaßten und BROCKES gewidmeten Hamburger moralischen Wochenschrift, die das Programm der Aufklärung besonders den Frauen nahebringen will, wird jene Resistenz der Unterschichten bereits thematisiert. Viele "gemeine Leute" seien von ihrer "Eigenliebe so eingenommen, daß sie es für unverantwortlich halten, ihre Sitten und Gebräuche zu verbessern". Dem Aufruf der Vernunft hielten sie entgegen: "Laht se man schrieven, dat de Nahrung beter wart, und dat de Koopmanschop beter foortgeith; dat schul noch wat wesen, dat man einen Schilling by anlecht" (Bd 1, 1728, 5. St., S. 66).

Der "vernünftige Mensch" entspricht eben zunächst einmal den Notwendigkeiten der sich entwickelnden bürgerlichen Ökonomie. Nicht zufällig erscheint deshalb die erste erfolgreiche deutsche moralische Wochenschrift gerade im Handelszentrum Hamburg. Darüber hinaus verarbeiten die Verfasser - wie gezeigt - die traumatischen Erfahrungen der Führungsschicht aus der Zeit vor dem Hauptrezeß, indem sie von der Familie bis zum Staat patriotischen Gemeinsinn propagieren. Nach den gewaltsamen Auseinandersetzungen und dem "Fremdzwang" - der Wiederherstellung der Ordnung durch auswärtige Mächte - fordern sie den "Selbstzwang" der Bürger als Voraussetzung für die Aufrechterhaltung der Autonomie als freie Reichsstadt.

Entsprechend malt "Der Patriot" an vielen Stellen die Vorteile eines inneren und äußeren Friedens aus, der ja auch die Geschäfte fördert. So läßt Michael RICHEY in einem im 23. Stück abgedruckten Gedicht den "Friede zu Hamburg" sprechen:

"Die Segel, die so häuffig und so frey
Bald auff bald ab durch dein Gewässer streichen,
Versichern dich mit ihren vollen Bäuchen,
daß deine Schiffahrt dir von Segen schwanger sey." (I, 198 f.)

Friede ist die Bedingung für den Reichtum der Stadt. So räsonniert Christian Friedrich WEICHMANN ausgehend von einer Beschreibung des Hamburger Hopfenmarktes:

"Bald kömmt mir die Menge des häufig hinzu dringenden Volcks als ein grosser Bienen-Schwarm vor, der in voller Bewegung ist, und davon eine jede für sich ihren Honig einsammlet; aber, auch gegen ihr Wissen, zugleich zum Besten ihrer gantzen Republick arbeitet. Bald sehe ich einen Volck-reichen Jahr-Marckt, woselbst mit den nützlichsten und unentbehrlichsten Waaren zu der Käuffer so wol als Verkäuffer beyderseitigem Vergnügen im Überfluß gehandelt wird. Bald zeiget sich meinen Augen der güldene Friede selber mit allem seinem Reichtum, und dem fröhlichen Gefolge, das ihn ohn Unterlaß begleitet." (III, 334)

ANMERKUNGEN

1) Norbert ELIAS: Über den Prozeß der Zivilisation. 2 Bde. Bern/München (Francke) 1969.

2) In: Archiv für Sozialwissenschaft und Sozialpolitik 20 (1905), S. 1-54; 21 (1905), 1.

3) Neuauflage: "Der Patriot". Nach der Originalausgabe Hamburg 1724-26 in drei Textbänden und einem Kommentarband kritisch hg. von Wolfgang MARTENS. Berlin (de Gruyter) 1969- 1984. Zitate mit Stück- und Bandangabe nach dieser Ausgabe.

4) Franklin KOPITZSCH: Grundzüge eine Sozialgeschichte der Aufklärung in Hamburg. Hamburg (Christians) 1982. (Beiträge zur Geschichte Hamburgs. Hg. vom Verein für Hamburgische Geschichte, 21), S. 298.

5) NEUMEISTER an EDZARDI, 3.9.40. - In: Erdmann Neumeisters Briefe an Ernst Salomon Cyprian. Mitget. v. Theodor WOTSCHKE. In: ZHG 30 (1929), S. 191. Vgl. auch KOPITZSCH, S. 297-99.

6) Heinrich KÜHL: Hamburgische Rath- und Bürgerbeschlüsse vom Jahre 1700 bis zum Ende des Jahres 1800. Hamburg 1803, S. 19-94. Vgl. dazu Franklin KOPITZSCH: Hamburg zwischen Hauptrezeß und Franzosenzeit - In: Die Städte Mitteleuropas im 17. und 18. Jahrhundert. Hg. von Wilhelm RAUSCH. Linz 1981, S. 188 ff.

7) Die Flugschriften gegen den "Patrioten" (1724). - In: Rezeption und Produktion. Festschrift für Günther Weydt zum 65. Geburtstag. Hg. von Wolfdietrich RASCH, Hans GEULIN (und) Klaus HABERKAMM, Bern/München (Francke) 1972, S. 515- 536.

8) Zit. nach MARTENS, S. 522. Vgl. zur Rolle der Kirche auch: Ernst FISCHER: Patrioten und Ketzermacher. Zum Verhältnis von Aufklärung und lutherischer Orthodoxie in Hamburg am Beginn des 18. Jahrhunderts. In: Zwischen Aufklärung und Revolution. Festschrift Wolfgang Martens. Hrsg. von Wolfgang FRÜHWALD und Alberto MARTINO. Tübingen 1989, S. 17 - 48.

9) KOPITZSCH, Aufklärung, S. 282.

10) ELIAS, Bd. 2, S. 330.

11) ELIAS, Bd. 2, S. 444.

12) ELIAS, Bd. 2, S. 351 ff. Vgl. auch N. E.: Die höfische Gesellschaft. Neuwied/Berlin (Kiepenhauer & Witsch) 1969.

13) Vgl. Edward P. THOMPSON: Plebejische Kultur und moralische Ökonomie. Aufsätze zur englischen Sozialgeschichte des 18. und 19. Jahrhunderts. Hg. von Dieter GROH. Frankfurt/Berlin/Wien (Ullstein) 1980. (Ullstein 35046). "Moral economy" bezeichnet im Gegensatz zur bürgerlichen Ökonomie eine nach den Vorstellungen des 'guten und richtigen Lebens' der Unterschichten orientierte Ökonomie. Sie beinhaltet z. B. 'gerechte Preise', die die Ernährung sicherstellen. Eine Spekulation auf 'anonyme' Marktgesetze ist für diese Schichten illegitim.

Der Patriot.

Mittwochens, den 5ten Jenner, 1724.

Admonere volumus, non mordere: prodesse, non lædere: consulere moribus hominum, non officere. *Erasmus.*

Mein Zweck ist, zu erinnern, und nicht zu schmähen: zu nützen, und nicht zu beleidigen: den Sitten der Menschen beyträchtig, und nicht nachtheilig, zu seyn.

An alle meine Mit-Bürger in und ausser Hamburg/ in Städten/ Flecken und Dörffern.

Ich bin ein Mensch, der zwar in Ober-Sachsen gebohren, und in Hamburg erzogen, worden, der aber die gantze Welt, als sein Vaterland, ja als eine eintzige Stadt, und sich selbst als einen Verwandten oder Mit-Bürger jedes andern Menschen, ansiehet. Es hindert mich weder Stand, noch Geschlecht, noch Alter, daß ich nicht jedermann für meines gleichen, und, ohne den geringsten Unterschied, für meinen Freund, halte. Mein Lebens-Lauff hat viel fremdes, und, ehe ihr meine ferneren Papire leset, werdet ihr vielleicht selbst Nachricht davon wissen wollen. Ich erspare aber die seltensten Merckwürdigkeiten desselben, die allein ein starckes Buch ausmachen könnten, zu künfftigen besondern Vorstellungen.

Ich dancke GOtt, daß Er mich von gesunden und vernünfftigen Eltern lassen auffgebracht werden, auch mir eine Seele gegeben, die jederzeit mehr nach eigenem Triebe, als durch anderer Anweisung, zum Guten sich führen lassen. Bis ins vier und zwantzigste Jahr habe ich mein Leben mit emsiger Lesung der Bibel, der vornehmsten Welt-Weisen und Geschicht-Schreiber, auch in Untersuchung so wohl meiner Leibes- als Gemüths-Beschaffenheit zugebracht, und gegen alle Gewohnheit, Vorurtheile und Leidenschafften mich zu bewaffnen gesucht. In mir selbst habe ich gar bald eine feste Ubereugung gefunden von einem höchsten ewigen Wesen, welches mich auf diese Welt gesetzt, um, nach Seiner Vorschrifft, meine eigene und anderer Wohlfahrt möglichst zu befördern. Zu dessen Erfüllung habe ich, ausser mir, auch andere Menschen zu kennen, und die übrigen theils leblosen, theils unvernünfftigen Geschöpffe meines GOttes mit Fleiß zu erforschen, mich bemühet. Wie mir bereits in den ersten Jahren auff eine leichte und gantz ausserordentliche Weise neunzehn itzt herrschende Sprachen beygebracht worden; so fand ich hierin desto weniger Hinderniffen. Ich habe nicht nur sieben Jahr lang unter den berühmtesten Völckern unsers Europäischen Welt-Theils gelebet, sondern mein Eiffer führte mich auch so gar zu den fast unbekannten Lappländern, Grönländern, Tartarn, Molucken, Indianern, Sinesen, Japanen, Moren, ja selbst den Hottentotten und Cannibalen. Diese weitläufftigen Reisen haben mir etliche zwantzig Jahr gekostet, wovon allein bey den Americanischen Menschen-Freffern zwey Jahre darauf gegangen. Auf die Weise habe ich nicht nur überhaupt die Klugheiten und Thorheiten, die Tugenden und Laster, die Gesetze, Ordnungen und Gewohnheiten meiner entfernten, mehrentheils für so einfältig und wild gehaltenen, Landes-Leute entdeckt, sondern zugleich solche besondere

A   Exempel

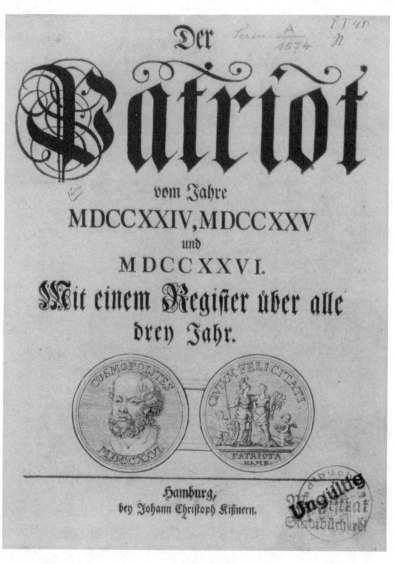

Bild 15: Die erste gebundene Ausgabe des "Patrioten", 1726. Man beachte die in den Medaillons ausgedrückte Programmatik!

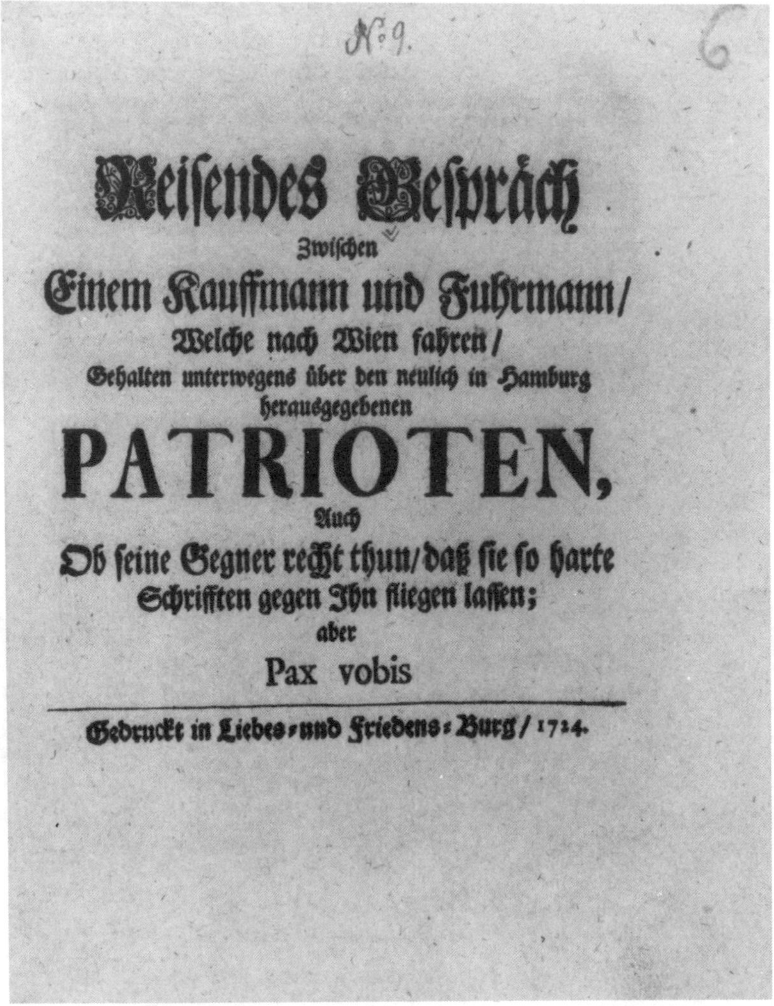

Reisendes Gespräch

Zwischen

Einem Kauffmann und Fuhrmann/

Welche nach Wien fahren/

Gehalten unterwegens über den neulich in Hamburg

herausgegebenen

PATRIOTEN,

Auch

Ob seine Gegner recht thun/daß sie so harte

Schrifften gegen Ihn fliegen lassen;

aber

Pax vobis

Gedruckt in Liebes=und Friedens=Burg / 1724.

Bild 16: Flugschrift gegen die Zeitschrift "Der Patriot".

Bild 17: Flugschrift gegen die Zeitschrift "Der Patriot".

Bild 18: Flugschrift gegen die Zeitschrift "Der Patriot".

Bild 19: Flugschrift gegen die Zeitschrift "Der Patriot".

BETTINA CLAUSEN

"SIE KAM MIR FÜR, WIE EINE KÖNIGINN."
ZUR NATURLYRIK DES RATSHERRN
BARTHOLD HEINRICH BROCKES (1680 - 1747)

I.

Lyrik, Naturlyrik gar, erscheint gegenwärtig "in extremem Maße als das hochindividualisierte Produkt eines einzelnen Menschen."

Gedichte, so sieht es vielfach aus, sind etwas, das aus dem Elfenbeinturm des Einzelnen wie aus einem Gefängnis herausschallt zu einem fernen und unbekannten Publikum. Ob jemand sie hört oder wer sie hört, scheint Dichter unserer Tage oft gar nicht zu interessieren. Das Bild dieser höchst indirekten und sehr lockeren Beziehung des Dichters zu seinen Hörern schleicht sich als Orientierungsmuster unwillkürlich auch in die Wahrnehmung, in die Einschätzung der Gedichte vergangener Jahrhunderte ein. Auf diese Weise kommen grobe Fehlurteile und Mißinterpretationen zustande, die sich leicht vermeiden ließen, wenn man sich bemühte, Literatur und ganz besonders Gedichte als menschliche Kommunikation, als etwas von Menschen für Menschen in einer ganz bestimmten sozialen Situation Geschriebenes zu verstehen und zu erklären.[1]

Diesem Ratschlag des großen Barocksoziologen Norbert ELIAS zu folgen, hieße also zuallererst, den unbestreitbaren Verswundern des Hamburger Ratsherrn gegenüber Distanz zu wahren und emotionalen Abstand selbst da, wo, wie in BROCKES' derzeit noch immer berühmtestem Gedicht, nichts als der Schmelz einer "Kirschblüte bei der Nacht"[2] ansichtig wird:

Auf unsere eignen ästhetischen Normen der Naturwahrnehmung ist hier kein Verlaß; aus der BROCKESschen sind die damaligen nur sehr schwer rekonstruierbar - es sei denn über ein Vierteljahrtausend historischer Vermittlung hinweg.

Schon in der Generation avancierter Gedichtemacher nach B. H. BROCKES hatte man angefangen, sich von dessen Wahrnehmungsweise zu entfernen;[3] in der zweiten Hälfte des 18. Jahrhunderts hatte sich auch die sehr breite zeitgenössische Popularität seiner Poeme erschöpft, und bereits im frühen 19. Jahrhundert waren Autor wie Werk vornehmlich zu Gegenständen literarhistorischen Interesses geschrumpft.

Durchaus repräsentativ für den verständnislos gewordenen "Primär-leser", dem um 1850 dann endgültig die Verbindung zum BROCKESschen Mammutwerk abgerissen war, befindet der Literarhistoriker Hermann HETTNER über eben jenes neunbändige, zwischen 1721 und 1748 erschienene "Irdische Vergnügen in Gott": "Als Gedicht betrachtet ist es von gründlichster Langweiligkeit. Es wird sich jetzt schwerlich jemand überwinden, dasselbe anders als bruchstückweise zu lesen."[4]

Selbst in einem derart reflektierten Kopf wie dem HETTNERs siegt der aktuelle "primäre" BROCKES-Leser dauernd über den präzis und distanziert ordnenden Wissenschaftler, und er kann sich kaum genug daran tun, "die ganze Armseligkeit" der Brockesschen "Natur und seines Dichtungsvermögens", das "äußerst prosaische" seiner Produktionen, kurz die Plattheit "dieser Philisterseele" erregt zu denunzieren.[5]

Aus abgerückterer Position, alle pejorativen Ausfälle weggerechnet, ergibt sich uns dennoch eine sehr einsichtsvolle Beurteilung. Gerade mit seiner Betonung des "Prosaischen", selbst des "Philiströsen" der BROCKESschen Verskunst könnte uns HETTNER - unfreiwillig ganz im Sinne von ELIAS - den Schlüssel zu einem Verständnis liefern, das unmittelbar nicht mehr zu haben ist. Gerade das sogenannt "Prosaische", die "langweilig"-akribische Deskription von Birnenblütenblättern oder Fliegenbeinen,[6] könnte Erklärungen liefern für den spektakulären Erfolg der Brockes-Gedichte bei ihren Zeitgenossen, könnte Hinweise geben auf ihre damals umwälzende Brisanz.

II.

Wie weit unsere gegenwärtigen Vorstellungen vom "Natur"- Gedicht den entsprechenden Versopern eines Barthold Heinrich BROCKES abgerückt sind, soll jetzt ein Beispiel erweisen, das für die Intention dieser Lyrik ebenso exemplarisch ist, wie es sich jeder nostalgisch gestimmten Lesart versagt. Vor allem jedoch vermag es jene, späterhin vielfach mißachtete "Prosaik" in Reinkultur zu zeigen und nachhaltig zu demonstrieren, in welcher Weise "Natur als Objekt" überhaupt ins Fadenkreuz frühaufgeklärter Lyrik genommen werden konnte. Der Titel dieses Beispieles:

"Garten=Bluhmen, als blossem Wasser, sonder Erde, gewachsen."[7]

Daß es sich dabei um eine Abweichung von der natürlichen Erscheinungsform - eine künstlich hergestellte womöglich - handelt, bleibt zunächst Nebensache. Dieses Gedicht hebt unvermittelt mit jenem tradiert-emphatischen Gotteslob an, das sonst (typographisch stark hervorgehoben) erst als das Fazit der Naturbeobachtung, am Ende des Gedichts erscheint. Hier jedoch sogleich als Auftakt:

> Wie wunderbar, o GOtt! sind Deine Wercke!
> Wie unbegreiflich sind die Spuren Deiner Stärcke!
> Wie groß ist alles das, so die Natur uns weis't!
> Wie klein hingegen unser Geist!

Doch selbst nach dieser vorangestellten Pflichtverbeugung schaltet BROCKES - um den, wie noch zu zeigen ist, sehr heiklen Rezeptionsprozeß zu steuern - eine weitere, jetzt säkularisierte Autorität als großen Spender des anzuschauenden Gegenstandes vor:

> So rief ich, als mein Freund, den die gelehrte Welt
> Fast für ein Wunder hält,
> Mein Richey[8], der hieselbst mit solchem Ruhme lehret,
> Mir etwas, so ich nie gesehn,
> Und welches doch so rar, als schön,
> Jüngst zugeschicket und verehret.

Der Titelankündigung nach scheint es zunächst um eine jener seltenen Zierpflanzen zu gehen, wie sie die reichen Hamburger Gartenfreunde der Zeit gern untereinander austauschten. TELEMANN etwa läßt sich solche botanischen Raritäten eigens über HÄNDEL aus London kommen[9], und, als im Sommer 1724 gar eine *Yucca gloriosa* in voller Blüte zu bewundern ist, wallfahrtet die halbe Stadt zu ihrem Standort im Hammer Deich-Gelände.[10] Kaum also könnte die Beschreibung eines derart hochgeschätzten Prunkstückes allein diese eigentümliche, zweifach schützende Einleitung des Gedichts erklären. Es zielt denn auch auf eine gänzlich anders gelagerte soziale Innovation - demonstriert wird dem hansischen Bürger etwas durchaus Neues, nämlich:

> Ein angenehmes Frühlings=Kind,
> Das, ohne Mutter, war gebohren,
> Zu einer Zeit, da alles noch gefroren,
> Ein' Ambra=volle Hyacinth',
> Die unvergleichlich blüht', auch unvergleichlich roch,
> Und die, o Wunder! jedennoch
> Die Erde nie in ihrem Schooß geheget,
> Noch sie, mit ihrem Nahrungs=Saft
> Und der in ihr verborg'nen Kraft,
> Gesäugt, ernährt, verpfleget <...>

Gewiß, BROCKES besingt hier "Hamburgs Liebling". Die frischeingeführte Hyazinthe erfreute sich rathausabwärts allgemeiner höchster Wertschätzung.[11] Doch verhandelt der Autor hier eine Qualität gänzlich jenseits des repräsentativ Ästhetischen. Was er ins Bild faßt, sind nicht mehr die Blüten eines aristokratisch orientierten Aspirationsbedürfnisses, sondern vielmehr die Wurzeln eines aufgeklärten, autonomen bürgerlichen Durchblicks:

> Die Zwiebel war, so wie die Bluhme, bloß,
> Ohn' Erd', in freyer Luft zu sehn.
> Ein Glas, so nicht besonders groß,
> Erfüllt mit klarer Feuchtigkeit,
> Ließ mir, zu gleicher Zeit,
> Die Wurzeln, die so weiß, wie Silber, schauen. <...>

Deutlich wird nun, daß nicht die "Garten=Bluhme" selbst, sondern das "Glas" zum Thema wird, durch das die "Wurtzeln" zu betrachten sind. Denn:

> Was die Natur uns bis daher versteckt,
> Und was sie gleichsam recht mit Sorgen,
> Im Schooß der Erden, uns verborgen,
> Wie sie die Wurtzeln zeugt, ernähret, dehnt und streckt,
> Wird unsern Augen nun entdeckt.
> Wie sehr bewundert' ich, daß etwas wachsen könnte,
> Gantz ausser seinem Elemente;
> Ja was noch mehr, daß menschlicher Verstand,
> In so viel tausend Jahren,
> Dergleichen niemahls noch erkannt,
> Und nichts davon erfahren,
> Da es jedoch so leicht, daß jedermann,
> Der es nur einmahl sieht und hört, es machen kann!

"Daß jedermann es machen kann!" - so simpel BROCKES' Wendung scheint, so präzis ist hier der Fokus frühaufgeklärter und kunstvoll popularisierter Naturbeobachtung getroffen. Das Wirken der lebendigen Natur wird nicht nur sichtbar, sondern erweist sich auch als leicht hervorrufbar. Die nächsten Verse des Gedichtes zeigen dies genauer. In typographisch stark herausgehobenen Lettern, die gemeinhin für die Arien- und Arioso-Teile des Gotteslobes reserviert sind, wird jetzt, zum Staunen, die Gebrauchsanweisung eingerückt:

> Man setzet auf ein Glas,
> Das voller Wasser ist,
> Die Bluhmen=Zwiebel auf, so daß sie kaum das Naß,
> Mit ihrem untern Theil, berühret.

Sodann, klein abgesetzt, in ähnlicher Prosaik:

Das ist die gantze Kunst, worauf, in kurtzer Frist,
Das Glas voll Wurtzeln wird, der Stiel sich aufwärts führet;
Und kommt sodann, in wenig Zeit,
Die Bluhme zur Vollkommenheit.
Derselben fehlet nichts an Farb', an Zierlichkeit,
An lieblichem Geruch, der kräftig, uns zu rühren.

Zunächst verdeckt das Beispiel von der schönen Hyazinthe noch, daß die vorangestellte Versuchsanordnung auf Grundsätzlicheres abzielt, als aufs *diletto* reicher Blumenfreunde. Umsichtig, Schritt für Schritt jedoch, schiebt BROCKES die relevanteren Exempel nach:

Mein Gärtner hat, hiedurch bewogen,
Auf gleiche Weise, Lilien,
Narcissen, Kaiser=Kron= und Tulpen aufgezogen.
Und ich, um dieses Werck noch weiter zu probiren,
Hab' einst ein dünnes Bley, an manchem Ort,
Mit kleinen Löcherchen durchbohrt,
Und mit demselbigen ein solches Glas bedeckt,
Dann Haber=Körnerchen genommen,
Und in die Löcher eingesteckt;
Wodurch ich denn, nach gar nicht langer Zeit,
Auch reifen Haber überkommen.
Ja endlich hab' ich gar, hiedurch bewogen,
Noch weiter fortzugehn,
Auf eben diese Art, schon einen Baum gezogen.
Ich seh bereits, mit Blättern und mit Zweigen,
Ein Kästen=Bäumchen vor mir stehn, <...>
Noch mehr, es blüh'n und reifen allbereit,
Auf gleiche Weis' und Art gezog'ne Erbs= und Bohnen,
In zierlicher Vollkommenheit.

Gerichtet auf den praktischsten Bereich hin, auf jedermanns Gemüsegärtchen, ermutigt BROCKES zu allgemeinem, naturwissenschaftlichem Experimentieren.

Seine hierzu angewandten Kunstgriffe des Überredens scheinen angesichts der schwierigen Plazierbarkeit solcher neuen Lehre kaum überzogen. Denn immer noch bedarf es sorgsam kalkulierter Vermittlungsformen, um den profanen Nutzeffekt, der mit solch erkennender Naturwahrnehmung auftaucht, auch theologisch abzusichern und legitim zu machen. Didaktisch klug nimmt BROCKES daher in den nächsten Versen auch die erwartbare Irritation des frommen Lesers seiner Zeit vorweg:

Mich deucht, du sprichst bey dieser Seltsamkeit:
Wirckt denn die Erde nichts bey Bluhmen und bey Früchten,
Und kann das Wasser es allein verrichten;
So hat man ja bisher
Der Erde grösser' Ehr'
Erwiesen, als wie ihr mit Recht gebühret,
Indem sie alles das verlieret,
Was man, aus Unverstand getrieben,
Bisher ihr zugeschrieben.

Der realistisch antizipierte Leser-Zweifel erlaubt dem Autor nun, zur nächsten Stufe seines naturkundlichen Unterrichts zu kommen. Nachdem er zunächst die Pflanze als wunderbar-unabhängig von "ihrer Mutter", der Erde, gezeigt hat, kann er jetzt, im zweiten Schritt, deren unverzichtlichen Wert beweisen - d.h. gegen den ausgemachten "Unverstand" ihre ebenfalls durchschaubare Physik als das noch größre Wunder zeigen:

Die Erde, die von dem, dem ewig Preis gebühret,
Recht wunderbar erschaffen und formiret,
Verliert, bey der Entdeckung, nichts.
Denn daß solch eine Meng' von Theilchen in der Erde,
Zu einem grossen Cörper werde,
Und sich zwar wohl, jedoch nicht gantz, verbindet,
Wodurch denn Platz entsteht, daß sich die Feuchtigkeiten
Darin versammlen, halten, sencken,
Mit Maass', ohn' Ueberfluß, die Wurtzeln träncken,
Die eben dadurch auch, sich auszubreiten,
Gelegenheit und Platz gewinnen;
Ist ja wohl recht Bewunderns=werth.

Dem orthodox erzognen Leser mag die letzte Botschaft einen Strohhalm bieten. Die folgenden Verse könnten vielleicht ihm sogar Grund anzeigen, in der Bodenlosigkeit seiner Verwirrung. Die Form der Fragestellung mit der tröstlich präformierten Antwort scheint ihm immerhin vertraut:

Wer aber kann nur eine Art,
Die Pflantzen, die so klein, so zart,
Gerade zu erhalten, wohl ersinnen,
Und, ohne sie zu drücken, zu verletzen,
Dieselbigen so fest zu setzen,
Daß sie so gar vor Sturm und Wind
Genug gesichert sind?

Wer aber? Überraschend verweist das Gedicht hier jedoch nicht auf das erwartete Numinosum. Im Gegenteil. BROCKES kehrt die Frage vielmehr gegen seine Zeitgenossen und gegen ihren faulen Widerstand, die "Wunder

der Natur" aus eigner Augenkraft in solchen Rang zu setzen, und er beklagt:

Dieß alles scheinet uns zwar, leider! nur gemein,
Und weder Weisheit, Macht, noch große Kunst zu seyn;
Allein das eben ist die Unart uns'rer Sinnen,
Daß alles, was wir täglich sehn,
Von aussen kaum, viel weniger von innen,
Von uns betrachtet wird. Die Ursach zu verstehn,
Wodurch, wozu und wie die Dinge hie geschehn,
Ist ja das eintzige, so uns vom Vieh
Allein vermag zu unterscheiden;
Doch nimmt man sich damit nicht die geringste Müh.
Die milde Mutter siehet man,
Als einen schwartz= und groben Klumpen, an.

Der Augenmensch BROCKES, der seine Kräfte gern am verschwindenden Naturdetail entzündet, holt in diesem Gedicht zu einem wahrhaft epochemachenden Elementar-Unterricht aus. Ansetzend am sozial Vertrautesten, an der eitlen Freude der Gesellschaft an schmucken Zimmer-Hyazinthen, dehnt er den Blick des Lesers hin bis zur Physik der Elemente und zu ihren Wissenschaften des Erkennens und "Handthierens":

Denn daß das Feuer heiß und leicht,
Das Wasser flüßig, schwer und feucht,
Die Erde fest, und doch nicht allzufest,
Durchdringlich, körnig ist, und sich handthieren lässt;
Sind Eigenschaften, die allein
Von GOTT darein geleget seyn,
Sind Wunder, welche wir bewundern sollen,
Wofern wir Menschen heissen wollen.

Die letztzitierten Verse der Vermittlung von gegebnen Gotteswundern und einem freien menschlichen "Handthieren" damit markieren exemplarisch die erheblichsten Verdienste von Barthold Heinrich BROCKES' Lyrik.

III.

Ansetzend an der noch ausstehenden Schlußstrophe des Gedichtes (auch unser Beispiel mündet, formal, in den tradierten Anruf Gottes ein), soll nun den Gründen des BROCKESschen Erfolges nachgegangen werden; und dies auf zweierlei Wegen.

Zunächst sind die Bewußtseins- und Interesse-Lagen seines aktuellen Lesepublikums zu verfolgen, der latente "Zeitgeist" also, der erst in BROCKES' Sprache formuliert zum Ausdruck kommt.

Zum Zweiten richtet sich der Blick auf diesen Sprecher selber; auf die individuellen Bewußtseins- und Interesse-Lagen, die diese BROCKES-sprache als Resultat von Druck und Gegendruck im sozialen Alltag überhaupt erst evozierte. Der Vorstellung von einem "Zeitgeist", der quasi direkt durch das "Medium des Dichters" rede, wird also weniger gefolgt. Vielmehr sollen (dann im Abschnitt IV) die vielfältig verschränkten Interessenkoalitionen und -oppositionen, die dies Kommunikationsgefüge bilden, als Basis der Erklärungskizze dienen.

Erste Hilfe für den Anfang leisten wie gesagt die Schlußverse unseres Beispielgedichts. Erinnert man sich der letztzitierten Strophen, so wurden da als Gottes Gaben nicht nur die naturgegeben-physikalischen, sondern gleichermaßen die menschlich-behandelbaren Eigenschaften der Elemente angepriesen - und angeprangert insbesondere die "Unart", gerade diese letzte Gabe außer Acht zu lassen. Ganz, als ob es sich dabei nur um alteingeschlichne Schlampereien handele, resümiert das (wieder stark herausgerückte) Schlußgebet:

> Ach GOTT! <...>
> Ach laß uns doch, durch Deinen Geist erfüllt,
> Von der Gewohnheit=Pest genesen!

In der poetischen Nutzung des Bildes von der "Gewohnheit=Pest" steckt freilich ein didaktisch weises Understatement. Die historisch tief eingesenkten Berührungsängste einer in der Furcht des Herrn orthodox sozialisierten Leserschaft werden - wie ein leicht auswischbarer Splitter im Auge - mit einer geschickt gewählten Formulierung entfernt; ganz so, als sei das Hindernis im Handumdrehen zu beseitigen. Eine Lesart, die dem ideologisch hartbedrängten Publikum, mehr oder weniger insgeheim, sehr zupaß gekommen sein wird.

Für den erfolgsuchenden BROCKES war dieser letzte Vorstoß gewißlich nur eine der Methoden, sein Ziel nachhaltigen öffentlichen Beifalls zu erringen. Was denn ja auch gelang. Die bis auf heute gültige Leistung des Ratsherrn und Poeten Brockes erweist sich darin, zwei tief miteinander streitende Bedürfnis- und Interesse-Lagen seiner Zeit nicht nur wohltuend ausgeglichen, sondern, vor allem, wechselseitig füreinander fruchtbar gemacht zu haben:

Gesucht war, zunehmend seit dem Ausgang des älteren Jahrhunderts schon, die Minimierung eines Orientierungskonfliktes, der vor allem das gebildetere aufstiegsbewußte Hamburger Bürgertum der Zeit beschäftigte. Grob ging es dabei, einerseits, um eine lockende Verheißung: nämlich um die vielfachen Nutzen versprechenden Erkenntniszuwächse der expandierenden Naturwissenschaften - andererseits aber auch um eine genau von daher rührende Bedrohung. Denn gerade die Errungenschaften der *New Science* zeigten die materiellen Abläufe der wirkenden Natur in einer Eigengesetzlichkeit, die der festgefügten Glaubensgewißheit einer ausschließlich göttlich gewirkten Ordnung fundamental zu widersprechen drohte.

Es bedurfte also dringend einer vermittelnden Ideologie von neuerkanntem "mechanischen Materialismus" auf der einen Seite und dem eingefleischten lutherisch-metaphysischen Deutungsbedürfnis auf der anderen, um möglichst konfliktlos zu expandieren - um ohne Furcht vor der Sanktionskraft der kirchlichen Orthodoxie die neuen Erkenntnisgewinne auch ökonomisch-technisch umzusetzen.

Und eben solch ein Gegensätze versöhnendes, aufschwungverheißendes Orientierungsmodell bot sich den Zeitgenossen in der just aus England importierten *Physiko-Theologie*, einer Lehre, die sich imstand sah, die Existenz eines vorausplanenden und erhaltenden Schöpfer-Gottes gerade aus den komplexen Mechanismen und kausal organisierten Prozessen in der beobachtbaren Natur aufs Neue zu beweisen. Für das gelehrte Hamburg mag hier insbesondere das Werk des Briten William DERHAM (1657-1735) einflußreich gewesen sein; als Mitglied der *Royal Society* hatte der Naturforscher und Geistliche 1713 jene "Physico-Theologie" veröffentlicht, die dann der ganzen Schule Namen gab. Rasch darauf folgende spezielle Natur-Gottes-Lehren wie "Astro-", "Pyro-" und "Hydro-Theologien" wurden im BROCKESschen Freundeskreis sogleich übersetzt (von dem, ähnlich RICHEY, gleichfalls hochgeehrten Johann Albert FABRICIUS), und dürften mithin intern rege besprochen worden sein. Allein Brockes blieb es vorbehalten, die Neue Lehre erfolgreich auch zu popularisieren:

Wie verführerisch sich forschende Naturwahrnehmung zugleich als Königsweg zu tiefster Gotterkenntnis propagieren ließ, hat bereits das "Bluhmen"-Beispiel deutlich machen können.

Ohne die Zuhilfenahme der Suggestivkraft poetisch formulierter Überredungskünste wäre ein solches Projekt der Popularisierung vermutlich auch gescheitert; mußte es doch die Sprache abgeben für den neuen allgemeinen Mut zu einem Selbstbewußtsein, das historisch noch kaum eine

Basis hatte. Wie hoch und formelfest die Barrieren im Bewußtsein seiner Zeitgenossen waren, und wie wenig zu durchbrechen bloß kraft wissenschaftlich bessrer Einsicht, hat BROCKES sehr genau gesehen. Sein poetisch-vehementer Zuspruch, hin zu einem freieren, selbständigeren Hantieren mit den Kräften der Natur, versäumt denn auch nicht, am tiefsten Mangel anzusetzen: an der tiefgegründeten Verletztheit dieses Selbstgefühles.

Denn die naturwissenschaftlichen Revolutionen der Neuzeit hatten keineswegs nur Optimierungen der menschlichen Selbstbewußtheit und Tatkraft zur Folge gehabt; einhergegangen waren ihnen vielmehr sehr schwere Erschütterungen des unanfechtbar geglaubten hergebrachten Selbstbildes; nicht zu vergessen - KOPERNIKUS steht zur BROCKES-Zeit noch immer auf dem Index.

Die radikal veränderten, nicht mehr erd-, sondern sonnenzentrierten Vorstellungen von der Beschaffenheit des Weltgebäudes hatten Freiheitsempfindungen ebenso wie äußerste Zerknirschtheits- und Erniedrigungsgefühle evoziert, und Wellen dieser Irritation schlugen im Hamburg des frühen 18. Jahrhunderts immer noch an. Also greift BROCKES, dem ein sehr feines Ohr für die Stimmungslagen innerhalb seines Publikums unterstellt werden darf, genau auch diese Orientierungsnöte auf; ja, er macht sie sogar zum Eröffnungsthema seiner Lehrdichtung vom "Irdischen Vergnügen".

Stellvertretend für den erst noch zu ermutigenden Leser identifiziert sich der Autor, klug, zu aller Erst mit dessen kompaßloser Verunsicherung und startet, folgerichtig, seinen großen Schulungskursus am "Grund" des hinderlichen Zweifels:[12]

> Als jüngst mein Auge sich in die Sapphirne Tieffe,
> Die weder Grund, noch Strand, noch Ziel, noch End' umschrenckt,
> Ins unerforschte Meer des holen Luft=Raums senckt',
> Und mein verschlungner Blick bald hie= bald dahin lieffe,
> Doch immer tieffer sanck; ensatzte sich mein Geist,
> Es schwindelte mein Aug', es stockte meine Seele
> Ob der unendlichen, unmäßig=tieffen Höle,
> Die, wol mit Recht, ein Bild der Ewigkeiten heisst,
> So nur aus Gott allein, ohn' End' und Anfang, stammen.
> Es schlug des Abgrunds Raum, wie eine dicke Fluht
> Des Boden=losen Meers auf sinckend Eisen thut,
> In einem Augenblick, auf meinen Geist zusammen.
> Die ungeheure Gruft voll unsichtbaren Lichts,
> Voll lichter Dunckelheit, ohn' Anfang, ohne Schrancken,
> Verschlang so gar die Welt, begrub selbst die Gedancken;

Mein gantzes Wesen ward ein Staub, ein Punct, ein Nichts,
Und ich verlohr mich selbst. Dieß schlug mich plötzlich nieder;
Verzweiflung drohete der gantz verwirrten Brust:

Mit dem letztzitierten Doppelpunkt setzt BROCKES aber schon das neue Zeichen. Die folgenden zwei Verse

Allein, o heylsams Nichts! glückseliger Verlust!
Allgegenwärt'ger GOtt, in Dir fand ich mich wieder

suggerieren die Rettung vor unfruchtbarem Zweifel und bedeuten dem zaudernden Leser, wie mühelos sich Minderwertigkeitsgefühle in Glückseligkeit verwandeln lassen; der Autor selbst steht ihm dafür: Er fand sich selber wieder! Und nicht nur eingangs seiner Dichtung steht er dafür ein; zielbewußt betont er immer neu:[13]

Es kann der Mensch gewiß mit Nutzen sein' ungeheure
Kleinheit fühlen;
Allein, er muß um desto mehr Verwundrung=voll und dankbar
seyn,
Zu sehen, daß Gott ihn allein
Gewürdigt, mit so vieler Huld und Vorzug nur auf ihn zu zielen,
Ihn zum Besitzer der Natur, so ungezählter schönen Sachen,
Und zum Betrachter Seiner Werk' und Wunder ihn allein zu
machen.

"Ihn allein" - : Die progressive Perspektive, die BROCKES mit seinem Werk aufreißt für die Leserschaft - und von mokanten Konkurrenten ist überliefert, daß sich diese weithin auch aus "Matronen, unstudierten Bürgern und Landleuten" zusammensetzte[14] -, ist kaum zu überschätzen. In ihr artikuliert sich der neue gottesgewürdigte Vorzug des Menschen, und sie verspricht damit die Heilung von der ersten der "drei großen Kränkungen seiner Eigenliebe", wie sie FREUD dann zählen wird:[15] von der "kopernikanischen".

Das mitsamt dem geozentrischen Weltbild gescheiterte Bewußtsein der eigenen physischen Mittelpunktvorstellung durchdringt, so BROCKES, nun kraft naturwissenschaftlicher Spiritualität den Kosmos und erobert - neu den allgegenwärtigen Gott vereinnahmend - diesen Mittelpunkt glanzvoll zurück. Die Vorzüglichkeit des Menschen beweist sich nunmehr aus seiner rational-konstruktiven Fähigkeit, Auge und Nutzer der unbegrenzten physikalischen Erscheinungswelt zugleich zu sein. Der Mensch darf jetzt in Gottes Namen besitzen, was - als die Erde noch Weltenmittelpunkt war - ihn besaß! Und Brockes wird zum Sprachrohr dieser ich-lokalisierten

Neuen Einzigartigkeit, zum "ersten deutschen Lyriker, der die kopernikanische Wende tatsächlich vollzogen hat".[16]

In dem gewaltigen prosaischen Repetierwerk dieses Neuen "Irdischen Vergnügens in Gott" wird BROCKES zum ersten nachhaltigen Künder jenes "Anthropozentrismus der progressiven Subjektivität", den wir als Signatur des 18. Jahrhunderts kennen. Und er bleibt dieser Künder in einem scheints unerschütterlichen Gleichmaß über Jahrzehnte hinweg. Was sehr typisch für diesen Autor sein mag, was sich aber keinesfalls von selbst versteht.

Denn Anfechtungen, und Rückfälle in Bewußtseinslagen der verschwindendsten Unbedeutendheit erfuhren die intellektuellen Weggenossen BROCKES' immer wieder. Zum Beispiel der jüngere Albrecht von HALLER, der vor dem nunmehr offenbaren Text des *Buches der Natur*, zu ganz anderen Folgerungen kommt als Brockes. In den "Morgen-Gedanken" lautet das Resümee der letzten Strophen:[17]

> Doch dreymal grosser Gott! es sind erschaffne Seelen/
> Vor Deine Thaten viel zu klein;
> Sie sind unendlich groß/ und wer sie will erzählen/
> Muß wie DU ohne Ende seyn.
>
> O ewigs Wesen-Quell! ich bleib in meinen Schranken/
> Du Sonne blend'st mein schwaches Licht;
> Und wem der Himmel selbst/ sein Wesen hat zu danken/
> Braucht eines Wurmes Lob-Spruch nicht.

Solcherlei Eingeständnisse der Schwachheit würde man bei BROCKES vergebens suchen.

HALLER benutzte die tradierte Metapher vom "Wurm" als Sinnbild der Demut angesichts stellarer Gotteswunder, der neuen "Sternen Gröss' und ihrer Höhe" - BROCKES hingegen, der in der Anwendung barocker Stilmittel auch nicht schüchtern war, sieht sich gerade hier erhoben:

> Ich werde dadurch überführet,
> Daß, da mich solche Grösse rühret,
> Ich selber etwas grosses bin.[18]

IV.

Die wiederhergestellte "Eigenliebe" des kopernikanisch tief gekränkten Bewußtseins, das sich stolzer, geheilter kaum aussprechen kann als in den letztzitierten Versen - dieser Begriff soll jetzt zum Stichwort für einen weiteren Versuch der Klärung dienen. Erwies sich die Bedeutung - und die Wirkung - der BROCKESschen Gedichte bislang aus ihrer Eigenschaft als Sprachrohr eines noch vielfach artikulationsgehemmten "Zeitgeistes", so wäre nun nach den genauen, historisch immerhin ja singulären Produktionsbedingungen zu fragen.

Für einen über das ideengeschichtlich Würdigende hinaus interessierten Erklärungsansatz scheint der Begriff der "Eigenliebe" als Schlüssel gerade deshalb hilfreich, weil er auch die prosaischeren, individuellen Antriebskräfte des BROCKESschen Schreibhandelns einsichtiger werden läßt: Schließlich spricht der Zeitgeist nicht unmittelbar durch das Medium des Dichters, noch läßt sich auf einen reinen Altruismus als Motor dichterischer Produktion rechnen. Unter der Signatur der "Eigenliebe" jedoch lassen sich beide Dimensionen, sowohl die einer altruistischen Beförderung des Gemeinwohls, als auch die der Befriedigung höchst egoistischer Interessen, wiederfinden - als interdependente; freilich nicht als identische.

Diese doppelte Tragfähigkeit des Begriffs - die aus heutiger Sicht vielleicht problematisch scheinende Verbindbarkeit von eigennützigem und altruistischem Handlungswillen - diese beiden Stränge hatte die frühe *Lumière* gerade erst kostenreich zusammengedacht. Den Eigennutz als Triebfeder menschlichen Handelns nicht nur zu erkennen, sondern naturrechtlich auch zu legitimieren, hatte schnell zu den prominentesten Errungenschaften neuzeitlichen Denkens gehört. BROCKES konnte sich also, als er in den 40er Jahren eine dezidierte "Untersuchung der Liebe" veröffentlichte[19] - ein Poem, das die Eigenliebe als deren Grundtrieb vorführt - durchaus zu den avancierten Köpfen rechnen. Und er konnte, schadlos, hierin auch ein Portrait der praxisleitenden eigenen Überzeugung liefern. Ein längeres Zitat aus dieser "Untersuchung" soll die Überlegungen vorab stützen:

Das, was wir Menschen, Liebe nennen, ist anders nichts, als
ein Verlangen,
Von einem Vorwurf, den wir uns, durch Phantasey, selbst
zugeschickt <...>.
Die Meynung, und der süße Vorwand, als ob man bloß, in
unserm Triebe,
Auf der geliebten Bestes sähe, dient gleichsam unsrer
Eigen=Liebe
Zum Frey=Brief', unsere Begierd' an der Geliebten zu entdecken;
Da, unterm Schein der Gegen=Lieb', wir ihre Eigen=Lieb'
erwecken.
Die Eigen=Liebe der Geliebten verblendet sie, daß sie vermeynt,
Die Liebe dessen, der sie liebet, sey Lieb; ob es gleich nur so

scheint:
Sie glaubt, daß seine wahre Absicht, die doch nur Eigen=Lieb'
allein,
Ganz überzeugliche Beweise von ihrem Wehrt und Vorzug seyn.
Wird diese Eigen=Liebe nun von einer Meynung unterstützet,
Daß deine Lieb', ihr Vortheil, Ehr', auch Lust, verspricht,
ihr folglich nützet;
So scheinets, als ob Gegen=Lieb' entstehe: die doch, in der That,
Nichts anders, als bloß Eigen=Liebe, zu ihrem wahren Grunde
hat.

Die autobiographischen Aufzeichnungen BROCKES'[20] belegen nun
mehrfach, von der Darstellung eigener früher Handlungsentwürfe und -stra-
tegien an, wie maßgebend dies Konzept der "Eigenliebe" auch für die sehr
persönliche Lebensplanung und -gestaltung des Ratsherrn und Dichters gewesen ist.

Sich "beliebt zu machen" - das heißt, über die schmeichelnde Befriedigung fremder Eigenliebe die Stillung der eignen möglichst ökonomisch
einzuhandeln - wird als Rezept für den erwünschten Aufstieg in die angesehensten (= die gelehrtesten und mächtigsten) Kreise der Hamburger
Oberschicht mehrfach offen formuliert. Gerade der Aspekt des Rationalen
dieser Planung, des sehr ökonomisch auf sozialen Vorteil hin orientierten
Gebens und Nehmens, wird gut an einem Beispiel deutlich, dessen sich
BROCKES schon aus seinen frühsten Jahren erinnert. Zurückdenkend an
seine "Große Tour", die für den 18jährigen begann mit einer Reise an den
Kursächsischen Hof, und die ihn dann über viele Stationen weiter führte bis
ins Jahr 1704, notiert er: "Ich erinnere mich, daß ich auf meinen Reisen in
Conversation mit Frauenzimmern eine Maxime observiret, wobei ich mich
nicht übel befunden. Anstatt mich nach dem Exempel der meisten jungen
Leute an die schönsten Frauenzimmer zu machen und dieselben am meisten
zu bedienen, suchte ich mit Fleiß die ältesten und diejenigen so am wenigsten schön waren aus, und begegnete denselben am freundlichsten, welches mir daher nicht schwehr fiel, weil ich, durch ein wenig zu viel Eigenliebe, keine sonderliche *Tendresse* gegen das Frauenzimmer fühlte."[21]

Daß BROCKES den Risiken selbstbedrohender Emotion auch späterhin
aus dem Wege ging, läßt sich aus andern Anekdoten des Autobiographen
gleichfalls schließen, unter Umständen auch aus der Geschichte seiner Ehe
1714-37; die wenigen Quellen[22], die wir dafür haben, geben immerhin
nachdenkliche Hinweise. - Keine "sonderliche Tendresse" also, vielmehr
ein aufgeklärtes Nutzen-Kosten-Kalkül bestimmt seine Handlungsweise
und deren günstigen Effekt, den er dann weiter schildert; denn somit "hatte
ich eines Theils fast gar keine Nebenbuhler und vermiede zugleich viele

daraus sonst entspringende Verdrießlichkeiten, andern Theils gewann ich des Frauenzimmers Gewogenheit ohne große Mühe, und profitirte von ihrem Umgange".[23]

Als denkbar höchsten Profit zeitigt solcher "Umgang mit dem Frauenzimmer" selbstverständlich eine reiche Heirat; und BROCKES sucht systematisch jahrelang, bis er sie findet. Indes ist diese nur Vehikel, noch keinesfalls der Aufstieg selbst. Der ist nur Schritt für Schritt, und auch nicht ohne größere (rentabilitätsorientierte) Investitionen voranzutreiben. Und so, erinnert sich der ältere Brockes, "versäumte ich nichts, was meiner Meinung nach, mir einige Hochachtung zu Wege bringen möchte. Ich hielt mich zu den vornehmsten Compagnien, gab wöchentlich ein Concert, verschaffte mir ein klein Cabinett von Gemählden etc. und gedachte auf solche Weise mich in Estime zu setzen und beliebt zu machen, welches mir denn eben nicht mißriethe."[24]

Ein weiterer Schritt auf der Stufenleiter zu gesellschaftlichem Ansehen wird im Verfassen von Occasional-Poemen bestehen, der traditionell gebilligten Schmeichelei in poetisch-kunstvollem Gewand - in den Gelegenheitsgedichten also, die bei keinem Staatsakt, auch bei keiner festlicheren Familienfeier fehlen durften. BROCKES macht sich hier schnell verdient. Auf sein erstes, begeistert aufgenommenes Huldigungsgedicht zu einer Hochzeit in der renommierten VEGESACKschen Familie[25] folgen hurtig Glückwunschgedichte an frischgewählte Ratsmitglieder und Bürgermeister; 1709 ist sein Ruf als unübertroffener Occasionalpoet bereits soweit gefestigt, daß ihm der Rat Auftrag erteilt, erstmals auch zu politisch erheblichem Anlaß mit einer größeren Poesie hervorzutreten,[26] was denn auch äußerst wirkungsvoll gelingt.

Bestärkt durch solche Erfolge, fühlt sich BROCKES "je länger je mehr angetrieben zum studio poetico",[27] und er beginnt, sein Repertoire über die Occasionalien hinaus zu erweitern. Zunächst, 1712, bringt er im eignen Hause ein (später auch von HÄNDEL vertontes) "Passions-Oratorium" zu glanzvoller Aufführung;[28] 1715 hat er die Übersetzung des MARINO-Konjunkturstücks vom "Bethlehemitischen Kindermord"[29] beendet und dediziert den Druck sofort dem Kaiser, ausdrücklich in der Hoffnung, sich mit dieser Leistung einen Adelstitel zu erwirken.[30]

Nirgends ist zu übersehen, wie sehr BROCKES seine Arbeit in Richtung auf soziale Arrivierung hin organisiert; auch kleinere Produktionen dieser Zeit widmet er gerne hoch hinauf in die Wiener Hofburg.[31] Die stetigen und breitgespannten Bemühungen bringen dem Vierzigjährigen dann zwar noch immer nicht die erwünschte Nobilitierung, aber doch hohe republika-

nische Ehren ein: 1720 wird Brockes in den Rat der Stadt gewählt und, als-
bald, mit einer äußerst intrikaten diplomatischen Mission betraut. Es ging
darum, den - von den Hanseaten sich schwer verunglimpft fühlenden -
Kaiser in Wien wieder zu besänftigen. Der Fall in Kürze:

1719 hatte der orthodoxe "Pöbel" Hamburgs die katholische Kapelle und
das kaiserliche Gesandtschaftsgebäude gestürmt und damit einen erheblichen Konflikt zwischen der Reichsspitze und der reichsunmittelbaren
Stadt heraufbeschworen. Gegen die drohenden Wiener Sanktionen galt es
jetzt, KARL VI. sowohl von der Unverbrüchlichkeit der Loyalität der
Hansestadt als auch von ihrer Souveränität zu überzeugen. Eine erste Mission deswegen war bereits gescheitert;[32] die zweite nun, im Frühjahr 1721,
wird für Hamburg ein Erfolg - nicht zuletzt dank eines der bewährten
BROCKESschen Gelegenheitsgedichte, das die Majestät zu Gnaden stimmen konnte. Darin heißt es:[33]

Monarch, Den der Monarch gestirnter Himmels=Höhen
Der Christenheit zum Schutz, zum Heil der Welt, ersehen:
Monarch, Dem Meer und Land, dem Ost und West gehört,
Und der, wieviel Er hat, noch eines mehrern wehrt;
Dein Hamburg lieget hier, in uns, zu Deinen Füssen <...>

Daß BROCKES hier versiert in Zungen des Hofes redet, und damit das
revoltierende Moment, das in dem Hamburger Aufruhr gesteckt hatte, ohne
Skrupeln geschmeidig zurücknimmt - eine solche Taktik geht durchaus mit
seinem Eifer in der (von ihm mitbegründeten, vorher "Teutschübenden")
"Patriotischen Gesellschaft" fortschrittlichster Hanseaten zusammen.[34] Zu
sehen wäre hier, daß diesen Autor weder ein besondrer "dichterischer",
noch gar ein politisch-republikanischer Bekenner-Drang beseelt, sondern -
schwer verträglich vielleicht für unsre heutigen Erwartungen - einzig ein je
und je kluges Kalkül des sich Nützlichmachens und Nutzenziehens. Dieses
Kalkül vermag auch seine Hinwendung zur Produktion der physikalisch-
moralischen Gedichte zu erhellen.

Zunächst jedoch: Die Occasionaliendichtung hatte sich, seitdem der
Autor aufgerückt war in den Rat der Stadt, als Sprosse der Leiter zu sozialem Aufstieg verbraucht. Jetzt war vielmehr wichtig, diese Begabung
herunterzuspielen - denn Verseschmiede als professionelle Künstler genossen keinerlei gesellschaftliches Ansehen - und eigens zu betonen, daß
diese poetischen Fähigkeiten nur "die kleinste seiner Vollkommenheiten"
zeige.[35] Dennoch, BROCKES' Beanspruchung als Ratsherr der Hansestadt
ist trotz zunehmender Ämterbürde nie so weit gegangen, daß sie ihn gehindert hätte, stets auch als Poet auf öffentliche Breitenwirkung abzuzielen.

Früh jedoch ist ihm schon deutlich, daß eine "Poesie, wofern sie keinen sonderlichen und zwar nützlichen Endzweck hätte, ein leeres Wortspiel sey, und keine große Hochachtung"[36] verdiene. Ein Einwand, der sich durchaus auch auf die eigne occasionale Tagesproduktion bezieht.

Sich "verdient" zu machen aber, Hochachtung zu erringen bei einem immer größeren Publikum, bestimmt die Arbeitsperspektive; also: "bemühete ich mich, solche Objekta meiner Dichtkunst zu erwehlen, woraus die Menschen nebst einer erlaubten Belustigung zugleich erbauet werden mögten".[37]

Und genau diese "Objekta" liefert ihm im folgenden optimal: die Natur.

Wie gerechtfertigt der eingangs zitierte Ratschlag ELIAS' war, "ganz besonders Gedichte <...> als etwas von Menschen für Menschen" Gemachtes zu lesen, wird durch die BROCKESschen Hinweise auf die eigne Verfahrensweise besonders bekräftigt. Nicht also, daß der Dichter ergriffen würde von seinem Gegenstande, - vielmehr, daß er ihm im Blick auf ein potentielles Publikum sorgfältig "wehlt" nach vorab präzis kalkulierten Kriterien, macht insbesondere Brockes sehr deutlich. Den ego-/altruistisch gestimmten "nützlichen Endzweck" seines poetischen Handelns, verbrämt mit "Erbauung", insgesamt zu gewanden ins Kleid einer gerade noch "erlaubten Belustigung" seiner Leserschaft - : Dies alles markiert die Brockessche Rezeptionsplanung, noch bevor ihr konkreter Produktionsgegenstand überhaupt eruiert ist.

Im Schnittpunkt der Kriterien und Interessen liegend, wird sich also die Betrachtung der heimischen Fauna und Flora erweisen, eben jene Thematik, die das "Irdische Vergnügen" bis zum Schlußband 1748 hin maßgebend bestimmt. Und daß BROCKES durchaus auch auf ein Amusement seiner Leser gesetzt hatte, mag verloren gehen, wenn man den Autor allzu ehrfürchtig bloß als den "Kirchenvater deutscher Naturbeschreibung"[38] im Gedächtnis behält.

V.

Natur als "beschreibbare" - nicht die noch "illiterate" in ihrem Wildwuchs und in ihren katastrophischen Erscheinungen -, sie bot sich BROCKES und seinen Zeitgenossen vornehmlich in geometrisch gezügelten Gärten.

Hier erst, in rational gebändigten Figuren, schien sie ihr "Wesen" dem Betrachter aufzuschließen. Wenn BROCKES vom "freywill'gen Kerker" der Natur in seinem Garten spricht, der dann den großen Prospekt abgeben wird für ungezählte Detailbeobachtungen - wenn er spricht von einem "offene<n> Gebäu, wo dicht=geflochtne Aerker / der Aest' und Blätter Menge schrenck<en>"[39] - dann ist bei aller Gezwungenheit bereits von einer fortschrittlichen Wendung "hin zur Natur" die Rede. Denn, wie ferneliegend Vorstellungen von einer "natürlichen" Natur selbst noch um die Mitte des 18. Jahrhunderts waren, und wie vergleichsweise nahe ihnen Brockes bereits sehr viel früher ist, zeigt im Kontrast ein Beispiel dessen, was als eigentliches Muster an Garten-"Schönheit, Pracht und Magnificience" damals noch verstanden wurde.

Alle hamburgischen Gärten hierin ganz übertreffend, begeisterte in der Anlage des reichen Kaufmanns de HARTOG in den späten 40er Jahren zumal ein "sehr prächtig Palais, mit einer Zugbrücke <...> mitten in einem sehr großen Karpfen-Teiche auf hohen steinern Pfeilern. Hiernächst fand sich daselbst eine ganz neu erbauete Grotte, deren Wände nicht allein mit köstlichen Perlen-Muscheln und Mineralien vortrefflich ausgezieret waren, sondern auch mit vielen springenden Fontainen prangeten <...>. Das sich auf diesem Garten befindliche Orangerie-Haus sah mehr einer Kirche als einem Hause ähnlich und war mit Zitronen und Apfel de chine-Bäumen, nebst anderen raren Gewächsen aus Afrika und Amerika ganz angefüllet und ward um derentwillen täglich mit sechs Oefen gehitzet, <...> imgleichen <fand sich> ein prächtiges hohes Vogelhaus von dicken eisernen Stangen, worin viele asiatische, afrikanische und amerikanische Vögel zu sehen waren und welche des Winters in warmen Zimmern aufbehalten werden. Bei dem Eingange der Garten-Thüre lag ein angekleideter Affe an der Kette, der viele kurzweilige Possen machte".[40]

Dem geketteten und kostümierten Affen als Sinnbild einer imperial erbeuteten, absolutistisch unterworfenen und ergo lüstern zu hänselnden Natur gegenüber erweist sich das BROCKESsche Garten-Ambiente als integer, als nachgerade cartesianisch geklärt:

> Des niedern Bux=Baums festes Laub,
> Wodurch der Menschen Witz und Fleiß
> Den leeren dunckel=braunen Staub
> So künstlich einzuschrencken weis,
> Daß schön're Züge, Laub=Werck, Bilder
> Kein Mathematicus, kein Schilder,
> Fast mit dem Pinsel malen kann,
> Treibt mich, wie folgt, zu dencken an:
> Ein Gärtner malet hier,
> Ohn' Oel und Stafeleyen,
> Ohn' Pinsel, ohn' Palet, lebend'ge Schildereyen.
> Sein Spaten dienet ihm zum Reiß=Bley, sein Papier

Ist schwartz und dunckel=braun, er schreibt gezog'ne Namen,
Zieht Laub=Werck selbst von Laub, und fasst in grüne Ramen
Sein schön figürlich Werck, von mehr als hundert Arten,
Ja ohne Bux=Baum ist der Garten kaum ein Garten.[41]

Der bürgerliche "Gärtner" also malt und schreibt erst in gezognen Namen, was als "Natur" dann lesbar und bewundert werden wird. Kraft seiner neugestärkten Eigenliebe wird die Natur jetzt ihrem Betrachter all diejenigen Züge zeigen, die ihn selber "gross" erscheinen lassen - und sich ihm untertan erzeigen, selbst da, wo sie in königlichem Staat geschildert wird; in BROCKES' "Rose":[42]

Sie kam mir für, wie eine Königinn,
Mit Purpur angethan;
Die gelbe Saat schien eine göld'ne Krone;
Der schöne Busch glich einem hohen Throne,
Der Dornen Heer geharnischten Trabanten,
Der Tropfen Ründ' und Glantz geschliffnen Diamanten.
Die nimmer stille Schaar der Bienen,
So öfters murmelnd zu ihr kam,
Und, mit geschwindem Flug, bald wieder Abschied nahm,
Schien, ihrer Majestät zu dienen,
Und gleichsam ihr Verlangen zu erfragen,
Um ihren gnädigen Geheiß,
Mit fröhlichem Gesums' und unverdrossnem Fleiß,
Den lieblich riechenden Vasallen vorzutragen.

Und diese trabanten- und vasallenreiche Königin ist sein! Einwohnerin eines beherrschten Gebietes, das - als "Garten" - jetzt die nach Draußen erweiterte Architektur des *bürgerlichen* Herrschaftssitzes darstellt. BROCKES, so sagt Hans BLUMENBERG in einleuchtender Abwandlung eines oft zitierten HERDER-Satzes, "Brockes machte den Garten zu seinem Hofe".[43]

Die barocke Kostbarkeitsmetaphorik, die wie ungezählte andere Gedichte des "Irdischen Vergnügens" auch diese letzten Beispiel-Verse prägt, weist darauf hin, das BROCKES zur Beschreibung der Natur und ihrer Wert-Bestimmung auf eine höfisch ausgerichtete Ästhetik nicht verzichtet. Er vermehrt vielmehr die Herrschaftszeichen, die im alten Bilderzierat stecken, um die neuen, besser zugänglichen der Natur-Durchsichtigkeit und, dank derer, um dauerproduzierte Nützlichkeitsbeweise. Auch diese Potenzierung macht das Brockessche Werk als jenes Medium erfolgreich, über das sich das höchst irdische Vergnügen an menschlicher Macht- und Kraft-Entfaltung spüren läßt.

ANMERKUNGEN

1) Norbert ELIAS: Das Schicksal der deutschen Barocklyrik. - In: Merkur, Stuttgart, Jg. 41, H. 6, 1987, S. 453.

2) "Kirsch-Blüthe bey der Nacht", zuerst erschienen in: BROCKES, B. H.: Irdisches Vergnügen in GOTT (im folgenden zit.: IVG). Zweyter Theil. Hamburg (Kißner) 1727. Bezeichnend, daß gerade dieses untypisch stimmungsvolle, kurze und didaktisch unerhebliche Mondschein-Gedicht als Perle all derjenigen späten "Auslesen" glänzt, die "uns auch heute noch ansprechen" wollen. Vgl. exemplarisch dazu die Auswahl: Willy KROGMANN (Hg.): Barthold Heinrich Brockes. Spuren der Gottheit. Hamburg (Hermes) 1947, S. 5 und 31.

3) Im Kreis um HAGEDORN des Näheren - (anstatt die Wunder der Natur zu zählen, wirft man sich ihr bedenkenloser in die Arme: "Und in die offenen Wälder / Wird ohne Zwang gelacht", so in Hagedorns "Landlust"). Die "redselig-prosaische <...> 'wässrigte und weitläufige' Mattheit und Plattheit" BROCKES' (zit. nach Karl S. GUTHKE: Andacht im künstlichen Paradies. - in: Martin BIRCHNER und Alois M. HAAS (Hgg.): Deutsche Barocklyrik. Bern und München (Francke) 1973, S. 328) wird auch vom fernen HALLER kritisiert.

4) Hermann HETTNER: Geschichte der deutschen Literatur im achtzehnten Jahrhundert. <Nachdruck> Berlin und Weimar (Aufbau) 1979, Bd. 1, S. 253.

5) Ebd., S. 253, vgl. auch S. 251.

6) Die Beschreibungskunst des "Feinbaus einer Birnenblüte" hebt Arno SCHMIDT hervor (vgl. Anm. 38); "Die kleine Fliege" als exemplarischen Titel B. H. BROCKES' analysiert, maßgeblich für die neuere Brockes-Forschung: Uwe K. KETELSEN: Naturpoesie als Medium bürgerlicher Ideologiebildung im frühen 18. Jahrhundert. - in: Norbert MECKLENBURG (Hg.): Naturlyrik und Gesellschaft. Stuttgart (Metzler) 1977, S. 45-55.

7) Zuerst veröff. in IVG, Bd. 2, Hamburg (Kißner) 1727, hier zit. n. 1739[4] S. 463-468.

8) Michael RICHEY (1678-1761), Professor für Geschichte und Griechisch am Hamburger Akademischen Gymnasium 1717-1761, s. dazu in diesem Band: Jürgen RATHJE: Gelehrtenschulen - ihre bedeutendsten Vertreter.

9) Vgl. dazu: Eckart KLESSMANN: Geschichte der Stadt Hamburg. Hamburg (Hoffmann und Campe) 1981, S. 242; die "Bluhmen=Liebe" der Zeit, der nicht nur TELEMANN frönte, dokumentiert sich schönstens in einem Brief der Sammlung: Hans GROSSE und Hans Rudolf JUNG (Hgg.): Georg Philipp Telemann. Briefwechsel. Leipzig (Dt. Vlg. f. Musik) 1972, S. 237 f.

10) Vgl. KLESSMANN: Geschichte der Stadt Hamburg. S. 244.

11) Vgl. ebd., S. 244.

12) Unter dem Titel "Das Firmament" als Werköffnung nur erschienen im Bd. 1 des IVG, Hamburg 1721[1] - 1744[7]. In dem ersten, von HAGEDORN und WILCKENS besorgten "Auszug der vornehmsten Gedichte" (s. Anm. 39) von 1738 ist das Gedicht, als überlebt, bereits getilgt.

13) Wie im Titel "Großer Trost über unsere Kleinheit", in IVG, Bd. 8, Hamburg (Herold) 1746, S. 531.

14) KETELSEN: Naturpoesie, S. 47; dort zit. n. M. WEHR: Gottscheds Briefwechsel. Masch.-Diss. Leipzig 1966, S. 234.

15) Sigmund FREUD: Die Fixierung an das Trauma. 18. Vorlesung zur Einführung in die Psychoanalyse. - In: Ders.: Vorlesungen zur Einführung in die Psychoanalyse. Studienausgabe. Bd. 1. Frankfurt am Main (S. Fischer) 1969, S. 283.

16) Hartmut BÖHME: Hamburg und sein Wasser. S. in diesem Band.

17) Zit. n. d. Fassung des Erstdrucks, abgedruckt in: Karl S. GUTHKE, a.a.O., S. 330.

18) Zit. aus BROCKES' Gedicht: "Das, durch die Betrachtung der Grösse Gottes, verherrlichte Nichts des Menschen" in: IVG; Bd. 1, zit. n. 1737[6], S. 454.

19) Gedicht in IVG, Bd. 8, Hamburg (Herold) 1746, S. 508- 510.

20) Veröffentlicht von J. M. LAPPENBERG (Hg.): Selbstbiographie des Senator Barthold Heinrich Brockes. - In: Zeitschrift des Vereins für Hamburgische Geschichte 2, 1847, S. 167-229.

21) Ebd., S. 177.

22) Insbesondere BROCKES' Gedicht auf den Tod seiner Frau Ilsabe, in: IVG, Bd. 6, Hamburg (Herold) 1739, S. 572 ff., steht hier noch zur Analyse an.

23) LAPPENBERG a.a.O., S. 178.

24) Ebd., S. 199.

25) Zum 3. Dezember 1708 geschrieben "Auf die Verehelichung Herrn Vegesacks Jgfr. Vegesackinn" - in: B. H. BROCKES: Verteutschter Bethlehemitischer Kinder-Mord des Ritters Marino. Hamburg (Herold) 1742[5], S. 598-607.

26) Huldigungs-"Serenata" für den Kaiserlichen Gesandten Grafen SCHÖNBORN aus Anlaß des traditionellen Petri-Mahls im Februar 1709 unter dem Titel "Der vergnügte Elbe-Strohm <...>", in: BROCKES (wie Anm. 25) 1734[4].

27) LAPPENBERG a.a.O., S. 200-201.

28) "Der für die Sünde der Welt gemarterte und Sterbende Jesus. aus den IV. Evangelisten Von B.H.B. In gebundener Rede vorgestellt und in der Stillen-Woche Musicalisch aufgeführt." Hamburg (Neumann) 1712. Die HÄNDELsche Vertonung wird nach 1734 datiert (vgl. Brockes-Bibliographie in: Hans-Dieter LOOSE (Hg.): Barthold Heinrich Brockes (1680-1747). Dichter und Ratsherr in Hamburg. Hamburg (Christians) 1980, S. 193. Zu den Umständen der Aufführung, welche ihm "als etwas Ungewöhnliches <..> nicht allein die ganze fremde Noblesse, alle Ministros und Residenten nebst ihren Damen <...> zuzoge", s. LAPPENBERG a.a.O., S. 205.

29) Wie Anm. 25; Textauflagen: Hamburg 1715[1], 1725[2],1727[3], 1734[4], 1742[5] und Tübingen 1763.

30) Vgl. BROCKES' Brief an K. W. v. MEISENBURG am 24.03.1717, in dem er die Hoffnung äußert, daß Ihre Majestät vielleicht geneigt seien, ihn "etwan in den Adelsstand zu erheben wollen". Vgl. Jürgen KLEIN: Barthold Heinrich Brockes als Politiker. - In: LOOSE, a.a.O., S. 26.

31) Vgl. LAPPENBERG a.a.O., S. 209.

32) Am 20. Juni 1720, eine ausführliche Darstellung der Konfliktgeschichte bei KLEIN, a.a.O., S. 31-32.

33) Unter dem Titel "Die auf des Erz- Hauses Oesterreich Gnade sich verlassende Hammonia. Sr. Kayserl. Majestät überreicht". In: BROCKES (wie Anm. 25), S. 429.

34) Zu den Aktivitäten BROCKES' im "Patrioten", dem Organ der Gesellschaft, vgl. einführend KLEIN, a.a.O., S. 36-39. Zum Thema allgemein vgl.: Hans-Gerhard WINTER: Leide, meide und hoffe nach Vorschrift der Vernunft. - In diesem Band.

35) S. die Vorrede Christian Friedrich WEICHMANNs in: IVG, Bd. 1.

36) LAPPENBERG, a.a.O., S. 201.

37) Ebd.

38) Arno SCHMIDT: Nichts ist mir zu klein <B. H. Brockes>. - Zuerst in: Ders.: Die Ritter vom Geist. Karlsruhe (Stahlberg) 1965, S. 59.

39) In: "Der Garten". Zuerst in: IVG, Bd. 1; hier zit. n. B. H. BROCKES: Auszug der vornehmsten Gedichte aus dem Irdischen Vergnügen in Gott. Faksimiledruck nach der Ausgabe von 1738. Stuttgart (Metzler) 1965, S. 95.

40) Zit. n. KLESSMANN, a.a.O., S. 244-245.

41) Wie Anm. 39, S. 96.

42) Zuerst in IVG, Bd. 2; hier zit. n. BROCKES: (wie Anm. 39), S. 62.

43) Hans BLUMENBERG: Die Lesbarkeit der Welt. Frankfurt am Main (Suhrkamp) 1986, S. 181. Das Herdersche Original-Zitat lautet: "Die Hofverse dauerten fort, bis fern von den Höfen in seinem Garten Brockes die Natur und eben so fern von den Höfen Bodmer und Breitinger die Sitten mahlten." - In: Johann Gottfried HERDER: Briefe zur Beförderung der Humanität. Werke. Herausgegeben von B. SUPPHAN, Bd. XVIII, Berlin 1883, S. 128.

Bild 20: Barthold Heinrich Brockes. Stich von J. Haid nach einem Gemälde von Denner.

Bild 2 1: Verbildlichung der Programmatik des "Irdischen Vergnügens" mit einem Portrait von Brockes. Stich von Sysang.

HEINZ HILLMANN

FRIEDRICH VON HAGEDORN ODER BÜRGERLICHE AUFKLÄRUNG UND ADELIGER GEIST

Man kann es so machen wie Friedrich von HAGEDORNs Biograph STIERLING; der berichtet über den Großvater Philip, den Vater Statius und entdeckt dabei das ähnliche "Naturell": "Alle drei sind Männer von frischem Schlage, ... stehen mit lebensmunteren Poeten im Bunde, ... waren schlechte Haushalter, haben ihren gelehrten Zug". So wird zur Erbanlage, zum 'Naturell', was sich dann in Friedrich als "allzu joviales Temperament offenbarte, das ihn zu Schulden, Wein und auch wohl ein wenig Müßiggang verführte". Die so vom Biographen hergestellte Charakter-Natur wird dann (man vergleiche das "allzu jovial" und "verführte"!) einem Wertmaßstab unterworfen, dem die Mutter ANNA MARIA geb. SCHUMACHER besser entspricht, "denn mehr als alle anderen Hagedornschen Vorfahren verdient diese Mutter, daß ihr Bild lebendig bleibe - mag auch von ihrem Wesen wenig auf den ältesten Sohn übergegangen sein"[1] - leider! für den Biographen.

Aber, im Ernst, diese biographische und moralische Zubereitung ist selbst ein interessantes, die von HAGEDORNs und SCHUMACHERs beleuchtendes, historisches Zeugnis. Ich denke, was der Biograph zum Naturell und Temperament der väterlichen Vorfahren erklärt, ist ein bestimmter sozialer - nämlich adeliger Lebensgestus, den der Biograph zu Beginn unseres Jahrhunderts nicht mehr recht versteht, weil er selbst schon ganz von dem anderen, inzwischen herrschend gewordenen, 'natürlich' erscheinenden sozialen Gestus geprägt ist, nämlich dem der bürgerlichen Mutter Schumacher, weshalb er auch ihr Bild allein für überlieferungswürdig hält.

Friedrich von HAGEDORN aber steht zu Beginn des 18. Jahrhunderts ziemlich genau an der Bruchstelle, wo sich die eine soziale Formation über die andere schiebt, übrigens durchaus diesseits, also uns zugewandt, unsere Möglichkeiten und Gefahren anschauend und deshalb auf einige Haltungen der älteren, überlagert werdenden adeligen Formation zurückgreifend.

I.

Der Elbe Schifffahrt macht uns reicher;
Die Alster lehrt gesellig sein!
Durch jene füllen sich die Speicher;
Auf dieser schmeckt der fremde Wein.

So die ersten Zeilen einer Strophe aus HAGEDORNs - des im 18. Jahrhundert berühmten "Vaters" Hagedorn - noch nicht ganz unbekannt ge-
wordenem Gedicht "Die Alster".[2] Sie teilen die Stadt ein in die zwei Zonen
des Gewinns und des Genusses, der Arbeit und der Geselligkeit - oder, wie
wir heute eher mit einer freilich nicht unerheblichen Verschiebung - sagen
würden: der Arbeit und der Freizeit. Ferner liegen Speicher, Hafen, Arbeit
und Gewinn - näher, hier, ist der Ort des Genusses. Von hier aus wird gesprochen, von hier aus wohl auch Wert zugemessen: die Alster wird zum
Zentrum des Blicks und der Perspektive, des Sprechens und der Wert-
setzung - setzt aber die Elbe dabei voraus.

Diese historische Einteilung der Stadt und die des Lebens in Arbeit und
Freizeit erscheint uns heute so selbstverständlich, so natürlich, daß wir sie
als überzeitlich allgemein menschlich zu betrachten geneigt sind. Aber das
ist, wie fast immer bei solch ontologischen Setzungen, ein Schein. Die
Einteilung und auch in gewissem Sinne Gegenüberstellung von Elbe und
Alster bildet sich wohl im späten 17. und frühen 18. Jahrhundert erst heraus, und HAGEDORN nimmt diesen stadtgeschichtlich realen Vorgang
zugleich auf und treibt ihn, mit diesem Gedicht, symbolisch heraus und
voran. Indem er, vielleicht deutlicher als das in der Wirklichkeit damals
schon der Fall war, die Zone der Arbeit dorthin in den Hafen verweist und
abtrennt von dem Gewässer des Genusses und der Freude, verschafft er
dieser auch erst ein zunächst poetisch-symbolisches Daseinsrecht - einen
Daseinsraum, den zum Beispiel KLOPSTOCK mit seinem "Zürcher See"
("und wir Jünglinge sangen und empfanden wie Hagedorn!") in die offene
Landschaft hinein ausweitet und den schließlich Goethe mit seinem "Auf
dem See" der Natur und Welt selbst als Liebe derart auf den Leib schreibt,
daß die tätige Lektüre die gesellschaftliche Arbeit der Humanität werden
soll.

Erst, wenn man sich Hafen und Gewinn gegenüberstellt, kann man die
Lehre der Alster verstehen und formulieren, welche der Dichter hervor-
kehrt, weil sie (noch) nicht selbstverständlich ist. Denn Freude und Lust
sind nicht einfach natürlich und allemal schon vorhandene Fähigkeiten, sie
müssen oft - und damals war es offenbar so, vor allem im Bürgertum - erst
'rekonstruiert' werden, wie wir mit einem Begriff aus der Psychoanalyse

sagen: wiederhergestellt mit Methoden, über deren einige auch die Poesie verfügt.[3]

Dazu gehört das Lachenmachen durch die Sprechweise des Scherzens - hier im Gedicht zugleich musikalisch und gesellig von den im Boot über die Alster fahrenden Männern inszeniert im "scherzenden Gesang", der die Seele frei, der sie locker macht. Was "scherzen" heißt, kann man in der dritten Strophe gut wahrnehmen. Hier werden nämlich die "holden Schönen"[4] am Jungfernstieg nicht nur gesehen, wie sie sind, sondern in einem metaphorischen Scherz, einer Art Männerwitz, verwandelt in "Dianens Nymphen der Jagd", welche man sich dadurch zugleich - wie zeitgenössische Malereien dieses Motivs veranschaulichen - durchaus viel lockerer in Kleidung und Bewegung vorstellen kann, was natürlich gesteigert geschieht, wenn man sie sich gar als "Najaden" an den blumigen Wallanlagen der Alster denkt, wie die vierte Strophe vorschlägt. Solche gelehrten, aber darum nicht weniger erotischen Scherze regen nicht nur das Lachen, sondern die Lust an, welche dann umgekehrt zwanghaften Ernst in Kontor, Kanzlei und Kirche[5] auflöst oder scherzhaft verbannt, wie das in der fünften Strophe geschieht:

Den steifen Ernst, das Wortgepränge
Verweist die Alster auf das Land.
Du leeres Gewäsche,
Dem Menschenwitz fehlt!
O, fahr in die Frösche:
Nur uns nicht gequält.

Auf der Alster, in einem Lustschiff, eine (noch) reine Männergesellschaft mit deshalb ein wenig voyeuristischen Blicken auf die Mädchen am Ufer (die erst KLOPSTOCK und dann GOETHE mit HAGEDORNs Tönen ins Boot locken werden); angeregt vom Wein, vom Scherzen und gemeinsamen Gesang: das ist schon eine Hamburger Realität - aber nun wird sie durch das Gedicht vorbildlich,[6] wird die Insider-Perspektive der Männergruppe im Sprechen veröffentlicht, wird das gedichtete Boot zum Symbol einer heiteren Gesellschaft.

Ein Vergleich läßt Perspektive und Wertzentrum deutlicher hervortreten. Der Hamburger BROCKES macht die Elbe zum Zentrum und zum Helden seines Gedichtes, weil sie - im eigens von Gott dafür geschaffenen - Rhythmus von Ebbe und Flut die Waren herab-, heraufbefördert, austauscht und in die "Canäle, wie Blut in die Adern des Körpers, drängt"; dergestalt, daß "die Handelschaft" sich "als unsrer Stadt und unsrer Börse Seelen" erweist.[7]

Wie Hagedorn ein sozialkulturelles Phänomen in ein vorbildliches Symbol transformiert - und man darf das nicht etwa mißverstehen als bloß poetischen Ausdruck eines zuvor schon klar Gedachten; vielmehr ist die Alster als Lustort ein unersetzbares Objekt, das dem Subjekt in der poetischen Arbeit erst die Geburt des dunkel Gewünschten ermöglicht - möchte ich nun an einem anderen Beispiel zeigen, an seinem wohl bekanntesten Gedicht "Johann, der Seifensieder".[8]

HAGEDORN macht den Handwerker zum Nachbarn eines reichen Kaufmanns und stellt auf diese Weise eine vergleichende Konstellation her, die es erlaubt, ständisch unterschiedene Verhaltenstypen zu beobachten und zugleich - durchaus fast ununterscheidbar - poetisch so zu stilisieren, daß ein Lebenskonzept für beide Stände entworfen wird.

Der Seifensieder hier singt vom Morgen bis zum Abend, bei der Arbeit wie unter den Mahlzeiten (!) und noch abends im Bett, er schläft "oft singend, öfter lesend, ein" - denn er hat das Lesen gelernt, sagen wir: HAGEDORNs Vorstellungen von einem geglückten Leben zuliebe. " Er schien fast glücklicher zu preisen, / Als die berufnen Sieben Weisen, / Als manches Haupt gelehrter Welt...," das heißt, Weisheit ist weniger eine Sache der Gelehrtheit und der Philosophie als Profession, sondern mehr der Alltagspraxis; ihre Kategorie ist nicht Moral oder Tugend sondern Glück: die Fähigkeit, seine Bedürfnisse wahrzunehmen und, um ihnen folgen zu können, sein Leben einzurichten. Wie diese glückliche Einrichtung aussieht, entdeckt erst das Gespräch. Der reiche Nachbar nämlich fragt den Seifensieder nicht nach seinem Glück - sondern dem Geld:

> Es rühmt ein jeder eure Ware:
> Sagt, wie viel bringt sie euch im Jahre?
>
> Im Jahre, Herr? mir fällt nicht bey,
> Wie groß im Jahr mein Vortheil sey.
>
> So rechn' ich nicht; ein Tag bescheret
> Was der, so auf ihn kömmt, verzehrt
>
> Dieß folgt im Jahr (ich weiß die Zahl)
> Dreyhundertfünfundsechtzigmal.

Ein ausgewogenes Verhältnis also von Arbeit und Verzehr, welches in unmittelbarem Verhältnis entsteht, wie die Tagesabfolge zeigt, in dem die Arbeit den Verzehr, der aber wieder die Arbeit bestimmt und genau aus diesem wechselseitigen Maß Genuß und Freude in beiden Dimensionen entsteht: Fröhlichkeit und Gesang sind ihr Ausdruck. Das heißt aber auch:

Arbeit wird bei solcher Einrichtung des Lebens selbst eine schöne, eine lustvolle Tätigkeit. Das Gedicht löst auf diese Weise spielerisch die ältere, christliche Vorstellung von der Arbeit im Schweiße des Angesichts und als Strafe auf; es schiebt aber nicht bloß sanft und selbstverständlich diese Haltung zurück in die älteren Zeiten; es wehrt auch ab ein neu herankommendes Arbeitsverhalten, dessen Freudlosigkeit nicht religiös begründet ist, sondern aus einem irdisch-rationalistischen Kalkül entsteht, eine innerweltliche Askese. Diese, damals offenbar modern werdende Arbeitshaltung wird am Nachbarn poetisch verdichtet.

Der nämlich hat die Dimension des Gewinns abgelöst von der des Genusses. Für ihn ist der Tag nicht die Einheit von Arbeit und Verzehr, sondern ein abstrakter Arbeitstag. Dessen Ertrag wird unabhängig gemessen, als Recheneinheit gesetzt und im Jahresgewinn bilanziert. Damit verändert sich aber auch sein Zeitbegriff, und er wird linear und ganz abstrakt. Während für Johann der Augenblick die Zeitkategorie ist und dieser sich immer wiederholt in seiner Fülle, ein zyklischer Zeitbegriff; ist der reiche Nachbar immer schon kalkulierend in der Zukunft oder bilanzierend in der Vergangenheit, und wird (was man hieraus schließen darf) auf diese Weise der Augenblick auch nur noch genützt als Rück- und Vorblick. Deshalb fragt er auch auf Johanns Zeitrechnung ("Dieß folgt im Jahr ... Dreihundertfünfundsechzig Mal):

> Ganz recht; doch könnt ihr mirs nicht sagen,
> Was pflegt ein Tag wohl einzutragen?

> Mein Herr, ihr forschet allzu sehr:
> Der eine wenig, mancher mehr;

> So wies dann fällt, mich zwingt zur Klage
> nichts als die vielen Feiertage.

Johann braucht im Prinzip gar keine Feiertage, weil der Wechsel in der Einheit jedes Tages selbst fröhliche Feier genug ist und deshalb nicht eigens eine Abteilung 'Feier' eingerichtet werden muß. Wieder ganz anders der reiche Kaufmann:

> Der, stolz und steif und bürgerlich
> Im Schmausen keinem Fürsten wich:

> ...

> Der stets zu halben Nächten fraß
> Und seinen Wechsel oft vergaß.

Die schroffe Zweiteilung des Lebens zerstört das wechselseitige Maßverhältnis, so daß beide eine eigentümliche, gefährliche Eigendynamik entwickeln: dort die maßlose, zügellose Geldgier und Wirtschafterei - hier die maßlose Schlemmerei, Völlerei.

Das ist übrigens genau die dualistische Struktur des Typus Kaufmann, wie sie Wolfgang GRIEP als einen Topos geradezu der Reiseberichte über Hamburg herausgestellt hat.[9] Er neigt dazu, diesem Topos Realitätstüchtigkeit zuzuerkennen, der Tendenz nach sicher richtig, wie HAGEDORNs Gedicht zeigt, indem es die Ursachen der Dynamik des Fressens auf der einen und des Rechnens auf der anderen Seite in dem Auseinanderfallen beider zeigt.

Das Gedicht wirft natürlich weitere Fragen auf: war das zunftgebundene Handwerk, bei dem ja die Produktionsbeschränkung Konkurrenz und Dynamik hemmte, wirklich geeignet, eine so schöne Freiheit selbstbestimmter fröhlicher Arbeit zu entwickeln? Wir haben ja darüber durchaus andere Zeugnisse[10], und so wird man eher feststellen müssen, daß sich HAGEDORN am Handwerk, an dem er bestimmte Momente freilich scharf erkennt, ein poetisches Ideal entwickelt und erhöht. Und gewiß ist ein solches Ideal, nun poetisch allgemeinmenschlich destilliert, schwierig zu installieren für den großbürgerlichen Kaufmann, der ja in seinem Handel nicht derartigen Zunftbeschränkungen unterworfen war, so daß die sich seit Mitte des 17. Jahrhunderts ausweitenden internationalen Warenströme zur entschiedenen, ja auch ungebremsten Bereicherung anregten. (Wobei das Verhältnis von Wirtschaftslage dieser Art und Mentalität der Kaufleute eine Reihe weiterer Fragen aufwirft, die ich hier noch gar nicht beantworten kann).

Es ist jedenfalls auffällig, daß sich das eher traditionelle Wirtschaften offenbar auflöst, deshalb deutlich nur noch am zunftgebundenen traditionelleren Handwerk ablesen läßt, daß HAGEDORN deshalb nur hier (oder in der fiktiven Idylle) das Ideal genauer herausarbeiten kann.

Tatsächlich gibt es Indizien dafür, daß sich mit dem leichteren Gewinn und Überschuß auch die Lockerung oder gar Loslösung der Arbeit vom Genuß und damit jene Maßlosigkeit beider anbahnt. So tadelt z.B. der "Patriot" einen Jungkaufmann wegen der falschen Anwendung seiner offenbar frei werdenden Zeit; und setzt eine Reihe Tätigkeiten als Maßstab für ihre sinnvolle Nutzung - in der Sozialarbeit, in der Kindererziehung, in der Bildung usw.

Als besonders gefährlich in dieser neuen Lage empfinden offenbar die Hamburger Lyriker die 'Schatzbildung', also die Perversion der im älteren Wirtschaften für Zwecke der Versicherung durchaus sinnvollen Rücklage (wie wir sie heute z.B. aus den 'Buddenbrooks' kennen).

Das in der HAGEDORNschen Anordnung folgende Gedicht, "Aurelius und Beelzebub"[11], differenziert diesen Typus des schatzbildenden Reichen aus. Er ist das genaue Gegenstück des Seifensieders, der singend und lesend einschlief:

> Oft schläft der Thor noch hungrig und mit Pein, /
> Vom Hüten [des Geldes] matt, auf vollen Säcken ein.

Er ist ein "Harpax unsrer Zeit", d.h. er wird nicht als zeit- und ständeübergreifender Lastertyp, als Exempel des allgemein menschlichen Geizes dargestellt, sondern zeitlich und sozial präzisierbar als jetziger Kaufmann. Geiz ist hier nicht die Unfähigkeit zu geben, also ein Mangel an Altruismus. Sondern geizig ist, wer rafft; der auf falsche Weise Erwerbende. Nicht der Mangel an christlicher Milde ist Gegenstand des poetichen Angriffs - sondern die übertriebene Wirtschaftlichkeit, das bürgerliche Prinzip des sparsamen Wirtschaftens. Der traditionelle Topos des Geizigen wird hier historisch präzisiert genutzt. Es wird nicht der immerwährende Geiz, sondern der spezifische moderne 'Geist des Kapitalismus' kritisiert. Das Gedicht wird an dieser Stelle prosaisch genau: Die Sorgen des Geizigen sind ein platzender Wechsel, der späte Eingang der Bodenrente, der zu geringe Profit aus der Ware (oder schon, was ich nicht glaube, aus dem Kapital? - "zu wenige Producenten"), ein zu geringer Verkauf bestimmter Waren, wegen des zu milden Wetters, und ein zu hoher Zoll.

In solchen Sorgen wendet sich Aurelius an den Teufel, welcher, wenn er erscheint, sich zeigt "in neuer Tracht", so "Herr" wie "Kleid von gleichem Adel" - also ebenfalls zeitlich wie ständisch präzisiert als Adliger am Hofe, an dem sich der neue Kaufmannstyp orientiert. Raffgier im Beruf und Repräsentativität im Privatleben - diese elende neumodische Bürgerlichkeit ekelt HAGEDORN regelrecht an, wie der Gedichtverlauf gleich zeigen wird. Der Teufel nämlich als "Cavalier" führt den Kaufmann in einen Wald und zeigt ihm dort einen Schatz, den er anderntags heben könne, wenn er sich nur ein Zeichen mache. Daraufhin setzte Aurel

> tiefgebückt sich und ein Zeichen hin.
> ...
> Beelzebub verschwand, standsgemäß mit Gestank.
> Es springt Aurel um den bemerkten Platz,
> Als ob er seinen Fund schon hätte;
> Doch stößt er sich an einem Baum.
> Aurel erwacht, (denn alles war ein Traum)
> Und von dem vorgestellten Schatz
> Bleibt nur das Zeichen in dem Bette.

Eine für den immer sehr vornehmen HAGEDORN doch recht drastische Wendung, die gerade deshalb aufschlußreich ist, wie in der abschließenden Moral erst ganz deutlich wird:

> Es ist der Geiz der Teufel vieler Alten
>
> ...
>
> Ihr ungebrauchter Schatz ist aber nicht mehr werth,
> Als was Aurel allhier erhalten.

Was HAGEDORN einen Dreck wert ist, ist der ungebrauchte Schatz, also das abstrakte, angehäufte Geld und Gold - während ihm, und das macht erst plastisch, was im 'Alster'-Gedicht gemeint war, der zum Beispiel mit Wein gefüllte Speicher gefällt, den man genießen, den man gebrauchen kann und soll. Ich komme auf das Problem der Schatzbildung noch zurück, die Hagedorn offenbar noch nicht als das heckende, sondern nur als das tote Kapital sieht. Aber obwohl er dessen Dynamik noch nicht erkennen kann oder genauer, weil sie sich noch gar nicht recht entfaltet hat, sieht er doch eine andere Dynamik sehr genau, die das seelische Pendant und die seelische Ursache dazu ist: wenn Hagedorn nämlich den Geiz als "Teufel vieler Alten" begreift, also nicht als statische Eigenschaft, sondern als im Prozeß des Wirtschaftens erst heraustretende und sich dabei bildende Haltung, als 'Geist des Kapitalismus', genetisch erklärt.

Es gibt von HAGEDORN einen kleinen Zyklus von Lebensalter- Gedichten "Der Jüngling", "Der Mann", "Der Alte".[12] Er gehört zum besten, was Hagedorn gemacht hat. Die traditionell fixierte Einteilung und Bewertung der Lebensalter (nicht weniger festgeschrieben, gottgewollt und 'natürlich' als die Ständeordnung) schimmert noch durch, wird nun aber gleichsam empirisch beobachtet, kritisiert, umgewertet. So fängt das letzte Gedicht "Der Alte" an:

> Der weisheitsvolle Greis, der gegenwärtige Zeiten
> Hofmeisterlich belehrt, der Freund der Schwierigkeiten,
> Ist hämisch, mißvergnügt, der Erben Trost und Last
> Und hoffet, scherzt und liebt so frostig als er haßt.

Die Weisheit des Alters, die man doch ehren soll - sie erweist sich gerade nicht als Speicher des Wissens, als Erfahrung, sondern als Schulmeisterei der Gegenwart, als Behinderung beherzten Handelns; so daß rückwirkend der gültige Topos vom weisen Alter ironisch zersetzt wird. Die affektfreie Ruhe des Geistes - nichts als Gefühlsunfähigkeit; die Bedächtigkeit - böse Laune. Nur, daß solche miserablen Haltungen von HAGEDORN nicht etwa als Natur des Alters verstanden werden, sondern als

Folge eben jenes rechenhaften Wirtschaftens, das jetzt nackt und brüsk im Alter hervortritt:

Nichts rührt sein schlaffes Herz als kluge Münzgesetze,
Des Reichtums Majestät, die Heiligkeit der Schätze,
Die er mit List, mit Furcht, die ihn zum Sklaven macht,
Erwuchert, sammlet, zählt, umarmt, versteckt, bewacht.

Was hier übrigbleibt vom Menschen ist schon beherrschend im Mannesalter, auch in dem diesem gewidmeten Gedicht finden wir die typisch positive Bewertung vom Mann in seinen besten Jahren umgedreht und ironisch zersetzt, wenn es von ihm im Unterschied zum noch wechselhaften Jüngling heißt:

Nun richtet er die Kräfte
Erhabner auf den Zweck versorgender Geschäfte

wobei ja deutlich die im Versbeginn herausgestellte Erhabenheit lächerlich gemacht wird, weil sie sich auf nichts anderes richtet als die Geschäfte am Versende. Die kalkulierende Sparsamkeit greift aber über den Beruf hinaus, der Geist des Wirtschaftens wird zum Geist der gesamten Lebenskultur:

Damit er weiter nicht mit teuren Küssen buhle [um viele Mädchen,
wie der Jüngling],
Schickt ihn der Eigennutz dem Ehstand in die Schule,
Der Ordnung Heiligtum und durch des Himmels Gunst
Dem Sitz geweihter Treu und schärfrer Rechenkunst.

Kennt der Mann nur die versorgenden Geschäfte, die Ehe als Schule der Ordnung und der Rechenkunst, und ist ihm die Zeit deshalb nicht Augenblick - so ist dies ganz die Kategorie des Jünglings, der vorübergehend einerseits vom Lehrer, andererseits noch vom Beruf befreit ist[13]: "Er lebt nur um zu leben". Daß diese Einteilung der Lebensalter aber nicht Natur, gottgewollt und also unvermeidlich ist, zeigt der andere, in den 'Oden und Liedern' stehende Zyklus von Altersgedichten: "Das Kind" (ein Mädchen) - "Die Alte" - "Der Jüngling" - "Der Alte". Aus Zeitgründen zitiere ich nur aus dem letzten Gedicht[14] zwei Strophen:

Im Beysein der Alten verstellt sich die Jugend;
Sie trinkt nur bey Tropfen: sie dürstet vor Tugend:
Ich ehrlicher Alter verstelle mich auch,
Bezeche den Jüngling und leere den Schlauch.

Mein Auge wird heller, wer höret mich keichen?
Ich suche der mutigen Jugend zu gleichen;
Und will, auch im Alter, bey Freunden und Wein,
kein Tadler der Freuden, kein Sonderling seyn.

Geht man, wie hier der Alte, bei der Jugend in die Schule, so wird man
wieder lebens- und genußfähig - übrigens genau wie das junge Mädchen,
indem es den ihm noch verbotenen Lebensgenuß der Mutter ablernt, und
dadurch schon liebesfähig wird und deshalb wächst ("Das Kind").

Die Einteilung der Lebensalter ist in diesem Zyklus nicht mehr statisch
wie in der Tradition und in dem zuvor behandelten Zyklus aus den sati-
rischen Gedichten, sie wird poetisch-dynamisch aufgelöst, und zwar so, daß
der Jugend der Vorteil der Erwachsenen, diesen aber auch der Vorteil der
Jugend zum Maß wird - derselbe Tausch, wie wir ihn zwischen Elbe und
Alster, Arbeit und Verzehr erst die glückliche Einrichtung haben ermöglichen sehen.

Die Lebensalter-Gedichte schaffen den Freuden und Haltungen der
Kinder und Jugendlichen Raum in der bürgerlichen Welt, ja wollen sie ausgedehnt sehen auf das Leben der Erwachsenen, deren Vergnügungen sonst
bloß berechnend gesetzlich und frostig wären oder im Saufen und Fressen
zum kompensativen Exzess geraten. Jugendliche Lust wird so zum Maß
erwachsener Normalität - das ist ein Umwertungsprogramm. Das scherzhafte Sprechen, das, wie jeder Schleier, zugleich anständig verhüllt und anregend entdeckt, läßt als etwas schön Verheißungsvolles ahnen, was wie im
Falle des "Mädchens" in der Sprache bürgerlicher Moral zum Beispiel
heißen müßte: voreheliche Unkeuschheit. Diese Gedichte verstoßen, vermute ich, gegen Gebote und Sitten des bürgerlichen - auch des großbürgerlichen - Anstandes; GOEZE jedenfalls mit seiner eher zunftbürgerlichen
Bezugsgruppe fand solche Lyrik erklärtermaßen anstößig.

Genuß ist gerade nicht der Anfang aller Laster, sondern er ist, genau
umgekehrt, bei HAGEDORN und soll sein bei den Bürgern: das Maß aller
menschlichen Handlungen und damit auch aller nützlichen und produktiven
Tätigkeiten. Denn wer glücklich sein will, der bedarf keiner Reglementierungen; er wählt, was ihm und anderen guttut, er meidet von selbst, was
schädlich ist, weil es ihn nicht froh macht. Das erscheint mir plausibel. Nur
ist im Prozeß des städtischen Arbeitens und Wirtschaftens über Jahrhunderte mit seinem alle Lebensbereiche durchsetzenden Geist der
Sparsamkeit, des 'Geizes', und dem damit eng verbundenen religiösen As-
ketismus ("An die heutigen Encratiten")[15], die Fähigkeit zum Glück zerstört worden. Hagedorn diagnostiziert das sehr genau und entwickelt eine

poetische Therapie der Glücksfähigkeit: "Was edle Seelen Wollust nennen, (...) ist gleichfalls unseres Daseins Pflicht."

Die Frage ist, ob das möglich ist auf dem Boden eben der städtisch-bürgerlichen Kultur, die Sparsamkeit und innerweltliche Askese gerade hervorgebracht hat; und nur aufgrund der befreienden Distanz, die der Dichter gewinnt, oder allgemeiner die literarische Intelligenz? Oder müssen hier Haltungen und Einstellungen eines anderen Standes hereinspielen, des 'verschwenderischen' (höfischen) Adels, bei dem nicht der Primat der Einnahmen vor den Ausgaben, sondern gerade umgekehrt dieser vor den Einnahmen gilt, wie ELIAS[16] das formuliert hat? Dieser Frage möchte ich nun etwas genauer nachgehen, vorsichtig, versteht sich, da man in solchen Dingen mit vielfältigen sozialen und sozialsymbolischen Überlagerungen und Verwerfungen zu rechnen hat.

II.

Die Kritik an der Sparsamkeit als einer Art von Geiz finden wir genauso bei BROCKES. Auch bei ihm wird diese Rechenhaftigkeit im Beruf in Zusammenhang gebracht mit der Unfähigkeit zu Genuß und Vergnügen, das allerdings bei Brockes die sinnliche Wahrnehmung der Natur im Fühlen, Riechen, Schmecken und insbesondere im Sehen ist. Als Gottlieb den, wegen eines Prozesses aus der Stadt herausgekommenen Chrysander in den Frühling führt und dessen Schönheit preist, unterbricht ihn Chrysander:

> Was seh ich mir daran?
> Die Au ist bunt, der Wald ist grün, der Bach ist klar.
> Recht schön ist alles, das ist wahr:
> Weil ich dieß aber schnell beschauen kann;
> Warum soll ich die Zeit, worin ich was verdienen
> Und Geld erwerben mag, hier, wie ein Frosch im Grünen
> Im faulen Müßiggang verderben?
> Sollt ich nichts anderes thun, ich wollte lieber sterben,
> Als hier so müßig sein.

BROCKES nennt solche Unempfindlichkeit "verstockt" ("Der verstockte Chrysander"[17], so lautet der Titel). Die religiös-theologische Nebenbedeutung des Wortes "verstockt" macht die Unfähigkeit der sinnlichen Wahrnehmung zur regelrechten Sünde. Chrysanders Verstocktheit ist das genaue Pendant zur eiskalten Rechenkunst des Alten, der nicht mehr genießen kann, in HAGEDORNs Gedicht. Man kann an solchen Stellen sehen, daß das zwanghafte Arbeiten (hier des gelehrten Juristen) nicht erst etwas Neues ist, sondern schon eine ältere, stadtbürgerliche Mentalität betrifft. Diese Mentalität ist das Fundament, auf dem dann die neuere, moderne Moral rastloser Tätigkeiten aufbauen konnte mit ihren grausigen Palästen der Banken, der Fabriken, etc. Brockes tritt dieser Haltung der Genußunfähigkeit mit einer Therapie zur Sinnlichkeit entgegen. Gott hat die Welt geschaffen, er zeigt, er offenbart sich in der Natur (dem 'Buch der Natur') - und er hat die Sinne geschaffen, damit der Mensch ihn darin wahrnimmt, das Buch 'liest'. Sinnlichkeit ist also kein Laster, sondern von Gott gesetzte Pflicht, und im nicht verstockten Menschen natürlichste Neigung: "irdisches Vergnügen" in Gott. Eben auch nicht 'fauler Müßiggang', sondern der Genuß gibt der Arbeit wie bei Hagedorn erst Horizont und Maß: erst in der Übung der Sinne und der Betrachtung des ganzen Kosmos wie etwa der Elbe kann der Bürger die Gesetze und Ziele seiner wirtschaftenden Tätigkeit finden, und nicht aus dieser selbst gewinnen. Man sieht durchaus die christliche Grundstruktur, nur daß an die Stelle der beiden Testamente als dem 'Buch der Offenbarung' nun das 'Buch der Natur' getreten ist, an die Stelle der die Offenbarung auslegenden Kirche entsprechend der die Natur auslegende Dichter getreten ist.

Natur freilich - das ist zunächst einmal der Garten. Sicher die Hälfte der Gedichte von BROCKES hat hier ihren Erfahrungsort. Ein charakteristischer Eingang:[18]

> In dieser holden Frühlingszeit
> Da alles voller Glanz und neuer Herrlichkeit,
> Tret ich, gerührt durch solchen Schein,
> In Frommholds schönen Garten ein ...

wo Brockes dann immer ein Objekt - z.B. Blume, Kirschblüte - wählt, an dem er seine Sinne und seine kosmisch-religiöse Reflexivität und Empfindungsfähigkeit übt und entwickelt. Hier ist es die Ameise - eine Art Chrysander der verstockten Arbeitsamkeit. Dann, und diese Bewegung bildet das nächste Gedicht[19] aus:

> Erheb ich mich von meinem Sitz und gehe
> Mit sanften Schritte weiter fort,
> Worauf ich bald danach
> In einem nahegelegenen Bach ...

diesmal, nun, er einen Frosch findet, der zum Gegenstand seiner Wahrnehmung und Betrachtung wird und dem Chrysander als Maß richtiger Haltungen dienen könnte.

Das Natur 'betrachtende Gemüt' also entsteht im Garten oder genauer noch: in der poetischen Arbeit am Garten - ist also nicht nur der Produzent, sondern selbst wieder ein Produkt des Gartens, ohne den es nicht möglich wäre. Und dasselbe gilt für die Bewegung heraus aus der Stadt in das Landhaus, wo der Garten in der Regel liegt; aus der strengen Gestaltung und Umgrenzung des Gartens - gleichsam als einem idyllischen Vorwerk der Stadt - führt die Bewegung dann weiter in die umgebenden Felder und gelegentlich darüber hinaus. Das erscheint uns heute wieder so selbstverständlich, daß wir es für natürlich, überzeitlich halten. Ich vermute aber, und Herrn PRANGEs[20] Ausführungen über die wirtschaftliche Entwicklung der Hamburger Kaufmannsschaft haben diese Vermutung bestärkt, daß der seit der Mitte des 17. Jahrhunderts in Hamburg wachsende Reichtum, der sich im Bau oder Erwerb von Landhäusern mit Gärten 'entäußert', aufs engste mit der Produktion dieses Naturgefühls zusammenhängt. Das würde aber bedeuten, daß der gleiche Vorgang eines sich erweiternden Handels, in dem Hamburg zum Umschlaghafen der Warenströme aus den transatlantischen Kolonien ins Festland hinein wird und welcher die Dynamik eines sich verselbständigenden Wirtschaftens schafft, zugleich mit diesem Reichtum eine aus dem 'ganzen Hause' in der Stadt sich herauslösende Zone schafft, in der sich Freiheit, Genuß, Geselligkeit relativ unabhängig entfalten und damit der Ökonomie der Stadt, als kritischer Maßstab, gegenübertreten können. Hier im Garten steht deshalb Natur dem Kaufmann nicht nur als gefährliche Umgebung (Wald, Meer), als zu bearbeitende Ware oder wie dem Bauern als Arbeitsgegenstand entgegen, sondern erscheint sie ihm als durch den Gärtner vorbereitete, genießbare, religiös oder ästhetisch betrachtbare und schließlich erlebbare Natur.

Das Alster-Gedicht mit seiner Einteilung in Gewinn und ländliche Geselligkeit steht also, wie man sieht, in einem genauer beschreibbaren Prozeß. Es bringt ihn vielfältig vermittelt zum Ausdruck, und wirkt, als seine symbolische Vermessung, auf ihn zurück.

Die großbürgerliche Verdoppelung des Lebens in das Stadthaus dort und das Landhaus hier verleiht solchen Familien nicht nur einen Hauch von Adel. Sie gibt ihnen vielmehr realiter eine gewisse Strukturähnlichkeit mit adeligen Familien, die über Stadtpalais und Landgut verfügen, ja sogar mit dem Souverän selbst, bzw. seinem Hof. Es gehört ja zum festen Rhythmus des Hoflebens eben der Wechsel zwischen Stadtresidenz und Lustschloß, zwischen strengem Zeremoniell und seiner Auflockerung, der erträumten Romantik eines zwanglosen Lebens auf dem Lande. Hier bildet sich, insbesondere am französischen Hof, die höfische Romantik heraus mit ihrer

Schäferpoesie - in, übrigens, unübersehbarem Rückgriff auf eine schon selbst unter vergleichbaren Bedingungen entstandene Landlebenlyrik der griechischen und römischen Antike.

Wenn die Hamburger Bürger auf die französische Gartengestaltung, wenn HAGEDORN auf die französische Schäferlyrik; wenn er weiter auf HORAZ und ANACREON zurückgreift, so holt er, so holen seine Mitbürger sich den teils realen, teils symbolischen Ausdruck jener Strukturen in natürlich verkleinertem Maßstab in die bürgerliche Situation herüber und verleihen ihr einen höfisch-aristokratischen Glanz: im Stil-Ideal der Eleganz - was man immer schon gesehen hat -, aber auch im moralischen Ideal eines zierlichen Lebens und Genusses. Aber Hagedorn läßt dort und nimmt nicht mit in den bürgerlichen Bereich den höfischen Zwang und Pomp, das heroische Pathos, so daß wir den endlich lyrisch eingebürgerten Gesten zwar noch die schöne Weltlichkeit und adlige Genußfreudigkeit, aber nicht mehr ohne weiteres die große Welt ansehen, weshalb wir ihre poetische Verkleinerung für natürlich erachten.

HAGEDORN hat den wohlgehegten und geordneten bürgerlichen Garten übrigens verlassen - bei seinen wirklichen Spaziergängen in die Klosterländer Harvestehudes[21], wie fiktiv in seinen vorgestellten Wanderungen im Gedicht.

> Die Reizung freier Felder
> Beschämt der Gärten Pracht
> Und in die offnen Wälder
> Wird ohne Zwang gelacht,

so heißt es in dem Gedicht "Die Landlust"[22]. BROCKES' Bewegung aus der Stadt in Landhaus und Garten setzt HAGEDORN also fort in die dichten Wälder hinein, in die Scherz und Lachen forthallen, aus denen heraus aber auch wieder der Vogelsang, die Stimme der Natur, hervorhallt und die Paare belehrt, wie sie leben sollen.

> Die Vögel
>
> In diesem Wald, in diesen Gründen
> Herrscht nichts, als Freiheit, Lust und Ruh.
> Hier sagen wir der Liebe zu,
> Im dicksten Schatten uns zu finden:
> Da find ich dich, mich findest du.

Die Nachtigall in diesen Sträuchen
Gleicht durch die süsse Stimme dir,
In ihrer Scherzlust gleicht sie mir:
Und sucht, uns beiden mehr zu gleichen,
Die sichern Schatten, so wie wir.

Die Lerche steiget in die Höhe.
Ihr buhlerischer Lustgesang
Verehrt und lobet lebenslang
Die freie Liebe, nicht die Ehe:
Die stete Wahl, und keinen Zwang.

Aber das Gedicht[23] täuscht natürlich. Es spiegelt den Gang des Paares in Wald und dicken Schatten als wirklich und natürlich vor. Es spiegelt vor die Lehre der Natur, der das Paar zwanglos folgt, und alle städtische Moral und Keuschheit und Monogamie außer Kraft setzt. Noch das Gedicht selbst enthüllt, daß die Nachtigall auch dem Paare folgt, ihm gleichen will, indem sie sich in den dichten und sicheren Schatten zur Liebe zurückzieht; und der Dichter läßt sie gar als scherzhafte Dichterin singen - und wir wissen schon aus dem Alster-Gesang, welcher Art diese Scherze sind. Was also aus der Natur hervorklingt, das ist zuvor durch poetischen Menschenwitz in sie eingegangen: nichts davon wird verborgen.

Paare wie Vögel wie ihre Wechselbeziehung sind durch und durch poetische, entworfene Natur. Dabei den Mustern und Spuren jener Dichter (ANAKREON, den Franzosen) folgende Natur. Aber wenn HAGEDORN diesen Spuren folgt, so geschieht das gerade, weil ihn die Bewegung aus der Stadt heraustreibt aufs Land und von dort noch weiter in ein ferneres Land. Die reale Reise wird vorgestellte, fiktive Reise im Traum ("Der Traum"): So träumt sich der im Garten einschlummernde Dichter auf die Liebesinsel Paphos. So der außerhalb der Städte entschlummernde Dichter in eine Landschaft, die zugleich deutsch, griechisch und französisch ist in ihrer Szenerie und Figuration:

An den verlorenen Schlaf

Wo bist du hin, du Tröster in Beschwerde,
Mein güldner Schlaf?
An dem ich sonst die Größesten der Erde
Weit übertraf.
Du hast mich oft an Wassern und an Büschen
Sanft übereilt
Und konntest mich mit beßrer Rast erfrischen,
Als mir voritzt der weiche Pfühl erteilt.

Allein bedeckt vom himmlischen Gewölbe
Schlief ich dann ein.
Die stolze Thems, die Saal und Hamburgs Elbe
Kann Zeugin sein.
Dort hab ich oft in längst vergrünten Jahren
Mich hingelegt
Und hoffnungsreich, in Sorgen unerfahren,
Der freien Ruh um ihren Strand gepflegt.

Wie säuselten die Lüfte so gelinde
Zu jener Ruh!
Wie spielten mir die Wellen und die Winde
Den Schlummer zu!
Mich störte nicht der Ehrsucht reger Kummer,
Der vielen droht,
Ich war, vertieft im angenehmsten Schlummer,
Für alle Welt, nur nicht für Phyllis, tot.

Sie eilte dort, in jugendlichen Träumen,
Mir immer nach,
Bald in der Flur, bald unter hohen Bäumen,
Bald an dem Bach.
Oft stolz im Putz, oft leicht im Schäferkleide,
Mit offner Brust,
Stets lächelnd hold im Überfluß der Freude:
Schön von Gestalt, noch schöner durch die Lust.

Mein alter Freund, mein Schlaf, erscheine wieder!
Wie wünsch ich dich!
Du Sohn der Nacht, o breite dein Gefieder
Auch über mich!
Verlaß dafür den Wuchrer, ihn zu strafen,
Den Trug ergetzt,
Hingegen laß den wachen Codrus schlafen,
Der immer reimt und immer übersetzt.

Sie sehen an diesem Gedicht[24], daß ich die Bewegung in immer ent-
ferntere Zonen nicht konstruiert habe, vielmehr beschreibt sie das Gedicht
selbst! Aber, und das ist eigentlich noch viel aufregender: aus der am wei-
testen entfernten, aus der vorgestellten Landschaft geht die Bewegung auch
wieder zurück bis in die Stadt.

Die ganze Fiktivität nämlich der deutschen Schäferlyrik, ihre oft uner-
trägliche Abgehobenheit und Unlebbarkeit hat HAGEDORN in einem ein-
zigartig deutlichen, soweit ich sehe ganz unbeachteten Gedicht witzig ent-
larvt und zugleich unmißverständlich gesagt, wo das eigens dafür fingierte
Liebesleben der Schäfer eigentlich hingehört: in die Stadt und in das Haus

nämlich. Ich lese nur noch eine Strophe aus dem Gedicht "Das Gesell-schaftliche"[25], weil sie den dicken Schatten des Waldes wieder aufnimmt:

> Lockt uns kein Laub in ungewisse Schatten;
> So baut man Dach und Zimmer an,
> Die manchem Kuß mehr Sicherheit verstatten,
> Als Forst und Busch ihn leisten kann.

Die Stationen der Reise aus der Stadt sind die Erfahrungen des Rei-senden mit der sich erweiternden äußeren und inneren Natur: die Fahrt aus der Stadt in das Landhaus, den schön gehegten Garten (1) - die Bewegung in die umgebende bearbeitete Natur, die Felder (2) - der Spaziergang in die Wälder (3) und darüber hinausreichende Vorstellungen, Täler und Höhen (4) - die vorgestellte Reise nach Paphos in die griechisch-erotische Land-schaft mit Nymphen, Schäferinnen (5) - die lebhafte Teilnahme schließlich an erotischen Reisen der Götter und Helden (Zeus, Apollon, Odysseus) (6). Die Stadien locken und lockern den Reisenden, je weiter er kommt, indem er teilnimmt an bäurischer, an schäferlicher, an göttlicher Natur, entdeckt er diese als die seinige in sich selbst oder richtiger: schafft er diese innere Natur im poetischen Prozeß um. Heimkehrend trägt er so ein verändertes Naturmaß von Station zu Station zurück bis in die Stadt. Die Ausweitung bringt eine Anreicherung der inneren Natur, unter anderem um die ange-eignete antike Dichtung; welche, das sei hier nur nebenbei angemerkt, weil man es leicht vergißt, natürlich auch eine im Prinzip adelige Dichtung ge-wesen ist, da sie ja auf Grundherrschaft und Sklaverei beruht.

So großbürgerlich also - im Garten und im Landhaus - die Reise gerade beginnt, so , in der Tendenz, unbürgerlich ist das Heimgebrachte. Denn was der poetische Reisende zurückbringt in seinem hübschen Gepäck, ist, halb und halb, gefährliche Contrebande. Machte er davon eine Liste und stellte sie gegenüber den in der Stadt üblichen, offen gehandelten Gütern der Mo-ral, würde das schnell sichtbar. Ich versuche das an seiner Stelle, und Sie vergessen nicht, daß auf diesem poetischen Angebot die Dinge nur verein-facht genannt werden können.

HAGEDORN setzt
- den Schlaf und den Traum höher als die wache Sorge,
- die Muße, welche leicht als Faulheit gilt, vor den rechnenden Fleiße;
- die Jugend höher als die Erwachsenen;
- die Nacht vor den Tag;
- er stellt die Liebe höher als die Arbeit
- und gleich mit: die freie Liebe vor die Ehe, wobei er jener durchaus Treue, dieser aber bloß Berechnung und Ordnung zuspricht.
- Er schätzt den Augenblick höher als den Wechsel auf die Zukunft;
- die Hingabe mehr als Zurückhaltung und Antizipation,

-    die Unbekümmertheit mehr als die kluge Berechnung,
-    die Freigebigkeit höher als das Maß des Möglichen.

Überblickt man die ganze Liste[26], so rangiert die kleine Verschwendung vor der großen Sparsamkeit. Geben ist seliger denn nehmen.

III.

Das geht, glaube ich, an den Nerv selbst großbürgerlicher Wirtschafts- und Lebensführung. Deshalb muß man auch aus diesem Lager mit einer nervösen Abwehrhaltung rechnen. Und in der Tat liegt uns ein - sehr präzises - Zeugnis dafür aus HAGEDORNs unmittelbarer Umgebung vor: in den Briefen seiner eigenen Mutter. Für sie, so schreibt der Herausgeber der Briefe, ist "dieser Sohn ... eine Quelle schwerer Sorgen und tiefen nagenden Schmerzens. Seine ganze Lebensführung steht in schreiendem Gegensatz zu dem, was die alte Frau als vernünftig und anständig, vor allem aber als sittlich ansieht".[27] Anders als der adelige Vater entstammt Anna Maria, die geborene SCHUMACHER, einer "distinguierten" Bürgersfamilie. Die in solcher Umgebung angelegten Haltungen lassen die Briefe an den jüngeren Sohn Christian Ludwig so deutlich heraustreten, weil Anna Maria in ihm den 'rechten', in unserm Friedrich aber förmlich den 'gefallenen Sohn' typisiert. Diese Haltungen treten um so schroffer hervor, weil mit dem Tode des Vaters Einkünfte verloren gehen und "ein durch fortgesetzte Verluste immer mehr zusammenschmelzendes Vermögen ... zur peinlichsten Sparsamkeit zwingt, während doch die Ehre des Hauses nach außen hin eine kostspielige Repräsentation verlangt."[28] Nur ist die Sparsamkeit die allgemeine Haltung vorweg, wird durch die speziellen Umstände nicht erst geschaffen, sondern durch diese nur 'peinlich', verstärkt und deshalb besonders sichtbar, wie eine entsprechende Äußerung der Mutter zeigt: "und hett ich noch so viel Gelt, dennoch wollt ich es nicht einmal zugestehn;" schreibt sie unmißverständlich an Ludwig und fährt fort: "waß gelegenheit die Tischgesellschaft zu depensieren [also: bei Tischgesellschaften auszugeben, oder sie auszuhalten] und die Zeit zu vertendeln gibt, habe ich bei Friedrich erfahren".[29] Sie mag nicht nur kein Geld ausgeben, weil sie zuwenig hat, sondern weil sie keine Zeit vertendelt sehen will. Der Gestus der Sparsamkeit sitzt viel tiefer, er betrifft eben auch das Ausgeben von Zeit. Dieses wird als Müßiggang, als Faulheit empfunden und damit als aller Laster Anfang: "negligire nicht im christentum zuzunehmen, und meide alle Sünden, welche ordinär aus die Brüderschaft trinken entstehen, ich meine trinken und unkeusches Leben, für beydes

202

wolle dich der barmherzige Gott bewahren und mir den Trost und die Freude ... laßen, daß ich doch einen Sohn haben möge, der keusch und mäßig lebe, und ein feindt solcher greulichen laster sey."[30]

Als Verschwendung erscheint ihr auch eine Großmut, die den eigenen Nutzen nicht im Auge hat: "durch dumme gutheit, ohne judicium, kömpt er (Friedrich) geschwinde ums gelt, sobalt er was hat, ohne selbst Nutzen davon zu haben, ach Ludevig, so tolle hette ichs nimmer glaubt, er weis kein gelt anzulegen noch zu spahren ..."[31]

Der Verschwender, man sieht es hier besonders deutlich, orientiert sich nicht recht am Primat der Einnahmen über die Ausgaben, was die Mutter besonders entsetzt; sie bestärkt Ludwig in der "rühmlichen und festen resolution keinen kreutzer schuldig werden zu wollen, den du nicht capable bist wieder zu bezahlen" und beklagt sich mit gleichem Atem über Friedrich, "der so wenig deine meinung ist als er glaubt, es stehe privat Personen gut an schuldig zu seyn, weil es an großen herren nicht zu tadeln".[32] Hier nun wird, an empfindlicher Stelle des Geldverhaltens, der soziale Gestus des Verschwenders unmittelbar ausgesprochen: Es ist der Gestus der 'großen Herren' bei Hofe, der öffentlichen Personen, was ja den Adeligen bezeichnet im Unterschied zur bloßen 'privat Person', dem Bürger. Während für ihn die Ehrbarkeit darin begründet ist, keinen Kreutzer schuldig zu bleiben, tastet dies die Ehre der öffentlichen Personen überhaupt nicht an. Warum, das will ich hier nicht erläutern, aber nachdrücklich darauf hinweisen, daß Friedrich HAGEDORN den aristokratischen Gestus bis zu einem gewissen Grade in die bürgerliche Umgebung überträgt und den Hinweis auf diesen Gestus offenbar, vielleicht etwas ironisch, auch als Legitimation empfindet - zum Entsetzen der bürgerlichen Mutter.

Ich nehme an, Friedrich von HAGEDORN, der selbst mit adeligen Diplomaten in England und Hamburg mehr oder weniger regelmäßig verkehrte, stand noch stärker als sein jüngerer Bruder Christian Ludwig in der Tradition seines Vaters und verstand sich auch in der Lebensatmosphäre dieses im Dienst des Kopenhagener Hofes stehenden Edelmannes. Statius von Hagedorn war sehr gesellig, und umgab sich mit einer Reihe von Schriftstellern, hielt sozusagen Hof wie ein kleiner Fürst. Ich will nicht unerwähnt lassen, daß er auch in Liebesdingen sich ganz unbürgerlich betragen hatte, und STIERLING nennt ihn deshalb einen "gefährlichen Galan",[33] der zwei junge Frauen zu Fall gebracht hat mit Eheversprechen, die er schon wegen der zu dieser Zeit viel zu geringen Einkünfte nicht hätte heiraten können - hat also gleich doppelt über seine Verhältnisse gelebt.

Aber natürlich will ich mit einem solchen Hinweis nicht Friedrich von HAGEDORNs Verhaltensweise kurzschlüssig oder - wie sagt man - monokausal erklären. Die gesellige Atmosphäre des väterlichen Dichterkreises, in die er ja hineinwuchs, und die er bis zu seinem vierzehnten Lebensjahr erlebte; die sich in Hamburg auch bei anderen wohlhabenden Familien finden ließ, war nur günstig für das Ideal der 'kleinen Verschwendung', das er in Dichtung wie Alltag entwickelte; aber dieses Ideal ist eine vielfältig vermittelte Schöpfung von nah und weit her geholten wirklichen und symbolischen Gesten des Adels und des wohlhabenden Hamburger Bürgertums; und der seit Mitte des 17. Jahrhunderts erwirtschaftete Überschuß, die damit prinzipiell größer werdende Freizeit und die Möglichkeit eines die Notwendigkeiten des Alltags übersteigenden Luxus sind die reelle Grundlage dieser kunstvollen Schöpfung.

IV.

HAGEDORNs Biograph, erinnern wir uns, hielt die sparsame Mutter eigentlich für überlieferungswürdiger als den Dichter mit seinem, wie er meint, verschwenderischen Naturell. Genau davor freilich hat Norbert ELIAS gewarnt, daß man ein erst im 19. Jahrhundert herrschend gewordenes bürgerliches Wirtschaftsethos zum "allmenschlichen Ideal" macht und dann, höchst anachronistisch, zurückprojiziert. "Von solchen Voraussetzungen aus", schreibt er, "scheinen dann Menschen anderer Entwicklungsstufen, Menschen wie die Angehörigen der höfisch-aristokratischen Gesellschaft, die sich nicht entsprechend diesem Ideal ... oder, wie man es ebenfalls ausdrückt, nicht 'rational' verhalten, entweder als charakterschwache Verschwender oder als Narren".[34]

Schärft man so seinen Blick, sieht man leicht, daß HAGEDORN nicht individueller Bonvivant war, Abweichler von einer herrschenden Mehrheit sparsamer Bürger; der er dann auch als Poet hoffnungslos isoliert gegenübergestanden hätte. Vielmehr entdeckt man ihn als einen, freilich auf höchstpersönliche Weise bürgerlich gewordenen Adeligen inmitten eines Großbürgertums, das, umgekehrt, adelige Formen entwickelte oder übernahm, wie etwa am sinnfälligsten das Landhaus und die Verdoppelung des Lebens. Damit ist Hagedorn aber Teil, ja Repräsentant einer sozialen Gruppe, in der er Rückhalt und Wirkung finden konnte, weil er als Dichter den eher äußeren Formen einen eigentümlichen Geist vorschlagen konnte.

Die kleine Verschwendung, die HAGEDORN vorschlug, war eine Aneignung des adeligen Luxus, der großen Verschwendung des Hofes, die, bei eigener Nichtarbeit und nur sich selbst gewidmeter Tätigkeit, allein auf der Arbeit der anderen ruhte - insbesondere der Bauern, aber auch der Bürger. Betrachtet man aber einmal nicht diese Seite des Luxus, die Ausbeutung, dann ist er die durch jene bezahlte Kultur der höfischen Gesellschaft. Ihrer Bauten, Gärten und Künste aller Art, ihrer Geselligkeit und schließlich ihres Menschentyps selbst als einer hohen Kunstform. Und man kann die andere Seite dieser Kultur betrachten: ihre Rezeption durch das Bürgertum, in, natürlich, symbolischer Gestalt.

So wird, in einer Art historisch verschobenen Rücktausches, dem Bürgertum wieder zugänglich, was es höchst nötig hat, da es in stets sparsamer Arbeit genau umgekehrt zum Adel auch eine entsprechend sparsame Lebenskultur entwickelt hatte.

HAGEDORN (und die deutschen Dichter des Rokoko) verwandeln in symbolischer Aneignung die große in eine kleine Verschwendung und bieten sie ihrem Bürgertum an.

Natürlich nur einer Oberschicht. Denn man braucht sich ja bloß vorzustellen, daß einem Seifensieder vorgeschlagen würde, an der Themse einzuschlafen und von Phyllis zu träumen - um sich klarzumachen, daß an HAGEDORNs Vorstellungen sich weder das alte Kleinbürgertum der Zunfthandwerker in den Reichsstädten orientieren konnte, noch etwa die neubürgerliche Beamtenschicht mit ihren abhängigen Stellungen und schmalen Gehältern in den Residenzen, abgesehen von ihren religiös, moralisch und kulturell viel engeren Traditionen; um ganz zu schweigen von den Bauern auf dem Lande. Für alle diese Fraktionen und Schichten entwickelten ihnen zugehörige Dichter je unterschiedliche Aufklärungen. Aber das Großbürgertum Hamburgs, dann Leipzigs und weiterer Hanse- und Residenzstädte, schließlich der Unternehmerfamilien überall im Lande, warum sollte diese wichtige, die Wirtschaft der Zukunft bestimmende Schicht nicht einen geringen Teil des Überschusses - der ja schon für die poetischen Gebilde einen Boden abgegeben hatte -, gleichsam in sich selbst investieren und wuchern lassen, sich also nicht auch auf ihre Weise emanzipieren? Und das hieß für sie (anders als für andere Klassen und Schichten): sensibilisiert durch ihre Dichter erleben, wie stumpfsinnig, wie unerträglich die Zwanghaftigkeit des Raffens und der Ausbeutung waren - wie verlockend, ein Leben, das sich lohnte zu führen und zum Maß der Arbeit zu machen, so daß wiederum auch diese vielleicht in sich selbst einen Wert bekommen und zur Gestaltung der eigenen Subjektivität wie der Sozietät entwickelt werden konnte.

Was konnte und was sollte aus dem Überschuß werden, der bisher nur erst aus besseren, weltweiten Handelsbeziehungen entstand, aber auch schon auf Ausbeutung (z.B. der Manufakturarbeiterinnen)[35] beruhte, was beides sehr bald durch Maschinen noch gesteigert und stabilisiert werden würde? Der gefährliche Widerspruch von alter, stadtbürgerlicher Sparsamkeitsmentalität und neuer Gewinnchance ist den reichsstädtischen Dichtern offenbar sichtbar. BROCKES zum Beispiel, in dem späten Gedicht "Der Geizhals"[36] beschreibt einen Alten, der "Geld von Jugend auf gesammlet" hat; der "sammlet immer ohn ermüden, / und wenn er sein Gesammeltes verschloßen hat, ist er zufrieden". Das ist der Schatzbildner des alten Typs (in neuer Zeit), der raffende Geiz als tendenzieller Fall des Stadtbürgers, der andern und "sich (selber) nicht zu Gute thut", dem es also an Genuß - und damit an Lebensfähigkeit fehlt. - "Der wahre Nutzen der Metallen / Ist, daß sie immer cirkulieren", so formuliert Brockes dann die neue Philosophie eines Kaufmanns, der nicht den "nöthigen Kreislauf hemmt / Und in dem eingesperrten Gelde den Fluß des irdschen Heils verdämmt". Selbstverständlich für Brockes, daß solch "irdsches Heil" nicht produzieren kann, wer nicht fähig wäre zum "irdischen Vergnügen" in Gott und der Natur!

Was aber passiert, wenn der altstädtische 'Geiz' sich - ohne eine Therapie der Kultur - in den neuen der Cirkulation verwandelt und so in einen Kaufmann fährt, das hat GOETHE im "Wilhelm Meister" mit Werner vorgeführt. Der schreibt seinem Vetter (welcher, gerade anders, einen Teil seines Wohlstands in sich selbst 'investiert'):

Wir haben Hoffnung, ein großes Gut ... in einer sehr fruchtbaren Gegend zu erkaufen ... und wir rechnen auf Dich, daß Du dahin ziehst, den Verbesserungen vorstehst, und so kann ... das Gut in einigen Jahren um ein Drittel an Wert steigen; man verkauft es wieder, sucht ein größeres, verbessert und handelt wieder, und dazu bist Du der Mann.[37]

Man sieht sogleich, das Landgut selbst, das Leben dort, interessieren Werner nicht im geringsten, und das fällt besonders auf, wenn man an die aufklärend kulturelle Rolle der Hamburger Villen (und Landgüter an der Bille), das Mustergut des Baron von VOGHT an der Elbe, von WIELAND in Oßmannstedt, oder auch, ins Große und literarisch Symbolische gewendet, an die Gütergemeinschaft der Turmgesellschaft denkt. Werner interessiert das Gut hingegen nur als Cirkulationsaufenthalt seines Kapitals, als Durchgangsort der Profitsteigerung. Das "irdische Heil" ist die Steigerung des Gutes um ein Drittel seines Werts - mit dem er aber nichts anfangen kann und die dort Lebenden nichts anfangen läßt; sondern den er, als abstrakten Profit, wieder abzieht und neu investiert. Wie der Nachbar des Seifensieders rutscht er auf der Zeitachse bilanzierend zurück und kalkulierend voraus und schätzt den Augenblick so wenig wie das Gut oder die Menschen; denn auch Wilhelm ist ihm (als Arbeiter, oder Manager) nur in seiner wertsteigernden Funktion und nicht als Person interessant. Werner, mit einem Wort, kennt nur quantitative Ziele, weil er selbst (wie alle diese Unternehmer) ohne jede Qualität ist. Der verstockte Chrysander - neu; der alte Geiz als universeller Geist des Industriezeitalters.

Es sieht so aus, als würde der alte Geist des städtischen Bürgertums zu Beginn des 18. Jahrhunderts ungleichzeitig, indem er in einen Widerspruch tritt zum nun objektiv möglichen Überschuß an Gewinn (und damit auch an Zeit). Wird aber dieser alte asketische Geist der Aufklärung, der selbst aus einem Teil dieses Überschusses produziert wird, nicht gleichzeitig mit dem neuen poetischen Geist der Aufklärung, dann wird er gleichzeitig bloß mit der neuen äußeren Wirtschaftslage und ihren real größeren Gewinnchancen, denen er sich anpaßt und so transformiert in den 'Geist des Kapitalismus', das objektiv unnötige, aber subjektiv zwanghafte Wirtschaften um des Gewinns willen, des 'Wachstums'; wie wir heute immer hören.

Es wäre also tatsächlich möglich gewesen, einen Teil des Gewinns und der Zeit in sich selbst zu investieren und sich so in dieser kleinen Verschwendung großmütig umzuschaffen? Ich bin ziemlich sicher.

Das ist eine ethische und ästhetische Erklärung. Sie rechnet den einzelnen Individuen Alternativen vor, die sie hatten, und Entscheidungen, die sie hätten treffen können; sie macht sie mitverantwortlich dafür, welche Art von Wirtschaftssystemen sich durchgesetzt haben und überläßt das nicht einer transpersonalen Dialektik ökonomischer Zwänge. Solche Gedanken, das kenne ich wohl, wurden und werden schnell als idealistisch abgetan; aber mit Recht nur da, wo sie ohne Kenntnis sozio-ökonomischer Vorgänge vorgetragen werden und so tun, als ob der Mensch zu jeder Zeit einfach frei sei zu jeder Art von überzeitlicher Menschlichkeit. Aber genauso albern wie dieser ignorante Idealismus erscheint mir jener Soziologismus, der einen sich durchsetzenden oder gar schon durchgesetzt habenden Trend nachträglich (sozialhistorisch!) nur deshalb für gesellschaftlich notwendig erklärt, weil er herrschend geworden ist. Eine solche Soziologie, die eine, durch Kunst beförderte subjektive Wahrnehmung und Entscheidung außer acht läßt und das dumme Sichfügen den vermeintlichen Sachzwängen und das bequeme Mitmachen mit der Mehrheit nachträglich zum notwendigen Gang der Geschichte erklärt, kommt mir eher vor wie eine Biologie über Frösche, die alle quaken, weil der Frühling kommt.

Die Dichter haben ja ihren Bürgern nicht nur hübsche Symbole vorge-
gaukelt, unlebbare Phantasien und hehre Idealismen - wie man sich das von
Dichtern immer vorstellt. Sie haben es ihnen vielmehr selber vorgemacht,
wie man doppelt leben kann. HAGEDORN und BROCKES hatten einen
Beruf wie ihre Mitbürger auch; einen günstigen vielleicht, in dem sie nicht
übermäßig zu arbeiten gezwungen waren, aber auch nicht zwanghaft her-
umwirtschafteten; sondern einen Teil der Zeit in ihre Selbsterschaffung
steckten. "Gespielin meiner Nebenstunden, / Bei der ein Teil der Zeit verschwunden, / Die mir, nicht andern zugehört",[38] so nennt Hagedorn die
Dichtkunst, der wohl wußte, wie man mit Lasten und Altlasten in der inneren Ökologie umzugehen hatte. Kurz: diese Dichter lebten und arbeiteten
mitten im Bürgertum, sie waren Bürger; gerade noch nicht 'literarische Intelligenz', marginale Gruppe, die sich durch Arbeitsteilung abspaltet und
tendenziell haltlos entfernt. Das bahnte sich gerade erst an durch den literarischen Markt, von dem man recht und schlecht leben zu können begann -
übrigens selber nun ein Wirtschaftssparte und Berufsgruppe heraustreiben-
der Teil des Überschusses.

Nur daß selbst hier so erfolgreiche und gut bezahlte Dichter wie
GOETHE mit dem praktischen Alltag verhaftet blieben oder sich ihm wil-
lentlich verbanden, weil sie ihn nicht nur dichten und dann alleine lassen,
sondern tätig durchdringen wollten. Hat sich was mit Kunstautonomie!
Goethe hat in Verwaltung und Hof ein mehrfaches von dem getan, was Be-
amte und Kabinettsmitglieder seiner Zeit so leisteten; und sich dennoch, in
seiner Freizeit, poetisch in einer Weise erschaffen, die jene berufliche Tätigkeit erst so kreativ machte. War eine solche Doppelexistenz etwa keine
repräsentative Alternative?

ANMERKUNGEN

[1] H. STIERLING: Leben 1911, S. 17 f.

[2] F. v. HAGEDORN: Gedichte. 1968, S. 52 f.

[3] Zur Wiederherstellung der inneren und äußeren Wahrnehmung durch die Literatur
des 18. Jahrhunderts, einer regelrechten poetischen Therapie, vgl. auch H. HILL-
MANN: Selbstliebe und Toleranz. In: Lessing und die Toleranz: Beiträge der vierten
internationalen Konferenz der Lessing-Society, insbesondere S. 268-274.

[4] Nach einer lebhaften Diskussion im Seminar bin ich nicht mehr sicher, ob damit nur
'ehrbare' Bürgerstöchter und / oder auch 'feine' Prostituierte gemeint sind.

5) Es ist möglich, daß man das Wort "steif" nicht, wie ich es hier tue, auf diese drei Situationen beziehen oder ausweiten darf, sondern daß es nur die - im Gegensatz zur neuen, am Adel stilisierten Art des Feierns - bürgerlich altdeutschen Feste treffen soll, wo "des Gastmahls Länge / Den steifen Sitzern Lust gebar" (F. v. HAGEDORN: Gedichte 1968, S. 433. Vgl. auch ebd., S. 79: "Der stolz und steif und bürgerlich / im Schmausen keinem Fürsten wich").

6) Vgl. B. BLUME: Die Kahnfahrt. Ein Beitrag zur Motivgeschichte des 18. Jahrhunderts. Euphorion, Bd. 1, 1957, S. 355-384. - Das Gedicht hat nicht nur in der Literaturgeschichte Schule gemacht, also fiktiv-symbolische Fortgestaltung angeregt, sondern auch wirkliche Lustfahrten nach diesem Muster, als ein exemplarisches Stück Alltagskultur. Vgl. die (in: Friedrich G. KLOPSTOCK: Oden, Hg. von Karl L. SCHNEIDER, 1966, S. 136-142 abgedruckten) Briefe, die die durch und durch poetischen Inszenierungen des geselligen Lebens ganz deutlich machen. So ernst wurden Hagedorn (und die durch ihn angeführten Rokokodichter genommen!) Vgl. Anm. 25.

7) B. H. BROCKES: Irdisches Vergnügen in Gott. 1970, 2. Th., S. 260-263. Vgl. auch W. MAUSER: (Irdisches Vergnügen, 1984, S. 151-178), der auch den Stadtdichter Brockes zum ersten Mal und entschieden, offensichtlich aus einer modern-kritischen Perspektive auf das bürgerliche Wirtschaften, vor Augen führt.

8) F. v. HAGEDORN: Gedichte. 1968, S. 79 f.

9) Vgl. den Beitrag von Wolfgang GRIEP in diesem Band.

10) Vgl. in Karl-Ph. MORITZ' "Anton Reiser" den Aufenthalt bei dem Kürschner LOBENSTEIN im Ersten Teil, sowie allgemein zur Lebensweise der Handwerker Helmut MÖLLER: Die kleinbürgerliche Familie im 18. Jahrhundert, 1969.

11) F. v. HAGEDORN: Versuch in poetischen Fabeln und Erzählungen, Hg. von H. STEINMETZ, 1974, S. 121-126. - Der Herausgeber der hier wegen ihrer leichten Zugänglichkeit immer zitierten Ausgabe der Gedichte (1968) hat diese wichtige, sich gegenseitig Beleuchtung und Bedeutung gebende Konstellation zerstört. Natürlich mußte er auswählen, aber indem er die beiden Geiz- und Stadtgedichte aus ihrer Verbindung nimmt, diese selbst aus dem Zusammenhang des vorausgehenden Hofgedichts und der dann nachfolgenden fiktiv-griechischen 'Hof'-Gedichte (Apollo verläßt den 'Hof' von Zeus und geht zu den Hirten aufs Land) wird aus der ganzen bedeutungsvollen Konstellation des Stadt- und Gesellschaftsdichters Hagedorn: der harmlose Dichter der Seifensieder-Idylle und der Hirten! - Dasselbe geschieht übrigens BROCKES: aus dem engagierten und weitblickenden Stadtdichter macht die Reclamausgabe einen reinen Naturdichter. So zerstört man die Rolle der Natur, Therapie für die städtische Verhärtung des Wirtschaftens zu sein!

12) F. v. HAGEDORN: Gedichte. 1968, S. 178 f.

13) In dieser Zwischenzeit - HAGEDORN läßt offen, ob Studium oder 'Cavalierstour' - darf er viele Mädchen lieben, tanzen, zur Jagd gehen: alles adelige oder patrizisch reale Möglichkeiten, die Hagedorn mit der Jugend zu einem Ideal des lebenswerten Lebens verdichtet. Man vergleiche damit Wilhelm Meisters Reise - und man sieht, wie realistisch für eine Oberschicht modelliert wird, die es sich leisten kann, sich nicht wie Holzböcke in die Geschäfte zu bohren! - Was in diesem sozialen und zeit-

lichen Rahmen reale Möglichkeit war, kann sich dann freilich zu poetischen Mustern verflüchtigen, die als leere Träume die Realität verdecken. Vgl. zur Rolle der Reise und des Adels im Bildungs- und Zeitroman Udo KÖSTER: Literatur und Gesellschaft in Deutschland 1830-1848. 1984, S. 77-98.

14) F. v. HAGEDORN: Werke, 3. Th., 1. Buch, S. 96 f. - Gerade dieses Schlußgedicht des Zyklus ist von A. ANGER (F. v. Hagedorn, Gedichte, S. 29-32) weggelassen, wodurch die ganze konstellative Bedeutung (und Gegenbedeutung in dem anderen Zyklus) aufgelöst wird. Vgl. auch Anm. 11.

15) F. v. HAGEDORN: Gedichte. 1968, S. 41 f.; und wegen der ausführlichen Anmerkungen von Hagedorn selbst in: Werke. 3. Th., S. 141-145. Das wichtigste, wenngleich sicher nicht schönste Positions-Gedicht Hagedorns, gegen die Fronten Kirche und Zunftbürgertum, altdeutsch-steifes Großbürgertum und höfischen Adel ("schnöde Lüste").

16) Vgl. dazu N. ELIAS: Die höfische Gesellschaft. 1969, S. 421; aber insgesamt zum Horizont meiner Untersuchung, wenn man das ganze Buch nicht lesen kann: S. 416-430.

17) G. H. BROCKES: Irdisches Vergnügen in Gott. 1970, 2. Th., S. 124-126.

18) Ebd., 2. Th., S. 60.

19) Ebd., 2. Th., S. 61.

20) Vgl. den Beitrag von Carsten PRANGE in diesem Band. Und allgemeiner: Museum für Hamburgische Geschichte (Hg.): Gärten 1975, insbesondere S. 11-18.

21) F. v. HAGEDORN: Gedichte. 1969, S. 53 f.

22) Ebd., S. 27.

23) Ebd., S. 10 f.

24) Ebd., S. 20 f.

25) F. v. HAGEDORN: Werke. 3. Th., S. 150.

26) Natürlich sind alle diese Dinge 'nur im Scherz' gesagt - nicht 'im Ernst'. Aber wer heißt sie uns deshalb für harmlos erklären, wie in den HAGEDORN-Darstellungen so üblich (außer vielleicht bei Anger)? Hätte Hagedorn das alles im Tone des Ernstes geschrieben, man hätte ihn steinigen lassen wollen (wie DREYER). Das Scherzen (und die mehrfache Schutzbehauptung, er lebe nicht so wie er dichtend scherze), ist die Bedingung, unter der Hagedorn der Obrigkeit (wie vielleicht sich selbst) solche Dinge zu sagen wagte. Griff ihn einer an, wegen der Lockerung der Sitten, ließ sich sagen: Darf man denn nicht scherzen? Nahm ihn einer beim Wort und folgte ihm nach, ließ sich sagen: Recht so - ihr habt den Weisen verstanden. Das Scherzen, die 'spielende Vernunft', war die Lizenz des Sprechens damals - nicht die Erlaubnis heute, aus Hagedorn einen harmlosen Dichter zu machen (vgl. Anm. 6, 11, 13, 14), der mit seinem eleganten Stil bloß als Vorläufer der Natur- und Erlebnis-Dichtung interessant ist.

27) A. M. v. HAGEDORN: Briefe. 1885, S. 4 f.

28) Ebd., S. 4.

29) Ebd., S. 19.

30) Ebd., S. 83 f.

31) Ebd., S. 87.

32) Ebd., S. 96.

33) H. STIERLING: Leben. 1911, S. 17.

34) N. ELIAS: Die höfische Gesellschaft. 1969, S. 422.

35) Vgl. in diesem Band den Beitrag von Rita BAKE: Zur Arbeits- und Lebensweise Hamburger Manufakturarbeiterinnen im 18. Jahrhundert.

36) B. H. BROCKES: Irdisches Vergnügen in Gott. 1970, 9. Th., S. 453 f.

37) Goethes Werke. Hamburger Ausgabe in 14. Bänden, Hg. von E. TRUNZ. Bd. 7, S. 288.

38) F. v. HAGEDORN: Gedichte. 1968, S. 6.

LITERATURVERZEICHNIS

Friedrich von HAGEDORN: Werke. 3 Theile. Hamburg 1769.

Friedrich von HAGEDORN: Gedichte. Hg. von Alfred ANGER. Stuttgart 1969 (Reclam 1321-23).

Friedrich von HAGEDORN: Versuch in poetischen Fabeln und Erzählungen. Hamburg 1738. Im Faksimiledruck, hg. von Horst STEINMETZ. Stuttgart 1974.

Anna Maria von HAGEDORN: Briefe an ihren jüngeren Sohn Christian Ludwig 1731-32. Hg. von Berthold Litzmann. Hamburg und Leipzig 1885.

Hubert STIERLING: Leben und Bildnis Friedrichs von Hagedorn. Hamburg 1911. (Mitteilungen aus dem Museum für Hamburgische Geschichte. Nr. 2).

Museum für Hamburgische Geschichte (Hg.): Gärten, Landhäuser und Villen des Hamburgischen Bürgertums. Kunst, Kultur und gesellschaftliches Leben in vier Jahrhunderten. Ausstellung 29. Mai - 26. Oktober 1975. Hamburg 1975.

Wolfram MAUSER: Irdisches Vergnügen in Gott - und am Gewinn. Z.B. H. Brockes' "Die Elbe". In: Lessing Yearbook. 16. Jg. 1984, S. 151-178.

Denner pinx. 1744.   J. Canale Scul.

Bild 22: Friedrich von Hagedorn. Stich von J. Canale nach einem Gemälde von Denner (1744)

ECKART KLESSMANN

GEORG PHILIPP TELEMANN UND DIE MUSIK IN HAMBURG

Am 10. Juli 1721 wählte der Rat der Stadt Hamburg Georg Philipp TELE-
MANN zum städtischen Musikdirektor und Kantor am Johanneum, der angesehensten Schule der Freien Reichsstadt.

TELEMANN stammte aus Magdeburg. Er war dort am 14. März 1681
als Sohn eines Predigers zur Welt gekommen und hatte schon als Kind eine
ungewöhnliche musikalische Begabung gezeigt. Die Mutter - der Vater war
früh gestorben - sah diese Neigung des Sohnes mit Unbehagen. Musiker
standen damals auf der sozialen Skala weit unten; jahrhundertelang hatten
sie meist als "unehrliche Leute" gegolten, und auch die bei einem Fürsten
beschäftigten hatten den Rang von Lakaien. Natürlich, daß ein Bürger ein
wenig im Gesang oder auf einem Instrument dilettierte, sah man nicht ungern, und ein wenig Musik gehörte auch zum Erziehungsprogramm; aber
daraus einen Beruf fürs Leben zu machen - Gott behüte! So richtig aufge-
schreckt wurde die Mutter aber, als der zwölfjährige Georg Philipp eines
Tages mit einer richtigen Oper herausrückte, die er selbst vertont hatte und
deren Hauptpart er sang (übrigens ein aus Hamburg stammendes Libretto:
"Sigismundus"). Jetzt, so fand die Verwandtschaft, müsse etwas geschehen.
"Ich würde ein Gauckler, Seiltäntzer, Spielmann, Murmelthierführer etc.
werden, wenn mir die Musik nicht entzogen würde. Gesagt, gethan! Mir
wurden Noten, Instrumente, und mit ihnen das halbe Leben genommen", so
erinnerte sich Telemann 1739. Das Erstaunliche an diesem Kind: Es hatte
bislang keinen Unterricht gehabt, es lernte alles von selbst und in kürzester
Zeit und spielte, ohne Noten lesen zu können, geläufig bereits "die Violine,
Flöte und Cither". Nach vierzehn Tagen Klavierunterricht hatte der junge
Georg Philipp von seinem ihn langweilenden Lehrer genug; alles weitere
lernte er allein in wenigen Wochen. Diese Fertigkeiten hätte man ja noch
hingehen lassen, aber "in meinem Kopffe spuckten schon muntre Töngens,
als ich hier hörte", und das eben war zuviel.

Zur weiteren Ausbildung und vor allem zur Musik-Entziehung wurde
der Dreizehnjährige nach Zellerfeld im Harz geschickt, "weil meine No-
tentyrannen vielleicht glaubten, hinterm Blockberge duldeten die Hexen
keine Musik". Aber sie duldeten sehr wohl: Als eines Tages eine Festmusik
anstand, fügte es sich überaus günstig, daß den Kantor das Podagra aufs
Lager warf, ehe er die Musik hatte schreiben können. Daraufhin versah der

213

junge TELEMANN nicht nur das Amt des Komponisten, sondern auch das des Dirigenten.

Von nun an komponierte und musizierte der Junge, gefördert von seinem verständnisvollen Lateinlehrer, ohne Unterlaß. Er schrieb für die Kirche, er schrieb gesellige Tafelmusiken. Auch in Hildesheim, wohin man TELEMANN nach vier Jahren schickte, komponierte der Schüler weiter; zum Beispiel setzte er eine gereimte Geographie seines Direktors Losius in Musik, die früheste Komposition Telemanns, die uns überliefert ist. Und weil es sich gerade so fügte, lernte der hochbegabte Knabe so ganz nebenbei auch noch etliche Instrumente spielen, neben den schon genannten noch Oboe, Querflöte, Chalumeau (ein Vorläufer der Klarinette), Gambe, Kontrabaß und Posaune, und nicht zu vergessen: Lateinisch, französisch und italienisch sprach er fließend.

Die Magdeburger Verwandtschaft erfuhr nicht, was sich da entwickelte. TELEMANN gab sich als fügsamer Sohn und begann als Zwanzigjähriger mit dem Studium der Jurisprudenz in Leipzig. Aber auch hier gewann die Musik in Kürze die Oberhand: Telemann schrieb für die Leipziger Oper, er schrieb für den sonntäglichen Gottesdienst, und da der Erfolg sich augenblicklich einstellte, so daß ihn die Musik allmählich ganz beanspruchte, beichtete er eines Tages der Mutter, was geschehen war. Die gute Frau konnte nun schlecht ihren Segen verweigern, was von höhern Orts sichtlich gesegnet worden war, zumal der Sohn ja auch gesellschaftliche Reputation vorweisen konnte. So begann Telemanns steile Karriere.

Beim Grafen PROMNITZ in Sorau wurde er 1704 Kapellmeister. Er machte sich mit dem Land vertraut und unternahm Reisen bis nach Krakau; hier erfuhr er das, was man heute gern ein Schlüsselerlebnis nennt: Er lernte "die polnische undd hanakische Musik in ihrer wahren barbarischen Schönheit kennen". Nicht durch Noten, nicht bei Hofe - TELEMANN suchte die Musik "in gemeinen Wirtshäusern" auf:

Man sollte kaum glauben, was dergleichen Bockpfeiffer oder Geiger für wunderbare Einfälle haben, wenn sie, so offt die Tanzenden ruhen, fanta-isieren. Ein Aufmerckender könnte von ihnen, in 8 Tagen, Gedancken für ein gantzes Leben erschnappen.

Wen er damit meinte, war 1740, als diese Sätze veröffentlicht wurden, jedem Musikkenner klar. Wohl hatten schon andere Komponisten vor ihm Folklore in ihr Werk eingebracht, und viele würden es nach ihm tun, aber vermutlich hat kaum ein Komponist vor Béla BARTOK in einem solchen Maße sein kompositorisches Schaffen folkloristisch gespeist wie TELEMANN. Bis ins Werk seiner letzten Lebensjahre begegnen wir immer wieder den Reminiszenzen kräftiger slawischer Volksmusik. Aber die Anregungen kamen nicht nur von Polen und Hanaken (eine Volksgruppe in Mähren): Elemente italienischer, britischer und skandinavischer Musik sind beigemischt; vielleicht machte das den Komponisten in ganz Europa so beliebt.

TELEMANN verließ Sorau nach vier Jahren und wurde Konzertmeister am Hof von Eisenach (wo er auch als Gesangssolist auftrat), blieb aber auch hier nur vier Jahre und folgte 1712 einer Berufung nach Frankfurt am Main.

Hier versorgte er (wie in Eisenach) den Gottesdient regelmäßig mit Kantaten und schrieb Festmusiken aller Art. Auch führte er hier den Brauch ein, daß jeder Besucher seiner Passionsmusiken ein gedrucktes Textheft vorher kaufen mußte, wenn er eingelassen werden wollte (was zusätzliches Honorar brachte). Als er in Frankfurt die "BROCKES"-Passion uraufführte, vermerkte der Komponist befriedigt, "daß die Kirchenthüren mit Wachen besetzt waren, die keinen hineinließ, der nicht mit einem gedruckten Exemplar der Passion erschien". In Frankfurt wurden auch seine ersten Werke gedruckt: 6 Sonaten, 6 Sonatinen, 6 Trios und die "Kleine Cammer-Music" (1716), bestehend aus 6 Partiten für verschiedene Instrumente. Die anderen Kompositionen TELEMANNs wurden, wie damals allgemein üblich, durch Abschriften verbreitet.

Man sieht: Der vierzigjährige TELEMANN war ein gestandener Musiker von hohem Ansehen, als ihn das Hamburger Angebot erreichte. Eigentlich war er in Frankfurt ganz glücklich. Als er die Stelle eines Hofbediensteten 1712 mit dem Posten eines städtischen Angestellten vertauschte, wußte er, warum er es tat. Damals hörte er, so erinnerte er sich später: "Wer Zeit seines Lebens fest sitzen wolle, müsse sich in einer Republik niederlassen." Nun galt es, eine Republik gegen eine andere zu wechseln. Warum Hamburg?

Nun, die Hansestadt genoß damals den Ruf, die musikliebendste Stadt des Heiligen Römischen Reiches Deutscher Nation zu sein, und dieser Ruf war wohl begründet. Hamburg hatte sich die Musik immer einiges kosten lassen.

So leistete sich die Stadt im 17. Jahrhundert acht städtisch besoldete Ratsmusikanten, denen zwei "Expectanten" (Anwärter) beigesellt waren, die bei einem Todesfall nachrückten. Hinzu kamen 15 "Rollbrüder" (sie hießen so, weil ihre Befugnisse und Gesetze auf einer Rolle aufgezeichnet waren), die - wie die Expectanten - den Ratsmusikanten unterstellt waren. Sie hatten dann einzuspringen, wenn einmal Not am Mann war, unbeschadet etwaiger anderer Verpflichtungen. Ihre Anzahl wurde 1610 festgesetzt. Waren unter ihnen besonders begabte Musiker, so konnte der Rat ihre Zahl auch erhöhen. Und dann gab es noch (seit 1691) die "Grünrollmusikanten", Musiker, die nicht einer Zunft angehörten. Sie hatten vom Rat das Privileg, in den Vorstädten zum Tanz aufzuspielen und bei den Frühlings- und Sommerfesten der Schulen und des Waisenhauses mitzuwirken. Da sich diese Tätigkeit meist im Grünen abspielte, waren sie eben die Grünrollmusikanten. Diese Leute waren meist Handwerker und betrieben die Musik als Nebentätigkeit. Und so, wie die Rollbrüder bei den Ratsmusikanten aushilfsweise einspringen mußten, wurde ein gleiches von den Grünen als Aushilfe bei den Rollbrüdern verlangt.

Damit verfügte Hamburg zu Beginn des 17. Jahrhunderts über 25 organisierte Musiker, mehr als in den anderen deutschen freien Reichsstädten, in denen ja keine Hofkapellen existierten. Und so gut war der Ruf der Hamburger Musikanten, daß sie zuweilen auch auf Wunsch ausgeliehen wurden, so an den Hof von Schwerin, so an den Hof von Kopenhagen. Vom Rat besoldet aber wurden nur die Ratsmusikanten und ihre Expectanten, denen die Turmbläser angeschlossen waren, die ihrerseits aber von den Kirchen bezahlt wurden. Die Rollbrüder und die Grünrollmusikanten verdienten ihr Geld durch Aufspielen bei Festlichkeiten aller Art, besonders Hochzeiten, bei denen die musikalische Ausgestaltung und die Bezahlung der Musiker bis ins Detail durch ein Gesetz geregelt waren.

Als ganz selbstverständlich galt, daß Ratsmusikanten und Rollbrüder mehrere Streich- und Blasinstrumente beherrschten. Nur die Trompeter - seit je eine elitäre Zunft, - durften die Türmer stellen, und ihnen war bei festlichen Anlässen in Hamburg ein besonderer Brauch vorbehalten. Galt es nämlich, ein ungewöhnliches Ereignis zu feiern, so mußte von den Türmen geblasen werden. Hamburg verstand es, bedeutende Musiker an sich zu binden. So wirkte von 1621 bis 1665 Johann Paul SCHOP als Direktor der Ratsmusikanten in dieser Stadt, von dem zum Beispiel die noch heute bekannten Choralmelodien "Ermuntere Dich, mein schwacher Geist"; "O Traurigkeit"; "O Herzeleid"; "Sollt ich meinem Gott nicht singen"; "Werde munter, mein Gemüte" stammen. Thomas SELLE wurde 1637 zum Kantor am Johanneum, 1641 zum Kantor und Musikdirektor am Dom berufen, und als nach seinem Tod Christoph BERNHARD vom sächsischen Kurfürsten "ausgeliehen" werden konnte, wirkte jener von 1663 bis 1674 in Hamburg. Welchen Wert man hier der Musik beimaß, erhellt aus der Tatsache, daß bei Bernhards Ankunft "ihm die Vornehmsten der Stadt Hamburg mit sechs Kutschen bis Bergedorf zwo Meilen entgegen" fuhren.

Eine bedeutsame Anregung erfuhr das Hamburger Musikleben durch Matthias WECKMANN, der von 1655 bis 1674 als Organist an St. Jacobi wirkte. Er gründete 1660 das Collegium musicum, das sich jeden Donnerstag in einem Nebenraum des Doms versammelte - "etliche Studiosis, Kaufgesellen, Musikanten u.a. rühmliche Liebhaber dieser edlen Kunst" (so Johann RIST) - und regelmäßig öffentliche Konzerte veranstaltete. Mit dem Tode Weckmanns erlosch dieses Ensemble; erst TELEMANN sollte an diese Tradition wieder anknüpfen.

Dennoch fehlte es auch nach WECKMANN nicht an musikalischer Bereicherung. So wirkte von 1675 bis 1682 Johann THEILE in Hamburg, mit dessen Oper "Adam und Eva" am 2. Januar 1678 das Hamburger Opernhaus eröffnet wurde. So komponierten hier Reinhard KEISER und Johann MATTHESON, TELEMANNs Zeitgenossen. Auch berühmte Instrumentenbauer zog es in die Hansestadt: Joachim TIELKE, der Geigen, Lauten, vor allem aber Gamben baute, die nicht nur bis heute zu den klangvollsten Instrumenten ihrer Art gehören, sondern durch ihre köstlichen Intarsien auch eine Augenweide sind; oder die Klavierbauer Carl Conrad FLEISCHER und Christian ZELL; oder Arp SCHNITGER, Norddeutschlands größten Orgelbaumeister. Als Organisten wirkten in Hamburg, als Telemann hier eintraf, zwei der bedeutendsten Vertreter der norddeutschen Orgelschule: Jan Adam REINKEN (gest. 1722) an St. Katharinen und Vincent LÜBECK (gest. 1740) an St. Nicolai.

Wir wissen nicht, wann TELEMANN in Hamburg eintraf. Am 21. Juli 1721 hatte er die Stadt Frankfurt um Entlassung aus seinem Amt gebeten; am 17. September desselben Jahres fand vormittags in St. Katharinen zu Hamburg eine erste Aufführung seiner Kirchenmusik statt. Dazwischen lag also die Übersiedlung nach Hamburg mit seiner zweiten Frau Maria Catharina und sieben Kindern im zarten Alter. Das älteste, Maria Wilhelmina Eleonora (geb. 1711), stammte aus der ersten Ehe Telemanns; die Mutter war an der Geburt dieses Kindes gestorben, ein allzu häufiges Schicksal jener Zeit.

Der zweiten, 1714 geschlossenen Ehe entstammten Andreas (geb. 1715), Hans (geb. 1716), Heinrich Matthias (geb. 1717), Anna Clara (geb. 1719), Friedrich Carl (geb. 1720) und der erst zwei Monate alte August Bernhard. Der Umzug nach Hamburg kostete die beträchtliche Summe von 343 Reichstalern, denn neben dem Hausrat waren auch viele Musikinstrumente zu befördern.

TELEMAN bezog mit seiner großen Familie die Kantorenwohnung des Johanneums, wo er viermal wöchentlich von 13 bis 14 Uhr die Schüler der

Oberklassen in Musik zu unterrichten hatte. Die Wohnung, die seinem kinderlosen Amtsvorgänger GERSTENBÜTTEL groß genug gewesen war, erwies sich für die Telemanns als zu eng, zumal der neue Kantor in dieser Wohnung sogar noch öffentliche Konzerte veranstaltete.

Obwohl TELEMANN es sich nicht anmerken ließ: Die erste Begegnung mit Hamburg war keinesfalls Liebe auf den ersten Blick. Er mußte bald spüren, daß sein Salär nicht ausreichte, denn das Leben an der Elbe und Alster war nicht billig und seine Ehefrau verschwenderisch. In Frankfurt hatte er auskömmlich leben können; er war mit den Jahren ein angesehener, gesellschaftlich gut etablierter Bürger geworden. In Hamburg aber mußte er sich erst einrichten und sich vor einem durchaus kritischen Publikum bewähren. Und in Hamburg saß auch jene Instanz, die als Kunstrichter in Sachen Musik Lob und Verdammnis über Deutschlands Komponisten in einer Fülle von regelmäßig erscheinenden Publikationen austeilte: Johann MATTHESON.

Der wie TELEMANN 1681 geborene MATTHESON gehörte zu jenen überaus vielseitigen Persönlichkeiten, an denen das 18. Jahrhundert so reich war. Zunächst machte er sich als Komponist einen Namen und schrieb acht Opern und 29 Oratorien, deren Texte er zuweilen auch selbst dichtete. Als 1704 seine Oper "Cleopatra" in Hamburg uraufgeführt wurde, sang der Komponist nicht nur eine der Hauptrollen, sondern leitete auch die gesamte Premiere vom Cembalo aus, sofern er nicht gerade auf der Bühne zu agieren hatte. Damals saß ein neunzehnjähriger Geiger im Orchester, dessen außergewöhnliche Begabung Mattheson sofort aufgefallen war und den er darum persönlich förderte: Georg Friedrich HÄNDEL, mit dem Telemann seit jungen Jahren befreundet war.

MATTHESONs Karriere als Opernkomponist, Dirigent und Bühnendarsteller endete schon 1705 durch ein sich verschlimmerndes Gehörleiden. Der Vierundzwanzigjährige fand daraufhin eine Anstellung als Geheimsekretär des britischen Gesandten in Hamburg.

TELEMANN und MATTHESON hatten schon während Telemanns Frankfurter Zeit miteinander korrespondiert und empfanden einige Sympathie füreinander, was allerdings den gestrengen Mattheson nicht hindern sollte, Telemanns Arbeiten gelegentlich scharfer Kritik zu unterziehen.

Obwohl TELEMANN wahrscheinlich schon im August in Hamburg eingetroffen war, fand seine Amtseinführung aber erst am 16. Oktober vormittags um 10 Uhr im Johanneum statt, ein Ereignis, das gedruckte Plakate in lateinischer Sprache den gebildeten Hamburgern bekanntmachten. Dabei hielt der Senior - das Oberhaupt der Hamburger evangelischen

Geistlichkeit, das dem Geistlichen Ministerium vorstand - Petrus Theodor SEELMANN in lateinischer Sprache eine Rede. "De origine et dignitate Musicae in genere" (Über die Herkunft und Würde der Musik im allgemeinen) und berichtete anschließend über den bisherigen Lebenslauf Telemanns. Dieser erwiderte darauf (natürlich gleichfalls lateinisch) mit einem Vortrag "De excellentia Musica in Ecclesia" (Von der Vorzüglichkeit der Musik in der Kirche), der "mit großem applausu" aufgenommen wurde, wie die Presse berichtete.

Nächst seinen amtlichen Aufgaben - Musikunterricht im Johanneum und eine allsonntägliche Kantaten-Komposition für den Gottesdienst - ging TELEMANN als erstes daran, die in Hamburg abgestorbene Tradition des Collegium musicum wieder zu erneuern. Er hatte darin Erfahrung, denn ein vornehmlich aus Studenten bestehendes Collegium musicum hatte er schon in seiner Leipziger Studentenzeit gegründet und erfolgreich geleitet (1729 übernahm BACH dessen Leitung), und auch in Frankfurt hatte er ein solches Ensemble ins Leben gerufen. Schon am 15. November 1721 begannen die nun regelmäßig veranstalteten "Winterkonzerte" des Hamburger Collegium musicum in Telemanns Kantorenwohnung; die Eintrittskarte kaufte man beim Komponisten persönlich. Zu Telemanns Aufgaben gehörte es, jedes Jahr eine Passionsmusik zu komponieren und in der Fastenzeit aufzuführen. Das war gute Hamburger Tradition. Als erster hatte hier 1609 Erasmus SARTORIUS eine (nicht erhaltene) Passionsmusik in der Gertrudenkapelle aufgeführt. Für die darauffolgenden Jahre fehlen uns die Nachrichten, aber dann trat Thomas SELLE auf den Plan mit je einer Johannes-Passion für 1641 und 1643.

Im Gegensatz zu BACHs Passionen waren die TELEMANNs äußerst sparsam instrumentiert. Während der Fastenzeit war die Oper zwar geschlossen, aber Telemann standen die Opernsänger dennoch nicht zur Verfügung. Für das Orchester konnte er nur auf die acht Ratsmusikanten und die beiden Expectanten zurückgreifen; fiel von diesen jemand durch Krankheit oder andere Verpflichtungen aus, so durften dafür Rollbrüder einspringen. Den überaus bescheidenen Chor hatten die Schüler des Johanneums zu stellen, die auch zugleich die Sopran- und die Alt-Soli zu singen hatten. Diese Schüler waren auch des Kantors Notenkopisten, aber nur - nach der Schulordnung - "montags, dienstags, Freitag und Sonnabend von 9-11". Von 1724 an hatte Telemann seine Passion auch im Waisenhaus aufzuführen, von 1748 an auch in St. Georg; das bedeutete: Telemann hatte von 1748 jährlich neun Kirchen zu bedienen.

Einnahme für die alljährlich zu komponierende Passionsmusik war gering (nur 36 Hamburgische Mark), aber er gedachte diese Einnahme wie in Frankfurt durch den Verkauf von Textbüchern zu verbessern. Da meldete sich der Druckereibesitzer NEUMANN: Als privilegierter Drucker aller Ratsverlautbarungen (deswegen "Ratsdrucker" genannt) beanspruchte er allein das Recht, TELEMANNs Texte zu drucken und entsprechend Gewinn daraus zu ziehen. Das sei bereits zu GERSTENBÜTTELs Zeit der Brauch gewesen, beschwerte sich Neumann beim Rat.

TELEMANN erwiderte darauf kühl, für dieses Verfahren gebe es keine gesetzliche Handhabe, und was GERSTENBÜTTEL ausgemacht habe, gehe seinen Nachfolger nichts an. Der Ärger mit dem Ratsdrucker NEUMANN war noch nicht verraucht (Telemann obsiegte), da gab es neue Malaise. Am 17. Juli 1722 beschwerten sich die Oberalten beim Rat, Telemann lasse "in einem öffentlichen Wirtshause" Musik aufführen, die "zur Wollust anreitze", was "noch heute verbothen werden" sollte. Zur Ehre des Hamburger Rats sei gesagt, daß er diese törichte Denunziation nicht einmal einer Antwort würdigte.

Die Beschwerde der sich so sittenstreng gebenden Oberalten kam TELEMANN zu Ohren. Jetzt reichte es ihm. Unzureichende Bezahlung, zu kleine Wohnung, Ärger mit dem Ratsdrucker und nun auch noch der versuchte Eingriff in seine künstlerische Freiheit: Hamburg war ihm nach einem Jahr gründlich verleidet.

Da fügte es sich nun, daß am 5. Juni 1722 der Leipziger Thomaskantor Johann KUHNAU gestorben war und Leipzig, das sich um einen Nachfolger kümmern mußte, sich TELEMANNs großer Verdienste während dessen Studentenzeit vor 1705 erinnerte. Man bot ihm die Nachfolge Kuhnaus an. Telemann, den frischen Groll im Herzen, griff zu. Er kündigte dem Hamburger Rat am 3. September unter Hinweis "der mir obliegenden Pflichten in Versorgung der Meinigen, wie auch in Entgegenhaltung der hiesigen für mich anitzo nichtfavorable- scheinenden Conjuncturen", wie man es im Barock höflich zu umschreiben pflegte. Im Klartext meinte das: zu schlechte Bezahlung und Reglementierung durch die Oberalten. Dann reiste Telemann nach Leipzig, wo er sich Ende September persönlich vorstellte und bewarb. Obwohl es an Konkurrenz nicht mangelte, wollten die Leipziger von vornherein ihn und keinen andern.

Nun mußte sich Hamburg entscheiden. Der Rat hatte sich zunächst einmal Zeit gelassen, beriet den Fall und befand schließlich, TELEMANN sollte in Hamburg gehalten werden. Der setzte daraufhin ein Schreiben auf, mit dem er auf seine jämmerliche finanzielle Lage aufmerksam machte.

Der Rat erhöhte daraufhin sein Gehalt um jährlich 400 Hamburgische Mark und gewährte auch eine Mietbeihilfe (oder war es vielleicht sogar die ganze Jahresmiete?) in Höhe von weiteren 400 Mark. Daraufhin sagte Telemann in Leipzig ab. Enttäuscht bemühte sich die Stadt nun, Christoph GRAUPNER zu gewinnen, Hofkapellmeister in Darmstadt; aber den wollte sein Landesherr nicht ziehen lassen. Graupner riet zu Johann Sebastian BACH, und den empfahl auch Leipzigs Bürgermeister LANGE mit der Bemerkung: "wann Bach erwehlet würde, so könte man Telemann, wegen seiner Conduite, vergeßen".

Die Nachwelt hat TELEMANNs "Conduite" nicht vergessen, sondern sie ihm übel angekreidet. Pure Geschäftstüchtigkeit habe ihn dazu verleitet, mit den Leipzigern ein unredliches Spiel zu treiben; von vornherein sei er gewillt gewesen, mit dem Leipziger Angebot in Hamburg zu pokern. Für diese These spricht nur der Ausgang, sonst nichts. Ehe die Hamburger schließlich zulegten, war Telemanns Hamburger Salär niedriger als das von Leipzig gebotene. Auch sozial wäre seine neue Position nicht schlecht gewesen. Zudem war er in Leipzig bestens bekannt und durfte bei dem Leipziger Liebeswerben sicher sein, herzlich aufgenommen zu werden. Daß Telemann dann doch absagte (daß es so spät geschah, lag daran, daß der Hamburger Rat so säumig reagierte), darf man dem von Geldsorgen geplagten Komponisten nicht verdenken. Es ist ja überhaupt merkwürdig, daß man Geschäftstüchtigkeit, die bei jedem Kaufmann für eine Tugend gilt, bis heute einem Künstler als charakterlichen Makel ankreidet.

Was die Nachwelt eigentlich verdroß, war vielmehr, daß die Leipziger BACH als Lückenbüßer einstellten, weil sie weder TELEMANN noch GRAUPNER bekommen konnten, und daß Telemann in seiner Zeit eben weit berühmter war als Bach. Aber dafür kann man nun schwerlich den mit Bach befreundeten Telemann verantwortlich machen.

TELEMANNs jährliche Einkünfte sahen nach der neuen Regelung so aus:

1200 Mark Grundgehalt
400 Mark Hausmiete
160 Mark von den fünf Hauptkirchen
349 Mark für Tag- und Nachtleichen (=Beerdigungen)
18 Mark für Einsegnungen
36 Mark für Passionsmusiken

Zusammen sind das 2.163 Hamburgische Mark. Für die Leitung der Oper, die ihm noch im selben Jahr übertragen wurde, bekam TELEMANN 300 Reichstaler. Außerdem empfing er weiterhin sein Jahresgehalt als Kapellmeister des Eisenacher Hofes (dem er regelmäßig Kompositionen zu liefern hatte), und von 1723 an bezog er auch ein Jahresgehalt als neuernannter Kapellmeister des Markgrafen von Bayreuth, für den er jährlich eine Oper schreiben mußte. Die Kapellmeister-Posten waren mit je 100 Reichstalern dotiert. Zusammen sind das 500 Reichstaler, umgerechnet etwa 1813 Hamburgische Mark, so daß Telemann jährlich mit 3.976 Mark rechnen konnte.

Aber das war noch nicht alles. Weitere Einkünfte ergaben sich aus dem Verkauf von Textbüchern und Eintrittskarten zu seinen regelmäßig veranstalteten Konzerten, der zusätzlichen Honorierung von Gelegenheitskompositionen aller Art sowie aus dem Verkauf von selbstgestochenen Noten. Nimmt man das alles zusammen, so ergab das eine, für die damalige Zeit beträchtliche Einnahme.

Zum Vergleich: Die vier Hamburger Bürgermeister bezogen 1722 folgendes Salär: Der erste 4800 Mark, der zweite und der dritte je 4004 Mark, der vierte 4000 Mark. Ein Ratsherr, etwa Barthold Hinrich BROCKES, empfing 2002 Mark, der Conrector des Johanneums 1340 Mark, die Professoren des Johanneums je 900 Mark, ein Ratssekretär 100 Mark und ein Ratsdiener 12 Mark. Diese Gehälter waren, wie damals üblich, Jahresgehälter und wurden quartalsweise ausgezahlt, 1722 im Turnus Januar, April, Juni und Oktober.

Dennoch sollte man TELEMANN nicht vorschnell beneiden, denn er hat - obwohl gut verdienend - dafür mehr arbeiten müssen als jeder andere Komponist vor oder nach ihm. Neben dem Unterricht im Johanneum, der ihn kaum belastete (nur vier Stunden wöchentlich), hatte er für jeden Sonntag eine Kirchenkantate zu komponieren; an Festtagen wie Weihnachten, das damals noch an drei Tagen gefeiert wurde, waren es sogar drei, die wechselweise in einer der Hauptkirchen aufgeführt wurden. Dazu, wie schon gesagt, jährlich eine Passionsmusik. Neben der künstlerischen Leitung der Oper, die er sechzehn Jahre lang innehatte, komponierte er für sie etwa zwanzig Opern (für deren Komposition veranschlagte man damals jeweils etwa vier Wochen) und besorgte auch die damals übliche Bearbeitung von Bühnenwerken seiner Kollegen.

Dazu mußte er jährlich eine Oper für den Bayreuther Hof liefern. Das bedeutete häufig drei Opernkompositionen in einem Jahr, und selbst wenn man davon ausgeht, daß TELEMANN dafür zwölf Wochen brauchte (in denen ja alle übrige Arbeit weiterlief), so ist noch nicht die Zeit veranschlagt für die Bearbeitungen, die Einstudierung, die Proben, die Leitung der Aufführungen.

Aber auch das war ja bei weitem längst nicht alles. Jedes Jahr feierten die Offiziere der Hamburger Bürger-Wache, die Bürgerkapitäne, Ende August ein Festmahl (Convivium); 1730 zählte man 67 Offiziere (organisiert nach den fünf Kirchenspielen), die an großer Tafel schmausten und zechten, aber auch TELEMANNs Musik lauschten. Die bestand aus einer geistlichen (Oratorium) und einer weltlichen (Serenata) Komposition, deren Aufführung etwa zwei Stunden in Anspruch nahm, also von beträchtlichem Umfang war.

Trat ein Pastor oder ein Diakon sein neues Amt an, so hatte TELEMANN dazu eine Festkantate zu liefern; das meinte der bei der Aufstellung von Telemanns Jahreseinkünften mit 18 Mark eingesetzte Posten "Einsegnungen". Starb ein Bürgermeister, so gab seine Familie bei Telemann die Trauermusik in Auftrag.

Begüterte Hamburger bestellten sich Festmusiken zur Hochzeit, meist zu einer Jubel-Hochzeit, welche dann, wie etwa die Komposition zur goldenen Hochzeit des Ratsherrn MUTZENBECHER, einer ausgewachsenen Kapitänsmusik in nichts nachstand.

TELEMANNs Musik erwartete der Rat zu seinen alljährlichen Petri- und Matthäi-Mahlzeiten. Diese Festessen oder Convivien waren eine aus dem Mittelalter stammende Tradition und fanden statt am Vorabend (21. Februar) des Festes Petri Stuhlfeier und am Tag des heiligen Matthias (24. Februar), seit 1621 im Herrensaal des EIMBECKschen Hauses. Am Petri-Mahl nahm der Rat samt seinen Syndici und Sekretären teil; zum Matthäi-Mahl waren auch Gäste, meist die in Hamburg akkreditierten Botschafter, zugelassen.

Die Jubiläen der Admiralität, der Oberalten, der Commerz- Deputation, der Augsburger Konfession, des Westfälischen Friedens etc. konnten ohne TELEMANN natürlich nicht festlich begangen werden. Hinzu kamen weitere Anlässe wie Promotionen, Examensabschlüsse, Fürsten-Hochzeiten, Friedensschlüsse, Krönungen, Kaiserwahl, Sterbefälle oder gewonnene Schlachten - nahezu jeder Anlaß war recht, um Telemann mit einer Komposition zu beauftragen.

Allein mit diesem Pensum wäre bereits jeder andere Komponist restlos überfordert gewesen. TELEMANN aber scheint das eher noch zu wenig gewesen zu sein. Er komponierte auch ohne Auftrag noch eine Fülle von Orchester- und Kammermusik, erlernte ganz schnell die Kunst des Notenstechens und konnte die eigenen Werke im eigenen Verlag herausbringen. Dazu schrieb er musiktheoretische Abhandlungen, publizierte die Werke anderer Musiker, führte eine rege Korrespondenz und unterrichtete Schüler.

Ja, er übte zeitweise sogar noch die journalistische Tätigkeit eines Auslandskorrespondenten des Eisenacher Hofes aus, eine Beschäftigung, die viel Arbeit und Kosten verursachte, ihm aber wenig Geld einbrachte.

TELEMANN darf als der eigentliche Organisator des Hamburger Musiklebens seiner Zeit gelten. Daß dabei vornehmlich seine eigenen Werke aufgeführt wurden, war ganz normal, denn schließlich war er faktisch die musikalische Autorität in Hamburg mit einer Machtfülle, wie sie kein anderer Musiker vor oder nach ihm in der Hansestadt besessen hatte. Er war der Leiter der Johanneumskantorei, verantwortlich für die Musik der fünf Hauptkirchen, Chef der Ratsmusikanten, Komponist für alle Gelegenheitsmusiken der Stadt, Organisator des Konzertlebens und musikalischer Maitre de plaisir für alle weltlichen und geistlichen Solennitäten.

Und dann leitete er noch die Oper. Die hatte einen guten Ruf. Eine Oper leisteten sich damals in Deutschland fast nur die Fürstenhöfe. Im bürgerlich-demokratischen Hamburg aber gab es schon seit 1678 eine Oper, die drei Bürger gegründet hatten, durchaus auch unter kommerziellen Gesichtspunkten, denn anders als heute konnte man mit einem Opernhaus auch Geld verdienen, wozu bei schwankender Publikumsgunst freilich einiges Glück vonnöten war.

Wir sprechen heute gern abfällig von "Gelegenheitsmusiken" und bedenken dabei zu wenig, daß ein Komponist des 18. Jahrhunderts nur selten etwas anderes schrieb. Der Musiker jener Epoche komponierte für Auftraggeber, und die Struktur seines Werkes berücksichtigte sehr genau dessen Realisierungsmöglichkeiten. Der Geniekult des 19. Jahrhunderts war noch fern, die Musik war zuvörderst ein Handwerk, nicht aber eine über der Gesellschaft stehende Begabung, deren Schaffen nicht nach irdischen Bedingtheiten fragte. Das schloß aber den Ruhm natürlich nicht aus.

TELEMANNs Ansehen hatte schon früh die deutschen Grenzen überschritten. So bekam er 1729 aus Rußland das Angebot, "eine deutsche Capelle zu errichten", lehnte aber ab, da er Hamburg nicht verlassen wollte, wo er nun ganz heimisch geworden war. Die Subskription seiner "Tafelmusik" von 1733 brachte Bestellungen aus Dänemark, Norwegen, Holland, Frankreich, England und Spanien. Seine Reise nach Paris - wo er sich 1737/38 für acht Monate aufhielt - war eine einzige *via triumphalis*. Die zweite Folge seiner "Pariser Quartette" wurde hier gedruckt und aufgeführt, und geradezu enthusiastisch begrüßte das Pariser Publikum die Uraufführung der Psalm-Komposition "Deus jedicium tuum" am 25. März 1738 in Tuilerien.

Als TELEMANN nach Hamburg zurückkam, existierte die Oper nicht mehr, sie hatte Konkurs anmelden müssen. Das brachte Entlastung von seinen vielen Verpflichtungen, auch stellte er seine Tätigkeit als Verleger und Notenstecher ein und widmete sich einer ganz neuen Tätigkeit, nämlich der Pflege eines Blumengartens. Aber natürlich blieb er auch als Komponist nicht müßig, denn wie hätte dieser bienenfleißige Mann auch nur eine Stunde lang auf Arbeit verzichten können?

Als BACH 1750 starb, war TELEMANN 69 Jahre alt und als Komponist stets auf der Suche nach Neuem. So schrieb er an den Berliner Kollegen Carl Heinrich GRAUN den denkwürdigen Satz im Alter von nun 70 Jahren:

Ich habe mich nun von so vielen Jahren her ganz marode melodiert, und etliche Tausendmal selbst abgeschrieben, wie andere mit mir, mithin also draus geschlossen: Ist in der Melodie nichts Neues mehr zu finden, so muß man es in der Harmonie suchen. Ja, heisst es: man soll aber nicht zuweit gehen; bis in den untersten Grund, antwortete ich drauf, wenn man den Namen eines fleißigen Meisters verdienen will.

GRAUN war entsetzt. "In der Harmonie neue Thöne suchen, kommt mir eben so vor, als in einer Sprache neue Buchstaben", schrieb er zurück. Wie sehr die beiden Komponisten sich unterschieden, macht Grauns Reaktion deutlich. Der siebzigjährige TELEMANN konnte sich eine Entwicklung über den damaligen harmonischen Kanon hinaus sehr wohl vorstellen, und er hat ja gerade in den Werken seiner letzten Jahre bewiesen, wie empfänglich er für die Anregungen der nachwachsenden Musikgeneration sein konnte, ohne darüber zum nachahmenden Anpasser zu werden. Dem achtundvierzigjährigen Graun aber versagte sich die Phantasie, ja er fand die Vorstellung von einem anderen harmonischen System als dem gewohnten so widersinnig, daß er sich sogar zu einer kleinen Unartigkeit hinreißen ließ, indem er bemerkte, Telemann schaffe sich selbst einen Überdruß "durch allzu vieles Schreiben".

Der Vorwurf der Vielschreiberei ist gegen TELEMANN bis in unsere Tage hinein erhoben worden, gänzlich zu Unrecht. Es ist wahr, er hat sehr viel geschrieben, aber er war kein Vielschreiber. Die Frische seines Erfindungsreichtums ist immer wieder beeindruckend, ganz besonders in seinen späten Jahren, so daß seine Klage, er habe sich "ganz marode melodiert" unverständlich erscheint. Die großen Spätwerke - die "Donner-Ode" von 1756, die "Tageszeiten" von 1757, der "Messias" von 1759, der "Tag des Gerichts" von 1762 - zeigen den über siebzigjährigen Meister auf der Höhe seiner Kunst, die es ihm erlaubt, für jedes dieser vokalsinfonischen Werke eine eigene Tonsprache zu entwickeln. Telemann war, als er das

Oratorium "Der Tag des Gerichts" schuf, immerhin 81 Jahre alt. Tätig geblieben ist er bis zu seinem Tode, so hat er noch 1765 - mit 84 Jahren - eine Orchestersuite komponiert, deren "Plainte" (Klage) überschriebener Satz schon auf das kommende Zeitalter der Empfindsamkeit hinweist, wie ja auch die in diesem Jahr komponierte Kantate "Ino" deutlich sich der Tonsprache GLUCKs nähert.

Gegen Ende des 18. Jahrhunderts, zu einer Zeit, da TELEMANN schon fast vergessen war, schrieb Christian Friedrich Daniel SCHUBART bewundernd:

Korrekter konnte niemand schreiben als Telemann, doch nagte die Korrektheit nicht am zarten Sproß der Melodie. Wenige Meister waren reicher an melodischen Gängen als er. Seine Rezitative sind Muster, die der Künstler studieren muß. Seine Arien, meistens mit wenigen Instrumenten besetzt, tun die größte Wirkung. Die Bässe sind so meisterhaft gearbeitet und so regelmäßig beziffert, daß er hierin noch von niemand übertroffen wurde. Am größten war Telemann in Chören.

In unserem Musikleben ist diese Aussage nie beachtet worden. Man hat sie nicht einmal der Überpüfung für wert erachtet. Soviel Abscheu wie TELEMANN hat sich kein deutscher Musiker zugezogen. "Spitta und Riemann", so wußte es Theodor W. ADORNO 1956 genau, "hatten noch ein Organ für die unermeßliche qualitative Differenz zwischen BACH und Telemann". Wie sensibel dieses Organ entwickelt war, zeigt sich daran, daß sie und vor allem der Telemann-Verächter Albert SCHWEITZER Meisterwerke Bachs feierten, von denen wir heute wissen, daß sie von Telemann stammen. Nicht wissend, wen und was er als Bach-Werk bestaunte, schrieb Schweitzer: "Es erscheint uns unbegreiflich, daß er es über sich gewann, ganze Kantaten von Telemann abzuschreiben."

Etwa ein Dutzend Kompositionen im BAC-Werke-Verzeichnis sind heute als Schöpfungen TELEMANNs identifiziert. Von keinem zeitgenössischen Musiker hat Bach soviel für sich kopiert wie von Telemann, mit dem er befreundet war und den er zu Gevatter bat, als sein Sohn Carl PHILIPP EMANUEL BACH geboren wurde. Wer Telemanns Werk für minderwertig hält, sollte dann auch so konsequent sein, J. S. Bach den guten Geschmack abzusprechen.

Als Georg Philipp TELEMANN am 25. Juni 1767 in Hamburg starb, wußten seine Zeitgenossen sehr wohl, wen sie verloren hatten. Er war ja ein Komponist, der stets für Überraschungen gut war und sich zeitlebens bemühte, niemals stehenzubleiben, sondern immer weiterzugehen, vielleicht ist das auch das Geheimnis seines hohen, bis zum letzten Tage unermüdlichen Greisenalters. Ich möchte nur, gleichsam am Rande, auf einige Besonderheiten hinweisen.

Mit dem "Getreuen Music-Meister" veröffentlichte er 1728 die erste Musikzeitschrift in Fortsetzungen. Das bedeutet: Die Zeitschrift enthielt ausschließlich Kompositionen, die zu abonnieren waren, wollte man sie vollständig besitzen.

Seit 1734 schrieb er - als erster - alle Vortrags- und Tempobezeichnung in deutscher Sprache. Ausdrücke wie "freundlich", "zärtlich", "vergnüglich", "sanftmütig", "freimütig", oder "verwegen" bezeugen, daß es nicht nur um Zeitmaße ging, sondern daß der Charakter der Komposition mit eingeschlossen werden sollte, was ja überhaupt für TELEMANN sehr typisch ist. Nur seine Kopisten haben dann wieder die hergebrachten italienischen Begriffe eingesetzt; wo Telemann "ernsthaft" geschrieben hatte, machten sie ein "Andante" daraus, statt "getrost" liest man "Allegro". Sie hatten Telemanns Wollen also überhaupt nicht verstanden.

Mit seinen 1733/34 veröffentlichten "Singe-, Spiel- und Generalbaß-Übungen" und den sich 1741 anschließenden "Vierundzwanzig, theils ernsthafte, theils scherzende Oden" hatte er entscheidend Anteil an der Entstehung des deutschen Liedes.

Und es war TELEMANN, der als erster Komponist ein Konzert für Bratsche und Orchester schrieb.

Die deutsche Musik hat ihm die Entwicklung des Quartetts zu danken, dessen Form ihn wie kaum einen anderen beschäftigte. Dabei ist nicht gemeint, daß TELEMANN z. B. als erster ein Streichquartett in der uns vertrauten Besetzung schuf, sondern das Quartett in den Mittelpunkt seiner Kammermusik rückte. Seine zwölf "Pariser Quartette" von 1733 und 1738 für Querflöte, Violine, Violoncello und Cembalo (die übrigens auch J. S. BACH subskribierte) geben dem Violoncello erstmals die Gleichberechtigung im Ensemble, erlösen es also aus seiner bis dahin notorischen Funktion als Continuo- Instrument. Und schließlich sollten auch die ungewöhnlichen Klangexperimente nicht vergessen werden, die Telemann in seinen vier Quartetten für Violinen vornahm.

Über die Behandlung der Instrumente und der Klangfarben bei TELEMANN ließe sich eine eigene Abhandlung schreiben. Allein die aparten Zusammenstellungen der Instrumente bezeugen ein hochsensibles Gespür für klangmalerische Valeurs; das gilt für seine Orchestersuiten und noch weit mehr für seine Konzerte. Da ist es denn geradezu erstaunlich, daß er weder Orgelkonzerte - wie HÄNDEL - noch Cembalokonzerte - wie

BACH - geschrieben hat. Vielleicht hatte es damit zu tun, daß sein Interesse für diese beiden Instrumente nicht besonders groß war.

TELEMANNs Werk registriert sehr aufmerksam die Wandlungen des musikalischen Geschmacks in seiner Zeit. In seinen frühesten geistlichen Kompositionen ist noch deutlich das Vorbild Heinrich SCHÜTZ spürbar, in seinen letzten Werken steht er GLUCK nahe. Doch wie immer man ihn etikettieren möchte: Die Bezeichnung "Barockmusiker" sollte man vermeiden. Telemann war *der* Meister des in Deutschland später verpönten Galanten Stils;, keiner seiner Zeitgenossen verdient so sehr wie er ein Beiwort wie "elegant" und "anmutig".

In Deutschland ist so etwas für den künstlerischen Ruf fast tödlich. "Er hat zuerst unter den Deutschen Leichtigkeit und Natur in die Melodien seiner Arien gebracht", schrieb LESSINGs Freund EBELING drei Jahre nach TELEMANNs Tod. Aber "Leichtigkeit" hat unter Deutschen noch nie als Empfehlung gegolten, damals wie heute. "Es ist der Charakter der Deutschen, daß sie über allem schwer werden, daß alles über ihnen schwer wird", stellte GOETHE keine zwanzig Jahre nach Telemanns Tod fest.

Während man BACH und HÄNDEL nie gegeneinander ausgespielt hat, wurde TELEMANN stets an den Maßstäben beider gemessen und verworfen. Dabei wurde nie gefragt, ob denn Telemann den Wunsch hatte, Passionen im Stile Bachs und Oratorien im Stile Händels zu schreiben.

Schlimmer aber: TELEMANNs vokal-sinfonisches Werk wird nicht gespielt. Das ist so, als wollten wir aus J. S. BACHs Schaffen sämtliche Kantaten, Passionen, Messen und Oratorien unterdrücken.

So bleibt am Ende nur die Feststellung: Der wahre TELEMANN, nämlich der Schöpfer reichinstrumentierter Vokalwerke, ist bis heute unbekannt und überhaupt noch zu entdecken. Somit ist die Behauptung erlaubt: Georg Philipp Telemann ist der unbekannteste Komponist des bekannten 18. Jahrhunderts.

LITERATURVERZEICHNIS

Karl GREBE: Georg Philipp Telemann in Selbstzeugnissen und Bilddokumenten. Reinbek 1970.

Eckart KLESSMANN: Telemann in Hamburg 1721-1767. Hamburg 1980.

Richard PETZOLDT: Georg Philipp Telemann. Leben und Werk. Leipzig 1967.

Willi MAERTENS: Georg Philipp Telemanns sogenannte Hamburgische Kapitains-musiken. Ein verdrängtes Musikerbe. Wilhelmshaven 1987.

Hans GROSSE und Hans Rudolf JUNG (Hrsg.): Georg Philipp Telemann, Brief-wechsel. Sämtliche erreichbare Briefe von und an Telemann. Leipzig 1972.

WILLIAM BOEHART

"HEILSAME PUBLIZITÄT":
DER STREIT ZWISCHEN DEN PASTOREN
JOHANN MELCHIOR GOEZE UND JULIUS GUSTAV ALBERTI
ÜBER DAS BUSSTAGESGEBET IN HAMBURG

I

In einem 1978 erschienenen Aufsatz über die Stellungnahme der lutherischen Geistlichen zu den politischen Strömungen des 18. Jahrhunderts, vor allem zum Absolutismus, hat John Michael STROUP in der Diskussion über die Funktion der Kirche als gesellschaftspolitische Institution neue Akzente gesetzt.[1] Die gängige These von der Unterwürfigkeit und der politischen Passivität der Geistlichen gegenüber dem Anspruch des sich seine Machtsphäre stets erweiternden zentralen Staates des 18. Jahrhunderts stellt Stroup in Frage. Diese These will konstatiert wissen, daß der geistliche Stand der Forderung des Absolutismus nachkam, die Kirche habe sich als Vollstreckungsinstanz des staatlichen Wollens zu verstehen. Die traditionelle Staatstreue der lutherischen Kirche kam nach dieser These im 18. Jahrhundert dadurch zum Ausdruck, daß die Kirche zunehmend rein weltliche, vom Staat angeordnete Tätigkeiten ausführte; insofern nahmen die Geistlichen an der politischen Passivität der bürgerlichen Schichten teil, die angeblich Merkmal des deutschen Bürgertums in der frühen Neuzeit war. Die institutionelle Theologie der Aufklärung, von ihrem politischen Ertrag her betrachtet, hat sich - so folgert diese These - als ungeeignet erwiesen, sich theoretische Grundlagen zu verschaffen, mit deren Hilfe die lutherische Kirche dem Anspruch des Absolutismus, allein berechtigter Gestalter des öffentlichen Lebens zu sein, hätte erfolgreich entgegentreten können. Insofern spielte die "aufgeklärte" Theologie des 18. Jahrhunderts in die Hände derer, die in der Gesellschaft Herrschaft auszuüben suchten.[2]

STROUP dagegen gelingt es anhand einer Einzelforschung im braunschweigischen und hannoverischen Raum, ein differenzierteres Bild aufzuzeigen. Keineswegs wird dadurch die These von der uneigenständigen politischen Haltung der lutherischen Geistlichen bestätigt. Vielmehr schließt Stroup aus der von ihm bearbeiteten Publizistik des Zeitraums 1785-1800 auf eine geradezu kritische Haltung der Geistlichen gegenüber dem am fürstlichen Hof geforderten Zentralismus. Aus dem geistlichen Stand, der den Standpunkt eines Teils des gebildeten Bürgertums zum Ausdruck brachte, entfaltete sich eine Kritik an den gesellschaftlichen Zielen des Absolutismus, insofern dieser ein reich säkularisiertes Gemeindeleben herbeizuführen suchte. Die Geistlichen in Braunschweig vermochten beispielsweise Erziehungsreformen zu vereiteln, die auf eine strikte Trennung der Schulen von der Obhut der Kirche hinausliefen. Auch die Selbständigkeit des Predigerberufes innerhalb des sozialen Gefüges verteidigten die Geistlichen in Kurhannover erfolgreich gegen das Reformvorhaben der fürstlichen Bürokratie, die Pastoren im Sinne von Staatsfunktionären auszubilden. Dieser in Braunschweig und Hannover vertretene klerikale Standpunkt basierte letzten Endes auf einem konservativen Impuls, der die herkömmliche Funktion der Kirche als Garant gesellschaftlicher Normen erhalten wissen wollte. Diese Normen sind - wie Stroup zeigt - auf ein traditionelles Begriffsfeld hin zu begreifen.[3] Der Verflechtung familiärer, beruflicher und legalistischer Ansprüche, aus denen sich die auf Traditionen beruhende Gesellschaftsstruktur zusammensetzte, lag die Normvorstellung der lutherischen Geistlichen zugrunde. Dadurch, daß die lutherische Kirchentradition eine theoretische, und in den meisten deutschen Territorien, in denen sie die bestimmende Theologie darstellte, auch eine praktische Bindung an die Ständeordnung der Gesellschaft erlangte,[4] besaß sie einen festen Standort, von dem aus ihre Position vertreten werden konnte.

STROUP betont zu Recht den sozialen Horizont der lutherischen Theologie der Aufklärung. Im Spannungsfeld der Auseinandersetzungen zwischen werdender Zentralbürokratie und sich wehrenden ständischen Interessen bezogen die Theologen eine durchaus differenzierte Position. Als Akademiker gehörten die Geistlichen zu der Schicht des neuen "gebildeten Bürgertums", das die sozialen und kulturellen Entwicklungen des 18. Jahrhunderts, darunter auch den Zug zu einer rationalisierten und zentralisierten Gesellschaft, trug; als Mitglieder eines sich seiner Traditionen und Privilegien bewußten Standes bewahren sie aber dabei die partikulären Interessen ihres Berufes und ihrer Berufung[5]. Die Veröffentlichungen und praktischen Arbeiten der Geistlichen entsprachen dieser Vielfalt unterschiedlicher Impulse. Um in diesem Forschungsgebiet Klarheit zu schaffen, muß der Einzelfall - wie in Stroups Aufsatz exemplifiziert - beachtet werden. Die Positionen, welche die Geistlichen in den verschiedenen Territorien bezogen, hingen jeweils von den gegebenen sozialen Konstellationen ab. Wenngleich die Pietisten in Preußen - um auf ein häufig zitiertes Beispiel Bezug zu nehmen - eher den Anforderungen des zentralisierten Staates der Hohenzollern nachkamen, so stellten sich - wie ihre Rolle im Falle des "Jud

Süß" belegt - die Pietisten in Württemberg auf die Seite der ständischen Gegner des fürstlichen Gewaltanspruchs.[6]

STROUPs Aufsatz enthält zwei wichtige Ergebnisse für ein Verständnis der Strukturen der lutherischen Theologien im ausgehenden 18. Jahrhundert. Zum einen zeigt er, daß die Urerfahrung des Luthertums, die mit dem Begriff "innere Wahrheit" zu bezeichnen ist, nicht verloren gegangen war. Diese Erfahrung, die sich in ihrem Kern jedem weltlichen Anspruch entzieht, blieb ein Bestandteil der kirchlichen Publizistik. Dies ist insofern wichtig, als nur so die Konturen des politischen Diskurses im 18. Jahrhundert freigelegt werden können[7]. Zum anderen hebt Stroup den sozialen Kontext der Geistlichen hervor. Als Teil des Bürgertums entsprachen sie den stets wechselnden Positionen der bürgerlichen Schichten im Hinblick auf die politische Dynamik der Aufklärungszeit.

Die Bindung der Theologen an politische Ereignisse ihrer Zeit wird im Einzelfall sichtbar zu machen sein. Ziel dieses Aufsatzes ist es, diese Problematik anhand eines konkreten Streitpunktes aus der Kirchengeschichte Hamburgs zu erarbeiten. Dabei werden die folgenden Fragen zu beachten sein: Wer hat welches Gedankengut zu welchem Zweck benutzt? Wie haben diese Argumente in dem gegebenen gesellschaftlichen Kontext weitergewirkt? Die Frage nach der Theologie des 18. Jahrhunderts enthält also die Frage nach der Publizistik.

In diesem Zusammenhang ist auf einen Begriff hinzuweisen, den STROUPs Aufsatz richtig enthält, und zwar den Begriff "Obrigkeit". Stroup läuft Gefahr, durch den von ihm festgelegten Begriff "Absolutismus" die tatsächlichen politischen Entwicklungen des 18. Jahrhunderts zu mißdeuten[8]. "Der Absolutismus" stellt für Stroup einen Monolithen dar, der im Gegensatz zum Ständestaat begriffen wird: es entsteht somit die tradierte Frage nach der Zusammengehörigkeit der Begriffe "Aufklärung", "Bürgertum" und "Absolutismus". Diese Art der Begriffsbildung hypostasiert geschichtliche Prozesse derart, daß sie zu gelehrten Spielereien zu werden drohen. Aufschlußreicher und methodisch richtiger ist es, den Begriff "Absolutismus" als eine Strömung innerhalb der Obrigkeit des 18. Jahrhunderts zu sehen. Die entscheidende Frage für die Politik jener Zeit ist nicht diejenige nach einem vermeintlich entstehenden "Absolutismus", sondern diejenige nach der Zusammensetzung und der Wandlung der Obrigkeit in den verschiedenen deutschen Städten und Territorien, wobei die erheblich divergierenden Entwicklungen zu beachten sind. Die Frage nach Politik und Religion im 18. Jahrhundert kreiste für die Zeitgenossen eher um die Funktion der Kirche als Institution innerhalb der Obrigkeit, als um die abgehobene Frage nach dem Verhältnis "Kirche-Staat"; daß die Kirche wichtiger Teil der Obrigkeit war und bleiben wollte, wurde nicht in Frage gestellt.

Die Erfahrung des Bürgers bzw. Untertans mit "seiner" Obrigkeit im 18. Jahrhundert umfaßte nicht allein die institutionelle Struktur der politischen Verfassung, sondern die Gesamtheit der sozialen Ansprüche auf das Individuum. Die Herrschaftsstruktur der tradierten Gesellschaft wiederholte sich im Bewußtsein des Bürgers bzw. Untertans, der diese Struktur verinnerlicht hatte. Allein innerhalb der von der Obrigkeit sanktionierten Sphären war eine Handlung kontrollierbar, mithin berechtigt[9]. Vor allem ist es voreilig, die Herausbildung eines privaten, den öffentlichen Ansprüchen entgegengesetzten Raumes einer "Innerlichkeit" zu konstatieren, die sich im Bewußtsein des Bürgertums konstituiert haben sollten. Die Mentalitätsgeschichte des deutschen Bürgertums im 18. Jahrhundert muß vielmehr als Forschungsdesiderat gelten. Entscheidend ist es in diesem Hinblick, neue Fragestellungen zu erarbeiten, die die besonderen sozialen Verflechtungen des Alten Reiches zum Ausgangspunkt haben.[10]

Neu war in den politisch-publizistichen Entwicklungen des 18. Jahrhunderts nicht die Problematik "Kirche-Staat", sondern neu waren die Rahmenbedingungen, innerhalb deren die Geistlichen ihren Anteil an der Obrigkeit zu behaupten hatten. Die alte kirchliche Öffentlichkeit der Predigt und des Gottesdienstes wurde von den neuen öffentlichen Sphären eingeholt. Es entstand im 18. Jahrhundert ein Lesepublikum, das sich aus den Schichten des gebildeten Bürgertums zusammensetzte.[11] Dieses "bürgerliche Lesepublikum" stellte das neue öffentliche Forum dar. Wichtigster Lesestoff dieses Publikums blieben bis ans Ende des Jahrhunderts die Theologica, und zwar in gelehrter sowie in populärer Form.[12] Die Spannungen innerhalb des sozialen Gefüges kamen durch die in diesem publizistischen Bereich heftig geführten theologischen Auseinandersetzungen zum Ausdruck. Die Publizistik der Theologen des 18. Jahrhunderts, die so unterschiedliche Formen wie die gedruckte Predigt, die Streitschrift, Homilet und Lehrbuch, sowie eine zunehmende Anzahl von Zeitschriften- und Zeitungsartikel umfaßte, bediente sich des Marktes des bürgerlichen Lesepublikums, wobei dieser Bezug sich auf den Inhalt der Schriften auswirkte. Die Theologica wurden dadurch sowohl von den pietistisch beeinflußten Theologen als auch von denjenigen, die vom WOLFFschen Gedankengut geprägt waren, in Richtung einer Popularphilosophie entwickelt, die bewußt auf den konkreten Lebenskontext der bürgerlichen Schichten einging. Die theologischen Ansichten und das publizistische Verfahren der herrschenden Orthodoxie des ausgehenden 18. Jahrhunderts, der Neologie[13], sind auf die Bedürfnisse und Interessen des Laienpublikums zurückzuführen, das den Markt für die theologischen Schriften darstellte.

Daß diese Wechselbeziehung zwischen Theologen und Publikum gesellschafts- und kirchenpolitische Dimensionen enthielt, wird in der folgenden Darstellung der GOEZE-ALBERTI Kontroverse in Hamburg zu belegen sein.

II

Johann Melchior GOEZE ist in der Forschung bekannt als der Gegner LESSINGs im Fragmentenstreit. Dieser streitbare Lutheraner hatte sich bereits vor dieser umfangreichsten politisch-theologischen Auseinandersetzung der deutschen Aufklärung den Ruf eines wachsamen und wirkungsvollen Verfechters der lutherischen Orthodoxie zugezogen. Verkannt wird Goezes Position jedoch, wenn seine Schriften allein auf ihren theologischen Inhalt hin untersucht werden.[14] Vielmehr ist der kirchenpolitische Kontext seines Schaffens zu berücksichtigen. Goeze war kein wissenschaftlicher Theologe, dem die Forschung am Herzen lag, sondern ein Amtsträger, der dementsprechend seine Aufgaben innerhalb institutioneller Zusammenhänge begriff und erfüllte. Dem Hamburger Hauptpastor ging es darum, daß die Kirche weiterhin als Garant gesellschaftlicher Normen fungieren sollte. Die entscheidende Zeit von Goezes Hamburger Amtsperiode, die sich von 1755 bis 1786 erstreckte, war das Seniorat, die leitende Position der Kirche, das er von 1760 bis 1770 innehatte. In diesem Zeitraum versuchte er, seine kirchenpolitischen Ziele zu realisieren; in diesen Zeitraum fiel auch die Auseinandersetzung mit ALBERTI, die im wesentlichen dazu beitrug, daß diese Ziele vereitelt wurden und daß Goeze das Seniorat aufgab. Die Kontroverse mit Alberti über das Bußtagsgebet entbrannte über einen theologischen Streitpunkt, entfaltete aber angesichts der sozialen Zusammensetzung Hamburgs in der frühen Neuzeit rasch politische Dimensionen. Es gilt zunächst, diesen Kontext näher zu skizzieren.

Die kirchenpolitische Position, die GOEZE vertrat, hatte ihre Wurzel in der Reformation. 1529 erließen der Hamburger Magistrat die von Johannes BUGENHAGEN verfaßte Kirchenordnung, die für die folgenden drei Jahrhunderte als Verfassung der Kirche fungierte.[15] Im selben Jahr wurde auch der sogenannte "Lange Rezeß" zwischen Rat und Bürgerschaft beschlossen. Dieser Rezeß bestimmte die institutionellen Grundlagen für das politische

Leben Hamburgs, die in groben Zügen bis ins 19. Jahrhundert hinein Gültigkeit besaßen. Aus der Bürgerschaft, deren Mitglieder über Grundbesitz verfügen mußten - also keineswegs alle oder gar die Mehrheit der Stadtbewohner umfaßten -, gingen die Kollegien der 180er, 60er und Oberalten hervor. An der Spitze dieser Institutionen stand dann der Rat, dessen Besetzung von den führenden Familien der Stadt monopolisiert war. Der Rat bestand zur Hälfte aus Großkaufleuten und zur Hälfte aus Graduierten: diese Einrichtung entsprach der zunehmend engeren Verflechtung des Großbürgertums mit der Intelligenz, die zum Bestandteil des kulturellen Lebens der Hansestandt wurde.

Die Kirche untergliederte sich in die fünf Hauptkirchen, denen jeweils ein Hauptpastor vorstand. Zusammen mit den übrigen Predigern der Stadt bildeten dann die Hauptpastoren das Geistliche Ministerium - insgesamt 28 Mitglieder -, das als Forum für Kirchenangelegenheiten fungierte. Aus der Reihe der Hauptpastoren ging der Senior des Ministeriums hervor, der traditionsgemäß der dienstälteste Hauptpastor der Stadt war. Dem Senior kam vorerst allein eine verwalterische Aufgabe zu; seine kirchenpolitische Wirkung hing darüber hinaus von seiner Persönlichkeit und von den zu den führenden Gremien unterhaltenen Beziehungen ab.

Die Laienverwaltung in der Kirche erfolgte ihrerseits durch die Kirchenkollegien, die aus den fünf Kirchenspielen hervorgingen. Die Kirchenkollegien bildeten zudem insofern den Rahmen der politischen Institutionen der Stadt, als allein Mitglieder eines Kirchkollegiums in die bürgerlichen Kollegien aufgenommen werden konnten. Dies entsprach der Absicht der Verfasser des Langen Rezesses: allein Lutheraner waren völlig berechtigte Bürger, die in den Kollegien eine politische Aufgabe übernehmen durften. Aufgrund dieser Einrichtung wurde die lutherische Theologie, die in den in Hamburg geltenden symbolischen Büchern verankert war, zur allein öffentlich sanktionierten Ideologie der Stadt.

Trotz der engen strukturellen Querverbindungen zwischen der kirchlichen und weltlichen Obrigkeit übten die Geistlichen keine direkte politische Funktion aus. Ihr Gremium, das Geistliche Ministerium, besaß lediglich den Status eines Beraters: es kommuniziert mit dem Rat. Daß die Geistlichen sich jedoch politisch zu exponieren vermochten, läßt sich aufgrund der sozialen Konstellation Hamburgs in der frühen Neuzeit erklären. Mit dem Langen Rezeß wurden zwar die Spannungen zwischen der Bürgerschaft und dem Großbürgertum institutionell erfaßt und kontrollierbar gemacht, sie lieferten aber weiterhin Zündstoff für Konflikte. Diese Konflikte zwischen einer Oberschicht von Fernhandelskaufleuten, Wandschneidern und Graduierten und einer Mittelschicht von Krämern und Handwerksmeistern wurden in den Verhandlungen zwischen dem Rat und den bürgerlichen Kollegien ausgetragen.[16] Auf diese erbitterten, gelegentlich von Gewalttaten begleiteten Auseinandersetzungen übten die Geistlichen eine massive Wirkung aus. Dies geschah nicht zufällig. Der Hamburger Reformator BUGENHAGEN begriff den geistlichen Stand als Wächter über den Gehalt des öffentlichen Lebens. Seine Kirchenordnung beabsichtigte, die Grundlagen für eine derartige Kontrolle zu schaffen. Die Geistlichen hatten demzufolge die Aufgabe, das Gemeindeleben zu kommentieren; als Teil der Obrigkeit hatten sie die Qualität des öffentlichen Lebens zu kontrollieren.

Das Wirkungsfeld der Hamburger Prediger hing von der sozialen Entwicklung der Stadt ab. Der Wirtschaftsaufschwung der frühen Neuzeit, der insbesondere infolge des Dreißigjährigen Krieges stattfand, entband neue Kräfte. Aus dem Rahmen der für den Lokalmarkt produzierenden Wirtschaftselemente wuchs eine stets anwachsende Schicht von Groß- und Fernhandelskaufleuten. Hamburg stellte zunehmend einen wichtigen internationalen Markt dar. Diese Entwicklung zeigte sich auch in der Aufnahme außerstädtischer wirtschaftlicher Gruppierungen in die Stadt. Sowohl Geschäftsleute aus Holland als auch portugiesische Juden bekamen Handels- und Wohnprivilegien, wodurch sie zum Bestandteil des städtischen Lebens wurden. Diese Öffnung der Stadt nach außen entsprach einem Bewußtseinswandel nach innen, der insbesondere Teile der Oberschicht erfaßte. Es entstand ein Avantgardismus in der Rezeption geistiger Strömungen der frühen Neuzeit. Anfang des 17. Jahrhunderts wurde dem Johanneum ein Akademisches Gymnasium beigefügt, das von Joachim JUNGIUS, einem Gelehrten von europäischen Ruf, geleitet wurde. War das Johanneum, das in der Reformationszeit entstand, zur Ausbildung zukünftiger Prediger konzipiert worden, so kam dem Gymnasium, als Vorbereitung für die Universität, eine umfassendere Bildungsfunktion zu. Vorlesungen in Mathematik und Naturgeschichte wurden gehalten. Neben Söhnen der Oberschicht bildeten aufsteigende Akademiker aus Pastorenfamilien die Schülerschaft des Gymnasiums, wobei manche dann weiter auf die im Vergleich zu Deutschland progressiveren Universitäten in Holland gingen. Bezeichnend für die Integration dieser Schicht in gesamteuropäische Entwicklungen ist, daß viele Absolventen des Gymnasiums die Reformuniversität in Göttingen nach deren Gründung im Jahre 1737 besuchten.

Der Wirtschaftsaufschwung verschärfte auch die Spannungen innerhalb des städtischen Bürgertums. Die für den Lokalmarkt produzierenden Elemente fühlten sich in ihrer wirtschaftlichen und sozialen Existenz gefährdet. Daher versuchte ihre städtische Vertretung, die Bürgerschaft, den Handelsprivilegien von außerstädtischen Interessen Einhalt zu gebieten oder sie gar rückgängig zu machen. Der wirtschaftlichen Dynamik, die der Aufschwung herbeiführte und von der wendige Kaufleute zu profitieren lernten, standen die Krämer, Handwerksverbände und deren Gefolgschaft ablehnend gegenüber. In diesen Konflikten pflegten Teile der Geistlichen, insbesondere die streng Orthodoxen, die Position der Lokalinteressen in der städtischen Öffentlichkeit zu vertreten. Es bildete sich eine Bindung der lutherischen Orthodoxie an das kleinere und mittlere Bürgertum heraus, die ein Bestandteil des politischen Lebens auch im 18. Jahrhundert blieb. Die Flugblätter dieser Zeit sind häufig bespickt mit markanten Äußerungen, die auf die wissenschaftliche Konkurrenz Nicht- Lutheraner hinweisen. Diese Bindung wurde am prägnantesten bestätigt durch die "bürgerlichen Unruhen", die beginnend im letzten Viertel des 17. Jahrhunderts zu einem politischen Zusammenbruch führten, als es der Bürgerschaft gelang, dem Rat das Kooperationsprivileg zu bestreiten.[17] 1708 zogen dann kaiserliche Truppen in die Stadt, um die Unruhen zu beenden. Während der Verhandlungen, die zum Hauptrezeß von 1712 führten, und die im wesentlichen die Ordnung des Langen Rezesses wiederherstellten, wurde der Wortführer der Krämer und Handwerker Christian KRUMBHOLTZ, Hauptpastor der Petrikirche, zu lebenslänglicher Haft verurteilt.

Die politischen Entwicklungen Hamburgs im 18. Jahrhundert sind im Zeichen des Hauptrezesses von 1712 zu verstehen. Ziel der Führungsschicht in den folgenden Jahren war es, ihre Position zu rekonstituieren. Insofern dabei neues Gedankengut, insbesondere im Zuge der frühen Aufklärung, aufgenommen wurde, diente es diesem Ziel. Zweifellos vermittelten publizistische Organe wie die moralische Wochenschrift "Der Patriot" ein anderes Weltbild im Kontrast zum Barock des Hofes. Die "Bürgerlichkeit", die die dadurch erschlossenen Werte charakterisierte, bezeichnete jedoch kein dem tradierten Bürgertum heterogenes Element, sondern eine Neubesinnung auf herkömmliche Lebenseinstellungen, um die Regenerierung der politisch verantwortlichen Schichten zu fördern.[18] Der überschaubare, durch Tradition und Institution kontrollierte soziale Kontext der frühen Neuzeit wurde in Hamburg nicht radikal unterbrochen: selbst während der bürgerlichen Unruhen bleiben die gegensätzlichen Positionen innerhalb tradierter Bahnen. Mit anderen Worten: Es gab im 18. Jahrhundert kein "neues" Bürgertum, das sich als Klasse zu konstituieren begann. Es gab auch nicht, zumindest in Hamburg nicht, eine Gruppierung (sprich: die Aufklärer), die sich im Gegensatz zur Obrigkeit formierte, um von dort aus eine politische und gesellschafltiche Kritik durchzuführen. Vielmehr erfolgte die Entwicklung der Aufklärung in Hamburg innerhalb der Führungsschicht. Die Aufklärung in Hamburg entfaltete sich vor allem durch institutionelle Neugründung, die stets Bezug auf bestehende Machtzentren unterhielten.[19]

In diesem Komplex blieb die Kirche wesentlicher Aspekt der Obrigkeit. Die Geistlichen vermochten sich während der Verhandlungen, die zum Hauptrezeß führten, gegenüber dem Rat durchzusetzen: eine auf Veranlassung des Rates verfaßte Kirchenordnung trat wegen der Opposition seitens der Kirche nicht in Kraft.[20] Vielmehr blieben die Verhandlungen zwischen Rat und Ministerium, zwischen weltlicher und kirchlicher Obrigkeit ohne Erfolg. In den weiteren Kontroversen des Jahrhunderts pflegten die Geistlichen öffentlich und im Konvent des Ministerium Stellung zu beziehen. Ihre Obrigkeitliche Aufgabe, das öffentliche Leben zu kontrollieren, nahmen die Geistlichen mit unverminderter Aufmerksamkeit wahr. Zwei Tendenzen sind dabei erkennbar. Eine schloß sich an die Arbeit des Hauptpastors an der Michaeliskirche Johann WINCKLER (Senior 1699-1705) an. Sie setzte auf Kooperation mit dem Rat, um, wo es notwendig zu sein schien, gewisse Reformen, wie zum Beispiel im Katechismusunterricht[21], durchzuführen. Ziel dieser Kooperation war es nicht, den Anspruch des Rates auf das kirchliche Leben zu erweitern, sondern die Funktion der Kirche als Garant gesellschaftlicher Normen abzusichern. Das Streben nach Reform in der Hamburger Kirche entstammte also einem konservativen Impuls. Wirkungsvollster Vertreter dieser Tendenz im 18. Jahrhundert war Friedrich WAGNER, Senior des Ministeriums von 1743 bis 1760. Sozialgeschichtlich gesehen, verband sich die eher auf Reform gerichtete Kirchengruppierung mit den gehobenen sozialen Schichten. In diesen Kreisen wurde im Laufe des Jahrhunderts die von WOLFF geprägte Theologie bestimmend, wobei sich mannigfaltige Schattierungen in dieser Rezepetion entfalteten. Die zweite Tendenz setzte die Tradition einer eher von Rat unabhängigen Kirchenpolitik fort. Diese Position wurde im 18. Jahrhundert von den Pastoren Erdmann NEUMEISTER (St. Jakobi, 1715 - 1756) sowie Johann Melchior GOEZE vertreten. Es ging dieser Gruppierung darum, die Rechte und Privilegien der Hamburger Kirche auch dem Rat gegenüber durchzusetzen. Insofern fand sie Rückhalt in den mittleren und niedrigen Schichten des Bürgertums. In dieser Beziehung blieben tradierte Elemente erhalten: die Rückbesinnung auf eine orthodoxe Theologie, Opposition gegenüber den Eindringen aufklärerischen Gedankengutes in Hamburg, Angst vor den Andersdenkenden und Anderslebenden, Unbehagen an einer sozialen Dynamik, die scheinbar überlieferte sexuelle und familiäre Werte tangierte, und ein Beharren auf alteingesessenen wirtschaftlichen Interessen. Es gelang den Geistlichen dieser Richtung, periodisch ihre Anhänger zu mobilisieren, wobei Gewalt oder Einschüchterung gegen einzelne Gegner ausgeübt wurden. Festzuhalten bleibt, daß diese Auseinandersetzungen sich innerhalb des Bürgertums vollzogen. Es waren keineswegs Konflikte zwischen einer aufsteigenden Bourgeoisie und einem sich wehrenden Feudalismus. Die Entwicklung der Obrigkeit in Hamburg weist eher auf die Fortsetzung tradierter Herrschaftsformen hin, die sich durch die Aufnahme neuer Impulse zu regenerieren wußte. Insofern der geistliche Stand, eine Art institutionalisierte Intelligenz, die in diesem Komplex entstehenden Spannungen aufnahm, reflektierte er soziale Gegebenheiten. Daß die Geistlichen dies noch taten, zeigt ihre verminderte Funktion als Kontrolleur des Ideologiehorizontes. Bezeichnend in diesem Zusammenhang ist, daß das radikalste religionspolitische Dokument der deutschen Aufklärung, die Apologie von Hermann Samuel REIMARUS[22], zwar in Hamburg konzipiert, aber nicht veröffentlicht wurde. Die Verflechtung weltlicher und kirchlicher Obrigkeit bestimmte letzten Endes die Handlungskoordinaten des Individuums, selbst dann, wenn es sich als radikaler Kritiker verstand.

III

In demselben Jahr, 1755, als GOEZE nach Hamburg berufen wurde, war auch eine Predigerstelle an der Katharinenkirche zu besetzen. Gewählt wurde am 20. April vom Kirchenkollegium Julius Gustav ALBERTI, der bis dahin Prediger in Großenschnee bei Göttingen war. Alberti stand zu diesem Zeitpunkt im 32. Lebensjahr und hatte ein Theologie- und Philosophiestudium in Göttingen absolviert.[23] Während seines Studiums war er der Deutschen Gesellschaft in Göttingen beigetreten.[24] In den Akten dieser Gesellschaft sind vier Aufsätze von Alberti enthalten, die er zu verschiedenen Anlässen vorgelesen haben dürfte.[25] Sie liefern ein anschauliches Bild eines angehenden Theologen derjenigen Generation, die ihre Studienjahre im Zuge der Rezeption der WOLFFschen Philosophie in den theologischen Fakultäten antrat. Alberti, der die Verdienste der "Hallischen Schule" wiederholt hervorhob, bekannte sich in seinen Aufsätzen nachdrücklich zum "aufgeklärten" Flügel dieser Rezeption: er betonte vor allem die praktischen Ziele des Predigerberufes, "die Tugend unter das Volk" zu bringen. Alberti wollte diese Forderung im Einklang mit der lutherischen theologischen Tradition ausgelegt wissen: der junge Theologiestudent sah in den Vernunft- und Glaubenslehren die alle zufriedenstellende Harmonie.

ALBERTIs Ansichten waren in Hamburg nicht gänzlich unbekannt. Er unterhielt Kontakte zu dem literarisch-aufgeklärten Kreis, der sich um KLOPSTOCK, der sich zu dieser Zeit in Hamburg aufhielt, gebildet hatte.[26] Der zu diesem Zirkel gehörende Kaufmann Heinrich Christian OLDE wird als Korrespondent und Befürworter Albertis in den Kirchenakten erwähnt.[27] Als Alberti dann schließlich gewählt wurde, schrieb Olde an Johann Andreas CRAMER, dänischer Hofprediger und Freund Klopstocks:

Wie groß ist meine Freude! Endlich ist es mir doch einmal gelungen, einen Freund in unsre Ringmauer zu ziehen, nachdem mir die Hoffnung einer solchen Glückseligkeit mit Ihnen und Schlegel so oft fehlgeschlagen. Unser lieber Alberti ist am vorigen Sonntage, zum allgemeinen Vergnügen in der Stadt, zum Diacono an der hiesigen St. Catharinenkirche erwählt worden.[28]

Bereits zu dieser Anfangszeit lassen sich Differenzen in den Positionen GOEZEs und ALBERTIs feststellen. Zwar wurde auch Goeze von der WOLFFschen Strömung in der lutherischen Theologie des 18. Jahrhunderts beeinflußt[29]; es sind aber unterschiedliche Akzente erkennbar. Hierzu ist ein Vergleich zwischen den oben erwähnten Alberti-Aufsätzen und einer Goeze-Predigt aus dem Jahre 1742 aufschlußreich.[30] Zwar sprach auch Goeze von der Harmonie zwischen Vernunft und Offenbarung, rückte aber stets die Gestalt und Bedeutsamkeit Christi in den Vordergrund seiner Predigt. Die Lehre Christi war für ihn nicht auf die "Tugend" reduzierbar, denn diese Lehre wurde nicht in der Vernunft, sondern in der Schrift vermittelt und sanktioniert. Es handelte sich bei der Lehre Christi - hier schloß sich Goeze an die Tradition der lutherischen Orthodoxie an - um Lehrsätze, die von der Bibel abgeleitet und in einem System der Dogmen erfaßt wurden. Erst aufgrund dieses Systems wurde die "Tugend" für Goeze begründet und somit für die Bürger in Pflichten gegenüber Familie, Kirche und Staat verbindlich. Die "Tugend" stelle in Goezes Theologie, anders als für Alberti, keinen Anfangspunkt dar, sondern das Ergebnis einer Glaubensposition. Die "Tugend" gewann für Goeze erst eine Bedeutung im Horizont der Lehre vom Tod und dem Jüngsten Gericht; für Alberti, der bezeichnenderweise in seinen Aufsätzen die Bedeutsamkeit Christi als Erlöser nicht betonte, war die "Tugend" ein selbständiger Kern, aus welchem der Religion erst ein Inhalt als praktisches Programm zukam.

Diese Akzentverschiebung innerhalb einer theologischen Strömung klaffte anhand der sozialen und politischen Verhältnisse Hamburgs endgültig auseinander. Es bildeten sich in der Stadt zwei sich gegenüberstehende Gruppierungen heraus, in denen GOEZE und ALBERTI führende Rollen spielten. Die Quellen sprechen gar von der "Albertinischen" oder "Goeze-schen Partey". Diese Bezeichnung erweist sich dennoch als leicht mißver-ständlich. Von einer "Partei" im modernen Sinne kann nicht die Rede sein; auch wurde die jeweilige Gruppierung nicht von Alberti oder Goeze "ge-führt". Die beiden Pastoren stellten vielmehr ihre exponiertesten Wort-führer in der städtischen Öffentlichkeit dar. Den Positionen, für die Goeze und Alberti plädierten, lagen vorangegangene soziale, kulturelle und kir-chenpolitische Entwicklungen zugrunde. Alberti knüpfte zunächst an den Ertrag der Reformtradition der Kirche an, erhielt darüber hinaus Rückhalt in den politischen Gremien der Stadt, insbesondere im Rat, sowie in der journalistischen Öffentlichkeit. Bezeichnend hierfür ist es, daß mit Aus-nahme der "Hamburgischen Nachrichten", die von der "Goezeschen Par-tey" herausgegeben wurden, alle Journale im Hamburger Bereich auf der Seite Albertis standen. Goeze dagegen lebte und wirkte im traditionsbe-ladenen Horizont eines Hamburger Hauptpastors: die "Seelenruhe" der Gemeinde zu sichern, schien ihm seine Aufgabe zu sein. Diese versuchte er, durch Rückbesinnung auf überlieferte Werke zu erfüllen. Goezes Äuße-rungen sind gekennzeichnet durch einen Respekt vor den "theueren Ahnen", ein Festhalten an der hierarchischen Struktur der Gesellschaft und eine unterwürfige Ehrerbietung vor dem biblischen Wort. Mit dieser inein-ander verflochtenen Erfahrungskoordinaten schloß sich Goeze an die Mentalitätsstruktur eines nicht unbeachtlichen Teils des Bürgertums an.

Die historische Problematik der GOEZE-ALBERTI-Kontroverse wird ungenügend beleuchtet, wenn allein die gegensätzlichen Positionen skiz-ziert werden. Entscheidend für den Verlauf der Kontroverse war vielmehr die Tatsache, daß sie vor dem Forum des bürgerlichen Lesepublikums aus-getragen wurde. Diese neue Öffentlichkeitsform stellte Bedingungen auf, die die Kontroverse mitbestimmten. Dies war insbesondere bei Goeze der Fall. Er fand sich dazu gezwungen, aus dem Rahmen der tradierten kirch-lichen Öffentlichkeit des Gottesdienstes und des Kirchenkollegiums her-auszutreten, um sich im bürgerlichen Lesepublikum Gehör für seine An-sichten zu verschaffen. Die Konturen dieser Wandlung lassen sich an dem Streit über das Bußtagsgebet sichtbar machen.

In der Hamburger Kirchenagenda stand seit dem Ende des 17. Jahrhun-derts das alljährlich bei dem großen Buß- und Bettage (üblicherweise im September) zu verlesende Gebet: "Schütte Deinen Zorn auf die Heyden und auf die Königreiche, die Deinen Namen nicht anrufen." Die Stelle ent-stammte Psalm 79,6 und drückte unmißverständlich die militante, intole-rante Gesinnung Andersglaubenden gegenüber aus, die durchaus Bestandteil der Hamburger Kirche in der frühen Neuzeit war. Über dieses Gebet entbrannte dann ein Streit, in dem ALBERTI für dessen Abschaffung, GOEZE für dessen Erhaltung plädierte.

1761 taucht das Problem zum ersten Mal in den Kirchenakten auf. In einem Konvent des Ministeriums wurden gewisse Änderungen in der Kirchenagenda besprochen. ALBERTI trug vor, daß das Bußtagsgebet nicht mit der Gesinnung eines Christen zu vereinbaren sei, da es allein Haßgefühle hervorrufe. GOEZE dagegen wollte keine Änderung zulassen. Zu diesem Zeitpunkt erhielt der Senior von den übrigen Mitgliedern des Ministeriums Rückhalt[31].

Die darauffolgenden Jahre der Amtszeit GOEZEs verliefen turbulent. Goezes Verständnis von den "jura reverendi ministerii"[32] und der Politik, die aus diesem Verständnis hervorging, entfachte wiederholt Kontroversen in der städtischen Öffentlichkeit. Vor allem die Streitigkeiten mit Johann Matthias DREYER und Johann Bernhard BASEDOW verschärften die Spannungen innerhalb des Ministeriums und zwischen Ministerium und Rat[33]. Der Rat pflegte eine weniger militante Position zu beziehen; der Senior dagegen - mit oder ohne Unterstützung durch das Ministerium - drang stets auf harte Maßnahmen gegen Andersglaubende: Juden, Reformierte, Freidenker, Katholiken. Goeze sah nicht ein, wie er markant und aus seiner Perspektive sicherlich zutreffend bemerkte, daß die "wahre Religion" wirtschaftlichen Interessen aufgeopfert werden sollte[34]. ALBERTI war das exponierteste Mitglied des Ministeriums, das Kontakte zu den aufgeklärten Kreisen der Stadt unterhielt. Besonders seine Freundschaft mit Basedow machte ihn in den Augen seiner Kollegen suspekt. Alberti vermochte sich dennoch zu behaupten, und zwar dank seines Rückhalts in der Öffentlichkeit sowie in dem Rat selbst.

1769 kollidierten GOEZE und ALBERTI endgültig. Kurz vor dem Bußtag veröffentlichte Goeze eine Verteidigung des Gebets. Dies erwies sich als ein verhängnisvoller Schritt, denn damit entband er eine Flut von Streitschriften, die die verschiedenen Positionen artikulierten[35]. Der Rat, herausgefordert durch die Vehemenz der Kontrahenten, versuchte, am 8. November 1769 der Kontroverse dadurch ein Ende zu setzen, daß er ein totales Veröffentlichungsverbot verhängte. Er wandte sich an die Behörden im benachbarten Altona und in Wandsbek, um dort Zustimmung für diese Maßnahme zu erhalten.[36] Von diesem Zeitpunkt an verlagerte sich die Kontroverse auf die Verhandlungen innerhalb des Ministeriums und zwischen Ministerium und Rat. Vom Ministerium genoß Goeze keinen vollen Rückhalt mehr - wie noch im Jahre 1761. Teile des Ministeriums unterstützten Alberti; andere Mitglieder strebten eine Kompromißlösung "des Friedens wegen" an. Angesichts dieser zerstrittenen internen Lage versuchte Goeze im Alleingang, vom Rat eine ihm günstige Entscheidung zu zwingen. Der Senior wollte das Gebet erhalten sowie Alberti suspendiert wissen. Indes wurde Alberti auch nicht müde, seine Position dem Rat vorzutragen: es befinden sich in den Senatsakten mehrere Schreiben von Goeze und Alberti zu dieser Kontroverse.[37] Das Kollegium der 60er, das Katharinenkirchenkollegium sowie das Geistliche Ministerium sahen sich auch dazu veranlaßt, sich mit der Angelegenheit zu befassen. Letzten Endes fand Alberti, und nicht Goeze, Zustimmung. Der Referent für Kirchenangelegenheiten im Rat, der Syndikus Garlieb SILLEM, schrieb: "ein Gebet kann nach zeiten und Umständen abgeändert werden".[38] Sillem trat also dem Argument ALbertis bei, daß die Bibelstelle auf die geschichtlichen Umstände der vertriebenen Juden zu reduzieren sei, wobei sie ihre Verbindlichkeit für die jetzige Zeit verloren habe: das Gebet passe nicht mehr in die "aufgeklärte" Stadt Hamburg. Am 15. August 1770 beschloß der Rat - mit Zustimmung des Kollegiums der 60er -, daß das alte Gebet abgeschafft werden sollte; gleichzeitig wurde Goeze wegen seines Verhaltens ermahnt. Angesichts dieser Zurückweisung gab Goeze das Seniorat am folgenden Tag auf. Er hatte weder im Ministerium, noch im eigenen Kirchenkollegium, noch im Rat die nötige Unterstützung für seine Kirchenpolitik gefunden.

IV

Auf eine Einsicht in die Verflechtung von Politik und Religion in Hamburg hin analysiert, enthält der Bußtagsgebetstreit eine vielschichtige Aussagestruktur. Vorab läßt sich konstatieren, daß der tradierte Begriff der Obrigkeit, wie sie in Hamburg durch den Langen Rezeß von 1529 institutionell festgelegt worden war, nicht durch die GOEZEschen Streitigkeiten infrage gestellt wurde. Beide in den Gremien politisch aktiven Gruppierungen gingen von der Zusammensetzung der Stadt als einer ständischen Ordnung aus. Auf die Tradition der Stadt wurde stets Bezug genommen. Ziel beider Gruppierungen war es, in diesem Komplex die von ihnen verstandenen Rechte und Provilegien erhalten zu wissen. Vermochte die im Rat korporativ formierte Oberschicht von Kaufleuten und Graduierten ihr Verständnis wirksam zu vertreten, daß die politischen Belange der Stadt, zu denen kirchliche Angelegenheiten gehörten, ihnen oblagen, so gelang es Teilen der Geistlichkeit sich mit den Kirchen- und bürgerlichen Kollegien - den anderen wichtigen Korporationen - zu verbünden, um auch in politischen Dingen mitreden zu können. Diese Entwicklung erfolgte innerhalb der gegebenen Ordnung: sie liefert keineswegs den Beleg für eine soziale Dynamik, die das Gegebene von einem Standort außerhalb der tradierten Ordnung infrage stellte. Der Hamburger erhielt weiterhin seine Werte von den ihm vorgesetzten politischen und kirchlichen Institutionen.

Von diesem bewahrenden Grundimpuls aus sind die theologisch-politischen Streitigkeiten der Stadt zu verstehen. Hierfür ist der Streit um das Bußtagsgebet exemplarisch. Im Laufe dieser zunächst theologisch fundierten Kontroverse kamen rasch soziale und kirchenpolitische Komponenten auf. Da der Rat - unter Zustimmung des Kollegiums der 60er - die endgültige Entscheidungsbefugnis in Kirchenangelegenheiten innehatte, wurde die Kontroverse zu einem Machtkampf um Einfluß in den Führungsgremien der Stadt. Die Argumente, derer sich die Kontrahenten bedienten, besaßen nur vordergründig einen theologischen Inhalt: ihre Veröffentlichungen sind eher gefüllt von detaillierten Auskünften über die kirchenrechtliche und kirchengeschichtliche Lage Hamburgs. Von diesem Hintergrund versuchte die jeweilige Gruppierung, ihre Position zu artikulieren und zu sanktionieren. Maßgebend war also das kirchenpolitische Ziel, wobei die Orthodoxie weiterhin in der Bürgerschaft, die Aufklärungstheologie im Rat Unterstüzung erhielt. Die kirchenpolitischen Positionen lassen sich folgendermaßen skizzieren:

Für GOEZE und die von ihm vertretene städtische Gruppierung konnte sich die Kirche allein aufgrund der Festlegung unveränderlicher Grundsätze als Garant gesellschaftlicher Normen absichern. Der Streit um das Bußtagsgebet war in diesem Zusammenhang Anlaß für die Zuspitzung zweier sich gegenseitig ausschließender kirchenpolitischer Positionen. Goeze hielt nur einen kompromißlosen Kampf gegen das für richtig, was sich dem Rigorismus der Kirchenlehre - als vollkommener Ausdruck der Grunderfahrung des Erlöst-seins verstanden - zu entziehen versuchte, um die Position der Kirche und deren Wirkung in der Gesellschaft befestigen zu können. Die Kirche war Goezes Ansicht nach nur dann wirkungsvoll, wenn sie sich als ecclesia militans zu verstehen vermochte; kämpfend nämlich gegen das in der Welt notwendige Böse. ALBERTI plädierte dagegen für eine Kirche, die nicht mehr auf Glaubensunterschiede zu anderen Konfessionen pochte, sondern praktisch arbeitete, damit sich das Leben der Gemeinde besser, bzw. vernünftiger entfalten konnte. Albertis Aufnahme der aufklärerischen Forderung nach Toleranz zielte dahin, die Kirche von ihrer "Festungsmentalität" zu befreien, damit sie auf die menschlichen Bedürfnisse der Gemeinde eingehen konnte. Dieser Stellenwert des "Menschlichen" in Albertis Denken deutet auf eine Wandlung der moralischen Sicht gegenüber Goezes "Orthodoxie": das Böse verlor dadurch seine eschatologische Notwendigkeit; durch Erziehung, also gesellschaftliche Arbeit, konnten die Umstände, die zum Bösen führten, abgestellt werden; das Böse wurde vermeidbar. Gegenüber der *ecclesia militans* Goezes strebt also Alberti die *ecclesia utilis* an.

Neben dieser inhaltlichen Auseinandersetzung muß die Form der Kontroverse berücksichtigt werden: neben der Theologie die Publizistik. Durch die eher traditionsbeladenen theologischen Auseinandersetzungen hindurch, deren Wurzeln sich bis zur Reformationszeit zurückverfolgen lassen, wuchs in Hamburg eine neue gesellschaftliche Kraft heran, in der es aufgrund der andauernden öffentlichen Debatten gährte: das bürgerliche Lesepublikum. Die Kontroverse um das Bußtagsgebet markierte einen Wegstein dieser Entwicklung.

Die tradierte städtische Öffentlichkeit weist eine korporative Struktur auf: sie war mithin kontrollierbar. Sie richtete sich einerseits nach innen, wo sie sich in den Verhandlungen der städtischen Institutionen ausdrückte; andererseits nach außen, wo sie durch die Räumlichkeit und Geste der Kirche, der Bürgerschaft und des Senats abgefangen wurde. Diese öffentlichen Sphären sanktionierten und komplementierten einander. Es läßt sich zum Teil innerhalb und zum Teil am Rande dieser Öffentlichkeit ein Wandel im 18. Jahrhundert feststellen: die tradierten Sphären unterlagen einer Änderung derart, daß neue soziale Impulse entbunden wurden. Aus der Tradition einer bereits während der Reformationszeit einsetzenden "unbefugten Literatur"[39] - des Flugblattes, des laikalen Pamphlets, des Pasquills- und dem mit dem Wirtschaftsaufschwung sich entwickelnden Nachrichten- und Zeitungswesen formierte sich ein neuer öffentlicher Bereich, der insofern politisch brisant war, als er nicht eindeutig von überlieferten Institutionen kontrollierbar war. Zwar betätigen sich auf diesem gebiet zunächst die "Gelehrten", die ihre Existenz den Institutionen verdankten; die besondere Struktur des sich konstituierenden literarischen Marktes führte aber zu einem neuen, ebenfalls im 18. Jahrhundert feststellbaren literarischen Typus: dem Schriftsteller[40]. Die Publikationen der Schriftsteller sowie die Aufnahme durch das Publikum ließen sich von den sozialen Institutionen nicht vollkommen kontrollieren. Dies wird allein durch die andauernde Beschäftigung der Obrigkeit, vor allem der kirchlichen Obrigkeit, mit der Zensur belegt: versucht werden sollte, die sich neu formierende Öffentlichkeit in den Griff zu bekommen. Ketzer sollten- so die Ansicht der Hamburger Geistlichen- keinen Eingang in Hamburg finden[41].

In diese publizistische Konstellation ist der Streit über das Bußtagsgebet einzuordnen. Bereits zu dieser Zeit florierte im Hamburger Bereich ein ausgedehntes Pressewesen, das sich angewöhnt hatte, öffentlich relevante Themen zu kommentieren und zu beurteilen. Für ALBERTI und GOEZE war diese Sphäre selbstverständlich, wenngleich Goeze ihr Anliegen, alle Fragen zu diskutieren, für gefährlich hielt. In dem öffentlichen Rahmen des bürgerlichen Lesepublikums zu dem Gehalt der Meinungen beizutragen, war das Ziel von Alberti als auch von Goeze. Von diesem Angelpunkt aus wollten sie Druck auf die Obrigkeit ausüben. Hier sind zweifellos Vorformen einer modernen politischen Polemik zwischen einer liberalen und einer konservativen Haltung erkennbar. Darüber hinaus zeugt diese Hinwendung zur Öffentlichkeit von dem sozialen und politischen Stellenwert des Lesepublikums. Goeze schrieb an den Rat anläßlich der Herausgabe seiner Verteidigung des Bußtagsgebets folgende Zeilen, die für die Publizistik jener Zeit bezeichnend ist:

Ich habe, um aber besorgliche Äußerungen zu verhüten, die Sache bey Reverndo Ministerio nicht zur Proposition bringen wollen, bis das Publikum vorher von der Rechtsmäßigkeit dieser Stelle, und von der Unschuld unsrer gottseligen Vorfahren bey Einrichtung derselben, hinlänglich informiert werden.

Zudem bat GOEZE den Rat darum, den öffentlichen Journalen zu untersagen, seine Verteidigung zu kritisieren.[42] Goeze glaubte offenbar, daß einem von ihm nun richtig informierten Publikum eine öffentlich-politische Aufgabe zukommen konnte, die auch gegenüber der Obrigkeit aufrechtzuerhalten war. Durch die vorstehende Analyse des Bußtagagebetsstreits wird klar, daß- um auf den eingangs zitierten Aufsatz von J. M. STROUP Bezug zu nehmen- die lutherische Kirche nicht allein institutionell als Bollwerk gegen den "absoluten" bzw. die weltliche Obrigkeit agieren konnte, sondern auch durch die Abwandlung ihrer Theologie in Richtung auf eine populäre Publizisitk. Diese Hinwendung zum bürgerlichen Lesepubklikum erwies sich als ein fruchtbarer Boden, um die Belange der Kirche auch der weltlichen Obrigkeit gegenüber zu behaupten. Dies war- wie Goezes Amtszeit prägnant belegt - insbesondere in Hamburg der Fall, wo ein lutherischer Geistlicher eine wirkungsvolle Stätte besaß. Aber selbst dann, als Goeze 1770 das Seniorat aufgab und sich von den Führungsgremien der Stadt bewußt distanzierte, blieb er publizistisch aktiv und wirksam. Er dehnte seine Tätigkeit auf diesem Gebiet während der 70er Jahre aus[43]. Ab 1770 entfaltete sich Goeze in seiner Funktion als Pamphletist und Zei-

tungsschreiber zum Publizisten für eine dezidierte kirchen- und gesellschaftspolitische Position. Seine Polemik zeigt eine Entfaltungsmöglich-
keit, die durch das sich konstituierende bürgerliche Lesepublikum gegeben
war. In diesem Zusammenhang ist darauf hinzuweisen, daß es nicht allein
Aufklärer wie Alberti waren, die die "heilsame Publizität" forderten, sondern daß auch ein konservativer Theologe wie Goeze es lernte, sich des
Forums des bürgerlichen Lesepublikums zu bedienen.

Dem öffentlichen Raum des bürgerlichen Lesepublikums kam also im
letzten Viertel des 18. Jahrhunderts eine politische Funktion zu. Diese Tatsache belegt keineswegs die These von der politischen Passivität der bürgerlichen Schichten im 18. Jahrhundert. Vielmehr weist sie auf ein Forschungsdesiderat hin: um das politische Bewußtsein weiter Teile des deutschen Bürgertums im 18. Jahrhundert zu begreifen, muß der theologische
Diskurs jener Zeit auf seinen Zusammenhang mit sozialen, kulturellen und
politischen Entwicklungen hin untersucht werden.

ANMERKUNGEN

1) John Michael STROUP: Protestant Churchman in the German Enlightenment-Mere
tools of Temporal Government? In: Lessing Yearbook. Bd. 10 (1978) S. 149-189.

2) Vgl. zum Beispiel die Ansichten Hans Werner MÜSINGs über den politischen Ertrag
der Aufklärungstheologie: Hermann Samuel Reimarus (1694-1768) und seine Religionskritik anhand eines unveröffentlichten Manuskript. In: Zeitschrift des Vereins für
Hamburgische Geschichte. Bd. 62(1976) S. 57-80. Insbesondere: S. 78ff.

3) STROUP: Churchman (Anm. 1) S. 168.

4) Martin HECKEL: Staat und Kirche nach den Lehren der evangelischen Juristen
Deutschlands in der ersten Hälfte des 17. Jahrhunderts, München, 1968. (=Jus Ecclesi-
asticum 6)

5) STROUP: Churchman (Anm. 1) S. 172.

6) Diese Ansicht verdeutlichte sich während mehrerer Gespräche mit Barbara GER-
BER, Hamburg, die an einer Disseration über die Rezeptionsgeschichte des "Jud Süß"
arbeitet.

7) Vgl. William BOEHART: Politik und Religion: Studien zum Fragmentenstreit (Reimarus, Goeze, Lessing), Hamburg 1988.

8) STROUP richtet seine Argumente gegen die wohl etwas überspitzte These Thomas P.
SAINES, die den Triumphzug des Absolutismus in Deutschland aufgrund der poli-
tischen Passivität der bürgerlichen Schichten erklärt wissen will. Es scheint dennoch der
Fall zu sein, daß Stroups Gegenthese sich zu sehr im Begriffsfeld seines Gegners be-

wegt. Es gilt dagegen, um die Forschung über das 18. Jahrhundert zu fördern, ein neues Begriffsinstrumentarium zu entwickeln, das sich dem Vorwurf einer geschichtsphilosophischen Begründung entzieht.

9) Dies wird besonders thematisiert in: Mack WALKER: German Home Towns: Community, State und General Estate 1648-1871. Ithaca, New York. 1971.

10) Zum Forschungsstand einer Sozialgeschichte des deutschen Bürgertums im 18. Jahrhundert: Franklin KOPITZSCH: Einleitung: Die Sozialgeschichte der deutschen Aufklärung als Forschungsaufgabe. In: Franklin Kopitzsch (Hrsg): Aufklärung, Absolutismus und Bürgertum in Deutschland. Zwölf Aufsätze, München, 1976. (=nymphenburger texte zur wissenshaft 24) S. 11-169.

11) Rolf ENGELSING: Der Bürger als Leser. Lesergeschichte in Deutschland 1500-1800. Stuttgart, 1974.

12) Vgl. die statistischen Materialien zur deutschen Buchproduktion im 18. Jahrhundert. In: Helmuth KIESEL / Paul MÜNCH: Gesellschaft und Literatur im 18. Jahrhundert. Voraussetzungen und Entstehung des literrischen Markts in Deutschland. München, 1977. (= Beck'sche Elementarbücher) S. 180-208. Hier: S. 199ff.

13) Zu den Neologen: Karl ANER: Die Theologie der Lessingzeit. Halle/Salle, 1929. Aners Studie ist rein theologiegeschichtlich angelegt, eine sozialgeschichtliche Untersuchung der Neologen wäre wünschenswert.

14) Eine GOEZE-Forschung gibt es nicht; dafür aber eine ausgedehnte Goeze-Polemik, die von Germanisten und Theologen fleißig geführt wird. Eine Ausnahme, eben weil er sich auf eine breitere Quellenpalette bezieht, bildet: Harald SCHULTZE: Toleranz und Orthodoxie: Johann Melchior Goeze in seiner Auseinandersetzung mit der Theologie der Aufklärung. In: Neue Zeitschrift für systematische Theologie. Bd.4(1962) S. 197-219.

15) Johannes BUGENHAGEN: Der Ehrbaren Stadt Hamburg Christliche Ordnung 1529: die ordeninge Pomerani. hrsg. v. Hans WENN. Hamburg, 1976. (=Arbeiten zur Kirchengeschichte Hamburg 13)

16) Gisela RÜCKLEBEN: Rat und Bürgerschaft in Hamburg 1595- 1686. Innere Bindungen und Gegensätze. Dissertation Marburg/Lahn, 1969.

17) Hermann RÜCKLEBEN: Die Niederwerfung der hamburgischen Ratsgewalt. Kirchliche Bewegungen und bürgerliche Unruhen im ausgehenden 17. Jahrhundert. Hamburg, 1970. (=Beiträge zur Geschichte Hamburgs 2)

18) Vgl. hierzu die Diskussion in: Gerhard von GRAVENITZ: Innerlichkeit und Öffentlichkeit. Aspekte deutscher "bürgerlicher" Literatur im frühen 18. Jahrhundert. In: Deutsche Vierteljahrsschrift für Literaturwissenschaft und Geistesgeschichte. Bd. 49(1975). Sonderheft "18. Jahrhundert." S. 1- 82.

19) Franklin KOPITZSCH: Grundzüge der Sozialgeschichte der Aufklärung in Hamburg und Altona. Hamburg, 1982. (=Beiträge zur Geschichte Hamburg 21)

20) Den Hintergrund dieser Kirchenverfassung erzählt: Nikolaus Adolf WESTPHALEN: Geschichte der Haupt-Grundgesetze der Hamburgischen Verfassung.

Bd. 3. "Geschichte des Entwurfs der Hamburgischen Kirchen-Ordnung von 1710". Hamburg, 1846.

21) Dieter KLEMENZ: Der Religionsunterricht in Hamburg von der Kirchenordnung von 1529 bis zum staatlichen Unterrichtsgesetz von 1870. Hamburg, 1971. (Beiträge zur Geschichte Hamburgs 5) S. 90ff.

22) Hermann Samuel REIMARUS: Apologie oder Schutzschrift für die vernünftigen Verehrer Gottes, Hrsg.v. Gerhard ALEXANDER. Bde. 1 & 2. Frankfurt/M, 1972. Zu Reimarus' "öffentlichem Schweigen": Walter GROSSMANN: Edelmann und das "öffentliche Schweigen" des Reimarus und Lessing. Toleranz und Politik des Geistes. In: Zeitschrift für Kirchengeschichte. Bd. 85 (1974) S. 358-368.

23) Zu ALBERTIs Lebensdaten: Hans SCHRÖDER (Hrsg): Lexikon der hamburgischen Schriftsteller bis zur Gegenwart. Bde. 1- 8. Hamburg, 1851-1883. Hier: Bd. 1, S. 32-34.

24) Paul OTTO: Die deutsche Gesellschaft in Göttingen 1738- 1758. München, 1898. (=Forschungen zur neueren Literaturgeschichte 7)

25) Staats- und Universitätsbibliothek Niedersachsen/Göttingen. "Akten der Deutschen Gesellschaft" Dt. Ges. 5.

26) KOPITZSCH: Grundzüge. (Anm. 19) S. 29ff.

27) Zu ALBERTIs Wahl: Staatsarchiv Hamburg. "Archiv der St. Katharinen Kirche in Hamburg". Rub. A XII a/ 1745-1764. Blatt 257ff.

28) Carl Friedrich CRAMER (Hrsg) Klopstock: Er; und über ihn. 5. Teil. Leipzig/Altona, 1792. S. 300f.

29) Martin SCHLOEMANN: Siegmund Jacob Baumgarten. System und Geschichte in der Theologie des Übergangs zum Neuprotestantismus. Göttingen, 1974. (=Forschungen zur Kirchen- und Dogmengeschichte 26) S. 21.

30) Johann Melchior GOEZE: Die künftige Auferstehung des Todten, als eine Lehre, die nach der Offenbarung unleugbar und gewiß ist. In: Johann Peter KOHL (Hrsg). Sammlung verschiedener Predigten von der Auferstehung der Todten. Hamburg, 1742. S. 129-176.

31) Staatsarchiv Hamburg. Bestand Ministerium III A 1u. "Akten des Reverendi Ministerii". Missiv Johann Melchior Goezes an seine Kollegen vom 26. Oktober 1761.

32) Vgl. für GOEZEs Selbstverständnis als Amtsträger: Staatsarchiv Hamburg. Bestand Ministerium "Verzeichniß aller zum Archive Reverendi Ministerii Hamburgensis gehörigen Acten-Stücke". ausgefertigt von Johann Melchior Goeze.

33) Zu den "Goezen-Kriegen": KOPITZSCH: Grundzüge. (Anm. 19) S. 435ff.

34) Johann Melchior GOEZE: Die gute Sache des wahren Religions-Eifers, überhaupt erwiesen: insonderheit aber gegen den Verfaßer des zu Berlin 1767 herausgekommenen Tractats vom falschen Religions-Eifer. Hamburg, 1770. S. 4.

35) Neben GOEZEs im September 1769 erschienener Verteidigung des Bußtagsgebets und ALBERTIs im folgenden Monat herausgekommener Erwiderung gab es mehrere

anonyme Pamphlete, oft recht pöbelhaften Inhalts, Zeitungsartikel sowie Predigten, die auf die Begebenheiten des Streits eingingen.

36) Staatsarchiv Hamburg. Bestand Senat. Lit VIII No. X. "Protocolli Senatus Hamburgensis 1769". Blatt 869.

37) Staatsarchiv Hamburg: Bestand Senat. CI VII Lit. Hb. Nr. 5 Vol. 2. "Acta betr. die zwischen dem Senior Ministerii Pastor Goeze und dem Prediger zu Bergedorf Ehren Schlosser und Diakon Alberti wegen einiger Worte des jährlichen Bußgebets entstandenen Streitigkeit und die dabey durch den Druck publisirten anstößigen Schriften" 1769ff.

38) Staatsarchiv Hamburg: Bestand Senat. CI VII No. X. "Protocolli Senatus Hamburgensis 1770" Blatt 465f. Garlieb SILLEM war der Sprößling einer einfluß- und traditionsreichen Hamburger Familie. Vor seiner Tätigkeit in der Stadtpolitik hatte er eine juristische Ausbildung absolviert. Er war zudem Mitglied der "Patriotischen Gesellschaft", die als institutioneller Angelpunkt der Hamburger Aufklärung fungierte.

39) Mit diesem Begriff charakterisierte Karl MARX treffend LESSINGs Schriftstellerei. Er läßt sich darüber hinaus auf die moderne Literatur erweitern, sofern diese sich dem institutionellen Gelehrtentum entzieht. Karl Marx: Debatten über Preßfreiheit und Publikationen der Landständischen Verhandlungen. In: Karl MARX / Friedrich ENGELS. Über Kunst und Literatur. Hrsg. v. Manfred KLIEM. Bd. 1&2. Berlin/DDR, 1967/68. Hier: Bd. 1, S. 143.

40) Diese Entwicklung läßt sich im breiten Rahmen konstatieren. Bereits die Wortgeschichte vom "Schriftsteller" weist darauf hin: Vgl. Jacob und Wilhelm GRIMM: Deutsches Wörterbuch. Bd. 9. Leipzig, 1899. Spalte 1748.

41) Diese Mentalität wurde zum Beispiel in der öffentlichen Reaktion zum Michaeliskirchenbrand im Jahre 1750 markant dargelegt. Vgl.: Staats- und Universitätsbibliothek Hamburg: Schriften zum St. Michelis Kirchenbrand. Scrin. 1/521.

42) "Acta". (Anm. 37). Brief von Johann Melchior GOEZE an Bürgermeister und Rat vom 11. September 1769.

43) GOEZEs publizistisches Organ in den 70er Jahren waren Freywillige Beyträge zu den Hamburgischen Nachrichten aus dem Reiche der Gelehrsamkeit (Bde. 1-6, 1772-1778 bzw. 1780), genannt "Die Schwarze Zeitung". In den Blättern dieses Journals plädierten Goeze und seine Gesinnungsgenossen vor dem Forum des bürgerlichen Lesepublikums, um sich Gehör für ihre literarischen, kirchenpolitischen und sozialen Ansichten zu verschaffen. Die "Beyträge" enthielten vorwiegend "gelehrte Nachrichten" und zielten nicht darauf ab, den Gehalt der Meinungen über öffentlich relevante Themen zu beeinflussen.

KLAUS BRIEGLEB

"STERBENDER FECHTER" LESSING?

Gegen Ende seiner Kämpfe, durch Verordnung gezwungen, den Fecht-
boden zu verlassen, auf den ihn der Hauptpastor GOEZE in "frommer Ver-
schlagenheit" gelockt hatte, ihn die Niederlage des ungesittet freien Worts
unter Rechtsaufsicht kosten zu lassen, gibt sich LESSING gelassen. Ein
Augenblick des Verdrusses, in welchem er vergäße, "wie die Welt wirklich
ist"? - "Aber mitnichten: die Welt, wie ich mir sie denke, ist eine ebenso
natürliche Welt, und es mag an der Vorsehung wohl nicht allein liegen, daß
sie nicht eben so wirklich ist." Das ist die Ankündigung des "Nathan",
Wolfenbüttel den 8ten August 1778. Wie gern aber wäre der Freie dem Un-
freien noch fernerhin zu Diensten gewesen, wäre "ihm so Schritt vor Schritt
auf den Leib" gerückt: "um ihn endlich in dem Winkel zu haben, wo er mir
nicht entwischen kann..."[1]

Auf der Schaubühne tritt der Kämpfer selber nicht in Aktion, hier ist die
Umzingelung des Gegners nicht zu haben, aus der es kein Entwischen gibt.
Der 'Augenblick' der Erwartung, "ehe ich ihn noch ganz umzingelt habe",
ist hier ein anderer, ewiger. Kein Zweifel, LESSING kündigt den "Nathan"
an und überspielt seine Niedergeschlagenheit. Der beste Fechter, mit den
präzisesten Ausfällen, er überreizt den Diskurs der Duldung zuerst. Weisheit nutzt dem Besiegten wenig. Lessing schreibt den "Nathan" nicht in der
Hochstimmung, das letzte Wort gegen die Kultur der Rechthaber zu führen,
sondern gekränkt im Verlangen, man möge ihn widerlegen noch bei seinen
Lebzeiten - und könnte es doch nicht.[2] Es war dies Lessings geheime Verwandtschaft mit Baruch SPINOZA, dem Ausgestoßenen. Ihr Territorium ist
das häretische Denken, die Verwandtschaftsbeziehungen verbinden ungezählte Glieder, die ewigen Juden der Philosophie. Heinrich HEINE, einer
der ihren, nennt sie Märtyrer der Freiheit und des Gedankens, "gezwungene
Gladiatoren".[3] Als junger Dichter in Deutschland schon alt geworden an
dieser Verwandtschaft verhüllt er sich im romantischen Kostüm des Ko-
mödianten, der in Wahrheit nur als "sterbender Fechter" seine Auftritte hat.
Niemand versteht. Auch Niemand ist ein Ausgestoßener.[4] Der Normal-
diskurs verträgt ihre Stimme und Spiele nicht, es handle sich, sagt Walter
BENJAMIN, "um häretisch gestimmte Männer, denen es nichts Unmög-
liches ist, die Tradition auf ihrem eigenen Rücken zu befördern, statt sie
seßhaft zu verwalten."[5] Sie gehen den Kompromiß nicht ein, den die

Nachwelt, ihrer Lasten bedürftig, mit ihnen schließen will, indem sie die Schlepper zu Heroen macht. Sie *haben* nichts Heldenhaftes. Wenn sie auch keine Opfer sein wollten.

LESSING hat die Friedhofsruhe des bürgerlichen Kompromisses mit der "Welt wie sie wirklich ist," schon aufgestört, als und obwohl er noch erst die Idee, die das deutsche Bürgertum von sich selber hatte, unter Kritik nehmen konnte und erst den vorrevolutionären Entwurf der historischen Stellung vor Augen hatte, in der dieses Bürgertum als Klasse den Gesellschaftskompromiß erzwingen wollte. Prophetisch verneint Lessing jegliche Klassenmoral als Legitimationsinstanz partieller gesellschaftlicher Gewalthabe.

Den Lesern der Frühschriften LESSINGs kann es vorkommen, als fände der kritische Schreiber über seine ersten Texte schon zu einem klassenüberragenden moralischen Selbst-Bewußtsein. Als 14jähriger beginnt er seine Karriere als Instanzenschreck. Die familiären, schulischen und staatlichen Autoritäten können seinem Ausdehnungsdrang nur das eine bieten: Gegenstände seiner Kritik zu sein. Seine erste Schrift, die Glückwunschrede an den Vater "Bei dem Eintritt des 1743sten Jahres, von der Gleichheit eines Jahres mit dem anderen"[6], durchkreuzt vatersymbolische Ordnungsgewalt schlechthin mit Hilfe philosophischer Vorgaben (aus der LEIBNIZschen Monadentheorie), die in pubertärem Trotz gegen eine herrschende Ethik aufgeboten werden, die das gesellschaftliche Wohlsein und Wohlhaben als den Eigentumsanspruch nur "hoher", nicht *aller Person* vorsieht. Noch als Schüler, in einer Eliteschule, deren Funktion es sei, nicht freidenkende Menschen, sondern Untertanen zu erziehen, geißelt er im ersten Drama, dem "Jungen Gelehrten", den parasitären Akademismus der bürgerlichen Wissenschaft als Ansammlung von Ungeziefer. Zu gleicher Zeit beginnt Lessing ein Programm der Werkzeugschulung durchzugehen, das ihn instandsetzen soll, auf allen Hochzeiten des Zeitgeistes zu tanzen und mit allen Waffen sprachlicher Handlungsgattungen zu kämpfen: komödiantisch, höfisch, journalistisch, gelehrt, theologiekritisch, literaturhistorisch, philosphisch und juristisch. Er spielt mit den Leistungsstandards der bürgerlichen und feudalaristrokratischen Kultursphären und sein Ernst beginnt dort, wo wir ein Rumoren der Texte wahrzunehmen glauben, das der ganzen philiströsen Bildungsheuchelei der Zeit mit Vernichtung droht. Schon die Lehrer haben das exakt registriert, dem 16jährigen schrieben sie ins Zeugnis: Es ist keine Art von Wissenschaft, die der lebhafte Geist dieses Schülers nicht aufgriffe, so daß er bisweilen gezügelt werden muß, um nicht vom Rechten in die Weite gezogen zu werden - die lateinische

Wendung (ne in justo plura distrahatur) etwas freier übersetzt: um nicht vom Rechtbegriffenen in die befreite Vielheit intellektueller Schrankenlosigkeit zerstreut zu werden. Acht Jahre später ist das Jugendwerk abgeschlossen, die Dissertation geschrieben, die "Schriften" erscheinen und sind binnen zweier Jahre auf sechs Bände gewachsen, die etwa knapp die Hälfte der bis 1755 geschriebenen Texte Lessings auf den Markt bringen; das Textverzeichnis bietet das Bild eines Allroundschriftstellers. Lustspiele, kritische Anakreontik, Lehrgedichte, Schauspieler- und Theater-Theorie, Übersetzungen, Feuilletonkomplexe, Literaturgeschichte, Logik, Altphilologie, Linguistik, Kirchengeschichte und Ästhetik sind die Arbeitsfelder. Bei näherem Zusehen erkennen wir: Nicht ein weiterer Konkurrent auf dem Buchstabenmarkt in Leipzig und Berlin ist hervorgetreten, sondern ein Wühler, ein besessener Rigorist legt sich mit den Problembegrenzungs- und Anständigkeitsnormen "unserer aufgeklärten Zeiten" überhaupt an. Seine Methode ist, ich weiß nicht, ob man so in der Fechtersprache sagt, der direkte Anfall. Kokett bis hinter die Maske des Logikers spricht er aus, was er begehrt: "Ich bin nun einmal so; was ich den Leuten zu sagen habe, sage ich ihnen unter die Augen, und wenn sie auch darüber bersten müßten" (1754). Bersten sollten die Charaktermasken seiner Zeit eben dann, wenn sie dem herrschenden akademistischen Stil im "Reiche des Witzes", wie man das kultivierte Diskurs-Terrain der Zeit nannte, das Niveau vorgaben und es stützten, das Lessing für mittelmäßig oder schlampig hielt. Warum aber der auf das öffentliche Ansehen der Adressaten zielende Vernichtungswille im kritischen Streit? Vielleicht war es zu Lessings Zeit noch leichter als heute, nicht an das mysteriöse Objektive eines überpersönlichen Diskurses zu glauben, sondern Roß und Reiter auszumachen, gegen die anzutreten sei, wenn man das Gefühl hatte, auf dem Streitterrain mittelbar einer Gewalt zu begegnen, die sich weder ausweist noch sich an der Streitsache selber formuliert. Ich weiß es nicht. Aber ich habe herausgefunden, daß Lessing stereotyp auf eine bestimmte "Politik" achtet, wie nämlich auf dem kulturellen Terrain der Aufklärungsepoche dafür gesorgt wird, daß kulturelle *Überlieferungen* nach einem Sozialmaß, das Wenige Allen zumessen, zurechtgestutzt und umgedeutet werden. Diese Arbeit erledigen die Auserwählten der zeitgenössischen kulturellen Hegemonialpolitik in aller Offenheit und mit gespreiztem Machtgehabe. Lessing greift sie an; scheint sie zu hassen. Bis hin zum Instanzensprecher Melchior GOEZE in Hamburg wird seine Gangart dabei "niederträchtig und pöbelhaft" heißen.[7]

Was bringen die Angriffskämpfe, die, wie gesagt, vom Anschein moralischen Selbst-Bewußtseins und, jedenfalls, von emotional gerüsteter Könnerschaft begleitet sind und nicht Maß nehmen, sondern Maß setzen wollen

- was bringen diese Kämpfe nun eigentlich warenförmig Neues hervor? Was kann ein Angreifer produzieren? Erwarten Sie nun nicht von mir, daß ich LESSINGs enorme Leistungswerte propagiere. Man kann das biographisch so machen und etwa darauf hinweisen, wie dieser arme Studiosus, der mit einem naturkundlichen Chaoten, seinem Vetter Christlob MYLIUS, zwischen getrockneten Echsen, geologischem Geröll, Druckfahnen von Moralischen Wochenschriften und schmutziger Wäsche in gemeinsamer Stube hauste, das spätantike Theater studiert, Masken beschreibt, kritische Figurenkonstellationen entwirft, römische Gedichte übersetzt, ein Feuilleton redigiert und dabei, wie nebenbei, 1751 den Aufklärungsdialektiker ROUSSEAU entdeckt und frei übersetzt ins Deutsche bringt, sich mit Gott und der königlichen Zensur herumschlägt, "Die Juden" und den "Rienzi" schreibt, bis 1752 MARIVAUX, REGNARD, SENECA, CREBILLON d. Ä., PLAUTUS, CAPTIVI, THOMSON, CALDERON, CORNEILLE, RICCOBONI, CATULL, VOLTAIRE und Juan HUARTE übersetzt hat u.s.w.

Sie hören richtig in solcher Reihe: was da soll Angriff sein und nicht Produkt? Man kriegt das mit Hilfe einer Formal- Vorstellung von Gelehrsamkeit nicht heraus. Auch nicht mit dem Neid-Blick auf das positive Schreibtisch-Bild: überall Bücher und Papier. Ich reduziere die Antwort auf die Frage nach den 'Produkten' des Angreifers ins Negative: Dieser Schriftsteller ist nicht an seinen Produkten zu messen. 'Bücher hat er nicht geschrieben, sondern Texte.' Ich sage mit heutigem Jargon: Das Signifikat, auch Gott, hat LESSING literarisch nicht sonderlich interessiert. Denn er hatte erkannt, daß die instanziell geregelte, gesellschaftliche Ausstellung der Signifikate einen Aufklärungsprozeß, wie er ihn verstand, stillstellte. Lassen wir das ruhig in historischer Voraussetzung so stehen. Die Kulturrevolution seit dem Spätmittelalter, wie jede Revolution, wird einmal als vollendet erklärt, oder vernichtet. Ob dies im deutschen 18. Jahrhundert für unsere Geschichte geschehen ist, weil jetzt das in der Renaissance verwandelte Begehren der Intellektuellen nach selbstbestimmten Methoden des Weltwissens in gesetzmäßige Gedankenregelungen zurückgerufen wurde, und weil zu diesem Berufe die Legalitätsdebatte auf dem Kultur- und Theologie-Terrain mit vollem Machteinsatz der patriarchalischen Instanzen in Staat und Kirche geführt wurde, das können wir am Beispiel des Schriftstellers Lessing gut studieren. Lessing war kein Legalist. Kehren wir zu seinen Texten zurück, die ich "nicht - Signifikat - fixiert" genannt habe.

Er schrieb seine ersten Stücke in der Absicht, sie als Schauspieler mitzugestalten; und in einer Form, die sich mit ihrem Spiel nicht schloß; überließ seine *Druck*sachen aber nicht dem freien Spiel der Wertfestschreibung auf dem Markt, sondern rezensierte sie selbst oder hielt sie zurück, begleitete später seine Sachen mit eigener Theorie und nannte sich in wohlbedachter Vorsicht nicht Dichter, sondern Kritiker, damit er immer das letzte Wort behalte. Er philosophierte im Dialog mit offenem Ende, theologisierte insgeheim oder versteckt in Tageskritik. Ferner - ich sprach schon vom Zentralmotiv der Überlieferungskritik: Dort steckt des Pudels Kern. LESSING ent-legalisiert Überlieferungen, überläßt die Historie für die Epoche nicht den "seßhaften" Beamten, sondern entreißt ihnen ihre Beute. Das Frühwerk ist geprägt von den "Rettungen". Das sind mit dem Instrumentarium klassischer Quellenkritik erarbeitete Individual-Diskurse, die sich in die akademischen Überlieferungsannalen drängen. Mitten in der sogenannten Aufklärung schüttet der junge Gelehrte einen Berg verschütteter Quellentexte wieder vor sich auf, die von *einem* Gestus aufgeklärter Literaturfahndung qualifiziert sind: Autonome Textarbeit alter und neuer Schriftsteller wird der Gott- oder Geschmacklosigkeit bezichtigt und aus dem Verkehr gezogen. Ob Epigrammatiker, Ästheten, Häretiker, auf Gattungsunterschiede kommt es dem "Retter" Lessing nicht an; er arbeitet an der Freilegung des Kernpunkts: Autonome Textarbeit wird an ihrer Existenzialbewegung erkannt und ausgefahndet; ihrem abweichenden Denken, ihrem Drängen nach Erfahrungsfreiheit. Bald werde man, schreibt Lessing 1753, vor dem Geschmeiße der böswilligen Textausleger keinen Einfall mehr haben dürfen ("Briefe" III). Fahndung nach abweichendem Denken mittels institutionalisierter, normenvermittelnder Text-Auslegung - im Geltungskreis sprachpolitischer und systemtheoretischer Interpretationshaltungen machen wir *heute* die legalistische Anpassungsphilologie aus. Lessing verschweigt nicht, was er unter autonomer kritischer Einfallsfreiheit versteht: Salz mit freigebigen Händen ausstreuen, "ohne sich zu bekümmern, auf welchen empfindlichen Schaden es fallen wird".[8] Es ist das Salz der Epigrammatik, der Gattung, die beispielhaft für Lessings literarisches Begehren ist, Textarbeit von konventionalisierten ästhetischen Gesetzen und von Denkzwängen zu befreien. Im Bild des Kritikers, der den Kompromiß der Rücksichtnahmen im freigekämpften Text-Spielraum der Wahrheitsforschungen nicht eingeht, begreifen wir, daß Lessing ein sprechender Außenseiter war und in Außenseiterabstraktionen Geschichte dachte.

Die Natur des Außenseiters ist es, daß er die, wie LESSING es nennt, "gebilligten Vorurteile" nicht ertragen kann, deren Herrschaft eine Gesellschaft zusammenhält. Er setzt dem seine *Lust* entgegen, die wahre Gestalt der Sachen von den Verunreinigungen des Vorurteils zu befreien. (Cardanus- Rettung)[9] Sein Reinigungsmittel: Salz freigebig ausgestreut, unbe-kümmert stetige Verletzung. Ein aussichtsloses, unanständiges Projekt? Ein vorentschiedener Machtkampf gegen die Billigungsinstanzen in der Gesell-schaft? Sarkasmus? Verzweiflung?

Sie haben richtig gehört, ich habe "Natur" des Außenseiters gesagt. Über den Terminus möchte ich nicht streiten, ehe wir die Vorstellung ermittelt haben, die LESSING im LEIBNIZ- und SPINOZA-Diskurs seiner Zeit mit der Formel "Natur des Menschen" verband. In seiner Rettung des Epigrammatikers MARTIAL, dem er in den Frühschriften schon nachgedichtet hatte, im Wettstreit, wie er 1753 sagt, mit dem Lehrmeister darin, wer wohl beißend und frei *genug* habe dichten können: in der Ret-tung Martials vor seinen Auslegern, geschrieben 1770, ironisiert Lessing eine Norm von Wohlanständigkeit, die "sich mehr von gesellschaftlichen Verabredungen, als unmittelbar aus der Natur des Menschen herschreibet" (Epigr. III).[10] Natur ist hier kein Ursprungs- sondern ein Oppositions-begriff; als Begriff, richtiger Kategorie, werde ich ihn noch aufnehmen. Hier brauchen wir die politische Ableitung: Opposition zur Hegemonie der Verabredungen, zum kultivierten Mehrheits-Diskurs, versichert den oppo-sitionellen Intellektuellen einer *Naturinstanz* seines gesellschaftlichen Seins als Außenseiter. Sie dringt auf Veränderung der im Diskurs mitverab-redeten Gewaltverhältnisse. Und wie anders soll Natur in Gesellschaft ver-treten sein, denn als Individualität? Und als *Drängen* des Ich in einer un-endlichen Reihe von oppositionellen Sprechakten nach dem anderen Aus-senseiter in der Geschichte? Drängen nach dem 'anderen' Diskurs? Lessing nennt die gesellschaftliche Natur des Außenseiters, der im Gegendiskurs denkt, "Aufmerksamkeit". Dieses sprechende Drängen, das ist jetzt viel-leicht schon plausibler geworden, erfüllt sich nicht in der Warenform der Produkte, nicht im erzielten Signifikat. Und ist das vermutete moralische Selbst-Bewußtsein des jungen Lessing vielleicht darin begründet, daß er nicht bloß die stolze Natur seines schon im ersten Text genialen Außensei-tersprechens empfindet, sondern so bald auch schon seinen anderen Diskurs in der Geschichte gefunden hat und sich das Instrumentarium so rasch erar-beiten konnte, dies Andere zu "retten": die Philologie als angreifende, epi-grammatische Kritik? "Wer wird nicht lieber ein Spötter sein wollen, als ein Verführer? nicht lieber ein Possenreißer, als eine listige, gleißende, maulspitzende Hure?" - so sagt er, als er für Martial spricht.

Bleiben wir noch einen Schritt bei der Annahme eines solchen Selbst-Bewußtseins. Es könnte die Sprache des starken Mannes erklären, wie sie uns in den Ohren liegt, des schlagenden Epigrammatikers, der die Feinde erschreckt und die gesellschaftlich verabredete Moral verkehrt, nach dem berühmten Motto:

Gleichwohl, Herr Hauptpastor ... Sie können einen ungesitteten Gegner vielleicht an mir finden: aber sicherlich keinen unmoralischen. Dieser Unterschied, zwischen ungesittet und unmoralisch ... soll ewig unter uns bleiben. Nur Ihre unmoralische Art zu disputieren, will ich in ihr möglichstes Licht zu setzen suchen, sollte es auch nicht anders, als auf die ungesitteteste Weise geschehen können. (Anti-Goeze II)

Die Kondition aber, auf die ungesittetste Weise kämpfen zu müssen, weist dem Außenseiter in der Geschichte der gesellschaftlichen Verabredungen eben nicht einen moralischen Ort zu, der institutionell definiert wäre. Beanspruchte er solchen Ort, wäre er nicht der Außenseiter - der er seiner Natur nach bleiben möchte. Sein Berufsmerkmal als Fechter ist die Beweglichkeit- und die blitzschnell geführte Klinge aus der defensiven Reaktion hinaus. Bloß eine Metapher? Noch einmal das Eingangsbild: "Aber der Herr Pastor wird ärgerlich werden, daß ich ihm so Schritt vor Schritt auf den Leib rücke, um ihn endlich in dem Winkel zu haben, wo er mir nicht entwischen kann." (ebd.) Ein Szenenbild ohne realistische Relevanz? Mitnichten. Daß es in der Biographie unseres Aufklärerhelden wirklich um den Winkel geht, aus dem kein Entwischen ist, bezeugen die Verbotsakten, in denen seine Streitschriften endeten. Nur, daß eben er selbst in diesen Winkel gestellt werden sollte. Die Metapher von der nötigen Beweglichkeit des Fechters gehört zu jenen Chiffren, von denen der Fechter in einer Kampfpause seiner letzten Angriffsserie gegen den Hauptpastor GOEZE in Hamburg sagt: "Aber wie lange und genau muß man denn auch eine Metapher oft betrachten, ehe man den Strom in ihr entdeckt, der uns am besten weiter bringen kann." (ebd.) Wohin bringt den Außenseiter seine Beweglichkeit? Ist diese zielgerichtete Frage überhaupt richtig gestellt? Halten wir uns an LESSINGs Selbst-Bewußtsein, das uns bisher so hochgemut anzusprechen schien, ehe wir es nun bald ein wenig uminterpretieren müssen.

Der Hochmut des jungen Kritikers war schon, ehe er in Schwermut des Kampfmüden sich würde beruhigen müssen, von klarster Bewußtheit über den Gang der Dinge in einer Wirklichkeit, die er sich so gern immer ein wenig anders vorstellen wollte. Der Achtzehnjährige schickte sich zu einer Rettung der Herrnhutergemeinde an, ein Text entsteht, dessen epigrammatische Schärfe und vernunftkritische Philosophie die Grenze eines philologisch-historischen Rettungsaktes überschreiten muß, denn die Herrnhuter wollen: und sollen nicht leben dürfen, wie das ihre Lebensregeln ihnen vorschreiben, die von amtlichen Schutzrechtsvorstellungen abweichen. Ein geforderter Minderheitenschutz ist der Probierstein öffentlicher Streitsachen; an der Existenz abweichender Lebenspraxis entzünden sich Wut und Vernichtungswille der Systemsprecher. LESSING (lesen Sie diesen rasanten Text) riskiert Kopf und Kragen unter dem Motto: Ich beschwöre euch, laßt der gekränkten Gleichheit vor Gott den irdisch freien Lauf, nehmt die Kränkung von der Gemeinde, garantiert ihre Autonomie! - und er weiß doch, daß er die Gewalt*frage* des Gesellschaftskompromisses berührt, und schreibt selber die eigene Bedrohung durch die Gewalt*haber*, die er provoziert hat, in den Text am Ende ein und bricht ab mit dem Wink: "Sieht man bald, wo ich hinaus will?"

Ein Publikum hat diese Frage 1750 auf direktem Wege noch nicht erreicht, LESSING publiziert diesen wie viele andere Texte nicht, die die philosophisch-theologischen Grundlagen seiner Kritik in manuskriptgebundener Radikalität zurückhalten, bis er, über frühere öffentliche Andeutungen hinaus, die Grenze in die politische Kälte der *gesuchten Konfrontation* überschreitet und, 1778 im vierten Anti-Goeze, die Fahndungsgewalt, die lauernde "Inquisition" der 70er Jahre, direkt anspricht:

Verständigen, - heißt es alldort [bei GOEZE] - verständigen und gesetzten Männern kann es vergönnt bleiben, bescheidene Einwürfe gegen die christliche Religion, und selbst gegen die Bibel zu machen. Aber von wem soll die Entscheidung abhängen, wer ein gesetzter und verständiger Mann ist? Ist der bloß ein verständiger Mann, der Verstand genug hat, die Verfolgung zu erwägen, die er sich durch seine Freimütigkeit zuziehen würde? Ist der bloß ein gesetzter Mann, der gern in dem bequemen Lehnstuhle, in den ihn sein Amt gesetzt hat, ruhig sitzen bliebe, und daher herzlich wünscht, daß auch andre, wenn sie schon so weich nicht sitzen, dennoch eben so ruhig sitzen bleiben möchten? Sind nur das bescheidene Einwürfe, die sich bescheiden, nur so weit sich zu entwickeln, als ohngefähr noch eine Antwort abzusehen ist?

Karikiert dieses Bild die Opportunität und Beharrung schlechthin, deren Aufrechterhaltung der Oberschulrat und Hauptpastor GOEZE der staatlichen Obhut ausdrücklich anempfiehlt, so schreibt es, drohend gegen die drohende Ordnungsgewalt, das philosophische Menetekel ins Textbuch des Streits:

Freimütigkeit, Unruhe, der Sache ans Leben über die Vorsicht der gebilligten Antworten hinaus! Es ist das Menetekel unbeugsamer Individualität, die sich ihres Grundes in einer verschwiegenen philosophischen Kategorie der Bewegung gewiß ist. Ich sagte schon, daß ich Sie mit der Philosophie der LESSING'schen Kritik, die ihm von der Natur des Menschen zu reden erlaubt, noch bemühen werde. Jetzt ist mir wichtiger, erst noch die Kategorie der Bewegung als *Prinzip* in der autobiographischen Umschrift des Anti-Goeze-*Textes* auf den Punkt zu bringen. Wir stoßen damit auf einen ersten Grundwiderspruch Lessingscher Individualitätsbegründung, dem ein zweiter noch folgen wird: Der Fechter redet von der Rücksichtslosigkeit seiner Angriffsbewegung ja nicht zum ersten Mal, hier aber bis zur Eindeutigkeit, die von keiner gebilligten Norm des menschlichen Umgangs mehr gedeckt ist:

Ich mag gern keinen Wurm vorsätzlich zertreten; aber wenn es mir zur Sünde gerechnet werden soll, wenn ich einen von ungefähr zertrete: so weiß ich mir nichts anders zu raten, als daß ich mich gar nicht rühre; keines meiner Glieder aus der Lage bringe, in der es sich einmal befindet; zu leben aufhöre. Jede Bewegung, im Physischen entwickelt und zerstöret, bringt Leben und Tod; bringt diesem Geschöpfe Tod, indem sie jenem Leben bringt: soll lieber kein Tod sein, und keine Bewegung?

Der Widerspruch läuft auf Nebentexten mit, verdrängt, wenn es um Angreifen geht. Es sind Texte des Mitleids. LESSING konnte in Wahrheit keinem Wurm etwas zuleide tun. Seine fechtende Rücksichtslosigkeit in Worten und in Taten - in der Tat: seine Worte taten weh - war ebenso schmerzend an sich selber wie an den Gegnern, die als Gewaltrufer oder Gewaltteilhaber den Außenseiter, den Retter, der von sich zu GOEZE sagt: Ich bin "rein", zum Kämpfen fordern. Der erste Text gegen die Väter (1743), das dramatische Fragment "Samuel Rienzi" (1749), "Philotas" (1759), die über den Gedanken gespannt sind, daß der Kritiker gesellschaftlicher Verabredungsgewalten seine Identität als Schreibender im Mitleiden mit den Opfern dieser Gewalten findet: Es ist die Identität des Fechters im Widerspruch mit seiner Rolle, die kein Kleid ist, das er abwerfen könnte.

Widerspruch im Standort zwischen gesellschaftlichem Außenseiter und "Freund der Laien", wie er sich in der Rettung der Herrnhuter figuriert, portraitähnlich mit SOKRATES und JESUS von Nazareth, deren Tod aufgebrachte Priester mit einer schlauen Staatsinstanz ausgehandelt haben. Im Vorfeld des philosophischen, des spinozianischen Diskurses, der den Widerspruch der kämpfenden Kritik wieder auflösen mag, klingt das alles sehr politisch, und ist es auch. Ich sagte bei der Ableitung des Außenseiters aus seinen kritischen Handlungen, seine Natur dränge nach dem anderen Außenseiter in der Geschichte - der Andere, er verliert sich, wie wir im Text-Paradigma der Herrnhuter-Rettung aufgezeichnet sehen, in den Minderheiten, die von den Mehrheitssprechern ebenso bedroht sind wie der einzelne Außenseiter, die aber in abstrakto als Mehrheit denkbar sind. Warum, sagt LESSING, soll die Wirklichkeit, die ich mir vorstelle, nicht ebenso natürlich sein, wie die wirkliche Wirklichkeit? Die radikale, abstrakte Stellung, wie der Außenseiter in der Geschichte gesellschaftlicher Verabredungen auf sein natürliches Andere trifft, ist seine Schriftstellung zur Wirklichkeit. Eine Stellung des Begehrens nach Gerechtigkeit in der Häresie.

Man kann alles, meint LESSING in der Rettung des Häretikers CAR-DANUS 1754, wenn einen "gebilligte Vorurteile" nicht daran hindern. Wir können alles *denken*, alles *sein*, wenn ... *An den Ort vor* dem Absturz des Begehrens in die Verneinung im gesellschaftlichen Wenn, *vor* der Verzweifelung im Gefühl der Unfreiheit hat Lessing, der Künstler, seine Spiele aufgebaut. Lustige Trauerspiele, traurige Komödien. Die Arbeit an den Spieltexten muß sich in einem zweiten Grundwiderspruch des Fechters bewegen und auch dieser mag sich in SPINOZAs philosophischer Ethik aufheben lassen, von der wir noch reden müssen. Ich meine nach dem ersten Widerspruch zwischen Angreifen und Mitleiden den zweiten zwischen Tod und Leben. Lessing beharrt, wie wir hörten, gegen GOEZE, übrigens nicht zum ersten Mal, auf der *Zusammen*gehörigkeit von Tod und Leben. Beim Zurücktreten in die Ethik Spinozas ist dieses Beisammen kein Problem mehr, wir werden sehen, wie das geht; aber im Lust-Spiel, das der Außenseiter inszeniert, lädt das Totsein im Leben, das Leben mit dem Tod eine Figurenspannung auf, die, lesen wir den Text genau, schier unerträglich ist. Und im Lust-Spiel sind uns die erlösenden Tränen ja eigentlich versagt. Haben wir den "Nathan", das Hohe Lied der Toleranz, das so sehr "verständliche" Vermächtnis des Nach-Goeze-Lessing, richtig gelesen? Ich selber habe diesen reichen Juden von Jerusalem etwas abfällig behandelt, ihn zu einseitig als bürgerlichen Familien-Ideologen gesehen; Sie können das in meinen Aufsatz über Lessings Scheitern nachprüfen, in dem ich mir vom Haß gegen die Bourgeoisie allzu leicht-fertig den Blick habe trüben lassen.[11] Elemente einer radikalisierten Nathan-Deutung im folgenden und kurz:[12]

In einem rührseligen Schluß erledigt LESSING, was er als rettenden Gedanken seit seinem Text über den Häretiker CARDANUS im gelehrten Streit um die Wahrheit des Christentums vergeblich unter die Leute zu bringen versucht hatte: Eine *siegende Wahrheit* wird es im *Vergleich* der großen Weltreligionen nie geben. Die Bühne wird frei gegeben für Demonstrationen *unterhalb* der Wichtigkeitsstufe theologischer Themata (Signifikate), um die an und für sich es Lessing ja auch gar nicht geht. Ehe sich die Vaterfiguren Saladin, der Herrscher, und Nathan, der Glaubensheld, komödiantisch in den Armen liegen, weil ein verliebter Kreuzritter in der Geliebten, Nathans Tochter, eine Christin und Schwester und sie in ihm einen brüderlichen Muselmann findet, ehe diese Väter also ihre Rollenewigkeit als Toleranzfiguren davontragen können, werden sie vorgeführt:

Der Herrscher als Gewaltmensch und Heuchler in Staatsfunktion, der mit Nathan, dem genialen Juristen, seinen Frieden macht - "lieber Nathan!" - und dabei am Ende etwas von seiner Tücke verliert. Nathan erzählt ihm das berüchtigte Märchen von Gottes in drei gleichen Ringen versteckter Wahrheit. Nathan bebt vor Angst, denn der Tyrann will ihm ans Leben, wenn er ihm nicht borgt. Fürst und ROTHSCHILD im Frühstadium. Nathan *erzählt* um sein Leben. In dieser Grenzsituation einer Machtprobe zwischen Text und Staat rettet sich Nathan in Lessings Häresie! Er versteckt in der Erzählung nicht bloß die Anonymisierung des persönlichen Gottes, sondern er durchkreuzt die Auferstehung des gekreuzigten Juden Jesus; dieses Auferstehungsmärchen soll es *nicht mehr geben*. Daß wir den Auferstandenen an der Seite eines weltauswärtigen Gottvaters nicht brauchen, das zielt an der Person des mohammedanischen Gottvertreters im irdischen Staatsrock vorbei direkt auf die Weihe moderner Staatsordnungen und begründet ihre kritische Begleiterin, die radikale Ideologiekritik. Im täuschenden Pietismus des Satzes "Ein Staat ist ein viel zu abstrakter Begriff für unsere Empfindungen" versteckt Lessing seinen Haß auf jede philosophische Anrufung eines Überweltgottes im sittlichen Staat. Der ins Spiel geschriebene Haß entzündet die Lust der Verzweiflung am schlechten Kompromiß Nathans, der die Außerkraftsetzung der Auferstehungslüge nur bis zur unbestimmten Rührung dem Staatsmann anzudichten vermag, der in Wahrheit auch den säkularisierten Gott zur Justifikation gesetzlicher Willkür braucht und also das entchristlichte Religionsschema der Ringparabel heuchlerisch absegnet, weil es die Ausbeutung der Menschen universalisiert. *Natürlich* hatte Nathan etwas *anderes* gemeint in seiner Angst vor dem Zorn des Tyrannen. Kunstvoll, im Augenblick der Gefahr, hatte er seine Solidarität mit dem gekreuzigten, nicht dem auferstandenen Bruder Jesus, seinem alter ego, fixiert. Unserer Lust an der Verzweiflung, die vom Verderben der Erzählung zum Kompromiß entzündet ist: wird sie uns auf die Brücke in uns selber treiben, wo Kunsterzählung ins Leben übergeht und dort "einwächst" und uns mit "Anderem" verbindet? Häresie als magische Conterbande auf diesem Weg?

Lese ich richtig, dann wird das Lustspiel der Verzweiflung genau an dieser Frage zur Tragödie. Und hier steckt wohl der angekündigte zweite Grundwiderspruch LESSINGs. Sein Angriff auf das christlich geweihte Staatsprinzip als Komödie zwingt die Nathanfigur in den Dialog mit dem *Herrscher*: die Ich-Du-Brücke als die häretisch gesuchte Außenseiterabstraktion in der Geschichte muß *absolut* gelingen.

Aus dem *diplomatischen* Dialogentwurf, der dem Erzähler zuerst einmal das Leben retten mußte und so das familiäre Versöhnungsspiel überhaupt erst begründen konnte, ist keine Revolte gegen das Ausbeutungssystem des aufgeklärten absoluten Staats abzuleiten. Den Kapitalpump an den Herrscher abgewiesen zu haben, darin lag der nun offen erzählbare Erfolg der Angstpartie. Die gottgewollte Erpressung der Produzenten im Lande dagegen war legitimiert. Sold *oder* Verweigerung: Leben *oder* Tod - das war *nicht* LESSINGs Existentialformel, wie wir gehört haben, sondern: Leben *und* Tod. Wie besser ließ es sich im Namen eines nun befundenen *unbestimmten* Gottes ausbeuten, der die Eindeutigkeit seiner Selbstoffenbarung, also auch die Idee seines möglichen persönlichen Eingreifens, an die Anonymität eines unauffindbaren Wahrheitsgrundes im staatlich anerkannten Allversöhnungsmärchen abgegeben hatte - wie besser als im Namen des identischen Diskurses eines gerechten Richters. Die Gesetze zum Schutz der Alternative "Leben *oder* Tod" ließen sich nun verschärfen. Kein Wunder, daß der Sultan Nathan nun liebt. Das ist der ungewollte Beitrag der Figur Nathan zur Selbstaufgabe eines revolutionären jüdischen Messianismus, listig inszeniert vom aufrichtigsten religiösen Indifferentisten der Epoche. Sollte ihm der Gesellschaftsfrieden der geschützten Geldzirkulation diese Selbstaufgabe wirklich wert gewesen sein? Oder ist das bloß kritische Figurenführung? Dem Interpretationsfrieden in unseren Schulen und Universitäten jedenfalls ist hier Tür und Tor geöffnet. Wirklich? Wäre da nicht auch der andere Dialog Nathans im Spiel. Er macht jede Interpretations-Wahrheit zweideutig.

Ich rede vom Dialog mit dem Derwisch Al Hafi. Dieser Dialog hebt Nathans Ich-Du-Beziehung zum Herrscher nicht auf, aber ist von anderer Art. Die Dialogpartner sind Freunde, Al Hafis Text: Störung der möglichen Herrscherbeziehung bis zur Denkbarkeit des Abbruchs. Al Hafi ist Saladins Finanzminister, der kein STOLTENBERG bleiben wollte; er nennt das Toleranzgeschwätz des aufgeklärten Tyrannen mitsamt dem Toleranzmärchen des Aufklärers an seiner Oberfläche beim Namen: "Geckerei". Als *Freund*, nicht eben noch Fallensteller wie Saladin, sieht er aber auch unter die Oberfläche und hat Nathans *Weisheit* etwas zu bieten, nämlich ihre Aufhebung im Existential eines anderen Lebens. Achten wir vor dem Folgenden darauf, daß "Geld" im Nathanspiel das Binnen-Symbol für autonome *Ordnung* ist; sie bestimmt der, der Geld hat. Al Hafi sagt: in deinem Reichtum, Nathan, ist deine Weisheit *eingeschlossen*, trittst du aus dem Geld*haben* heraus und *borgst* dem Staat, verlierst du nicht nur deine Weisheit, deine Autonomie als Geldhaber. Deine Individualität wird dann ausgelöscht, denn du stürzt als Kreditgeber, der sich dem Kapitalinteresse des

Staates unterwirft, in deinen eigenen Reichtum, in die Ressourcen der Kapitalbildung, in ein Faß ohne Boden. Mit diesem, den weisen Kompromiß *überbietenden Text* über den Freund redet sich Al Hafi in ein Einsichts-Dilemma hinein, aus dem heraus in ein Leben *in* der Gesellschaft er nicht mehr findet. Dies ist das Dilemma: Aus der Sicht des nichtreichen Steuerzahlers bedeutet seine Einsicht: Leben; Bewegung im Staat hieße Sich-zur-Staatszinstilgung-*bedingt*-auspressen-lassen um eines *Gesellschafts*friedens willen, den der Kapitalzins in Staatshand garantieren soll - *oder* Verweigerung der Staatsbürgerschaft. Aus der Sicht des Staates bedeutet Al Hafis Einsicht: Geld ist Waffe; es zu bekommen, *ohne* sich beim reichen Juden zu verschulden, muß der staatliche Hoheitsträger seine Bürger auspressen *und*, in der Konsequenz, töten.

Staatliche Finanzverwaltung im Bündnis mit dem Kapital also bedeute der Möglichkeit nach Gesellschaftkompromiß, Kompromißfrieden; Verwaltung *ohne* Staatsverschuldung aber bedeute Krieg nach innen (Klassenkampf von oben) oder Krieg nach außen (Imperialismus): Al Hafi bleibt in seinem Einsichtsdilemma stecken wie Nathan im Kompromiß; aber in ihm, Al Hafi, figuriert LESSING den radikalen Außenseiter: der den Dienst quittiert und in die Wüste geht. Nathan, der vernünftige Außenseiter, bleibt zurück.

Habe ich richtig gelesen, dann hat LESSINGs angreifende Kritik am christlichen Staatsprinzip den Dialog der Außenseiter, die Ich-Du-Brücke als den häretisch gesuchten Lebensentwurf, zunichte machen *müssen*. Ist das philosophierte Bündnis zwischen Radikalität und Vernunft an der gesellschaftlichen Wirklichkeit, aber damit unwidersprechlich, widerlegt? - Al Hafi, als er sich aus der Verführung durch sein Amt löst, spielt einen Augenblick noch, wenn auch schon bitter ironisch, mit der vernünftigen Perspektive, Nathan als Staatsgläubigen zu gewinnen, um im Bunde mit ihm *bleiben* zu können, in der Wirklichkeit gemeinsamen öffentlichen Dienstes. Nathan aber: Ich soll an Zinsen nehmen, was mir nur gefällt, wie ichs am Staate vorbei noch immer tun kann? "Auch Zins vom Zins der Zinsen? Bis Mein Kapital zu lauter Zinsen wird"? Nein. So erkennen sich in gemeinsamer *Einsicht* und *Verweigerung* die Freunde. Da Nathan so aber die Mitwirkung im Amt des Al Hafi verweigern muß, gewinnt das Herauswollen Al Hafis aus dem Kompromiß nun Glaubwürdigkeit und Autonomie zurück und er zieht vom Leder:

Derwisch. Ei was! - Es wär' nicht Geckerei.
Bei Hunderttausenden die Menschen drücken,
Ausmergeln, plündern, martern, würgen; und
Ein Menschenfreund an einzeln scheinen wollen?
Es wär' nicht Geckerei, des Höchsten Milde,
Die sonder Auswahl über Bös' und Gute
Und Flur und Wüstenei, in Sonnenschein
und Regen sich verbreitet, - nachzuäffen,
Und nicht des Höchsten immer volle Hand
Zu haben? Was? es wär' nicht Geckerei ...

Nathan. Genug! Hör auf!

Derwisch. Laßt meiner Geckerei
Mich doch nur auch erwähnen! - Was? es wäre
Nicht Geckerei, an solchen Geckereien
Die gute Seite dennoch auszuspüren,
Um Anteil, dieser guten Seite wegen,
An dieser Geckerei zu nehmen? Heh?
Das nicht?

Nathan. Al-Hafi, mache, daß du bald
In deine Wüste wieder kömmst. Ich fürchte,
Grad' unter Menschen möchtest du ein Mensch
Zu sein verlernen.

Derwisch. Recht, das fürcht' ich auch.
Leb wohl!

Nathan. So hastig? - Warte doch, Al-Hafi!
Entläuft dir denn die Wüste? - Warte doch! -
Daß er mich hörte! -

Al Hafi geht abrupt, geht dann ohne förmlichen Abschied, nicht mehr
"Mensch unter Menschen", sondern wieder Derwisch, Bettler, Bild des Be-
freitseins in der Wüste, "Am Ganges, Am Ganges nur gibts Menschen ..."
Den Freund noch mitzuziehen, mißlingt an dessen Mut, sich der Angst vor
Königsthronen zu unterziehen; der Gang in die Wüste - "das blieb uns ja
Noch immer übrig." Al Hafi dazu: "Wer sich Knall und Fall, ihm selbst zu
leben, nicht Entschließen kann, der lebet andrer Sklav Auf immer". Der
Radikale hinterläßt seine Rechnungen zum Bezahlen dem Vernünftigen
und verschwindet Knall und Fall. Nathan (ihm nachsehend): Die Rechnungen bürg ich! - "Wilder, guter, edler - Wie nenn ich ihn? ..." Er geht in
seine Dialog-Szene mit dem Herrscher und besteht sie identisch mit sich
selbst, solidarisch mit dem gekreuzigten Juden und verschlossen in seiner
vernünftigen Weisheit.

LESSING wollte dem Nathan-Spiel ein Al Hafi-Drama folgen lassen, woran ihn sein Tod gehindert hat; die Chiffre immerhin hat er hinterlassen, daß man sein "Selberdenken", sein philosophisches Bewegungsprinzip nicht in Nathan, der Figur, aufgehen lasse. Nathan *und* Al Hafi *und* ihre Trennung in der wirklichen Wirklichkeit heißt das ganze, das Trauerspiel. Es belegt die Widerspruchsfähigkeit des Realisten, des Ästhetikers Lessing, der das häretische Denken wirkend zu gestalten weiß. Er gibt sich damit nicht zufrieden. Lessing ist Philosoph, Spinozist. Die Ethik des Hen kai pan, Eins sei in allem, alles in Eins, Ich bin wie 'Welt-Gott-All' ist, Ich bin im Du wie in Ähnlichkeit mit Allem: "Es gibt keine andere Philosophie als die des Spinoza". Dies sagt Lessing im Dialog mit JACOBI, der nicht wagte, ein ganzer Spinozist zu sein. Ein Gespräch vor dem Tode, nach dem Nathan. Man bleibt im Streit über den Kernsatz SPINOZAs, wonach nicht das Denken die Quelle der Substanz - also auch nicht ein extramundaner Vatergott der Pfandleiher unseres freien Willens ist -, sondern die Substanz die Quelle des Denkens.

LESSINGs Part in dem Streit zeigt den Schritt, den er nach dem "Nathan" geht. Nathan, der Sympathisant des Gekreuzigten, vorlor seine Frau und seine sieben Söhne im Holocaust der Christen, sie verbrannten zusammengepfercht. Dagegen ist Vernunft waffenlos, nur das häretische Denken des Außenseiters, der sein gesellschaftliches Sein im Gesell-schaftskompromiß nicht eingelöst hat, vermag das Welt-Gott-All zu denken und im magischen Verbund mit der Radikalität der Kompromißaufkündi-gung *frei* zu denken. "Ich begehre keinen freien Willen", sagt Lessing zu JACOBI, der den gern behalten möchte."

Es gehört zu den menschlichen Vorurteilen, daß wir den Gedanken als das erste und vornehmste betrachten, und aus ihm alles herleiten wollen; da doch alles, mit samt den Vorstellungen, von höheren Prinzipien abhängt. Ausdehnung, Bewegung, Gedanke, sind offenbar in einer höheren Kraft gegründet, die noch lange nicht damit erschöpft ist. Sie muß unendlich vortrefflicher sein, als diese oder jene Würkung; und so kann es auch eine Art des Genusses für sie geben, der nicht allein alle Begriffe übersteigt, sondern völlig außer dem Begriffe liegt. Daß wir uns nichts davon gedenken können, hebt die Möglichkeit nicht auf.

Als JACOBI sagt, er könne die Vorstellung nicht ertragen, eine Monade im All zu sein, die zwar im Begehren nach dem Anderen, das sie denken kann, nicht aber frei ist in Wille und setzender Denkinstanz - und daß er lieber mit einem Salto mortale aus dem hellen, lichten SPINOZA wieder zu seinem persönlichen Gott springe, der ihm das setzende Denken vermacht - als er also das konsequente *Philosophieren* suspendiert und *seinen* religiös-idealistischen Kompromißfrieden anpreist, da entzieht sich LESSING mit dem Gestus eines quicklebendigen Sterbenden aus dem Dialog: Dies sei ein Sprung, sagt er, "den ich meinen alten Beinen und meinem schweren Kopfe nicht mehr zumuten darf." Auch dies eine Metapher, der man lange und genau nachdenken muß, um den Strom in ihr zu entdecken, der uns am besten weiter bringen kann. Welche Ironie in der Müdigkeits-Metapher steckt, lehrt der Blick in den Text, den Lessing zur selben Zeit, 1780, aufschreibt. "Die Erziehung des Menschengeschlechts", dessen unstimmige Lage zu "Nathan" und 'Jacobi-Gespräch' man feststellen zu müssen geglaubt hat. In Wahrheit geht da ein Text in fortreißender Bewegung die Konsequenz des Häretikers, der als Ästhet und 'Realist' an einer Gesellschaft gescheitert ist, die er als Philosoph verläßt. Seine radikale Individualität *kann* sich so nur an die Geschichte abgeben. *Verwechseln* wir das nicht mit Flucht aus der Welt, die eben so nur, in der moralischen Selbstgewißheit Lessing-Spinozas, zu begehen ist; auch nicht mit fauler innerer Emigration in eine Gesellschaft zurück, die keine Freiheit zu bieten habe. Der Stufentext der "Erziehung" *durchkreuzt* jegliche parasitäre Gesellschaftsphilosophie, *durchschreitet* die Wüste *in* der Gesellschaft, indem er in nun wirklich gelassenem Gestus das radikale Bewegungsprinzip des Denkens - nämlich: in der "ganzen Natur" denken können was ist und darin die eigene finden - *auf die Leerstelle in Gesellschaft und Geschichte richtet*, wo Natur bisher *nicht ist*: im vernünftigen Kompromiß zugrunde gerichtet wird. Einer Gesellschaft, der Lessing im gegenwärtigen Zustande ganz den Untergang wünschen kann, weil sie es nicht anders wert sei, hält sein Text den Messianismus des revolutionären Judentums entgegen, das nun doch, nach dem Scheitern *ästhetischer* Real-Identität des Häretikers, *ganz* in individuelle Natur geborgen und mit magischer Beredsamkeit vorgetragen wird. Ich raffe den Schluß: "Wozu sich die Natur Jahrtausende Zeit nimmt", soll in *einem Augenblicke* reifen? "Wie, wenn ... das große langsame Rad, welches das Geschlecht seiner Vollkommenheit näher bringt, nur durch kleinere schnellere Räder in Bewegung gesetzt würde, deren jedes sein Einzelnes, sein Individuelles eben dahin liefert? ... Warum sollte ich nicht so oft wiederkommen, als ich neue Kenntnisse, neue Fertigkeiten zu erlangen geschickt bin?" *Darum nicht*, weil "ich auf Einmal soviel" nicht wegbringe, "daß es der Mühe, wieder zu kommen, etwa nicht lohnet? ..." - "was ich ... vergessen *muß*, habe ich denn das auf ewig vergessen? Oder, weil so viel Zeit für mich verlorengehen würde? - Verloren? - Und was habe ich denn zu versäumen? Ist nicht die ganze Ewigkeit mein?"

ANMERKUNGEN

1) Anti-Goeze. Siebenter. In der hier benützten Ausgabe: Werke, hg. von Herbert G. GÖPFERT, Bd. 8, S. 244 und Bd. 2, S. 749.

2) Ebd., S. 246.

3) Heinrich HEINE: Sämtliche Schriften, hg. von Klaus BRIEGLEB, Bd. 3, S. 10. Zum Zusammenhang vgl. Vf.: Opfer Heine? Versuche über Schriftzüge der Revolution, Frankfurt am Main 1986, Vorwort.

4) HEINE: "Heimkehr" XLIV, Schriften, Bd. 3, S. 130, und vgl. Opfer Heine, S. 27 ff und S. 123.

5) W. BENJAMIN: Gesammelte Schriften, Bd. 3, S. 320.

6) Der Text vollständig wiedergegeben und erläutert in: Vf.: Lessings Anfänge 1742-1746. Zur Grundlegung kritischer Sprachdemokratie, Frankfurt a.M. 1971, S. 86 ff. - Die folgende Skizze sei durch begleitende Lektüre kontrolliert, flüchtig genannte Titel und angeschnittene Bezüge werden nicht eigens formell angemerkt. Sie sind in allen Ausgaben zu verifizieren.

7) LESSING: Werke, hg. v. H. G. GÖPFERT, Bd. 8, S. 315: Johann Melchior GOEZE: Lessings Schwächen, Das dritte Stück.

8) Werke, Bd. 3, S. 273.

9) Ebd., Bd. 7, S. 9 ff.

10) Ebd., Bd. 5, S. 476. Die folgenden Verweise, ebd., S. 475.

11) Lessings Scheitern. Zur Aktualität eines 200 Jahre toten Schriftstellers, (in.) Akzente 1 (1981), S. 61 ff.

12) Inzwischen ausgebaut zu neun Nathan-Variationen für meine Sammlung: "... unmittelbar zur Epoche des NS-Faschismus. Arbeiten zur politischen Philologie 1978 - 1988", Frankfurt am Main 1989 (=stw 728.) [im Druck]

Bild 23: Gotthold Ephraim Lessing. Stich von J. F. Prause (1772) nach einem Gemälde von Anton Graff.

MARIANNE SCHULLER

"ES SIND WUNDERLICHE DINGER, MEINE BRIEFE."
RANDBEMERKUNGEN ZUR SCHREIBWEISE
META KLOPSTOCKS

Die Sprachen der Liebe sind alt. Und sie sind, im Laufe ihrer Geschichte, höchst unterschiedlich ausgeprägt. Während seit dem 18. Jahrhundert die Liebe im Zeichen einer emphatischen Einmaligkeit, der unmittelbaren Herzenssprache kursiert, ist uns auch die Vorstellung der Liebe als Kunst überliefert. Ars amandi, Liebeskunst. Trotz aller Unterschiedlichkeiten der Liebesvorstellungen aber läßt sich, laut Niklas LUHMANN, doch ein Leitsymbol ausmachen, das die Sprachen der Liebe strukturbildend durchwandert: es ist die 'Passion'. So heißt es bei Luhmann:

... Passion drückt aus, daß man etwas erleidet, woran man nichts ändern und wofür man keine Rechenschaft geben kann. Andere Bilder mit zum Teil sehr alter Tradition haben den gleichen Symbolwert - so wenn man sagt, Liebe sei eine Art Krankheit; Liebe sei Wahnsinn, folie à deux; Liebe lege in Ketten. In weiteren Wendungen kann es heißen: Liebe sei ein Mysterium, sei ein Wunder, lasse sich nicht erklären und nicht begründen, usw.[1]

Ob als Wahn oder als Krankheit, ob als Mysterium oder als Wunder angesprochen, in jedem Falle bewirkt die Liebe ein Ausscheren aus dem Regelkanon der sozialen und symbolischen Ordnung. Sie wird als eine Art 'Ausnahmezustand' hervorgebracht, was eben auch heißt, daß die Liebessprachen zur Störung diskursiver Regeln, zur Exzentrik tendieren. Wußte sich das Mittelalter noch zu helfen, indem es die Liebespassion als Krankheit im medizinischen Sinne auffaßte, der mit handfesten Therapien - "zum Beispiel coitus"[2] - zu Leibe zu rücken war, so ist auf uns eher deren symbolisches Statut überkommen. Dessen heillose Wirksamkeit erweist sich nicht zuletzt darin, daß es eine nicht enden könnende, nicht enden wollende Flut von Diskursen erzeugt.

Eine große Diskurswelle, die Sprache der Liebe und damit die Liebe betreffend, setzt im 17. Jahrhundert ein. Nicht zuletzt als Folge des Buchdrucks werden Liebescodes ausgebildet und in Umlauf gebracht. Während in der entstehenden Institution der 'Salons', die eine raffinierte Halböffentlichkeit organisieren, unablässig über die Liebe gesprochen werden kann, setzt vor allem ein Schreiben der Liebe ein. Hier ist es vor allem der Brief, der zum ausgezeichneten Medium der Liebe avanciert. Briefe, die hin und her gehen, Fäden ziehen und verweben. Häufig aber spinnen sich daraus Netze, denen die daran Beteiligten ins Garn gehen. Wie wir nicht zuletzt aus den "Schlimmen Liebschaften" wissen, kann man den Liebesbriefen in dem Maße ins Garn gehen, als sie auf die Authentizität der Schrift setzen, in deren Besitz sich Schreiber und Adressat wähnen. Erst diese Fiktion eröffnet ein doppeltes Spiel, nämlich die Intrige, die den Brief in falsche Hände schickt und damit schließlich auch die Herzen in unauflösliche Verstrickung bringt. Die "Schlimmen Liebschaften" spielen das Medium Brief gewissermaßen noch einmal aus, dem ja Verstecken und Verhüllen, das immer den Wunsch nach Enthüllung nach sich zieht, in besonderer Weise eignet. Eingehüllt in einen Umschlag, verhüllt also, wird das Innere zu einem Tresor, einem Geheimnis, zu einem 'Briefgeheimnis', das danach verlangt, enthüllt, entblößt, aufgedeckt zu werden. Mit klopfendem Herzen.

Aus dem Versteckspiel, dem dramaturgisch die Intrige und gesellschaftlich die Trennung von 'Ehe' und 'Liebe' entspricht, lebt, grob gesagt, der Liebescode des 17. Jahrhunderts. Weniger an der 'Wahrheit des Gefühls' interessiert, wird der Außerordentlichkeit der Liebe eher durch die Ausbildung und Entfaltung 'extraordinärer Diskurse' Rechnung getragen. Mit dieser kunstvollen Unternehmung aber bleibt die Autorität und Verbindlichkeit von regelhaftem Sprechen gewahrt, das sich dem Tableau der Repräsentation einträgt.

Erst im 18. Jahrhundert wird diese Zeichenpraxis zugunsten der Eröffnung einer Tiefe durchbrochen, an deren Grund 'Der Mensch' mit seiner Seelentiefe, das emphatische Subjekt auftaucht. Dieser Mensch verlangt danach, sich selbst in seiner Eigentümlichkeit darzustellen und sich an den anderen zu adressieren.[3] Auch für dieses moderne Unternehmen wird der Brief erneut zum ausgezeichneten Medium. Allerdings, indem er umformuliert wird. Diese Umformulierung des Briefes als Form subjektzentrierter Kommunikation ist denn auch sowohl in den theoretischen Konzepten des 18. Jahrhunderts wie in der Schreibpraxis ablesbar. In dieser Funktion, sozusagen als Herzenssprache, wird der Brief literaturfähig: als Briefroman.

So erscheint zu Beginn des 18. Jahrhunderts eine Fülle sogenannter 'Briefsteller' - also Bücher, die Anweisungen und praktische Beispiele des Briefeschreibens für alle Lebenslagen enthalten -, in denen sich jener Bruch andeutet. Das Stichwort, unter dem sich die Stilisierung des Briefes als Ausdruck einer dem Subjekt eigentümlichen Wahrheit vollzieht, ist das der 'Natürlichkeit'. Sie soll, zumal für den Liebesbrief, gelten. So etwa heißt es in den "Anweisungen zu Teutschen Briefen" aus dem Jahre 1709 von Benjamin NEUKIRCH: "(Der Liebesbrief muß) frey / natürlich / und mit einem worte so seyn / (...) wie er vom hertzen kommet."[4] Bleibt zwar in den Briefstellern bis 1740 die Autorität der festgelegten Schreibformen mehr oder minder in Kraft, so fällt zugleich eine weitere Schreibregel ins Auge, die für den Brief im 18. Jahrhundert strukturbildend werden wird: es ist die, das Schreiben von Briefen nach dem Modell der mündlichen Rede zu gestalten. Ich zitiere noch einmal Neukirch: "Ich habe", so heißt es dort, "vor allen dingen auf die natur gesehen. Der geschmack des hofes kan sich zuweilen vergehen: die gewohnheit kan entweder schädlich / oder thöricht seyn: die wahre vernunfft aber und die natur betrügen niemahls. - Die wenigsten können sich überreden / daß man eben so schreiben müsse / wie man redet... Die Franzosen geben den rath, man solte sich wohl fürstellen / was man dem leser sagen wolte / wenn man persönlich bey ihm zu gegen wäre. Und gewiß / es ist kein schlimmer rath. Denn wenn man redet / so muß man natürlich und deutlich reden."[5] Macht Neukirch allerdings auch auf eine Differenz zwischen Mündlichkeit und Schriftlichkeit aufmerksam - "Nach der Schreib- art", so heißt es, "muß ein brief besser gestellet werden / als eine rede. Denn die artigen abbildungen / oder / wie es die Franzosen nennen / der tour, oder zug / welcher einem Briefe den gröstesten zierath giebt / fallen uns nicht allzeit im reden bey."[6] - so ist diese doch rein stilistischer Natur. Sein Gewicht nämlich gewinnt das Postulat, die mündliche Rede in der schriftlichen Form des Briefes zu simulieren daher, daß Mündlichkeit selbst als das natürliche Statut der Sprache konzipiert ist. Das heißt, die Simulation mündlicher Rede in der Form des Briefes *erzeugt* den angestrebten Effekt der 'Natürlichkeit'. Mit der Simulation mündlicher Rede hängt eine weitere Funktion des Briefes zusammen, die ihm im 18. Jahrhundert so hohe Geltung verschafft: es ist die, Gespräche und damit Geselligkeit zu ersetzen. In Gottfried Polycarb MÜLLERs "Abriß einer gründlichen Oratoire" von 1722 heißt es bündig: "weil sie (die Briefe, M.S.) den Mangel mündlicher Unterredung ersetzen / richten sie sich in der Schreib-Art nach der menschlichen gebräuchlichen Conversation."[7]

Es ist Sigmund FREUD, der eine kleine Beobachtung verzeichnet und ihr, auf dem Wege des Kommentars, theoretische Brisanz verleiht. Ein kleiner Junge bittet, aus dem Dunkel seines Schlafzimmers heraus, seine Tante, mit ihm zu sprechen. Denn, so sagt der Junge, "wenn jemand spricht, wird es hell." Und Freuds Kommentar lautet:
Er fürchtete sich also nicht vor der Dunkelheit, sondern weil er eine geliebte Person vermißte, und konnte versprechen, sich zu beruhigen, sobald er einen Beweis von deren Anwesenheit empfangen hatte.[8]

Der Bezug zum Konzept des Briefes als Simulation der mündlichen Rede drängt sich auf: wie die Präsenz der mündlichen Rede die Abwesenheit der geliebten Person ersetzt, so bringt der Brief, indem er Mündlichkeit simuliert, die abwesende Person halluzinativ nahe. Doppelte Ersetzung, einfache Nähe oder Präsenz: der Brief.

Im Jahre 1751 erscheint wiederum eine Serie von Briefstellern. Hier ist die Wende zum 'Natürlichen', zur 'freien Rede' und, wie wir sehen werden, damit auch die Hinwendung zur Eigentümlichkeit des Subjekts vollzogen. Exemplarisch dafür mag Christian Fürchtegott GELLERTs Schrift stehen mit dem Titel "Briefe, nebst einer praktischen Abhandlung von dem guten Geschmacke in Briefen". Dort heißt es programmatisch:

Das erste, was uns bey einem Briefe einfällt, ist dieses, daß er die Stelle eines Gesprächs vertritt. Dieser Begriff ist vielleicht der sicherste. Ein Brief ist kein ordentliches Gespräch; es wird also in einem Briefe nicht alles erlaubt seyn, was im Umgange erlaubt ist. Aber er vertritt doch die Stelle einer mündlichen Rede, und deswegen muß er sich der Art zu denken und zu reden, die in Gesprächen herrscht, mehr nähern, als einer sorgfältigen und geputzten Schreibart... Er ist eine freye Nachahmung des guten Gesprächs.

Und GELLERT fährt fort, indem er kritisch Bezug nimmt auf die alten Regelbücher, die den Platz des Subjekts verwaist lassen:

Wenn man ... Briefe schreiben will, so vergesse man die Exempel, um sie nicht knechtisch nachzuahmen, und folge seinem eignen Naturelle. Ein jeder hat eine gewisse Art zu denken und sich auszudrücken, die ihn von Anderen unterscheidet.[9]

Unter dieser Konzeption des Briefes betreten nun auch die Frauen die literarische Szene. Betont etwa GELLERT in seiner Abhandlung mehrfach die Disponiertheit der Frauen zum Briefeschreiben, so antwortet er einer seiner Korrespondentinnen auf deren Vorwurf, daß er einen Brief von ihr seinen Studenten im Kolleg vorgelesen habe: "Es ist stets mein Grundsatz gewesen, daß die Frauenzimmer, die gut schreiben, uns in dem Natürlichen übertreffen, und dieses wollte ich durch Ihren Brief erweisen."[10] Und an eine weitere Korrespondentin schreibt der Literaturprofessor, ungetrübt von jeder Selbstironie:

Sie werden in kurzer Zeit eine meiner besten deutschen Correspondentinnen seyn, so schön ist Ihr Brief. Es ist wahr, er hat einige französische Redensarten und Wendungen (tours); aber das sind Kleinigkeiten, die sich bald heben lassen. Genug, Ihr Brief ist schön und richtig gedacht. Ich habe ihn in Gedanken ins Lateinische übersetzt, und er blieb immer gut; wer weis wie schön er erst im Griechischen klänge! Zittern Sie also nicht mehr, wenn Sie an mich schreiben. Schreiben Sie getrost und glauben Sie, daß Sie natürlicher schreiben, als der Professor mit aller seiner Kunst, daß Sie so gut schreiben als die Tochter der Sevigné, die Gräfin von Grignon, deren Briefe die Mutter so oft lobt.[11]

Wenngleich dahingestellt bleiben muß, ob dieser professoral- väterliche Zuspruch der verordneten Natürlichkeit sonderlich förderlich war, so wird doch deutlich: wie nicht zuletzt der Hinweis auf die Marquise de SEVIGNE (1626-1696), jene im 18. Jahrhundert so gefeierte Briefautorin belegt, ist die Diskussion um den, 'natürlichen Brief' Teil einer literarischen Programmatik. Sie zielt auf die Herausbildung des Individuellen, Eigentümlichen oder Originellen oder auch auf das Originelle als Eigentum. Das Originelle profiliert sich an Unterscheidungsmerkmalen gegenüber den anderen und diese Unterscheidungsmerkmale werden schließlich der 'Stil' genannt. Wird damit das je eigene, eigentümliche Naturell, das sich im Brief zum Ausdruck bringt, zu einer Angelegenheit des Stils, so wurde ebenso deutlich, daß mit dieser Konzeption des Briefes zugleich die Frauen auf den Plan treten. Sie erscheinen geradezu als die Seele oder das Geheimnis des Briefes.

1751, also im selben Jahr wie die Publikation GELLERTs über den Brief, beginnt ein Briefwechsel: es ist der zwischen Meta MOLLER und Friedrich Gottlieb KLOPSTOCK. Neben anderen Zügen, die diesen Briefwechsel prägen, ist vielleicht doch der wunderlichste der, daß der Briefwechsel selbst es ist, der nicht nur eine Liebe, sondern auch eine Ehe stiftet. Denn, so wird man wohl sagen können, aufgrund eines Briefwechsels wird Meta Moller die Frau des bekannten Autors Klopstock. Und zwischen der Autorschaft, dem Brief und der Liebe gibt es auch, wie wir sehen werden, wesentliche Zusammenhänge.

Wie nämlich, so frage ich, lernt Meta MOLLER KLOPSTOCK kennen? 1723 in Hamburg geboren, aus bürgerlichem Hause stammend (nicht ganz ohne Irritation der bürgerlichen Verhältnisse, denn sie hat einen Stiefvater, der ihr nicht nur wohl gesonnen ist), ist Meta Moller eine sprachenkundige und literarisch interessierte junge Frau, die im Kreise von HAGEDORN verkehrt und eine Reihe der Mitarbeiter der "Bremer Beiträge" auch persönlich kennt. Für die 1744 gegründeten "Neuen Beyträge zum Vergnügen des Verstandes und Witzes", die wegen ihres Erscheinungsortes kurz die "Bremer Beiträge" genannt wurden, war Klopstock eine Zentralfigur, zumal seitdem er dort 1748 die ersten drei Gesänge des "Messias" veröffentlicht hatte. Um dieses Zentralgestirn herum kreisen Namen wie Nikolaus Dietrich GISEKE, Karl Christian GÄRTNER oder Johann Andreas CRAMER, mit denen Meta Moller in Kontakt ist.

Eben jene ersten drei Gesänge des "Messias" aber sollten, wie wir sehen werden, der jungen 23jährigen Frau gewissermaßen zum Schicksal werden. Von einer Schwester Metas ist ein Bericht erhalten, der auf eindrückliche Weise die Vorgeschichte ihrer Begegnung mit KLOPSTOCK darstellt.

Elisabeth SCHMIDT, so der Name der Schwester, hält im Rückblick eine Geschichte fest, die uns auch einen Einblick in gelegentlich seltsame Zugangswege von Frauen zur Literatur verschaffen kann:

Meta hat den Messias dadurch zuerst kennen lernen daß sie etwas von den 3 ersten Gesängen, in Papliotten (d.i. Haarwickel, M.S.) zerschnitten auf der Toilette einer ihrer Freundinnen gefunden, welches sie zusammen geklebt, und mit großem Beyfall gelesen; Gieseke vielem Feuer gefragt: Ist mehr von diesen (!) göttlichen Gedicht zu haben u wo? und wer ist der Verfasser. Giesekens Antw. war: Es sind erst 3 Gesänge heraus in den Beyträgen ich will sie mitbringen; u der Verfasser heißt Klopstock - ja wen sie den kennen lernten, so würde ich ganz ausgethan das wäre ganz der Freund für die Mollern ...[12]

Die 'Gesänge' jenes Autors also, der sich selbt als *vates*, als antiker Seher in neuer Zeit verstand, der von BODMER als "poetischer Messias" angesprochen und gefeiert wurde, jene Gesänge also, die, als Epos, Antike und Christentum verbinden, ja, geradezu neu erwecken sollten, jene Gesänge werden einem gewissen weiblichen Gebrauchswert zugeführt: sie werden zu Haarwickeln zerschnitten, die von Meta KLOPSTOCK gefunden, ausgewickelt und neu zusammengeklebt werden. Unter ihren Augen werden sie wieder zu Literatur, die sie begeistert und sie fragt sofort nach dem Verfasser: ihr Sinn geht nach dem Autor als 'Schöpfer'. Und GISEKE, um die Anekdote abzuschließen, vermittelt denn auch die Begegnung, nach der Meta so verlangt. Bei seinem nächsten Zusammentreffen mit KLOPSTOCK in Braunschweig, sagt er nach dem Dokument der Elisabeth SCHMIDT:

'Höre Kl. du must in Hamb: ein Mädchen besuchen die heist Mollern.' Ich gehe nicht nach Hamb: um Mädchens zu sehen, nur Hagedorn will ich sehn; Ach Klopstock das Mädchen mußt du sehn daß ist so ein ganz ander Mädchen als andre, sie ließt den Mess: mit Entzücken, sie kent dich schon, sie erwartet dich, nun noch lang und breit Meta beschrieben Klopst: geräth dabey in tiefes Nachsinnen.[13]

Eine Anekdote, die mehr sagt als sie weiß. Denn es ist durchaus nicht selbstverständlich, daß das Lesen eines Textes sofort die Frage nach dem 'Urheber' provoziert. Vielmehr kündigt sich in diesem Rück- und Kurzschluß bereits die neuzeitliche Konzeption von Autorschaft an: sie bindet den Text an einen individuellen, originalen, also eigentümlichen Ursprung zurück, der durch den Eigennamen des Autors besiegelt wird. Auf Ihn, auf dieses emphatische Subjekt als Autor, führt das Leseinteresse hin. Es ist, wie wir sehen, erotisch aufgeladen: hinter den Schriftzeichen, gleichsam in ihnen verborgen, steckt der Autor, der sich in ihnen selbst zum Ausdruck bringt. Er also ist zu lesen, wenn man den Text liest. Und diese Funktion haben vor allem die Frauen: indem sie den Text lesen und damit nach dem Urheber verlangen, konstituieren sie die neuzeitlich-bürgerliche Position und Funktion Autorschaft mit.[14] Lesen wir dazu Meta MOLLER, die teils gleichzeitig, teils im Rückblick ihrerseits von der ersten Begegnung mit KLOPSTOCK an GISEKE schreibt:

Mein Kl. ist itzt in Hamb. angekommen. Er läßt fragen, wann er mich besuchen darf. Ich sage: Gleich. Ohne daran zu denken, daß gleich nicht zwo Stunden heisst, u wohl - wissend, daß ein Frauenzimmer sich nicht leicht in weniger Zeit ankleiden kann, so fange ich an mich zu putzen. Kaum aber hatte ich mich an den Nachttisch gesetzt u die Nadeln aus den Haaren genommen, welche nun mit großer Unordnung um meine Stirne hiengen; so sagte man mir, der fremde Herr ist da. Ich stecke geschwinde geschwinde die Haare nur so viel zurück, als nötig war um sie mir nicht in die Augen hängen zu lassen, werfe ein Negligé über, u weil ich nicht Zeit hatte, es recht zu recht zu stecken; so schlage ich ein grosses, grosses Tuch darüber. Die Schmidten kommt herein, ich springe ein Paar mal in die Höhe, u freue mich ganz unbeschreiblich, daß ich nun den Verfasser des Messias, den Freund von Giseke, den Beyträger sehen soll, wo nach mir so sehr verlangt.[15]

Meta, noch gar nicht ganz ausstaffiert und Luftsprünge machend, verlangt also nach dem Autor. Denn, so ist zu fragen, wem begegnet sie denn unter dem Namen KLOPSTOCK: an erster Stelle dem Verfasser des "Messias", an zweiter Stelle dem Freund des literarischen Freundes GISEKE, an dritter Stelle dem literarischen Mitarbeiter der 'Beiträge'. Diese Funktionen sind es, aus denen sich ihr Verlangen speist. Und das Bild des Autors ist, wie sich unversehens zeigt, längst fertig. Es ist nach den Zügen des Textes zusammengesetzt. So fährt Meta fort:

Ich sehe, wie ich durch das Vorzimmer gehe, noch einmal in den großen Spiegel, sage: Ich bin doch auch nicht zu meinem Vorteil gekleidet (u das war ich auch wirklich nicht) ich hätte es für einen Beyträger wohl mehr seyn mögen, aber der Verfasser des Messias wird wohl nicht sehr darauf achten.[16]

Aufgrund des Erweckungstones des "Messias" glaubt sie, daß die Inszenierung des weiblichen Körpers für den Autor nicht von sonderlichem Interesse sein könne. Und auf *diese* Funktion, auf die Autorschaft des "Messias" ist ihr Wunsch, wie wir sahen, in besonderer Weise gerichtet. Dagegen verblaßt die Funktion des Zeitschriften-Autors so ziemlich. Sie wird zweitrangig. Der Schock, den sie dann erfährt, als sie KLOPSTOCK sieht, rührt denn auch aus der Diskrepanz zwischen jenem aus der

'Funktion Autorschaft' erwachsenen Bild Klopstocks und seinem realen Aussehen her:

Nun mache ich die Thür auf, nun sehe ich ihn --- Ja, hier müßte ich Empfindungen malen können. - .. Ich hatte schon so viele Fremde gesehen, aber niemals hatte ich ein solches Schrecken, einen solchen Schauer (ich weis nicht wie ich mich ausdrücken soll) empfunden. Ich hatte gar nicht die Meynung, daß ein ernsthafter Dichter finster und mürrisch aussehn, schlecht gekleidet seyn, u keine Manieren haben müsse aber ich stellte mir doch auch nicht vor daß der Verfass: des Mess: so süß aussähe, u so bis zur Vollkommenheit schön wäre (Denn das ist Kl in meinen Augen, ich kanns nicht helfen, daß ichs sage ...)[17]

Wie Gott, so ist auch der Autor als reiner Geist konzipiert, eine Konzeption, die im Falle KLOPSTOCKs nicht unangefochten bleibt. Meta beschreibt folgende Szene, die sich anläßlich eines Essens zu Ehren Klopstocks in ihrem Hause abgespielt hat:

Ich reichte Rahn einen Teller mit Aepfeln, u weil Kl u Hagedorn zwischen uns sassen; so muste ich mich fast über Kl seinen Schooß legen, um hin zu kommen. Kl sah sehr aufmerksam nach meiner Tour-de-gorge (das ist Ausschnitt, M.S.), und seufzte. Ich bemerkte es u wunderte mich, denn ich hatte Kl bisher für einen blossen Geist gehalten. Itzt weiß ichs wohl, daß er einen eben so süßen Körper hat).[18]

Entscheidend ist, daß die ersten Berührungen über Texte sich herstellten. Einerseits über einem Brief, ja, man könnte geradezu sagen, hinter dem Rücken des Briefes:

Kl trat mit mir an ein Fenster u las einen Brief von Ihnen (d.i. Giseke, M.S.). Ich, um desto besser in den Brief zu sehen, weil wir ihn doch nicht ganz laut lesen konnten, hatte, wirklich ganz von ungefehr, meine Hand hinter Kl-s Rücken gelegt. Er drückte sie mir ganz sanft mit seinem Rücken. Dieser Druck erregte bey mir ein Gefühl, das mich aufmerksam machte, das doch aber so süß war, daß ich nicht im Stande war, meinen Arm zurück zu ziehen ... Mein Arm blieb also ganz dicht an Kl-s Rücken liegen, so lange er den Brief las.[19]

Vollends aber löst der Text mit der Funktion Autorschaft eine Erotisierung aus, die das Moment des Aufschubs und mit ihm ein spezifisches Liebesverlangen erzeugt.

Kl fragte ob ich seine Elegie: Dir nur zärtliches Hertz -- kennte. Ich sagte, aus einer gewissen Furchtsamkeit, daß ich sie nicht genug kennen möchte, nein. Er wunderte sich, u sagte, so wollten wir sie zusammen lesen .. Kl las. Er hielte meine eine Hand. Das Herz schlug mir gewaltig, unsere Hände wurden immer heisser, immer heisser, ich fühlte sehr viel u, ich glaube, Kl. auch. Er las ein Stück aus dem Mess:

Die Schm. (Schmidt, d.i. die Schwester, M.S.) war dazugekommen. Er fragte, ob er nicht einen Kuß dafür verdient hätte? Die Schm. sagte ja. Ich

sagte, ich küste keine Mannsperson. Er disputirte viel dagegen. Ich dachte,
warum küst der Affe mich denn nicht?[20]

Da sitzt er nun in seiner ganzen Pracht der Autorschaft; liest seine Texte
laut vor, das heißt: gibt ihnen qua Stimme eine Präsenz, haucht, wie Gott
der toten Materie, den toten Buchstaben das Leben ein; läßt, einer logozen-
tristischen Grundfigur zufolge, das Wort Fleisch werden und lädt den Text
dergestalt erotisch auf; für einen Augenblick aber durchkreuzt Meta MOL-
LER, die zunächst furchtsam und dann erhitzt vor ihm sitzende Frau dieses
Spiel, indem sie nichts will als einen Kuß. Er brächte den Strom von
Worten, literarischen, und disputierenden zum Schweigen. "Warum küßt
der Affe mich denn nicht?"

Das kann und will Lotte beispielsweise in GOETHEs "Werther" nicht
mehr fragen. Ganz im Gegenteil. Dort ist, wie Friedrich KITTLER gezeigt
hat,[21] im Autornamen der Körper und die Berührung zwischen den Geschlechtern gelöscht. Aus seiner Asche erhebt sich die literarische Seele,
unsäglicher Schauplatz auch der neuen Sexualitäten.

Sie (d.i. Lotte, M.S.) stand, auf ihren Ellenbogen gestützt, ihr Blick durch-
drang die Gegend, sie sah gen Himmel und auch auf mich, ich sah ihr Auge
tränenvoll, sie legte ihre Hand auf die meinige und sagte - Klopstock! - Ich
erinnerte mich sogleich der herrlichen Ode,[22] *die ihr in Gedanken lag, und*
versank in dem Strome von Empfindungen, den sie in dieser Losung über
mich ausgoß. Ich ertrug's nicht, neigte mich auf ihre Hand und küßte sie
unter den wonnevollsten Tränen. Und sah nach ihrem Auge wieder - Edler!
Hättest Du Deine Vergötterung in diesem Blicke gesehn, und möcht' ich
nun Deinen so oft entweihten Namen nie wieder nennen hören.[23]

Wird auch dieser letzte Akt des bürgerlichen Literaturdramas mit dem
Titel "Autorschaft und Liebe" erst später in Szene gesetzt, so sind doch
auch für den Briefwechsel zwischen Meta MOLLER und KLOPSTOCK
die Voraussetzungen dafür gelegt. Nachdem sie sich, im April 1751, ein
paar Stunden gesehen haben, reist Klopstock von Hamburg weiter nach
Kopenhagen, wo er vom dänischen König ein Stipendium ausgesetzt bekommen hat, um den "Messias" zu beenden. Die Abwesenheit des Geliebten als Autor, was bedeutet sie? War sie nicht immer schon ersetzt durch
den Text, in dem die Frau, lesend, ihn aufspüren und lieben konnte? Auf
eine der zahlreichen Vorwürfe, die Klopstock ihr wegen angeblicher
'Kaltsinnigkeit' macht, antworte Meta:

Nein, mein lieber Klopstock, das habe ich wahrlich nicht an Ihnen verdient.
Darum bin ich so sehr von Ihnen eingenommen gewesen, ehe ich Sie jemals
gesehen hatte? Darum mußte mir Giseke unter allen seinen Freunden,
immer am meisten von Ihnen erzählen? (Ja, wenn ich das noch bedenke, es
war schon so unter uns eingeführt, daß wir Sie immer meinen Klopstock
nannten.)[24]

Und an anderer Stelle heißt es im Überschwang der Lesenden, und aus den Buchstaben den Autor herauslesenden und ihn auf diese Weise liebenden Frau:

"Die drey Oden, wonach Sie mich fragen, kenne ich allerdings sehr gut. Ich habe sie mir von G(iseke) seinen abgeschrieben. Das sind aber die Oden, wodurch ich so sehr für Sie eingenommen ward. Und wie sehr würde ich nicht jetzt für Sie eingenommen seyn, wenn ich auch gleich noch so unglücklich wäre, Sie nicht von Person zu kennen, nun nach den neuen Gesängen vom Mess: Ich kann Ihnen nicht sagen, wie sie mich entzückt haben. Ich bekam sie des Abends ganz spät, u: es war wol nicht gut möglich daß ich zu Bett gehen konnte, ehe ich sie gelesen hatte. Das machte mir eine vortreffliche Nacht. Ich schrieb von dieser Nacht an G(iseke). Alle grosse u: süsse Empfindungen wurden durch den Mess: in meinem Herzen erregt. Ich fühlte den Messias, seinen Verfasser, meine Freunde, die Ewigkeit, Gott. Ja: mein Herz wallete von Entzückungen u: von Wollust. O lieben Sie mich doch beständig mein süsser Klopstock. Ich liebe Sie gewiß ohne Aufhören.[25]

Es ist also deutlich, daß das Medium der Liebe zwischen diesen beiden Individuen aus der Mitte des 18. Jahrhunderts der literarische Text ist, sofern er als Ausdruck der unverwechselbaren Originalität und Individualität des Autors erscheint. Ist es keineswegs von ungefähr, daß in der zweiten Hälfte des 18. Jahrhunderts das Urheberrecht ausgearbeitet wird, das die Frage nach der Eigentümlichkeit oder dem Eigentum an literarischer Produktion festhält und die Autoren schon deswegen zur 'eigentümlichen' oder auch 'originellen' Schreibweise oder 'Stil' zwingt,[26] so ist die Konzeption der Rückbindung des 'Werkes' an den 'Autor' auch im Selbstverständnis KLOPSTOCKs bereits voll anzutreffen. So schreibt er an Meta:

Mein Herz, das ich neulich ein ungestümes feuriges Herz nannte, ist dieß zwar auch; aber eigentlich steht es in diesen Oden: u, nur mit einer neuen Einkleidung, im vierten Gesange des Mess . in Lazarus Geschichte."[27]

Heißt es bei KLOPSTOCK, daß er die Oden eher geweint als geschrieben habe, so ist Meta, in außerordentlich witziger Form, dem Mythos der Autorschaft auf der Spur. Inzwischen schon die Braut Klopstocks geworden, läßt sie sich folgendermaßen an GISEKE vernehmen: Sie habe "ein sehr süßes Geschenk" von ihrem "Sunge" bekommen.

O wenn Sies gar nicht rathen können; so will ichs Ihnen nur sagen: Ein Kind: Aber in Ehren, mein H. Pastor, u meine Frau Pastorin. Ein Kind des Geistes! Wir wollen eben nicht untersuchen, ob ein andres mir nicht noch lieber wäre, genug, daß dieses ein sehr süßes Mädchen ist. Sie möchtens wohl sehen? Ja, ich weis nicht, ob mir das erlaubt ist. Sie wissen wohl, daß Kl seine Kinder so leicht nicht zeigt. - Doch denk ich, daß ichs gegen S i e

278

wohl thun darf. Sie haben ja alle übrigen Jungs und Mädchens gesehen, die er gemacht hat.

Was aber folgt? Eine Ode. Ein Geschöpf des männlichen Geistes, des Autors.[28]

Einerseits also ist, verbürgt durch die Funktion Autorschaft, der literarische Text das Medium der Liebe. Zum andern ist es der Brief. Natürlich der 'natürliche Brief', der von dem Innersten, Eigentümlichsten, von dem wahren Naturell des Menschen spricht und es verschickt und versendet: nämlich das Herz. Ja, der Brief soll das Herz kommunizieren. Nach dem Herzen wird, zumal von Seiten KLOPSTOCKs, geradezu gefahndet.

Höre doch an, meine Kleine, ... schreibe doch stückweise, nach Deinem Geschmack drey Zeilen oder hundert auf einmal, was dein Herz für mich empfunden hat seit dem du mich liebst ... laß mich an deinen kleinen Erzählungen, wie an deinen süßen Lippen, mit frohen Tränen hängen."[29]

Steht für KLOPSTOCK selbst außer Zweifel, daß sein Herz unübertrefflich sei - "Ich will noch mehr unique seyn, als ich schon bin" -, so will er jeden Winkel ihres Herzens "ausforschen", es ganz in Besitz nehmen.

Nein! Mädchen, nein! so ist keine Geliebte geliebt worden. Von so etwas hab ich noch niemals etwas in den würdigsten Geschichtsbüchern gefunden ... warum schreibst du mir denn soviel von Kleinigkeiten ... (an deren) Stelle ich viel lieber die innersten Empfindungen deines Herzens wissen möchte ... Also ... sprich mir künftig ja ja viel von dir selbst ... viel von deinem süssen besten Herzen, von deines Klopstocks ganz unaussprechlichem Glük, das dort mit athmet, dort heiß heiß verborgen liegt, u mit ieder kleinsten Ader aufwallt, oder aufzittert.[30]

In dem Wunsch, "das Herz schreiben zu können", wird der Brief selbst zum Herzen der Kommunikation. Auf diese Weise wird man von einer sonderbaren Verkehrung sprechen können: sofern der Brief das Herz der Liebe ist, ist in der Tat die Abwesenheit der geliebten Person für ihre Entstehung unabdingbar. Mehr noch: die am Spiel beteiligten Personen werden schließlich ihr Herz ganz im Takt des geschriebenen Herzens schlagen lassen müssen: die Person geht sozusagen aus der Nachahmung des Briefes hervor.

Und Meta MOLLER? Sie schreibt in der Tat schöne Briefe, witzige und enthusiastische: sie schreibt, wie die ästhetische Forderung nach Natürlichkeit verlangt, auch Briefe im Gesprächston. Sie plaudert, schiebt Landschaftsbeschreibungen von der Elbe und von Aufenthalten auf dem Lande ein, in denen gelegentlich ein idyllischer Ton zu vernehmen ist. Aber wer schreibt denn da eigentlich? Ist es Meta Moller oder ist es Clarissa HARLOWE, jene Heldin aus RICHARDSONs Roman mit dem Titel "The

History of Miss Clarissa Harlowe", der Ende der vierziger Jahre ins Deutsche übersetzt und von ungemeiner Wirkung war? Jedenfalls unterzeichnet sie ihre Briefe, auf Geheiß und zum großen Wohlgefallen des Autors KLOPSTOCK, während ihrer Liebes- und Brautzeit zumeist mit Clary oder Clärchen: also mit einer literarischen Figur. Das Natürlichste, Innerste, Eigentümlichste - es erscheint in einer Spiegelung dessen, was sie doch gerade nicht ist. Es erscheint in einer Fiktion. Was aber auch heißt: das Herz, das Innerste des Ichs in authentischem Selbstausdruck sagen oder schreiben zu wollen, *ist* eine Fiktion. "Die entäußerte oder niedergeschriebene Rede, das Schriftzeichen ist immer gestohlen",[31] es ist nie mein Eigentum oder mir eigentümlich. Der Autor Klopstock aber liest die Briefe seiner Herzensfreundin als Ausdruck der innersten Natur und preist sie in dieser literarischen Funktion den Freunden an. So heißt es etwa: "Cramer nennt sie den weiblichen Klopstock"; oder er setzt sie über die legendäre SEVIGNE; er hält sie für mehr als Clarissa Harlowe. Das literarische Programm der Liebe formulierend, heißt es bei Klopstock: "Ich habe solche Briefe noch nicht gesehen, worinn so viel Natur im eigentlichsten Verstande, und zwar so viel g u t e Natur gewesen wäre."[32] Demgegenüber aber scheint Meta dem 'natürlichen Stil' mit einer gewissen List oder Lust an der Maskerade eingesetzt zu haben. 1756, längst schon Frau Klopstock geworden und ziemlich einsam in Kopenhagen lebend - ach, sie vemißte die Hamburger Gesellschaften, die Freunde, die Anerkennung -, schreibt sie an ihre Schwestern:

Es sind wunderliche Dinger, meine Briefe, u ich mache sie manchmal aus einer närrischen Ursache noch wunderlicher. Ich denke nämlich, es könnte wohl einmal ein Enkel unsrer Enkel, der meine Briefe fände (ich bin schon manchmal damit gedroht worden) sichs einfallen lassen, sie zu drucken, bloß, weil seine Fr: Grostante (...) Klopstocks Frau gewesen. Wenn sie denn doch auch gar zu natürlich sind; so wird der Schurke das Drucken wohl doch bleiben lassen.[33]

Mit leichter maliziöser Ironie oder auch Melancholie kommt noch einmal die Autorschaft zur Sprache: als Frau des Autors KLOPSTOCK könnten ihre Briefe vielleicht weitergeschickt werden, zum Beispiel an eine spätere Nachwelt. Aber noch mehr: das Postulat der 'Natürlichkeit' wird hier deutlich als literarisches markiert. Genau damit spielt die Briefeschreiberin Meta KLOPSTOCK, wenn sie sagt, daß eine 'närrische Ursache' sie treibe, natürlicher als die Natur, nämlich als die literarisch lizenzierte Natur zu schreiben. In diesem witzigen Ungehorsam blitzt, wie ich meine, ein individueller Zug auf. Indem die Frauen auftauchen sollen, dem literarischen Programm der Natur durch die angeblich natürliche Rede auch in der Schrift Geltung zu verleihen, schlägt Meta Klopstock diesem Programm und damit der literarischen Positionierung des Weiblichen bei dieser Gelegenheit ein Schnippchen. Und weil nun doch ein Schurke gekommen ist und diese Briefe hat drucken lassen, so sollten wir in ihnen nicht so sehr die Natur und die Herzenssprache, sondern das literarische Programm der Natur und der Herzenssprache lesen und damit auch die Unmöglichkeit, das Herz zu schreiben.

ANMERKUNGEN

1) N. LUHMANN: Passion 1984, S. 30/31.

2) Ebd.

3) vgl. zu diesem Prozeß M. FOUCAULT: Ordnung der Dinge 1971.

4) R. NIKISCH: Stilprinzipien 1969, S. 145.

5) Ebd., S. 144.

6) Ebd., S. 145.

7) Ebd., S. 154.

8) S. FREUD: Sexualtheorie 1942, S. 126, Anm. 1.

9) R. NIKISCH: Stilprinzipien, S. 172.

10) G. STEINHAUSEN: Geschichte des deutschen Briefes 1891, S. 264.

11) Ebd.

12) F. u. H. TIEMANN (Hg.): Meta Klopstoks Briefwechsel 1980. S. 15.

13) Ebd., S. 13.

14) vgl. hierzu F. A. KITTLER: Aufschreibesysteme 1985.

15) TIEMANN (Hg.): Meta Klopstocks Briefwechsel, S. 8.

16) Ebd.

17) Ebd., S. 9.

18) Ebd., S. 12.

19) Ebd.

20) Ebd., S. 12/13.

21) vgl. hierzu F. A. KITTLER: Autorschaft und Liebe 1980. S. 142-173, bes. S. 149/50.

22) Es handelt sich um die "Frühlingsfeier".

23) J. W. v. GOETHE: Werther 1962, S. 60.

24) TIEMANN (Hg.): Meta Klopstocks Briefwechsel, S. 39.

25) Ebd., S. 43.

26) KLOPSTOCK war von Seiten der Literaten tonangebend im Kampf um das Urheberrecht.

27) TIEMANN (Hg.): Meta Klopstocks Briefwechsel, S. 39.

28) Ebd. S. 275.

29) Ebd., S. 174.

30) Ebd., S. 172.

31) J. DERRIDA: Soufflierte Rede 1972, S. 272.

32) TIEMANN (Hg.): Meta Klopstocks Briefwechsel, S. 221.

33) Ebd., S. 366.

LITERATURVERZEICHNIS

Jaques DERRIDA: Die soufflierte Rede, in: J. D.: Die Schrift und die Differenz. Frankfurt 1972, S. 259-301.

Michel FOUCAULT: Die Ordnung der Dinge. Eine Archäologie der Humanwissenschaften. Frankfurt 1971.

Sigmund FREUD: Drei Abhandlungen zur Sexualtheorie, in: S. F.: Gesammelte Werke, Bd. V, London 1942, S. 27-146.

Johann Wolfgang von GOETHE: Die Leiden des jungen Werthers, in: J. W.v.G.: dtv-Gesamtausgabe Bd. 13, MÜnchen 1962.

Friedrich A. KITTLER: Aufschreibesysteme 1800/1900, München 1965.

Friedrich A. KITTLER: Autorschaft und Liebe, in: ders. (Hg.): Die Ausstreibung des Geistes aus den Geisteswissenschaften. Programme des Poststrukturalismus, Paderborn/München/Wien/Zürich 1980, S. 142-174.

Niklas LUHMANN: Liebe als Passion. Zur Codierung von Intimität, Frankfurt 1984⁴.

Reinhard M.G. NICKISCH: Die Stilprinzipien in den deutschen Briefschriftstellern des 17. und 18. Jahrhunderts, Göttingen 1969.

Franziska und Hermann TIEMANN (Hrsg.): "Es sind wunderliche Dinger, meine Briefe." Meta Klopstocks Briefwechsel mit Friedrich Gottlieb Klopstock und mit ihren Freunden 1751- 1758, München 1980.

282

Bild 24: Meta Klopstock. Stich von Fleischmann 1824 nach einem Gemälde von J. Bendixen.

HORST GRONEMEYER

KLOPSTOCKS STELLUNG IN DER HAMBURGER GESELLSCHAFT

An einem "heiteren, wenn gleich nicht ganz milden Frühlingsmorgen des 22. März" im Jahre 1803 erlebten Hamburg und Altona eine Feier barocken Ausmaßes, wie sie einem Dichter in Deutschland nie zuvor zuteil geworden war. Von dem Domherrn Friedrich Johann Lorenz MEYER ist eine Schilderung der Beerdigung KLOPSTOCKs überliefert, aus der ich einige Sätze zitieren möchte:

Auf das Geheis des hamburgischen Senats erschien eine Ehrenwache von hundert Mann zu Fus und zu Pferde; militairische Ehrenbezeugungen wurden der Leiche vor den acht Wachen des Stadtgebietes verordnet, denen der Zug vorüberging. Des Zuströmens vieler Tausende auf den Gassen und Märkten und an dem Thor ungeachtet, waren Policeivorkehrungen unnöthig. Der feierliche Eindruk vertrat ihre Stelle. Er gebot den zahllosen Volkshaufen Ruhe und ehrfurchtvolle Stille. Als ob eine allgemeine Trauer verabredet worden, sah man viele der Zuschauerinnen an den Fenstern, und fast alle in der Kirche des Begräbnisses, in Trauerfarbe gekleidet; mehrere hatten sich in schwarze Schleier verhüllt. Um 10 Uhr begann der Zug, unter dem volltönenden grossen Geläute der sechs Hauptthürme Hamburgs. Ein langes Wagengefolge von fremden Gesandten und hamburgischen Bürgern, Senatoren, Gelehrten, Kaufleuten, Kirchen- und Schullehrern und Künstlern, schloss sich vor der Wohnung des Verstorbenen an den Leichenkondukt.[1]

Der Domherr MEYER berichtet dann weiter, daß am Tor von Altona eine dänische Ehrenwache den Zug übernahm, um ihn zur Begräbnisstätte nach Ottensen zu begleiten. Meyer schätzt, daß insgesamt 50 000 Menschen auf den Straßen waren, eine erstaunliche Menge, wenn man bedenkt, daß die Einwohnerzahlen von Hamburg zu dieser Zeit etwa 120 000, die von Altona etwa 23 000 Menschen betrugen. Gewiß waren viele nur um des Spektakels wegen gekommen, gewiß waren dies nicht alles Leser des "Messias", der "Oden" oder der "Gelehrtenrepublik". Bemerkenswert ist jedoch: KLOPSTOCKs Ansehen ging weit über die Kreise oder Schichten hinaus, in denen man die Leser seiner Werke zu erwarten hat. Es wäre daher zu untersuchen, ob es außer dem literarischen Werk Ursachen gibt, die seine hervorragende Stellung in der Hamburger Gesellschaft - und diese ist nur Beispiel für seine Stellung bei den Zeitgenossen überhaupt - erklären.

Ich möchte dieser Frage in fünf Abschnitten nachgehen, von denen der erste der Begründung seines dichterischen Ruhmes gewidmet ist, der zweite die Form seiner Existenz behandelt und der dritte ein Zitat Johann Jacob BODMERs erläutert, das da heißt: "Zwei Personen in einem Leib: Der Messiasdichter und KLOPSTOCK." Der vierte Teil charakterisiert dann Klopstocks Situation in Hamburg, und in einem fünften Teil werde ich auf das Thema Klopstock und die Französische Revolution eingehen.

1. DIE BEGRÜNDUNG DES DICHTERISCHEN RUHMS

Ein Schriftsteller, der um die Mitte des 18. Jahrhunderts einen literarischen Durchbruch erzielen wollte, konnte dies gewiß nicht erreichen, wenn er nicht Kontakte suchte zu den Kreisen, die das literarische Leben bestimmten. Weniger von den Verlagen, sondern ganz stark von der literarischen Kritik, die sich vor allem in den Literaturzeitschriften äußerte, wurde Literaturpolitik gemacht. GOTTSCHED und sein Kreis in Leipzig, BROCKES und HAGEDORN in Hamburg, Albrecht von HALLER in Göttingen, BODMER und BREITINGER in Zürich - sie waren die Kunstrichter, die über Gedeih und Verderb eines jungen Talentes entschieden. KLOPSTOCK, der schon in seiner Schulzeit in Schulpforta den Plan zu einem christlichen Epos gefaßt hatte, das ihn dann mehr als 50 Jahre seines Lebens beschäftigt hat, Klopstock sah sehr klar, daß nicht allein literarische Qualität, nicht allein die Neuheit der Idee über den Erfolg bestimmen würden, sondern daß er sich der Förderung durch die literarische Kritik von vornherein vergewissern müsse. Er entschied sich für drei Adressaten: Haller, Bodmer, Hagedorn. Am 11.7.1748 schickt er Proben des "Messias" an Haller, vier Wochen später schreibt er an Bodmer, der über GÄRTNER schon Teile des "Messias" erhalten und im Freundeskreis sehr positiv beurteilt hatte.[2] Auch Hagedorn hatte schon Proben im Jahre 1747 bekommen, die er an seinen Korrespondenzpartner Bodmer mit einem indifferenten Urteil weiterschickt; als sich Bodmer jedoch für das neue Werk begeistert, läßt sich auch Hagedorn mitreißen.[3] Die literarische Kritik war nun mit wichtigen Vertretern gewonnen, und als im April 1748 die ersten drei Gesänge des "Messias" in den "Neuen Beyträgen zum Vergnügen des Verstandes und Witzes", den sogenannten "Bremer Beiträgen", erschien, begann der Siegeszug eines literarischen Werkes, wie man ihn sich großartiger nicht vorstellen kann. Gewiß, viel trug Bodmer durch seine Aktivitäten zum Erfolg bei, er wollte wie Klopstock es zitiert, der "Evangelist" des "Messias" sein.[4] Aber das reicht als Erklärung nicht aus. Die jüngere Literatengeneration erkannte sehr bald, daß hier eine neue Sprache gefunden war, daß die Beherrschung des Hexameters ein dem antiken Epos gleichwertiges Werk ermöglichen könnte und an die Reihe HOMER, VERGIL, MILTON auch ein deutscher Autor sich anzuschließen imstande war. Jedoch auch darin sollte man nicht den alleinigen Grund für die Heftigkeit der Diskussion suchen, mit der sich die Zeitgenossen des Werkes annahmen. Ungewöhnlich und aufregend war die Art und Weise, wie hier ein Dichter mit den Überlieferungen des Christentums umging. Dabei ist es von untergeordneter Bedeutung, ob sich Züge des Pietismus nachweisen lassen oder ob die Neologie, die Theologie der Aufklärung, mit deren Vertretern wie beispielsweise SACK und JERUSALEM Klopstock in Verbindung stand, das Fundament des Werkes ist.[5] Den Stoff der Bibel in ein großangelegtes mythologisches Panorama umzuformen war sicherlich genauso neu, wie die kopernikanische Wende in bezug auf das christliche Weltbild wirklich nachzuvollziehen, die Erde ihrer Mittelpunktstellung zu berauben und sie zum "Tropfen am Eimer", wie es in der Ode "Die Frühlingsfeier" heißt, zum winzigen Element im Ozean der Welten zu machen. In der Auffassung von der "harmonia mundi" stimmt Klopstock gewiß mit LEIBNIZ, WOLFF und der Neologie überein, und diese optimistische Harmonielehre führt in der Konsequenz zur Ohnmacht des Bösen, zur Uneinigkeit der Teufel im "Messias". Den gefallenen Seraph Abbadona aber, den reuigen Teufel, der sich an der Vernichtung des Erlösungswerkes des Messias nicht beteiligen will, gar in die Gnade Gottes wiederaufzunehmen, ihn der Erlösung teilhaftig werden zu lassen, das war ein so zentraler Punkt, ein so scharfer Gegensatz zur Orthodoxie, zum Dogma von der Ewigkeit der Höllenstrafen, daß es Klopstock nicht wagte, diese seine Vorstellung schon in der 1748 veröffentlichten Fassung der ersten drei Gesänge deutlich werden zu lassen. Die Erscheinung eines Regenbogens über Abbadona als Zeichen der Versöhnlichkeit Gottes findet sich im Manuskript, nicht aber in der gedruckten Fassung.[6] Es hatten dem Dichter doch Stimmen aus der Schweiz zu denken gegeben, die ihm prophezeiten, die Orthodoxie würde den Abbadona, wenn Klopstock ihn erlöse, schon wieder in die Hölle herunter predigen, noch tiefer als er vorher gewesen, und er würde vielleich den Autor mitreißen.[7]

Das Schicksal des Abbadona blieb also noch ungewiß. Nicht nur deswegen hoffte man mit großer Erwartung auf die baldige Fortsetzung des Werkes: 1751 erschienen die ersten fünf Gesänge bei Hemmerde in Halle, aber erst im Jahre 1773 lagen alle 20 Gesänge fertig vor, wurden aber auch in der Folgezeit noch verändert. Kein anderes Werk KLOPSTOCKs hat eine solche Aufmerksamkeit der Öffentlichkeit auf sich gezogen wie der "Messias".

Nun könnte man annehmen, KLOPSTOCKs Publikum sei bei dieser anspruchsvollen Sprache, bei diesen diffizilen theologischen Problemstellungen ausschließlich bei den Gelehrten, den Schriftstellern, den Geistlichen und allenfalls bei einigen an Literatur interessierten Kaufleuten zu suchen. Man darf aber wohl den Berichten der Zeitgenossen einigen Glauben schenken, daß die Wirkung des Werkes nicht auf diesen Kreis beschränkt blieb. Die Vertrautheit mit den Texten der Bibel ließ, anders als heute, offenbar eine größere Verbreitung zu: Der Dichter Christian Friedrich SCHUBART, ein großer Verehrer Klopstocks, berichtet jedenfalls 1776 von öffentlichen Lesungen des "Messias", die großen Zulauf hatten. Handwerksleute in Ludwigsburg würden, nach seinen Worten, "den Messias statt eines Erbauungsbuches brauchen." Das Publikum seiner "Messias"-Lesungen beschreibt Schubart in folgender Weise, bei der die Reihenfolge zu beachten ist, denn sie scheint ein Spiegelbild des Sozialprestiges zu sein: "Ich habe", so Schubart an Klopstock, "Fürsten, Ministern, Kriegsleuten, Hofdamen, Priestern, Rechtsgelehrten, Aerzten, Virtuosen, Handwerkern, Bauern, Weibern, Mädchen an der Kunkel und am Nähpulte Ihre Messiade ganz oder stellenweise vorgelesen, und allemal fand ich, daß der der beste Mensch war, auf den sie den tiefsten Eindruck machte."[8] Daß Schubart gerade in den Unterschichten eine besondere Wirkung festzustellen glaubt (hier findet sich das "unverdorbene", "einfältige" Herz), ist sicherlich eine Romantisierung, wie sie sich bei seinen Zeitgenossen des öfteren findet, macht aber dennoch seinen Bericht im Kern nicht unglaubwürdig.

2. DIE FORM DER DICHTERISCHEN EXISTENZ

Der Kontakt, den KLOPSTOCK zu den Beherrschern der Literaturszene Ende der vierziger Jahre suchte, hat noch einen anderen Grund: Nicht allein die Durchsetzung seines literarischen Werkes, auch die Lösung seiner persönlichen wirtschaftlichen Probleme ist ein wichtiges Motiv. Einen ersten Hinweis finden wir in einem Brief Klopstocks an Johann Andreas CRAMER vom 4. Juli 1748. Klopstock schreibt: "Ich lebe hier nach den Grundsäzen des alten HORAZ, u eines gewissen jungen Schriftstellers, den Sie wohl kennen. Die Herren sind nicht allzu grosse Feinde von einer Gemächlichkeit, die mir so natürlich ist ..."[9] Gemächlichkeit, dies vorweg, ist im

18. Jahrhundert ein Synonym von Muße. Muße ist nun ein Begriff, den Klopstock sehr häufig im Zusammenhang mit seiner literarischen Arbeit verwendet. So schreibt er beispielsweise an den Abt JERUSALEM am 29. März 1750, als dieser ihm eine Stelle als Hofmeister am Collegium Carolinum in Braunschweig angeboten hatte, dankend: "Sie gaben mir dadurch Muße, an dem Mess zu arbeiten."[10] Was es mit dieser "Gemächlichkeit", mit dieser "Muße", mit diesem Vergleich zu Horaz auf sich hat, wird noch deutlicher in dem ersten Schreiben Klopstocks an Albrecht von HALLER (11. Juli 1748), das in der damaligen Sprache der Gelehrten, dem Latein, abgefaßt ist. Es heißt dort: "Nempe otium mihi deest litterarum, deeritque praesertim in posterum, ubi munus aliquod laboriosius suscipere coactus fuero."[11] Ein Amt würde er zwar gern anstreben, etwa an der neugegründeten Göttinger Universität, aber es müsse ein Amt sein "quod mihi, perficiendum ad Messiam, otii relinquat satis."[12]

Hier ist also der Schlüsselbegriff: otium. HORAZ, dem MAECENAS es ermöglicht hatte, ohne wirtschaftliche Sorgen ein Leben ganz für die Dichtung zu führen, Horaz, der das otium - und das ist nicht Müßiggang, sondern die absolute Konzentration auf die dichterische Aufgabe - als Voraussetzung seiner Arbeit ansieht und Glückseligkeit nur in der Ferne von üblicher bürgerlicher Tätigkeit (diese ist: negotium) sehen kann ("beatus ille qui procul negotiis")[13], Horaz also ist das Idealbild einer dichterischen Existenz, und KLOPSTOCKs Bemühungen der frühen Jahre sind darauf gerichtet, einen Maecenas zu finden, der ihm das otium erlaubt. Dieser kann nur an den europäischen Höfen gefunden werden und Klopstock hofft zunächst auf Frederick Louis, PRINCE OF WALES, und auf den Preußischen König, in beiden Fällen ohne Erfolg. Die Rettung der Idee einer absoluten dichterischen Existenz kommt aus Dänemark: Minister BERNSTORFF erwirkt für Klopstock im Jahre 1750 eine Pension des dänischen Königs ohne den Zwang irgendeines negotium; in den späteren Jahren kommt noch eine Förderung durch den Markgrafen Karl Friedrich von BADEN hinzu. Die Schriftsteller des frühen 18. Jahrhunderts, die in der Mehrzahl als Universitätsprofessoren, als Hofmeister, als Geistliche oder in staatlichen Ämtern ihren Unterhalt verdienen mußten und deren Werke, wie HAGEDORN es nennt, der als Sekretär des English Court in Hamburg einer recht eintönigen Tätigkeit nachgehen mußte, die Früchte "poetischer Nebenstunden" waren, [14] diese Schriftsteller sahen in Klopstocks Lebensform etwas in die Zukunft Weisendes. Als Klopstock noch einen weiteren Schritt unternahm, dem Schriftsteller wirtschaftliche Unabhängigkeit zu verschaffen, indem er den "Messias" und die "Gelehrtenrepublik" auf Subskriptionsbasis vertreiben ließ, um den Autor am Gewinn beteiligt zu sehen, fand er den Beifall - natürlich nicht der Verleger - wohl aber der literarischen und gelehrten Welt. Für die "Gelehrtenrepublik" fanden sich etwa 3.600 Subskribenten, und die Tatsache, daß es den sogenannten Collecteuren, die freiwillig Subskribenten warben, gelang, diese große Zahl zusammenzubringen, ist auch damit zu erklären, daß man den Dichter für sein literarisches Werk belohnen und seine Lebensform demonstrativ bejahen wollte.

3. ZWEI PERSONEN IN EINEM LEIB: DER MESSIASDICHTER UND KLOPSTOCK

So sehr KLOPSTOCKs Zeitgenossen seinen "Messias" und seine Existenz als Sänger des Epos feierten, so enttäuschend verlief manche persönliche Begegnung. Die Diskrepanz zwischen dem Bild, das man sich von dem Sänger gemacht hatte, und dem Menschen Klopstock war gewaltig. Am Beispiel der Begegnung mit BODMER mag dies verdeutlicht werden.

Um KLOPSTOCK die nötige Muße zur Arbeit am Messias zu geben, lud BODMER den Dichter im Dezember 1748 in die Schweiz, in sein Haus ein. In den "Neuen critischen Briefen" veröffentlichte Bodmer 1749 die Schilderung eines fiktiven epischen Dichters. Ich zitiere einen Auszug:

Izt gab ich ihm die Uebersezung des verl. Par. Ich verlangete, daß er sie in meiner Gegenwart lesen sollte, und nahm ihn zu dem Ende in mein Zimmer und an meine Tafel. Es fällt mir schwer zu sagen, mit was vor einem Hunger er dieses Gedicht verschlungen habe, er vergaß darüber nicht nur Essen, Trinken, und Schlafen, sondern meiner und seiner selbst, und aller andrer Dinge. Im Lesen bildete sich alles, was er las, in seinem Antlize, und stieg auf seine Gliedmassen hervor. Er kehrte zuerst mit allen seinen Sinnen in sich selbst hinein, und saß still wie die Nacht. Dann sah ich düstere Minen auf seinem Angesichte, wie Nebel aus einem Sumpfe, aufsteigen; und sich nach und nach in trübe Wolken verdikern; die zulezt stürmten und witterten. Er fuhr plözlich auf, und sprang erschüttert hinter sich. Er faltete die Hände, und schlug sie dann über dem Haupte zusammen. Nach langem brachen etliche heitere Sonnenblike in seiner Gestalt hervor, welche die Finsterniß darauf zertheilten, und allgemach sich verbreiteten, bis eine allgemeine Stille und ein heller Himmel ohne Wolken, auf seinem Angesichte leuchteten. Ich sah dann die Wollust darauf hervorgehen, ich sah ihn in diesem Himmel von Freuden fliegen, ich erblikte die Seligkeit der Himmlischen widerscheinend in seinen Gesichtszügen.[15]

Soweit BODMER. Daß sich KLOPSTOCKs Aufenthalt in Bodmers Haus so nicht abspielen würde - Bodmer hätte gewarnt sein müssen durch Klopstocks Anfrage vom 28. November 1749: "Und, noch eine Frage ...

Wie weit wohnen Mädchens Ihrer Bekanntschaft von Ihnen, von denen Sie glauben, daß ich einigen Umgang mit Ihnen haben könnte?"[16] Und so kam es denn auch: der "Messias" wurde in Zürich wenig gefördert, der junge Dichter aber mit offenen Armen in der Züricher Gesellschaft aufgenommen. Acht Tage nach seiner Ankunft wurde die berühmte Fahrt auf dem Zürcher See veranstaltet, auf der die anakreontische Gesellschaft scherzte, sang und küßte, natürlich ohne die Teilnahme Bodmers. Zwischendurch wurde auch ein wenig aus dem "Messias" vorgelesen. Zu groß war für Bodmer der Unterschied zwischen dem Idealbild vom Poeten des "göttlichen Gedichts"[17] und der Wirklichkeit, und so konnte das Zerwürfnis nicht ausbleiben. Am 5. September 1750 resümiert Bodmer in einem Brief an Laurenz ZELLWEGER Klopstocks Verhalten in Zürich:

Die jungen Herren von seinem Alter ..., die mit ihm auf dem See gewesen, verschaffen ihm täglich Gesellschaften. Er aß hier od. dort zu Mittag, öfters zu Nacht, blieb die Nacht durch daselbst und kam erst folgenden Morgen nach Haus; gieng spät zu Bett und stand noch später auf. Er trinkt sehr stark ... Am vergnügtesten war er, wenn er bei Mädchen gewesen war ... Er hat zween neue Röcke mit sich gebracht und ein rothes Sommerkleid ... Er ist gleichsam zwei Personen in einem Leib; der Messiasdichter und Klopstock.[18]

Ich will das weitere Verhältnis KLOPSTOCKs zu BODMER hier nicht untersuchen, ich will auch keine Fülle von Beispielen dafür geben, daß auch andere Zeitgenossen Klopstock mit einem vorgefertigten Bild vom seraphischen Sänger begegneten. Nur soviel: Dieses Phänomen findet sich bis an Klopstocks Lebensende. Noch 1798 empfand dies der englische Dichter COLERIDGE, der gemeinsam mit WORDSWORTH Klopstock besuchte. Er schreibt:

I was much disappointed in his countenance ... There was no comprehension in the forehead, no weight over the eye-brows, no expression of peculiarity, moral or intellectual on the eyes, no massiveness in the general countenance.[19]

4. KLOPSTOCK IN HAMBURG

KLOPSTOCKs erster Hamburger Aufenthalt im April 1751 ist ganz wesentlich von der Begegnung mit Meta MOLLER bestimmt. Er brachte aber auch die Bekanntschaft mit HAGEDORN, mit dem Verleger BOHN und anderen. Der Ruf nach Dänemark ließ jedoch nur flüchtige Beziehungen zu den Hamburger Gelehrten, Geistlichen und Schriftstellern zu, die aber durch gelegentliche spätere Aufenthalte, etwa im Jahre 1756, gefestigt wurden. So entstand eine engere Beziehung zu ALBERTI, dem Gegner GOEZEs; auch LESSING lernte er flüchtig kennen.

Im Jahre 1770 jedoch trat für KLOPSTOCK eine wesentliche Veränderung ein. Sein dänischer Freund und Gönner, Minister BERNSTORFF, war auf Betreiben STRUENSEEs entlassen worden und zog nach Hamburg; Klopstock folgte ihm und wohnte zunächst in dessen Haus. Mehr als dreißig Jahre seines Lebens - von einigen Reisen unterbrochen - verbrachte Klopstock nun in Hamburg. Gewiß waren es auch seine neueren literarischen Werke, die seine hervorragende Stellung in Hamburg erklären; die Oden, die zunächst verstreut veröffentlicht worden waren, in Abschriften kursierten, und nun endlich 1771 in einer authentischen Sammlung vorlagen, die "Gelehrtenrepublik", die vaterländischen und geistlichen Dramen, die dichtungstheoretischen Schriften. Bei einigen Jüngeren, so bei den Dichtern des Hainbundes, war die frühere schwärmerische Begeisterung für Klopstock noch vorhanden, doch gab es auch schon Zurückhaltung oder Gleichgültigkeit, die aber immer noch von dem frühen Ruhm des "Messias", von der Achtung vor der Lebensform des absoluten Dichters überstrahlt wurden.

KLOPSTOCKs hervorragende Stellung in der Hamburger Gesellschaft läßt sich besonders in drei Komplexen beschreiben: In den literarischen und geselligen Zirkeln der Stadt war er ein gern gesehener Gast, oft der Mittelpunkt; für auswärtige Besucher, die am literarischen Leben nur irgend Anteil nahmen, war ein Besuch bei Klopstock eine Notwendigkeit, er war sozusagen eine der Sehenswürdigkeiten der Stadt; und schließlich: seinem moralisch-literarisch-politischen Urteil wurde große Bedeutung beigemessen, wie wir noch am Beispiel seiner Stellung zur Französischen Revolution besonders deutlich sehen werden.

Im späten 18. Jahrhundert gab es in Hamburg zwei literarisch-gesellschaftliche Kreise, die einander berührten:[20] Der eine hatte sich um den Arzt Johann Albert Heinrich REIMARUS, den Sohn des Hermann Samuel REIMARUS, gebildet. Die Seele dieses Salons war seine zweite Frau Sophie, die Schwester des Schriftstellers und dänischen Kammerherrn August v. HENNINGS. Der Weimarer Schriftsteller Carl Wilhelm BÖTTIGER gibt eine sehr lebendige Schilderung dieser Idylle:

Nichts ist in der That fröhlicher und genußreicher als eine Theetischconversation im Kreise dieser Familie, zu der ich während meines Aufenthalts in Hamburg so oft eilte, als ich mich anderswo wegschleichen konnte. Während Vater Reimarus im Kaftan und mit Pfeife bald mit einsitzt, bald in dem benachbarten Zimmer Arzneien zubereitet, aber auch von daher durch die geöffnete Thür den Faden des Gesprächs festhält und oft seine Be-

jahung oder Verneinung mit vorgestrecktem Kopfe hereinruft, sitzt die Mutter Reimarus am dampfenden Theeständer, ihr zur Seite die ehrwrdige Elise und zwei unverheiratete Töchter des Doctors.

BÖTTIGER schildert dann des weiteren, wie man Gedichte deklamiert, einen Aufsatz von Lessing vorliest und über den "fortdauernden Pfaffen- und Glaubensdespotismus" diskutiert. REIMARUS erzählte dabei, "daß er anfänglich sehr wider die Herausgabe der bekannten Fragmente seines Va- ters gewesen wäre, weil er das Zeitalter noch nicht für reif dazu gehalten habe. Aber LESSING habe durchaus auf ihre Bekanntmachung be- standen."[21] Auswärtige Besucher - als Beispiel sei Wilhelm von HUM- BOLDT genannt - waren stets willkommen, und KLOPSTOCK war oft der verehrte Mittelpunkt des Kreises. Die Gedanken der Aufklärung waren vorhanden, ohne freilich einen starken Drang nach Wirkung über den engen Kreis der Familie hinaus.

Kosmopolitischer, weltoffener waren die Gesellschaften der Kaufleute Caspar VOGHT in Klein-Flottbek und seines Teilhabers Georg Heinrich SIEVEKING auf seinem prächtigen Landsitz in Neumühlen. Sieveking, ein kluger, belesener Mann, ein äußerst geschickter Kaufmann, hatte REIMA- RUS' älteste Tochter Hannchen, die, wie BÖTTIGER es ausdrückt "durch körperliche und geistige Reize die Königin unter ihren Gespielinnen" war, geheiratet.[22] Man sieht, wie allein durch die verwandtschaftlichen Be- ziehungen die Kreise in Hamburg sich überschnitten. An der Tafel der Sie- vekings traf sich tout Hambourg, dazu Geschäftsfreunde, durchreisende Schriftsteller und Gelehrte. Sieveking selbst nannte diese Gastmähler übri- gens mit der Arroganz des Reichtums: Abfütterung.[23] Auch von dieser Ge- sellschaft zeichnet uns wiederum Böttiger ein Bild. Ich zitiere:

Ich habe zwei Sonntage da gespeist. Das erste Mal waren 80, das zweite Mal 70 Couverts in zwei großen Speisesälen gelegt und noch waren über- zählige Gäste. Für den Fremden selbst mag dies ein ganz angenehmes Schauspiel sein. Es ist eine congregatio gentium wie am jüngsten Gericht und eine Zungenvermischung wie in der Pfingstepistel. Da war beide Mal der letzte Sprößling aus dem Haus Gonzaga, ein Prinz ohne Land aber mit vielem Verstand und erklärter Demokrat, gegenwärtig. Da waren ein paar reiche Holländerinnen, die von Juwelen glänzten, während die Frau vom Hause das erste Mal in einer einfachen Taftchemise (weil sie eben bei ihrem Gartennachbarn dem Kapellmeister Reichard das neunte Kind aus der Taufe gehoben hatte), das zweite Mal in einem ganz gewöhnlichen Kattunkleide allen erborgten Glanz demüthigstolz verschmähte. Da saß ein Engländer aus Liverpool neben einem Republikaner aus Bordeaux, neben ihnen eine Dlle. Feraud, die an Dumouriez' Seite focht und mit ihm emi- grierte, und neben ihr in scherzhaftem Gespräche Barthelemy, ein Bruder des baseler und Agent der Republik. Weiter oben ein schwedischer Consul,

der aus Marokko zurückgekehrt war, in Unterredung mit einem paar eng-
lischen Juden aus St. Domingo und einem Amerikaner aus New-Yersey.[24]

Hier in Neumühlen wurden auch KLOPSTOCKs Geburtstage begangen, hier wurden besonders die politischen Ereignisse in Frankreich diskutiert. Bis zu einem gewissen Grade entsprach die Französische Revolution den Auffassungen dieser Kreise, doch die Vorwürfe, die damals in Hamburg erhoben wurden, VOGHT und SIEVEKING hätten mit den Jakobinern Verbindungen angeknüpft, sind ein Fehlurteil. Sievekings Reise nach Paris hatte in allererster Linie wirtschaftliche Gründe. Die Hamburger Kaufleute haben an der Französischen Revolution vorzüglich verdient, besonders durch Getreidelieferungen, und Sievekings Mission in Paris war es, diese Einnahmequelle nicht versiegen zu lassen.[25]

Ich übergehe einige weniger bedeutsame Zirkel in Hamburg, will aber noch eine Gesellschaft erwähnen, deren Begründer KLOPSTOCK war. Schon bald nach seiner Ankunft in Hamburg richtete er im Hause der WINTHEMs - Frau von Winthem wurde später seine zweite Frau - eine Lesegesellschaft ein, die sehr bald Anregung für weitere Erscheinungen dieser Art im deutschsprachigen Raum wurde. Schon am 1. Mai 1771 emp-fiehlt Klopstock LAVATER, in Zürich eine ähnliche Einrichtung zu grün-den.[26] Die Statuten der Klopstockschen Lesegesellschaft sind uns überlie-fert. Der Paragraph 1 lautet:

Wir versammeln uns jedes Jahr, so lange unsre Gesellschaft fortwährt, sie-ben Monate durch, nämlich von dem Anfange des Octobers bis zu Ende des Aprils, wöchentlich einmal, den Donnerstag Nachmittags, halb fünf Uhr, um uns deutsche Schriften, die der Deklamation fähig u. würdig sind, u. die für jede Zusammenkunft eine unserer Damen gewählt hat, vorlesen zu laßen.[27]

Weiterhin wird festgelegt, daß, wer zu spät kommt, 2 Mark Strafe zah-len muß, wer durch Reden die Vorlesung stört, nach einer Abstimmung der Mitglieder ausgeschlossen werden kann. Im Mai 1771 hatte die Gesell-schaft 45 Mitglieder, von denen 20 Damen waren. Die Bestimmung, daß nur die Damen die Texte auswählen dürfen, "befreyt uns", wie KLOP-STOCK an LAVATER schreibt, "von der Gefahr, jemals unmoralische Sachen zu hören." Zweck der Gesellschaft ist die Förderung und Verbrei-tung der Literatur. Klopstock war der Überzeugung, das Vorlesen sei das beste Mittel, "Schriften die einige Schwierigkeit haben, den Ungeübten verständlich zu machen".[28] Mag man in der Begründung dieser Lesegesell-schaft auch eine aufklärerische Tat sehen, einige Zeitgenossen entdeckten darin nur Züge der Empfindsamkeit, wie sie in der Jahrhundertmitte geblüht hatte. LESSING zum Beispiel schreibt am 12. Februar 1771 einen spöttischen Brief an Eva KÖNIG:

Gern möchte ich Ihnen noch was Neues, das Sie recht herzlich zu lachen machte, schreiben können. - Sie wissen doch, daß K(lopstock) in Hamburg ist. Sie wissen auch, wie sehr er sich mit den Damen abgeben kann. Ich weiß nicht, wie viel Frauen und Mädchen er schon beredet haben soll, auf den Schrittschuhen laufen zu lernen, um ihm Gesellschaft zu leisten. Aber das ist noch gar nichts gegen eine Lesegesellschaft, die er bey der Frau von W(inthem) errichtet hat, und von der alle unsere Freundinnen sind. Doch man wird Ihnen ohne Zweifel schon von Hamburg aus davon geschrieben haben; und ich möchte nur gern von Ihnen wissen, ob Sie es nicht, wenn Sie nach Hamburg zurückgekommen, Ihr Erstes werden seyn lassen, ein Mitglied von dieser empfindsamen Gesellschaft zu werden?[29]

Eva KÖNIG nimmt diesen spöttischen Ton auf und antwortet am 16. März:

Die Klopstockischen Schrittschuhe- und Lesegesellschaften haben mich herzlich zu lachen gemacht. Meine Imagination stellte mir gleich den ganzen Kreis von Damen vor, und ihn mitten darinnen voller Entzückung, indem er bey einer rührenden Stelle die Thränen von den Wangen seiner Zuhörerinnen herunter rollen sah.[30]

LICHTENBERG bestärkt dieses Urteil und spricht 1773 von einer "Schule der Empfindsamkeit", die KLOPSTOCK in Hamburg eingerichtet habe.[31] Ich glaube, diese Urteile aus dem 18. Jahrhundert sollten den heutigen Betrachter dazu veranlassen, die Klopstocksche Lesegesellschaft nicht allzu rasch mit dem Etikett der Aufklärung zu versehen. Der Primat der Literatur in dieser Gesellschaft war im übrigen nicht von langer Dauer. Sehr bald drängten das anschließende Kartenspiel und das Abendessen den eigentlichen Zweck der Zusammenkunft in den Hintergrund.

Zahlreich waren die Besuche, die KLOPSTOCK im Hamburg empfing: LAVATER und HERDER, Wilhelm von HUMBOLDT und BAGGESEN, die schon erwähnten englischen Dichter COLERIDGE und WORDSWORTH und schließlich auch Lord NELSON und Lady HAMILTON machten ihm ihre Aufwartung. Die Berichte über diese Begegnungen weisen viele Gemeinsamkeiten auf. Neben der schon erwähnten Diskrepanz zwischen dem Bild vom seraphischen Sänger und der Wirklichkeit wird in der Regel Klopstocks Freundlichkeit, seine spontane Herzlichkeit dem Fremden gegenüber hervorgehoben. Bei aller Ehrfurcht vor der Person und dem Werk wird er in den Schilderungen der Zeitgenossen gelegentlich zur Vaterfigur, zum Poeten mit SPITZWEGschen Zügen. Lassen wir wieder BÖTTIGER zu Wort kommen:

An diesem Tisch, wo Caffeetassen, Bücher von allerlei Band und Schnitt, Papiere, Rauch- und Schnupftabackdosen, Pappendeckel für Schreibereien,

Federmesser und Tabacksstopfer in ungestörter Eintracht neben einander ruhen und das buntfarbigste Allerlei bilden, fand ich Vater Klopstock mit einem gelbgeräucherten Nachtmützchen auf dem Kopf an seinen grammatischen Gesprächen arbeitend.[32]

Aber dies ist die Ausnahme. Eher rühmt man wie BAGGESEN, der ihn 1789 besuchte, das jugendliche Interesse, mit dem er die politischen Vorgänge in Frankreich verfolgt. Daß immer noch das Idealbild des epischen Sängers die Folie bildet, zeigt sich in dem übersteigerten Wunsch Baggesens, er, KLOPSTOCK, möge noch vor seinem Tode das Augenlicht verlieren. Dies bedeutet: HOMER, MILTON, KLOPSTOCK.[33]

KLOPSTOCK akzeptiert die Rolle, in die ihn die Zeitgenossen immer mehr drängten. In seinen Hamburger Jahren fühlte er sich als moralische Instanz, dessen Urteil gefragt war, das er aber auch ungefragt abgab. Als ihm beispielsweise von dem lockeren Treiben GOETHEs und Carl Augusts von SACHSEN-WEIMAR berichtet worden war, fühlte er das Ansehen der deutschen Dichter, denen er ja gerade eine hervorragende Stellung in der Gesellschaft verschafft hatte, aber auch das Ansehen der Fürsten, die sich für Literatur und Wissenschaft engagierten, tangiert. Goethes Antwort auf Klopstocks Vorhaltungen, die vom 21. Mai 1776 stammt, ist schroff:

Verschonen Sie uns künftig mit solchen Briefen, liebster Klopstock. Sie helfen Nichts und machen uns immer ein Paar böse Stunden. Sie fühlen selbst, daß ich darauf Nichts zu antworten habe. Entweder ich muß als Schulknabe ein Pater peccavi anstimmen, oder sophistisch entschuldigen, oder als ein ehrlicher Kerl vertheidigen und käme vielleicht in der Wahrheit ein Gemisch von allen Dreien heraus und wozu? Also kein Wort mehr zwischen uns über diese Sache. Glauben Sie mir, daß mir kein Augenblick meiner Existenz über bliebe, wenn ich auf alle solche Briefe, auf all solche Anmahnungen antworten sollte. Dem Herzog that es einen Augenblick weh, daß es von Klopstock wäre.[34]

Als Kuriosum sei vermerkt, daß KLOPSTOCK wenig vorher selbst Gegenstand einer moralischen Rüge war. Sein ständiger Umgang mit Frau von WINTHEM, seiner um 23 Jahre jüngeren Nichte, die er nach dem Tode ihres Ehemannes schließlich im Jahre 1791 heiratete, war Gegenstand des Klatsches in Hamburg. Enttäuscht war er, daß auch sein Freund ALBERTI sich an der Verurteilung beteiligte und brach vorübergehend die Beziehung zu ihm ab. Jedenfalls vertrug sich ein solches Verhalten nicht mit dem Bild vom heiligen Sänger, und noch Franz MUNCKER, der im Jahre 1888 die erste große und noch heute unentbehrliche Klopstock-Biographie geschrieben hat, rechtfertigt Klopstock mit dem ganzen biederen Ernst des späten 19. Jahrhunderts, wenn er schreibt:

Unvorsichtig verstieß Klopstock gegen manches, was die äußere Sitte pedantisch ängstlich heischte: conventionell prüde benahm er sich überhaupt

nie gegen Frauen; aber seine sittlichen Grundsätze über Ehe und Liebe
waren nichts desto weniger die strengsten, jetzt so gut wie stets zuvor, und
in keinem Augenblick verletzte darum er oder Hannchen (von Winthem) die
Pflicht der Treue gegen ihren Gatten.³⁵

5. KLOPSTOCK UND DIE FRANZÖSISCHE REVOLUTION

In den vierziger Jahren des 18. Jahrhunderts stellte sich der Schriftsteller
und Offizier Samuel HENZI in Bern an die Spitze einer Verschwörung, deren Ziel es war, die Herrschaft des Patriziats einzuschränken. Die Verschwörung wurde entdeckt und niedergeschlagen, Henzi am 16. Juli 1749
zum Tode verurteilt und am folgenden Tage enthauptet. Vierzig Jahre vor
der Französischen Revolution erregten die Berner Geschehnisse fast alle an
der Aufklärung Interessierten in Deutschland, nicht zuletzt die Schriftsteller, vielleicht auch deshalb, weil Henzi einer der ihren war. LESSING
wählte Henzis Schicksal als Stoff für ein Drama, das aber nur Fragment
geblieben ist. Als er den ersten Teil veröffentlichte, tadelte Albrecht von
HALLER, daß die Darstellung der Charaktere sich zum Teil erheblich von
der historischen Wahrheit entfernt habe.³⁶ Friedrich DÜRRENMATT hat
im übrigen kürzlich in einem Interview erklärt, für ihn sei Henzi und nicht
Wilhelm TELL der eigentliche Schweizer Nationalheld.³⁷ Die deutsche
Presse der damaligen Zeit berichtete ausführlich vom Schicksal Henzis, so
der "Hamburgische Correspondent" in mehreren Nummern des Jahres
1749.³⁸

KLOPSTOCK hat durch BODMER von HENZIs Schicksal erfahren.
Um die Hinrichtung rankten sich bald einige Anekdoten, von denen Bodmer eine berichtet haben wird. Sein Brief ist nicht überliefert, wir sind daher auf Vermutungen angewiesen. Bodmer mag eine ähnliche Darstellung
gegeben haben wie in seinem Brief an SULZER vom 14. September 1749:

Er (Henzi) starb als Held, ganz gesezt und bey sich selbst. Im ausführen
bemerkte er wie der Reichsvogt in seinem scheckigten Cerimonien habit
eine possierliche Figur machte, zu mal da er sehr läppisch zu pferd saß. Er
warf mit andern zu sehen die augen auf ihn, und lachte so herzlich darüber
als sonst einer. Nahm doch bald sein serieux wieder an sich. Der Nach-
richter schlug den ersten streich in die schulter, Henzi wandt sich gegen
ihn u sagte: meister das war doch ein ungeschikter streich.³⁹

KLOPSTOCKs Reaktion:

Henzi Tod ist mir sehr nahe gegangen. Nur hat mir das Scherzen bey so
nahen Tode nie gefallen ... Wenn Sie die genauen Umstände, dieser Män-

ner, die vielleicht Patrioten waren, einem Brief anvertrauen können, so werden Sie mich durch diese Erzählung sehr interessiren.[40]

Eines ist hier bezeichnend, was sich auch in späteren Urteilen KLOP-STOCKs über politische Ereignisse immer wieder nachweisen läßt: Das politische Ziel, die Veränderung, der Umsturz, ist in Beziehung zu setzen zu dem Handeln der Akteure, das nach einem festgefügten moralischen Kategorienschema beurteilt wird. Nicht, was HENZI gewollt hat, ist in erster Linie interessant, sondern wie er sich verhalten hat. Zum anderen: Klopstock, der von den Herrschern des aufgeklärten Absolutismus Förderung erhoffte, deren Gottesgnadentum er jedenfalls in diesen frühen Jahren nicht in Frage stellte, ist äußerst vorsichtig in der Beurteilung der Henzi-Revolution: "Männer, die vielleicht Patrioten waren," ist sein abwartendes Urteil. So wäre es denn auch verfehlt, in den frühen Oden Elemente einer Tyrannenfeindlichkeit nachweisen zu wollen. In der Ode "Für den König" wird Gott gedankt, der "Uns, dem glücklichen Volk, in deinen Gnaden Einen weisen Beherrscher," gab; nur der Eroberer, "Welcher im Blute der Sterbenden geht", wird verurteilt.[41] Noch sieben Jahre später, 1760, in dem Gedicht "Das neue Jahrhundert" sind Monarchie und Freiheit eine mögliche Verbindung.

> O Freyheit! Freyheit! nicht nur der Demokrat
> Weiß, was du bist,
> Des guten Königes glücklicher Sohn
> Der weiß es auch.[42]

Die Parallele König - Volk, Vater - Kinder wird noch 1789 in dem Gedicht "Ludewig, der Sechzehnte" berufen:

> ... und weisen Bund
> Zwischen Vater, und Kindern
> Fest ihm setzen ...[43]

Als KLOPSTOCK dann endlich doch "Galliens Freyheit" in dem Gedicht "Sie, und nicht Wir" feiert, ist das Hauptmotiv ein vaterländisches: die Trauer, daß nicht Deutschland, sondern Frankreich dies vollbrachte:

> Ach du warest es nicht, mein Vaterland, das der Freyheit
> Gipfel erstieg, Beyspiel strahlte den Völkern umher:
> Frankreich wars![44]

Es galt nun jedoch, und hier wußte sich KLOPSTOCK mit vielen seiner Hamburger Freunde einig, Anteil zu nehmen und die Pariser Ereignisse in die Beschaulichkeit der Hamburger Republik zu übertragen. Es gelang dabei vorzüglich, aus der Französischen Revolution in Hamburg eine Art Alstervergnügen für das gehobene Bürgertum zu machen. Sophie REIMA-RUS berichtet am 3. August 1790 ihrem Bruder August von HENNINGS über das Fest zum Jahrestag der Französischen Revolution, das in SIE-VEKINGs Garten vor dem Dammtor gefeiert wurde:

Die iungen weißgekleideten Mädchen trugen national Schleifen am Hute und schräge Schärpen über die Schultern von dunkelblau, Ponceau und weiß gestreiftem Bande. Die iungen Frauen trugen sie als Gürtel. Zum Frühstück versammelte sich alles in Harvestehude und um 12 Uhr 30. Minuten, nach der Pariser Uhr um zwölf, wurde dreimal geschoßen. Die iungen Frauenzimmer stellten sich im halben Kreise, und das Lied, welches ich Dir mitschicke wurde gesungen. Erst sangen wenige im Chor mit bald aber alle, und es war fast kein Auge ohne Thränen es war als ob ein Ton gerührt wurde womit alles, alles einstimmte, nachher gab es einen Augenblik eine Stille als wenn ieder den Werth des Gutseyns bey sich überdacht hätte und nun war auch ieder für den Tag zur Freude gestimmt. Die Musik dauerte fort, die iungen Leute fingen an zu tanzen, wir ältern gingen spatzieren, sezten uns alle in einer schönen Gegend und baten Klopstock von dem wir gehört hatten daß er der Freiheit zwei Oden gesungen hatte, er mögte sie uns vorlesen. Er sagte sie uns vor. Voght hält sie für die schönsten, die er ie gedichtet hat, sie sind wirklich sehr gut und haben eine erhabene Simplicitet. Er wollte sie uns auf keine Weise geben, sagte sie sollten erst nach seinem Tode gedrukt werden; weil wir ihn aber baten recitirte er sie noch einmal und Stinchen mit ihrem gewaltigen Gedächtniß hat so viel davon behalten, daß ich sie aufschreiben und Dir schicken könnte, wenn ich es nicht für unrecht hielt, weil der Verfaßer nicht will, daß man sie verbreitet, auch Unzern das Geschwindschreiben verbot. Er hat auch Recht, sie sind stark und es giebt noch Despoten.[45]

Daß diese Feier bei den Zeitgenossen durchaus auch mit Spott bedacht wurde, hatte Sophie REIMARUS ihrem Bruder schon am 29. Juli 1790 berichtet: "Unter den Witzeleien die sich der Adel über unsere Feier des Vierzehnten erlaubt hat ist auch gewesen, daß wir Frauenzimmer eine kleine Bastille von Marzipan zerstört hätten, und daß auch ein Laternenpfahl en miniature dabey gewesen wäre."[46]

Doch die Begeisterung in Hamburg ist nicht von Dauer. Als die "terreur" in Frankreich beginnt, als die Jakobiner die Revolution mit blutiger Konsequenz zu Ende führen wollten, billigten nur noch wenige den Ablauf des historischen Prozesses. 1793 schreibt KLOPSTOCK in dem Gedicht "Mein Irrthum": "Ach des goldenen Traums Wonn' ist dahin ..."[47] Wieder wird nicht die abstrakte geschichtliche Entwicklung, wieder wird die einzelne Tat einer Bewertung unterzogen. Die Heldin ist für Klopstock nun Charlotte CORDAY, die durch MARATs Ermordung der in der Auffassung Klopstocks falschen Entwicklung Einhalt gebieten will. Sie ist eine erhabne Männin:

Müde labet auch wohl Schatten am Weg'
In der Öde, der weit umher sich krümt;
So hat jüngst mich die erhabne
Männin, Kordä gelabt.[48]

Resignativer jedoch wird in der Ode "Die beyden Gräber" CORDAYs Tat behandelt: Sie starb, wie auch ROCHEFOUCAULD, "umsonst für das Vaterland".[49]

Wie bekannt, hatte die französische Nationalversammlung am 26. August 1792 KLOPSTOCK gemeinsam mit anderen Schriftstellern und Politikern zum französischen Bürger ernannt. Sein Versuch, auf Grund dieser Eigenschaft mit Ratschlägen Einfluß auf den Gang der Ereignisse in Frankreich zu nehmen, blieb natürlich wirkungslos. Als die terreur auf ihrem Höhepunkt war, hoffte man in Deutschland, allen voran LAVATER, Klopstock werde sein Bürgerdiplom demonstrativ zurücksenden. Klopstock entschloß sich jedoch dazu nicht, sondern lehnte selbstbewußt die Einmischung anderer in die Sphäre seiner persönlichen Entscheidung ab.

Kehren wir noch einmal kurz zu der eingangs zitierten Schrift von Friedrich Johann Lorenz MEYER zurück. In seinem Bericht über KLOPSTOCKs Tod erzählt Meyer von Klopstocks Träumen der letzten Tage: Der Markgraf von BADEN, sein verehrter Beschützer, sei ihm erschienen, in einem Schloßsaal von unermeßlichem Raum; und einmal der große BERNSTORFF in einem Gewande, dessen Pracht und idealische Form nicht zu beschreiben sei.[50] Dies sind wohl nicht die Träume eines Revolutionärs. Man darf hier mit Recht die Kontinuität eines Weltbildes ablesen, zu der ein aufgeklärter Absolutismus genau so gehört, wie eine vom Mäzenatentum getragene dichterische Existenz. Verbunden damit ist ein hohes Selbstbewußtsein und die Absicht, das Amt des Dichters fest in der Gesellschaft zu etablieren. Dies manifestiert sich auch in Kleinigkeiten, so in der Eintragung im Hamburger Adreßbuch für 1794:

Klopstock, Königstr. Legationsrath und
Verfasser der Messiade.[51]

ANMERKUNGEN

[1] F. J. L. MEYER: Klopstocks Gedächtniss-Feier. 1803. S. 28 f. u. Anm. S. 46.

[2] F. G. KLOPSTOCK: Werke und Briefe. Abt. Briefe. Bd. 1. Hg. von H. GRONEMEYER. 1979. S. 10 f. u. 13-15.

3) Ebd., S. 218.

4) Ebd., S. 51.

5) Vgl. dazu G. KAISER: Klopstock. 1963. S. 25.

6) F. G. KLOPSTOCK: Der Messias. Hg. von E. HÖPKER-HERBERG. 1986. S. 139 f. u. 246 f.

7) F. G. KLOPSTOCK: Werke und Briefe. Abt. Briefe. Bd. 1. Hg. von H. GRONE-MEYER. 1979. S. 287.

8) F. G. KLOPSTOCK: Werke und Briefe. Abt. Briefe. Bd. 7,1. Hg. von H. RIEGE. 1982. S. 31.

9) F. G. KLOPSTOCK: Werke und Briefe. Abt. Briefe. Bd. 1. Hg. von H. GRONE-MEYER. 1979. S. 8 f.

10) Ebd., S. 71.

11) Ebd., S. 11.

12) F. G. Klopstock an A. von Haller, 17.09.1748. Ebd., S. 15.

13) HORAZ, Epoden II. 1.

14) F. von HAGEDORNs erste, 1729 erschienene Gedichtsammlung hat den Titel: Versuch einiger Gedichte, oder Erlesene Proben Poetischer Neben-Stunden.

15) Neue critische Briefe. 1749. S. 14 f.

16) F. G. KLOPSTOCK: Werke und Briefe. Abt. Briefe Bd. 1. Hg. von H. GRONE-MEYER. 1979. S. 66.

17) Ebd., S. 228.

18) Ebd., S. 428.

19) COLERIDGE, Biographia literaria. Bd. 2. 1817. S. 238.

20) D. W. SCHUMANN: Klopstocks Geburtstage. 1964. S. 174.

21) C. A. BÖTTIGER: Literarische Zustände und Zeitgenossen. Bdch. 2. S. 21 f.

22) Ebd., S. 25.

23) Ebd., S. 29.

24) Ebd., S. 28 f.

25) Vgl. dazu H. TIEMANN: Hanseaten im revolutionären Paris 1789 bis 1803. 1974. S. 174-183. - H. SIEVEKING: Georg Heinrich Sieveking. 1913. S. 171-313.

26) F. G. KLOPSTOCK an J. G. LAVATER, 1.05.1771. Ungedruckt. Manuskript in der Zentralbibliothek Zürich: MS Lavater, 517, 99.

27) H. SCHNEIDER: Unveröffentlichte Briefe an J. A. Ebert. 1926. S. 347.

28) Ebd., S. 348.

29) G. E. LESSING: Sämtliche Schriften. Bd. 17. 1904. 371 S.

30) Ebd., Bd. 20. 1905. S. 27.

31) G. C. Lichtenberg an J. A. SCHERNHAGEN, Ende Juli ? 1773. G. C. LICH-TENBERG: Briefwechsel. Bd.1. 1983. S. 336.

32) C. A. BÖTTIGER: Klopstock, im Sommer 1795. S. 325.

33) J. BAGGESEN: Das Labyrinth. 1986. S. 67 f.

34) F. G. KLOPSTOCCK: Werke und Briefe. Abt. Briefe. Bd. 7,1. Hg. von H. RIEGE. 1982. S. 27 f.

35) F. MUNCKER: Klopstock. S. 430.

36) Vgl. A. von HALLERs Rezension in den "Göttingischen Anzeigen von gelehrten Sachen" St. 35, 25. März, Göttingen 1754. S. 295 f.

37) Interview in der Fernsehsendung "Der andere Dürrenmatt". ARD, 5. Januar 1986. 22.50-23.35 Uhr.

38) Stats- u. Gelehrte Zeitung des Hamburgischen unpartheyischen Correspondenten Nr. 116, 119, 120, 123 124, 128, 131; 22. Juli, 26. Juli, 29. Juli, 2. Aug., 5. Aug., 12. Aug., 16. Aug. 1749.

39) F. G. KLOPSTOCK: Werke und Briefe. Abt. Briefe. Bd. 1. Hg. von H. GRONE-MEYER. 1979. S. 290.

40) Ebd., S. 66.

41) F. G. KLOPSTOCK: Oden. Bd. 1. 1889. S. 114.

42) Ebd., Bd. 1. S. 148.

43) Ebd., Bd. 2. S. 67.

44) Ebd., Bd. 2. S. 72.

45) Der Brief ist in einer Abschrift des Empfängers überliefert: Staats- und Universitätsbibliothek Hamburg: Nachlaß A. von Hennings. Bd. 57. S. 178 f. - Nach K. HURLEBUSCH, Zur Edition von Klopstocks Oden, 1982, S. 151, war eine der Oden, die Klopstock vorgelesen hat, "Der Fürst und sein Kebsweib" und nicht, wie bisher angenommen, "An Cramer, den Franken". Die zweite Ode kann nicht die nach KLOP-STOCKs eigener Aussage erst im September 1790 entstandene Elegie "Sie und nicht wir" gewesen sein; vermutlich war es die Ode "Kennet euch selbst".

46) Staats- und Universitätsbibliothek Hamburg: Nachlaß A. von Hennings. Bd. 57. S. 174.

47) F. G. KLOPSTOCK: Oden. Bd. 2. 1889. S. 83.

48) Ebd.

49) Ebd., S. 85.

50) F. J. L. MEYER: Klopstocks Gedächtniss-Feier. 1803. S. 19.

51) Neues Hamburger und Altonaer Addreß-Buch auf das Jahr 1794. Hamburg 1794. S. 29.

LITERATURVERZEICHNIS

Jens BAGGESEN: Das Labyrinth oder Reise durch Deutschland in die Schweiz 1789. Mit 17 zeitgenössischen Illustrationen. München (1986). 455 S.

Carl August BÖTTIGER: Klopstock, im Sommer 1795. Ein Bruchstück aus meinem Tagebuche. In: Minverva 6, 1816, S. 319- 334.

Carl August BÖTTIGER: Literarische Zustände und Zeitgenossen. In: Schilderungen aus Karl Aug. Böttiger's handschriftlichem Nachlasse. Hg. von K. W. Böttiger. Bdch. 2. Leipzig 1838.

Samuel Taylor COLERIDGE: Satyrane's letters. In: Coleridge: Biographia literaria; or Biographical sketches of my literary life and opinions. Bd. 2. London 1817. S. 183-253.

Klaus HURLEBUSCH: Zur Edition von Klopstocks Oden. In: Zeitschrift für deutsche Philologie 101, 1982, Sonderheft: Probleme neugermanistischer Edition, S. 139-162.

Gerhard KAISER: Klopstock. Religion und Dichtung. Gütersloh (1963). 371 S. (Studien zu Religion, Geschichte und Geisteswissenschaft. 1.)

Friedrich Gottlieb KLOPSTOCK: Der Messias. Gesang I-III. Text des Erstdrucks von 1748. Studienausg. Hg. von Elisabeth Höpker-Herberg. Stuttgart (1986). 248 S. (Universal-Bibliothek. 721 <3>.)

Friedrich Gottlieb KLOPSTOCK: Oden. Mit Unterstützung des Klopstockvereins zu Quedlinburg hg. von Franz MUNCKER und Jaro PAWEL. 2 Bde. Stuttgart 1889. XVIII, 238: VIII, 188 S.

Friedrich Gottlieb KLOPSTOCK: Werke und Briefe. Hist.-krit. Ausg. Begr. von Adolf BECK, Karl Ludwig SCHNEIDER, Hermann TIEMANN. Hg. von Horst GRONE-MEYER, Elisabeth HÖPKER-HERBERG, Klaus HURLEBUSCH, Rose-Maria HURLEBUSCH. Berlin, New York 1974 ff. (Hamburger Klopstock-Ausgabe.)

Gotthold Ephraim LESSING: Sämtliche Schriften. Hg. von Karl LACHMANN. 3. Aufl., besorgt durch Franz MUNCKER. Bd. 1-23. Stuttgart, Leipzig, Berlin 1886-1924.

Georg Christoph LICHTENBERG: Briefwechsel. Hg. von Ulrich JOOST. Bd. 1 ff. München 1983 ff.

Friedrich Johann Lorenz MEYER: Klopstocks Gedächtniss-Feier Hamburg 1803. 55 S.

Franz MUNCKER: Friedrich Gottlieb Klopstock. Geschichte seines Lebens und seiner Schriften. Stuttgart 1888. X, 566 S.

Neue critische Briefe über ganz verschiedene Sachen, von verschiedenen Verfassern. Zürich 1749. 542 S.

Heinrich SCHNEIDER: Unveröffentlichte Briefe an Johann Arnold Ebert in Braunschweig. In: Euphorion 27, 1926, S. 333- 356.

Detlev W. SCHUMANN: Klopstocks Geburtstage. Dichtungen aus seinem Freundeskreis. In: Formenwandel. Festschrift zum 65. Geburtstag von Paul Böckmann. (Hg. von Walter MÜLLER-SEIDEL und Wolfgang PREISENDANZ.) (Hamburg 1964.) S. 172-192.

Hermann TIEMANN: Hanseaten im revolutionären Paris 1789 bis 1803. Skizzen zu einem Kapitel deutsch-französischer Beziehungen. In: Tiemann: Essays, Vorträge und Aufsätze aus vier Jahrzehnten. (Hamburg 1974.) 262 S.

Heinrich SIEVEKING: Georg Heinrich Sieveking. Lebensbild eines Hamburgischen Kaufmanns aus dem Zeitalter der französischen Revolution. Berlin 1913. XII, 549 S.

Bild 25: Friedrich Gottlob Klopstock. Nach einem Gemälde von Jens Juel (1780) gestochen von J. H. Klinger 1789.

303

Bild 26: Klopstocks Grabstein zu Ottensen. Nach einem Gemälde von S. Bendixen gestochen 1824 von G. Döbler.

HEINZ RODEGRA

DIE MEDIZIN IN HAMBURG IM 18. JAHRHUNDERT

I. KURZER ÜBERBLICK ZUR ENTWICKLUNG DER MEDIZIN IM 18. JAHR-HUNDERT - STAND DER MEDIZINISCHEN WISSENSCHAFT

Vor einer Betrachtung der verschiedenen Bereiche der Heilkunde in Hamburg im 18. Jahrhundert ist es erforderlich, einen kurzen Blick zu tun auf den Stand der medizinischen Wissenschaft allgemein und auf die praktische Medizin jener Zeit. Bei dieser Übersicht können natürlich nur stichpunktartig Entwicklungen beschrieben werden. Um es schon vorweg zu nehmen: "Genial in der Medizin sind das 17. und vor allem das 19. Jahrhundert; zwischen ihnen nimmt sich das 18. Jahrhundert wie eine Talsohle aus", so schreibt LICHTENTHAELER in seiner "Geschichte der Medizin" bei einer Darstellung der allgmeinen Entwicklung der Medizin zwischen dem 15. und 18. Jahrhundert.[1]

Während das 16. Jahrhundert in Botanik und Anatomie neue Ausgangspunkte lieferte und die Anfänge einer wissenschaftlichen Psychopathologie sowie eine neue Epidemiologie und die Anwendung der Chemie auf die Menschen erlebte, erfuhren im 17. Jahrhundert diese Zweige der Medizin eine Weiterentwicklung, zudem wurden noch zwei neue hochwichtige Gebiete - die experimentelle Physiologie und die mikroskopische Anatomie - erschlossen.

Das 17. Jahrhundert sah die ersten Erfolge physiologischer und mikroskopischer Forschung, wie sie sich dann noch einmal um die Mitte des 19. Jahrhunderts wiederholten. Um 1600 wurde das zusammengesetzte Mikroskop erfunden, das die Beobachtung von Dingen ermöglichte, die dem unbewaffneten Auge nicht sichtbar waren.[2]

Der größte physiologische Fortschritt des 17. Jahrhunderts war die Entwicklung des Blutkreislaufs. Bis zum 17. Jahrhundert waren die Theorien GALENS über die Bewegung des Blutes vorherrschend. Dem Engländer William HARVEY (1578-1657) gebührt die Anerkennung, die Tatsache des Blutkreislaufs festgestellt zu haben. Harvey hat das Galen'sche Schema korrigiert - oder - wie LICHTENTHAELER es bezeichnet, "genial vereinfacht und es mit morphologischen, mathematischen und experimentellen Argumenten bewiesen."[3]

Das 18. Jahrhundert erlebte auch den *sozialen Aufstieg der Chirurgie* und das anschließende rasche Wachsen dieser Disziplin, besonders in Frankreich und in England. Dies ging insbesondere von Überlegungen der absoluten Monarchen aus, die in ihre Planungen die ökonomischen Kriterien einer ausreichenden medizinischen Versorgung ihrer Soldaten und der Landbevölkerung mit einbezogen. Solch eine Versorgung konnte sich hauptsächlich nur auf den Chirurgenstand stützen und nicht auf die hauchdünne Schicht akademisch gebildeter Ärzte. Auch die Gründung von Institutionen für einen geburtshilflichen Unterricht kennzeichnet die Weiterentwicklung dieser Disziplin im 18. Jahrhundert.[4]

Trotz der beachtenswerten klinischen Leistungen und wissenschaftlichen Entwicklungen sind jedoch die hervorragenden medizinischen Fortschritte des 18. Jahrhunderts diejenigen, die direkt in Verbindung mit der *Philosophie der Aufklärung* standen. So ist es kein Zufall, daß der Begriff "Sozialwissenschaft" zum ersten Mal in Schriften der Aufklärung erschien.

Die rasche Ausbreitung der neuen Philosophie ließ auch den Glauben an "Teufel und Bessenheit" verschwinden, was sich insbesondere auf dem Gebiet der *Geisteskrankheiten* auswirkte und diese wieder in das Behandlungsgebiet der Ärzte zurückbrachte.

Dieser neue wissenschaftliche und menschliche Standpunkt in der Psychiatrie wurde in typischer Weise von Philippe PINEL (1775-1826) vertreten, der eine medizinisch-philosophische Abhandlung über Geistesgestörtheiten schrieb. Er wird mit Recht als der Befreier der Irren von ihren Ketten bezeichnet.[5]

Dieser neue Stand der Aufklärung brachte auch grundlegende Verbesserungen auf dem Gebiet der Medizin, welches wir heute als *Öffentliches Gesundheitswesen* bezeichnen.

Auf allen Gebieten der Medizin trat jetzt auch schon der *Vorbeugungsgedanke* in den Vordergrund. Sanitäre Reformen der Gefängnisse, in denen Fleckfieber, Typhus und Tuberkulose herrschten, sind im wesentlichen dem englischen Philanthropen John HOWARD (1726-1790) zuzuschreiben.

Weiterhin finden wir auch Bemühungen um eine Verbesserung des Krankenhauswesens, insbesondere nachdem J. R. TENON die skandalösen Verhältnisse in den Pariser Krankenhäusern im Jahre 1788 aufgezeigt hatte. Aber nicht nur in Frankreich, auch in Deutschland herrschten auf diesem Gebiet oft katastrophale Verhältnisse, wie es bei den Ausführungen über das Krankenhauswesen Hamburgs in jener Zeit noch näher erörtert wird.

Weitere Wirkungen der Aufklärung und ihrer philanthropischen Tendenzen waren das Wiederaufleben des Interesses an ärztlicher Ethik und das Bemühen einer ausreichenden Versorgung der ärmeren Schichten der Bevölkerung. Man machte sich Gedanken über die Möglichkeiten von Krankenversicherungen. Die Ärzte des 18. Jahrhunderts, deren Zahl relativ gering war, arbeiteten ja gewöhnlich an den Höfen der Fürsten und in den Häusern der Reichen, während die ärmere Bevölkerung durch Wundärzte, Barbiere und Bader versorgt wurden, die jedoch aufgrund der mangelnden Ausbildung auf die Behandlung nichtchirurgischer Leiden wenig oder gar nicht vorbereitet waren.

Auch staatliche Stellen bemühten sich, durch Schaffung von speziellen Gesetzeswerken - z.B. der Weiterentwicklung von schon bestehenden Apotheken-Ordnungen - eine Reform des Gesundheitswesens zu bewerkstelligen.

Einer dieser Gesundheitsreformatoren, die im 18. Jahrhundert die Gesundheitspolitik jener Zeit nachhaltig beeinflußten, war Johann Peter FRANK (1795-1821). Im Jahre 1779 erschien der erste Band seiner "Medizinischen Polizey", in der er über die Ehe, ihre Fruchtbarkeit, über Schwangerschaft und das Gebären schrieb. Hier war schon zu erkennen, was Frank als Ziel vorschwebte: Alle Bereiche des menschlichen Daseins - von der Wiege bis zum Grabe - sollten durch vernünftige hygienische Verordnungen über Fortpflanzung, Kindererziehung, Ernährung, Kleidung und Wohnung geregelt werden. In diesem Programm steckte ein großer Teil Erziehungsoptimismus und Fortschrittsgläubigkeit der Aufklärung. Viele warfen ihm jedoch vor, er wolle durch Befehl und Verbot zur Gesundheit erziehen, er sei ein "Apostel des Staatsinterventionismus". Frank konnte sich jedoch die Durchführung eines derartigen Gesundheitsprogramms nicht anders als im Rahmen einer politischen Staatsverfassung vorstellen, die mit einem von den Kameralisten jener Zeit geprägten Ausdruck schlechthin "Polizey" bezeichnet wurde. Er nannte daher seine neue Wissenschaft von der Gesunderhaltung der menschlichen Gesellschaft *Medicinische Polizey* und das Buch, das bis ins Kleinste von ihr handelte, "System einer vollständigen medicinischen Polizey".[6]

II. DIE MEDIZIN IN HAMBURG IN JENER EPOCHE

1. Die Ausübung der Heilkunde.
Ärzte - Wundärzte - Barbiere - Hebammen.

Nach diesen einführenden Erklärungen zur allgemeinen Situation der Medizin im 18. Jahrhundert sollen nun die speziellen medizinischen Verhältnisse in Hamburg geschildert werden.

Um die allgemeine Hygiene und speziell um die ärztliche Versorgung - insbesondere für die ärmeren Klassen - war es in Hamburg in jener Zeit nicht gut bestellt.

Die Zahl der zur Ausübung des ärztlichen Berufs allein berechtigten studierten Doctores der Medizin belief sich auf nur wenige. Die medizinische Betreuung der Bevölkerung, insbesondere der unteren Schichten, lag jedoch - wie auch in anderen Regionen - hauptsächlich in der Hand der *Wundärzte*, der *Barbiere* und *Bader*, welche die "eigentlichen Allgemeinpraktiker" jener Zeit waren.

Johann Jakob RAMBACH, Arzt und Subphysikus in Hamburg in jener Zeit, schreibt zu diesem Thema in seiner im Jahre 1801 erschienenen Schrift "Versuch einer physisch-medizinischen Beschreibung von Hamburg" über die Wundärzte am Ende des 18. Jahrhunderts:

Es giebt wohl kaum eine größere Stadt, die einen solchen Mangel an guten Wundärzten hätte, als Hamburg. Zwar haben wir einige, die sich auf eine vorteilhafte Weise auszeichnen, und den größten Wirkungskreis, denen ihnen das Zutrauen des Publikums angewiesen hat, durch ihre Geschicklichkeit verdienen. Aber ihre Zahl steht nicht im Verhältniß mit der Bevölkerung Hamburgs und mit der Menge der chirurgischen Krankheiten. Daher sind denn leider verunglückte Kuren nichts seltenes, und leider ist der Schaden umso viel größer, da die meisten Wundärzte sich auch an die Heilung innerlicher Krankheiten wagen. Die Chirurgie ist bei uns keine freie Kunst. Ihre Ausübung steht nur den Doktoren der Chirurgie, 36 Amts-Wundärzten (deren einer Raths-Chirurgus ist) und vier Badern frei. Wenn einer von diesen stirbt, oder sein Barbieramt verkauft, so tritt ein neuer an dessen Stelle, der vorher von den Physicis taliter qualiter geprüft wird, ohne daß diese Prüfung Einfluß auf seine Annahme hat. Diese Verbindung der Chirurgie mit dem Scheer-Messer ist die Quelle des höchst elenden Zustandes, worin sich diese unentbehrliche Kunst fast überall in Deutschland befindet, und das einzige Mittel, sie emporzubringen, besteht darin, daß man diese entehrende Verbindung aufhebt. Die meisten unserer Wundärzte pflegen auch, sobald sich ihre Praxis sehr erweitert hat, ihr Barbieramt aufzugeben, und sich nur mit der Ausübung ihrer Kunst zu beschäftigen. Unter den Ärzten sind nur einige wenige, welche die Chirurgie betreiben.[7]

Im 18. Jahrhundert erfolgte - wie bereits erwähnt - eine soziale Aufstung der Chirurgie. In Hamburg jedoch erfuhr die Chirurgie erst zu Beginn des

19. Jahrhunderts durch die *Umstrukturierung im Krankenhauswesen* eine Aufwertung. In dem damals neu erbauten Allgemeinen Krankenhaus (1823 in Betrieb genommen), welches den Krankenhof ablöste, wurde neben dem leitenden Hospitalarzt, der gleichzeitig Oberarzt der Inneren Abteilung und der Station für Geisteskranke war, auch ein Oberarzt der Chirurgischen Abteilung eingesetzt. Dieser erste leitende Arzt war Johann Carl Georg FRICKE, der für die Entwicklung der Medizin in Hamburg zu den wichtigsten Persönlichkeiten gezählt werden darf.[8]

Da die Versorgung durch die Ärzte und Chirurgen in Hamburg nicht ausreichte, war natürlich der Scharlatanerie ein breiter Raum gegeben, und die *Pfuscherei*, die trotz der Bestimmungen der bestehenden *Apotheken-Ordnungen* nicht beherrscht werden konnte, nahm in Hamburg bedrohliche Ausmaße an, wie noch bei der Besprechung der Entwicklung der Medizinalgesetzgebung in Hamburg zu erörtern sein wird.

Die studierten Ärzte sahen daher in dem angerichteten Schaden, der dem Kranken entstand, eine Veranlassung, sich zusammenzuschließen. Bereits 1644 war von 12 Hamburger Ärzten ein solches *Collegium medicum* ins Leben gerufen worden. Dieses Gremium stellte auch anfangs in Hamburg - und weit über die Stadtgrenzen hinaus - eine medizinisch-wissenschaftliche Autorität dar. Es wurde jedoch 1722 wieder aufgelöst; erst im Jahre 1815 wurde von den Hamburger Ärzten erneut eine Kommission gebildet, die dann die Vorbereitung zur Gründung eines ärztlichen Vereins traf.[9]

Allgemein hatten die akademisch gebildeten Ärzte für den handwerklichen Stand der Barbier-Chirurgen nur wenig Sympathie gezeigt. Die zunehmende Bedeutung der Chirurgie als einem unentbehrlichen Teil der Medizin wurde jedoch auch von ihnen anerkannt. So versuchte man in Hamburg von seiten der offiziellen Gesundheitsbehörde - vertreten durch die *Physici* und die *Subphysici* - durch die Errichtung von *Anatomischen Lehranstalten* den Wissensstand der amtierenden Wundärzte, Barbiere und Bader zu verbessern. So sind aus dem Jahre 1749 Unterlagen vorhanden, aus denen zu ersehen ist, daß dem Doktor der Medizin Friedrich Ludewig Christian CROPP erlaubt wurde, eine Anatomische Lehranstalt einzurichten, in der "die Körper der Weggeworfenen, Weggelegten und tot gefundenen Kinder, wie ebenfalls auch tot gefundener Erwachsener, die entweder im Wasser gefunden waren oder durch Selbstmord, sei es durch Erhängen oder auf andere Art ums Leben gekommene Menschen für anatomische Demonstrationen zu überlassen".[10]

In späteren Beschreibungen finden wir ebenfalls Angaben über ein "Anatomisches Theater", so z.B. in der von v. HESS verfaßten Hamburger Topographie, in der es heißt:

Im Einbek'schen Hause ist ein zu einem anatomischen Theater sehr schön eingerichteter Saal vorhanden, welcher aber selten gebraucht wird. In einer anderen Stube werden Selbstmörder und von unbekannter Hand gewaltsam Getötete entkleidet zur Schau gelegt und mitunter seziert.[11]

Im Jahre 1770 wurde der Ratschirurg SCHUMACHER ersucht, die sogenannte Totenkammer in dem neu erbauten EINBEK'schen Haus so wieder anzulegen, wie es im alten Hause gewesen war.[12] Wiederholt wurden in den folgenden Jahren Anträge gestellt, den anatomischen Unterricht zu intensivieren, und man drängte den Senat, die Aushändigung der Leichen zu erleichtern. So geht aus einer Eintragung im Senatsprotokoll vom 11. März 1771 hervor, "daß den Aeltermännern des Amtes der hiesigen Chirurgen vorgeschlagen wurde, die freie Stelle eines Lehrers in Anatomie und Chirurgie wieder zu besetzen und die Körper der auf dem Pesthof Verstorbenen auf die Anatomiekammer zu liefern, damit sie dort den hiesigen Chirurgen zu anatomischen Übungen zur Verfügung gestellt werden könnten".[13]

Weitere Hinweise können wir entsprechenden Ratsbeschlüssen entnehmen. So heißt es z.B. 1771, daß "der Körper der heute exekutierten Katharina Sophia WILKENS den Chirurgis, um solchen zu sezieren, möge ausgeliefert werden", und 1789, "daß ein unter der Brücke bei dem St. Annen Kirchhof gefundener toter entkleideter Mannskörper dem Amte der Wundärzte übergeben werden solle, die darum angesucht haben, daß derselbe ihnen zur Vorlesung für die Barbiergesellen auf die Anatomie möge gegeben werden, daß jedoch zunächst mit dem Bruder des Totgefundenen die Sache zu regulieren sei; im Falle, daß dieser seine Einwilligung zur Sektion verweigere, müsse dann der Körper sofort zur Beerdigung ausgeliefert werden".[14]

Am 29. April 1790 regte Dr. Valentin Anton LAPPENBERG an, eine Vortragsreihe für die bessere Ausbildung künftiger Wundärzte einzuführen. Diese Vorträge erfreuten sich eines regen Interesses. Für das Jahr 1796 wird von einem ähnlichen Vorhaben durch den Wundarzt Dr. med. et chir. EHLERS berichtet, der vor etwa 30 Wundarzt-Gesellen über Anatomie, Knochenlehre etc. im Anatomischen Theater oder in seinem Hause gelesen habe.[15]

2. Das Hospitalwesen

Das Krankenhauswesen in Hamburg kann auf eine lange Tradition zurück-
blicken. Zu Beginn des 12. Jahrhunderts gründete Graf Adolf III. von
SCHAUMBURG ein Siechenhaus für Aussätzige. Dieses *Sekenhaus* ist
wohl als das älteste Krankenhaus Hamburgs anzusehen.

Seit 1643 wurden in den Rechnungsbüchern Namenslisten über die sich
im Hospital befindlichen "Seken" geführt. Später wurde das St. Georgs-
Hospital ein Stift für alte Frauen. Damit war eine endgültige Umwandlung
des Seuchenhauses in ein Versorgungshaus vollzogen.

Das *Heilig-Geist-Hospital* erfüllte bis zum 17. Jahrhundert die Aufgaben eines Stadtkrankenhauses. Es wurde zum ersten Mal im Jahre 1247
urkundlich erwähnt, wurde dann mehr zum Pflegeheim für die Armen,
Blinden, Tauben und Stummen. Das gleiche gilt für das Gast- und Krankenhaus, welches ursprünglich zum Hospital zum Heiligen Geist gehörte
und vom Jahre 1630 an die Bezeichnung "Gast- und Krankenhaus" erhielt.
Auch hier erfolgte im Laufe des 18. Jahrhunderts eine Umwandlung zu
einem Versorgungshaus für arme alte Frauen und Männer.

Das *Hiob-Hospital*, im Jahre 1505 gegründet, zunächst als "Elenden-
haus", später als "Pockenhaus" wurde später zum Hospital, insbesondere
für Krätzekranke. Nach Erlaß der Armenordnung von 1788 erhielt die Anstalt vorwiegend Patienten mit venerischen Krankheiten zugewiesen. Den
ärztlichen Dienst versahen bis zum Anfang des 19. Jahrhunderts Wundärzte
und Barbiere.

Das bedeutendste Hospital jener Zeit war der *Pesthof*, welcher nach den
Pestepidemien von 1521 bis 1527 in der Vorstadt St. Pauli gegründet
wurde. Die häufig wiederkehrenden Epidemien ansteckender Krankheiten,
die man mit dem allgemeinen Namen "Pest" bezeichnete, hatten es notwendig gemacht, ein besonderes Haus außerhalb der Stadt zu erbauen, um
die mit Pest behafteten Kranken unterzubringen.

Die Mittel zum Bau dieses Hospitals gaben z.T. die *Leichnamsgeschwo-
renen* der vier Kirchen, teils wurden sie einem besonderem Fonds, der
durch Rat- und Bürgerschaftsbeschluß gebildet worden war, entnommen.[16]

Die von den vier Hauptkirchen erbaute Anstalt wurde auch durch Depu-
tierte der Kirchenspiele verwaltet. Jede Hauptkirche entsandte zwei *Leichnamsgeschworene*,[17] die zugleich *Oberalten*[18] waren, und zwei Diakone in
die Verwaltung des Pesthofes. Die Gesamtheit der Leichnamensgeschwo-
renen bildete zusammen unter Vorsitz der Prätoren, d.h., "der die Polizei-
gewalt handhabenden Ratsherren", den obersten Verwaltungskörper des

Pesthofes. Die Diakone übernahmen die laufende Verwaltung. Sie bildeten das sogenannte kleine Kollegium. Die ältesten von ihnen wurden jedesmal auf ein Jahr als Provisoren bestellt.

Der *Provisor* leitete nicht nur den inneren Dienst der Anstalt, die Ökonomie und das Rechnungswesen, sondern hatte auch für die erforderlichen Einnahmen zu sorgen. Diese wurden während zweier Jahrhunderte nur aus "freiwilligen milden Gaben" erbracht. Ein wöchentlicher Betrag kam aus dem *Gotteskasten*[19] der Kirchen; in der Stadt waren zusätzlich zahlreiche Sammelbüchsen für den Pesthof aufgestellt, dazu kamen Straf- und Sühnegelder, sowie Zinsen von Vermächtnissen. Die wichtigste Einnahme waren die zweimal von dem Provisor mit Genehmigung des Rates in der ganzen Stadt veranstalteten Sammlungen, die durch Verteilung sogenannter *Bittblätter*, die die Unterschrift des Provisors trugen, und die in bewegten Worten das Leid der armen und elenden Insassen des Pesthofes schilderten, eingeleitet wurden.

Pesthäuser galten in Deutschland als Seltenheit. Die wichtigsten standen in Nürnberg, Ulm, Regensburg, Augsburg, München, Aachen und im norddeutschen Raum in Lüneburg und Hamburg. Man unterschied vom Bautyp her nur zwei Formen: die quadratische und die rechteckige Grundrißform mit einem weiten Innenhof, der das charkateristische Merkmal dieses Pesthof-Typs war. Durch den weiten Innenhof wollte man erreichen, daß möglichst viel Luft und Licht eintreten konnte; glaubte man doch, daß durch Luft und Sonne die "pestilenzialischen Dünste" beseitigt werden könnten. Weiterhin verfolgte man die Absicht, im Innenhof reichlich Waren lagern zu können. Dieser Bautyp geht auf italienische und französische Vorbilder zurück.[20]

In anderen Städten, in denen es keine eigens dafür vorgesehenen Pesthäuser gab, versuchte man, in Einfamilienhäusern, von hilfreichen Menschen zur Verfügung gestellt, Isolierstationen aufzubauen, oder es wurden größere Gebäude, wie Schulen, zu Pesthäusern umfunktioniert, wie z.B. in Düsseldorf. Hier wurde während des vorletzten Pestseuchenzugs 1666 vom damaligen Stadtarzt Gottfried MELM, neben anderen zweckmäßigen Isolierungsmaßnahmen, die Pflege aller Pestkranken im Gymnasium, dem "Seminarium" durchgeführt.[21]

Der Pesthof in Hamburg wurde im 18. Jahrhundert vergrößert, erhielt 1758 eine Wasserleitung, eine eigene Kirche und ein Predigerhaus. Im Jahre 1797 erfolgte - dem Wandel des Hauses entsprechend - die Umbenennung in *Krankenhof*.

Dieses Hospital bestand aus mehreren einzelnen Gebäuden; neben dem Wirtschaftstrakt, den Wohnungen für Kostgänger und Offizianten, gab es für männliche Kranke drei, für die weiblichen zwei Säle; außerdem waren mehrere Zimmer für die mit Krätze befallenen und die "üble Gerüche verbreitenden kranken Personen" vorhanden. Die Patienten dieser Anstalt waren Kranke, Arme, Gebrechliche, Blinde, Taube und Wahnsinnige. Von den letzteren befanden sich die Armen in den gewöhnlichen Kranken- und Wohnsälen; die Wohlhabenden, z.T. Fremde, für deren Verpflegung ein Kostgeld gezahlt wurde, hatten eigene Zimmer.

Die Angestellten dieses Hospitals waren ein Arzt, der in der Stadt wohnte und verpflichtet war, wöchentlich dreimal das Spital zu besuchen, weiterhin ein Prediger, ein Katechet, ein Schulmeister, ein Vorleser und ein Ökonom - Speisemeister genannt -, der gleichzeitig Wundarzt sein mußte; als Hilfspersonal waren drei "Wartungsfrauen oder Pflegeweiber", ein Bäcker und ein Läufer angestellt.

Die Leitung des Krankenhauses lag in der Hand des Ökonomen, der Arzt hatte fast keinen Einfluß auf die Anstalt. "Der Ökonom war die eigentliche Seele der Anstalt. An eine Krankendiät war nicht zu denken." Der Name *Krankenhof* war ein Wort des Schreckens für die hilflosen Kranken, schreibt RAMBACH 1801 in seinem "Versuch einer physisch-medizinischen Beschreibung von Hamburg".[22]

Erst in späteren Jahren wurden einige dieser Mängel beseitigt; im Jahre 1805 erhielt der Krankenhof eine Apotheke und eine Badeanstalt. Auch die Verwaltung erfuhr einige Neuerungen. Der Arzt wurde nun verpflichtet, täglich drei Stunden im Krankenhof zuzubringen.

Im Jahre 1806 mußten nach der Besetzung der Stadt Hamburg durch französische Truppen auch im Krankenhof mehrere Gebäude für die Besatzungstruppen geräumt werden. Es wurde zu diesem Zweck ein neues Gebäude errichtet, das sogenannte "Spanische Haus", das anfangs als Hospital für die Truppen diente. Das Militärhospital hatte innerhalb des Krankenhofes seine eigene Verwaltung und war von dem bürgerlichen Krankenhaus völlig getrennt. Im Krankenhof, als bürgerlichem Hospital, blieben noch 15 Krankensäle, 52 Krankenzimmer, 51 Invalidenzimmer und 9 Kojen, sowie das Haus des Ökonomen, das Haus der Wundärzte, ein Wasch- und Backhaus, eine geräumige Küche und eine Totenkammer. In dieser Zeit wurden jährlich ca. 600 Menschen im Krankenhof aufgenommen. Am 3. Januar des Jahres 1814 wurde der Krankenhof auf Befehl des französischen Marschalls abgebrannt.[23]

Als weitere Anstalten jener Epoche sind zu nennen: das Schiffahrt-Armenhaus, das Hamburger Waisenhaus und das Kurhaus, das Zucht- Werk- und Armenhaus, welches über zusätzliche Krankenabteilungen verfügte.

3. Seuchen und Krankheiten - Patientenversorgung

Was wissen wir über die Krankheiten der damaligen Zeit, was wissen wir über die Patienten des Krankenhofes?

Entsprechende Untersuchungen wurden von Dieter BOEDECKER in seiner Dissertation "Die Entwicklung der Hamburger Hospitäler seit Gründung der Stadt bis 1800 aus ärztlicher Sicht" durchgeführt. Er fand in alten Protokollen und Rechnungsbüchern über Patienten nur wenig ausgesagt. Ganz allgemein kamen Patienten, die nicht in eines der zuvor erwähnten Hospitäler eingewiesen werden mußten, in den Pesthof.

Das erste Aufnahmeprotokollbuch, in dem z.T. auch die Diagnosen der Patienten verzeichnet sind, stammt aus der Zeit um 1795 bis 1798. Im wesentlichen wurden hier folgende Diagnosen aufgeführt: "Gicht, hitzige Krankheiten, hitziges Fieber, Brustkrankheiten, Schwäche, Alter, Armut, Anfall, Reißen im Kopf, Halsschaden, Beinschaden, Verlähmung, Wassersucht, Bruch, schlechtes Gehör, blind, rote Ruhr, Blödsinn".[24]

Um 1800 begannen vor allem Dr. RAMBACH und Dr. BUEK mit umfangreichen statistischen Erhebungen über den Gesundheitszustand der Hamburger Bevölkerung und untersuchten Zusammenhänge zwischen Krankheiten und dem Einfluß von Jahreszeiten und Klima.

Über die *Patienten des Krankenhofes* schrieb RAMBACH 1801:

Die am meisten vorkommenden Kranken sind Unheilbare, die entweder bald sterben oder auf dem Krankenhof den Rest ihrer Tage zubringen, ohne Heilung zum Zweck zu haben oder mit einiger Erleichterung wieder entlassen zu werden. Die häufigsten Krankheiten sind Schwindsucht, Wassersucht, Gicht, Knochenfraß und Beinschäden. In harten Wintern kommen auch viele wegen erfrorener Glieder da hin. Akute Krankheiten sind selten.[25]

Ausführliche Beschreibungen und exaktere Statistiken wurden durch Untersuchungen von Dr. JULIUS nach der Zerstörung des Krankenhauses anhand der vorhandenen Unterlagen durchgeführt.

Zu den häufigsten Erkrankungen gehörte damals vermutlich auch die Tuberkulose, die, da ihre Erreger noch nicht bekannt waren, nicht nur unter der Diagnoseeintragung "Schwindsucht", sondern z.T. bei den fieberhaften Erkrankungen vermutet werden mußte. Diagnosen wie "Blutspeien, Blut-

brechen, Pleuritis, schleichendes Nervenfieber, Lungenleiden (falsche Ent-
zündung), Knochenfraß" lassen ebenfalls an Tuberkulose denken.[26]

Über die wundärztliche Tätigkeit wird nur selten ausführlich berichtet.
Es finden sich kaum Hinweise über Operationsmethoden. In einigen Be-
handlungsfällen wurden Amputationen von Extremitäten und Operationen
an großen Tumoren und Abszessen ausgeführt. Diese chirurgischen Maßnahmen wurden nicht selten auch auf den Bittblättern des Pesthofes dargestellt.

Große Eingriffe dieser Art ohne Narkose und unter primitivsten Voraussetzungen sind für uns heute unvorstellbar, und es besteht kein Zweifel, daß
auch die Patienten damals sich aus Angst und Schrecken häufig eher
Quacksalbern und Scharlatanen ausgeliefert haben, als sich diesen Operationen zu unterziehen.

In einem Inventarverzeichnis des Rechnungsbuches vom Pesthof sind
1736 erstmalig chirurgische Instrumente des Barbiers verzeichnet. Dabei ist
die Vielzahl der Instrumente überraschend, jedoch sind die meisten Geräte
nur einmal vorhanden, was sich aus hygienischen und antiseptischen Gründen sehr nachteilig ausgewirkt haben muß.[27]

4. Das öffentliche Gesundheitswesen

Die frühesten Hamburger Medizinal-Gesetze finden sich in den sogenannten *Apotheken-Ordnungen*, die sich in der Hauptsache auf die Apotheken beziehen, später auch allgemeine Bestimmungen für das Medizinal-
wesen enthielten. Die älteste Apotheken-Ordnung wurde 1585 unter dem
Titel:

*Apotecken Ordnung und Tax der Stadt Hamburgk / welcher von den Ehre-
nuesten und Hochgelarthen Herrn verordneten Visitatoren Anno 1586. Den
3. Nouemb. der billigkeit nach geordnet / Und also trewlich in des Erb.
Raths nun mehr wolbestalten Apotecken soll gehalten werden*

publiziert.

In den folgenden Jahrhunderten wurden diese Apotheken-Ordnungen
immer wieder überarbeitet und schließlich erweitert. Sie enthielten neben
den Verordnungen - die die Tätigkeit des Apothekers regelten - auch Ver-
bote für die nicht in der Heilkunde zugelassenen Personen.

Im 18. Jahrhundert machte sich der Mangel einer zeitgemäßen Medizinalverfassung immer mehr bemerkbar, und so wurde von verschiedenen
Gruppen, aber auch von Einzelpersonen, auf diese Mißstände im Hamburger Gesundheitswesen immer wieder hingewiesen. Die Verhandlungen

einiger Ärzte führten dann im Jahre 1779 bis 1783 dazu, ein Gremium ins Leben zu rufen, welches sich mit der Verbesserung des Medizinalwesens in Hamburg befassen sollte. Ursprünglich war diese Gesellschaft gegründet worden, um den *Quacksalbern* und *Pfuschern* das Handwerk zu legen. Nach den vorliegenden Berichten war jedoch das Collegium medicum hauptsächlich bestrebt, die Existenz und die wirtschaftliche Grundlage der Ärzte zu sichern. Es war also eine reine Standesorganisation, die sich jedoch niemals mit Problemen, die auch das öffentliche Gesundheitswesen betrafen, befaßte.

Der bereits mehrfach zitierte Johann Jakob RAMBACH nahm in seinem Buch auch zur Pfuscherei ausführlich Stellung, aber auch zu dem schlechten Zustand, in dem sich die meisten Apotheken befanden:

Die Pfuscherei geht in Hamburg sehr weit. Es ist unglaublich, welch eine Zahl von Menschen sich damit beschäftigt. Der Scharfrichter, ausgediente Schulmeister, verabschiedete Feldscherer, Schiffs Chirurgen, eine Schaar von beinahe 1000 heimlichen Barbieren, alte Frauen u.s.w. treiben alle dies löbliche Gewerbe, das für einige von ihnen sehr einträglich ist.

Es läßt sich nicht leugnen, daß der Schaden, den diese Menschen anrichten, sehr groß ist, und daß sie für unsere weniger begüterte Volksklasse ein äußerst drückendes Übel sind. Sie lassen sich großentheils ihre Besuche gar nicht bezahlen, sondern nur die Arzeneien, welche sie reichen aber diese doppelt und dreifach. Sie locken den gemeinen Mann durch das Versprechen, ihm gewiß zu helfen, und lassen sich oft zum Voraus bezahlen, oder fordern während der Kur etwas zum Vorschuß. Gewöhnlich sind es nur ein paar Mittel, Brechmittel, kurz solche, auf die eine sichtbare Wirkung folgt, die der gemeine Mann gern sieht, wenn sie auch nicht helfen. Außer dieser Pfuscherei giebt es noch eine andere, nicht weniger schädliche. Dieß ist der Handel mit geheimen und Universalmittel, der in Hamburg einen so beträchtlichen Nahrungszweig ausmacht, daß viele Menschen davon allein recht gut leben. Unsere Zeitungen wimmeln bekanntlich von Ankündigungen, solcher Arkanen, und die öftere, sehr kostspielige Wiederholung derselben ist ein deutlicher Beweis, welchen Absatz diese Waaren finden.[28]

Auf dem Gebiet der *Hygiene* herrschten ebenfalls furchtbare Zustände, wie gegen Ende des 18. Jahrhunderts aus verschiedenen Artikeln in Hamburger Zeitungen zu ersehen war. Mit der Nachlässigkeit in der Beachtung ihrer Pflichten auf dem Gebiet der Hygiene befaßte sich z.B. ein im Jahre 1805 erschienener Artikel mit der Überschrift: "Etwas über die Hamburgische Gesundheitspolizei. Auszüge aus dem Briefe eines reisenden Arztes an seinen Freund L. in Thüringen".[29] Dieser Artikel ließ erkennen, daß um 1800 wohl der Tiefpunkt auf dem Gebiete der Verwaltung des Gesundheitswesens erreicht war. Der Verfasser schreibt u.a.:

Sie wissen, daß ich blos deshalb über Hamburg reisen wollte, um diese weltberühmte Stadt, welche nun schon seit mehr als 500 Jahren eine freie Republik ausmacht, näher kennen zu lernen, als ich sie bereits aus dem Journal 'Hamburg und Altona' betitelt, welches wir gemeinschaftlich lasen, kennen gelernt hatte, und hoffe, es wird ihnen nun desto interessanter seyn.

Ich sage davon Nichts, wie sehr diese berühmte Handelsstadt noch vor kurzer Zeit blühte, wie sie durch die sie betroffenen mannigfaltigen widrigen Begebenheiten herabgesunken ist, dies alles ist ihnen hinlänglich bekannt. Nur dasjenige, was im Auslande noch nicht so bekannt ist, will ich ihnen erzählen. ...

Kaum war ich in die Stadt getreten, als mir der Mangel einer guten medizinischen Polizei als Arzt, in die Augen fallen mußte. Meine ersten Schritte in Hamburgs Straßen überzeugten mich schon davon; denn kaum war ich bei dem sogenannten Baumhause abgestiegen (ein Gasthaus, an welchem gewöhnlich die von Harburg kommenden Schiffer anlegen und die Passagiere ans Land setzen) so wurde mir in einer der zunächst bei diesem Hause gelegenen Straße ein ekelhafter Anblick zu Theil. Der Kadaver eines todten Hundes, welcher schon einige Tage hier gelegen zu haben schien, machte eben keine angenehme Eindrücke auf meine feine Geruchsnerven. Doch, noch entschuldigte ich bei mir selbst die Polizei; es konnte ja dieses Thier erst vor kurzer Zeit hierher geworfen und in den paar warmen Tagen schnell in Fäulnis übergegangen seyn. Allein, als ich des andern Tages wieder hier spatzieren gieng, fiel mir dieser Gegenstand meines gestrigen Aergernisses wieder ein. Schon glaubte ich, mein vielleicht zu früh gefälltes Urtheil über die hiesige Polizeit wieder zurük nehmen zu müssen. Kaum aber war ich dem Orte näher gekommen, als ich den Stein des Anstoßes noch an seinem alten Orte liegen sah und die Bemerkung machen konnte, daß mein Schnupfen noch nicht den höchsten Grad erreicht haben müsse. Auf mehrern nachher gemachten Spaziergängen durch die Stadt und die Vorstädte, fand ich, daß dergleichen hier nichts Ungewöhnliches ist, denn ich fand oft abgelebte Thiere mitten in den größern und kleinern Straßen der Stadt und auf Marktplätzen mitten in der Stadt, oft auch an den Ufern des in der Stadt befindlichen Alster-Basins, eines Arms der Alster, die vor Hamburg vorbeifließt, liegend.

Wie im Kleinen, so fand ich dies im Großen einige Tage später auf dem Spaziergange außerhalb der Stadt in einem noch gehässigeren Lichte. Vor einem Thore, durch welches der Weg nach Lübeck führt, und welches das Steinthor genannt wird, ist die Vorstadt St. Georg. In einer von der Stadt etwas entfernt gelegenen Gegend sind Wohnungen für Arme erbaut worden, die sie, weil die Wohnungen in der Stadt zu theuer sind, für einen wohlfeilern Preis erhalten. Wer wird hieraus nicht die thätige Vorsorge einer wohleingerichteten Armen-Direktion erkennen! Doch wählte man diesen Platz leider sehr übel, denn es ist ein Ort, der dazu bestimmt ist, den Gassenkoth der Stadt und allen möglichen vegetabilischen und animalischen Unflath aufzunehmen. Er besteht aus einer Plaine, welche wohl eine Viertelmeile im Umkreise enthalten kann, und ist ganz mit jenen Dingen angehäuft. Zwei stehende Teiche sind mitten auf diesem Platze.

Schon die Ausdünstung des faulen stehenden Wassers in diesen Teichen ist hinlänglich, die Luft in dieser Gegend zu verpesten. Allein, wenn auch der Gassenkoth und die Sümpfe nicht hinlänglich wären, die Luft gänzlich zu verderben, so müssen es die abgestorbenen Schweine, Schaafe und anderer dergleichen Hausthiere, die hier in Menge, theils in den oben erwähnten Morästen herumschwimmend, theils auf dem Erdboden liegend, vorhanden sind, bewirken. In einem jener Teiche fand ich vor einigen Tagen sieben Kadaver liegen.

Dazu kommt aber noch, daß dieser sogenannte Gassenkummerplatz den Schweinen zur Weide dient, welche die in Fäulnis gesetzte Materie umwühlen und dadurch in beständiger Bewegung erhalten, den Lumpensuchern, um die beschmutzten Lumpen heraus zu suchen, welche sie auf kleine Pfähle auf dem Platze selbst aufhängen, um sie zu troknen. Nehmen sie ferner an, daß ein Berg von diesen Stoffen, die im Winter hier zusammengeführt werden, nun im Frühjahr und Sommer durch die Sommerwärme aufgethaut und in Fäulnis gesetzt wird.

Welch eine schädliche Luft muß hier nicht entwikkelt werden! Müssen nicht die Bewohner dieser Gegend bei der besten Leibes-Constitution hier endlich doch erkranken? Aber welch ein Einfluß muß sie nicht erst auf Menschen haben, die kaum instande sind, die nothwendigsten Bedürfnisse des Lebens sich zu verschaffen, die oft nur schlechte Nahrungsmittel genießen können, oft von Nahrungssorgen gequält werden, durch Unreinlichkeit der Wäsche und Kleidungsstükke in engen Behältnissen eingeschlossen, leben müssen, den Winter über wegen der großen Theuerung des Brennmaterials Kälte ausgestanden haben, wie können solche Menschen, die schon hierdurch zu Krankheiten disponirt werden, eine solche verdorbene Luft im Frühjahr und Sommer einathmen und dabei gesund bleiben? ...

In vielen Aufsätzen wurde das Fehlen einer *Medizinischen Polizei* besonders beklagt. Es gab jedoch auch Gesundheitspolitiker, die dem Nutzen einer Medizinalpolizei sehr skeptisch gegenüber standen. Zu diesen gehörte der Hamburger Arzt und Naturforscher Johann Albert REIMARUS (1729-1814), ein Sohn des berühmten Philosophen Herrmann Samuel REIMARUS, der in seiner Schrift "Untersuchung der vermeinten Notwendigkeit eines autorisierten Colligii medici und eine medizinischen Zwangsordnung" die Wirkung einer Medizinal-Ordnung oder einer medizinischen Polizei sehr infrage stellte.[30]

Man blieb in einigen dieser Stellungnahmen nicht nur bei der Anklage, sondern unterbreitete Vorschläge, mit Hilfe derer es gelingen sollte, die dort herrschenden Zustände abzustellen. So wurde vorgeschlagen, eine *Medizinalkommission* zu gründen, der die Besorgung der öffentlich-medizinischen Angelegenheit ausschließlich übertragen werden sollte. Weiterhin forderte man, daß jeder Arzt, der in Hamburg praktizieren wollte, sich außer dem Nachweis seiner akademischen Befähigung einer strengen, von der Medizinalkommission vorzunehmenden Prüfung zu unterziehen habe.[31]

Im Jahre 1797 hatte dann endlich der Senator Johann Adolf GÜNTHER die Initiative ergriffen und den Entwurf einer neuen Medizinal-Ordnung in Angriff genommen. Diesen erneuten Überarbeitungen waren schon viele Vorarbeiten vorangegangen. Es waren etliche Senatskommissionen gegründet worden, die sich intensiv mit diesem Thema beschäftigten. Es dauerte jedoch dann noch bis zum Jahre 1818 bis endlich eine sorgfältig überarbeitete Medizinal-Ordnung herausgegeben werden konnte.

Auch im *Hebammenwesen* waren - trotz Erlaß der speziellen Bademütter-Ordnungen - erhebliche Mißstände zu beklagen.[32] Auf diesem Gebiet wirkten Frauen, die niemals eine entsprechende Ausbildung erfahren hatten, so daß RAMBACH in seinen Abhandlungen z.B. von den "mörderischen Händen der Hebammen" sprach.[33]

Im 18. Jahrhundert war auch in Hamburg eine Zunahme der Delikte von *Kindesaussetzungen und Kindermord* festzustellen. Eine eigentliche Kriminalstatistik im heutigen Sinne gab es noch nicht. Vereinzelt - hauptsächlich in Preußen - gab es tabellarische Angaben, aus denen sich ein ungefähres Bild der Kriminalität aus jener Zeit gewinnen läßt. Jedoch ist man beim Versuch, Berichte über die Zunahme jener Straftaten zu bestätigen, auf Archivalien angewiesen.

Die Zahl der Verhandlungen und der protokollierten Verurteilungen gibt keinen direkten Aufschluß über die eigentliche Anzahl der Kindermorde, da gerade bei dieser Straftat eine große Dunkelziffer angesetzt werden muß, welche u.a. auch dadurch zu erklären ist, daß die Existenz des Opfers oft nur der Mutter oder einem kleinen Personenkreis bekannt war, der von der Schwangerschaft gewußt hat.

Normalerweise wird jedoch das Opfer eines Tötungsdeliktes meistens von mehreren Personen des bisherigen Lebenskreises vermißt -. Sein Verschwinden löst Nachforschungen aus, das Auffinden der Leiche führt zur Identifikation, das Vorleben erhält Hinweise auf den Täter[34]

In engem Zusammenhang mit dem Kindermord stand auch das Delikt der *verheimlichten Schwangerschaft*, also das Nichtmelden einer unehelichen Schwangerschaft der zuständigen Behörde, das ebenfalls strafrechtlich verfolgt und oft als "Absichtsdelikt" für eine Kindestötung angesehen wurde. In einer Untersuchung "Kindermord und verheimlichte Schwangerschaft in Hamburg im 18. Jahrhundert"[35] konnte ich zusammen mit M. LINDEMANN und M. EWALD an leider nur noch lückenhaft vorhandenen Archivalien und anhand von Aufzeichnungen über die Zahl der tot gefundenen Kinder sowie anhand von Senatsprotokollen über Verurteilungen überführter Täter dieser Delikte für einige Zeiträume des 18. Jahrhunderts eine statistische Aussage machen. Wie in anderen Teilen des deutschen Landes, so gibt auch für Hamburg die von den Behörden registrierte Zahl ausgesetzter, tot gefundener Neugeborener und überführter Fälle von Kindermord nur Anhaltspunkte über dieses Delikt, denn auch hier war die Dunkelziffer sehr hoch. Zwar richtete man sich immer wieder mit Hinweisen an die Bevölkerung und wurde nicht müde, in Ermahnungen auf die Pflichten hinzuweisen, bei Bekanntwerden von verheimlichten unehelichen Schwangerschaften unnmittelbar der zuständigen Behörde Meldung zu erstatten.

Insbesondere bestand eine verschärfte Meldepflicht für die Hebammen. Schon in der ersten *Bademütter-Verordnung* von 1654 der Stadt Hamburg gab es eine Pflicht für die Hebammen, (Bademütter, Wehmütter), "aller Huren- und Spielkinder", d.h. alle von den Hebammen entbundenen außerehelichen Kinder, zu melden. Eine besondere Strafe von "100 Mark lübisch und die Enthebung aus ihrem Amte" wurde angedroht, wenn sie dieser Meldepflicht nicht genügten. Auch im Bademütter-Eid von 1661 mußten sie schwören, "daß ich solches 'Huren- und Spielkind' dem ältesten Herrn Gerichtsverwalter will ankündigen".[36]

Weiterhin wurde unterstellt, daß es für die Bademütter am leichtesten wäre, den Namen des Schwängerers von der unverheirateten Frau zu erfragen, und sie wurden also dazu verpflichtet, "schwangere Weibspersonen mit höchstem Fleiß und Ernst zu befragen, den Vater des Kindes zu nennen, damit also der echte Vater namkundig gemacht und nicht verschwiegen werde. Und dasselbige dem ältesten Gerichtsverwalter mit getreuem Fleiß anzuzeigen und zu vermeldigen".[37]

Die Verfügung, alle unehelichen Geburten anzumelden, galt für Hebammen und Geburtshelfer. An diese Verpflichtung wurde immer wieder erinnert, oft verstärkt nach erneuter Aufdeckung eines Kindermordes oder nach Auffinden eines ausgesetzten Kindes. Später wurde durch eine Verordnung vom 13. Februar 1788 diese Meldepflicht für *Accoucheurs*[38] erweitert und auch sie wurden wiederholt ermahnt, alle Geburten, nicht nur die ehelichen, bei denen sie Beistand geleistet hatten, "wöchentlich dem ältesten Herrn Praetori" anzuzeigen. Diese Ausdehnung der Meldepflicht für Accoucheurs erscheint besonders erwähnenswert, da ebenfalls eine Häufigkeit von Kindestötung infolge der Ungeschicklichkeit der Geburtshelfer festzustellen war. Besondere Meldepflichten bestanden ebenfalls für "Lehrlings-Wehmütter", d.h. für diejenigen Hebammen, die sich noch in der von der Bademütter-Verordnung festgesetzten vierjährigen Lehrzeit befanden. Sie wurden verpflichtet, alle Geburten, bei denen sie Beistand geleistet hatten, einer höheren Behörde, der Rats- oder Bademutter, oder den Physici zu melden.

In diesem Zusammenhang ist noch die Tätigkeit der *vereidigten Wehmütter* bei der Taufe bemerkenswert. Für die Bestätigung der Ehelichkeit des Kindes, das die Hebamme entbunden hatte, war das "Zur-Taufe-tragen" des Kindes ein Ehrenamt oder eine Tätigkeit, wofür sie noch ein Trinkgeld von der Familie zusätzlich zu ihrem Entbindungshonorar erhielt. Dieses "Tragen-zur-Taufe" war nicht nur ein Brauch, sondern sollte auch äußerlich als Beweis dienen, "daß das Kind in der Ehe gezeugt worden war". Es war unbeeidigten Wehmüttern ausdrücklich untersagt, ein Kind zur Taufe zu tragen. Man wollte damit verhindern, daß uneheliche Kinder als eheliche deklariert wurden.

Im 17. und 18. Jahrhundert hatte man den Motiven der Kindermörderinnen zu wenig Beachtung geschenkt. Während der Aufklärungszeit trat dann das "Ehrenrettungsmotiv" stark in den Vordergrund, das auch PESTALOZZI in seiner 1780 erschienenen Schrift "Über Gesetzgebung und Kindesmord" betonte. Als "Quellen" der Kindermorde führte er u.a. an: "Untreue und Betrug verführender Jünglinge" - "die gesetzliche Strafe der Unzucht" - "die Armuth" - "die Furcht vor den Eltern, Verwandten, Vormündern", - "heuchlerischer Ehrbarkeitsschnitt" - "innere und äußere Folgen früherer Laster" und "die äußeren Umstände der Mädchen während ihrer Geburtsstunde",[39] und leitete aus diesen Erkenntnissen Forderungen an den Gesetzgeber und die Gemeinden ab.

In unseren Untersuchungen für die Stadt Hamburg konnten wir nachweisen, daß der überwiegende Teil der ledigen Mütter, wie auch in Berichten aus anderen Teilen Deutschlands angegeben, der "ärmsten Volksklasse" angehörten, wie es Johann Jakob RAMBACH in seiner bereits erwähnten Schrift dargelegt hat. Es handelte sich hauptsächlich um Arbeiterinnen aus den Kattun-Fabriken. In diesen Fabriken wurden im Auftrag von Handelsfirmen Baumwollstoffe bedruckt. Bei den wertvolleren Kattunen mußten die Motive in den Stoff "eingeschildert" werden: sie wurden bemalt. Dazu stellten die Fabrikanten sogenannte "Schildermädchen", ungelernte Arbeiterinnen, ein. Sie hatten nur die Aufgabe, bestimmte Teile des Motivs mit einem Pinsel anzumalen. Im 18. Jahrhundert gab es in Hamburg und in den benachbarten Gemeindewesen Altona und Wandsbek je nach der Konjunkturlage 20-30 Fabriken mit bis zu 5000 Arbeitern und vor allem Arbeiterinnen. Im Winter mußte aus Witterungsgründen - fehlende Sonne, verdeckter Bleichrasen, zugefrorenes Wasser - die Arbeit ganz eingestellt werden.

Unter den Beschäftigten herrschte dann bittere Not, wenn man in den Sommermonaten nicht in der Lage gewesen war, einiges vom Lohn zu sparen. Weiterhin handelte es sich bei den ledigen Müttern vielfach um Dienstmädchen. Auch hier war in den meisten Fällen die wirtschaftliche Notlage - denn die Dienstmädchen verloren in der Regel bei Eintritt einer Schwangerschaft ihre Stellung - das Motiv zur Tötung des Neugeborenen. Oft gelang es jedoch den Mädchen, die Schwangerschaft geheim zu halten.

Zu den weiteren Bemühungen auf sozialmedizinischem Gebiet im 18. Jahrhundert zählte die Versorgung der armen Hauskranken. Im Mittelalter war die Versorgung von Armen und Kranken im deutschsprachigen Raum überwiegend eine Angelegenheit der Kirche und von Privatpersonen. Eine staatliche Armenpflege gab es noch nicht; sie erschien auch nicht besonders notwendig, da die Mehrzahl der Bevölkerung in kooperativen Berufsgliederungen, den Zünften und Bruderschaften, organisiert war. Diese Gruppen sorgten für die Familienmitglieder in wirtschaftlichen Notzeiten, wie auch in Krankheitsfällen. Daneben widmeten sie sich der Fürsorge für die Ärmsten, die außerhalb der Gesellschaftsgruppen standen.[40]

Die Armenpflege bestand in der Verteilung von Geld und Naturalien; für die Kranken wurde durch die Gründung von Spitälern gesorgt. Bald war diese Armenfürsorge jedoch nicht mehr ausreichend, so daß zahlreiche Bedürftige zum Betteln gezwungen waren.

Bedeutende Impulse erhielt die Armenfrage in der Reformationszeit durch die Gedanken LUTHERs, EBERLINs und BUGENHAGENs, um nur einige bedeutende Vertreter zu nennen. Insbesondere Martin Luther forderte ein generelles Bettelverbot, dessen Durchführung dadurch gesichert werden sollte, daß die Armen notdürftig von der Gemeinde versorgt werden sollten und somit nicht zum Betteln gezwungen wurden.[41]

Die Anregungen des Reformators wurden im Jahre 1521 durch Johann EBERLIN ergänzt, der den Vorschlag unterbreitete, die Gemeinden sollten zur kostenlosen Behandlung ihrer Bevölkerung namhafte Ärzte gegen gute Bezahlung anstellen. Die Idee der staatlichen Beschäftigung von Ärzten zur Betreuung Armer reichte also bis ins 16. Jahrhundert zurück, wenn auch eine beständige Einrichtung dieser Art erst gegen Ende des 18. Jahrhunderts verwirklicht wurde.

In Hamburg begannen, nachdem es trotz der guten Ansätze unter der Initiative BUGENHAGENs nicht zu einer dauerhaften Verbesserung der *Armenfürsorge* gekommen war und auch Bemühungen des Senats, nach der Pestepidemie im Jahre 1712, sich um den Gesundheitszustand der ärmeren Bevölkerung zu kümmern, nur vorübergehender Natur waren, erst in der

Mitte des 18. Jahrhunderts einige Bürger, sich intensiver um die Belange der öffentlichen Wohlfahrt zu kümmern.

Treffpunkt vieler fortschrittlich denkender Bürger jener Zeit war die "Gesellschaft zur Beförderung der Künste und nützlicher Gewerbe" im Kreis um Professor BÜSCH. Man diskutierte hier lebhaft die Fragen der allgemeinen Gesundheitsfürsorge. Das besondere Verdienst von Büsch bestand darin, daß es ihm gelang, im Jahre 1768 einige Ärzte dazu zu bewegen, sich freiwillig und unentgeltlich der Behandlung kranker Hausarmer zu verschreiben.

Diese Ärzte schlossen sich mit einigen Wundärzten zum sogenannten *Armen-Institut* zusammen. In einem Manifest unter dem Titel "Vereinigungsplan verschiedener Ärzte und Wundärzte zum Vorteil der Hamburgischen kranken Hausarmen" warben sie öffentlich für die Ziele ihres Instituts.[42]

Über ihre Beweggründe und Ziele schrieben die Ärzte:

Da wir unterschriebene Doctores medicinae und chirurgi von der Noth und schlechten Wartung der hiesigen kranken Hausarmen die kläglichsten Beweise täglich vor Augen sehen, indem gar viele derselbigen, von der äussersten Armuth und den elendesten Krankheiten gedrungen, bis zur Verzweiflung gebracht werden, alle aber eine bessere Hülfsleistung, als bis jetzo erhalten, nöthig haben; so haben wir, kraft dieser unserer Unterschrift, uns gegeneinander verbindlich gemacht, so viel an uns ist, sämmtlichen hiesigen kranken Hausarmen Rath und Hülfe zu verschaffen ...[43]

Als weitere Motivation für ihre Tätigkeit nannten die Ärzte den Wunsch nach Erweiterung der medizinischen Kenntnisse. Sie wollten sich wöchentlich treffen, um die Krankheitsfälle der Armenpraxis zu diskutieren und daraus zu lernen.

Die Ärzte hatten sich nur auf zwei Jahre verpflichtet, für das Armen-Institut zu arbeiten, sie wünschten aber, daß die Einrichtung über diese Zeit hinaus Bestand habe. Darum versprach ein jeder von ihnen, im Falle des Ausscheidens für einen geeigneten Nachfolger zu sorgen. Da auch die Arzneimittel unentgeltlich an die Armen abgegeben werden sollten, war das Armen-Institut auf Spenden Hamburger Bürger - auf sogenannte Subskriptionen - angewiesen.

Es ist nicht bekannt, ob es außer dem Vereinigungsplan Hamburger Ärzte und Wundärzte von 1768 noch eine besondere Instruktion für dieselben gegeben hat. Es ist jedoch unwahrscheinlich, daß sich diese Ärzte auf eine genaue Reglementierung ihrer Tätigkeit eingelassen haben, da ihre Arbeit für das Institut freiwillig und unbezahlt war. Ihren Unterhalt mußten sie folglich aus ihrer Privatpraxis bestreiten.

Diese auf so löbliche Initiative einiger Hamburger Ärzte und Wundärzte entstandene Einrichtung hatte leider keinen langen Bestand, da die Bereitschaft der wohlhabenden Bürger, durch Subskriptionen genügend Geldmittel zur Beschaffung der Medikamente zur Verfügung zu stellen, bald schwand. So mußte das Armen-Institut nach zweijähriger Tätigkeit seine Arbeit wieder einstellen.

Um 1778 wurden Versuche unternommen, eine Neuauflage des Armen-Insituts von 1768 ins Leben zu rufen. Dieses Institut - unter dem Namen *Hamburgische Allgemeine Armenanstalt* - weit über Hamburgs Grenzen hinaus bekannt geworden, nahm am 1. Juli 1779 seine Arbeit auf. Die Stadt wurde nach Gründung der Armenanstalt aufgrund einer Berechnung der Anzahl der in der Stadt wohnenden Armen in 60 Bezirke geteilt. Für jeden Bezirk wurden drei Bürger als Armenpfleger auf drei Jahre gewählt. Fünf Mitglieder des Rates und ein Syndikus übernahmen den Vorsitz der Direktion.

Die medizinische Betreuung lag in den Händen der *Armenärzte*. In ihrer Arbeit wurden sie unterstützt von Wundärzten und Hebammen. Neben der reinen medizinischen Betreuung verordneten die Ärzte auch die Krankenspeisen, die entsprechenden Arzneien und stellten die Begutachtung darüber an, wie hoch die geldlichen Zuschüsse sich belaufen müssen, um die bei der Pflegedurchführung entstehenden Kosten zu ersetzen. Auch sorgten sie dafür, daß eine Betreuung der chronisch Kranken durch ihre Angehörigen, die zwar selbst oft erkrankt waren, aufgrund ihrer geringen Behinderung jedoch noch Hilfeleistung übernehmen konnten, durchgeführt wurde.

Die Hamburger Armenanstalt wurde damals in manchen Ländern zum Vorbild für ähnliche Einrichtungen. Der Initiator der Anstalt war Caspar von VOGHT (1752-1839). Er hatte durch seine Schriften, z.B. "Nachricht von der Errichtung und dem Fortgang der Hamburgischen Allgemeinen Armenanstalt" aus dem Jahre 1794 und "Geschichte des ersten Zeitraums der Hamburgischen Armenanstalt vom Jahre 1788 bis zum Jahre 1798" zur Verbreitung der Idee der Armenfürsorge wesentlich beigetragen. Eine ausführliche Darstellung der Funktion dieser Einrichtung verdanken wir auch dem Hof-Sekretär von BIANCHI aus Wien, der in seiner "Historischen Darstellung der Hamburgischen Krankenanstalt" ausführlich darüber berichtete.[44]

Nach dieser kurzen Schilderung der Medizin und des Gesundheitswesen der Stadt Hamburg im 18. Jahrhundert muß festgestellt werden, daß Hamburg den Anschluß an die allgemeine Entwicklung jener Epoche erst mit einiger Verspätung fand und daß erst gegen Ende des 18. Jahrhunderts auf sozialmedizinischem Gebiet einige zaghafte Reformversuche unternommen wurden.

Zu Anfang des 19. Jahrhunderts - nach der Erbauung des neuen Kran-kenhauses und nach Erlaß der Medizinal-Ordnung - wurde jedoch das be-stehende Defizit ausgeglichen. In manchen Bereichen des Gesundheits-wesens wurde in Hamburg dann beispielhafte Arbeit geleistet und einige Ärzte, die in Hamburg wirkten, wurden mit ihren Ideen und Reformen weit über Hamburgs Grenzen hinaus bekannt.

ANMERKUNGEN

[1] Ch. LICHTENTHAELER: Geschichte der Medizin 1984, S. 475.

[2] E. H. ACKERKNECHT: Geschichte der Medizin 1977, S. 100.

[3] Ch. LICHTENTHAELER: Geschichte der Medizin 1984, S. 474.

[4] Ch. LICHTENTAELER beschreibt diesen Prozeß: "In der griechischen Antike waren die Ärzte meist auch chirurgisch tätig, und das gleiche gilt, wenn auch auf viel niedrigerer Stufe, für die *Arzt-Mönche* des Frühmittelalters. Nach 1200 aber trennten sich beide Bereiche, vor allem aus zwei Gründen. Der erste erhellt sich aus dem alther-gebrachten kirchlichen Lehrsatz: «Ecclesia abhorret a sanguine.» Wer den Tod eines Menschen auf dem Gewissen hatte, konnte nicht Kleriker werden. Im Jahre 1215 unter-sagte das Lateranische Konzil den Priestern jedes Brennen und Schneiden. Dank be-sonderer päpstlicher Erlaubnis durften Kleriker jedoch immer wieder eine chirurgische Praxis ausüben .. Entscheidend ist daher der zweite der Gründe, die zur Trennung führ-ten: die Hauptaufgabe der hochmittelalterlichen Klerikerärzte war nicht praktisch-tech-nischer Art. Sie bestand darin, die medizinische *Kunst* der Mönchsärzte zu einer zeitge-rechten rationalen Wissenschaft zu erheben ... Das Stichwort hieß nicht: «Herzhaftes Eingreifen in Forschung und Praxis!» sondern: «Aneignung, Rezeption der griechisch-arabischen medizinischen Wissenschaft!» Und diese theoretische Aufgabe wurde auch höher bewertet als die chirurgische Tätigkeit. In der alten Feudalordnung hatte der Adlige keine Handarbeit zu leisten; er überwachte die seiner Untertanen". (Ch. Lichten-thaeler: Geschichte der Medizin 1984, S. 337-338).

[5] E. H. ACKERKNECHT: Geschichte der Medizin 1977, S. 123.

[6] E. LESKY: Johann Peter Frank. In R. DUMESNIL, H. SCHADEWALDT: Die be-rühmten Ärzte, S. 148.

[7] J. J. RAMBACH: Physisch-medizinische Beschreibung von Hamburg 1801, S. 68.

[8] H. RODEGRA: Johann Carl Georg Fricke, Hamburg 1983.

[9] A. RIMPAU: Zum 150. Jubiläum des Ärztlichen Vereins, S. 6-10.

10) Staatsarchiv Hamburg, Senat: CI.VII Lit. L^b No. 23a Vol. 24 Fasc. 1 Extr. Prot, Senat. Hamburgiens. v. 07.03.1749.

11) J. L. v. HESS: Topographie, Bd. III, S. 120.

12) Staatsarchiv Hamburg, Senat: CI.VII Lit. L^b No. 23a Vol. 24 Fasc. 1 Extr. Prot. Senat. Hamburgens. v. 03.01.1770.

13) Staatsarchiv Hamburg, Senat: CI.VII Lit. L^b No. 23a Vol.24 Fasc. 1 Extr. Prot. Senat. Hamburgens. v. 11.03.1771.

14) Staatsarchiv Hamburg, Senat: CI.VII Lit. L^b No. 23a Vol. 24 Fasc. 1 Extr. Prot. Senat. Hamburgens. v. 16.11.1784.

15) G. H. SIEVEKING: Patriotische Gesellschaft, Teil 3, Hamburg 1913, S. 129.

16) H. RODEGRA: Gesundheitswesen 1979, S. 104-111.

17) Leichnamsgeschworene waren ursprünglich Vorsteher der vor der Reformation in den einzelnen Kirchenspielen bestehenden Bruderschaften der Sakramentsbrüder oder des "Heiligen Leichnams", die für die Ausschmückung des Hauptaltars und der inneren Kirche verantwortlich waren. Ihnen oblag weiterhin die Verwaltung der von der sonstigen Kirchenkasse und vom Gotteskasten abgesonderten "Leichnamskasse". Schon vor der Reformation genossen sie hohes bürgerliches Ansehen. Bereits seit Anfang des 15. Jahrhunderts läßt sich nachweisen, daß sie aus dem Kreis des Collegium Juratorum gewählt wurden.

18) Die Oberalten wurden ursprünglich aus den Vorstehern der "Gotteskasten" der damaligen vier städtischen Kirchspiele gewählt. Die ersten Wahlen, sowohl der 12 Vorsteher der Gotteskasten, wie auch der ersten Oberalten fanden am 16. August 1527 für das St. Nicolai-Kirchspiel und am 18.12.1527 auch für die übrigen Kirchspiele statt.
Die Oberalten standen auch an der Spitze der "Bürgerlichen Kollegien", die bis 1859 tätig blieben. Die größeren Kollegien der 60er und 180er bestanden aus je 12 oder 36 Vertretern der fünf städtischen Kirchspiele. Der Rat durfte nach den Bestimmungen des Langen Rezesses die Kollegien bei Verhandlungen mit der Bürgerschaft nicht übergehen. Er war selbst in Verwaltungsangelegenheiten häufig an die Zustimmung der Oberalten gebunden, die bei Meinungsverschiedenheiten jede Frage vor die Gesamtbürgerschaft bringen konnten. (BOLLAND, J. Die Hamburgische Bürgerschaft in alter und neuer Zeit, 1959).

19) Außer den allgemeinen Kirchen-Kassen hatte eine jede der städtischen Kirchen auch einen sogenannten "Gotteskasten". In diesen flossen alle von den Sub-Diakonen und deren Adjunkten in den Kirchen während des Gottesdienstes mit dem Klingelbeutel gesammelten Beträge, sowie die in den vor den Kirchtüren aufgestellten Becken gesammelten Gelder. Die Kasse war, ihrer ursprünglichen Bestimmung gemäß, eine Armenkasse für die Armen eines jeden Kirchspiels und lag in der Verwaltung der Diakone, die bis zum Jahre 1725 Armenvorsteher waren. Nach der Errichtung der Armenanstalt im Jahre 1788 wurde ihnen die Fürsorge für die Armen der Kirchspiele gänzlich abgenommen. Jetzt wurde die Hälfte des Ertrages des Gotteskastens an die allgemeine Armenanstalt abgeliefert. (WESTPHALEN, N. A.: Hamburgische Verfassung und Verwaltung in ihrer allmählichen Entwicklung bis auf die neueste Zeit. 1846, S. 203, 212 ff).

20) D. JETTER: Geschichte der Hospitals, Bd. 1, 1966, S. 43.

21) H. SCHADEWALDT: Düsseldorf und seine Krankenanstalten. In: Historia Hospitalium. Sonderheft, 1964, S. 45.

22) J. J. RAMBACH: Versuch einer physisch-medizinischen Beschreibung von Hamburg, 1801, S. 404.

23) H. RODEGRA: Vom Pesthof zum Allgemeinen Krankenhaus, Münster 1977. S. 23/24.

24) D. BOEDECKER: Entwicklung der hamburgischen Hospitäler, 1972, S. 284.

25) J. J. RAMBACH: Physisch-medizinische Beschreibung von Hamburg 1801, S. 411.

26) N. H. JULIUS: Geschichte der Medizinalverfassung 1826, S. 24.

27) D. BOEDECKER: Entwicklung der hamburgischen Hospitäler 1972, S. 290, 291.

28) J. J. RAMBACH: Physisch-medizinische Beschreibung von Hamburg 1801, S. 374.

29) In: "Hamburg und Altona", 4. Jahrgang, 2. Band, 1805, S. 354 (anonym).

30) H. RODEGRA: Gesundheitswesen 1979, S. 42.

31) Ebd., S. 43.

32) Ch. AXMANN: Entwicklung des Hebammenwesens der Stadt Hamburg 1983, S. 45, 46.

33) J. J. RAMBACH: Physisch-medizinische Beschreibung von Hamburg 1801, S. 428.

34) W. WÄCHTERSHÄUSER: Das Verbrechen des Kindesmordes im Zeitalter der Aufklärung. In: KAUFMANN, HOLZHAUER: Quellen und Forschungen zur Strafrechtsgeschichte, Band 3, 1973, S. 109.

35) H. RODEGRA, M. LINDEMANN, M. EWALD: Kindermord und verheimlichte Schwangerschaft in Hamburg im 18. Jahrhundert. In: Gesnerus 35,1978, Heft 3/4.

36) Staatsarchiv Hamburg, Senat: Cl. VII. Lit. Lb No. 3 Vol. 1.

37) Staatsarchiv Hamburg, Senat: Cl. VII. Lit. Lb No. 3 Vol. 1. Eid der Bademütter von 1661.

38) Accoucheur = Geburtshelfer

39) W. WÄCHTERSHÄUSER: ebd., S. 109.

40) H. H. GERNET: Mittheilungen aus der älteren Medizinalgeschichte Hamburgs 1869, S. 74.

41) A. FISCHER: Geschichte des Deutschen Gesundheitswesens, 1930, Band 1, S. 151.

42) W. v. MELLE: Die Entwicklung des öffentlichen Armenwesens in Hamburg 1883, S. 64/65.

43) Berlinische Sammlungen zur Beförderung der Arzneywissenschaft, der Naturgeschichte, der Haushaltskunst, der Cameralwissenschaft und der dahin einschlägigen Litteratur 1769, S. 162.

44) H. RODEGRA: Von der medizinischen Armenfürsorge des 18. Jahrhunderts zur ambulanten Betreuung chronisch Kranker unserer Zeit. Vortrag - Jahresvers. der Schweiz. Ges. für Medizingeschichte, Luzern, Okt. 1987.

LITERATURVERZEICHNIS

ACKERKNECHT, Erwin H.: Geschichte der Medizin, 3. Aufl., Stuttgart 1977.

AXMANN, Christoph: Zur Entwicklung des Hebammenwesens der Stadt Hamburg im 19. Jahrhundert - unter Berücksichtigung der für die Hebammen gültigen Ordnungen (1529-1900). Hamburg 1983.

BÜHLAU, Gustav: Das Hamburgische Allgemeine Krankenhaus. Hamburg 1930.

BOEDECKER, Dieter: Die Entwicklung der Hamburgischen Hospitäler seit Gründung der Stadt bis 1800 aus ärztlicher Sicht. Hamburg 1977.

DENEKE, Theodor: Das Allgemeine Krankenhaus St. Georg in Hamburg nach seiner baulichen Neugestaltung. Leipzig und Hamburg 1912.

DENEKE, Theodor: Festschrift zum 100-jährigen Bestehen des Allgemeinen Krankenhauses St. Georg in Hamburg. Leipzig 1925.

DUMESNIL, Ren u. SCHADEWALDT, Hans: Die berühmten Ärzte. 2. deutsche Aufl., Köln 1975.

HESS, J. L. von: Topographisch-politisch-historische Beschreibung der Stadt Hamburg. Band I - III, Hamburg 1796.

JULIUS, Nikolaus Heinrich: Nachrichten von dem Gesundheitszustande der Hamburgischen Kranken- und Versorgungshäuser und der Stadt Hamburg. 3 Hefte, Hamburg 1823-1829.

JULIUS, Nikolaus Heinrich: Beitrag zur ältesten Geschichte der Hamburgischen Medizinal-Verfassung nebst ungedruckten Urkunden des 15. und 16. Jahrhunderts. Hamburg 1826.

LESKY, Erna: Johann Peter Frank (1745-1821). In: DUMESNIL, R. u. H. SCHADEWALDT: Die berühmten Ärzte, 2. deutsche Aufl., Köln 1975.

RAMBACH, Johann Jakob: Versuch einer physisch-medizinischen Beschreibung von Hamburg. Hamburg 1801.

RIMPAU, Arnold: Zum 150. Jubiläum des Ärztlichen Vereins. In: Hamburger Ärzteblatt, 20. Jahrg., Nr. 1 (1966), S. 6- 10.

RODEGRA, Heinz: Das Gesundheitswesen der Stadt Hamburg im 19. Jahrhundert - unter Berücksichtigung der Medizinalgesetzgebung (1586-1818-1900). In: Sudhoff's Archiv. Zeitschrift für Wissenschaftsgeschichte. Beiheft 21. Wiesbaden 1979.

RODEGRA, Heinz: Johann Carl Georg Fricke (1790-1841). Wegbereiter einer klinischen Chirurgie in Deutschland. In: Studien zur Geschichte des Krankenhauswesens, Band 20, Herzogenrath 1983.

RODEGRA, Heinz: Vom Pesthof zum Allgemeinen Krankenhaus. Die Entwicklung des Krankenhauswesens in Hamburg zu Beginn des 19. Jahrhunderts. In: Studien zur Geschichte des Krankenhauswesens, Band 7, Münster 1977.

RODEGRA, Heinz, LINDEMANN, Mary, EWALD, Martin: Kindermord und verheimlichte Schwangerschaft in Hamburg im 18. Jahrhundert. Gesenerus 35 (1978), Heft 3/4.

RODEGRA, Heinz: Von der medizinischen Armenfürsorge des 18. Jahrhunderts zur ambulanten Betreuung chronisch Kranker unserer Zeit. Med. Welt (z. Zt. in Druck).

SIEVEKING, G. H.: Die hamburgische patriotische Gesellschaft im Dienst der Medizin und öffentlichen Gesundheitspflege. In: Geschichte der hamburgischen Gesellschaft zur Förderung der Künste und nützlichen Gewerbe, Teil 3, Hamburg 1913.

WÄCHTERSHÄUSER, W.: Das Verbrechen des Kindesmordes im Zeitalter der Aufklärung. Eine rechtsgeschichtliche Untersuchung der dogmatischen, prozessualen und rechtssoziologischen Aspekte. In: KAUFMANN. HOLZHAUER, H.: Quellen und Forschungen zur Strafrechtsgeschichte. Band 3, Berlin 1973.

Bild 27: Ansicht des Pesthofes 1742. Nach einem Aquatintablatt von Hendrik de Winter.

Bild 28: Krankensaal im Pesthof. Teil eines Bittblattes aus der zweiten Hälfte des 18. Jahrhunderts nach einem Kupferstich.

Bild 29: Kojen für die Irren in einem Krankensaal des Pesthofes. Teil eines Bittblattes 1746.

JÖRG SCHÖNERT

"WIE KÖNNEN SIE ALLE TAGE DAS ELEND SO ANSEHEN?" MATTHIAS CLAUDIUS: "DER BESUCH IM ST. HIOB ZU **". AUFKLÄRUNG ALS SELBSTBEGRENZUNG VON ERFAHRUNG?

Schwärmer, Kranke, Wahnsinnige und Kriminelle - Außenseiter der Gesellschaft also - erhalten im letzten Drittel des 18. Jahrhunderts einen besonderen Platz in der 'schönen Literatur'. Aber auch in Essays, populärwissenschaftlichen Abhandlungen und wissenschaftlichen Studien wird die Erkundung, Darstellung und Bewertung von - mit dem modernen Begriff formuliert - 'abweichendem Verhalten' zum wiederkehrenden Thema. Die neu zu bestimmende Identität des gesellschaftsfähigen und gesellschaftlich akzeptierten Subjekts mit seinen unterschiedlichen Interessen und Möglichkeiten der Selbstverwirklichung wird nicht zuletzt dadurch festgelegt, daß man sich rechtlich, philosophisch oder literarisch darüber verständigt, was außerhalb dieses Identitätsbereiches bleiben soll.

Wenn als zentrale Funktionen der 'Aufklärung durch Literatur' gesehen werden könnte, daß Lesen dazu verhilft, die Grenzen der politisch, ökonomisch, sozial, psychisch und physisch eingeschränkten Existenz des 'Bürgers' zu überschreiten, d.h. mehr zu erfahren, sicherer zu urteilen, sensibler zu reagieren, intensiver zu fühlen: kurzum, entschlossener Ich zu sagen und soziabel auf ein Du zugehen zu können - wenn dies gilt, dann wäre die Ausgrenzung bestimmter Erlebnis- und Existenzmöglichkeiten ein Vorgang, der den aufklärend praktizierten Grenzüberschreitungen entgegensteht oder sie partiell wieder zurücknimmt.

Nun werden Sie hoffentlich von mir nicht mit einigem Lokalpatriotismus erwarten, an CLAUDIUSens "Besuch im St. Hiob zu **" aufgezeigt zu sehen, daß 'Aufklärung in Hamburg' bedeute, daß in der Freien und Hansestadt die Grenzen zwischen Normalität und Abweichung anders oder durchlässiger als anderswo gezogen wurden. Ich kann nicht von einem Text, der nur wenige Seiten umfaßt und noch dazu aus der Feder eines Nicht-Hamburgers, eines Wandsbecker Bürgers, stammt, auf prinzipielle Konstellationen spekulieren; ich will es vielmehr wagen, mit diesem fiktiven Bericht über einen Besuch in einem nicht genauer lokalisierten Hospital in das Problem der zeittypischen literarischen Sinnverständigung über Wahnsinn und abweichendes Verhalten einzuführen.[1] Wenn wir heute - in den Diskussionen über Moderne und Postmoderne - die Geschichte der

Aufklärung bedenken und ihre aktuellen Folgen verstehen wollen, dann müssen wir auch die Konstellationen beleuchten, die an die Peripherie des geschichtlichen Prozesses gerückt oder vergessen wurden. Auch diese Verschiebungen und Verdrängungen haben ihre Spuren im Gang der Geschichte hinterlassen. Die Literatur ist oft der einzige Ort des Gedächtnisses für das breite Spektrum des geschichtlich jeweils Möglichen, das dann in der historiographischen Konstruktion geschichtlicher Kontinuität - für den plausiblen Zusammenhang von Vergangenheit und Gegenwart - verengt wird.

Unsere heutigen Festlegungen von 'abweichendem Verhalten' sind in vielfacher Weise von den Diskussionen und Entscheidungen bestimmt, die um 1800 in den neuen Kodifikationen von Recht und Unrecht, gesund und krank, vernünftig und unvernünftig mündeten. Für mein Thema könnte ich damit einsetzen, die gesellschafts- und wissensgeschichtlichen Bedingungen für den 'literarischen Diskurs über Vernunft-Verlust und Wahnsinn' zu rekonstruieren und dazu Michel FOUCAULTs berühmte Studie "Histoire de la Folie" (1961) oder Klaus DÖRNERs "Bürger und Irre" (1969) heranziehen; ich könnte auf die literarische Geschichte des Themas verweisen, die sozial- und institutionengeschichtliche Situation der Kranken und Krankenversorgung im Erfahrungsfeld von M. CLAUDIUS beschreiben; damit will ich jedoch - angesichts der besonderen Bedingungen dieser Vorlesungsreihe - nicht beginnen, zumal auch Wolfgang GRIEP und Heinz RODEGRA bereits über die Geschichte des Krankenwesens in Hamburg informiert haben.[2] Was Arno HERZIG für die Lage der Unterschichten und Armen dargestellt hat, kann in vielen Bezügen auch auf die 'Armen im Geist', die Wahnsinnigen, angewandt werden, denn Betreuung und Disziplinierung der 'Irren' gehört historisch gesehen weithin in den Bereich der Armenpflege. Wir bewegen uns - methaphorisch gesprochen - in den 'Hinterhöfen Hamburgs', auf der abgewandten Seite der Handelsstadt, deren brunnen- und gartenglänzende Vorderfront Hartmut BÖHME in der letzten Woche beschrieben hat.

Ich lasse zunächst 'die Literatur' für CLAUDIUSens Text sprechen, d.h. ich stelle seinen Bericht in eine chronologische Reihe von kürzeren Texten zu Irrenhaus-Besuchen.[3] Sie haben einen unterschiedlichen Fiktionsstatus und differenzierende Wirkungsabsichten. Die wichtigen - und mit der 'schönen Literatur' mehr oder weniger eng verschränkten - anthropologischen, medizinischen, erfahrungsseelenkundlichen, moralphilosophischen, pädagogischen und theologischen Diskussionen muß ich vernachlässigen. Eigentlich unzulässig ist dieses Verfahren deshalb, weil es -

um mit FOUCAULT zu sprechen - den 'Diskurs über den Wahnsinn' im ausgehenden 18. Jahrhundert kennzeichnet, daß er gerade nicht in abgrenzbaren Diskurspraktiken geführt wird.[4] So schickt beispielsweise der Psychiater REIL 1803 seine Abhandlung über die Kurmethoden bei Geisteszerrüttungen nicht nur mit dem literarisierenden Titel der "Rhapsodien" in die gelehrte Welt, sondern faßt oft auch seine Argumentation in einer Sprache, wie sie die 'schöne Literatur' der Zeit benutzt:

Wir sperren diese unglücklichen Geschöpfe gleich Verbrechern in Tollkoben, ausgestorbene Gefängnisse, neben den Schlupflöchern der Eulen in öde Klüfte über den Stadttoren, oder in die feuchten Kellergeschosse der Zuchthäuser ein, wohin nie ein mitleidiger Blick des Menschenfreundes dringt, und lassen sie, angeschmiedet an Ketten, in ihrem eigenen Unrat verfaulen. Ihre Fesseln haben ihr Fleisch bis auf die Knochen abgerieben, und ihre hohlen und bleichen Gesichter harren des nahen Grabes, das ihren Jammer und unsre Schande zudeckt. Man gibt sie der Neugierde des Pöbels preis, und der gewinnsüchtige Wärter zerrt sie wie seltene Bestien, um den müßigen Zuschauer zu belustigen. (...) Fallsüchtige, Blödsinnige, Schwätzer und düstere Misanthropen schwimmen in der schönsten Verwirrung durcheinander. (...) Die Officianten sind meist gefühllose, pflichtvergessene oder barbarische Menschen, die selten in der Kunst Irrende zu lenken, über den Zirkel hinaus getreten sind, den sie mit ihrem Prügel beschreiben.[5]

Für die im weiteren Sinne literarischen Texte beginne ich mit Johann Jakob ENGELs Aufsatz "Das Irrenhaus" (1777). Engel ist ein Jahr jünger als CLAUDIUS; er wurde 1741 geboren, stammt aus einer Theologenfamilie, wendet sich in Leipzig vom Theologenstudium ab und lebt als freier Schriftsteller, ehe er 1776 eine 'Professur der Moralphilosophie und schönen Wissenschaften' am renommierten Joachimthalschen Gymnasium in Berlin antritt. Dieses Tätigkeitsfeld bedingt die Themen seiner Sammlung "Der Philosoph für die Welt", in der sich 1777, als 30. Stück, "Das Irrenhaus" findet.[6] Engel entwirft ein fiktives Erziehungsgespräch, das ein "würdiger Landgeistlicher" (S. 180) zum Abschluß seines pädagogischen Wirkens für seinen Sohn führt, ehe dieser in den Beruf fern vom Elternhaus eintritt. Der Vater reist zum Dienstort des Sohnes, der Hauptstadt, und als letztes Ziel in der touristischen Besichtigung steht die "öffentliche Anstalt für Wahnsinnige und Rasende" (S. 181). Die "schreckensvollen Auftritte" der menschlichen Natur "in so tiefer Erniedrigung" beeindrucken den angehenden Staatsbeamten nachhaltig, am meisten rührt ihn aber ein alter Mann, der einst in hohem öffentlichen Ansehen gestanden hat und - wie der Aufseher erzählt - "durch die Laster seiner Söhne um Güter und Ehre, und zuletzt auch um seine Vernunft gekommen" sei (S. 182).

Der junge Irrenhaus-Besucher beklagt, tief bestürzt, das schreckliche Schicksal, die Vernunft zu verlieren.

Wenn unser Selbst in dem Bewußtsein unser selbst besteht; was ist dann der Verlust dieses Bewußtseins, als Tod, als Vernichtung? - Und selbst das Verfahren mit diesen Elenden! wie man sie aus der Zahl der Lebendigen ausstößt, sie einkerkert, vergräbt; behandelt, als ob sie nicht da wären, nicht hörten! (S. 183)

Der Besuch im Tollhaus gilt als Anschauungsunterricht und die Szenerie als "moralische Anstalt" für diejenigen, die sie nur auf Zeit betreten, um sich - wie im Theater - von den Akteuren auf der Bühne und ihren Schicksalen in Furcht und Mitleid versetzt zu sehen (vgl. S. 196). Der Vater lenkt das applizierende Verstehen der anschaulich erfahrbaren Prozesse sozialer Ausgrenzung und ihrer Ursachen: Wie schrecklich muß es jenen ergehen, die durch ihre Laster den eigenen Vater in das tierische Unbewußte seiner selbst trieben (S. 191). Und - so droht der wackere Theologe - die auf Ordnungen gegründete Gesellschaft behandelt alle, die gegen ihre Normen verstoßen, die vom Pfad der Tugend abweichen, wie die Tollwütigen:

Sie verschließt sie, fesselt sie, züchtiget sie; oder wenn sie sie frei läßt, so wandeln die Elenden umher, gleich jenen unschädlichen, ruhigern Wahnsinnigen, die der feinere edlere Mensch bejammert, und die der Pöbel verspottet. - Du stehst in Gedanken, mein Sohn? (S. 193)

Der Vater mahnt nachhaltig vor dem immer möglichen Sturz in den Abgrund der sozialen Isolation und insbesondere vor der "Sirene der Sinnlichkeit" (S.194):[7]

Wen also schon öfter seine Begierden über die Gränzen der Mäßigung rissen; wer schon mehrmal in der Hitze der Leidenschaft heiliger Pflichten vergaß, der mag erschrecken und wachen! Er ist dem fürchterlichsten der Zustände, dem Wahnsinn des Lasters, so viel näher, als andere Menschen. (S. 197)

Das Erziehungsgespräch schließt mit einem Ausblick auf seine Wirkungen: die pädagogische Liebe, mit der es vom Vater in der Erinnerung des Sohnes geführt wurde, befähigte den jungen Mann sein Leben hindurch, auf die ersten warnenden Stimmen beim 'Aufbrausen der Begierde' zu lauschen und dann die Kräfte der kühlen Vernunft zu mobilisieren.

Der zweite Text in der Reihe der Irrenhausbesuche stammt aus den "Biographien der Wahnsinnigen" von Christian Heinrich SPIESS,[8] einem - zu Unrecht - literarhistorisch übel beleumundeten Vielschreiber und Sensationsschriftsteller des ausgehenden 18. Jahrhunderts. Spieß (auch er ein Pfarrerssohn), 1755 geboren, brach sein Studium ab, um Schauspieler zu werden; er schrieb fürs Theater, ist aber weitaus mehr bekannt geworden durch seine Ritter- und Geisterromane und die vermeintlich authentischen

Sammlungen der Fall- und Lebensgeschichten von Kranken, Wahnsinnigen, Selbstmördern und Kriminellen. Darin entwirft Spieß Schreckensvisionen von dem plötzlichen Umschlag der Glücksumstände, von der schnellen Zerstörung der Vernunft, von der Ohnmacht des vielfach determinierten menschlichen Handelns. Ausbalanciert werden die Angsterfahrungen zum einen durch den Gestus des Erzählers, solche Gefahren und Umbrüche kausalgenetisch herleiten, erklären und erfassen zu können; zum anderen durch Wunschbilder von möglichen Heilungen der Kranken, von solidarischer Hilfe für die Bedrängten und großmütiger Verzeihung für die Schuldigen. Spieß zieht die Leser - ähnlich wie in seinen Schauerromanen - durch die Wechselbäder von Angst und Schrecken, von Erlösung und Glück. Es sind märchenhafte Geschichten, die mitunter zu schrecklich-schönen Bildern gerinnen, im übrigen aber eher auf die Affekte wirken als Reflexion und Erkenntnis zu vermitteln. Und dennoch bleibt ein Substrat von realen Erfahrungen, auf das sich Spieß bezieht: es sind die Gefahren der entfesselten Leidenschaften und die zerstörerische Gewalt der bedingungslos freigesetzten Einbildungskraft ebenso wie die Schrecknisse ungerechter Mächte und unzugänglicher Institutionen, die übermäßigen Anstrengungen und Anpassungsleistungen im Prozeß des sozialen Aufstiegs - kurzum der Leidensdruck der Verhältnisse, die Unbarmherzigkeit und Brutalität der gesellschaftlichen Umstände.

Auslösend ist aber auch hier - wie bei ENGEL - das selbstverschuldete Unglück durch Überspannung einer Leidenschaft, durch einen kleinen Schritt vom Weg der Normalität. In dem Prosatext "Das Hospital der Wahnsinnigen zu P." (1795 in den "Biographien der Wahnsinnigen"9) wird der ungenannte Ich- Erzähler in ein Hospital der Wahnsinnigen geführt, das einem menschenfreundlichen und klugen Arzt zur Leitung anvertraut ist. Ihm gelingt es immer wieder, "durch Kunst und rastlose Bemühung dem schrecklichen Wahnsinne ein Opfer" (S. 271) zu entreißen. Wir werden (beim Blick auf Hamburg) noch erfahren, daß ein solches - ausschließlich für Geisteskranke bestimmtes - Hospital mit einem ärztlichen Leiter nur eine Wunschvorstellung des Autors sein konnte. In einer Revue - der literarischen Tradition der Narrenrevue vergleichbar - werden zunächst leichtere und hoffnungslose Fälle vorgeführt. Angesichts des gefängnisgleichen Turms für die Rasenden schaudert es den Besucher - wie Engels Jüngling - vor dem schrecklichen Verlust der Vernunft:

Nur sie unterscheidet den eingebildeten, stolzen Menschen vom reißenden, grimmigen Tiere! Ohne sie muß er, gleich diesem, um unschädlich zu sein, mit Ketten belastet und im Kerker verwahrt werden! (S. 274)

Die Art der Verwahrung wird nun als Sanktion für die Abweichung von der Norm in einem pathetischen Monolog gerechtfertigt und die Normalität glorifiziert.

Bei einem Gang durch die vergitterten Kojen des Turmes erläutert der Arzt die Krankheitssymptome und Vorgeschichten seiner Patienten, die zumeist in ein Gespräch mit dem Besucher eintreten oder selbst ihre Krankengeschichte erzählen. An einigen Zellen wird der Erzähler rasch vorbeigeführt: "Wilde immerdauernde, oft wütende Raserei" habe diese Unglücklichen so entstellt, daß sie "tief unter dem Vieh erniedrigt" seien (S. 301). Bei allen Kranken gelingt es dem Arzt, seinem Besucher durch eine Kausalkette der Ereignisse und Vermutungen den Übergang von der Normalität in den Wahnsinn zu begründen: Der Verlust der Vernunft ist vernünftig zu erklären. Die schockierenden Erfahrungen im Irrenhaus werden erzählend oder räsonierend bewältigt; der neugierig-teilnehmende Gang zu den Ausgegrenzten soll die Position der Normalität festigen.

Daß die fiktiven Irrenhausbesuche, wie sie SPIESS und andere literarisch inszenieren, durchaus ihre lebenspraktischen Entsprechungen bis hinein in die geschilderten Reaktionen und Bewältigungsversuche der Besucher haben, zeigt ein Brief, den der 23jährige Heinrich v. KLEIST im September 1800 aus Würzburg an die Braut Wilhelmine von ZENGE schreibt.[10] Diese Brautbriefe haben freilich auch ein pädagogisches Ziel; sie sind - brautbildend - in Szene gesetzte Erfahrungen des Absenders; hier liefert das Muster der zeitgenössischen Reiseliteratur die strukutrierende Vorgabe für Kleists Brief-Erzählung. Sie gilt dem Würzburger Julius- Spital, einer mildtätigen Stiftung der Fürstbischöfe zur Krankenversorgung.

Das Innere des Gebäudes soll sehr zweckmäßig eingerichtet sein. Ordnung wenigstens und Plan habe ich darin gefunden. Da beherbergt jedes Gebäude eine eigne Art von Kranken, entweder die medizinische oder chirurgische, und jeder Flügel wieder ein eignes Geschlecht, die männlichen oder die weiblichen. Dann ist ein besonderes Haus für Unheilbare, eines für das schwache Alter, eines für die Epileptischen, eines für die Verrückten usw. Der Garten steht jedem Gesitteten offen. Es wird in großen Sälen gespeiset. Eine recht geschmackvolle Kirche versammelt täglich die Frommen. Sogar die Verrückten haben da ihren vergitterten Platz. Bei den Verrückten sahen wir manches Ekelhafte, manches Lächerliche, viel Unterrichtendes und Bemitleidenswertes. (S. 560)

Es folgt das uns bereits bekannte Verfahren des Irrenhausbesuchs. Man geht von Patient zu Patient, markiert das Abweichende im Verhalten der Wahnsinnigen und versucht - mit Hilfe von zusätzlichen Informationen - die Entstehung der Krankheiten zu begreifen.

Aber am schrecklichsten war der Anblick eines Wesens, den ein unnatür-
liches Laster <gemeint ist Onanie> wahnsinnig gemacht hatte -. Ein
18jähriger Jüngling, der noch vor kurzem blühend schön gewesen ṣein soll
und noch Spuren davon an sich trug, hing da über die unreinliche Öffnung,
mit nackten, blassen, ausgedorrten Gliedern, mit eingesenkter Brust,
kraftlos niederhangendem Haupte, - eine Röte, matt und geadert wie eines
Schwindsüchtigen, war ihm über das totenweiße Antlitz gehaucht, kraftlos
fiel ihm das Augenlid auf das sterbende, erlöschende Auge, wenige saftlose
Greisenhaare deckten das frühgebleichte Haupt, trocken, durstig, lechzend
hing ihm die Zunge über die blasse, eingeschrumpfte Lippe, eingewunden
und eingenäht lagen ihm die Hände auf dem Rücken - er hatte nicht das
Vermögen, die Zunge zur Rede zu bewegen, kaum die Kraft, den stechenden
Atem zu schöpfen - nicht verrückt waren seine Gehirnsnerven, aber matt,
ganz entkräftet, nicht fähig, seiner Seele zu gehorchen, sein ganzes Leben
nichts als eine einzige, lähmende, ewige Ohnmacht -. O lieber tausend
Tode, als ein einziges Leben wie dieses! So schrecklich rächt die Natur den
Frevel gegen ihren eignen Willen! O weg mit diesem fürchterlichen Bilde -.
(S. 560 f.)

Nach der damaligen medizinischen Schulmeinung sollte die sexuelle
Selbstbefriedigung tatsächlich zur ruinösen Schwächung von Leib und Verstand führen. Diese Erklärung ist nur dann zu halten, wenn die - dem
'Laster' wehrenden - Vorgänge der Selbstdisziplinierung und Bestrafung
berücksichtigt werden.

KLEIST schließt seinen Brief mit einer Überlegung, die nicht allzu häufig in diesen Jahren angestellt wird: Die geistig Kranken werden in ihrer eigenen Gesellschaft "nie zu gesundem Verstande kommen" (S.562), während eine medizinisch angeleitete Behandlung im Lebensraum der Familie
die Unglücklichen wieder zur Vernunft zurückführen könnte.

In den Texten, die wir bisher gemustert hatten, waren die Fiktionen oder
die Bedingungen des Berichts über den Irrenhausbesuch so angelegt, daß
die Objekte der Neugier nie mit eigener Stimme sprachen. Es wurde über
sie gesprochen oder berichtet, was sie sprachen. Sie haben keine Stimme in
der Gemeinschaft der Vernünftigen. Nun läßt sich ein Text auch so entwer-
fen, daß die Ausgegrenzten Träger der Erzählung sind. In den "Nachtwachen" des Anonymus BONAVENTURA, 1805 veröffentlicht, [11] wird
der Satiriker und Ich-Erzähler Kreuzgang in's Tollhaus abgeschoben. Aus
seiner Sicht ist dies der Weg in ein besonderes Irrenhaus aus dem allgemeinen Irrenhaus der Welt, "aus dessen Fenstern so viele Köpfe schauen,
teils mit partiellem, teils mit totalem Wahnsinne":

Auch in dieses sind noch kleinere Tollhäuser für besondere Narren hinein-
gebaut. In eins von diesen kleinern brachten sie mich jetzt aus dem großen,
vermutlich weil sie dieses für zu stark besetzt hielten. Ich fand es indes hier

gerade wie dort; ja fast noch besser, weil die fixe Idee der mit mir einge-
sperrten Narren meistens eine angenehme war. (S. 77)

So wie in den fiktiven Erzählungen die Besucher mitunter durch einen der weniger Kranken durch das Irrenhaus geführt werden, so stellt nun Kreuzgang dem besichtigenden Arzt seine Mitpatienten vor: eine Revue von 19 Narren, deren Narrheit darin besteht, daß sie ihre Vernünftigkeit über die "in Systemen deduzierte Vernunft" stellen und sich selbst "für weiser als die dozierte Weisheit" halten (S. 85). Kreuzgang räsoniert:

Ja, wer entscheidet es zuletzt, ob wir Narren hier in dem Irrenhaus irren, oder die Fakultisten in den Hörsälen? Ob vielleicht nicht gar Irrtum Wahrheit, Narrheit Weisheit, Tod Leben ist - wie man vernünftigerweise es dermalen gerade im Gegenteile nimmt! - O ich bin inkurabel, das sehe ich selbst ein.

Der Doktor Oehlmann verordnete mir nach einigem Nachsinnen viele Bewegung und wenig oder gar kein Denken, weil er meinte, daß mein Wahnsinn, gerade wie bei andern eine Indigestion, durch zu häufigen physischen Genuß, durch übertriebene intellektuelle Schwelgerei entstanden sei. - Ich ließ ihn gehen! (S. 86)

CLAUDIUSens "Der Besuch im St. Hiob zu **", 1783 im 4. Teil der "Gesammelten Werke des Wandsbecker Boten" veröffentlicht,[12] gehört auf den ersten Blick gerade dem Schema an, das BONAVENTURA satirisch umkehrt. Die knappe, lakonische Erzählung berichtet in einer nahezu neutralen 'wir'-Perspektive. Es handelt sich bei den Besuchern um eine Gruppe von offensichtlich gebildeten Reisenden, auch ein etwa 10-13jähriger Knabe ist dabei. Einer der Reisenden ist mit dem Aufseher des Hospitals, einer öffentlichen oder geistlichen Stiftung, verwandt. Und ehe man die Menschen besichtigt, setzt man sich zum Tee und besieht das Naturalienkabinett von Herrn BERNARD, dem Aufseher, das sich besonders durch Konchylien, die Schalen von Weichtieren, auszeichnet.

Zuerst werden im Hospital die Wahnsinnigen besucht, die noch Hoffnung auf Heilung haben, in eigenen Stuben leben und wohl frei umhergehen können. Der Wahnsinn der Frauen wird vor allem auf mißliche Liebeserfahrungen und religiöse Schwärmerei zurückgeführt; bei den Männern zeigen sich auch andere und unterschiedliche Krankheitsbilder.

Die merkwürdigsten von allen aber waren vier Brüder, die in einem Zimmer beisammensaßen gegeneinander über wie sie auf dem Kupfer sitzen - Söhne eines Musikanten, und Vater und Mutter waren im St. Hiob gestorben. Herr Bernard sagte, sie säßen meiste Zeit so und ließen den ganzen Tag wenig oder gar nichts von sich hören; nur sooft ein Kranker im Stift gestorben sei, werde mit drei Schlägen vom Turm signiert, und sooft die Glocke gerührt werde, sängen sie einen Vers aus einem Totenliede. Man nenne sie auch deswegen im Stift die Totenhähne. (S. 258)

Bild 30

Zu dieser Szene steht ein Kupferstich von CHODOWIECKI.¹³ Die Tür
der Krankenstube ist geöffnet, eine junge Aufwärterin pumpt im Hof am
Brunnen Wasser - als literarisches Motiv der Zeit wäre sie das unverheiratete und 'unschuldige' Mädchen, auf das der Blick des Betrachters durch
die Gruppe der "Totenhähne" hindurch gelenkt wird.¹⁴ Man schaut durch
das zum Garten hin offene Anstaltszimmer, über die Köpfe der untätig-de-
pressiven vier Brüder hinweg auf das tätige Mädchen, das gleichsam Licht
und Leben in die dunkel getönte Leid- und Todesszenerie bringt.¹⁵ Die Le-
bensuhr der "Totenhähne" ist am Ablaufen; dem munteren Mädchen am
Brunnen öffnet sich wohl erst die Lebensbahn. Von ihr ist freilich in dem
Text von CLAUDIUS keine Rede; er ist ganz nach dem Muster des Irrenhausbesuchs angelegt:

*Von hier ging's zu den Unsinnigen. Ihre Kojen sind rundum in einem Zirkel
gebaut, und in der Mitte steht ein großer Ofen, der im Winter geheizt wird.
Nur etwa zwei Drittel davon waren itzo besetzt, und die Unglücklichen
darin saßen, wie gewöhnlich, mit zerrissenen Kleidern und halb nackt, und
sagten Greuel. (S. 258)*

"Sagten Greuel", heißt in der Sprache der Bibel, daß es heidnische Reden (Sach. 9,7), aufrührerische Worte gegen Gott (Dan. 11,36) sind.[16] Auch bei diesen Unsinnigen, den Tobenden und Rasenden, wird nur knapp ihr Zustand geschildert. Daß es Unvernunft gibt und Unvernünftige sich so verhalten, ist für die Besucher kein neues, schockierendes Erlebnis.

Der Rundgang führt weiter in einen der großen Krankensäle; hier übernimmt "Herr Cornelio" die Führung, der einem der Besucher bekannt ist. Nach dem Tod seiner Frau und seines Freundes ging er als Krankenwärter in das Hospital und - selbst elend - hilft er anderen, ihr Elend zu tragen.

Er hat helle Augen und eingefallene Backen, und ist lang und blaß. Herr Wange bot ihm freundlich guten Tag und wollte ihn umarmen; das wollte er aber nicht und sagte: er habe sich das Umarmen abgewöhnt. (...)

Am Ende des Zimmers war in einem Bette eine alte Frau eben gestorben, und Herr Bernard hieß sie herausnehmen und in die Leichenkammer tragen, und Herr Cornelio sagte uns indes, wer sie gewesen, und wie alt sie geworden, daß sie oft viel Schmerzen gehabt und immer so über die langen Nächte geklagt habe etc..

"Aber Cornelio", sagte Herr Wange, "wie können sie alle Tage das Elend so ansehen?"

Cornelio. "Ist es darum weniger, wenn ich es nicht sehe? Und sieht man es denn allein hier?" (S. 259)

Hierzu steht ein zweiter Kupferstich von CHODOWIECKI, der das Gegenbild zum melancholischen Idyll des ersten Stichs darstellt; der Blick geht nicht in's Freie, sondern verliert sich im dunklen Raum auf der schnurgeraden Reihe der Betten.

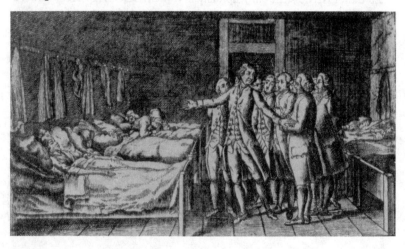

Bild 31

Und zum Schluß des Berichts wird der Leichnam der gerade Gestorbenen in den Sarg gelegt, die Totenglocke läutet, und die vier Brüder singen ihr Totenlied.

Die bekannten Perspektiven der literarischen Irrenhausbesuche haben sich bei der Besichtigung des Hospitals St. Hiob, von der CLAUDIUS erzählt, verschoben: nicht mehr Vernunft und Unvernunft müssen abgegrenzt werden, nicht Bewußtsein und Unwissenheit, sondern die Frage lautet letztlich, wieviel Wissen der Mensch ertrage, wenn es Wissen von einer Welt ist, die im obersten und letzten durchschaubaren Gebot dem Tod unterworfen ist. Dem Knochenmann, dem "Freund Hain", sind die Werke des "Wandsbecker Boten" gewidmet; er steht als Schutzheiliger und Hausgott vor der "Haustür" des Ersten Bandes.[17]

Diese Dimension des Textes von CLAUDIUS macht es - so meine ich - problematisch, ihn mit W. PROMIES als "meisterhafte Reportage" einzuschätzen.[18] Freilich, vom Berufsweg des Autors her gesehen, läge eine solche Vermutung nahe. Claudius hat von 1768-1770 bei den "Hamburger-Adreß-Comptoir- Nachrichten" mitgearbeitet, dann von 1771-1775 das zuvor unbedeutende Land- und Klatschblättchen, den "Wandsbecker Boten" zu einer - im deutschen Sprachraum - berühmten Zeitung gemacht, die zu drei Vierteln Nachrichten, Informationen, Abhandlungen brachte, das letzte Viertel aber der schönen Literatur widmete. Dort finden wir Texte, wie wir sie im 19. Jahrhundert "unterm Strich", im Feuilleton der Zeitungen suchen würden. 1777 schließlich schrieb Claudius drei Monate lang für die "Hessen-Darmstädtische privilegierte Land- Zeitung".

Unser Text ist jedoch in keinem dieser journalistischen Arbeitsbereiche von CLAUDIUS verankert;[19] er wurde 1782 eigens für den 4. Teil der "Gesammelten Werke des Wandsbecker Boten" geschrieben. Durch die beiden CHODOWIECKIschen Kupferstiche (leider stehen sie in den neuen Abdrucken des "St. Hiob"-Berichtes zumeist nicht in der ursprünglichen Bild-Text-Zuordnung) ist der "Besuch im St. Hiob zu **" in der Textfolge dieses Teils besonders herausgehoben. Hier finden sich u.a. das weithin dialogisierte Prosa-Stück "Paul Erdmanns Fest" neben Lyrik wie das "Abendlied", "Ein Lied - hinterm Ofen zu singen" und "Kriegslied"; dazu stehen homiletische Texte und solche der lebenspraktischen Reflexionen und Unterweisung, wie wir sie von Johann Jakob ENGEL kennengelernt haben, und schließlich stoßen wir auf ein Gedicht (ich gebrauche den Begriff in Anführungszeichen) "Der Mensch", das als indirekter Kommentar zum "Besuch im St. Hiob zu **" zu lesen ist:

Der Mensch

Empfangen und genähret
Vom Weibe wunderbar
Kömmt er und sieht und höret,
Und nimmt des Trugs nicht wahr:
Gelüstet und begehret,
Und bringt sein Tränlein dar;
Verachtet, und verehret;
Hat Freude, und Gefahr;
Glaubt, zweifelt, wähnt und lehret,
Hält nichts, und alles wahr;
Erbauet und zerstöret;
Und quält sich immerdar;
Schläft, wachet, wächst und zehret;
Trägt braun und graues Haar etc.
Und alles dieses währet,
Wenn's hoch kommt, achtzig Jahr.
Denn legt er sich zu seinen Vätern nieder,
Und er kömmt nimmer wieder. (S. 248)

Sie sehen: mit dem literaturwissenschaftlichen Schubladendenken, mit Unterscheidungen wie 'fiction' und 'non-fiction' oder 'expositorischer, normierender und poetischer Text', mit der Abgrenzung von 'Textsorten', kommen wir den Werken des "Wandsbecker Boten" nicht bei; eher wäre der jeweilige Band als ein 'Großtext' im Zusammenhang zu lesen, anstatt ihn für Anthologien oder Vorlesungen zerstückelnd zu plündern.

Doch geht es uns hier ja nicht so sehr um CLAUDIUS als vielmehr um Hamburg, um mögliche Referenzpunkte zu 'Hamburg um 1780'. Wie bei den meisten seiner berichtenden Prosatexte hat Claudius lokale, temporale und personale Bezüge in der literarischen Gestaltung von erfahrener Wirklichkeit getilgt und hin zum Allgemeinen und Allgemeinverbindlichen stilisiert.[20]

Lassen sich hinter diesen Stilisierungen aber konkrete Bezüge zur Krankenversorgung in Hamburg erkennen? 'St. Hiob' - das ist der Name eines Hamburger Spitals, das - 1505 gegründet - im Bereich der heutigen Spitalerstraße lag.[21] Es war zunächst für Arme bestimmt, die venerisch erkrankt waren. Später dann - bis in das 18. Jahrhundert hinein - wurden diese Kranken im nunmehr angegliederten 'Pockenhaus' versorgt und im Spital Armenwohnungen eingerichtet.[22] Bei CLAUDIUS verweist jedoch der Name 'Hiob' ganz allgemein auf den 'leidenden Menschen', die conditio humana. Dennoch: das Stift, das von den Reisenden besucht wird, ist ein typisches Krankenhaus jener Zeit, wie es in Hamburg insbesondere der 'Pesthof' vor den Toren der Stadt (im heutigen St. Pauli) darstellte.

Distanz zu den anderen, den Kranken, Kriminellen, Prostituierten, Wahnsinnigen und Juden, bedeutete bis in das 19. Jahrhundert hinein Einsperrung in Anstalten und Ghettos oder räumlich signifikante Ausgrenzung. Die Wahnsinnigen waren vielfach in den Türmen und Kammern der Befestigungsanlagen der Städte (so auch in Hamburg) untergebracht oder in 'Tollkisten',[23] die man dort aufstellte - also in der Grenzzone des Gemeinschaftswesens, an der Peripherie der Normalität. Die Ausgrenzung vollzog sich - vereinfachend formuliert - nicht nur aus sozial-hygienischen Gründen, sondern markierte als sinnfälliges Zeichen auch das 'abweichende Verhalten': die Störung der Ordnung, die Unfähigkeit zur Arbeit, den Verlust der Vernunft. Die Unfähigkeit zur Arbeit stellte Kranke und Wahnsinnige auf eine Stufe mit den Armen, die keine Arbeit hatten, und den Kindern, die noch nicht arbeiten konnten. 'Irrenversorgung' ist - historisch gesehen - Armenpflege und wurde im Hamburg des 18. Jahrhunderts von Stiftungen der Stadtbürger getragen, sofern für die Unterbringung der Wahnsinnigen nicht die Familienangehörigen aufkommen konnten.

Im 17./18. Jahrhundert wird in den 'Spinnhäusern' vieler Städte eine signifikante Gruppe der Ausgegrenzten versammelt und der Erziehung zur Arbeit zugeführt: harmlose Geisteskranke, Trunksüchtige, kleine Kriminelle, Bankrotteure, Arbeitsscheue, Bettler und Vagabundierende.[24] In Celle wurde 1710 mit dem Bau eines kombinierten Zucht- und Tollhauses begonnen; es diente "zur Bestrafung von Übeltätern und zur Bewachung von Tobsüchtigen und Geisteskranken".[25] Erst gegen Ende des 18. Jahrhunderts werden die ersten selbständigen 'Tollhäuser' erbaut (z.B. 1788 in Lübeck); die wissenschaftliche Pathologisierung des Wahnsinns sorgt für neue 'vernünftige' Ausgrenzungen der Wahnsinnigen in den psychiatrischen Abteilungen der Krankenhäuser und für die Konzeption der Heil- und Pflegeanstalten.[26] Doch dies sind Entwicklungen des frühen 19. Jahrhunderts. In Hamburg wurden allerdings die Wahnsinnigen schon seit 1683 in den Irrenzellen des Pesthofes versorgt, und selbst als wahnsinnig bezeichnete Kriminelle überstellte man bis 1764 vom Spinnhaus (1670 gegründet) in den Pesthof.[27]

Der Pesthof erhält 1797 den seinen Funktionen angemessenen Namen 'Krankenhof' und nimmt weiterhin auch Nerven-, Gemüts- und Geisteskranke auf. Nach 1800 sind dort insgesamt etwa 800 bis 1.000 Kranke untergebracht, darunter wurden beispielsweise 1810 104 Wahnsinnige und 36 Epileptiker gezählt.[28]

In Hamburg zu leben, hieß im 18. Jahrhundert Krankheiten besonders ausgesetzt zu sein. Die Lage der Stadt, das rauhe Klima, die schlechte Luft, die mangelhaften hygienischen Verhältnisse und die ungesunde Kost der Hamburger werden als krankheitserzeugende Faktoren angesehen. "Das zahlreiche Heer der Nervenkrankheiten, diese schleichende Pest unseres Zeitalters, ist auch in Hamburg zu Hause."[29] Die Krämpfe der Hysterikerinnen, die Anfälle der Epileptiker treten auf den Straßen in Erscheinung; RAMBACH rechnet diese Erkrankungen des Nervensystems vor allem der Trunksucht und der sexuellen Selbstbefriedigung zu: "Der Wahnsinn ist in Hamburg nicht selten", vor allem "unter den gemeinen Leuten".[30] Sorgen um Ernährung und Obdach, Ausschweifungen und Alkoholismus gelten als wichtigste Ursachen. Frauen - so heißt es - werden eher melancholisch als wahnsinnig, "Wahnsinn aus Liebe und MutterWuth kommen nur selten vor".[31] Der "unruhige HandelsGeist, das beständige Streben nach neuem Erwerb, und das gewagte Spiel, das viele damit treiben"[32] - diese Phänomene eines modernisierten Handels vermehren die Gemütskrankheiten.

Der Pesthof - 1608 gegründet - war in Hamburg des 17. und 18. Jahrhunderts der wichtigste Ort für die Krankenversorgung und somit M. CLAUDIUS gut bekannt.[33] 1787 schreibt Ludwig von HESS:

Jetzt heißt das Haus sehr uneigentlich der Pesthof, denn er dient nur für Arme, Kranke, Preßhafte, Blödsinnige, und Verälterte allerlei Art, die hier, nach Beschaffenheit ihrer Umstände und Schwachheiten, in besondern Zimmern verpflegt, genährt und behandelt werden.[34]

Begüterte Familien zahlten für die Unterbringung und Versorgung ihrer Angehörigen; dafür wurden den Kranken dann eigene Stuben und - gegebenenfalls - auch Bedienstete zur Verfügung gestellt.[35] Man mag sich vorstellen, daß die vier wahnsinnigen Brüder, die wir aus CLAUDIUSens Text und CHODOWIECKIs Kupferstich kennengelernt haben, ein solches 'Privatzimmer' bewohnen. Unbemittelte wurden - zu schlechteren Bedingungen - auf öffentliche Kosten versorgt. Die sogenannten Blödsinnigen, die Melancholiker und Gemütskranken, hatten freien Umgang im Pesthof, während die Tobenden und Rasenden in Kojen, den 'Tollkisten', eingesperrt wurden, die - so beschreibt es auch Claudius für sein St. Hiob - rundum an der Wand großer Säle angeordnet waren.

In den Stadtbeschreibungen um 1800 wird die Krankenversorgung im Pesthof zwiespältig geschildert und bewertet. Allein schon der Name 'Pesthof' versetzte diejenigen, die dort untergebracht werden sollten, in Schrecken. Doch wird die Anlage mit einem großen Garten gerühmt. Die Unterbringung der Kranken stehe freilich hinter den Einrichtungen in der Stadt zurück.[36] Der Ertrag der häufigen Spendensammlungen unter den Hamburger Bürgern wurde - so monieren viele Berichte dieser Zeit - vor allem für den repräsentativen Neubau einer Kirche auf dem Gelände des

Pesthofes verwendet. Die theologische Versorgung sei weitaus intensiver und kostspieliger gewesen als die medizinische, zumal die Kranken im Pesthof eher verwahrt als geheilt werden sollten; es gibt um 1790 noch nicht die Präsenz eines Anstaltsarztes.[37] G. MERKEL mokiert sich: "eine schöne moderne Kirche, ein elegantes Predigerhaus"; "für die Seelen der Hospitaliten ist ächtchristlich gesorgt: hätte man doch auch eine ähnliche Sorgfalt für ihre preßhaften Körper".[38]

MERKELs kritischer Ton ist Teil seiner Polemik gegen Hamburg und seine Bürger. Er rühmt die republikanische Verfassung und ist beeindruckt von der ökonomischen Geschäftigkeit der Stadt: "Handlung und Industrie jeder Art sind die Hauptangelegenheiten des kleinen Staates."[39] Den Hamburgern scheine "Thätigkeit die erste Tugend, Gewinn das höchste irdische Glück";"Wohllebenheit herrscht hier bis zum letzten Sackträger herab".[40] Das Besondere des freien Bürgers der Hansestadt bestehe darin, daß sein Wohlergehen nur von "den alten Gesetzen und seinem Fleiße" abhänge;[41] dabei bilden sich Arbeitsintensität und Genußsucht gleichermaßen aus. Geld sei das schätzbarste Gut und Essen das einzige Vergnügen, was freilich nicht ausschließt, daß "Wohltätigkeit" "ein so vorspringender Zug" des Hamburger Charakters sei und viele treffliche Anstalten "zur Unterstützung der Dürftigen" geschaffen habe.[42]

CLAUDIUS fiktives Hospital St. Hiob hat den Charakter eines offenen Krankenhofes, wie ihn der Hamburger Pesthof darstellt. Der Autor idealisiert freilich die Versorgung der Wahnsinnigen "aus allen Ständen" (S. 257): jeder habe ein kleines Stübchen für sich. Knapper, jedoch den realen Verhältnissen entsprechend, wird die Unterbringung der "Unsinnigen" in Kojen geschildert. Nur andeutungsweise geschieht, was RAMBACH 1801 für den Hamburger Pest- bzw. Krankenhof kritisiert (und als Kritik nicht nur für Hamburg gelten muß): den "neugierigen Fremden" werden "die unglücklichen Geschöpfe" vorgeführt. Wenn sie dabei angesprochen und zu ihrer Krankheit befragt werden, würden - so Rambach - dadurch vielfach erst Wutanfälle ausgelöst;[43] die Kranken erweisen sich so als diejenigen, für die sie gelten: als Rasende.

Gerade im Vergleich mit den Stadtbeschreibungen von HESS, MERKEL und RAMBACH zeigt sich die besondere Verfahrensweise von Matthias CLAUDIUS. Die Realitätszitate und die knappen Hinweise auf die Geschichte der Figuren ("Herr Cornelio sagte uns indes, wer die gewesen...") dienen letztlich dazu, bei Besuchern und Lesern das Nachdenken über den Zustand der Menschheit in Gang zu setzen und in einer moderaten Bewegung des Gemüts diesen Gedanken Dauer zu geben. Kranke, Aufwärter und Besucher trennt nichts Grundsätzliches. Unter dem letztgültigen Gesetz von Leid und Tod (vgl. bei Claudius das abschließende Zitat aus dem Schlußchor der Johannes-Passion) sind ihre Rollen austauschbar: "nicht ganz gleichgültig" verließ die Reisegruppe das Stift St. Hiob (S. 259). Der Topos von der Welt als Narrenhaus ist umgewendet; die Welt erscheint als Hospital, aus dem nur der Weg des Todes führt.[44] Obwohl Claudius der narrativen Struktur der literarischen Irrenhausbesuche folgt, ergeben sich für seinen Text markante Abweichungen. Krankheitssymptome und Unterbringung der Wahnsinnigen werden nur kurz beschrieben, ja fast nur an-zitiert - als ob nun nicht länger ein wenig bekannter Erfahrungsbereich erschlossen werden müßte, sondern das angesprochene Wissen sowie die damit verbundenen Einstellungen und Gefühle nur dazu führen sollen, eine besondere Perspektive für den Blick auf die Welt und die Menschen zu formen. Es geht Claudius nicht um Warnung vor dem Verlust von Vernunft und Gesundheit, um Abschreckung und Erziehung; wir finden kaum moralische Reflexion und kritisches Räsonnement. Das Hospital zu besichtigen, heißt Aufklärung über einen bekannten Zustand zu finden; es ist der 'Gang durch die Krebsbaracke' der Welt. Der fiktive Bericht vermeidet jedoch nachdrückliche Erschütterungen; er läßt die Leser durch die geöffneten Türen in Krankenzimmer blicken, faßt Eindrücke zusammen, setzt sparsam Akzente. Auf der akustischen Ebene der Geschichte klingen uns nur die Sterbeglocken und das Trostlied der vier "Totenhähne" in den Ohren; anders ist die (nicht minder literarisch-stilisierte) Darstellung des Reisenden Garlieb Merkel zu seinem Besuch im realen Pesthof angelegt:

Welch einen Schauder erregt es, hier zwischen langen Reihen von Betten hinzugehen, und in einer ewigen Dämmerung Kranke und Halbgesunde, mit blassen, abgezehrten Gesichtern auf ihren Kasten sitzen und einen freudlosen Tag des Daseyns nach dem andern, an ihren Nägeln verkaun zu sehen. Die einzige Unterbrechung ihrer dumpfen Leere macht von Zeit zu Zeit das Winseln eines Operirten, das Röcheln eines Sterbenden; oder das Wuthgeheul und Kettenrasseln der Rasenden, die an ihre Bettpfosten gefesselt sind.[45]

Ich fasse zusammen: Im breiten Spektrum der Darstellungstypen von Irrenhausbesuchen sind im wesentlichen zwei Ziele auszumachen.[46] Zum einem geht es darum, das Wissen über die Erscheinungsformen der krankhaften Unvernunft zu erweitern (zur besonderen Anschaulichkeit dienen vielfach Illustrationen zu Irrenhausbesuchen), Symptome kennenzulernen und zu klassifizieren, Einsicht in die Krankheitsgeschichte und die Ursachen zu gewinnen, deren Gesetzmäßgikeiten zu erkennen und die geläufigen Wertungen, Einstellungen und Verhaltensweisen zu befragen, indem man sich neugierig mitleidend auf das Schicksal der Wahnsinnigen einläßt. Gerade die literarischen Darstellungen im engeren Sinne sind auf die Diskussion der etablierten Bewertungen und affektiven Einstellungen angelegt. Die dabei inszenierten Grenzüberschreitungen dienen aber im wesentlichen nur dazu, die Position der Normalität und die notwendigen Abgrenzungen zu bestätigen.[47]

Vielfach wird das Erschrecken über die mögliche Gemeinsamkeit mit den Ausgegrenzten im schönen Bild des Anderen stillgelegt.[48] Dabei eignen sich für Darstellungen des Wahnsinns in der Belletristik vor allem Schicksale von Personen, deren Vernunft durch hohe Leidenschaften (unglückliche Liebe etc.) erschüttert wurde.

Wo in erfahrungserweiternden Studien, wie in den Fallgeschichten und Diskussionen des "Magazins zur Erfahrungsseelenkunde" (1783 - 1793) neues Wissen gesammelt wird, bleiben die Heuristik und die Einordnung dieser Beobachtungen gebunden an die Operationen der Vernunft, die sich gerade durch den Gegensatz zu ihrem Untersuchungsobjekt definiert. Zugleich wird physische und psychische Gewalt eingesetzt, um die Vernunft wiederherzustellen; die gebrochene Herrschaft des Verstandes soll durch 'vernünftige Gewalt' wiedergewonnen werden. Wo jedoch der Kranke alle Vernunft verloren hat und gleichsam zum Tier geworden ist, muß er im Irrenhaus wie ein Tier gehalten werden.

Die Erweiterung des Wissens über die Möglichkeiten menschlicher Existenz und die erweiterte literarische Veranschaulichung dieses Wissens verweisen ebenso wie die literarische Freisetzung der Einbildungskraft und die phantasiegeleitete Erregung der Affekte auf ein grundsätzliches 'Dilemma der Aufklärung': wieviel Wissen, welchen Spielraum des Möglichkeitssinns 'erträgt' der Mensch?

Gerade von den 'aufgeklärten' Zeitgenossen wird in der erhöhten Kontingenz für Denken, Erleben und Handeln auch eine Gefahr gesehen; die zeitliche Beschleunigung im Zugewinn von Erfahrungen, Bewegungsmöglichkeiten und Veränderungen des sozialen Status nimmt dann bedrohliche Züge an. So will MORITZ für das "Magazin zur Erfahrungsseelenkunde" vor allem Schicksale von Personen sammeln, die sozial aufgestiegen sind oder aus einer sicheren gesellschaftlichen Stellung fielen (Anzeige von 1782). Ihre Erkrankungen resultieren aus der Unfähigkeit, solche raschen Übergänge zu verarbeiten. Aber auch im Alltag ist ständig 'vermehrte Kontingenz' zu bewältigen. Ich zitiere Moritz:

Von den Ideen, welche täglich und Augenblicklich in die Seele strömen, müssen nothwendig immer eine gewisse Anzahl bald wieder verdunkelt

werden, wenn die Denkkraft in einem gesunden Zustande bleiben soll.
Werden zu wenig verdunkelt, so entsteht ein Ueberfluß von Ideen, welcher
Unordnung und Verwirrung verursacht, und die Reinigkeit und Klarheit im
Denken hemmet; werden zu viele verdunkelt, so entsteht Unfruchtbarkeit,
Leere und Armuth des Geistes.[49]

Wie hier - im Detail der Argumentation zu seelischer Gesundheit und Erkrankung - sind auch die Sinnwelten der literarischen Texte vielfach in deutlichen Antithesen geordnet, mit mehr oder weniger breiten Phasen der Übergänge zwischen Normalität und Abweichung. Als bedrückend wird zum einen die extreme Spannweite der Zuordnung erfahren, zum anderen aber auch das schnelle Durchlaufen der Skala solcher Möglichkeiten im Schicksal des einzelnen: der Plötzlichkeit soll durch die Analyse von Ursachen und Wirkungen Regularität abgewonnen werden. Regelhaft werden Störungen des Verhaltens - bis hin zum Wahnsinn - durch 'Exzesse' ausgelöst; mit dieser Erkenntnis ist der Appell der Mäßigung und Kontrolle durch Vernunft verbunden. Der literarisch ermutigten Leidenschaftlichkeit ist durch strenge Trennung von Fiktion und Wirklichkeit zu begegnen. Vor allem gilt es jedoch die Kräfte der Sexualität zu beherrschen, aber auch die Zügelung von gesellschaftlichem Ehrgeiz und Karrierestreben ist gefordert.

Die zweite Perspektive, die bei der Darstellung von Irrenhausbesuchen in unterschiedlicher Intensität verfolgt wird, ist die Information und Bewertung der sozialen und medizinischen Versorgung der Wahnsinnigen als öffentlich zu diskutierende und zu organisierende Verpflichtung. "Die Aufklärung über die Wahnsinnigen erscheint <...> also auch als Aufklärung über den Stand der Aufklärung".[50] Es geht nicht nur darum, den Erfahrungs- und Erkenntnishorizont zu erweitern. Ebenso schwierig ist der zweite Schritt: Wie sind diese Erfahrungen im Bereich des gesellschaftlichen Handelns und in der Ausbildung persönlicher Identität einzusetzen?

Sieben Jahre vor dem Erstdruck von "Der Besuch im St. Hiob zu **" - 1776 - erschien WEZELs satirischer Roman "Belphegor oder die wahrscheinlichste Geschichte unter der Sonne", der die literarische Welt verstörte - nicht nur wegen des pessimistischen Geschichts-, Gesellschafts- und Menschenbildes, sondern auch wegen der vermeintlichen Absage an den Wert der Erfahrungserweiterung, der Aufklärung durch Literatur. So heißt es in den letzten Passagen vor dem "Beschluß" der Erzählung, die drei ungleiche Freunde - den enthusiastischen Belphegor, den Skeptiker Fromal und den naiven Medardus - durch die ganze Welt geführt hatte, mit den Worten Fromals:

Je mehr ich von der Erde kennenlernte, je mehr mußte sich meine Vorstellung von der menschlichen Glückseligkeit verengern, und zuletzt schrumpf-

*te sie gar bis auf das magre Etwas zusammen - Abwesenheit wirklicher
Leiden; wer diese errungen hat, der ist menschlich glücklich.*[51]

Und Belphegor sinnierte:

*Glückliche Menschen, ihr Unwissende, ihr, denen der Himmel bloß
schlichten Menschenverstand und keinen forschenden grübelnden Geist
gab! Ihr schleicht den Pfad eures Lebens dahin, weint oder lacht, wie euch
die Umstände gebieten, ihr laßt euch gewisse für eure Ruhe heilsame Meinungen einpfropfen, sie durch die Länge der Zeit zum festen unverwelken-
den Glauben aufwachsen, ohne zu untersuchen; und wohl euch! Da euer
Auge nicht weit reicht, so erblickt es in dem kleinen Horizonte wenig Böses, von der Unterordnung der Erde nur kleine einzelne Fragmente, die
euch nicht eher stark rühren, als bis sie auf euern Scheitel fallen. Freund,
wenn es möglich wäre, den lästigen Plunder der Erfahrung von uns zu
werfen, das Auge unsers Geistes zu stümpfen und seinen Gesichtskreis so
sehr als möglich zu verengern, wären wir nicht glücklich?*[52]

Für WEZEL - wie auch für CLAUDIUS - signalisiert die Tendenz von
Belphegors Frage nur eine Ausflucht. Das neue Wissen muß - um des Wissens willen - ertragen werden, selbst dort, wo es unerträglich scheint.[53]

ANMERKUNGEN

[1] Vgl. dazu die Forschungsliteratur (seit W. PROMIES: Die Bürger und der Narr.
1966): A. BENNHOLDT-THOMSEN u. A. GUZZONI: Der Asoziale. 1979; J.
OSINSKI: Vernunft und Wahnsinn. 1983; G. REUCHLEIN: Bürgerliche Gesellschaft,
Psychiatrie und Literatur. 1986.

[2] Vgl. auch Th. KIRCHHOFF: Geschichte der deutschen Irrenpflege. 1890; D. JET-
TER: Geschichte und Struktur des Hospitals. 1967; E. KÖHLER: Arme und Irre. 1977;
R. CASTEL: Die psychiatrische Ordung. 1979; D. JETTER: Geschichte des Irren-
hauses. 1981.

[3] Vgl. dazu A. BENNHOLDT-THOMSEN u. A. GUZZONI: Der Irrenhausbesuch.
1982. - Eine ausführliche Zusammenstellung einschlägiger Texte bei J. OSINSKI: Vernunft und Wahnsinn. 1983, S. 59 f. sowie bei G. REUCHLEIN: Bürgerliche Gesellschaft, Psychiatrie und Literatur. 1986, S. 68-78.

[4] Vgl. dazu G. REUCHLEIN: Bürgerliche Gesellschaft, Psychiatrie und Literatur.
1986, S. 203-221. - Der "psychologische Versuch" von F. ROCHLITZ ("Der Besuch im
Irrenhaus") wäre für die offenen Grenzen zwischen Literatur und Erfahrungsseelenkunde ein Beispiel; F. Rochlitz: Auswahl des Besten. 1822, S. 5-54.

[5] Zitiert nach K. DÖRNER: Bürger und Irre. 1975, S. 230 f. Dörner belegt das Zitat bei
J. C. REIL: Rhapsodien über die Anwendung der psychischen Curmethode auf Geisteszerrüttungen. Halle 1803, S. 14 f.

6) J. J. ENGEL: Schriften. 2. Bd. 1801, S. 180-201. - Ich zitiere diese Ausgabe (im ND 1971) mit den Seitenangaben in Klammern des fortlaufenden Textes.

7) Vgl. zum Zusammenhang von 'Wahnsinn und Leidenschaft' auch G. REUCHLEIN: Bürgerliche Gesellschaft, Psychiatrie und Literatur. 1986, S. 79-89.

8) Vgl. ebd., S. 98-103 zu SPIESSens "Biographien der Wahnsinnigen".

9) Zitiert wird (Seitenangaben im fortlaufenden Text in Klammern) die von W. PROMIES besorgte Auswahlausgabe von 1976.

10) Ich zitiere nach H. v. KLEIST: Sämtliche Werke und Briefe. 2. Bd. 4. Auflage 1965.

11) Zitiert wird die Ausgabe in RUB 8926/27.

12) Zitate nach M. CLAUDIUS: Sämtliche Werke. 5. Auflage 1984, S. 257-259; die dazugehörigen beiden Illustrationen finden sich auf S. 353 und 385.

13) Zur Zusammenarbeit von CLAUDIUS und CHODOWIECKI vgl. P. KÜPPER: Autor und Illustrator. 1980. - Claudius hat 'seinem Illustrator' genaue Anweisungen für den Entwurf der Kupferstiche gegeben und insbesondere den Illustrationen im 4. Teil der "Gesammelten Werke" besonders Gewicht für die Verbindung von Text und Bild zugemessen.

14) Diese - durch Text und Bild - einprägsame Szene hat wohl motivische Anregung gegeben für H. v. KLEISTs Erzählung "Die heilige Cäcilie" und J. KERNERs Gedicht "Die vier wahnsinnigen Brüder", vgl. dazu G. REUCHLEIN: Bürgerliche Gesellschaft, Psychiatrie und Literatur. 1986, S. 70, Anm. 47, sowie H. SCHLAFFER: Klassik und Romantik. 1986, S. 230-232.

15) Hans-Jörg FECHNER, der am 04.06.87 in der Universität Hamburg einen Vortrag über "Bild und Text in den Werken des Matthias Claudius" hielt, vermutet, daß die Figur des Mädchens ein Einfall CHODOWIEKIs war, der die von Claudius geforderte Raumvorstellung einlösen sollte. - Zu den zeitgenössischen Vorstellungen von "Gärten bey Hospitälern" vgl. Ch. HIRSCHFELDT: Theorie der Gartenkunst. 1785, S. 115 f. Hirschfeld fordert für ein Hospital "heitere und zum Auslüften bequem angelegte Zimmer <...>. Ein Hospital muß frey liegen, nicht von hohen dumpfigten Mauern, nicht von großen überschattenden Bäumen eingesperrt seyn. Der Garten muß unmittelbar mit dem Gebäude Verbindung haben, oder es vielmehr, wenn es die Lage gestattet, umkränzen. Denn ein Blick aus den Fenstern in diese blühenden und fröhlichen Scenen hin belebt schon den Kranken".

16) J. METZNER: Die Vieldeutigkeit der Wiederkehr. 1980, S. 83, Anm. 2.

17) M. CLAUDIUS: Sämtliche Werke. 1984, S. 11.

18) W. PROMIES: Der Bürger und der Narr. 1987, S. 271.

19) Vgl. H. ROWLAND: Claudius. 1983, S. 37: "an imaginary call".

20) Rolf SIEBKE, der Herausgeber der .CLAUDIUS-Ausgabe des Winkler-Verlags, hat mich auf dieses typische Verfahren bei Claudius hingewiesen und darauf aufmerksam gemacht, daß der Autor sein Leben lang besonderes Interesse an den Erscheinungsformen von Krankheit und Wahnsinn gezeigt habe.

21) H.-J. FECHNER - vgl. Anm. 15 - geht davon aus, daß die Namensgebung am ehesten auf den französisch-belgischen Raum verweise; dort sei 'St. Hiob' vielfach als Name von Krankenhäuser verwendet worden. Auch der Eigenname 'Bernard' deute auf dieses lokale Bezugsfeld.

22) J. L. v. HESS: Hamburg. 1787, S. 369-371 sowie J. J. RAMBACH: Beschreibung von Hamburg. 1801, S. 249. - Ferner: G. H. SIEVEKING: Prediger, Schulmeister. 1941, S. 42.

23) O. KANKELEIT: Irrenpflege in Hamburg. 1927, S. 70.

24) Vgl. dazu E. KÖHLER: Arme und Irre. 1977, S. 151; K. DÖRNER: Bürger und Irre. 1984, S. 26; J. OSINSKI: Vernunft und Wahnsinn. 1983, S. 76 ff.

25) D. JETTER: Gesichte des Irrenhauses. 1981, S. 22.

26) 1814 wird der Pesthof bzw. Krankenhof von den Franzosen niedergebrannt. 1823 werden in Hamburg die "stadt-staatlichen Irrenabteilungen" im Allgemeinen Krankenhaus St. Georg eröffnet; in den Kellern des Krankenhauses sind die Tobsüchtigen untergebracht.

27) Th. KIRCHHOFF: Geschichte der deutschen Irrenpflege. 1890, S. 137. - Vgl. ferner WEYGANDTs Beitrag "Die Entwickelung der Hamburg Irrenfürsorge" in der Psych.-Neurol. Wochenschrift 1920/21 Nr. 7 und 8. - Vgl. auch Gerhard SCHÄFER: Aus der Geschichte des Hamburger Irrenwesens. Kriminelle Geisteskranke des 17. und 18. Jahrhunderts. In: Archiv für Psychiatrie und Nervenkrankheiten 65 (1922), S. 40-48. - Allgemein zur Geschichte des Pesthofes: G. H. SIEVEKING: Baugeschichte des Pesthofes. 1940.

28) Vgl. J. J. RAMBACH: Beschreibung von Hamburg. 1801, S. 322.

29) Ebd.

30) Ebd., S. 326.

31) Ebd., S. 413.

32) Ebd., S. 326.

33) Rolf SIEBKE wies darauf hin, daß CLAUDIUS die Bewerbung seines Schwiegersohnes Maximilian JACOBI um die ärztliche Leitung des (seit 1797 unbenannten) "Krankenhofes" anriet und förderte. Die Bewerbung hatte freilich keinen Erfolg. Vgl. auch die spätere Publikation von M. Jacobi "Über die Anlegung und Einrichtung von Irrenanstalten" (Berlin 1834).

34) J. L. v. HESS: Hamburg. 1787, S. 366. - Abbildungen zum Pesthof (als Photographien von Stichen aus dem Staatsarchiv Hamburg) finden sich bei KANKELEIT: Irrenpflege in Hamburg.1927.

35) Vgl. J. J. RAMBACH: Beschreibung von Hamburg. 1801, S. 412 sowie Th. KIRCHHOFF: Geschichte der deutschen Irrenpflege. 1890, S. 141.

36) Vgl. G. MERKEL: Briefe. 1801, S. 321 f.

37) Vgl. J. J. RAMBACH: Beschreibung von Hamburg. 1801, S. 415-417.

38) G. MERKEL: Briefe. 1801, S. 320 u. 322 ff.

39) Ebd., S. 161.

40) Ebd., S. 162.

41) Ebd., S. 164.

42) Ebd., S. 313.

43) J. J. RAMBACH: Beschreibung von Hamburg. 1901, S. 413.

44) Vgl. dazu H. ROWLAND: Claudius. 1983, S. 37 f.

45) G. MERKEL: Briefe, 1801, S. 321.

46) Vgl. dazu J. OSINSKI: Vernunft und Wahnsinn. 1983, S. 60; G. REUCHLEIN: Bürgerliche Gesellschaft, Psychiatrie und Literatur. 1986, S. 59-98.

47) Vgl. J. OSINSKI: Vernunft und Wahnsinn. 1983, S. 110.

48) Vgl. etwa den Schluß von SPIESSens Erzählung "Wilhelm M*** und Karoline W-g" (Biographien, S. 42), der an das Ende von KELLERs "Romeo und Julia auf dem Dorfe" denken läßt.

49) Magazin für Erfahrungsseelenkunde. Bd. 1,1, S. 35.

50) J. OSINSKI: Vernunft und Wahnsinn. 1983, S. 60.

51) J. K. WEZEL: Belphegor. 1776, S. 441.

52) Ebd., S. 442 f.

53) Für hilfreiche Hinweise zum Vortrag und seiner Druckfassung bedanke ich mich bei Prof. Dr. Jörg-Ulrich FECHNER (Bochum), Dr. Wolfgang GRIEP (Bremen), Dr. Heinz RODEGRA (Hamburg), Dr. Rolf SIEBKE (Neuenkirchen) und Dorothee WENNER (Hamburg).

LITERATURVERZEICHNIS

Matthias CLAUDIUS: Sämtliche Werke. 5. Auflage, München 1984. (Nachwort und Bibliographie von Rolf SIEBKE).

Johann Jakob ENGEL: Schriften. Zweiter Band: Der Philosoph für die Welt. Zweiter Theil. Dreissigstes Stück: Das Irrenhaus. Berlin 1801, S. 180-201 (= ND Frankfurt am Main 1971).

Heinrich v. KLEIST: Sämtliche Werke und Briefe. 2. Band, herausgegeben von Helmut SEMBDNER. 4. Auflage, München 1965.

Nachtwachen. Von BONAVENTURA. (1805). Stuttgart 1964 (= RUB 8926/27).

Friedrich ROCHLITZ: Auswahl des Besten aus F. R.'s Sämtlichen Schriften. 6. Band. Züllichau 1822.

Christian H. SPIESS: Biographien der Wahnsinnigen. (1795). Ausgewählt und herausgegeben von Wolfgang PROMIES. Darmstadt und Neuwied 1976 (= SL 211).

Johann Karl WEZEL: Belphegor. (1776). ND herausgegeben von Lenz PRÜTTING, Frankfurt am Main 1978.

Physicus Dr. GERNET: Mittheilungen aus der älteren Medicinalgeschichte Hamburg's. Kulturhistorische Skizze vom Phys. Dr. G. Hamburg 1869.

Gnothi sauton oder Magazin zur Erfahrungsseelenkunde. 10 Bände. (1783-1793). ND herausgegeben von Anke BENNHOLDT-THOMSEN und Alfredo GUZZONI. Lindau 1978.

Jonas L. von HESS: Hamburg, topographisch, politisch und historisch beschrieben. 1. Teil. Hamburg 1787.

Garlieb MERKEL: Briefe über einige merkwürdige Städte in Deutschland. Band 1: Hamburg und Lübeck. Leipzig: J. F. Hartknoch 1801.

Johann J. RAMBACH: Versuch einer physisch-medicinischen Beschreibung von Hamburg. Hamburg 1801.

Anke BENNHOLDT-THOMSEN und Alfredo GUZZONI: Der "Asoziale" in der Literatur um 1800. Königstein/Taunus 1979.

dies.: Der Irrenhausbesuch. Ein Topos in der Literatur um 1800. In: Aurora. Jb. der Eichendorff-Gesellschaft 42. Würzburg 1982, S. 82-110.

Robert CASTEL: Die psychiatrische Ordnung. Das goldene Zeitalter des Irrenwesens. (1976). Frankfurt am Main 1979.

Klaus DÖRNER: Bürger und Irre. Zur Sozialgeschichte und Wissenschaftssoziologie der Psychiatrie. (1969). Frankfurt am Main 1975 (= FiTB 6282). - Überarbeitete Fassung Frankfurt am Main 1984.

Michel FOUCAULT: Wahnsinn und Gesellschaft. Eine Geschichte des Wahns im Zeitalter der Vernunft. (1961). 4. Auflage, Frankfurt am Main 1981 (= stw 39).

Christian HIRSCHFELD: Theorie der Gartenkunst. Band 5. Leipzig 1785.

Dieter JETTER: Zur Geschichte und Struktur des Hospitals. In: Heidelberger Jahrbücher 11 (1967), S. 66-85.

Dieter JETTER: Grundzüge der Geschichte des Irrenhauses. (Grundzüge Band 43). Darmstadt 1981.

Otto KANKELEIT: Aus der Geschichte der Irrenpflege in Hamburg. In: Zs. für Psychiatrie und psychisch-gerichtliche Medizin 85 (1927), S. 70-73.

Theodor KIRCHHOFF: Grundriss einer Geschichte der deutschen Irrenpflege. Berlin 1890.

Hans-Albrecht KOCH: Matthias Claudius und Hamburg. Eine Skizze. Mit unveröffentlichten Quellen. In: Zs. des Vereins für Hamburgische Geschichte 63 (1977), S. 181-204.

Ernst KÖHLER: Arme und Irre. Die liberale Fürsorgepolitik des Bürgertums. Berlin 1977.

Peter KÜPPER: Autor und Illustrator. Zu einigen Aufträgen von Matthias Claudius an Daniel Chodowiecki. In: Die Buchillustration im 18. Jahrhundert. Colloquium der Arbeitsstelle 18. Jahrhundert. Heidelberg 1980, S. 44-52.

Joachim METZNER: Die Vieldeutigkeit der Wiederkehr. Literaturpsychologische Überlegungen zur Phantastik. In: Phantastik in Literatur und Kunst. Herausgegeben von Christian W. THOMSEN und Jens Malte FISCHER. Darmstadt 1981, S. 79-108.

Jutta OSINSKI: Über Vernunft und Wahnsinn. Studien zur literarischen Aufklärung in der Gegenwart und im 18. Jahrhundert. Bonn 1980.

Wolfgang PROMIES: Der Bürger und der Narr oder das Risiko der Phantasie. Sechs Kapitel über das Irrationale in der Literatur des Rationalismus. (1966). Frankfurt am Main 1987 (= FiTB 6872).

Georg REUCHLEIN: Bürgerliche Gesellschaft, Psychiatrie und Literatur. Zur Entwicklung der Wahnsinnsthematik in der deutschen Literatur des späten 18. und frühen 19. Jahrhunderts. München 1986.

Herbert ROWLAND: Matthias Claudius. Boston 1983.

Hannelore SCHLAFFER: Klassik und Romantik 1770-1830. (Epochen der deutschen Literatur in Bildern). Stuttgart 1986; S. 230-241: Bilder des Wahnsinns.

G. Hermann SIEVEKING: Zur Baugeschichte des Pesthofes in Hamburg. (= Besonderer Abdruck aus den Hamburgischen Geschichts- und Heimatblättern, 12. Jg., Nr. 3, 1940 = 53. Jg. der Mitteilungen des Vereins für Hamburgische Geschichte).

G. Hermann SIEVEKING: Prediger, Schulmeister, Organisten, Ökonomen, Chirurgen und Ärzte des Pesthofes in Hamburg. (= Besonderer Abdruck aus den Hamburgischen Geschichts- und Heimatblättern, 13. Jg., Nr. 1, 1941 = 54. Jg. der Mitteilungen des Vereins für Hamburgische Geschichte).

RITA BAKE

ZUR ARBEITS- UND LEBENSWEISE HAMBURGER MANUFAKTURARBEITERINNEN IM 18. JAHRHUNDERT

Bis heute wird in der historischen Forschung der Erwerbsarbeit der Frauen in der vorindustriellen Zeit noch zu wenig Beachtung geschenkt. Die Folge sind Klischeevorstellungen über die Frauenarbeit in der vorindustriellen Zeit, die im wesentlichen auf Familie und Haushalt beschränkt blieb.

Ein Ergebnis dieser Auffassung über die vorindustrielle Frauenerwerbsarbeit ist, daß außerhäusliche Frauenerwerbsarbeit erst mit der Industrialisierung im 19. Jahrhundert begonnen habe. Somit werden erst für diese Zeit die für die außerhäusliche Frauenerwerbsarbeit typischen Formen der Benachteiligung (die sich u.a. in Leichtlohngruppen, in der geringeren Bezahlung der Frauen für gleichwertige Arbeit, an ihren schlechteren Arbeitsplätzen und ihrem Einsatz als Lohndrückerinnen zeigen) festgemacht und die Doppel- bis Dreifachbelastung der Frau als Arbeiterin, Hausfrau und Mutter erkannt.

Für die oben genannten Probleme, die bei außerhäuslicher Lohnarbeit von Frauen entstehen, wird die Industrielle Revolution des 19. Jahrhunderts verantwortlich gemacht. Damit bekommen diese Phänomene den Charakter der Erstmaligkeit, und es scheint so, daß plötzlich im 19. Jahrhundert die außerhäusliche Frauenarbeit aufkommt und die Frau erst jetzt aus ihrer bis dahin abgeschirmten Stellung innerhalb der Familie hervortritt.

Das dem nicht so ist, läßt sich deutlich an den Manufakturarbeiterinnen des 18. Jahrhunderts festmachen. Schon am Ende des 17. Jahrhunderts gab es Frauenarbeit in Hamburgs Manufakturen. Zu dieser Zeit expandierten die Manufakturen mit Luxusartikeln. Samt-, Seiden-, sowie Gold- und Silbermanufakturen waren zahlreich vertreten, die Kattundruckereien, in denen Baumwolle bedruckt wurde, und die Zuckersiedereien nahmen ihren Anfang.[1]

In der ersten Hälfte des 18. Jahrhunderts durften die Hamburger Manufakturwaren noch nach Preußen eingeführt werden, denn es gab noch keine Handelsbeschränkungen. Aber bald nachdem Friedrich der Große die Regierung übernahm und Schlesien erobert wurde, schloß Preußen immer mehr die Einfuhrschranken. Wesentliches Wirtschaftsprinzip des Merkantilismus war es, so wenig wie möglich zu importieren und soviel wie möglich im eigenen Lande herzustellen. Die Hamburger Luxusartikel fanden in Preußen also keinen Absatz mehr.

In der zweiten Hälfte des 18. Jahrhunderts verhängten auch Dänemark, Österreich und Schweden Handelsbeschränkungen, was dazu führte, daß z.B. der Hamburger Samt nun nicht mehr nach Österreich eingeführt werden durfte.[2]

Die Anzahl der Hamburger Manufakturen und damit auch die Anzahl der Arbeitsplätze ging zurück. Aber dennoch gab es noch Manufakturzweige - hauptsächlich die vielen Zucker- und Tabakmanufakturen und die Kattundruckereien - in denen einige tausend Arbeiter und Arbeiterinnen beschäftigt waren.

Wesentliche Merkmale der Manufakturen waren:

1. Trennung der Arbeiter und Arbeiterinnen von ihren Produktionsmitteln, wie z.B. Webstühlen, die nicht ihnen, sondern dem Eigentümer der Manufaktur gehörten.
2. Die Betriebe waren im Verhältnis zum Heimgewerbe und zum Handwerk groß.
3. Es gab kooperative Arbeitsteilung. Das heißt, bedingt durch die technische Entwicklung gab es die Möglichkeit, viele Arbeitsgänge in kleinste Teilarbeitsgebiete zu unter gliedern.
4. Die Produktionstechnik wurde von der Handarbeit bestimmt.

Es gab zwei unterschiedliche Betriebsformen: die dezentralisierte und die zentralisierte Manufaktur.

In der dezentralisierten Manufaktur wurde nur ein Teil des gesamten Produktionsprozesses (in der Regel das Anfangs- und / oder das Endstadium) zentralisiert; der übrige Teil wurde meist zu Hause von den Arbeitern und Arbeiterinnen verfertigt. In der zentralisierten Manufaktur war die gesamte Produktion zentralisiert und an einem Ort arbeitsteilig koordiniert.

FRAUENARBEIT IN HAMBURGS MANUFAKTUREN

Sehr viele Frauen waren in Kattundruckereien (zentralisierte Unternehmen) tätig. Sie arbeiteten dort hauptsächlich als Schilderinnen. Allein im Jahre 1790 waren von ca. 6000 in den Kattundruckereien beschäftigten Arbeitern 1000 Schildermädchen.[3] Eingestellt wurden Mädchen schon ab dem 11. Lebensjahr.

In einem großen Raum der Kattundruckerei saßen die Schildermädchen an langen Tischen und malten mit einem Pinsel Farben, wie z.B. das Indigo, das nicht mit der Druckplatte aufgetragen werden konnte, auf den Baumwollstoff auf. Dort waren schon die Umrisse der Muster mit der Druckplatte (Vorform) aufgedruckt worden. Die Schilderinnen brauchten lediglich die Umrisse auszumalen. Welche Farben sie verwenden sollten, entnahmen sie dem Papierbogen, den sie neben sich liegen hatten und auf dem die Farbmuster eingezeichnet waren.

In den Kattundruckereien arbeiteten auch Aufseherinnen über die Schildermädchen, Hangmeisterinnen, die die bedruckten Stoffbahnen zum Trocknen aufhängten, und Arbeiterinnen, die die bedruckten Stoffe zusammenlegten.

Viele Frauen und Mädchen arbeiteten bei dem Kattundruckereibesitzer SIEVERS am Holzdamm, bei ALARDUS und HARTUNG am Holländischen Brook oder auch bei Jacob RAHUSEN in der Dammtorstraße.

Ein Arbeitsbereich, der eng mit den Kattundruckereien verbunden war, waren die Bleichen, in denen Frauen als Bleicherinnen arbeiteten. Bleichen waren Teil einer Kattundruckerei, konnten aber auch ein selbständiges Unternehmen sein. Bleicherinnen spannten die Tücher zwischen Pflöcken auf dem Gras aus. Das Tuch wurde mehrmals am Tag von den Bleicherinnen mit Wasser begossen, bis das Tuch durch die Sonne weiß geblichen war.

Für Hamburgs Strumpfmanufakturen (dezentralisierte Manufakturen) strickten einige tausend Frauen in ihren Wohnungen Strümpfe. Die Strümpfe wurden dann in den Manufakturgebäuden gefärbt.[4]

Frauen arbeiteten auch in Hamburger Tuchmanufakturen. Dort spannen sie im Stehen auf dem großen Rad Wolle.

In der Federn- und Blumenmanufaktur von BROCK und Comp. in der Steinstraße 119 saßen Arbeiterinnen an langen Tischen und stellten künstliche Seidenblumen und -federn her. Sie stanzten Blätter einer bestimmten Größe aus oder gaben ihnen mittels einer erhitzten Eisenstange verschiedene Formen.

Auch in der Seidenmanufaktur des Eberhard Albert BEHRENS auf dem Venusberg und in der Zwirnmanufaktur von FLICKWIER waren Frauen mit Spinnen, Weben und Zwirnen beschäftigt.[5]

Die meisten Frauen arbeiteten in Textilmanufakturen. Besonders dort wurden durch die Zergliederung des Produktionsprozesses in kleinste Arbeitsschritte die verschiedensten Hilfs- und Zuarbeiten geschaffen und mit dem Signum "frauenspezifische" Tätigkeiten versehen. Diese Arbeiten setzten bestimmte Fähigkeiten voraus, wie z.B. Geschicklichkeit, Ausdauer und Fingerfertigkeit, die hauptsächlich Frauen zugeschrieben wurden. Diese Zuschreibung hatte aber nicht die logische Konsequenz, daß Frauen im eigentlichen Sinne als Spezialistinnen angesehen und dementsprechend entlohnt und bewertet wurden. Gerade diese sogenannten frauenspezifischen, meist schon im Kindesalter erlernten Qualifikationen ermöglichten eine optimale Besetzung des Arbeitsplatzes mit qualifizierten Arbeitskräften. Dies konnte deshalb von Frauen geleistet werden, weil Männer nicht die jahrelange "Vorbildung" besaßen, um diese Tätigkeiten optimal verrichten zu können.

Daß es sich bei bestimmten, nur von Frauen zu verrichtenden Arbeiten um sehr kenntnisreiche, diffizile und hohe Qualifikation erfordernde Tätigkeiten handelte, wird an der Frauenarbeit für die Strumpfmanufakturen deutlich. Hamburger Strümpfe hatten einen sehr guten Ruf, mußten also auch von sehr hoher Qualität sein, d.h. die Arbeiterinnen hatten die Strümpfe mit größter Akkuratesse zu stricken, was ihnen nur gelingen konnte, wenn sie schon jahrelange Übung besaßen.

Aber auch die Frauenarbeit in den Zwirnmanufakturen erforderte hohe Qualifikation. Der Zwirn, d.h. der besonders fest gedrehte Faden, wurde von der Spitzenindustrie verlangt. Für diese Spitzen stellten die Frauen so unwahrscheinlich dünne Flachsfäden her, wie sie heute nicht einmal mit der Maschine hergestellt werden können.

Betrachtet man an dieser Stelle die üblich angewandten Kriterien für die Bewertung von Arbeit, dann bedeutet dies für Frauen, daß all die Fähigkeiten, die als frauenspezifisch bezeichnet wurden, die wichtig für die Ausübung bestimmter Tätigkeiten waren und oft sehr hohe Qualifikation erforderten, nicht als qualifizierte Arbeiten anerkannt wurden. Sogenannte frauenspezifische Tätigkeiten wurden generell geringer geschätzt als die von Männern. So stellten diese Spezialistinnen lediglich billige Arbeitskräfte dar.

Strickerinnen, Spinnerinnen und Stickerinnen erhielten in Hamburg im Sommer 1788 wöchentlich 12 bis 30 Schillinge Lohn. Männliche Hilfsarbeiter bei der Fortifikation, bei den Maurern oder in den Kattundruckereien verdienten dagegen 48 bis 72 Schillinge wöchentlich. Da die wöchentlichen Lebenshaltungskosten bei ca. 33 Schillingen lagen, konnten die mei sten weiblichen Arbeitskräfte durch Erwerbsarbeit nicht ihr Existenzminimum verdienen.[6] Damit auch niemand etwas gegen die geringe Bezahlung der Frauen einzuwenden hatte, wurde noch ein weiteres "Argument" herbeigeholt: Frauenarbeit wäre nun einmal reiner Zuverdienst zum Einkommen des

Haupternährers der Familie, dem Ehemann. Wie katastrophal sich dieses Scheinargument auf die ledigen und verwitweten Frauen im 18. Jahrhundert auswirkte, zeigt die große Anzahl von Frauen, die trotz Lohnarbeit von der Armenfürsorge abhängig wurden.

Frauenarbeit in Hamburger Manufakturen war gekennzeichnet durch einen sehr geringen Verdienst, der in den meisten Fällen unter dem Existenzminimum lag. Außerdem war das Arbeitsplatzangebot und die Arbeitsplatzsicherung nicht stabil, so daß Frauen häufig von Arbeitslosigkeit betroffen waren. Denn die Arbeit der Frauen war stark saisonal bedingt und zudem häufig von der schnell wechselnden Mode abhängig. Letzteres traf oftmals für solche Frauen zu, die in den Seidenmanufakturen als Seidenwicklerinnen und -weberinnen arbeiteten. Zum Beispiel waren um 1791 große Seidentücher bei Dienstmädchen und Bäuerinnen Mode. Die Seidenmanufakturbesitzer stellten daraufhin sehr viele weibliche Arbeitskräfte ein, die dann aber wieder entlassen wurden, als sich die Mode änderte.

Das Scheinargument vom reinen Zuverdienst wirkte sich so aus, daß Frauen für gleichwertige Arbeit ca. 40% weniger an Lohn bekamen als Männer.[7] Deshalb mußten alleinstehende Frauen mit oder auch ohne Kinder häufig trotz Lohnarbeit völlig verarmen. Davon betroffen waren besonders Mütter, die in Baumwollmanufakturen auf dem großen Rade Wolle spannen, Kork schnitten (zur Herstellung von Korkstöpseln), Seide in Seidenmanufakturen wanden und Strümpfe strickten. Sie alle konnten wegen ihres geringen Verdienstes das Kostgeld für ihre Säuglinge, die sie ja während ihrer Arbeitszeit irgendwo unterbringen mußten, nicht aufbringen. Deshalb wurden sie von der Armenfürsorge abhängig.[8]

Aber nicht nur alleinstehende Arbeiterinnen verarmten. Auch Unterschichtsfamilien wurden davon nicht verschont. Wenn die Frau als Arbeitskraft z.B. durch Schwangerschaft und Geburt ausfiel, konnte eine Arbeiterfamilie in Armut stürzen. Die weibliche Arbeitskraft - so gering sie auch immer bewertet wurde - war zur Existenzsicherung einer Arbeiterfamilie von entscheidender Bedeutung.

Die Akten der Hamburger Allgemeinen Armenanstalt, die 1788 gegründet wurde, geben einen detaillierten Einblick in die Arbeits- und Lebensweise Hamburger Manufakturarbeiterinnen. Hier wird deutlich, daß es eine direkte Verbindung von Zugehörigkeit zum Stand der Armen und Arbeit in den Manufakturen gab. In Hamburg gab es in der zweiten Hälfte des 18. Jahrhunderts ca. 36.000 Arme, das war ca. 1/3 der Hamburger Bevölkerung. Von diesen 36.000 Armen wurden im Jahre 1788 11.109 Personen von der Hamburger Allgemeinen Armenanstalt unterstützt,[9] weil sie ihr

Existenzminimum nicht mehr selbst sichern konnten. Die armen Frauen machten dabei 75% - Männer dagegen 7,9% aus.[10] Die meisten dieser Frauen waren allein stehend und mußten täglich 12 Stunden in Kattundruckereien, Strumpfmanufakturen und in der Flachsgarnspinnerei der Allgemeinen Armenanstalt arbeiten. Chancen, der völligen Verarmung zu entgehen, boten sich für Frauen und auch für ehemalige Manufakturarbeiterinnen, sobald sie Kinder gebaren und dadurch die Möglichkeit hatten, in den Ammendienst zu gehen.

Im 18. Jahrhundert war es im Bürgertum nicht üblich, daß Bürgersfrauen ihre Kinder stillten; deshalb herrschte eine große Nachfrage nach Ammen. Sie hatten ein gutes Auskommen bei ihren Arbeitgebern. Denn nur eine gut genährte und ausgestattete Amme ebnete den Säuglingen der Arbeitgeber die ersten Schritte ins Leben. Deshalb war diese Arbeit für Frauen aus der Armutsschicht oft die einzige willkommene, aber auch notwendige Alternative zu ihrer vorherigen Erwerbsarbeit. Diese konnten sie wegen der Versorgung ihres eigenen Kindes nicht wieder aufnehmen. Für Kattunschilderinnen, Seidenwinderinnen etc., gab es keine Möglichkeit, ihre Kinder mit zur Arbeit zu nehmen. Die Allgemeine Armenanstalt hatte für kurze Zeit einmal ein Wartezimmer in ihrer Flachsgarnspinnerei einrichten lassen, wo die Kinder der Arbeiterinnen während der Arbeitszeit von einer Frau beaufsichtigt wurden. Diese Einrichtung existierte aber nicht lange, denn die Kosten für die Beaufsichtigung und fürs Heizen wurden der Armenanstalt zu hoch.[11]

Auch die Ammen durften ihr eigenes Kind nicht mit zu ihrer Arbeit nehmen, hatten aber durch ihren relativ guten Verdienst die Möglichkeit, ihr Kind in die Kost aufs Land zu geben. Dort wurden die Kinder jedoch oft sehr schlecht versorgt, und viele starben.

Der Ammendienst war meist keine Dauerstellung. Viele Frauen konnten als Ammen nicht länger als ein halbes Jahr arbeiten. Brustentzündungen und Milchmangel zwangen sie, ihre Tätigkeit aufzugeben.[12]

Eine Möglichkeit, als arme Frau Unterkunft und Arbeit zu bekommen, bot das Werk- und Zuchthaus am Ballindamm/Ecke Alstertor. Dort wurden Arme nur dann aufgenommen, wenn sie voll arbeitsfähig waren.

Im Werk- und Zuchthaus arbeiteten und lebten Arme, zwangsweise eingelieferte Bettler und Bettlerinnen und auch bei der Allgemeinen Armenanstalt registrierte Frauen und Mädchen. Letztere waren von der Armenanstalt an Hamburger Manufakturbesitzer vermittelt worden und hatten nach Aussagen ihrer Arbeitgeber nicht genug gearbeitet - waren lasterhaft und träge gewesen. Deshalb wurden sie von der Armenanstalt zur 8- bis 14-tägigen Zwangsarbeit ins Werk- und Zuchthaus geschickt.[13]

Das 1622 gegründete Werk- und Zuchthaus war also sowohl Zwangs- als auch Armenanstalt. Es war ein "ehrliches" Haus. Personen, die als "ehrenanrüchig" bezeichnet wurden, wurden nicht aufgenommen. Ziel des Werk- und Zuchthauses war eine Art Zwangserziehung durch Gebet, Arbeit und Strafen.

In der zweiten Hälfte des 18. Jahrhunderts hatte die Arbeit im Werk- und Zuchthaus Manufakturcharakter. Direkt im Gebäude wurde in verschiedenen Arbeitssälen gewebt, gesponnen, Wolle gekratzt und genäht. Produkte wie Tuch, Leinwand, Strümpfe, Handschuhe, Feultücher und Haardecken, waren zum größten Teil für das Militär bestimmt.[14]

In den Frauenarbeitssälen wurden Wolle gesponnen und Strümpfe gestrickt. Der Arbeitslohn betrug ein Viertel des ortsüblichen Lohnes.[15] Wer nicht genug arbeitete, mußte Zwangsarbeit verrichten. Für Frauen bedeutete dies: Kuhhaare verspinnen, eine Tätigkeit, die wegen der dadurch entstehenden schweren Krätze sehr gesundheitsgefährdend war.[16]

Da die meisten Frauen trotz Lohnarbeit nicht ihr Existenzminimum bestreiten konnten, wurden sie von der Allgemeinen Armenanstalt abhängig. Diese Anstalt war eine private Stiftung, also keine staatliche Armenpflege. Die Stadt Hamburg übernahm die Anstalt erst im Jahre 1865. Es gab jedoch eine enge Verknüpfung zwischen Staat und privater Stiftung. So setzte sich z.B. das Armencollegium aus Mitgliedern des Rates zusammen (fünf Senatoren und zwei Oberalten), außerdem wurden der Stiftung polizeiliche Befugnisse gewährt. Die Kosten wurden vorwiegend aus Spenden aufgebracht. Die Stadt wurde in 60 Armenquartiere eingeteilt. In jedem Quartier teilten sich drei freiwillige Pfleger die Arbeit. 12 Armenquartiere wurden zusammengefaßt zu einem Hauptarmenbezirk mit zwei freiwilligen Armenvorstehern an der Spitze. Es gab 10 Vorsteher.[17]

Der Zweck der Armenanstalt war, gegen Bettel und Müßiggang vorzugehen, in dem den Armen Arbeit gegeben wurde. Gleichzeitig sollten damit auch die Manufakturen gefördert werden, was durch die billigen Arbeitskräfte auch möglich war. Als Gegenleistung für die geringe Unterstützung mußten die Armen für die Allgemeine Armenanstalt arbeiten, z.B. in der manufakturmäßig organisierten Flachsgarnspinnerei, die an der heutigen Straße "Beim alten Waisenhaus" lag und in der von November 1789 bis Oktober 1790 1.353 Spinnerinnen tätig waren.[18] Der Lohn lag ein Viertel unter dem ortsüblichen Lohn. Als Rechtfertigung diente das Argument von der Erziehung der Armen zu arbeitsamen Menschen, die sich selbst um lohnendere Arbeit bemühen sollten. Die Armenanstalt wollte den Armen, denen sie Arbeit gab, ein Sprungbrett bieten, damit sich diese aus eigenen Kräften aus der völligen Armut befreien konnten. Außerdem hielt es die Armenanstalt für wichtig, daß sich die Armen nicht als Almosenempfänger fühlten. Diese philanthrophische Einstellung wurde aber von der Armenanstalt ad absurdum geführt. Denn durch die geringen Löhne, die sie zahlte, gelang es den meisten Armen nie, sich von der Unterstützung durch die Armenanstalt zu befreien.

Auch Manufakturbesitzer arbeiteten eng mit der Armenanstalt zusammen. Denn es lohnte sich für die Manufakturbesitzer, Arme zu beschäftigen, die von der Armenanstalt unterstützt wurden. Ihnen brauchten die Unternehmer einen niedrigeren Lohn zu zahlen als Arbeitssuchenden vom "freien" Arbeitsmarkt. Dieser niedrige Lohn wurde durch einen Zuschuß von der Armenanstalt aufgestockt und erreichte dabei keineswegs schwindelerregende Höhen. Die Armenanstalt hatte ihren Zuschuß so berechnet, daß der Gesamtlohn der Armen ein von ihr errechnetes Existenzminimum erreichte. Und dieses Existenz minimum war so minimal, daß die Armen garantiert arm blieben - trotz harter und langer Erwerbsarbeit.[19]

LEBENSWEISE HAMBURGER MANUFAKTURARBEITERINNEN

Nur die Arbeitsbereiche von Manufakturarbeiterinnen aufzuzeigen, reicht nicht aus, um diese Frauen in ihrer Gesamtheit vor unseren Augen plastisch werden zu lassen. Arbeits- und Lebensweise bedingen einander.

Um Frauen in ihren verschiedensten Lebenssituationen aufzuspüren, dürfen z.B. auch nicht die "straffälligen" und "un moralischen" Frauen, die Kindesaussetzung und -tötung ausgeklammert werden. Denn besonders Manufakturarbeiterinnen galten schon allein wegen ihrer Tätigkeit in den Manufakturen als sittenlos. Und von da war der Weg, auffällig - straffällig - zu werden, nicht weit.

Die Akten der Allgemeinen Armenanstalt geben Aufschluß über die Lebensweise Hamburger Manufakturarbeiterinnen. Frauen, die bei und für die Armenanstalt arbeiteten, waren nicht nur in ihrer Arbeitszeit, sondern auch in ihrem Privatleben Reglementierungen und Vorschriften ausgesetzt, die darauf zielten, sie zu einen sittsamen und demutsvollen Lebenswandel zu erziehen. Dadurch versuchte man im Sinne einer bestimmten Vorstellung der bürgerlichen Gesellschaft über das Leben in Armut auf die armen Frauen einzuwirken. Dabei war die Armenpolizei der Armenanstalt stark behilflich. Deren wichtigste Aufgabe war es, über die Sittsamkeit und den Arbeitsfleiß der Armen zu wachen.[20]

Arme, die sich selbst keine eigene Kleidung leisten konnten, bekamen eine Anstaltstracht. Die Frauen erhielten einen braunen Rock, ein braunes Leibchen, graue Wollstrümpfe und Holzschuhe. An die Kleidung hatten die Armen das Zeichen der Armenanstalt zu heften. Die so öffentlich als "Armutstracht" gekennzeichnete Kleidung machte es dem Bürgertum sehr leicht, die Armen in ihrem Verhalten zu kontrollieren.[21]

Besonders unverheiratete Mütter, die wegen ihrer schlechten ökonomischen Lage die Armenanstalt um Hilfe baten, waren sehr starken moralischen Vorurteilen ausgesetzt - wegen ihres "Fehltritts" und wegen ihrer als eigenes Verschulden angesehenen Armut. Außerdem wurden die unverheirateten Mütter für ihre uneheliche Schwangerschaft hart bestraft (Spinnhausstrafen). Sie hatten darüber hinaus noch den Haubenthaler zu zahlen, einen Betrag, der für die armen Frauen nur sehr schwer, wenn überhaupt, aufzubringen war.

Die doppelbödige Moral des Bürgertums wird hier besonders deutlich. Denn diese Mütter wurden auf der einen Seite strafrechtlich verfolgt, auf der anderen Seite nahm man aber ihre Dienste als Ammen oder auch als Arbeiterinnen sehr gern und häufig in Anspruch.

Besonders hart traf eine uneheliche Schwangerschaft die Manufakturarbeiterinnen. Denn die unehelichen Geburten waren nach Meinung von Zeitgenossen hauptsächlich der Existenz der Kattundruckereien zuzuschreiben.

Besonders verdanken die unehelichen Kinder ihre oft nur ephemere Existenz den Kattundruckereien, die der größte Verderb für die Sitten der ärmeren Mädchen sind. Daher werden auch verhältnismäßig die meisten im Jacobi Kirchspiel geboren, wo das weibliche Geschlecht der niederen Stände sich schon früh zu dieser Beschäftigung bestimmt.[22]

Manufakturarbeiterinnen waren wegen ihrer schweren Arbeit, ihrer oft doppelten und dreifachen Belastung, nicht mit den weiblichen Attributen versehen, die den bürgerlichen Vorstellungen von einer Frau entsprachen. So äußerte man sich im Bürgertum über die Frauen der Armutsschicht z.B. so:

Bei den niederen Frauen war eine nicht geringe Anzahl mit allen physischen moralischen Häßlichkeiten ausgestattet. Niedrige Habsucht, Betrug, Zanksucht und Mangel an allem weiblichen Zartgefühl sind nur zu oft ihre hervorstechenden Karakterzüge.[23]

Rigide Strafmaßnahmen bei unehelichen Schwangerschaften und die geringen Arbeitsmöglichkeiten für Frauen nach der Geburt ihres Kindes waren der Grund für viele Kindesaussetzungen oder gar -tötungen. Der Anteil der unehelichen Geburten lag in den Jahren von 1769-1788 bei ca. 9,1%, nach 1788 bei 11,3%.[24]

Durch Mandate versuchte der Staat, die unverheirateten Schwangeren aufzuspüren. Wohnungsvermieter und Hebammen wurden angewiesen, solche Frauen anzuzeigen. Der Rat der Stadt hatte die Absicht, durch diese Mandate der Kindesaussetzung und -tötung vorzubeugen. Aber sie scheinen nicht sehr wirkungsvoll gewesen zu sein. Denn durch die Befolgung derartiger Mandate wurden unverheiratete Schwangere schon während ihrer Schwangerschaft verfolgt. Und so waren diese Frauen noch größeren Sanktionen ausgesetzt, die gerade Anlaß zu der Verzweiflungstat eines Kindesmordes oder einer Kindesaussetzung geben konnten.

Um dem Kindesmord vorzubeugen, stiftete 1709 der Kaufmann OVERBECK dem Waisenhaus einen Torno. Diese Drehlade wurde neben der Eingangspforte des Waisenhauses angebracht. Mütter sollten dadurch die Gelegenheit bekommen, ihre Kinder dort auszusetzen, anstatt sie zu töten. 1715 wurde der Torno allerdings wieder abgeschafft, weil von ihm zu oft Gebrauch gemacht wurde. Jährlich wurden ca. 80 bis 150 Kinder dort ausgesetzt. Die Versorgung solch vieler Kinder konnte schließlich nicht mehr durch den von Overbeck gestifteten Geldbetrag gesichert werden, so daß sie das Waisenhaus letztendlich aus ihrer eigenen Tasche hätte bezahlen müssen.[25]

Aber nicht nur unehelich schwangere Frauen wurden von der bürgerlichen Gesellschaft und vom Rat der Stadt diskriminiert. Sobald Frauen gegen die herrschenden Sittengesetze verstießen, wurden sie strafrechtlich verfolgt. Für welche Verhaltensweisen Frauen schon mit Strafe bedroht wurden, kann an den im Spinnhaus sitzenden Frauen deutlich gemacht werden.

In das Spinnhaus kamen ausgepeitschte und schon bestrafte Prostituierte, "unmoralische" Frauen und Diebe.[26] Bevor Frauen ins Spinnhaus kamen, waren sie schon durch die Ausstreichung am Pranger bestraft worden. Dieser Pranger stand auf dem Pferdemarkt (dem heutigen Gerhart-Hauptmann-Platz). Dort wurden Prostituierte und als unmoralisch geltende Frauen ins Halseisen geschlossen. Sie bekamen ein Brett an ihre Brust geheftet, auf dem ihr Name stand. So wurden sie für einige Stunden der Öffentlichkeit preisgegeben.

Viele Frauen wurden wegen eines Lebenswandels, der nicht dem herrschenden Sittenkodex entsprach, ins Spinnhaus geschickt, wo sie gezwungen wurden, zu arbeiten. Dort hatten sie selbst für Delikte, die aus-

schließlich sittliche Verfehlungen ausmachten, ein bis zwei Jahre einzu-
sitzen.[27] Aber was wurde nicht schon alles als sittliche Verfehlung angesehen? Zum Beispiel: "übles Verhalten" gegenüber dem Dienstherren oder
auch ein "unzüchtiger" Lebenswandel. Ins Spinnhaus kamen aber auch
Frauen zur "Haltung des Wochenbettes". Meist waren dies Prostituierte
oder auch schwangere Frauen, die keine Wohnung besaßen und auf der
Straße aufgegriffen worden waren. Die genannten Straftatbestände (hauptsächlich moralisch-sittlicher Natur) hingen im starken Maße von der Einstellung des Anklägers ab, so daß z.B. Manufakturarbeiterinnen, die schon -
wie oben angeführt - einen schlechten Ruf hatten, die Schwelle zwischen
nicht-auffällig und auffällig schnell überschritten hatten.

Aufgrund der unsicheren ökonomischen Situation der Manufakturarbeiterinnen waren auch die Lebensverhältnisse dieser Frauen nie konstant. Die
Frauen waren vielmehr ständig der Gefahr ausgesetzt, nicht mehr selbst
ihre Bedürfnisse nach Nahrung, Kleidung, Wohnung etc. decken zu können. Daher wurden sie in viel stärkerem Maße als Arbeiter von der Armenanstalt abhängig, die ihnen zwar die notwendige Hilfe anbot, ihnen aber
gleichzeitig ihre Armut als eine selbstverschuldete und damit moralisch er-
niedrigende Lebensituation vorhielt.

ANMERKUNGEN

1) vgl. G. KOWALEWSKI: Geschichte, 1897, S. 7

2) vgl. BRODHAGEN: Allgemeine Bemerkungen, 1792, S. 119

3) vgl. R. BAKE: Manufakturarbeiterinnen, 1984, S. 246

4) vgl. J. HEß: Hamburg Bd. 2, 1796, S. 251

5) vgl. R. BAKE: Manufakturarbeiterinnen, 1984, S. 142-148

6) vgl. G. SCHÖNFELD: Die Armen, 1896, S. 44

7) vgl. R. BAKE: Manufakturarbeiterinnen, 1984, S. 243

8) vgl. STH: Allgemeine Armenanstalt I, 145, Schuldeputationsprotokolle Bd. 2, 1797,
S. 278-295

9) vgl. STH.: Allgemeine Armenanstalt I, 23, 1789

10) vgl. R. BAKE: Manufakturarbeiterinnen, 1984, S. 247

11) vgl. Des großen Armen - Collegii näherer Bericht, 1788, S. 11

12) vgl. STH: Allgemeine Armenanstalt I, 145, Schuldeputationsprotokolle Bd. 2, 1797,
S. 150.

13) vgl. STH.: Allgemeine Armenanstalt I, 145, Schuldeputationsprotokolle Bd. 2, 1796, S. 161.

14) vgl. H. SIEVEKING: Gefängnisfürsorge, 1935, S. 101

15) vgl. M. MÖLLER: Gefangenen-Arbeit, 1925, S. 25

16) vgl. STH: Allgemeine Armenanstalt I, 82, 1789

17) vgl. H. URLAUB: Armenpflege, 1932, S. 67

18) vgl. H. SCHERPNER: Kinderfürsorge, 1927, S. 18

19) vgl. R. BAKE: Manufakturarbeiterinnen, 1984, S. 174-175

20) vgl. STH: Allgemeine Armenanstalt, I, 82

21) vgl. R. BAKE: Manufakturarbeiterinnen,1984,S. 202-203

22) vgl. J. RAMBACH: Versuch, 1801, S. 263

23) vgl. STH: Allgemeine Armenanstalt, I, 145, Schuldeputationsprotokolle Bd. 2, 1797, S. 188

24) vgl. STH: Senat, CL VII Qa No 3, Vol 12, Fasc.37, 1802

25) vgl. R. BAKE: Manufakturarbeiterinnen, 1984, S. 225f.

26) vgl. A. STRENG: Gefängnisverwaltung, 1890, S. 72

27) vgl. STH: Gefängnisverwaltung 242 - 1 (I) C Bd. 6-8, 1782f.

LITERATURVERZEICHNIS:

BAKE, Rita: Vorindustrielle Frauenerwerbsarbeit. Arbeits- und Lebensweise von Manufakturarbeiterinnen im Deutschland des 18. Jahrhunderts unter besonderer Berücksichtigung Hamburgs, Köln 1984.

BRODHAGEN: Allgemeine Bemerkungen über die ehemalige Verfassung des hamburgischen Manufaktur- und Fabrikwesens, über die damit bis auf unsere Zeit vorgegangenen Veränderungen und über den Zustand der gegenwärtig hierselbst existierenden Manufakturen, Fabriken und Gewerbe, in: Verhandlungen und Schriften, Bd. 3, Hamburg 1792, S. 101-122.

Des Großen Armen - Collegii näherer Bericht an die Herren Armen-Pfleger über die zur Beschäftigung der Armen angelegte Spinn-Anstalt und über die im vormaligen Waisenhause eingerichteten Spinnschulen für Erwachsene und für Kinder, Hamburg December 1788.

HESS, Jonas Ludwig von: Hamburg topographisch, politisch und historisch beschrieben, Th. 1-3, Hamburg 1787-1792.

KOWALEWSKI, Gustav: Die hamburgische Patriotische Gesellschaft zur Beförderung der Künste und nützlichen Gewerbe, Hamburg 1897.

MÖLLER, Max: Über Geschichte und Entwicklung gewerblicher Gefangenen - Arbeit in Hamburg, Diss., Hamburg 1925.

RAMBACH, Johann Jacob: Versuch einer physisch-medizinischen Beschreibung von Hamburg, Hamburg 1801.

SCHERPNER Hans: Die Kinderfürsorge in der Hamburgischen Armenreform vom Jahre 1788, Berlin 1927.

SCHÖNFELDT, Gustav: Die Armen in Hamburg während des 16., 17. und 18. Jahrhunderts, in: Die Neue Zeit, 14. Jg., Bd. 1, 1896.

SIEVEKING, Heinrich: Hamburger Gefängnisfürsorge im 18. Jahrhundert, in: Festschrift Otto Lehmann zum 70. Geburtstag, Altona 1935, S. 127-163.

STRENG, Alfred: Geschichte der Gefängnisfürsorge in Hamburg von 1622-1872, Hamburg 1890.

URLAUB, Hildegard: Die Förderung der Armenpflege durch die hamburgische Patriotische Gesellschaft bis zum Beginn des neunzehnten Jahrhunderts, Berlin 1932.

Staatsarchiv Hamburg (STH): Allgemeine Armenanstalt I, 23. Nachrichten an Hamburgs wohltätige Einwohner, 1789.

Staatsarchiv Hamburg (STH): Allgemeine Armenanstalt I, 82. Einrichtung der Armen-Polizei und die Ausführung von Zwangsarbeit im Zuchthaus, 1789-1796.

Staatsarchiv Hamburg (STH): Gefängnisverwaltung 242 - 1 (I) C 1., Protocollum der im Spinn-hause sitzenden Gefangenen, Bd. 6-8, 1782 ff.

Saatsarchiv Hamburg (STH): Allgemeine Armenanstalt I, 145. Schuldeputationsprotokolle, Bd. 1 und 2, 1792-1797.

Staatsarchiv Hamburg (STH): Senat, CL VII Qa No 3, Vol 12, Fasc, 37, Antrag des Armen - Collegii wegen Versorgung der unehelichen Kinder, 1802.

Bild 32: Zwei Spinnerinnen am großen Rad.

Bild 33: Ausschnitt aus: Ein Stuhlwagen um 1800.

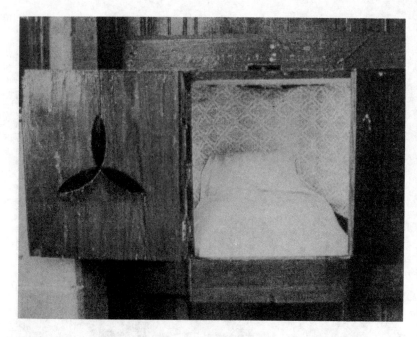

Bild 34: Eine Drehlade aus Spanien.

HEIDE SOLTAU

VERTEUFELT, VERSCHWIEGEN UND REGLEMENTIERT. ÜBER DEN UMGANG DER HANSEATEN MIT DER PROSTITUTION

I. MYSTERIEN DER LUST

"Befriedigung ist das große Wort für Hamburg. Das zweite Sinnengenuß", schrieb 1860 Johann Wilhelm CHRISTERN, der mehr als ein Dutzend erotischer Schriften publizierte, in denen er seine Leser über die "galanten Mysterien der Hamburger Maitressen, Unterhaltenen, Grisetten und Loretten", über "schöne Vierländerinnen", Liebesabenteuer von Freudenmädchen und geheime Schlupfwinkel informierte.[1] Hamburg ist die einzige Stadt, "welche den Begriff der Öffentlichkeit vollständig verwirklicht hat", schwärmte er. "Diese Öffentlichkeit des Gemeinlebens zeigt sich am freiesten und unumwundensten in den offenen Busen, welche sich nur in der Schwiegerstraße, auf dem Dammthorwall, auf der kleinen Drehbahn, in der Ulrikusstraße und noch in so manchen anderen Straßen im glänzensten Lichte darstellen".[2] Schenken wir diesem Autor Glauben, dann konnte die Hansestadt in sexueller Hinsicht durchaus mit Paris konkurrieren. Sie hatte für jeden Geldbeutel und für jeden Geschmack etwas zu bieten: Den Hamburger Berg für die "seemännischen" und den Dammthorwall für die "merkantilischen und kosmopolitischen Routiniers".[3]

Johann Wilhelm CHRISTERN schrieb ohne reformerische oder gar erzieherische Absicht, und es ist kein Zufall, daß die "Hamburgische Prostitution" im handlichen Taschenbuchformat vom 10 x 13 auf den Markt kam. So konnten seine Enthüllungen, die er, nicht unbescheiden, für "unterhaltender, pikanter und interessanter, als alles andere, was in dieser Beziehung bisher erschienen ist", hielt, in jedem Anzug bequem ihren Platz finden.[4] Im Gegensatz zu vielen anderen Autoren der ersten Hälfte des 19. Jahrhunderts, die sich zwar ebenso ausführlich über Lust und Last ausließen, berief sich Christern explizit auf eigene Erfahrungen. Nicht ohne Koketterie bekannte er sich zur Libertinage und verglich sich gar mit dem berühmten Casanova de SEINGAL.[5] Ob seine Schriften tatsächlich auf eigenen Erfahrungen beruhten, wissen wir freilich nicht. Bekannt ist, daß Christern ein Aufsteiger war. Er kam aus ärmlichen Verhältnissen, hatte Komposition und Gesang studiert und verdiente sich seinen Lebensunterhalt mit Musikunterricht.[6] Für exquisitere Erlebnisse in den "Venusgrotten", wie die Bordelle zuweilen genannt wurden, wird er, zumindest bis zu seinen 30. Lebensjahr, kaum die Mittel gehabt haben.

CHRISTERN mag stark übertrieben haben, sicher scheint eins, die Hamburger haben nicht gerade abstinent gelebt. Selbst HEINEs Wintermärchen enthält eine Hymne auf das "wunderbar hochbusige(s) Frauenzimmer" von der Drehbahn, und er erwähnt darin gleich eine ganze Reihe von Freudenmädchen: Malchen und Marianne, Friederike und Malwine und noch viele andere.

HEINE allerdings besang nicht nur die Freuden der Lust, er war einer der wenigen, der auch der Opfer der käuflichen Liebe gedachte, und zwar der Opfer auf Seiten der Frauen.[7]

Anders dagegen beurteilte Theodor MUNDT die Verhältnisse: "Die hamburger Gesellschaft ist die prüdeste und vorurtheilsvollste, die man in Deutschland, England oder China nur treffen kann"[8], schrieb er 1838 in seinen vertrauten Briefen aus Hamburg, sie ist "geknebelt von der eigenen Schicklichkeit".[9] Das aber war nur die Fassade, wie Mundt während seines Aufenthalts in Hamburg schnell feststellen mußte. Dahinter verbarg sich mehr Schmutz und Schund als anderswo. Im Vergleich zu anderen Orten dränge der "unsittliche Skandal" frecher und offener ans Tageslicht, empörte er sich. "Gegen die cyclopenhaften Baccanalien, die in Hamburg bei Peter Ahrens und Dorgerloh, oder im Sommer in der alten Glashütte von dem Dammthor gefeiert werden", trage das Berliner Grisettenwesen in seiner "decenten Gemeinheit eine rührende moralische Bescheidenheit an seiner Stirn."[10]

Das sich nach außen hin sittenstreng und geschäftig gebende Hamburg war also zu Beginn des 19. Jahrhunderts nicht nur bei gewissen Hanseaten berühmt und berüchtigt für sein verbreitetes Prostitutionswesen, sondern offenbar weit über die Stadtgrenzen hinaus. "Hamburg ist ein schönes Städtchen/ Weil es an der Elbe liegt/ Drinnen gibt es viele schöne Mädchen/ Aber keine Jungfer mehr", lautete ein bekanntes Lied[11], das nicht nur in Hamburg gesungen worden sein soll. Eins allerdings darf nicht vergessen werden, viele der berühmt und berüchtigten schönen Mädchen lebten auf "polnische Art", wie das Zusammenleben von Unverheirateten damals genannt wurde, weil sie sich eine Ehe nicht leisten konnten. Wer heiraten wollte, mußte das Bürgerrecht besitzen, und das kostete Geld. So waren viele Arme bis in die 30er Jahre des 19. Jahrhunderts hinein gezwungen, "in wilder Ehe" miteinander zu leben, mokierte sich Theodor MUNDT in seinem in Altona erschienenen Almanach, "Der Delphin".[12]

Nicht alle also, die der Unsittlichkeit verdächtigt wurden, waren deshalb gleich Prostituierte.

Die wenigen Äußerungen zeigen schon: Berichte über die sexuellen Verhältnisse Hamburgs sind mit Vorsicht zu genießen. Mehr als bei anderen Problemen der Zeit spielte hier die subjektive Sicht der jeweiligen Autoren eine Rolle. Waren sie Hamburger oder Fremde, gehörten sie zur herrschenden Oberschicht oder kamen sie aus dem "Volk" und wollten ihr Publikum unterhalten und anregen?

Domherr Friedrich Johann Lorenz MEYER wandte sich schon 1804 in seinen "Skizzen zu einem Gemälde von Hamburg" ausdrücklich gegen die verzerrte Sichtweise vieler Autoren.[13] Und daß gar jemand Fremdes die Stadt kritisierte, war mit dem Selbstbewußtsein der Hamburger Patrioten nicht zu vereinbaren. Sie taten alles, um die Hansestadt gegen Vorwürfe in Schutz zu nehmen. "Sind die gehäuften Klagen neuerer Schriftsteller über Hamburg gerecht?" hieß eine Schrift, die 1800 erschien. Wie der Titel schon vermuten läßt, wurde die Frage verneint. Danach lebten die Hamburger weit moralischer als die Berliner oder Wiener. Zwar konnte man die Existenz der Prostitution nicht gänzlich bestreiten, aber man war stolz darauf, daß es das Laster nicht wagte, "sein Haupt öffentlich empor zu heben".[14] Damit bestätigte der Autor nur die Beobachtungen MUNDTs. Nach außen wurde der Schein gewahrt, während in Wahrheit die Prostitution florierte und wohl von allen Schichten in Anspruch genommen wurde. Aber das mochte niemand zugeben. Offiziell verteidigte man die Sittlichkeit der Vaterstadt: "Die herrschenden Sitten Hamburgs gehören noch zu den besten aller großen Städte Deutschlands".[15] An diese Worte des ehrwürdigen Topographen von HESS erinnerte man sich gern. Noch 1848 berief sich der Arzt Heinrich LIPPERT, der die erste Studie zum Thema Prostitution in Hamburg publizierte, explizit auf die mehr als 50 Jahre alte Schrift.[16]

Bei der Beurteilung der sexuellen Moral der Hanseaten um 1800 schieden sich also die Geister. Die einen diagnostizierten Sittenverfall, die anderen lobten die Hamburger Verhältnisse. Neu aber war, daß das Thema überhaupt in dieser Form diskursfähig wurde. Während der Frühaufklärung nämlich hatte man sich erfolgreich um das Problem Prostitution herum geschrieben und sich der Sache eher "durch die Blume" hindurch genähert. Aber je weiter der Prozeß der Aufklärung fortschritt, desto eher konnten sich auch die Bürger dazu entschließen, die Prostitution beim Namen zu nennen, nicht zuletzt, um das "Übel", wie man es gern nannte, mit staatlichen Mitteln zu bekämpfen. So verfügen wir über das letzte Drittel des

18. Jahrhunderts über eine Vielzahl von Quellen, die für die erste Hälfte des Jahrhunderts bei weitem nicht so üppig sprudeln. Um die Verhältnisse um 1700 zu rekonstruieren, ist deshalb zunächst ein Sprung ins 17. Jahrhundert erforderlich.

II. "AN DIE HURER UND EHEBRECHER"

Der französische Sittenmaler Aubery du MEURIER zeichnete 1636 ein recht biederes Bild von Hamburg: "Die Weiber denken nur an ihren Hausstand, die Mütter beschäftigen sich mit den inneren Angelegenheiten ihres Hauses und die Töchter mit dem Nähen und Spitzenanfertigen". Danach scheinen "freies Betragen und schändlichste Ausschweifungen" den Hamburgern im 17. Jahrhundert völlig unbekannt gewesen zu sein.

Es läßt sich denken, daß die Passage in der Folge von vielen Hanseaten nicht ungern zitiert wurde, aber sie dürfte wohl kaum der Wahrheit entsprochen haben. Für den höfisch zivilisierten du MEURIER mag sich das bürgerliche Hamburg so dargestellt haben, doch die gute alte Zeit, auf die sich die Väter jeder Generation so gern berufen, hat es in Hamburg nicht gegeben.[17]

Während die Hansestadt, wie viele andere Städte auch, im Mittelalter noch über Frauenhäuser, das waren von der Stadt finanzierte Bordelle, verfügte und auch freie Prostitution unter bestimmten Bedingungen geduldet war, - so mußten sich Prostituierte an eine Kleiderordnung halten, um für jeden kenntlich zu sein -, war das seit 1532 verboten. Protestanten und Handwerkszünfte hatten sich mit ihrer Forderung nach Schließung der Frauenhäuser durchsetzen können, wobei die Angst vor der sich ausbreitenden Syphilis auch eine Rolle gspielt haben mag. Damit verschwand die Prostitution jedoch nicht, auch wenn außerehelicher Geschlechtsverkehr über drei Jahrhunderte hindurch hart bestraft wurde.[18] Aber erst für das 17. Jahrhundert verzeichnet die historische Literatur vermehrt Klagen über die Unsittlichkeit der Stadt. Hamburg sei zu der Zeit "von den unsittlichen Mächten berannt" worden, bis am Ende eine "völlige sittliche Verwahrlosung" geherrscht habe.[19]

Gemeinhin werden politische und soziale Gründe, Einflüsse des 30jährigen Krieges und der stärker werdende Gegensatz zwischen Arm und Reich als Ursachen für den Sittenverfall angeführt. Diese Faktoren haben zweifellos eine Rolle gespielt, entscheidender aber scheint mir, daß sich im Verlauf des 17. und beginnenden 18. Jahrhunderts das Bewußtsein in

puncto Sexualität zu verändern und zu radikalisieren begann. Die Scham-
grenzen wurden enger, wie Norbert ELIAS gezeigt hat,[20] und die Leidenschaften mehr und mehr mit Tabus belegt, bis das Bürgertum schließlich
Mauern errichtete, hinter die es die Sexualität verbannte.

Johann Balthasar SCHUPP, der 1649 nach Hamburg berufen wurde und
bis zu seinem Tod 1661 Hauptprediger an St. Jacobi war, verdanken wir
drastische Schilderungen zur sexuellen Moral der Hamburger. "Corinna.
Die Erbare un scheinheilige Hure" ist der Titel einer Schrift, die 1660 erschienen ist. Darin heißt es:

Als ich noch mit einem und anderem Ehebrecher stritte, wurde mir ein vor-
nehmer Mann gezeiget, welchen ich vor ein Exemplar eines rechtschaf-
fenen, guten Christen gehalten habe, von dem wurde gesagt, dass er eben
so wohl als N. unter die Zahl der Ehebrecher von Hause aus gehöre. Denn
er halte eine Concubine. Und wenn er des Abends lang gebetet, gesungen,
in der Bibel etliche Kapitel gelesen und eine geraume Zeit in S. Johannes
Arnds wahrem 'Christenthumb', in dessen 'Paradiesgärtlein' mit lauter
Stimme geplappert, so gehe er endlich mit der Concubin zu Bette, und
wenn er des Morgens auffstehe, fange er wiederumb an zu singen, zu
beten und in der Bibel zu lesen und gehe darauf nach der Kirchen.[21]

SCHUPP war empört über die Doppelmoral seiner Zeitgenossen.
Während sie nach außen hin ein gottesfürchtiges Leben führten und ihre religiösen Pflichten erfüllten, hielten sie sich wie selbstverständlich eine
Konkubine. Und die Frauen trieben es, wie Schupp meinte, nicht anders als
ihre Männer. "Manche Dame wird eine Jungfrau gescholten, welche allbe-
reits ein paar Kinder im Leib getragen".[22] Was den Prediger Schupp von
späteren Autoren unterscheidet, ist, daß er die Hurerei nicht allein den
Frauen anlastete, sondern ebenso den Männern und letztere sogar noch vor
den Frauen kritisierte: "An die Hurer und Ehebrecher" war seine Vorrede
zur "Corinna" überschrieben, und erst im folgenden ersten Satz wandte er
sich auch an die Frauen: "Bona dies ihr reiche und ihr arme, ihr edle und
unedle Hurenjäger und Ehebrecher, Huren und Ehebrecherinnen".[23] Die
Formulierung zeigt, daß Schupp niemanden von seiner Kritik ausnahm.
Seiner Meinung nach frönten ohne Ausnahme alle dem Laster: Männer und
Frauen, Feine und Gemeine. Die Kritik Schupps richtete sich freilich nicht
nur gegen die Hamburger. In seiner "Corinna" nannte er die Stadt wohl
nicht allein aus Gründen der Zensur Ninive. Die "Corinna" sollte allen
"Hurern und Ehebrechern" ein warnendes Beispiel geben. Gleichwohl
wußten die Hamburger, wer gemeint war, und entsprechend war die Reaktion. Schupp, der sehr volkstümlich predigte und die biblischen Geschichten mit Beispielen aus der Antike und dem Alltagsleben illustrierte,
war umstritten, und so hat man damals auch den Druck der "Corinna" zu

verhindern versucht. Insbesondere sein Kollege MÜLLER, Hauptprediger an St. Petri, bekämpfte Schupp. Über die direkte Reaktion der reichen und vornehmen Hamburger ist nichts bekannt, wir wissen nur, daß der Rat beide Parteien aufforderte, ihren Streit beizulegen, und daß Schupp der Druck seines Traktats in Hamburg verboten war.[24]

SCHUPPS "Corinna" erinnert an die Lebensgeschichten von Wahnsinnigen, die in der zweiten Hälfte des 18. Jahrhunderts populär waren und dem Bürger als abschreckendes Beispiel für die Folgen des Lasters vorgeführt wurden.[25] Wer Hurerei betreibt, wird schrecklich enden, so auch die Lehre Schupps. Doch während die dem Bürger vorgeführten Irren in der Regel aus der Unterschicht kamen, und die leiblichen, irdischen Folgen des Lasters eine Katharsis der Jugend herbeiführen sollten, drohte Schupp am Ende nicht nur mit Krankheit und Siechtum, sondern vor allem mit der Strafe Gottes: "Den allerärgsten Heyden wird es im höllischen Feuer erträglicher gehen", als den Huren und Ehebrechern.[26]

"Corinna die erbare un scheinheilige Hure", die von ihrer Mutter zur Prostitution verführt wird, bekommt ihre gerechte Strafe. In jungen Jahren infiziert sie sich unheilbar an den "Frantzosen",[27] wie die Syphilis genannt wurde, und stirbt. Aber sie gehört zu den wenigen, die, dank des segensreichen Einflusses der Kirche, rechtzeitig bereut haben. Sie stirbt in der Gewißheit der Gnade Gottes. Und darum ging es: nicht allein die Angst vor der Krankheit, sondern die Angst vor dem Tod sollte die Menschen von ihrer Unmoral abbringen. Was ihnen fehlte und was SCHUPP mit seinem Traktat erzeugen wollte, war das schlechte Gewissen: das Schuldgefühl. So ließ Schupp seine Corinna im Gespräch mit dem Prediger die Worte sagen:

Ich bitte euch auch, ihr Diener Gottes des Allerhöchsten, ihr wollet doch alle vornehme und reiche Huren in ganz Ninive treulich warnen und ermahnen, daß sie bey zeiten in ihr Gewissen gehn und betrachten, was für ein Unterschied sey zwischen dem Zeitlichen und dem Ewigen. Ach sagt doch allen Huren und Ehebrecherinnen, was sie für großes Unheil anrichten, sie verführen ehrlicher Leute Kinder und gewöhnen sie zum Bösen.[28]

Der Irrtum seiner Zeitgenossen bestand darin, wie SCHUPP meinte, daß sie glaubten, Gott hintergehen und durch fleißiges Gebet und Kirchgang ihm genügen zu können. Ihnen fehlte das Bewußtsein der Allgegenwart des himmlischen Vaters Ihnen fehlte .

Ursachen für die Unzucht gab es SCHUPP zufolge zahlreiche: den Teufel, der die Menschen zur "Wollust des Leibes" verführte,[29] die "böse, vergiftete Natur und die Verderbung des ganzen Menschen am Verstande",[30] die vernachlässigte Kindererziehung, mangelnde Aufsicht der

Herrschaften über ihr Gesinde, fehlende Kontrolle der Frauen durch ihre Ehemänner, fehlende Strenge der Obrigkeit, Müßiggang und freie, verderbliche Sitten.[31]

Es ist interessant, daß SCHUPP wiederholt auf den Zusammenhang zwischen materieller Lage und Prostitution hinwies und damit zugleich auch die Herrschaftsverhältnisse kritisierte. Nicht nur die Armut triebe leichtsinnige Mädchen zur Unzucht, sondern ebenso die Sitten der Reichen. Als Beispiel führte er das Ammenwesen an. Bei den wohlhabenden Hamburgern war es nämlich üblich, die Kinder nach der Geburt einer Amme zu überlassen. Der Bedarf aber war so groß und die Verdienstmöglichkeiten recht günstig, daß sich viele Frauen bewußt der Unzucht hingaben, um sich als Amme verdingen zu können. So plädierte er schon lange vor ROUSSEAUs "Emile" dafür, die Kinder selbst zu stillen. Ohne Erfolg übrigens, am Ammenwesen änderte sich nichts. Noch 1724 war das Problem nicht vom Tisch. Im sechsten Blatt des "Patrioten" hieß es dazu:

Indem ich aber des hiesigen Frauenzimmers erwehne: so muß ich Ihnen nohtwendig von der unglaublichen Anzahl der Säug-Ammen, die in dieser Stadt befindlich, erzehlen. Diese sind insgemein junge unverheyrahtete Frauen, so der Zusage ihres Bräutigams zu viel getrauet. Sie werden fast in allen Häusern gehalten, und geniessen so grosser Höflichkeit, Pflege und Belohnungen, daß die neben ihnen dienende Mägde durch blosse Beneidung gereizet werden, auf Mittel zu dencken, wodurch sie ihnen gleichmäßige Vortheile verschaffen mögen.[32]

SCHUPP mag in seinen Traktaten vieles übertrieben dargetellt haben, die Passage aus dem "Patrioten" zeigt, daß seine Kritik nicht ganz aus der Luft gegriffen war.

Wie Hamburgs Bürger und Bürgerinnen auf die SCHUPPschen Warnungen reagierten, ob sie weniger Unzucht trieben oder nicht, darüber ist nichts bekannt. Doch 1669, neun Jahre nach Erscheinen der "Corinna", wurde das Spinnhaus gegründet, die Besserungsanstalt für Prostituierte. Nach dem Zucht- und Werkhaus, das 1620 für Arme und Notdürftige, Faule, Freche, Geile und Gottlose eingerichtet worden war,[33] hatte die Hansestadt damit einen weiteren Ort, um sozial Auffällige zu internieren. Die Hamburger Bürger lösten also den sittlichen Konflikt, indem sie die anderen, Frauen und Männer der Unterschicht, ins Spinnhaus brachten, wo sie mit Arbeitstherapie und religiösen Übungen auf den Pfad der Tugend zurückgeführt werden sollten. Indem sie die Leidenschaften der anderen bestraften und hinter die Mauern des Spinnhauses verbannten, verdrängten die Bürger - auch - ihre eigene Sexualität: Mit der Errichtung des Spinnhauses wurden nicht nur die Huren kaserniert, das Spinnhaus ist ebenso als der manifeste Ausdruck einer symbolischen Handlung der Bürger zu interpretieren, die eigenen Leidenschaften hinter Schloß und Riegel zu bringen.

Es ist aufschlußreich, daß das Thema Prostitution in den nächsten hundert Jahren aus dem öffentlichen Diskurs verschwand. Als HUNOLD-MENANTES 1705 seinen "Satyrischen Roman" veröffentlichte,[34] in dem er das geheime Liebesleben der Hanseaten enthüllt hatte, kam es zu einem Sturm des Protests. Die Auflage wurde beschlagnahmt und Hunold mußte die Stadt verlassen.[35] Die Prostitution jedoch gedieh nach wie vor, das zeigen die Polizeiakten und Mandate, aber man sprach öffentlich nicht darüber, und wenn, dann nur in vorsichtigen Andeutungen. Während sich SCHUPP 1660 noch offen über Hurerei auslassen und die Unzucht beim Namen nennen konnte, war das zu Beginn des 18. Jahrhunderts nicht mehr möglich. Die Mauern des Spinnhauses hatten sich bis in die Psyche der Bürger ausgedehnt und waren zur Schamgrenze geworden. Die Sexualität wurde zu etwas, worüber man nicht oder nur heimlich sprach.[36]

III. DIE VERFOLGUNG DER "DELICTA CARNIS"

Um die Prostituierten ins Spinnhaus zu befördern, mußten sie gegen das Gesetz verstoßen haben, denn der außereheliche Beischlaf war noch im 17. Jahrhundert an sich nicht strafbar, d.h. für die Prostituierten hatte er dann keine Folgen, wenn sie nicht andere Delikte begangen hatten: Ehebruch, Kuppelei, Entführung oder Diebstahl.[37]

Das Hamburgische Strafrecht schützte die Ehe und die ehrbaren Frauen: "Wann ein Unverehelichter einer Jungfrauen ihre jungfräuliche Ehre nimmt, so ist er dieselbe zu ehelichen (...) schuldig". War ein Mann dazu nicht bereit, mußte er der Frau einen standesgemäßen Brautschatz entrichten, und hatte der Beischlaf Folgen, war er zur Zahlung von Alimenten verpflichtet. Die gleiche Regelung galt auch für "unberüchtigte" Witwen. Handelte es sich bei der Frau jedoch um eine Magd, mußte der Mann nur für den Unterhalt des Kindes und bei Eheschließung der Frau (mit einem anderen) für deren Aussteuer sorgen, zu heiraten brauchte er sie nicht. Bei Unzucht zwischen Personen geringen Standes wurde genauso verfahren: Eheschließung oder Aussteuer und Alimente für das Kind. Frauen hatten allerdings nur dann ein Recht auf Unterstützung der Männer, wenn sie sich nicht schon wiederholter Unzucht schuldig gemacht hatten. In dem Fall mußte der Mann nur das Kind unterhalten.[38] Das Gesetz unterschied also explizit zwischen dem Koitus mit Frauen der Ober- und der Unterschicht und sah die Ehe nur für Standesgleiche vor.

Ehebrechern, und zwar Männern, drohten laut Gesetz empfindliche Geldstrafen: Für den Ehebruch mit einer verheirateten Frau mußte der Mann 100 Reichstaler Strafe zahlen, während ihn das Vergnügen mit einer Unverheirateten nur 50 Reichstaler kostete. Konnten die Männer die Summe nicht aufbringen, oder wiederholten sie das Delikt, wurden sie der Stadt verwiesen. Verheiratete Frauen kamen nicht so billig davon. Bei ihnen hatte der Ehemann ein Wort mitzureden. Weigerte der sich, die Frau wieder bei sich aufzunehmen, drohte der Untreuen Gefängnis oder die Züchtigung am Pranger mit anschließender Stadtverweisung. In jedem Fall aber büßte die Ehebrecherin ihren Erbanspruch ein. Die schwerste Strafe, nämlich Tod mit dem Schwert, folgte auf Bigamie[39] und Notzuchtverbrechen mit Jungfrauen, Witwen und fremden Ehefrauen. Die Akten belegen, daß schon eine versuchte Vergewaltigung mit der Todesstrafe geahndet wurde.[40]

Es gab in Hamburg verschiedene Mandate, das waren vom Senat erlassene Verordnungen, die genaue Bestimmungen enthielten, wie der Unzucht zu begegnen sei.[41] Die Überwachung der Sittlichkeit war Aufgabe der Polizei und insbesondere der Gerichtsdiener, und daß die ihrer Pflicht nachkamen, läßt sich den Polizeiakten entnehmen, von denen einige erhalten sind: die Protokolle aus den Jahren 1713 bis 1715 und 1735.[42] Danach wurden etliche Dutzend Frauen aufgegriffen, an manchen Tagen bis zu sechs, und vom Prätor verhört. Die Protokolle enthielten zunächst jeweils Namen, Alter und Geburtsort der Frauen und dann, numeriert, die Namen oder eine andere Kennzeichnung der einzelnen Freier. Bei der Ortsangabe ließen die Protokollanten besondere Genauigkeit walten, sie notierten nicht nur die Straße und das Haus, in dem das *delictum carnis* stattgefunden hatte, die Frauen mußten auch angeben, wo sich der Geschlechtsverkehr abgespielt hatte: in der Stube oder im Saal, auf dem Bett oder auf dem Stuhl. So etwa gestand Sophia Dorothea NEUHOBLEN am 24. März 1713, mit WUNDERLICHs Sohn viermal Unzucht getrieben zu haben:

dreimal in Ottensen in der Lorentzstraße im Haus oben auf dem Saal auf einem Bett, geschehen vergangenen Sommer, ihr gegeben jedesmal sechs Schillinge. Das letzte Mal in Hamburg in der Kurtzentwiete, in einer Bademutter ihrem Haus, unten in der Stube auf einem Stuhl sitzend habe sie ihm seines Sames abhelfen müssen. Geschehen vor 12 Wochen, ihr gegeben neun Schillinge.[43]

Warum sich die Frauen über Stube oder Saal, Bett oder Stuhl äußern mußten, ist schwer zu sagen, darüber schweigen die Akten und Gesetze. Zu vermuten ist, daß die Polizei damit auch sogenannte Perverse auffinden wollte. Sodomie wurde bekanntlich bestraft, und darunter fiel nicht nur die 'Buhlschaft mit dem Teufel', was während der Hexenverfolgungen eine Rolle gespielt hatte. Auch Homosexualität, Selbstbefriedigung, Leichenschändung und sämtliche, nicht von der Kirche erlaubten Koitusstellungen, - und das waren alle bis auf eine -, wurden strafrechtlich verfolgt.[44] In Hamburg stand eine Frau vor Gericht, der man anlastete, sich als Mann ausgegeben und Männerkleidung sowie ein männliches Glied angelegt zu haben. Sie war der Polizei unter dem Namen Monsieur Heinrich bekannt und wurde 1701 angeblich wegen einer Mordsache hingerichtet.[45] Vielleicht betonte deshalb die Mehrheit der festgenommenen Frauen Bett oder Stuhl als Ort des Geschehens, um zumindest auf die 'natürliche Form' der Unzucht hinzuweisen.

Nach den Akten zu urteilen waren die meisten Frauen zwischen zwanzig und vierzig Jahre alt und hatten keine festen Preise. Zuweilen gaben die Männer nur zwei, in anderen Fällen aber auch zehn oder fünfzehn Schillinge. In Ausnahmefällen erhielten die Prostituierten auch mal einen Specienthaler, aber es kam genauso vor, daß die Freier ihnen nichts zahlten. Um die Höhe des Verdienstes ermessen zu können, seien zum Vergleich einige Zahlen genannt: für Brot und Miete mußte täglich jeweils ein Schilling aufgebracht werden. Das von der Armenanstalt festgelegte Existenzminimum belief sich auf 24 Schillinge pro Woche, der tatsächliche Bedarf aber lag wesentlich höher, nämlich bei 33 Schillingen pro Woche. Wenn wir bedenken, daß eine Strickerin damals nur 12 bis 18 Schillinge Wochenlohn erhielt, dann wird ersichtlich, daß viele Frauen zur Prostitution gezwungen waren, um wenigstens ihren Lebensunterhalt bestreiten zu können.[46]

Auf die genaue Angabe der Adresse legte die Polizei deshalb großen Wert, um die Kuppler und Kupplerinnen strafrechtlich verfolgen zu können. Daß ihnen das gelang, belegen die Akten. Als Beispiel mag hier die 50jährige Maria HAANSCH stehen, die vor der Polizei aussagte, daß eine Advokaten-Dirne namens Anna Maria MARTENS oben in ihrer Stube Unzucht auf dem Bette getrieben habe. "Auch habe eine Hure in ihrem Hause vier Wochen lang logiret gewesen, nahmens Elisabeth WURMANNSCHEN. Dieselbe habe mit einem sächsischen Lieutnant Unzucht betrieben oben auf der Stube aufs Bett".[47]

Was aus heutiger Sicht erstaunt, ist die Tatsache, daß die Polizeiprotokolle nicht nur die Namen der festgenommenen Prostituierten enthalten, sondern auch die der Freier. Man verfuhr offenbar getreu dem Grundsatz, den auch Ratsherr KLEFEKER in seinem Rechtskommentar hervorgehoben hatte:

Unzucht und Hurerey ist die gemeinste Leichtfertigkeit, welche die fleichlichen Lüste verüben. (...) Jene ahndet (...) der Prätor sowohl an den Huren selbst, als an den Werkzeugen".[48]

Soweit sich aus den Protokollen die Herkunft der "Werkzeuge" ersehen läßt, so handelte es sich um Krämer, Uhrmacher, Offiziere, Capitaine, Stuhlmacher. Daß die Frauen geständig waren und ihre Freier nicht schonten und daß auch Kupplerinnen die Namen der bei ihnen ihrem Gewerbe nachgehenden Damen und ihrer Herren angaben, mag daran liegen, daß die Denunziantinnen einen Teil des Strafgeldes bekamen, das die Männer bezahlen mußten. Das Gesetz jedenfalls sah es so vor.[49] Ob die Stadt Hamburg sich daran hielt, läßt sich den Quellen allerdings nicht entnehmen, wie überhaupt meines Wissens keinerlei Unterlagen mehr existieren, aus denen hervorginge, was mit den Freiern geschah. Auch tauchen die Namen von Ratsherrn oder anderen bekannten Hamburgern in den Protokollen nicht auf. Das hatte Gründe, wie dem Mandat von 1732 zu entnehmen ist: "Sind die Huren eingezogen, so geben sie ihre Complices an". Ist der Angegebene "sonst unberüchtigt und bonae famae, und thun sich keine sonderliche indicia gravantia hervor, so schätzet Er (der Prätor, H.S.) ihn auf sein blosses Läugnen frei und ledig".[50] Damit entging letztlich jeder der angesehenen Hamburger der Bestrafung, denn welcher Mann wird von der Möglichkeit der Leugnung keinen Gebrauch gemacht haben? Selbst diejenigen, die mehrfach erwischt worden waren, wurden mit größter Diskretion behandelt. War das Delikt dem Niedergericht gemeldet und mußte der Beschuldigte seine Strafe bezahlen, konnte er sicher gehen, daß die Sache "unter dem Siegel der Verschwiegenheit bewahret" wurde und die Rechnung an die Kämmerei ein N.N. enthielt.[51]

Während SCHUPP siebzig Jahre vorher noch alle Stände in seine Schelte einbezogen und von Hurern und Huren gesprochen hatte, ist die Prostitution in der ersten Hälfte des 18. Jahrhunderts de facto zu einer Sache der Unterschichten geworden, und zwar der armen Frauen. Nicht zufällig spricht KLEFEKER in seinem Kommentar zu den Hamburgischen Gesetzen und Verfassungen von den "Werkzeugen" der Unzucht, was soviel heißt wie: die Prostituierten bedienen sich der Männer. Die Frauen sind die Aktiven, während die Freier nur die Verführten sind. Dazu half der Senat den angesehenen Hamburgern 'aus der Klemme': Der Besuch bei einer Prostituierten galt für Männer fortan als Kavaliersdelikt und wurde mit Diskretion behandelt. Das Mandat von 1732 kann also als ein erster offizieller Schritt gewertet werden, die bürgerliche Doppelmoral gleichsam offiziell zu etablieren. Selbst bei handfesten Verstößen gegen die moralischen Normen, drückte man beide Augen zu und überging das *delictum carnis* mit Schweigen.

Bestraft wurden die Frauen, auch wenn sie das erste Mal erwischt wurden. Sie kamen bei Wasser und Brot für acht bis vierzehn Tage in die Roggenkiste, einen dunklen Turm, in dem sich kleine "Behältnisse" befanden, in denen sie ihre Strafe absitzen mußten. Bei wiederholter Unzucht drohte ihnen der Pranger am Pferdemarkt. Im Mandat von 1732 ist von der Planung dieser Marterstätte die Rede. Frauen sollten dort an das Halseisen angeschlossen werden und mit einem Brett vor der Brust, auf welchem ihr Name markiert war, einige Stunden mit unbedecktem Gesicht stehen und darauf für zehn Jahre der Stadt verwiesen werden. Für Kupplerinnen und Hurenwirte galt die gleiche Strafe. Hielten sich die Frauen nicht an den Stadtverweis, wurden sie am Pranger mit Ruten gestrichen und kamen anschließend ins Spinnhaus.

Um der Huren habhaft zu werden, waren die Gerichtsdiener angehalten, abends die Gegenden beim Ratsweinkeller, am Jungfernstieg, vor den Posthäusern und alle anderen bekannten verdächtigen Orte und Wohnungen fleißig zu "visitiren" und "leichtfertige Weibs-Bilder" festzunehmen. Es muß wohl in der Zeit des öfteren zu Verwechslungen gekommen sein, denn das Mandat enthält ausdrücklich den Hinweis, die Frauen nicht auf bloßen Verdacht hin zu arretieren und jedes Aufsehen zu vermeiden.[52] Offenbar hatte man Angst, bei einer Verhaftung den Zorn des Volkes zu provozieren, denn ansonsten ging die Polizei, wie sich gezeigt hat, mit den Frauen nicht eben zimperlich um.

IV. HAMBURG UND DIE "PARISER CIVILISATION"

Bis zur Französischen Revolution hielten sich die feinen Hamburger in Sachen Prostitution bedeckt. Man sprach in Andeutungen von der Unzucht und richtete mahnende Worte an die Jugend. Die Kunst des Drum-herum-Sprechens jedoch war hoch entwickelt. Die verbotene Sexualität wurde zu einem der wichtigsten Themen der moralischen Wochenschriften. In der "Matrone" etwa, die wie andere Zeitschriften der Zeit das Publikum mit fingierten Leserbriefen belehrte und unterhielt, kam 1728 die Zuschrift einer Frau zum Abdruck, in der sie sich bitter über ihren tyrannischen Ehemann beklagte, der mit "anderen Frauenzimmern gehet".[53] Auch "Der Patriot" wußte von derartigen Fällen zu berichten. "Der stolzen und wolllüstigen Jugend" war im Oktober 1724 der Brief eines Zuchthausinsassen überschrieben, der von zwei "Bösewichtern" "in Sauf-, Spiel- und Huren-Winckel" gelockt worden war, sich an der "Cassa" seines Patrons vergriffen hatte und schließlich von seinem Vater zur Besserung ins Zuchthaus gesteckt worden war. Derlei unverblümte Äußerungen von Seiten der Bürger waren jedoch selten. Daß im "Patrioten" das Wort "Huren-Winckel" fiel und der Häftling offen zugab, "daß ich in Patrons Hause die vorige Amme zu meinem Willen gehabt", grenzte fast schon an Frivolität und diente einzig dem Ziel, der Jugend und anderen labilen Menschen ein abschreckendes Beispiel zu präsentieren.[54] Die reale Prostitution in Hamburg, die Verhältnisse am Dammthorwall, in der Schwiegerstraße oder draußen in der Vorstadt auf dem Hamburger Berg wurden während der ersten Hälfte des 18. Jahrhunderts dem Lesepublikum vorenthalten. Das waren, so legen es die Zeitschriften nahe, nicht die Probleme des Bürgertums.

Das änderte sich mit der Franzosenzeit! Der Ton, in dem nun die sittlichen Zustände beschrieben wurden, war freier, man kam direkter zur Sache als früher. "Ein Sittengemälde von Hamburg, vor dreissig oder vierzig Jahren von einer geschickten Hand aufgenommen, hätte der Natur weit richtiger nachgebildet werden, und weit mehr concentrierte Wahrheit erhalten können. Damals herrschte die neue Idee von Aufklärung noch nicht in den Köpfen", schrieb der Topograph von HESS 1789.[55] Seitdem die Aufklärung in leibhaftiger Form, in Gestalt der französischen Emigranten, Einzug in Hamburg gehalten hatte, war es aus mit den guten Sitten. Denn darüber herrschte Einigkeit, die Franzosen waren Schuld, daß sich Hamburg mehr und mehr von der Tugend entfernte und die Prostitution immer unverhüllter zutage trat. Domherr Friedrich Johann Lorenz MEYER glaubte sogar, in der Hansestadt die "pariser Civilisation" zu erkennen:

Ganze Gassen voll Tempel der Venus vulgivaga; die Sirenenstimmen in der Abenddämmerung vor ihren schmutzigen Höhlen, fast so zärtlich, aber weniger epigrammatisch, wie die ihrer witzigen Schwestern im pariser Palais D'Egalite: mon ami, venez faire mon bonheur et le vôtre! - Die geputzten Lustdirnen in den ersten Ranglogen; die Taschendiebe im Parterre und Eingange; die französischen Libellisten, mit ihrem ungestraft höhnenden Gebelle, die bacchantischen Gelage in einigen Stadt- und Dorf-Guinguettes; die parties fines und unterhaltenen Mädchen; die schwarzen Titusperukken; die auf den Gassen sichtbaren fleischfarbnen, durchscheinenden Pantalons und die blossen weiblichen Schultern; die zu drei viertem Theil nackten Tänzerinnen; der unmäßige Aufwand der liederlichen Dienstmägde; die Wohlgerüche aus den magazins de parfumeries; die Knoblauchdämpfe aus den Restaurations Küchen; ist das Alles nicht pariser Civilisation? ...[56]

Der Domherr hatte sich offenbar gründlich umgesehen und schien ein besserer Kenner der Materie gewesen zu sein als der Weltliche Garlieb MERKEL, der 1798/99 eine Reise nach Hamburg und Lübeck unternommen hatte und drei Jahre später seine Eindrücke in Briefform publizierte. Auch er sparte nicht mit Kritik: Der Jungfernstieg "dient, vorzüglich in der Mittagsstunde zur sogenannten Pantoffelbörse, das heißt, zum Paradeplatz aller Mädchen, die von der Nicht-Jungfernschaft leben, von den mit Brilliant-Ringen und Atlas-Gewändern ausgestatteten Schönen bis zur Lumpendirne , die durch Lüpfung des zerflickten Linnenrocks die Lüsternheit eines Karrenschiebers zu erregen weiß".[57] Nicht nur daß die Prostituierten in der Innenstadt flanierten, fiel ihm negativ auf, er mokierte sich besonders darüber, daß die Dirnen auch die Komödie besuchten: "das heißt in der That die republikanische Freiheit ein wenig weit treiben". [58] Ein wichtiges Detail aber war Merkel entgangen. Bei den Damen handelte es sich um französisch beeinflußte Frauenzimmer. Die Emigranten waren Schuld an den Zuständen. Ohne sie hätte es, jedenfalls nach Auffassung des Domherrn MEYER, in Hamburg weder knoblauchduftende Restaurants, noch geputzte Lustdirnen, bacchantische Gelage oder Dirnen im Theater gegeben. Das Übel war nicht im eigenen Nest entstanden, sondern die Fremden hatten es mitgebracht und die Hamburger verführt. Was man ehemals den niederen Frauen unterstellt hatte, nämlich sich der Männer als "Werkzeuge" für die Unzucht zu bedienen, diese Rolle schob man nun den Franzosen zu.

Die "Sitten verweichlichende(n) Handlungen"[59] haben ebenso zugenommen wie die "Verirrungen des Geschlechtstriebes"[60], schrieb auch Johann Jakob RAMBACH und meinte damit insbesondere die Jugend. Die Triebe würden früher geweckt und sich lebhafter äußern als jemals zuvor, meinte er und führte das vor allem auf die Tatsache zurück, daß die Lüste auch leichter befriedigt werden könnten. "Einige Gegenden der Stadt wimmeln von Anstalten dazu", deren Zahl sich verdreifacht habe.[61] Nun war Rambach kein Moralist, er konstatierte nicht nur eine quantitative Zunahme an Bordellen, sondern auch eine qualitative Verfeinerung dieser "Anstalten". Doch der Arzt wollte mehr. Mit Aspasien oder athenischen Hetären nämlich könnte die Stadt nicht aufwarten, immer noch befand er die Sitten für zu roh und warnte vor den gesundheitlichen Risiken. Von einem Verbot der Prostitution aber war in seiner Schrift nicht die Rede. Er wollte aufklären und wies darauf hin, daß sie größte Gefahr von den Gassen-Dirnen ausging.[62]

Die Äußerungen des angesehenen Arztes Johann Jakob RAMBACH können als erster öffentlicher Appell verstanden werden,die Prostitution staatlich zu kontrollieren. Es findet sich zwar an keiner Stelle seiner "physisch-medicinischen Beschreibung" ein direkter Hinweis darauf, auffällig ist aber, daß er sich nicht grundsätzlich für ein Verbot der käuflichen Liebe aussprach. Ganz im Gegenteil, seine Anspielungen auf die berühmte Aspasia und andere Hetären lassen auf Sympathie für ein gepflegtes Maitressenwesen schließen.

"Hamburg und Altona. Eine Zeitschrift zur Geschichte der Zeit, der Sitten und des Geschmacks", ist der Titel eines Journals, das ab 1801 in der Hansestadt erschien und sich explizit an Leser beiderlei Geschlechts wandte. Über Dichter, Schauspieler, Poesie und Kunst wollte die Zeitschrift berichten und auch "Anekdötchen" und Geschichten bringen, um das "Nützliche mit dem Angenehmen" zu verbinden, wie der Prolog verkündete.[63] In diesem Kulturjournal wurde mehrfach über die Frage der Sittlichkeit debattiert. Das geschah in Form von literarischen Texten oder war direkt als politische Stellungnahme formuliert. Was diese Artikel berichteten, übertraf bei weitem die von Domherr MEYER kritisierte "pariser Civilisation".

"Klage der Sittlichkeit über die zunehmende Anzahl und Fechheit der feilen Mädchen in Hamburg", ist eine Abhandlung überschrieben, die 1802 abgedruckt wurde und aus verschiedenen Gründen eine Novität darstellte[64]: Der Artikel präsentierte den Lesern und Leserinnen nämlich eine Klassifizierung der käuflichen Frauen und war ein erster Versuch zu einer Topographie der Prostitution, wie sie in der Folge von PARENT-DUCH¶TELET für Paris erstellt wurde, dessen Arbeit einmal Vorbild für zahlreiche Untersuchungen zum Thema werden sollte.[65]

Der anonyme Autor teilte die Prostituierten in drei Hauptgruppen: Da gab es die erste Klasse von unabhängigen Dirnen, die ein luxuriöses Leben führten und oft von einem reichen Mann ausgehalten wurden, die zweite Klasse der in Bordellen tätigen Mädchen und schließlich die Klasse derer, "welche(r) alters- und krankheitshalber aus den Bordellen gestoßen sind, und nun bei Abendzeiten ihr abscheuliches Gewerbe in abgelegenen und einsamen Winkeln treiben".[66] Wie schon RAMBACH, beklagte der Autor nicht die Tatsache der Prostitution. Er mokierte sich lediglich darüber, daß sie in Hamburg nicht mehr zu übersehen war. Die Prostitution in der Vorstadt auf dem Hamburger Berg hielt er für eine Selbstverständlichkeit, er begriff sie als sozialhygienische Notwendigkeit für die Matrosen. Mit anderen Worten: Über das Laster der anderen ließ sich reden, über das von

Franzosen und Matrosen, und an die anderen Verhältnisse außerhalb der Stadt, an den Hamburger Berg mit seinen Seeleuten aus den verschiedensten Ländern, wurde ein anderer moralischer Maßstab angelegt, wenn es denn sein mußte, wurde die Prostitution dort akzeptiert. Sobald das Laster jedoch den eigenen Stadt-Leib zu berühren drohte, wurde es brisant, zumal dann, wenn die Polizei sich als unfähig erwies. Der Autor dieser Abhandlung führte nämlich den Anstieg der Prostitution auf die korrupte Polizei zurück:

Die Unterbedienten der Polizei lassen es sich (...) in den Bordellen bei den Punschnäpfen und in den Armen der darin befindlichen Schönen, bei unentgeldlichem Genusse so wohl seyn, daß sie darüber ihre gewöhnliche Strenge vergessen.[67]

Die Hanseaten an sich waren nicht unmoralisch, sie waren allenfalls die Opfer. Diese Argumentation zieht sich durch alle Schriften. Schuld waren raffinierte Frauen und Franzosen, wenn "Tausende von unschuldigen Jünglingen und Mädchen" "dem Verderben" anheimfielen und selbst die Unterbedienten der Polizei vor ihren Tricks nicht sicher sein konnten.[68] Voraussetzung für die Sittlichkeit der Hamburger war folglich, daß man der "Frechheit der feilen Mädchen" mit den richtigen Mitteln begegnete, wie der engagierte Schreiber meinte. Worauf RAMBACH schon hingedeutet hatte, wurde durch die Zeitschrift "Hamburg und Altona" vorangetrieben: die staatliche Reglementierung der Prostitution.

V. DIE ORDUNG DER DINGE

Zwei Jahre später, 1804, brachte der Arzt Christian Wilhelm RITTER ein ganzes Paket von Vorschlägen zur weiteren Handhabung der Sittlichkeitsfrage in die Diskussion. "Ein Übel nun, was nicht ausgerottet werden kann, muß man dulden", schrieb er. "Alles was der Gesetzgeber thun darf, thun muß, ist - dieses Übel so wenig schädlich zu machen, als möglich".[69] Ritter plädierte für die zweckmäßige Einrichtung der Bordelle und bemühte nicht nur die Antike, sondern auch das christliche Rom, um sein Publikum davon zu überzeugen und religiöse Einwände zu entkräften. Ferner zog er ein Argument heran, das in der Folge noch eine große Rolle spielen und auch die letzten Zweifel der Bürger ausräumen sollte: die Ehre der tugendhaften Frauenzimmer. Sie sei ohne die Prostitution in Gefahr, wie Dr. Ritter meinte.

Die Bordellordnung, die er vorschlug, war bis ins letzte ausgetüftelt:

1. Jedes Bordell sollte einen vom Staat gewählten und besoldeten Vorsteher haben, einen ehrlichen Mann, wie betont wurde, der als Rechnungsführer der Mädchen, nicht aber als ihr Wirt fungieren sollte. Der Preis für die Ware Frau war festgesetzt und bestimmte sich "nach dem Range der Buhlhäuser". Bezahlt werden sollte gleich beim Eintritt, den Freiern wurde dafür eine Marke ausgehändigt, die sie an den "Thürsteher des Saales, worin sich alle Mädchen des Abends versammeln", geben mußten.[70] Dessen Aufgabe war es, die Marken bei der Polizei abzurechnen. Um die Kontrolle perfekt zu machen, mußten auch die Mädchen die Zahl ihrer Freier angeben. Vom Lohn der Prostituierten ist nirgends die Rede, nur von einem Taschengeld, - und es ist anzunehmen, daß sich Dr. RITTER von den durch den Senat kontrollierten Bordellen auch eine lukrative Einnahmequelle für den Staatssäckel versprach.

2. "Die Mädchen müssen an eine ordentlich Lebensart gewöhnt werden und so nützlich als möglich beschäftigt werden". Dazu gehörten "gesunde, reinliche, aber mäßige Kost", saubere und geschmackvolle Kleidung, die nicht in übertriebenen Putz ausarten durfte, und Unterricht in "Nähen, Strikken und Stikken, damit sie der ordenlichen Arbeiten und des geschäftigen Lebens nicht entwöhnt würden, und bei ihrem Austritt aus dem Hause nicht als nakkende Bettlerinnen und unnütze Geschöpfe dem Staat zur Last fallen".[71]

3. Aufgabe der Polizei war die Kontrolle der Öffnungszeiten: von Einbruch der Dunkelheit bis Mitternacht. Anschließend sollte sie das Haus durchsuchen. Ferner hatte die Polizei für die Einhaltung der Hausordnung zu sorgen: freches Benehmen von Mädchen und Freiern zu bestrafen, darauf zu achten, daß nur "Thee, Limonade und andere gekühlte Getränke" ausgeschenkt wurden, und Alkoholika und Tanz zu verbieten. Statt des Tanzes war ein wöchentliches Konzert vorgesehen. Die Zimmerschlüssel sollten in den Händen der Matrone bleiben und nur bei Bedarf den Mädchen ausgehändigt werden, "damit diese die Zahl der Umarmungen eines Mädchen wüßte, um nicht zu erlauben, daß sie über die Grenze der Natur ausgedehnt würden".[72] Selbst ihre Freizeit sollten die Frauen nur unter Aufsicht verbringen dürfen. Keine durfte das Haus ohne Begleitung verlassen.

Es blieb zunächst bei diesem, auch die Freiheit der Bürger sehr stark einschränkenden Vorschlag. Die Hansestadt entschloß sich erst drei Jahre später, 1807, die sittlichen Verhältnisse zu reglementieren, wobei man die Männer weitgehend ausnahm. Was in der Praxis längst existierte, aber offiziell nicht sein durfte, wurde nun amtlich. Hamburg tolerierte die Prostitution. Aber im selben Moment, in dem man das "Übel" nicht mehr leugnete, wurde es auch diszipliniert. Es "rutschte" vom Körper in den Kopf, Sexualität und Prostitution wurden diskursiviert, das heißt, man sprach darüber und verdrängte den Körper und die Lüste. Erlaubt war, was kontrolliert werden konnte, und so institutionalisierte man die beiden Seiten des Sexuellen und schloß sie ein: die auf Reproduktion zielende Sexualität in die Ehe und die Prostitution ins Bordell.

Die von Prätor ABENDROTH 1807 verfaßte Ordnung kontrollierte die Frauen und gewährte den Männern größtmögliche Freiheit. Es war ein System ohne Eintrittsmarken und ohne tägliche Kontrollgänge der Polizei. Die Bordellwirte und Wirtinnen mußten der Polizei nur eine Liste mit den bei ihnen arbeitenden Frauen vorlegen und sie über personelle Veränderungen unverzüglich in Kenntnis setzen. Jeder Verdacht auf eine venerische Krankheit war meldepflichtig, dazu war vorgesehen, die Prostituierten über die Kennzeichen einer Infektion aufzuklären. Darüberhinaus sollten sie sich alle 14 Tage einer Untersuchung durch den Rathschirurgus unterziehen. Zur Deckung der Behandlungskosten mußten die Wirte für jede Prostituierte monatlich eine Abgabe an die Stadt leisten. Wer sich den Bestimmungen nicht fügte, wurde bestraft. Damit die Stadt wenigstens äußerlich ein moralisch einwandfreies Bild bot, war das Buhlen auf offener Straße verboten.[73] Hamburg sollte sauber werden.

Daß es bei dieser Verordnung nicht um das Wohl der Prostituierten ging, sondern um den Schutz der Bürger vor ihnen, wird daran deutlich, daß von einer Meldepflicht venerisch erkrankter Männer nicht die Rede war. Die Kontrollmädchen sollten sich zwar dem Geschlechtsverkehr mit Infizierten verweigern, und die Wirte hatten dafür zu sorgen, daß kein venerisch Erkrankter ein Mädchen mit Gewalt zum Liebesdienst zwang, aber den Freiern drohte keine Strafe. Im Gegenteil. Diese erste gesetzliche Regelung hatte nicht nur das Ziel, die Männer vor Ansteckung zu schützen, sondern auch vor Ausbeutung durch die Prostituierten. Unter Punkt 19 der ABENDROTH'schen Verordnung hieß es:

Obgleich es den Wirthen oder einzelnen Frauenzimmern überlassen ist, die Preise ihres Gewerbes zu regulieren, so sollten doch diejenigen, welche eine zu ihnen kommende Mannsperson etwa im trunkenen Muthe oder sonst berupfen und ausplündern, auf das ernstlichste bestraft werden.[74]

VI. Zusammenfassung

Am Beispiel Hamburgs läßt sich der Umgang des aufsteigenden Bürgertums mit der Sexualität besonders eindrucksvoll darstellen. Die vom Kaufmannsgeist geprägte Hansestadt verwirklichte das Programm der sexuellen Unterdrückung konsequenter als die höfisch beeinflußten Residenzstädte. Dem kam die besondere Lage Hamburgs mit seiner Vorstadt entgegen. Die Hanseaten unterschieden zwischen sich und den anderen vom Hamburger Berg. Dort herrschten andere Sitten, dort bestimmten die Seeleute das Leben. Hamburg hatte also schon immer sein Bordell vor den Toren der Stadt.

Die Erfahrung mag dazu beigetragen haben, daß Hamburg sehr früh damit begann, das andere, Unvernünftige und Nicht-Bürgerliche auszugrenzen. In der Hansestadt entstand eines der ersten Zuchthäuser und hier gab es ab 1669 das eigens für Prostituierte (und Diebe) eingerichtete Spinnhaus.

Das andere war Schuld an dem Verfall der Sitten: der Hamburger Berg, die raffinierten Frauen und die unzähligen Emigranten mit ihrer französischen Zivilisation. Es gelang den Hanseaten immer, einen Sündenbock zu finden. Die Bürger aber blieben sauber, zumindest ihrem Selbstverständnis nach. Und als das nichts mehr half, als die Ideen der Aufklärung und Französischen Revolution Hamburg erreicht hatten und sich die Prostitution nicht mehr unterdrücken, verleugnen und nur bestrafen ließ, sondern ein vernünftiger Umgang mit der außerehelichen Sexualität geboten war, gestand man den Bürgern auch offiziell diese Freiheit zu: aber nur im Bordell.

Anmerkungen:

1) J. W. CHRISTERN: Prostitution. 1860, Teil 2, S. 46. Das kleine mit einem farbigen Kupferstich ausgestattete "Taschenbuch" enthält sechs von einander unabhängige Teile: "Liebesgeschichte einer schönen Vierländerin", "Hamburgs galante Häuser bei Nacht und Nebel", Hulda, die schöne Hannoveranerin", "Liebesabenteuer der schönen Minna". Von ihr selbst aufgesetzt und herausgegeben von einem ihrer Freunde", Hamburgs galante Damen bei Licht besehn" und "Galante Mysterien der Hamburger Maitressen, Unterhaltenen, Grisetten und Loretten".

2) Ebd. Teil 5, S. 3.

3) Ebd. S. 35.

4) Ebd. Vorwort, S. 3

5) Ebd. S. 3. H. LIPPERT etwa, der 1848 eine Studie zur Prostitution publiziert hatte, betont ausdrücklich, daß er Details über Bordelle und Tanzdielen nur vereinzelt aus eigener Anschauung gewonnen habe und seine Kenntnisse vielmehr seiner ärztlich Arbeit verdanke. Vgl. H. Lippert: Prostitution. 1948 S. 1.

6) Lexikon. 1851, Bd. 1, S. 526 - 530. CHRISTERN war Autor zahlreicher populärer Bücher zur Geschichte der Stadt Hamburg. Seine erotischen Schriften sind nur zum Teil in dem Lexikon aufgeführt. Ferner war er auch als Komponist tätig.

7) HEINE Werke. 1985, Bd. 4, S. 143 - 145, sowie Bruchstücke A 7, S. 295 und Brüchstücke B 8, S. 296.

8) Th. MUNDT: Briefe. - in: Der Delphin. 1883, S. 236.

9) Ebd. S. 236.

10) Ebd. S. 258

11) E. BUHR: Hamburger Dirnentum. 1920, S. 55.

12) Vgl. dazu: Th. MUNDT: Briefe. Ebd. S. 261

13) J. F. L. MEYER: Skizzen. 1801 - 1804, Heft 6, S. 244f. Meyer widmet dem Thema "Zerrbilder von Hamburg" ein ganzes Kapitel und kritisiert dort zahlreiche Reisebeschreibungen für ihre Oberflächlichkeit. Vgl. : Heft 6, S. 242 - 271.

14) J. L. GRIES: Klagen. 1800, S. 27

15) J. L. von HESS: Topographie. 1789, Bd. 2, S. 409

16) H. LIPPERT: Prostitution. 1848, S. 49.

17) Als Beleg für die gute alte Zeit zitieren sowohl LIPPERT als auch SCHÖNFELD den Franzosen du MEURIER. Vgl. H. LIPPERT: Prostitution. 1848, S. 48 sowie G. SCHÖNFELDT: Beiträge. 1897, S. 133.

18) Einen Überblick über die Geschichte der Prostitution in Hamburg geben A. URBAN: Staat. 1925, H. LIPPERT: Ebd. und vor allem G. SCHÖNFELDT ebd. Besonders der Arbeit Schönfeldts verdanke ich wertvolle Hinweise auf Quellen und Darstellungen.

19) G. SCHÖNFELDT, Ebd. S. 131.

20) Vgl. dazu N. ELIAS: Zivilisation. 1979, Bd. 2, S. 312 - 454.

21) J. B. SCHUPP: Corinna. 1911, S. 15

22) Ebd. S. 136

23) Ebd.

24) Vgl. dazu das Vorwort von VOGT zur Ausgabe der Schriften SCHUPPs.

25) Vgl. dazu die 1795/96 erschienenen Biographien der Wahnsinnigen von Ch. H. SPIESS: Biographien. 1976 und, auf Hamburg bezogen, Claudius' Besuch im St. Hiob. M. CLAUDIUS: Wandsbecker Bote. 1975, S. 342 - 347.

26) J. B. SCHUPP, Ebd. S. 16.

27) Ebd. S. 54.

28) Ebd. S. 57.

29) Ebd. S. 100.

30) Ebd. S. 102

31) Ebd. S. 99 - 108.

32) Der Patriot. 1969 - 1970, Bd. 1,S. 45.

33) Dazu der Hinweis bei E. KLESSMANN: Geschichte. 1984, S. 169.

34) C. F. HUNOLDT (Menantes): Satyrischer Roman. 1970.

35) E. KLESSMANN, Ebd. S. 248.

36) Die Entwicklung Hamburgs zeigt also, daß ELIAS' Theorie der Zivilisation sich mit historischen Fakten belegen läßt. N. Elias: Ebd. Bd. 2, S. 312-454.

37) Vgl. dazu K. BRAHMST: Strafrecht. 1958,S. 121 - 123.

38) J. KLEFEKER: Gesetzessammlung. Bd. 5, 1767, S. 408.

39) Ebd. S. 408f.

40) Ebd. S. 408 - 412. KLEFEKER hebt in seinem Kommentar zu den Gesetzen und Verfassungen hervor, daß man in Hamburg besonders "gelinde" mit den Ehebrechern verfuhr.

41) Vgl. dazu besonders das Mandat von 1732, in: Hamburgische Mandate: Bd. 3, S. 1176 - 1180 sowie das Mandat von 1743, in dem der Voigt auf dem Hamburger Berg aufgefordert wurde, "verdächtige Häuser fleißig zu visitieren" und auf 'gewisse' Personen acht zu haben. Hamburgische Mandate. Bd. 4. S. 1435.

42) Vgl. folgende Akten des Staatsarchivs Hamburg: Senat CL VII lit M, no 10, vol 4, fasc. 1; Senat CL VII Lit M, no 10, vol 4, fasc. 2; Senat CL VII lt M, no 10, vol 4, fasc.4; Senat CL VII lit M, no 10, vol 4, fasc. 5; Senat CL VII lit M, vol 4, fasc. 6.

43) StH, Senat CL VII lit M, no 10, vol 4, fasc. 2.

44) Vgl. dazu G. BLEIBTREU-EHRENBERG: Homosexualität. 1981, S. 297 - 299.

45) SCHÖNFELDT und HESSLEIN berichtet von dem Fall, in: G. Schönfeld: Beiträge ebd. S. 142f. und B. Heßlein: Berüchtigte Häuser. 1848/50, S. 72 f.

46) Vgl. dazu Rita BAKE: Vorindustrielle Frauenerwerbsarbeit. 1984, S. 148 sowie den Beitrag von Rita Bake in diesem Band.

47) Vgl. STH, Senat CL VII lit M, no 10, vol 4, fasc. 2. Das fehlerhafte Deutsch ist darauf zurückzuführen, daß es sich bei den Akten um Vernehmungsprotokolle handelt.

48) J. KLEFEKER: Gesetzessammlung, ebd. S. 405f.

49) Vgl. dazu K. BRAHMST: Strafrecht, ebd. S. 122

50) Hamburgische Mandate, ebd. S. 1176.

51) Ebd. S. 1176 - 1180.

52) Ebd. S. 1179 und Gesetzessammlung, ebd. 491.

53) Die Matrone. 1728, S. 189.

54) Der Patriot, Bd. 1, ebd., S. 337 - 344.

55) Von HESS: Topographie, Bd. 2, ebd. S. 388.

56) F. J. L. MEYER: Skizzen. 1801, Bd. 2, S. 172f.

57) G. MERKEL: Briefe. 1801, S. 43f, Berücksichtigt werden sollte, daß die Reiseberichte mit Vorsicht zu genießen sind, viele der Autoren die Orte gar nicht gesehen hatten, über die sie schrieben und urteilten. Vgl. dazu Anm. 14 sowie den Beitrag von Wolfgang GRIEP in diesem Band.

58) Ebd. S. 49.

59) J. J. RAMBACH: Versuch. 1801, S. 211.

60) Ebd. S. 225.

61) Ebd.

62) Ebd. S. 227.

63) Hamburg und Altona. 1801, Bd. 1, S. 2.

64) Hamburg und Altona. 1802, Bd. 1/4, S. 292.

65) Vgl. A. PARENT-DUCH¶TELET: Prostitution Paris. 1903.

66) Hamburg und Altona. 1802, Bd. 1/4, S. 296.

67) Ebd. S. 299.

68) Ebd. S. 297.

69) Hamburg und Altona. 1804, Bd. 3/3, S. 42.

70) Ebd. S. 53.

71) Ebd. S. 54.

72) Ebd. S. 55.

73) H. LIPPERT: Prostitution, ebd. S. 23 f.

74) Ebd. S. 24.

LITERATURVERZEICHNIS

BAKE, Rita: Vorindustrielle Frauenerwerbsarbeit. Arbeits- und Lebensweisen von Manufakturarbeiterinnen im Deutschland des 18. Jahrhunderts unter besonderer Berücksichtgung Hamburgs. Köln 1984.

BLEIBTREU-EHRENBERG, Gisela: Homosexualität. Die Geschichte eines Vorurteils. Frankfurt 1981.

BLOCH, Iwan: Die Prostitution. Bd. 2, Berlin 1975.

BÖHME, Hartmut / Böhme, Gernot: Das Andere der Vernunft. Zur Entwicklung von Rationalitätsstrukturen am Beispiel Kants. Frankfurt 1982.

BRAHMST, Klaus: Das hamburgische Strafrecht im 17. Jahrhundert. Der Übergang vom städtischen zum gemeinen Strafrecht. Hamburg 1958.

BUHR, Emmy und Redakteur xxx: 1000 Jahre hamburger Dirnentum. Aus der Sittengeschichte der Hansestadt vom grauen Altertum bis zum übermodernen Heute. Nach historischen Quellen bearbeitet. Hamburg 1920.

CLAUDIUS, Matthias: Der Wandsbeker Bote. Mit einem Vorwort von Peter SUHRKAMP und einem Nachwort von Hermann HESSE. Frankfurt 1981.

CHRISTERN, Johann Wilhelm: Die Hamburgische Prostitution. Dargestellt in Biographien, Skizzen und Genrebildern. 6. Bd., Neustadt 1860.

DER DELPHIN. Ein Almanach von Theodor MUNDT. Altona 1838.

DER PATRIOT nach der Originalausgabe Hamburg 1724 - 26 in drei Textbänden und einem Kommentarband kritisch herausgegeben von Wolfgang MARTENS. Berlin 1969 - 1970.

DIE MATRONE. Hg. v. Johann Georg HAMANN (d.Ä.), Hamburg 1728.

DIE HAMBURGER PROSTITUTION oder die Geheimnisse des Dammthorwalls und der Schwiegerstraße. Altona 1858.

DUFOUR, Pierre: Geschichte der Prostitution. Bd. 1 - 3, Leipzig 1898.

ELIAS, Norbert: Über den Prozeß der Zivilisation. Soziogenetische und psychogenetische Untersuchungen. Bd. 1/2, Frankfurt 1979[6].

ENTSCHLEIERTE GEHEIMNISSE der Prostitution in Hamburg. Leipzig 1847.

FAUCAULT, Michel: Wahnsinn und Gesellschaft. Eine Geschichte des Wahns im Zeitalter der Vernunft. Frankfurt 1978[3].

ders.: Sexualität und Wahrheit. Bd. 1: Der Wille zum Wissen. Frankfurt 1979.

GERKE, Friedrich Clemens: Mein Spaziergang durch Hamburg. Poleographische Genre-Bilder. Altona 1838.

GRIES, Johann Ludwig: Sind die gehäuften Klagen neuerer Schriftsteller über Hamburg gerecht? Auch Skizzen zu einem Sittengemälde in Hamburg. Hamburg 1800.

GRIESHEIM, Christian Ludwig von: Die Stadt Hamburg in ihrem politischen, öconomischen und sittlichen Zustande. Hamburg 1780.

HAMBURG UND ALTONA. Ein Journal zur Geschichte der Zeit, der Sitten und des Geschmacks. Jg. 1 - 5, 1801 - 1806.

HEINE, Heinrich: Historische-kritische Gesamtausgabe der Werke. In Verbindung mit dem Heinrich-Heine Institut hg. v. Manfred WINDFUHR. Bd. 4, bearbeitet von Winfried WOESLER. Hamburg 1985.

HESS, Jonas Ludwig von: Hamburg topographisch, politisch und historisch beschrieben. Bd. 1 - 3, Hamburg 1787 - 1792.

HESSLEIN, Bernhard: Hamburgs berühmte und berüchtigte Häuser in historischer und socialer Beziehung dargestellt. Bd. 1/2, Hamburg 1849/50.

HORKHEIMER, Max/ADORNO, Theodor W.: Dialektik der Aufklärung. Philosophische Fragmente. Frankfurt 1980[7].

KLESSMANN, Eckart: Die Geschichte der Stadt Hamburg. Hamburg 1981.

KONIECZKA, Vera: Prostitution im 19. Jahrhundert. Frankfurt 1980.

LEXIKON DER HAMBURGISCHEN SCHRIFTSTELLER bis zur Gegenwart. Im Auftrag des Vereins für hamburgische Geschichte ausgearbeitet von Hans SCHRÖDER. Bd. 1, Hamburg 1851.

LIPPERT, Heinrich: Die Prostitution in Hamburg in ihrem eigenthümlichen Verhältnissen. Hamburg 1848.

LOEWENFELD, Kurt: Englischer Besuch in Hamburg im Jahre 1798. Wie zwei große englische Dichter (Coleridge und Wordsworth) nach Hamburg reisten und was sie dort sahen, insbesondere ihre höchst merkwürdigen Gespräche mit Herrn Klopstock. Hamburg 1927.

MERKEL, Garlieb: Briefe über Hamburg und Lübeck. Leipzig 1801.

MEYER, Johann Friedrich Lorenz: Skizzen zu einem Gemälde von Hamburg. Bd. 1 - 6, Hamburg 1801 - 1804.

PARENT-DUCHATELET, Alexandre J. B.:Die Prostitution in Paris. Eine sozial-hygienische Studie (1826). Bearbeitet und bis auf die neueste Zeit fortgeführt von G. MONTANUS, Dr.med., Freiburg i. Br. und Leipzig 1903.

PAUL, Ernst W. .: Lex Heinze. Die Hamburgische Prostitution und das Zuhältertum. Ein Beitrag zur Sittengeschichte Hamburgs. Hamburg 1897.

RAMBACH, Johann Jacob: Versuch einer physisch-medicinischen Beschreibung von Hamburg. Hamburg 1801.

SAMMLUNG DER HAMBURGISCHEN GESETZE UND VERFASSUNGEN in Bürger- und Kirchlichen, auch Cammer-, Handlungs- und übrigen Policey-Angelegenheiten. Bd. 5, Hg. v. Johann KLEFEKER, Hamburg 1777.

SAMMLUNG HAMBURGISCHER MANDATE der von E. Hochedlen Rathe der Stadt Hamburg so wohl zur Handhabung der Gesetze und Verfassungen als bey besonderen Eräugnissen in Bürger- und Kirchlichen, auch Cammer-, Handlungs- und übrigen Policey- Angelegenheiten und Geschäften. 3. Theil, Hamburg 1764.

SCHÖNFELDT, Gustav: Beiträge zur Geschichte des Pauperismus und der Prostitution. Weimar 1897.

SCHULTE, Regina: Sperrbezirke. Tugenhaftigkeit und Prostitution in der bürgerlichen Welt. Frankfurt 1985.

SCHUPP, Johann Balthasar: Corinna. Kritisch durchgesehene und erläuterte Ausgabe mit den Varianten der Einzeldrucke und der ältesten Gesamtausgabe der deutschen Schriften. Hg. v. VOGT, Carl, Halle 1910/1911.

Ders.: Streitschriften. Erster Teil (und zweiter Teil). Abdruck der jeweils ältesten Ausgabe mit den Varianten der Eizeldrucke und der ältesten Gesamtausgabe der deutschen Schriften. Hg. v. VOGT, Carl, Halle 1910/1911.

SPIESS, Christian Heinrich: Biographien der Wahnsinnigen. Ausgewählt, herausgegeben und mit einem Nachwort versehen von Wolfgang PROMIES. Darmstadt und Neuwied 1976.

STAATSARCHIV HAMBURG. Senat CL VII lit M, no 10, vol 4, fasc. 1.

Ebd : Senat CL VII lit M, no 10, vol 4, fasc. 2.

Ebd.: Senat CL VII lit M, no 10, vol 4, fasc. 4.

Ebd.: Senat CL VII lit M, no 10, vol 4, fasc. 5.

Ebd.: Senat CL VII lit M, no 10, vol 4, fasc. 6.

THEWELEIT, Klaus: Männerphantasien. Bd. 1/2, Frankfurt 1977/78.

URBAN, Alfred: Staat und Prostitution in Hamburg vom Beginn der Reglementierung bis zur Aufhebung der Kasernierung (1807 - 1922). Diss. Hamburg 1925.

WALTER, Georg: Hamburger Sittengeschichte. Hamburg 1931.

ZEISIG, J. (d.i. GERKE, Friedrich Clemens): Memoiren einer Prostituierten oder die Geschichte der Prostitution in Hamburg. Hamburg 1847.

ARNO HERZIG

DIE HAMBURGER UNTERSCHICHTEN IM
ZEITALTER DER SPÄT-AUFKLÄRUNG (1770-1800)

Als 1842 bei dem großen Brand Hamburgs die bürgerliche Ordnung zu-
sammenbrach, bemerkte Friedrich SASS als zeitgenössischer Beobachter
des Geschehens über Hamburgs Unterschichten:

*Es kochte in dem Krater des Volkes eine dumpfe, trotzige Gährung, und
suchte nach Ausbruch und Luft. In den bedroheten Stadttheilen, wo sich die
Straßen eng durcheinanderkreuzen, wimmelte ein dichter Menschenknäuel
in seiner Verzweiflung, und der heiße Sprühregen, die Feuerfunken, die
glühenden Steine, die brennenden Holzscheite fielen zwischen tobende
Massen, welche sich dann nur trennten, um sich neu zu vereinen. Je trotziger das Element in seiner Macht wurde, umso trotziger und wüster wurde
auch das Volk im Gefühle der Rettungslosigkeit und der vergeblichen Arbeit. Unter den Weheruf der Weiber und der Kinder, unter das Klirren der
Musketen, unter das Knallen und Prasseln der Flamme, unter das stöh-
nende Glockengewimmer vom nahen Nicolaithurme mischte sich jetzt
schon der wilde, haarsträubende Spott und Hohn der Verzweiflung, und
man begann, während man an den Pumpen stand und sich die Wassereimer
hinauf und herab in langen Reihen reichte, tolle, lustige und frivole Lieder
zu singen. Man suchte in dem grauenhaften Elende den Grund zu einer excentrischen Glückseligkeit zu finden und schallendes Gelächter klang
durch das Geheul der Fliehenden und durch den donnernden Niedersturz
brennender Häuser.*

Diese Beschreibung des Hamburger Pöbels stammt, wie gesagt, von
1842. Rund vierzig Jahre und länger lag das Zeitalter der Aufklärung nunmehr zurück. Den Pöbel, den der bürgerliche Beobachter hier durch seine
Brille sieht, hatte die Aufklärung offensichtlich nie erreicht. Oder hatte er
inzwischen alles wieder vergessen, was ihm die Aufklärung beigebracht
hatte? Jede moralische Sauberkeit ist ihm nach dieser Schilderung fremd.
Er "wälzt sich in dem Schlamme seiner Rohheit mit vollem Behagen und in
viehischer Lust"; der "strengsten unerbitterlichen Ordnung" setzt er die
"abscheulichsten Excesse" entgegen; das aufgeklärte Streben nach Glückseligkeit ist zur "excentrischen Glückseligkeit" eines "wilden Tieres" verkommen. Der Pöbel akzeptiert nicht mehr die symbolische Gewalt bürgerlicher Ordnung und Überlegenheit, kennt "keine Demut und Unterwürfigkeit", und auch das Ideal der Gleichheit muß er falsch verstanden haben,
haßt er doch die "Reichen schon deshalb, weil sie reich sind". Dem Begriff
der Freiheit gibt er seine eigene Deutung.[1] Für sie wagt er das "Toll-

kühnste", wie 1841 bei der sogenannten Hamburger Branntwein-Emeute, als, wie es SASS selbst andeutet, er sich mit wildem Spott durch die Demonstration seiner Kraft dagegen zur Wehr setzte, daß das "champagnertrinkende" Bürgertum dem Pöbel den Schnaps verbieten wollte.[2]

Diese Ereignisse drängen zur Frage: Welche Beziehung gibt es eigentlich zwischen Aufklärung und Pöbel? Hat Heinrich CAMPE recht, wenn er 1786 fragt: "Was für eine Art von Aufklärung hat die Welt, solange sie steht, bis auf diesen Tag gesehen?" und darauf resigniert antwortet: "Eine höchst eingeschränkte, die sich nur über einzelne vorzüglich gute Köpfe verbreitete; in Ansehung des größeren Haufens aber eine höchst unvollkommene, höchst unzusammenhängende und daher auch höchst unkonsequente Aufklärung".[3]

War es die Inkonsequenz der Aufklärung, die das zurückgebliebene Bewußtsein der Unterschichten bestimmte? Sieht man die Aufklärung nicht nur als ein Zeitalter, sondern als einen Prozeß, so ergeben sich aus der Entwicklung in der zweiten Hälfte des 19. Jahrhunderts ganz andere Perspektiven, die ADORNO und HORKHEIMER wie folgt deuteten:

Das Instrument, mit dem das Bürgertum zur Macht gekommen war, Entfesselung der Kräfte, allgemeine Freiheit, Selbstbestimmung, kurz die Aufklärung, wandte sich gegen das Bürgertum, sobald es als System der Herrschaft zur Unterdrückung gezwungen war... Die Aufklärung leistet der Herrschaft nicht die zuverlässigen Dienste, die ihr von den alten Ideologien stets erwiesen wurden... Ihre antiautoritäre Tendenz, die, freilich bloß unterirdisch, mit jener Utopie im Vernunftbegriff kommuniziert, macht sie dem etablierten Bürgertum schließlich so feind wie der Aristokratie, mit der es sich denn auch recht bald verbündet hat.[4]

Ist an dieser Fehleinschätzung auch das Hamburger Bürgertum gescheitert, wenn es glaubte, sich mit Hilfe der Philosophie der Aufklärung die Unterschichten gefügig machen zu können und für bürgerliche Marktplanungen verfügbar? SASS' Feststellungen über den Hamburger Pöbel mögen unangemessen klingen, vor allem, wenn er diesem nach dem offenkundigen Versagen der bürgerlichen Ordnung bei dem großen Stadtbrand von 1842 die Sündenbockfunktion zuweist, sie machen jedoch deutlich, daß der Pöbel seine eigenen Vorstellungen, seine eigene politische Kultur hatte, die den bürgerlichen Vorstellungen und der politischen Kultur des Bürgertums entgegenstanden. Im ausgehenden 18. Jahrhundert rekrutierte dieser Gegensatz aus der Tatsache, daß der Pöbel nichts von der Theorie der Aufklärung wissen wollte und seine politische Kultur gegen alle aufgeklärten bürgerlichen Eingriffe verteidigte. Im ausgehenden 19. Jahrhundert aber ergab sich dieser Gegensatz aus der Tatsache, daß sich die Unterschichten in der Arbeiterbewegung nicht nur die Theorie der Aufklärung angeeignet, sondern sie konsequent weiterentwickelt hatten. Nicht durch die Inkonsequenz der Aufklärung, sondern durch ihre Konsequenz wurden nun die Unterschichten zum Widerpart des Bürgertums.

Zu den Unterschichten zählen in der zweiten Hälfte des 18. Jahrhunderts alle die Gruppen, deren Existenz dauernd oder periodisch nicht gesichert, deren Einkommen klein und unregelmäßig war, das also nahe der Armutslinie oder darunter lag.[5] Dabei war es zweitrangig, welchen Rechtsstatus die Unterschichten besaßen, ob sie das Bürgerrecht, ein eingeschränktes Bürgerrecht oder nur einen Duldungsstatus, den Status eines Einwohners, innehatten. Aus der Definition ergibt sich, daß die Unterschichten sehr heterogen waren, statistisch also nur schwierig zu erfassen sind. Franklin KOPITZSCH hat für die Klassifizierung der Hamburger Gesellschaft in der zweiten Hälfte des 18. Jahrhunderts eine wichtige Quelle entdeckt, nämlich das Reglement wegen des Kopf-Geldes, das die Hamburger Einwohner in neun Klassen aufteilte und diese Klassen, wenn auch nicht zahlenmäßig, so doch inhaltlich beschrieb. Franklin Kopitzsch rechnet von den hier aufgeführten Klassen die 7. bis 9. Klasse zu den Unterschichten. Zu dieser 7. bis 9. Klasse gehörten unter anderem die Knechte, Gesellen, Tagelöhner, die Handwerker außerhalb der Zünfte und die Arbeitsleute.[6] Nur zu dem geringsten Teil konnten die Vertreter der 7. bis 9. Klasse das Sozialsystem der Zünfte oder anderer Korporationen für sich in Anspruch nehmen. Um sich einen Begriff von der sozialen Gliederung zu machen, seien folgende Zahlen aus der Topographie des Jonas von HEß für 1789 angeführt. Die großen Massenhandwerke: die Hauszimmerleute, Maurer, Schneider, Schuster, Schmiede, Schlosser und Tischler zählten insgesamt 619 Amts(= Zunft)-Meister und Freimeister, dazu 1.570 Gesellen. Diesen rund 2.200 zünftig organisierten Handwerkern standen ca. 5.800 Bönhasen, also unzünftige Handwerker, gegenüber.[7] Über diese Gruppe, die ein bedeutendes Arbeiterpotential stellte, ist kaum etwas bekannt. Gab es eine große Nachfrage nach handwerklichen Produkten, durften sie ungehindert arbeiten. Die Zunftmeister und die Obrigkeit kümmerten sich nicht um diese nach dem Gesetz illegal Arbeitenden, da die Bönhasen in erster Linie für die Unterschichten produzierten. Ging die Nachfrage zurück, so machten die Zünfte sofort von ihrem Produktionsmonopol Gebrauch, stürmten, gedeckt von der Obrigkeit, die Werkstätten der Bönhasen und nahmen diesen ihre Produkte weg. Die Gruppe dieser unzünftigen Handwerker war in der 2. Hälfte des 18. Jahrhunderts erheblich angestiegen, weil die Zünfte sich abgeschlossen hatten, d.h. nur noch Meistersöhne eine Stelle als Zunft- oder Amtsmeister bekommen konnten, die übrigen Gesellen also entweder Bönhasen werden oder ein Leben lang Gesellen bleiben mußten.[8] Die sogenannte Abschließung der Zünfte hatte ferner zur Folge, daß die zahlreichen Altgesellen nicht mehr zur Ehelosigkeit verpflichtet werden konnten, sondern größtenteils heirateten und damit im Gegensatz zu den nichtverheirateten, aber dafür im Meisterhaushalt versorgten Junggesellen, zu den Unterschichten abstiegen, da die Sozialfürsorge der Zünfte (Unterstützung im Krankheitsfall, Versorgung der Witwe bei Todesfall des Ernährers) für sie nicht mehr gültig war.

Nichtzünftig und damit im Notfall völlig ohne soziale Sicherung waren die ca. 13.000 bis 14.000 Arbeiter in den Manufakturen. Nach Heinrich LAUFENBERGs Schätzungen waren davon ca. 1.000 Arbeiter(innen) in den Spinnereien, ca. 4.000 in den Kattundruckereien und Nebengewerben, 800 bis 1.000 in den Tabakfabriken und 7.000 bis 8.000 in den Zuckerraffinerien tätig.[9] Auch über die Existenzbedingungen dieser Gruppe ist nur wenig bekannt. Der Niedergang der Manufakturen in der zweiten Hälfte des 18. Jahrhunderts traf diese Gruppe besonders hart. Um sich gegen die Konkurrenz zu behaupten, waren durch die Unternehmer die Löhne der Manufakturarbeiter ständig gesenkt worden, galt doch der Satz, daß der Lohn der Arbeit zum Vorteil der Manufakturen und Fabrikherren heruntergebracht werden müsse.[10] Das Ergebnis dieser Entwicklung schildert Johann Georg BÜSCH 1792 in seinen Erfahrungen: "Mit dem Niedergang der Manufakturen ist die Armut unter dem geringen Mann in einer fortdauernden Zunahme". Die Arbeitsplätze wurden reduziert, während immer mehr Menschen von außen nach Hamburg zogen und so genügend Arbeitskräfte zur Verfügung standen.[11] Betroffen waren davon vor allem die weiblichen Arbeitskräfte in den Kattunfabriken. Die Löhne in den Manufakturen, so stellt P. H. SCHIERWATER 1792 in seiner Abhandlung über die Situation der Manufakturen in Hamburg fest, seien "so niedrig, daß unmöglich die Handwerker mit diesem auskommen können".[12] Der Boom, den Hamburgs Handel in den 90er Jahren erlebte, war an den Manufakturen und damit an den dort beschäftigten Unterschichten vorbeigegangen. Sie waren, im Gegenteil, Opfer dieses Booms, da ihre Löhne mit dem durch den Boom verursachten allgemeinen Preisanstieg nicht mithielten.

Zu den Unterschichten zählten ferner auch die Armen. Im Jahr 1788 waren es 7.391 Arme, nicht eingerechnet die Armen im Zuchthaus, Krankenhof und Waisenhaus. Nach KOPITZSCH' Schätzungen gehörten zu dieser Zeit (Ende der 1780er Jahre) ungefähr die Hälfte der damals rund 100.000 Hamburger zu den Unterschichten.[13] Allein die Armen, die ständig versorgt werden mußten, machten mit ca. 10.000 etwa 10% der Gesamtbevölkerung aus. Während die Einkünfte der letzteren Gruppe ständig unter der Armutslinie lagen, gerieten die Gesellen, Tagelöhner und Arbeitsleute nur periodisch unter diese Grenze des Existenzminimums. Nach Angaben von BÜSCH lag diese Armutslinie 1785 bei 12 Schillingen Verdienst pro Tag. "Denn jede Familie, die noch keine Not fühlt, solange ihr Broterwerber nur 12 Schillinge an jedem Werktage verdient, behilft sich doch gewiß in Hamburg sehr kärglich".[14]

Nach einer Lohnaufstellung aus dem Jahr 1792 lagen über diesen 12 Schillingen Tagesverdienst lediglich die Löhne der Zimmer-, Tischler- und Maurergesellen und die der Kattundrucker; im Sommer auch noch die der Steinsetzer und -hauer unter den Fortifikationsarbeitern; ferner die der qualifizierten Kalkhofsarbeiter. Darunter lagen die Löhne der Tagelöhner bei Bauarbeiten und in der Gärtnerei, die der Bauhofsarbeiter, die der meisten Fortifikations- und Gassenarbeiter sowie die Löhne der Manufakturarbeiter.[15] Doch seit dem Zeitpunkt, da BÜSCH das Existenzminimum mit 12 Schillingen angibt und dem Jahr, aus dem diese Tabelle stammt (1785 und 1792), waren die Lebenshaltungskosten erheblich angestiegen. Kostete 1788 1 kg Brot ca. 1 Schilling, so mußte man 1792 1,4 Schillinge zahlen. Der Preis sollte bis 1800 auf 2,6 Schillinge pro Kilo ansteigen.[16]

Ich will Sie nicht weiter mit Zahlen verwirren, möchte aber abschließend noch einen Vergleich bringen, der von der Armenanstalt errechnet worden ist. 1792 benötigten zwei zusammenlebende Personen jährlich 266 Mark und 8 Schillinge (16 Schillinge = 1 Mark) für die notwendigsten Lebenshaltungskosten. Für den damaligen statistischen Warenkorb der Armenanstalt wurde pro Woche für zwei erwachsene Personen folgende Gebühr berechnet: ca. 7 kg Brot, ca. 14 kg Kartoffeln, 1/2 Pfund Butter, Milch, 1/2 Pfund Zucker, ca. 15 gr Tee, Salz, 1/2 Pfund Seife, 1/2 Pfund Lichte, Feuerung und Miete. Acht Jahre später (1800) mußten für diesen Warenkorb 568 Mark und 12 Schillinge bezahlt werden, mehr als das Doppelte also. Vor allem die Mieten waren um das Drei- bis Vierfache gestiegen.[17]

Es ist sicher kein Zweckpessimismus, wenn BÜSCH schon 1785 wiederholt auf die "Zunahme der Armut" hinweist.[18] Diese hing mit der schlechten wirtschaftlichen Situation Hamburgs in der zweiten Hälfte des 18. Jahrhunderts zusammen. Nach Büsch war 1759 - also während des Siebenjährigen Krieges, und in Kriegszeiten verdiente Hamburg immer sehr gut - "das Jahr des größten und solidesten Wohlstands der Stadt".[19] Doch mit Ende des Krieges 1763 geriet Hamburgs Wirtschaft in eine Krise, die bis 1788 andauerte, so sieht es zumindest Büsch. Während in diesem Zeitraum die Hamburger Manufakturen, die die aus den Kolonialländern importierten Rohstoffe verarbeiteten, von der preußischen Handelssperre getroffen wurden, konnte Hamburg auf der anderen Seite jedoch seine Position als Hafen ausbauen, um zum "größten Transitplatz, zum Warenlager für den deutschen Markt" (KELLENBENZ) zu werden. Diese neue Funktion zahlte sich vor allem während der 1790er Jahre aus, als Hamburg gute Geschäfte mit dem revolutionären Frankreich machte.[20]

Wie wir sehen, hatte für die Unterschichten der Boom, der bis 1799 andauerte, einen rapiden Anstieg der Preise zur Folge. Die Lebensmittel verteuerten sich nicht nur deshalb, weil die Kaufleute durch den Getreideexport nach England und Frankreich mehr verdienten als auf dem inländischen Markt. Hinzu kam, daß die Nachfrage durch die ca. 5.000 Emigranten in Hamburg erheblich anstieg. Die Löhne blieben weit hinter dem Preisanstieg zurück. 1795 war man deshalb auch im Senat nicht abgeneigt, den Arbeitern, die sich selbst beköstigen mußten, zuzugestehen, daß sie "bei den jetzigen hohen Preisen fast aller Lebensnotwendigkeiten, besonders des Brots, mit Recht eine Zulage verlangen können."[21] Der Anstieg der Preise war jedoch nicht allein durch den Export oder die Emigranten, sondern auch durch eine bewußt herbeigeführte Münzverschlechterung, d.h. Inflation, verursacht. Durch die Verschlechterung des Münzfußes, das meint die Senkung des Edelmetallanteils der Münzen, versuchten einige Mitglieder des Senats Ende der 1780er Jahre, eine Verminderung des Effektivlohns herbeizuführen. Selbst, so kalkulierte man, wenn der Arbeiter dann statt der bisherigen 12 Schillinge 13 1/4 Schillinge verlangte, stünde sich der Unternehmer günstiger.[22]

Am fatalsten aber machte sich für die Unterschichten der Anstieg der Mieten bemerkbar, die laut Berechnungen der Armenanstalt für die Wohnungen der Unterschichten, die Säle, Buden und Keller, in den 1790er Jahren das Drei- bis Vierfache mehr als in den 1780er Jahren ausmachten. Allerdings waren es nicht primär die wohnungssuchenden Emigranten, die die Mietpreise in die Höhe trieben.[23] Gravierender war, daß die Kaufleute während der Boomphase der 1790er Jahre erhebliche Lagerraumkapazitäten benötigten und deshalb durch Zahlung höherer Mieten die Unterschichten aus ihren Wohnquartieren verdrängten. Da die Mieten für bessere Wohnungen sogar um das Fünf- bis Sechsfache anstiegen, gingen viele Hausbesitzer dazu über, die billigen kleinen Wohnungen der Unterschichten abzureißen und dafür lukrativere größere Häuser zu errichten.[24] Die Unterschichten zogen noch enger zusammen. Mehrere arme Familien bewohnten nun einen Saal, so daß, wie der Arzt Johann Jakob RAMBACH in seiner Topographie berichtet, "die Stuben im Winter oft voll von einem unausstehlichen Dunst waren, der die Fenster bei strengem Frost mit einer dicken, undurchsichtigen Decke überzog".[25]

Trotz des Zusammenrückens blieben in der zweiten Hälfte der 1790er Jahre bei den offiziellen Mietterminen an Himmelfahrt und an Martini jeweils über 100 Menschen obdachlos. Am Himmelfahrtstermin 1797 z.B. wiesen die Behörden von den 117 obdachlosen Menschen 34 (= 10 Familien) ins Zuchthaus und 83 (= 27 Familien) ins Drillhaus ein, wo sie scharfen Überwachungsbestimmungen unterworfen wurden.[26] Bei dem Martinitermin desselben Jahres blieben über 300 Menschen ohne Wohnung.[27] Senator GÜNTHER, ein führender Hamburger Aufklärer, drängte als zuständiger Prätor des Drillhauses auf Abhilfe.

Er schlug deshalb im August 1797 dem Senat vor, bei der Ölmühle interessierten Unternehmern durch Ausschreibung zwei steuerfreie Bauplätze anzubieten, auf denen insgesamt 102 Kleinwohnungen bis Himmelfahrt 1798 errichtet werden sollten. Grundbedingung dieses Verkaufs war die Zusage des Käufers, diese Häuser für 10 Jahre zum Mietpreis von acht Reichstalern (= 24 Mark) pro Wohnung an die Armenanstalt zu vermieten.[28] Es fand sich für dieses Angebot jedoch kein Interessent. Zustande kam dagegen ein anderes Projekt, das vom Armenkollegium ausgeschrieben worden war, nämlich der Bau von 50 Baracken auf dem Hamburger Berg, in denen an Martini 1797 zunächst 117 Menschen Unterkunft fanden. Diese Baracken, für 2.000 Mark von dem Zimmermeister HERBST errichtet und zu fünf Reichstalern je Wohnung an die Obdachlosen vermietet,[29] blieben, wie Franklin KOPITZSCH schreibt, "für längere Zeit die ersten Ansätze zu einer staatlichen Wohnungsbau- und Wohnungsversorgungspolitik".[30] Doch das Unternehmen scheiterte, da der Senat sich nicht entschließen konnte, die Torsperre für die Barackenbewohner aufzuheben. Dies hatte nicht nur zur Folge, daß die hier wohnenden Handwerker ihre Produkte in der Stadt nicht absetzen durften, sondern auch, daß unter den Barackenbewohnern allgemein das Gefühl herrschte, daß sie im wahrsten Sinne des Wortes aus der Stadt ausgesperrt waren. Im Februar 1798 wohnten insgesamt 148 Menschen in den Baracken, davon waren aber nur 110 aus der Stadt dahingezogen, die restlichen 38 kamen vom Hamburger Berg, dem späteren St. Pauli, wo ebenfalls großer Wohnungsmangel herrschte.[31] Der Senat ließ deshalb den Baudirektor REINKE nach weiteren Bauplätzen in der Stadt suchen. Reinke schlug Ende Februar 1798 Bauplätze für ca. 150 Wohnungen und bei Verkauf der Gärten in der Stadt Plätze für weitere 300 Wohnungen vor. Bei einem eventuellen Umbau des Schützenhofes, so sein Vorschlag, könnten etwa 150 Wohnungen geschaffen werden. Jedoch seien, so räumte er ein, alle vorgeschlagenen Plätze so beschaffen, daß ein eventueller Bau auf diesen Plätzen mit Hindernissen verbunden wäre, so daß ein "Zeitverlust" eintreten würde, der - wie Reinke meinte - "umso schlimmer ist, da der dringende und noch immer zunehmende Mangel an kleinen Wohnungen sehr baldige Hilfe erfordert."[32]

Das Projekt Ölmühle war zwar gescheitert, doch bauten eine Reihe von Privatunternehmern, wie RAMBACH kritisierend bemerkt, "auf Spekulation oder auch aus Patriotismus eine große Anzahl von Wohnungen für Arme". Diese Wohnungen wurden bezogen, noch ehe sie fertig waren. "Oft fehlten" - so Rambach - "noch das Dach und die Öfen, und die Wände der Zimmer trieften noch, so waren sie schon bewohnt".[33]

Die Lage auf dem Wohnungsmarkt entspannte sich allmählich, als 1799 die erste große Handelskrise eintrat, so daß es zu zahlreichen Konkursen kam. Die Krise verschärfte sich zu Beginn des 19. Jahrhunderts durch die Elbblockade bzw. ab 1806 durch die Kontinentalsperre. Die Lagerräume wurden nun nicht mehr benötigt, so daß die Unterschichten wieder ihre Buden, Säle und Keller beziehen konnten.

CAMPEs resignierte Feststellung von 1786, daß die Aufklärung sich nur in den "vorzüglich guten Köpfen verbreitet", den "größeren Haufen" aber nicht erreicht habe, führt zu den Fragen: Auf welchen Gebieten kamen die Unterschichten überhaupt mit den Ideen der Aufklärung in Berührung? und: Welche Rolle spielten die Unterschichten im Kalkül der Aufklärer? Es sind drei wichtige Bereiche, in denen die Aufklärungsdiskussion Einfluß auf das Leben der Unterschichten nahm. Diese sind:

- der Bereich Arbeit/Lohn/Markt, dann
- der Bereich Schule und schließlich
- der Bereich Religion.

Zunächst zum Bereich Arbeit/Lohn/Markt: Schon der "Patriot", die Zeitschrift der Hamburger Frühaufklärung, hatte 1724 Maßstäbe gesetzt. Als "wahrer Dürftiger" galt in einer sehr idealtypischen Sicht "ein fleißiger Mensch, (der) alles thut, um sein Brodt zu verdienen, damit er die Schande der Betteley vermeide, und seinem Nächsten nicht zur Last sey, durch Umstände aber daran gehindert wird".[34] Von Bedeutung ist dabei, daß der Verfasser dieses Artikels, vermutlich handelt es sich um Barthold Hinrich BROCKES, die Armut nicht nur auf die moralischen Mängel des einzelnen Armen zurückführt, sondern durchaus auch Strukturmängel des Systems als Ursachen für die Armut anerkennt. Was den reichen Bürger mit dem armen verbindet, ist nach Anschauung eines anderen Hamburger Frühaufklärers,

Johann Adolf HOFFMANN, die Vernunft, die beiden gemein ist, die beide Glieder an einem Leibe sein läßt.[35]

Doch sind die politischen Folgerungen aus dieser Philosophie wenig altruistisch. Im Prinzip liefen sie darauf hinaus, die Bettelei zu verbieten und die arbeitsfähigen Armen in Werk- und Zuchthäuser einzuweisen. Um die kranken und arbeitsunfähigen Armen kümmerte man sich gar nicht. Es fällt schwer, in dieser Armenpolitik etwas qualitativ anderes zu sehen als das, was bereits seit dem beginnenden 17. Jahrhundert im Hamburger Werk- und Zuchthaus praktiziert wurde: der Arme mußte mit dem Kriminellen zusammenarbeiten, die Grenze zwischen Armut und Kriminalität blieb unbestimmt.

60 Jahre später bezweifelt BÜSCH, daß es den Vertretern der Hamburger Frühaufklärung überhaupt um eine ernsthafte Armenpolitik gegangen sei. Sie hätten, so resümiert er, die Chance vertan, ein zur Hilfe bereites Publikum entsprechend aufzuklären.[36] Die Spätaufklärer der Patriotischen Gesellschaft setzten deshalb auf die bürgerliche Öffentlichkeit, als sie in den 1780er Jahren das Thema wieder aufgriffen. Doch auch sie wollten zunächst keine praktische Armenpflege betreiben, sondern der Praxis nur nützliche Anregungen geben. Wie schon in den 1720er Jahren, so diskutierte man nun auch wieder über die Ursachen der Armut. Wie BROCKES und HOFFMANN, so wies auch Büsch auf die strukturellen Ursachen der Armut hin: "Lange hatte ich geglaubt", so schreibt er 1792 in seinen Erfahrungen, "daß Bettelei im Allgemeinen die Folge von Faulheit und erwähltem Müßiggang wäre. Aber ich hörte auf, so zu denken und sah ein, daß die Betriebsamkeit unserer Städte nicht von der Art wäre, daß derjenige, der nicht früh einen Anteil an derselben genommen hat, ihn zur Zeit der Not mit andern nehmen, oder welcher ihn einmal verloren hat, ihn wieder gewinnen könnte".[37]

Doch auch BÜSCH hielt sich nicht konsequent an diese Einsicht. Wie die anderen Spätaufklärer, so neigte auch er immer wieder dazu, Armut als Folge eines moralischen Mangels, nämlich des Hangs zum Müßiggang, zu deuten. Der zum Müßiggang und an Bettelei gewöhnte Arme, so das Fazit der Diskussion in den 1760er und den 1770er Jahren, sollte durch Arbeit wieder zu einem gesellschaftsfähigen Menschen erzogen werden. Dabei ging es Aufklärern wie dem jüngeren REIMARUS oder Johann Arnold GÜNTHER in erster Linie darum, den Bettler sozial zu disziplinieren. Als wichtigster Grundsatz, so hieß es 1773 in einer veröffentlichten Preisschrift der Patriotischen Gesellschaft, gelte die "Verwandlung böser und unnützer oder wohl gar schädlicher Einwohner in gute, unter allen erleuchteten Völkern als der Hauptgegenstand aller patriotischen Bemühungen". Gesunde Arme und Arbeiter sollten "bei fröhlichem Mut zur Arbeit gebracht werden, um sie und ihre Nachkommen zu brauchbaren Mitgliedern des Staates zu machen". Der Verbrecher sollte dagegen im Zuchthaus mit "beschwerlicher Arbeit" bestraft werden.[38] Damit gewann die Arbeit im Zucht- und Drillhaus eine ganz neue Perspektive. Der arbeitslose Arme sollte nicht mehr einfach mit dem Delinquenten zusammengesperrt werden. Schon 1772 hatte sich deshalb Reimarus dafür eingesetzt, neben dem Zuchthaus ein besonderes Arbeitshaus für die Armen einzurichten, doch blieb sein Vorschlag ohne Erfolg.[39] Die Unterschichten ließen sich die gewaltsame Einweisung in das kombinierte Arbeits- und Zuchthaus nicht gefallen und leisteten Widerstand. VOGHT berichtet in seinen "Schriften über das Armenwesen": "16 Bettelvögte griffen den Bettler auf, wenn sie ihn in einer entlegenen Gasse fanden; denn in einer anderen mißhandelte sie der Pöbel und entriß ihnen den Armen."[40]

Die Patriotische Gesellschaft und später die Allgemeine Armenanstalt taten sich schwer, für die Arbeitslosen bei dem allgemeinen Niedergang der Manufakturen Arbeitsmöglichkeiten aufzuzeigen. 1781 stellte die Patriotische Gesellschaft deshalb eine Preisaufgabe mit dem umständlichen Titel: "Wie sind die neulichen in Berlin, Bremen und Lüneburg zustandegebrachten Armenordnungen und in anderen großen Städten zu befolgen, so daß auch außer den öffentlichen Arbeitshäusern armen Leuten beiderlei Geschlechts, nützliche Arbeit angewiesen werden könne, damit sie sich den Unterhalt verdienen..."[41] Die Antworten, die auf diese Preisaufgabe eingingen, enttäuschten. GÜNTHER, der mit der Sichtung der eingegangenen Schriften beauftragt war, vermißte vor allem die Lösung des - wie er meinte - "wichtigsten Problems: Wie ist jedem, welcher arbeiten kann und keine Arbeit hat, zweckmäßige Arbeit zu verschaffen?" Die Einsender hatten dieses Problem zwar allgemein abgehandelt, aber nicht die Hamburger Lokalsituation berücksichtigt. Als Lösung des Problems wußte jedoch auch der Vorstand der Patriotischen Gesellschaft nichts anderes vorzuschlagen als "Garnspinnen", das zu Hause durchgeführt werden konnte und zudem den bestehenden Hamburger Manufakturen keine Konkurrenz machte. Nach diesem Vorschlag verfuhr dann auch die Hamburger Armenanstalt in ihrer Praxis. Die Armen bekamen von ihr Flachs zur Verfügung gestellt, das entweder zu Hause oder in der Arbeitsanstalt verarbeitet wurde.[42]

Diese Arbeitsvermittlung der Armenanstalt florierte einigermaßen, solange der Boom in Hamburg andauerte. Durch die Krise von 1803, schließlich durch die französische Besetzung 1806 bedingt, fehlten ihr die Mittel, das Unternehmen weiter zu unterstützen. Die Einnahmen aus den freiwilligen Beiträgen sanken, während die Not immer größer wurde. Damit scheiterten nicht nur das Arbeitsbeschaffungsprogramm, sondern auch die Leistungen der Armenanstalt, die den Unterschichten als bedeutendster Erfolg der Aufklärung zugute gekommen waren: die Krankenpflege, die Versorgung der Hausarmen und die Schulreform.

Die Erziehung zu Fleiß, Ordnung und Sparsamkeit der Unterschichten sollte die sogenannte Industrieschule leisten, die Arbeit und Lernen verband.[43] Mit dem Industrieschulprojekt glaubten die Verantwortlichen der Armenanstalt, die völlig darniederliegende Schulausbildung für Hamburger Unterschichten-Kinder wieder heben zu können. Schule war in Hamburg Privatsache, und deshalb standen den Unterschichten höchstens ein paar Winkelschulen zur Verfügung. Ziel der Industrieschule sollte es sein, wie die vom Armenkollegium ernannte Schuldeputation, zu der auch GÜNTHER und VOGHT gehörten, definierte, "die Kinder zu mehreren Arten von Handarbeiten anzuleiten" und sie durch Verbindung mit Lehrunterricht zu "Industria überhaupt" auszubilden.[44] Während der Boomjahre (1789-1799) wurden ca. 2.700 Kinder in die Industrieschule aufgenommen. Bezeichnenderweise stieg die Zahl der Schüler jedoch erst nach 1802 erheblich an (allein 1809 um 2.600 Schüler), als durch die dann einsetzende Krise die Kinder, die bis dahin nicht in die Schule gegangen waren, weil sie arbeiten mußten, ihre Arbeit in den Manufakturen verloren und nun in der Industrieschule wenigstens die zwei Schillinge sogenanntes Sitzgeld, die die Schule pro Tag an die Kinder für ihre Arbeit zahlte, verdienen wollten. Es muß offen bleiben, inwieweit diese Schule mit ihrem Lohn- und Strafsystem (jeder Knabe, der über zwei Stück Garn spinnt, erhielt eine Prämie, der weniger als ein Stück spinnt, bekam Prügel) erfolgreich war.[45] Einer zukünftigen Armut beugte sie jedoch nicht vor. In der Krise nach 1803 verschwanden dann bald alle aufgeklärten pädagogischen Ansätze. Der ehemalige Zuchthausprovisor PEHMÖLLER, der 1808 das Amt des Schulvorstehers antrat, forderte eine "Totalreform des Erziehungswesens", da durch das bisherige System die Kinder verbildet worden seien. Er trat deshalb für die Errichtung eines Korrektionshauses für arbeitsscheue Kinder ein.[46]

Trotz partieller Einsicht in die strukturell bedingte Armut konnten sich die meisten Aufklärer nicht von dem Gedanken befreien, daß dieser Zustand auf moralischen Mängeln beruhe. Sie konstatierten bei den Unterschichten entweder einen Hang zum Müßiggang oder, sobald Geld vorhanden, zur Verschwendungssucht. Die plebejische Kultur der Unterschichten war den Aufklärern suspekt, ja stand den von ihnen propagierten

Tugenden total entgegen. Wenn GÜNTHER bei den Armen "Simplicität, Frugalität, Eingeschränktheit und Ordnungsliebe" vermißte, so meinte er deren Einstellung zur Arbeit, die darauf abzielte, soviel zu verdienen, daß es zum Auskommen reichte.[47] War Geld vorhanden, so werde es, wie er meinte, für Luxusartikel vergeudet. Fehlte dem Armen schon die Lust zur Arbeit, so erst recht die Sparsamkeit. Vor allem bei den Manufakturarbeiterinnen vermißte ein anderer Vertreter der Hamburger Aufklärung, BROD-HAGEN, 1792 diese Tugend. Ihr im Sommer erworbener ansehnlicher Verdienst "reiße sie zu luxuriösem Aufwand hin", so daß im Winter, wenn es an Arbeit fehle, sie kein Geld zur Verfügung hätten. Brodhagen schlug deshalb vor, "daß diejenigen Fabrikanten, die ihre Arbeiter im Winter nicht beschäftigen können, sich vereinigten, einen Teil des Tagelohns in eine Sparkasse zu legen, daraus den Arbeitern während der Zeit, da sie nicht arbeiten können, wöchentlich etwas oder wenigstens Geld zur Feuerung und Miete gegeben werde". In einer solchen Einrichtung einer Sparkasse sah Brodhagen einen großen Vorteil "für die Moralität der Arbeiter".[48] Er wurde mit diesem Vorschlag von anderen Hamburger Aufklärern, wie SIE-VEKING und Friedrich Lorenz MEYER, unterstützt.[49]

Unter dem Aspekt der Moralität und des Nutzens für die Hamburger Industrie wurde von den Aufklärern auch die Lohnfrage gesehen. Das, was der Arme im Arbeitshaus bekommt, meint der jüngere REIMARUS 1772, sollte nicht als Lohn, sondern als "Beisteuer" gesehen werden.[50] Daß der geringe Lohn nicht gerade einen Anreiz zu produktiver Tätigkeit bot, mochte wohl auch manchem Aufklärer deutlich sein, doch machten diese für die geringen Leistungen im Zuchthaus und in den Manufakturen die "Ungeschicklichkeit und Trägheit der Arbeiter" verantwortlich. BÜSCH plädierte deshalb 1782 als einer der ersten dafür, daß Lohn nach Leistung bezahlt werden sollte. Daß der gut verdienende Arbeiter auch zum Konsumenten wurde und auf diese Weise die Produktion angekurbelt werden konnte, sahen die Aufklärer der 1790er Jahre nicht. Im Gegenteil, SIE-VEKING plädierte 1789 in seiner Schrift über den Hamburgischen Münzfuß dafür, durch Senkung des Lohns die Hamburger Manufakturprodukte auf dem Markt billiger zu machen. Ihm antwortete daraufhin ein unbekannter Autor mit der ironischen Fragestellung: "Ganz recht! Sie (die Manufakturen) würden noch besser bestehen können, wenn die Arbeiter gar keinen Lohn empfingen".[52] Dieser leider unbekannte Autor war wohl der einzige, der in Hamburg darauf hinwies, daß der tüchtige Arbeiter bei den steigenden Preisen und dennoch sinkenden Löhnen ganz von der Arbeit abgeschreckt werde. Nicht Lohnverschlechterung, wie Sieveking vorschlug, helfe nach Ansicht des anonymen Autors den darniederliegenden Manufakturen wieder auf, sondern vor allem ein "niedriger Preis der Lebensmittel".

Doch ein Zwang zu "niederen Preisen der Lebensmittel" war nicht im Sinne der Hamburger Aufklärer, wie J. A. GÜNTHERs Schrift "Versuch einer vollständigen Untersuchung über Wucher und Wuchergesetze" verdeutlicht.[53] Als Grundsatz galt ihm: "Der Staat muß... die Freiheit der Geldgeschäfte auf keine Weise stören oder beschränken, weder durch gesetzliche Einschränkung des Preises, Geldprämie, noch durch Belästigung des Geschäftsganges mit drückenden Formalitäten".[54] Mit diesem Grundsatz stand er in totalem Gegensatz zur Auffassung der Unterschichten, die vom Staat eine Kontrolle und Festsetzung der Preise verlangten, damit so verhindert werde, daß durch Spekulation der Kaufleute das Gleichgewicht zwischen ihren Löhnen und den Preisen gestört werde. Die Unterschichten bewerteten das Marktgeschehen unter einem moralischen Aspekt. Jeder Kaufmann, der sich nach dem kapitalistischen Grundsatz von Angebot und Nachfrage richtete, in Knappheitszeiten die Preise also verteuerte, handelte nach Anschauung der Unterschichten unmoralisch. Der englische Historiker E. P. THOMPSON spricht deshalb von der 'moral economy' der Unterschichten, von einer Ökonomie, die sich nach moralischen Grundsätzen zu richten hatte.[55] Fehlten die Lebensmittel auf dem Markt, so nahmen die Unterschichten einen gewissen Preisanstieg durchaus in Kauf; versuchte der Kaufmann jedoch durch Hortung von Waren das knappe Warenangebot für sich auszunutzen und den Preis heraufzusetzen, so wurde er von den Unterschichten bestraft. Das, was J. A. Günther "vernünftige Geldgeschäfte" nannte, galt den Unterschichten und auch den Mittelschichten als "Wucher", der zu bestrafen war. Günthers Vorwurf an die bürgerliche Gesellschaft, sie habe es vernachlässigt, die niederen Stände zur "Geldwirtschaft" anzuleiten, blieb recht wirkungslos, da auch das Kleinbürgertum in den Zünften diese kapitalistische Marktwirtschaft ablehnte. Sein Vorschlag von 1790, der Staat möge dafür sorgen, "daß der Bürger durch Schulunterricht, durch frühe praktische Übung, und durch seine gewöhnlichen Lesebücher zu dieser Aufklärung sowohl, als zur Frugalität und Wirtschaftlichkeit angeleitet werde", basierte auf der typischen Einstellung eines Aufklärers, daß durch Erziehung die Anschauung der Unterschichten überwunden und deren politische Kultur zugunsten einer allgemeinen bürgerlich aufgeklärten politischen Kultur geändert werden könnte.[56]

Diese politische Kultur der Unterschichten kann man weitgehend nur aus deren Protestaktionen erschließen, da diese Schicht sich kaum literarisch geäußert hat. Ein Vorfall, der sich im Oktober 1794 in dem benach-

barten Altona ereignete, soll verdeutlichen, was der Pöbel von GÜN-
THERS Geldwirtschaft hielt. Im Herbst 1794 drang in Altona der "Pöbel"
in das Haus des Metzgermeisters LANZ ein, der aufgrund seiner Exportge-
schäfte für die einheimische Bevölkerung das Pfund Fleisch um fünf bis
acht Schillinge verteuert hatte. Dabei zerschlug der Pöbel nicht nur die
schönsten Möbel, sondern "bemächtigte sich des vorrätigen Geldes, welches an die 30.000 Mark gewesen sein soll und streute es aus, teilte acht
noch nicht angehaute Ochsen unters Volk, wie auch 30 Tonnen ein-
gepökeltes Fleisch, so daß besonders die alten Frauen, die an der Stürmung
keinen Teil nahmen, sondern nur Geld und Fleisch sammelten, sich am
besten dabei standen".[57] Für die Unterschichten bedeutete diese Aktion
gegen den Metzgermeister Lanz keine Rechtsverletzung. Das wird ersichtlich aus dem Verhalten der Handwerksgesellen, die sich an dieser Aktion
beteiligt hatten. So sah die Schustergesellenschaft in der Verhaftung ihrer
Kollegen, die, wie der Altonaer Präsident STEMANN anführte "des Rau-
bes oder Diebstahls" geständig waren, eine Kränkung ihrer Gesellenschaft
und drohte mit "Streik aller Gesellenschaften, wenn ihre Kollegen nicht
freigelassen würden".[58] Nach Ansicht der Gesellenschaften, die im Hinblick auf die Moral ihrer Mitglieder einen sehr strengen Ehrenkodex
vertraten, hatten die beim Protest beteiligten Gesellen nichts Unrechtes getan.[59]

Offenkundig war eine solche Protestaktion wie die Altonaer wirkungs-
voller als die damaligen Lohnstreiks, die mit ähnlichen Aktionen verbunden waren. Im August 1791 war es in Hamburg zu einem Streik gekommen, dem sich fast alle Lohnabhängigen angeschlossen hatten. Die Ursache
dieses Streiks bildete eine Auseinandersetzung der Schlossergesellen mit
ihren Zunftmeistern. Während die meisten Gesellenschaften bei diesem
Streik die Unantastbarkeit ihrer Korporationen verteidigten, kämpften die
Manufakturarbeiter und die sogenannten Taglohngesellen um eine Lohner-
höhung. Da beide Gruppen, Gesellen auf der einen und Manufakturarbeiter
auf der anderen Seite, unterschiedliche Ziele verfolgten, die Gesellen zudem ein Zusammengehen mit den streikenden Manufakturarbeitern ab-
lehnten, handelt es sich bei diesem Streik nicht um Hamburgs ersten Gene-
ralstreik, wie diese Protestaktion fälschlicherweise immer wieder in der
Literatur bezeichnet wird. Gegen die streikenden Gesellen und Manufakturarbeiter bot der Senat schließich das Hamburger Militär und die "gesamte Bürgerschaft" auf und schlug den Protest nieder. Die Kattundrucker
aber mußten, wie ein zeitgenössischer Beobachter zufrieden feststellt,
"nach einigen Tagen von selbst ihre Geschäfte wieder antreten, weil ihre
Brotherren sich keine Vorschriften von ihnen gefallen ließen und jedem es

freistellten, gar nicht wieder zu kommen, der sich ihre Anordnungen und Einrichtungen nicht gefallen lassen wollte".[60] Trotz dieses Mißerfolges kam es in den 1790er Jahren noch häufiger zu Lohnstreiks, worin vor allem die Taglohn-Schneidergesellen recht ausdauernd und schließlich auch erfolgreich waren.

Eine dritte große Protestaktion der Hamburger Unterschichten, bei der es wie 1791 ebenfalls Tote gab, richtete sich im Juni 1795 gegen französische Emigranten. Nach dem Bericht des kaiserlichen Gesandten in der Hansestadt, HÖFER, vom 29. 7. 1795 war "schon seit mehreren Wochen von Handwerkern, Tagelöhnern und meistens von den noch niedrigeren Volksklassen dumpfes Murren und Klagen über die Menge der hier anwesenden Emigranten, denen man die zunehmende Verteuerung aller Lebensmittel größtenteils zuschrieb". Zum Tumult kam es, als ein Hamburger von französischen Werbern für die Emigranten-Armee gepreßt und trotz seines Protests nicht wieder freigelassen wurde. Daraufhin, so Höfer, "rottete sich der Pöbel an einem Freitagabend bei Tausenden vor dem Haus des Emigranten Marquis de BREUILPONT, warf die Fenster ein und versuchte mit Gewalt in das Haus einzudringen, um den Rekruten zu befreien". Der Senat ließ jedoch eine verstärkte Wache aufziehen und hinderte den Pöbel an seinem Vorhaben. Dennoch dauerte der Tumult drei Tage. Am Sonntag versuchte, so Höfer, "der Pöbel nicht nur das Haus niederzureißen, sondern auch der Maler, der als Urheber des Tumults nach der Hauptwache inzwischen gebracht worden war, mit Gewalt herauszuholen". Wieder setzte der Senat 200 Mann Infanterie und 50 Mann Dragoner zum Schutz der Franzosen ein, da der Pöbel an den Häusern, wo Franzosen wohnten, die Fenster einwarf. Bei dieser Aktion wurden drei Menschen durch das Militär getötet und mehrere verwundet.[61]

Die drei geschilderten Aktionen zeigen, daß sich die Unterschichten gegen die zur Wehr setzten, die nach ihrer Ansicht die alte Ordnung zerstörten. Dabei gingen sie gezielt gegen den einzelnen Rechtsverletzer vor. Bei dem Aufstand gegen die Hamburger Emigranten wird jedoch eine neue Tendenz deutlich: Bestraft wird hier nicht nur ein einzelner, sondern eine Gruppe, die gleichsam zum Sündenbock einer sozialen Krise (Teuerung) gemacht wird. Mit der Fixierung eines Antisymbols aber wurden die Bestrafungsaktionen der Unterschichten recht fragwürdig. Wie hier 1795 die Franzosen, so wurden, wie wir eingangs hörten, 1842 die Reichen zum Antisymbol. Der Pöbel drang damals in die Häuser des Großbürgertums ein, und zerstörte "sinnlos", wie es in der Quelle heißt, die Attribute des Reichtums, ohne daraus einen unmittelbaren materiellen Nutzen zu ziehen.[62]

Die Unterschichten orientierten sich im ausgehenden 18. Jahrhundert an traditionellen, also konservativen Leitbildern. Hierzu paßt auch, daß der Pöbel gleichsam die Fußtruppen GOEZEs im Kampf gegen die Aufklärung in Hamburg stellte. In seinen Skizzen berichtet Friedrich Lorenz MEYER, daß 1772 der Theologie-Kandidat Ernst Heinrich LOFFT, ein Vertreter der Hamburger Aufklärung, eines Tages "blaß und erschrocken" zu ihm kam, nachdem ihm auf der Gasse ein "Haufen von Arbeitsleuten" hinterhergerufen: "Sieh, da ist noch einer von den Bibelverdrehern" und ihn mit Steinen beworfen hatte.[63] Zehn Jahre vorher (1762) war in Goezes Kirchspiel St. Katharinen der Pöbel in das Haus eines pietistischen Konventiklers eingedrungen und hatte diesen gezwungen, seine Privatkonventikel einzustellen.[64] Der "gemeine Mann", so Friedrich Lorenz Meyer, hielt im ausgehenden 18. Jahrhundert fest an der Religion und dem Kultus seiner Väter und war nicht geneigt, aufgeklärte Neuerungen zu dulden, wie der sogenannte Adlersche Agendenstreit 1798 in dem benachbarten Rellingen beweist.[65] Der Einfluß der Hamburger Geistlichkeit, so meinte LESSINGs Vetter MYLIUS schon 1753, beruhe auf der Macht des dortigen Pöbels, wozu er wohl auch das Kleinbürgertum rechnete.[66]

Es versteht sich, daß die Aufklärer generell der politischen Kultur der Unterschichten und ihrem Alltagsleben wenig positive Seiten abgewinnen konnten. Für J. A. GÜNTHER bewies der Aufstand von 1791, wie gefährlich die Unterschichten der bürgerlichen Ordnung und ihren Gesetzen werden konnten. Die damals ebenfalls protestierenden Handwerksgesellen bildeten für ihn "mit ihrem Ehrgefühl und Achtung für Gesetze" einen Gegensatz zur Unberechenbarkeit des Pöbels und waren fast schon eine Säule der Ordnung, zumal sie das Angebot des Pöbels, sich mit ihm zu solidarisieren, abgelehnt hatten.[67] Eine Konsequenz dieser Angst vor der Unberechenbarkeit des Pöbels war das Anti-Tumult-Edikt von 1796, das vorsah, "bei irgendeinem Auflaufe oder Tumult den zusammengelaufenen Haufen durch Dragoner mit Gewalt auseinanderzutreiben". Im Falle von Widersetzlichkeit hatte das Militär nun die Erlaubnis, "scharf zu feuern".[68]

Die Widerstandsaktionen der Unterschichten lehnten die Hamburger Aufklärer einhellig ab. Für deren soziale Situation zeigten einzelne unter ihnen jedoch schon eher Verständnis. Während auch hier J. A. GÜNTHER z.B. das Problem der Wohnungsnot geschäftsmäßig zu regeln versuchte - so erließ er als Prätor recht einengende Bestimmungen für die Obdachlosen im Drillhaus[69] -, schätzte ABENDROTH das Problem in seiner sozialen Dimension ein. Er weist auf die physische und moralische Bedrohung der in das Drillhaus eingewiesenen Wohnungssuchenden hin, und bewundert, daß "diese Leute nicht in Verzweiflung geraten", führt dies allerdings auf den "häufigen Genuß des Branntweins und des Verlassens alles menschlichen Gefühls" zurück. Die einzige Chance, diese Menschen nicht physisch und moralisch verkommen zu lassen, sei, sie umgehend aus dem Drillhaus herauszuholen und ihnen richtige Wohnungen zuzuweisen.[70] Als einziger erkannte Abendroth auch ein weiteres Problem, das selbst heute noch einigen Stadtplanern nicht so recht klar geworden ist, den Verlust des sozialen Umfeldes nämlich, in dem diese Menschen jahrelang gelebt hatten und das ihnen nun dadurch genommen wurde, daß die Armenanstalt bzw. das Armenkollegium diese Menschen in Wohnquartiere außerhalb der Stadt einwies. "Eine solche Absonderung, die diese Leute aus ihren Konnexionen riß", schreibt er, sei zu "hart".[71]

Anders sah dagegen der Arzt Johann Jakob RAMBACH dieses Problem. Die Obdachlosen im Zucht-, im Drillhaus und auf dem Hamburger Berg zählten für ihn eh "zu der verdorbenen Klasse unseres Volkes". Abgestoßen und fasziniert zugleich zeigte er sich von deren Alltagskultur, wenn er schreibt: "Sie (die Bewohner des Drillhauses. A.H.) lagen in einem Kreise um ihr Feuer, und ungeachtet aller ihrer Zänkereien, schlich sich eine Gütergemeinschaft unter ihnen ein, die sich sogar auf Dinge erstreckt haben mag, deren Genuß man sonst nicht gerne teilt".[72]

Dieselbe Faszination und denselben Ekel empfand auch Ferdinand BENEKE, als er in seiner Eigenschaft als Armenpfleger im Juni 1799 das Drillhaus besuchte und darüber in seinem Tagebuch schreibt:

Auf dieser Tour kamen wir auch an das Drillhaus, ein großes, inwendig völlig leeres und sehr hohes Gebäude, worin 30 und mehr Familien an der Erde wohnen, welche der Mangel an Wohnungen, teils wohl auch Sorglosigkeit und Liederlichkeit dahineingetrieben hat. Die einzelnen Familien haben sich Zelte von Matten gebaut, unter denen sie schlafen, essen usw.. Das Gewölbe ist der allgemeine Rauchfang für alle Feuerstellen, wovon bei jedem Zelte eine ist. Eine scheußliche Gruppe des Elends und der Unsauberkeit. Der Haufen des Pöbels wohnt hier und schallendes (Gewölbeton) Getobe mehrer bestialisch besoffener Menschen störte mich in meinem Geschäfte mehr als einmal, bis ich die Lärmenden mit Drohungen, die ich nie zu vollführen willens war, beschwichtigte. Unter diesem Lärm, unter diesen Gerüchen in der Mitte eines Haufens halbnackter, verwilderter, zerschlagener und krüppelhafter Menschen saß ich dann an einem mehr schwebenden als stehenden Tische und protokollierte, was ich erfragte. Am mehrsten dauerten mich die wenigen guten Menschen, die in diesem Höllenpfuhl und gleichsam unter den Verdammten wohnen müssen, und alle die armen Kinder, die in dieser Gifthütte ihren Lebensmajus verkeuchen - durch derentwegen kam ich ja her und bei Gott, ich will nicht umsonst gekommen sein. Erst um 9 Uhr war diese beschwerliche Arbeit vollendet, sofort zu Hause, ich warf meine Kleider ab, als wären sie verpestet - frische

*Milch und ein Schweizermahl erquickten mich. Noch eine Pfeife im Fenster
liegend. Ein herrlicher Abend!73*

Gegen die ekelerregende Körperlichkeit dieser Menschen hilft dem aufgeklärten BENEKE die Distanz, der Reinigungsritus, das gute Essen und
die schöne Natur:

*Der Halbmond und ein Stern standen wie ein Semikolon über dem Hafen.
Ach, schöne große Welt! Deine Erde ist auch voll Glanz, und des Mondes
bewahrendes Auge hängt voll Entzücken an ihrer großen und strahlenden
Scheibe - ach, warum sind so viele Drillhäuser auf ihr?74*

Halten wir fest: Die Aufklärer boten den Unterschichten keine ver-
lockenden Perspektiven. Sie zerstörten überkommene Leitbilder, ohne neue
plausibel zu machen. Die bürgerlichen Tugenden, die sie propagierten:
Ordnung, Sparsamkeit, Fleiß hatten für die Unterschichten kaum etwas
Faszinierendes, solange ihnen keine materiellen Gegenwerte geboten
wurden. Der kapitalistische Markt, den die Aufklärer befürworteten, entließ
den Staat aus seiner Fürsorgepflicht gegenüber den Unterschichten. Die
Kosten für den Fortschritt in der Industriegesellschaft, der auf den Ideen
der Aufklärung basierte, mußten die Unterschichten bezahlen, nicht das
Bürgertum.

Die Beurteilung der Unterschichten, ihrer politischen und Alltagskultur
erfolgte in der Historie bisher weitgehend aus bürgerlicher Perspektive.
Doch wandelt sich diese Beurteilung. Die neuere Geschichtsschreibung
versucht, der Mentalität der Unterschichten aufgrund ihrer eigenen Maßstäbe gerecht zu werden. Dabei läuft freilich die Tendenz vielfach in die
entgegengesetzte Richtung, indem die politische Kultur der Unterschichten
verabsolutiert, die bürgerliche politische Kultur aber verurteilt wird. Es ist
nicht meine Absicht, mich dieser Tendenz anzuschließen. Doch sollte man
sich hüten, weiterhin das von den Aufklärern selbst produzierte Vorurteil
von dem unaufgeklärten Pöbel zu reproduzieren und dabei außer acht zu
lassen, daß die Unterschichten ihre politische Kultur gegenüber dem Bürgertum zu recht verteidigten. Zur historischen Wahrheit über die Aufklärung gehört auch die Tatsache, daß das aufgeklärte Bürgertum versagte, als
im 19. Jahrhundert die Unterschichten in der Arbeiterbewegung unter Berufung auf die Philosophie der Aufklärung ihr Recht geltend machten.75 Die
Aufklärung ließ sich dann nicht mehr, wie noch im 18. Jahrhundert, als
bürgerliche Ideologie gegen die Ansprüche der Unterschichten miß-
brauchen. Diese Feststellung HORKHEIMERS und ADORNOS in ihrer
"Dialektik der Aufklärung" sollten wir nicht vergessen, wenn wir für Hamburg Bürgertum und Aufklärung in enge Beziehung setzen.

ANMERKUNGEN

1) Friedrich SASS: Geschichte des Hamburger Brandes mit Wünschen für das neue Hamburg, Leipzig 1842, S. 15 ff.

2) Ulrich WYRWA: Der Alkoholgenuß der Hamburgischen Unterschichten (1750-1850), in: Bochumer Archiv für die Geschichte des Widerstandes und der Arbeit 6 (1984), S. 45-73, S. 70 ff.

3) Joachim Heinrich CAMPE: Über einige verkannte wenigstens ungenützte Mittel zur Beförderung der Industrie, der Bevölkerung und des öffentlichen Wohlstandes. Nachdruck der Ausgabe Wolfenbüttel 1786. Mit einer Einleitung von Gernot KONEFFKE, Frankfurt/Main 1969, S. 141.

4) Max HORKHEIMER und Theodor W. ADORNO: Dialektik der Aufklärung. Philosophische Fragmente, Frankfurt/Main 1969, S. 100.

5) Jürgen KOCKA: Lohnarbeit und Klassenbildung. Arbeiter und Arbeiterbewegung in Deutschland 1800-1875, Berlin/Bonn 1983, S. 38.

6) Franklin KOPITZSCH: Grundzüge einer Sozialgeschichte der Aufklärung in Hamburg und Altona, Teil 1 und 2, Hamburg 1982, S. 191 ff.

7) Jonas Ludwig von HEß: Hamburg topographisch, politisch und historisch beschrieben, 3 Bde., Hamburg 1787-1792, 2. Bd., S. 288-292.

8) Heinrich LAUFENBERG: Hamburg und sein Proletariat im achtzehnten Jahrhundert. Eine wirtschaftshistorische Vorstudie zur Geschichte der modernen Arbeiterbewegung im niederelbischen Städtegebiet, Hamburg 1910, S. 97 ff.

9) Ebd., S. 105.

10) Anonym: Über den Hamburgischen Münzfuß. Ein Sendschreiben an Herrn Georg Heinrich Sieveking, Hamburg und Lübeck 1789, S. 12.

11) Johann Georg BÜSCH: Schriften über das Armenwesen mit den nötigen Erläuterungen, in: Ders.: Erfahrungen, 3. Bd., Hamburg 1792, S. 11.

12) P. H. SCHIERWATER, bearbeitet von BRODHAGEN: Verhandlungen der Gesellschaft über die Ursachen des Verfalls der hiesigen Manufacturen, Fabriken und Gewerbe, und über die Mittel zur Herstellung derselben, in: Verhandlungen und Schriften der Hamburgischen Gesellschaft zur Beförderung der Künste und nützlichen Gewerbe, 1. Bd. (1792), S. 95-167, S. 141. Siehe auch den Beitrag von Rita BAKE in diesem Band.

13) KOPITZSCH: Grundzüge (wie Anm. 6), S. 190.

14) Johann Georg BÜSCH: Nachtrag über die Ursachen der zunehmenden Armuth in Hamburg, in: Hamburgische Addreß- Comtoir-Nachrichten 11. Stück (7. 2. 1785), S. 81.

15) Antje KRAUS: Die Unterschichten Hamburgs in der ersten Hälfte des 19. Jahrhunderts. Entstehung, Struktur und Lebensverhältnisse. Eine historisch-statistische Untersuchung, Stuttgart 1965, S. 56.

16) Ebd., S. 58.

17) Ebd.

18) BÜSCH: Nachtrag (wie Anm. 14).

19) Johann Georg BÜSCH: Versuch einer Geschichte der Hamburgischen Handlung, nebst zwei kleineren Schriften eines verwandten Inhalts, Hamburg 1797, S. 112.

20) Hermann KELLENBENZ: Der deutsche Außenhandel gegen Ausgang des 18. Jahrhunderts, in: Friedrich LÜTGE (Hg.): Die wirtschaftliche Situation in Deutschland und Österreich um die Wende vom 18. zum 19. Jahrhundert, Stuttgart 1964, S. 4- 60, S. 54.

21) Anonym: Über das Aufstehen der Handwerksgesellen, Hamburg 1795, S. 4.

22) Anonym: Münzfuß (wie Anm. 10), S. 13.

23) Friedrich Johann Lorenz MEYER: Skizzen zu einem Gemälde von Hamburg, 2 Bde., Hamburg 1800-1804, 1. Bd., S. 53.

24) Johann Jakob RAMBACH: Versuch einer physisch-medizinischen Beschreibung von Hamburg, Hamburg 1801, S. 21 f.; Ferner: "Gehorsamster Bericht" von J. T. REINKE vom 26.02.1798 an den Senat: "... das Einreißen kleiner Wohnungen und das Bauen besserer Häuser hat wie es scheint noch lange kein Ende". Staatsarchiv Hamburg, Allgemeine Armenanstalt I, 78.

25) RAMBACH (wie Anm. 24), S. 19.

26) Siehe die gedruckten Vorschriften: Johann Arnold GÜNTHER, Prätor: Vorschriften für die im Drillhause angestellten Aufseher, und für die daselbst aufgenommenen Bewohner. Hamburg, den 3. Juli 1798, in: Staatsarchiv Hamburg: Allgemeine Armenanstalt I, 78.

27) Ebd.: Maßnahmen zur Behebung der Wohnungsnot ... 1797- 1798, Bericht von A. A. ABENDROTH "nahmens der zur Abhelfung des Mangels an Wohnungen niedergesetzten Kommission" vom 22.11.1797.

28) Ebd.: J. A. GÜNTHERs Stellungnahme: "die Sache wegen Abhelfung des Mangels an Wohnungen" vom 23.08.1797.

29) Ebd., ohne Datum: Ad relationem Herrn Dr. ABENDROTH. Ebd. Der Text der öffentlichen Ausschreibung: "Bedingungen, nach welchen die 50 Baracken erbauet werden müssen, welche das Armen-Collegium von dem Mindestnehmenden auf ein Jahr zur Benutzung übernehmen will. Der Tag des öffentlichen Aufgeboths ist den 21sten September (1797) um 12 Uhr in dem alten Waysenhause".

30) Franklin KOPITZSCH: Zwischen Hauptrezeß und Franzosenzeit 1712-1806, in: Hans-Dieter LOOSE (Hg.): Hamburg, Geschichte der Stadt und ihrer Bewohner, Bd. I: Von den Anfängen bis zur Reichsgründung, Hamburg 1982, S. 351-414, S. 372.

31) Siehe den Beitrag von Wolfgang GRIEP in diesem Band. Wie aus der Biographie Georg KERNERs ervorgeht, existierten diese Baracken noch 1804. Am 12. Januar 1804 wurde Georg Kerner nämlich zum Arzt der Baracken auf dem Hamburger Berg bestimmt. Georg Kerner: Jakobiner und Armenarzt. Reisebriefe, Berichte, Lebenszeugnisse, eingeleitet von Hedwig VOEGT, Berlin (DDR) 1978, S. 59.

32) "Gehorsamster Bericht" (wie Anm. 24).

33) RAMBACH (wie Anm. 24), S. 21 f.

34) Der Patriot. Nach der Originalausgabe Hamburg 1724-26 in drei Textbänden und einem Kommentarband kritisch hg. von Wolfgang MARTENS, 3 Bde., Berlin 1969-1970, 1. Bd., Nr. 37, S. 315. Siehe auch den Beitrag von Hans-Gerd WINTER in diesem Band.

35) Hildegard URLAUB: Die Förderung der Armenpflege durch die Hamburgische Patriotische Gesellschaft bis zum Beginn des 19. Jahrhunderts, Berlin 1932, S. 20.

36) Siehe ebd., S. 27.

37) BÜSCH: Erfahrungen (wie Anm. 11), S. 19.

38) Zitate nach URLAUB (wie Anm. 35), S. 51.

39) Ebd., S. 54.

40) Siehe Bernhard MEHNKE: Armut und Elend in Hamburg. Eine Untersuchung über das öffentliche Armenwesen in der ersten Hälfte des 19. Jahrhunderts, Hamburg 1982, S. 17 f. Hier auch das Zitat.

41) URLAUB (wie Anm. 35), S. 55.

42) Ebd., S. 59 f.

43) Der Begriff ist abgeleitet von lateinisch: industria = Fleiß.

44) Siehe Dagmar MOHRDIECK: Die Hamburger Industrieschule. Ihre Funktion im Rahmen aufgeklärter Sozialpolitik. Wiss. Examensarbeit Hamburg 1983, S. 33.

45) Ebd., S. 46.

46) Ebd., S. 67.

47) Johann Arnold GÜNTHER: Versuch einer vollständigen Untersuchung über Wucher und Wuchergesetze, und über die Mittel, dem Wucher ohne Straf-Gesetze Einhalt zu thun; in politischer, justizmäßiger und mercantilischer Rücksicht, Hamburg 1790, S. 7ff.

48) SCHIERWATER, bearb. von BRODHAGEN (wie Anm. 12), S. 141

49) Ebd., S. 141 f.

50) URLAUB (wie Anm. 35), S. 49 f.

51) Ebd., S. 53, Anm. 35.

52) Anonym: Münzfuß (wie Anm. 10), S. 12.

53) Wie Anm. 47.

54) Ebd., S. 6.

55) Edward P. THOMPSON: Plebejische Kultur und moralische Ökonomie. Aufsätze zur englischen Sozialgeschichte des 18. und 19. Jahrhunderts, ausgewählt und eingeleitet von Dieter GROH, Frankfurt am Main/Berlin/Wien 1980, S. 67-130, Einleitung, S. 21ff.

56) GÜNTHER: Versuch (wie Anm. 47), S. 7.

57) Landesarchiv Schleswig: Abt. 10, Nr. 322.

58) Ebd.

59) Zu den Hamburger und Altonaer Protesten der 1790er Jahre siehe: Arno HERZIG: Sozialprotest zur Zeit der Französischen Revolution in Hamburg und in anderen deutschen Städten, in: Arno Herzig (Hg.): Das alte Hamburg (1500-1848/49). Vergleiche - Beziehungen, Berlin/Hamburg 1989, S. 113 - 134.

60) Anonym: Möglichst specielles und richtiges Tagebuch von dem, was in den unruhigen Tagen im Monat August 1791 bey dem Aufstande der Handwerksgesellen Tag vor Tag vorgieng, Hamburg 1791, S. 21.

61) Haus-, Hof- und Staatsarchiv Wien: Reichsarchiv, Diplomatische Korrespondenz, Berichte aus Hamburg, Fasc. 23.

62) Siehe Anm. 1.

63) MEYER: (wie Anm. 23) 2. Bd., S. 186.

64) KOPITZSCH: Grundzüge (wie Anm. 6), S. 358.

65) Landesarchiv Schleswig: Abt. 10 Nr. 322, 8: Rellingen.

66) KOPITZSCH: Grundzüge (wie Anm. 6), S. 320.

67) Johann Arnold GÜNTHER: Über den Aufstand der Handwerksgesellen zu Hamburg im August 1791 nebst einigen Reflexionen über Zunftgeist und Zunfterziehung, Frankfurt und Leipzig 1792, S. 18.

68) Mandat wider Aufläufe und Tumulte. Auf Befehl eines hochweisen Raths der Kayserlich-freyen Reichsstadt Hamburg publicirt den 8ten July 1796, S. 5.

69) siehe Anm. 26.

70) siehe Anm. 27.

71) Ebd.

72) RAMBACH: (wie Anm. 24), S. 22.

73) Staatsarchiv Hamburg: Ferdinand BENEKE Tagebuch 2 Mappe 3, Eintrag 7. Juni 1799.

74) Ebd.

75) Siehe den Beitrag von Inge STEPHAN in diesem Band.

INGE STEPHAN

AUFKLÄRER ALS RADIKALE?
LITERARISCHE UND POLITISCHE OPPOSITION IN
HAMBURG UND ALTONA AM ENDE DES 18. JAHRHUNDERTS

Hamburg nimmt im Kontext der Aufklärungsrezeption im Deutschen Reich eine Sonderstellung ein.[1] Gerühmt für sein liberales Klima als Stadtrepublik, schien es eine Insel des Friedens und des Wohlstands innerhalb der allgemeinen Misere und Repression zu sein und wirkte auf die intellektuelle Opposition in ganz Deutschland wie ein Magnet. Georg FORSTER, der im Pariser Exil lebende Mainzer Revolutionär, blickte mit wehmütigen Augen nach Hamburg, das ihm im Hexenkessel der *terreur* in Paris zum reizvollen Fluchtpunkt wurde. An seine Frau Therese schrieb er am 26. Juni 1793, daß er sich am liebsten "in Hamburg oder Altona"[2] niederlassen würde. In einem späteren Brief stilisierte er "Hamburg oder Altona"[3] gar zur Alternative zu seinen ehemaligen politischen Aktivitäten im Mainzer Jacobinerklub:

Hätte ich vor zehn Monaten - vor acht Monaten - gewußt, was ich jetzt weiß, ich wäre ohne allen Zweifel nach Hamburg oder Altona gegangen und nicht in den Klub. Das ist ein Wort, dessen Stärke ich wohl und ganz erwäge, indem ich es ausspreche.[4]

So begrüßte FORSTER den Plan von Ludwig HUBER, dem Freund seiner Frau, sich in Altona als Herausgeber einer politischen Zeitschrift niederzulassen und ihn dorthin als Mitarbeiter nachzuziehen, weil ihm dies als einziger Ausweg aus der politischen und privaten Misere erschien: *Dort ist Ruhe und Preßfreiheit.[5]*

Als sich die Zeitungspläne zerschlugen, hoffte er wenigstens auf eine Anstellung für HUBER in Altona.[6] Seine eigenen Hoffnungen waren demgegenüber bescheidener. Sie richteten sich nicht auf eine Karriere in hansischen Diensten - seine Karrierehoffnungen hatte FORSTER nach dem Scheitern der Mainzer Republik längst aufgegeben - sondern allein auf ein potentielles Lesepublikum. Er glaubte, daß allein in Hamburg oder Altona seine "Parisischen Umrisse", ein kritischer, Fragment gebliebener Versuch, seine Pariser Erfahrungen zu verarbeiten, "gelesen werden dürften"[7] und vielleicht - das schrieb er jedoch nicht - auch von einigen wenigen dort verstanden würden.

Was berechtigte FORSTER zu diesen Hoffnungen? Warum nahmen gerade Hamburg und Altona in seinen Plänen und Wünschen diese herausragende Stellung ein?

Ein Stichwort hat FORSTER selbst gegeben: "Preßfreiheit". Tatsächlich wurde die Zensur in Hamburg und Altona sehr milde gehandhabt. Bereits 1770 wurde in einer Verordnung des dänischen Königs CHRISTIAN VII. festgelegt, "daß von nun an niemand schuldig und verbunden sein soll, seine Bücher und Schriften, die er dem Drucke übergeben will, der bisher verordneten und hierdurch gänzlich aufgehobenen Zensur und Approbation zu unterwerfen".[8] Diese solchermaßen dekretierte "uneingeschränkte Freiheit der Presse"[9] wurde jedoch durch eine Verordnung von 1771 insofern eingeschränkt, als "alle Injurien, Pasquillen und aufrührerische Schriften nach wie vor der gesetzlichen Bestrafung unterworfen" blieben.[10] Die Kontrolle, welche Schriften unter diese Kategorie fielen, lag bei dem Präsidenten der deutschen Kanzlei, der für die deutschsprachigen Gebiete Dänemarks zuständig war. Unter dem Einfluß von BERNSTORFF wurde die Pressezensur in den 90er Jahren wieder großzügiger gefaßt. In einer 1790 erlassenen Verordnung ließ der Minister erklären, "daß die Zensur darum abgeschafft sei, damit jeder gute und aufgeklärte Mann dadurch nicht gehindert werden solle, mit Freimütigkeit und Redlichkeit öffentlich seine Meinung über alles vorzutragen, worin er Beförderung des allgemeinen Besten zu erkennen glaubt."[11] Damit war die Basis für die Entstehung eines vielfältigen oppositionellen Pressewesens im Altonaer Raum gegeben. Diese Freizügigkeit galt nicht in gleichem Maße für Hamburg, doch das Altonaer Vorbild blieb nicht ohne Wirkung auf die Zensurpraxis in der Hansestadt. Vor allem den Wochen- und Monatsschriften wurde relativ viel Freiheit des politischen Räsonnements eingeräumt.

Es wird aber nicht nur die Pressefreiheit gewesen sein, die einen Mann wie FORSTER mit Hamburg liebäugeln ließ. Der Ruf Hamburgs als liberaler Oase wird ebenfalls eine Rolle gespielt haben. Dieser Ruf gründete sich vor allem auf ein Ereignis, das über die Grenzen Hamburgs hinaus für Aufmerksamkeit gesorgt hatte. Am 14. Juli 1790, dem ersten Jahrestag der Erstürmung der Bastille, kam es im Hause des Kaufmanns SIEVEKING zu einer denkwürdigen Revolutionsfeier, an der u.a. auch prominente Autoren wie KLOPSTOCK und Adolph Freiherr KNIGGE teilnahmen. Sieveking verfaßte zu diesem Zweck ein Freiheitslied, dessen 5. Strophe die damalige enthusiastische Stimmung sehr gut wiedergibt:

Hebt den Blick! der ganzen Erde
Galt der Kampf und floß das Blut,
Daß sie frei und glücklich werde,
Aufgeklärt und weis' und gut!
Gnädig sah Gott auf uns nieder,
Dankt ihm, dankt ihm freie Brüder.*12*

Die Nachrichten über die Revolutionsfeier, deren betuliche Reimereien wir heute belächeln mögen, kursierten in ganz Deutschland und drangen sogar bis nach Weimar, wo GOETHE dem Treiben der "deutschen Revolutionsfreunde", wie er sie abschätzig nannte, mit sehr gemischten Gefühlen zusah. Seinem Schützling Fritz von STEIN, der eine Bildungsreise nach Hamburg plante, empfahl er wärmstens, sich mit "mancherlei Rechnungsarten" vertraut zu machen und fleißig den Kontakt zu Hamburger Kaufleuten zu suchen, er warnte ihn jedoch eindringlich vor SIEVEKING.

*Herr Sibeking mag ein reicher und gescheuter Mann seyn, so weit ist er aber doch noch nicht gekommen, einzusehen, daß das Lied: Allons, enfans etc. in keiner Sprache wohlhabenden Leuten ansteht, sondern blos zum Trost und Aufmunterung der armen Teufel geschrieben und komponirt ist. Es kommt mir das Lied an wohlbesetzter Tafel eben so vor, wie die Devise eines Reichen: pain bis et liberté, oder eines Erzjuden: >Wenig aber mit Recht>.*13*

Eine solche Stelle macht sehr schön deutlich, wo die Befürchtungen GOETHEs lagen. Weit davon entfernt, das Bürgertum, die "wohlhabenden Leute", wie er sagt, als Nutznießer der Revolution anzusehen, sah er in Aufklärung und Revolution ein gefährliches Instrument des Aufruhrs in der Hand des Pöbels. Deshalb waren ihm Männer wie SIEVEKING und FORSTER suspekt. Er hielt sie für Leute, die entweder aus Dummheit oder aber Charakterlosigkeit, schlimmstenfalls aus beiden, ihren eigenen Klasseninteressen entgegenarbeiteten und damit objektiv schädlich waren.

So ist es wohl nicht zufällig, daß GOETHE im Gegensatz zu seinem politischen Antipoden FORSTER nie mit Hamburg geliebäugelt hat. Hamburg lag für ihn "weit von uns ab in der Welt".*14*

Darin unterschied er sich von einer Vielzahl von oppositionellen Intellektuellen, für die Hamburg und Altona zum Fluchtpunkt und Agitationsfeld gerade in den 90er Jahren wurden. So lebten und arbeiteten am Ende des 18. Jahrhunderts Männer wie Friedrich Wilhelm von SCHÜTZ, Friedrich Freiherr von der TRENCK, Heinrich WÜRZER, Georg Friedrich REBMANN, Heinrich Christoph ALBRECHT und Georg KERNER für längere oder kürzere Zeit in Hamburg oder Altona; sie alle sind mehr oder minder im Umfeld des deutschen Jakobinismus anzusiedeln.

Nicht zuletzt diese Konzentration von oppositionellen Kräften führte dazu, daß Hamburg von der Reaktion als Jakobinernest verdächtigt wurde. Im "Genius der Zeit", dem liberalen Blatt von August von HENNINGS, wurde 1799 aus einem offiziellen Rapport des Londoner Parlamentsausschusses zitiert, wonach in Hamburg und Altona "der revolutionaire Heerd seyn sollte, auf dem die großen Vulkane zubereitet werden, die alle Königreiche umzustürzen drohen".[15]

Was war eigentlich dran an solchen Gerüchten? Wie so häufig, liegt auch hier die Wahrheit in der Mitte: Natürlich waren weder alle Einwohner noch gar der Magistrat "jakobinisch gesinnt"[16], wie der konterrevolutionäre Revolutionsalmanach in blinder Demagogie argwöhnte und der preußische Gesandte GÖCHHAUSEN in Hamburg nicht müde wurde, seiner Obrigkeit nach Berlin zu melden:

Es ziehet eine erstaunliche Menge Leute besonders aus dem Lüneburgischen hierher, die nichts als von Freiheit und Gleichheit sprechen, viel darüber gelesen haben, aber gleich nur gemeine Leute sind, und laut sagen, wenn der König den Drückungen und Beschwerden nicht abhilft, so machen wir uns selbst frei, setzen ihn ab und rufen Frankreich zu Hilfe (...).[17]

Es gab jedoch eine vielfältig gemischte politische und literarische Opposition, die im Deutschen Reich zu der Zeit ziemlich einmalig war.

Auf vier Besonderheiten, auf die sich Hamburgs Ruf als Metropole der Opposition in den 90er Jahren vor allem stützte, möchte ich im folgenden näher eingehen:

1. Die Hamburger Lesegesellschaft
2. Die Publizistik in Hamburg und Altona
3. Den Hamburger Gesellenaufstand
4. Die Flugschriften der Altonaer Jakobiner.

1. DIE HAMBURGER LESEGESELLSCHAFT

Die Hamburger Lesegesellschaft wurde im November 1792 auf Initiative des französischen Gesandten LEHOC gegründet. Es handelte sich dabei um eine Mischung aus intellektuellem Zirkel und politischer Vereinigung. Vorbild waren die vorrevolutionären aufklärerischen Lesegesellschaften, die als Ausdruck einer gewandelten Öffentlichkeitsstruktur seit der Mitte des 18. Jahrhunderts entstanden waren. Wenn die Lesegesellschaften auch vorrangig dazu dienten, ihren Mitgliedern durch die Bereitstellung von Büchern einen Zugang zum geistigen Leben der Zeit zu verschaffen, so veränderten sie nach 1789 doch häufig ihren Charakter, indem sie zum bevorzugten Ort der Diskussion über die neuen politischen Ereignisse avancierten: "Seit Lesegesellschaften entstanden, entstand in unseren Köpfen eine Revolution nach der andern" - hieß es im Schleswigschen Journal von August von HENNINGS.[18]

Einfluß auf die Gründung der Hamburger Lesegesellschaft hatten jedoch nicht nur dieses Modell einer vorrevolutionären Öffentlichkeitsbildung, sondern auch Geheimverbindungen wie Logen und Orden, die in ihrem Hermetismus und ihrer Exklusivität das direkte Gegenmodell dazu bildeten.

Walter GRAB hat in seinen Studien zu den Norddeutschen Jakobinern auf ein weiteres Vorbild aufmerksam gemacht: die Mainzer Lesegesellschaft, aus der sich der Mainzer Jakobinerklub entwickelt hat. Für diese These gibt es einige Indizien, aber keine direkten Beweise. Auf jeden Fall wußte man in Hamburg von der Existenz des Mainzer Jakobinerklubs. In einem Brief von Sophie REIMARUS, der Schwester des liberalen Publizisten August von HENNINGS und der Schwiegermutter SIEVEKINGs, vom November 92 heißt es:

Es ist ein Klub von 200 Mitgliedern, die der Freiheit gehuldigt haben, der den aufnimmt, der diesen Eid schwört. Alle Gelehrten, Professoren, Männer von Kopf gehören dazu. Es geht wie ein Lauffeuer und verbreitet sich wie ein Wunder; der langsame Deutsche fängt an, zu begreifen, daß auch er es besser haben könnte.[19]

Das organisatorische Modell der Hamburger Lesegesellschaft zeigt überraschende Parallelen mit dem des Mainzer Jakobinerklubs. Daneben gibt es aber charakteristische Unterschiede: So waren in der Hamburger Gesellschaft vor allem Franzosen als Mitglieder vertreten, und die Statuten waren auf Französisch abgefaßt. Nicht nur dies, sondern auch die Tatsache, daß jedes Mitglied 12 Taler als Einstand zahlen mußte, zeigt, daß man bewußt auf die Einbeziehung von Angehörigen aus den unteren Sozialschichten verzichtete.

Präsident der Gesellschaft wurde der schon mehrfach erwähnte SIEVEKING, Vizepräsident war LEHOC, und Sekretär wurde der Publizist Friedrich Wilhelm von SCHÜTZ. Es wurde ein Haus am Neuen Wall angemietet, wo die Journale und Bücher gelesen und die Versammlungen abgehalten werden sollten. Wie viele Mitglieder die Gesellschaft hatte, ist unklar. Die Schätzungen schwanken je nach politischem Standort erheblich. So sprach der preußische Gesandte GÖCHHAUSEN, der notorisch übertrieb, von 200 Mitgliedern, der österreichische Gesandte dagegen von 60 bis 70 Mitgliedern.[20] Überliefert sind nur die Namen von 16 Mitgliedern, darunter sechs Deutschen. Neben Sieveking und Schütz waren dies die

Kaufleute SCHUMACHER, VOGHT, MATTHIESEN, der Schriftsteller Heinrich Christoph ALBRECHT und der Buchhändler und Verleger Friedrich BACHMANN, der die Journale für die Gesellschaft liefern sollte und deshalb ein existentielles Interesse an dem Projekt hatte.

Obgleich die Statuten ausdrücklich festlegten, daß politische Debatten nicht geduldet werden sollten und sich die Vorträge und Diskussionen nur auf Themen von allgemeinem Interesse richten sollten, erregte die Lesegesellschaft sehr bald den Argwohn der Obrigkeit. Für GÖCHHAUSEN handelte es sich bei der Lesegesellschaft schlicht um einen "Jakobinerklub", aber auch der Hamburger Rat argwöhnte, daß aus der Lesegesellschaft ein Jakobinerklub nach Mainzer Vorbild entstehen könnte. Man verhielt sich jedoch abwartend, um LEHOC nicht zu verärgern und die wirtschaftlichen Beziehungen zu Frankreich nicht zu gefährden. Es sollte sich bald zeigen, daß ein Eingreifen des Senats auch gar nicht nötig war, da die Lesegesellschaft bereits nach wenigen Wochen an Auszehrung und inneren Widersprüchen zugrundeging. Für die Zeitschriften des Lesekabinetts fand sich nur ein einziger Subskribent, und die deutschen Mitglieder waren in ihrem Engagement verunsichert durch die Nachrichten, die über den Prozeß LUDWIGs XVI und die mögliche Hinrichtung zu ihnen drangen.

Sophie REIMARUS, die wenige Wochen zuvor noch so begeistert über den Mainzer Jakobinerklub geschrieben hatte, klagte Mitte Dezember ihrem Bruder:

Nein, die Franzosen sind keine Nation, mit der man sich brüderlich verbinden kann! (...) Gute Freiheit, warum bist du nicht in andere Hände gefallen![21]

Zu dem raschen Ende mögen auch die Verdächtigungen und Verleumdungen beigetragen haben, denen die Lesegesellschaft von Anfang an ausgesetzt war. SIEVEKING wurde gar persönlich bedroht. Unbekannte warfen ihm einen Strick ins Haus und malten einen Galgen an seine Tür. Ob sich hier der Volkszorn gegen den "Franzosenfreund" Sieveking Luft machte oder ob der oder die Täter auf höheres Geheiß handelten, ist unbekannt. Sieveking jedenfalls hielt es für angezeigt, das Lesegesellschafts-Projekt fallenzulassen und sich für sein Engagement in dieser Angelegenheit öffentlich zu rechtfertigen. In der Schrift "An meine Mitbürger", 1793, erläuterte er seine Einstellung zur Revolution und trat der Behauptung entgegen, er sei ein Jakobiner. Um sein ramponiertes Ansehen wiederherzustellen, fand er sich sogar bereit, Kontakt zu dem ihm verhaßten preußischen Gesandten GÖCHHAUSEN aufzunehmen.

Trotzdem schwor er den Idealen nicht ab, die ihn in eine persönlich so prekäre Situation gebracht und ihn von seinen Freunden isoliert hatten. In einem Brief an Caspar VOGHT, der der Revolution nach dem Sturz der Gironde sehr skeptisch gegenüberstand, erklärte er im Oktober 1794:

Wir haben noch nicht die schöne Hoffnung aufgegeben, die uns bei dem Anfang des großen Kampfes für Freiheit begeisterte. Und wenn wir träumen, laß uns den Traum. Er wäre schöner als die Wahrheit. (...) Auch wir lieben Gerechtigkeit und Freiheit und Weisheit und Tugend. Auch wir wollen nicht die Glückseligkeit der Welt durch den Mord Eines Menschen erkaufen. (...) Auch wir sind nicht blind gegen das Unglück, das die Revolution über einen großen Teil Frankreichs und der Welt gebracht hat. Und doch hoffen wir, daß Heil der Menschheit das Ende des schrecklichen blutenden Kampfs der Guten und Bösen sei, daß die Menschen besser und glücklicher sein werden, als sie's überall oder so früh ohne diese Erschütterung, dieses moralische Erdbeben geworden wären. Wir freuen uns des Erfolgs, ohne die Menschen und die Mittel zu loben, die ihn hervorgebracht haben. Auch verkennen wir das viele und uns überwiegend scheinende Gute nicht, das sich schon jetzt zeigt; diese große erstaunliche Entwicklung von Kräften, die vielleicht lange nicht, vielleicht nie geweckt worden wären, diese Fortschritte und Verbreitung der Aufklärung und der Humanität.[22]

Der schwärmerische Ton des Briefes täuscht. SIEVEKING war kein Träumer, sondern ein scharf kalkulierender Reformer, der den politischen Sprengstoff, der in der immer größer werdenden Schere zwischen Arm und Reich lag, sehr klar erkannte. Seine Vorschläge, die Reichen sollten sich zugunsten der Armen selbst bescheiden, mögen naiv anmuten, und seine ehrenamtliche Tätigkeit als Provisor des Werk-, Zucht- und Armenhauses mag vom heutigen Standpunkt her als ambivalent einzuschätzen sein, im Kontext der damaligen Wirkungsmöglichkeiten lagen seine Aktivitäten und Forderungen jedoch schon weit jenseits der gesellschaftlichen Akzeptanz.

Die von SIEVEKING betriebene Selbstauflösung der Hamburger Lesegesellschaft war deshalb nicht nur eine notwendige Form des Selbstschutzes, sondern auch ein Ausdruck dafür, wie isoliert Leute wie Sieveking waren und wie beschränkt der Spielraum trotz des vielbeschworenen liberalen Klimas in Hamburg war.

Auch spätere Versuche, den oppositionellen Intellektuellen der Hansestadt einen verbindlichen organisatorischen Rahmen zu geben, scheiterten. So existierten auch die Loge "Einigkeit und Toleranz" und die "Philantropische Gesellschaft" nur kurze Zeit. Der "Genius der Zeit" sah die Ursachen vor allem in dem Nichtzustandekommen eines Bündnisses zwischen Kaufleuten und Gelehrten:

Es ist eine traurige Eifersucht, die zwischen dem Handelnden und dem Denker, dem Geschäftsmann und dem Gelehrten in der Welt herrscht, und nur zu oft beide verleitet, einander entgegen zu arbeiten (...) Der aufgeblähte und leere Geschäftsmann, der immer thätig seyn will, sieht in den Gelehrten nichts als leere Grübler; Männer von Geist sind ihm Neuerer; speculative Köpfe, Grillenfänger; ihre Vorschläge und Unternehmungen, Eingriffe in das Fach, das dem Handelnden allein vorbehalten seyn soll; unbefangene Beurtheiler sind ihm ununterrichtete und unberufene Mitredner, denen die Höhe politischer Weisheit verborgen ist; - dieser Weisheit die fast immer strauchelt. Der Gelehrte siehet dagegen in dem Geschäftsmann, der ihm allen Einfluß verbieten und allen Zugang versagen will, einen Mann, dem die Ansprüche der Rechte dazu nichts sind, der sich auf die leeresten Vorurtheile stüzt, um Anmaßungen zu behaupten, zu denen er sich nicht durch einen unentbehrlichen Reichthum weit umfassender Kenntnisse und liberaler Denkungsart legitimiren kann. So stehet gegen einander was sich gegenseitig die Hände bieten und im größten Zutrauen mit einander leben sollte.²³

Durch die Blume gibt HENNINGS zu verstehen, wer seiner Meinung nach berufen ist, die notwendigen politischen Veränderungen in Hamburg durchzusetzen: Kaufleute, Gelehrte und Schriftsteller, also eine Allianz aus Besitz- und Bildungsbürgertum; die Mittelschichten oder gar die Unterschichten hatte er als Bündnispartner nicht im Blick.

Um die Herstellung dieser Allianz von Geist und Geld ging es nicht nur August von HENNINGS in seinen verschiedenen Journalen, sondern auch einer Reihe von anderen Publizisten, die in den 90er Jahren in Hamburg und Altona agierten.

2. DIE PUBLIZISTIK IN HAMBURG UND ALTONA

Allein zwischen 1792 und 1794 erschienen mehr als zehn politische Zeitschriften in Hamburg und Altona. Darunter befanden sich so bekannte und auflagenstarke Blätter wie der "Genius der Zeit" von HENNINGS und die "Minerva" von ARCHENHOLZ, die beide eine Bedeutung über den Hamburger und Schleswig-Holsteiner Raum hinaus hatten.

Aus der Fülle der Zeitschriften und Journale wähle ich zwei aus, an denen sich die Radikalitätsfrage besonders gut diskutieren läßt. Es sind dies der "Niedersächsische Merkur" von SCHÜTZ und "Das Neue Graue Ungeheuer" von REBMANN.

Von Juli 1792 an publizierte Friedrich Wilhelm von SCHÜTZ, der - wie schon erwähnt - später Sekretär des französischen Gesandten LEHOC wurde und an der Gründung der Lesegesellschaft maßgeblichen Anteil hatte, anonym den "Hamburger Merkur", der, da er - wohl aus Gründen der Publizitätsgewinnung - ohne Konzession gedruckt war, bereits nach zwei Nummern verboten wurde und von da an unter dem Titel "Niedersächsischer Merkur" herauskam. Auch unter diesem Namen wurde die Zeitschrift nach einigen Monaten verboten, so daß Schütz den Namen in "Neuer Protheus", später dann in "Neuer Protheus, als Manuskript für Freunde" umwandelte. Die vielen Namenswechsel und der falsche Druckort, den Schütz zur Irreführung der Behörden angab, halfen jedoch nichts: Ende März 1793 mußte die Zeitschrift ihr Erscheinen endgültig einstellen und Schütz die Stadt verlassen.

Die Verbreitung des Journals läßt sich an den zahlreichen Verboten in den verschiedensten Ländern ablesen: Es fiel der Zensur in Hannover, Dänemark, Preußen, Schlesien und Pommern zum Opfer. Der Hamburger Senat, der auf Druck der ausländischen Gesandten schließlich mit einem Verbot nachzog, wunderte sich darüber, daß "eine so elende Wochenschrift (...) außer Hamburgs so viel Aufsehen" errege.[24] Er entschloß sich wohl deshalb erst so spät zu einem Verbot und zur Ausweisung von SCHÜTZ, weil er, ähnlich wie im Fall der Lesegesellschaft, die wirtschaftlichen Beziehungen zu Frankreich nicht belasten wollte und sich im übrigen durch Schützens "Merkur" wenig gestört fühlte, da es dieser wohlweislich vermied, auf Hamburger Verhältnisse anzuspielen.

Die "elende Wochenschrift" profitierte jedoch von dem Verbot:

> Sonst war ich nur ein Ladenhüter
> Es sah mich niemand an;
> Dank euch, hochweise Herrn Verbieter,
> Jetzt ließt mich iedermann.[25]

Nach programmatischen Erklärungen von SCHÜTZ sollte seine Zeitschrift einen Beitrag "zur Vertilgung des Despotismus, Fanatismus und wie diese vielköpfigen Ungeheuer alle heißen mögen" liefern und Ungerechtigkeiten anprangern, die "große und kleine Despoten nur deswegen so ungescheut verüben, weil sie das Urteil der Welt nicht fürchten".[26] Schütz wollte mithelfen, "daß es in den Köpfen unserer Mitbürger vollends helle werde, in welchen es bereits zu dämmern" anfange.[27]

Die Lichtmetaphorik zeigt, daß SCHÜTZ sich im Rahmen der aufklärerischen Ideologie bewegte und sich als Teil der Aufklärungsbewegung begriff. Ein Blick in die Zeitschrift bestätigt diese Einschätzung. Neben populär gehaltenen Freiheitsgedichten überwiegen längere und kürzere Beiträge, in denen Schütz über die politische Lage in Frankreich informiert, z.B. "Etwas über den jetzigen Zustand Frankreichs", "Schilderung der Lage

Frankreichs und der daraus entstandenen Revolution", "Über die wichtigen Vorfälle in Paris", "Wie sieht es gegenwärtig in Frankreich aus?", um nur einige Titel zu nennen. In diesen Beiträgen bemühte sich Schütz, Verständnis bei seinen Lesern für den Gang der Revolution zu wecken, dem er uneingeschränkt positiv gegenüberstand. Ganz offen sympathisierte er mit den französischen Revolutionsheeren, von deren Sieg er den Zusammmbruch des "deutsche(n) altgothische(n) Gebäude(s)"[28] erhoffte. Nationalstaatliche Erwägungen waren ihm fremd. Als Sekretär des französischen Gesandten setzte Schütz auch persönlich auf den Sieg der Franzosen und versuchte, ihm als Publizist mit allen Mitteln eine Akzeptanz im öffentlichen Bewußtsein zu verschaffen. Diesem Standpunkt ist eine gewisse Radikalität nicht abzusprechen, nur geht sie in eine Richtung, die mit dem Odium des Vaterlandsverrats und des Unpatriotischen behaftet ist, jedoch auch als radikale Konsequenz der kosmopolitischen Orientierung der Aufklärungsbewegung verstanden werden kann.

SCHÜTZens bedingungslose Orientierung auf den Sieg der Franzosen, der angesichts des damaligen militärischen Vordringens der Franzosen ein gewisser Realismus nicht abzusprechen ist, wurde übrigens nicht von allen seinen Freunden und Mitstreitern geteilt. So vertrat Georg Friedrich REBMANN eine diametral entgegengesetzte Position, die sich aus dem Patriotismus der Aufklärungsbewegung speiste. Danach sollte sich ein Volk "seine Freiheit selbst erobern" und nicht "als Geschenk" von außen erhalten.[29] Konsequent setzte er deshalb nicht auf Sieg der französischen Waffen, sondern auf eine Revolutionierung in Deutschland, die er mit seinen Schriften zu befördern suchte.[30]

REBMANN war 1795 auf der Flucht nach Altona gekommen, nachdem er wegen "demokratischer Umtriebe" Anhalt-Dessau hatte verlassen müssen, wo er sich als Herausgeber der Zeitschrift "Das Neue Graue Ungeheuer" den Zorn der Obrigkeit zugezogen hatte.[31] In der Verlagsbuchhandlung von VOLLMER, der sich auf die Herausgabe oppositioneller Schriften spezialisiert hatte, setzte er die Herausgabe des "Neuen Grauen Ungeheuer" fort. Diese Zeitschrift unterschied sich von SCHÜTZens "Merkur" durch eine differenzierte Haltung Frankreich gegenüber und durch seine Angriffe auf die deutschen Zustände, die Schütz wohl nicht nur aus Zensurrücksichten fast gänzlich ausgespart hatte. Rebmanns "Neues Graues Ungeheuer" war viel diskursiver angelegt als Schützens "Merkur". Zwar fehlten auch hier weitgehend direkte Bezüge auf die Hamburger Verhältnisse, aber dies erklärt sich nicht aus einem Desinteresse, sondern aus dem überregionalen Charakter der Zeitschrift, die sich an die oppositionelle

Intelligenz in ganz Deutschland wandte und sie für eine Revolutionierung zu gewinnen trachtete. Ihnen versuchte Rebmann mit seiner Zeitschrift Stichworte und Argumente in die Hand zu geben. Religionskritik, Despotenkritik und eine Reflexion über Grundpositionen der Aufklärung standen daher im Mittelpunkt der Zeitschrift, die nicht so sehr Agitations- als vielmehr Selbstverständigungsorgan der kritischen Intelligenz sein sollte. So waren Rebmanns Anknüpfen an den vorrevolutionären Journalismus eines WEKHRLIN, dem er mit der Namensgebung seines Journals eine Referenz erwies, und seine Querverweise auf andere Publizisten wie KNIGGE, HENNINGS, FORSTER etc. sicherlich ein Versuch, eine Kontinuität und Breite der oppositionellen Bewegung wenigstens schreibend herzustellen.[32]

In zahlreichen Beiträgen war REBMANN bemüht, die in Mißkredit geratene Aufklärung als gemeinsame ideologische Basis für die oppositionellen Intellektuellen zu retten. So wandte er sich vehement gegen die Diffamierung der Aufklärung als Ursache für die Revolution:

1. Die Gräuel, welche jetzt in Frankreich vorgehen, haben bey den meisten Menschen den ächten Gesichtspunkt verrückt, aus welchem die französische Revolution betrachtet werden soll.

2. Menschen, welche bey den Unordnungen des Despotism und der Hierarchie ihre Rechnung finden, suchen die Regierungen zu bereden, daß diese Gräuel eine Folge der Aufklärung, der Menschenrechte etc. seyn.

3. Dies ist aber ganz falsch, sondern die Unordnungen in Frankreich entstehen aus ganz andern Gründen. Sie wurden erzeugt nicht durch die Aufklärung und die Menschenrechte, sondern durch den Widerstand, den die Egoisten, Priester und Betrüger in Frankreich der neuen Verbesserung entgegen setzten.

(...)

6. Statt den ruhigen Fortgang der Aufklärung, der sichersten Gegnerin aller Empörungen, zu befördern, die Mängel der Regierungsverfassungen selbst abzustellen, glauben sie (d.i.: die deutschen Fürsten, I.S.), durch despotische Maasregeln, durch Fortsetzung eines unpolitischen Kriegs, durch Begünstigung der Finsterniß, durch Verfolgungen gegen freymütige und helldenkende Männer die Indolenz der vorigen Jahrhunderte wieder herzustellen.[33]

Demgegenüber hielt REBMANN an den Grundpositionen der Aufklärung fest, wendete sie ins Politische und versuchte sie für sein Revolutionierungskonzept zu funktionalisieren. Mit dem "Pöbel" hatte er allerdings, ähnlich wie SCHÜTZ, nichts im Sinn. Schaudernd berichtet er von "Pöbel-Justiz"[34] im Zusammenhang mit der Rückeroberung von Mainz durch preußische Truppen, ohne zu reflektieren, warum wohl Teile der Unterschichten so aufgebracht gegen die Mainzer Jakobiner gewesen sein mögen. Offensichtlich hatte Rebmann die Unterschichten weder als Bündnispartner noch als Trägergruppe im Auge. Von wem eine Revolutionierung Deutschlands ausgehen sollte, bleibt in seinem Revolutionskonzept infolgedessen unklar. Die Hoffnung, daß die Aufklärung dies in Verbindung mit den oppositionellen Intellektuellen bewerkstelligen würde, verrät ein ebenso großes Zutrauen in die Macht des Denkens und Schreibens wie eine naive Unterschätzung des materiellen Faktors.

Wie wichtig dieser materielle Faktor war und wie schwierig er sich in ein auf der Aufklärung basierendes Revolutionskonzept integrieren ließ, wird deutlich an den Handwerkerunruhen, die 1791 in Hamburg ausbrachen.

3. DER HAMBURGER GESELLENAUFSTAND

Es gab im damaligen Deutschen Reich kaum eine Stadt, in der so extreme soziale Gegensätze herrschten wie in Hamburg. Die Lage der unteren Schichten war erbärmlich. Um 1788 gab es nach einer Erhebung 7391 Personen, die "im äußersten Bedürfniß unmittelbarer Unterstützung"[35] lebten. Auch die 1788 von dem Kaufmann Caspar VOGHT gegründete Armenanstalt verbesserte das Los der Armen nur wenig. Jeder zwölfte Bewohner Hamburgs blieb Bettler oder Spitalsanwärter.

Die Arbeits- und Verdienstmöglichkeiten breiter Schichten wurden durch eine anachronistische Zunftverfassung massiv behindert. Mit Argusaugen wachten die Zunftmeister darüber, den Kreis der Zünftigen klein zu halten. Sie machten den sogenannten Bönhasen, ausgelernten Gesellen, die mangels Kapital das Meisterrecht nicht erlangen konnten, das Leben schwer. Nur wenige waren in der Lage, sich mit zwei- bis dreihundert Talern in die Zunft einzukaufen. Viele waren gezwungen, sich in den neu entstehenden Industrien - die Arbeitszeit betrug 14 bis 17 Stunden, Kinderarbeit ab dem 5. Lebensjahr war die Regel - als Lohnarbeiter zu verdingen. Ende des Jahrhunderts waren mehr als 12000 Menschen in der Tuch-, Zucker- und Tabakindustrie beschäftigt. Ihnen standen etwa 1250 Meister, 1000 Gesellen und 350 Lehrlinge gegenüber.

Das Elend und die Unzufriedenheit waren entsprechend groß, so daß es nur eines geringen Anlasses bedurfte, um das Faß zum Überlaufen zu bringen. Ein solcher geringfügiger Anlaß war im August 1791 eine Zwistigkeit zwischen einem Gesellen und seinen Mitgesellen, die sich zu einem Konflikt zwischen Gesellen und Zunft einerseits und Senat andererseits ausweitete und über den eigentlichen Anlaß hinaus bald zu einer prinzipiellen Auseinandersetzung zwischen Gesellen, Zunft und Obrigkeit wurde, wobei die Konfliktlinien z.T. quer durch die Lager liefen.[36] Die Situation eskalierte so, daß es schließlich in der Hansestadt zu einem Aufstand aller Schlossergesellen und zu einer Solidarisierung von Gesellen aus anderen Gewerben kam. Sogar Unzünftige und Lohnarbeiter schlossen sich den Aufständischen an. GRAB spricht von 7000, HERZIG von 6000 Streikenden, die eine Woche lang demonstrierend durch die Hamburger Straßen zogen.[37] Der Rat der Stadt, der fürchtete, daß die Unruhen auf die Hafenarbeiter übergreifen und Hamburg damit an seinem empfindlichsten Nerv treffen könnten, setzte die Miliz gegen die Streikenden ein: 3 Gesellen wurden getötet, mindestens 10 verletzt.

Wieweit die Handwerkerunruhen in Zusammenhang mit der Rezeption der französischen Revolution zu interpretieren sind, ist schwer zu sagen. Zwar ist es überliefert, daß einige Gesellen sich Kokarden an die Hüte hefteten; der Schlachtruf "Konvolution", den sie benutzten, läßt eine Bezugnahme auf die Revolution im Nachbarland vermuten, ist zugleich aber ein Hinweis darauf, daß - wenn überhaupt politische Vorstellungen bestanden - diese äußerst vage gewesen sein müssen.

Die Furcht, daß aus dem Aufstand, der in Entstehung und Verlauf ein eher konservatives Gepräge hatte, eine nicht mehr zu steuernde Revolution nach französischem Vorbild entstehen könnte, war nicht auf den Rat der Stadt beschränkt. Auch liberale Männer wie Albert Heinrich REIMARUS waren von dieser Furcht gepackt. In einer Flugschrift "Freiheit. Eine Volksschrift. Bei der Gelegenheit der Handwerkerunruhen entworfen" betrachtete er die Aufständischen als Feinde der Gesellschaft und sprach ihnen jedes Recht ab, gegen die Obrigkeit zu revoltieren.[38] Er berief sich dabei auf die aufklärerische Auffassung eines Gesellschaftsvertrages, aus der er einseitig eine Gehorsamspflicht der Untertanen herleitete. Die Angst vor dem Zusammenbruch der herrschenden Ordnung war so groß, daß Reimarus die Herrschaft der Fürsten gar nicht mehr so verabscheuenswert vorkam:

Die Regierung des Fürsten hat auch ihre Vorteile. Das Beste des Landes ist ja auch das eigene Beste des Fürsten und seiner Nachkommen, und ein Fürst ist imstande, alles Gute und Nützliche am kräftigsten zu befördern.[39]

Auch aus der Flugschrift von Johann Arnold GÜNTHER "Über den Aufstand der Handwerksgesellen zu Hamburg im August 1791 nebst einigen Reflexionen über Zunftgeist und Zunfterziehung" spricht die Angst vor dem Zusammenbruch der bestehenden Ordnung.[40] Besonders gefährlich erschien Günther die kurzfristige Verbindung von Gesellen und Pöbel, die seiner Meinung nach zu recht die scharfe Reaktion des Rats herausgefordert hatte.

Itzt fieng die Sache an, bedenklicher zu werden. Schon am Mittwoch Abend hatte der Pöbel angefangen, sich haufenweise zusammen zu rotten; in gleichen Aufzügen, wie die Handwerksgesellen, aber nicht, wie diese, mit Ordnung und einer gewissen Art von Anstand, sondern in wildem Tumult, mit lautem Geschrei durch die Straßen zu ziehen: hauptsächlich die auf den Cattunfabriken arbeitenden jungen Bursche, und die bey den zahlreichen hiesigen Zuckerfabriken in Dienst stehenden Knechte. Letztere versuchten es, sich erst den Zimmerleuten, und dann den Schustern zur Beyhülfe anzubieten, wurden aber bey beiden abgewiesen; bewafneten sich dann mit den Trümmern eines zerstörten Geländers, wagten es, eine Wachpatrouille thätlich zu insultiren, und veranlaßten dadurch, daß einer von ihnen durch einen Schuß tödtlich verwundet wurde. Auch die Handwerker, durch Lerm und Brantwein erhitzt, fiengen an ihre anfangs beobachtete Mannszucht zu vergessen, und hie und da die Vorbeygehenden zu insultiren; der Lerm und das Zusammenlaufen in allen Gassen nahm überhand, und veranlaßte Gedränge, Schlägerey, und öffentliche Unsicherheit; alle Gewerbe standen still (...).[41]

Die Angst vor den Übergriffen des Pöbels ist stärker als der Widerwille gegen anachronistischen "Zunftgeist und Zunfterziehung". Während GÜNTHER hofft, durch eine allmählich fortschreitende Aufklärung die Zunftgesellen in die bestehende Ordnung wieder einbinden zu können - sie also für bildungs- und besserungsfähig hielt -, scheint er der Aufklärung in bezug auf die Unterschichten keine sittigende Kraft zuzutrauen.

In Wirklichkeit geht es einem Mann wie GÜNTHER gar nicht um Aufklärung, sondern um die Bewahrung besitzbürgerlicher Positionen. Die Angst vor dem Pöbel ist auch die Angst des Bürgers vor dem Verlust der eigenen privilegierten Stellung. Die Aktionen des Pöbels flößen deshalb soviel Furcht ein, weil sie sich gerade nicht an die Regeln halten und das Eigentum des Bürgers nicht achten.[42] So wird der Hamburger Senat genau in dem Augenblick aktiv, als er befürchtet, daß es zu Plünderungen von seiten der Aufständischen kommen könnte.

Daß nur eine Änderung im Verhältnis von Arm und Reich solchen Plünderungen vorbeugen kann, wurde nur von einigen wenigen gesehen. In einer Schrift des Speyerer Senators Johann Adam WEISS über die Vor- und Nachteile des Zunftwesens, die als Antwort auf eine entsprechende Preisfrage der Patriotischen Gesellschaft konzipiert war, hieß es:

So lange das ungeheure Mißverhältnis zwischen der ganz reichen, mittelvermögenden und ganz armen Klasse der Einwohner nicht gehoben wird, können sich einmal an dem nämlichen Gerichte nicht mehrere satt essen, als der Vorrath erlaubt![43]

Interessant ist in diesem Zusammenhang eine Anmerkung SIE-VEKINGs, der die Passage von WEISS folgendermaßen kommentierte: *Da liegts! Aber wer das sagt, wird misverstanden, und als ein Aufrührer verschrieen.*[44]

Aber auch SIEVEKING konnte sich die unteren Volksschichten nicht als Bündnispartner oder Träger der Revolution vorstellen, sondern nur als Objekt der Fürsorge. In der Wichtigkeit der Verteilungsfrage, die BÜCHNER später als das einzig revolutionäre Moment in der Geschichte bezeichnen sollte, war er jedoch weitsichtiger als Männer wie SCHÜTZ oder REBMANN, die die soziale Frage aus ihrem Revolutionskonzept ausblendeten.

Auch die sozialen Unruhen in den Jahren 94 und 95 zeigen den tiefen Graben zwischen den Aktionen des Pöbels und den Interessen der Besitzenden. Wiederholt kam es zu Tumulten und Hungerunruhen. Bezeichnend in diesem Zusammenhang ist ein Vorfall in Altona. Der dort ansässige Fleischermeister LANZ verdiente große Summen am Fleischexport nach Frankreich und gab sich aus Geschäftsrücksichten äußerst jakobinerfreundlich: Sein Haus hatte er mit einem Freiheitsbaum und einer Jakobinermütze geschmückt. Weniger dies als die Tatsache, daß er das Fleisch dem Hamburger Markt entzog und zu überteuerten Preisen exportierte, erregte den Zorn der Bevölkerung. Die Aktionen der Bevölkerung Lanz gegenüber - sein Haus wurde geplündert, das gefundene Geld, immerhin 30.000 Mark, wurde aufgeteilt - war weniger Ausdruck einer konterrevolutionären Gesinnung als vielmehr der Beweis für das feine Gespür der Unterschichten für die doppelte Moral des Fleischermeisters, der unter dem Deckmantel des Jakobinismus seine Geschäfte auf Kosten der Altonaer Bevölkerung abwickelte. Die Drohung der Plünderer, Lanz "gleichzumachen" zeigt, daß der Pöbel die Lektion der Französischen Revolution anders verstand als das Besitzbürgertum.[45]

Interessant an all diesen Vorfällen ist die Tatsache, daß es zu einem Bündnis zwischen den verschiedenen oppositionellen Kräften nicht kam. Man macht es sich zu einfach, darin einfach nur ein "Versäumnis" der Intellektuellen zu sehen, wie das Walter GRAB getan hat.[46]

Die Interessenlage der verschiedenen Gruppen war viel zu unterschiedlich, als daß daraus ein gemeinsames Bündnis hätte erwachsen können: Intellektuelle wie REBMANN und SCHÜTZ waren in erster Linie an einer Verbesserung des politischen und kulturellen Klimas interessiert, Kaufleute wie LANZ, daß ihre Geschäfte gut liefen, die Zunftgesellen, daß die alte Ordnung eingehalten wurde, und die Unterschichten, daß ihre materiellen

Bedingungen verbessert wurden. Ein radikales, über die verschiedenen Partialinteressen hinausgehendes Konzept gesellschaftlicher Veränderung war damals historisch noch nicht angesagt.

4. DIE ALTONAER JAKOBINER

Isoliert und im Geschichtsprozeß ohnmächtig geblieben ist auch eine andere oppositionelle Gruppe: die sogenannten Altonaer Jakobiner, von deren Existenz wir durch mehrere von ihnen verfaßte Flugblätter wissen. Wer diese Altonaer Jakobiner waren, ist unbekannt. GRAB vermutet, daß es sich um Angehörige der Unterschichten gehandelt habe, er spricht von einem "plebejischen Jakobinerkonventikel".[47] Tatsächlich sind die Flugschriften in einem unbeholfenen Deutsch abgefaßt, die Forderung nach Abschaffung des Zolls und verschiedener Steuern lassen jedoch vermuten, daß die Verfasser nicht zu den allerärmsten Schichten gehörten.

In der Aufmachung, im Duktus und im Inhalt sind die Flugblätter offensichtlich von der Revolution im Nachbarland beeinflußt. Die drei im Original im Reichsarchiv zu Kopenhagen erhaltenen Flugblätter tragen an der Spitze grob geschnittene Papierkokarden in den Farben der Trikolore. Auf einer der Kokarden steht "Freyheit oder Mordt und Todt", was wohl eine Abwandlung der Revolutionsparole "La liberté ou la mort" ist.[48]

Die Flugschriften wurden nachts an öffentlichen Gebäuden oder Plätzen angeschlagen, wo sie der Obrigkeit in die Hände fielen. Auf einem Flugblatt findet sich die handschriftliche Notiz "War am Comoedien Hause angeschlagen, und ward am Neu- Jahrs-Tage Morgen frühe gefunden und abgerissen, ist von derselben Hand die alle andern Schandschriften geschrieben hat", auf einem andern steht der Zusatz "Dem Ob. Praes. eingeliefert den 3. Januar, Morgens: ist angeheftet gewesen am Lotto-Gerüst". Alle erhaltenen Flugblätter stammen aus der Zeit November 1792 bis Januar 1793, zum Teil sind die Blätter von dem oder den Verfasser/n selbst datiert, wie z.B. "gegeben im Jakobiner-Club zu Altona anno 1792. ultimo December" oder "Mit Patriotischer Bewilligung des Jakobiner- Clubs, zur zweitenmaligen Warnung des noch seienden Königs, angeheftet, den Primus Januar 1793, zu Altona". Zum Teil ergeben sich die Daten aus den Randvermerken der Obrigkeit.[49]

In einem Flugblatt geben der oder die Verfasser auch die Mitgliederzahl ihres Jakobinerklubs an: 22 "nützliche Bürger"[50], wie sie sich selbstbewußt nennen, was auch darauf schließen läßt, daß es sich eher um Angehörige aus kleinbürgerlichen Schichten denn um Plebejer gehandelt hat.[51]

Näheres über die Organisation des Jakobinerklubs, über etwaige Verbindungen zu oppositionellen Gruppen in Hamburg oder anderswo, sowie über sein weiteres Schicksal, weiß man nicht. Trotz eifriger Nachforschungen gelang es der Obrigkeit nicht, die Anonymität der Flugblattschreiber zu lüften. So sind wir bei der Bewertung der Altonaer Jakobiner auf die Flugblätter allein angewiesen. Diese überraschen durch ihre bilderreiche und deftige Sprache. So heißt es in einem nur in Abschrift erhaltenen Flugblatt:

(...) Noch bis jetzt heißender König in Dänemark, Norwegen etc.: höre und vernimm, daß wir die Hollsteiner, die Dänen und Norweger den Staatskörper ausmachen, mithin die Souveraine Nation sind. Enthalte dich daher von heute des Titels Souverain - und gib in guten Gehör, alle daß, was dir hier gesagt ist, und erfülle es baldigst, oder sihe zuspät ein, was Wir thun werden. Daß Du unverzüglich den Scandaleusen verderblichen Zoll aus unser Land gänßlich verbannest, so werden die unzählig vielen Saugigel die uns so lästigen Ungeheuer des Uns gehörenden Landes, zur Arbeit zurückgeführt sein, und dieses ihnen nützliche Mittel wird diese schädlichen Thiere zu nützliche Mitglieder, die Unsern National-Schatz mit verbeßern müßen, statt sie denselben unter Einer üblen Aufsicht unter allerley despotischen Vorwand arlistig bestehlen.[52]

In einem anderen Flugblatt ist der Ton noch schärfer, er wird nur gemildert durch den Respekt, den die Verfasser dem Monarchen trotz allem Verbalradikalismus doch noch entgegenbringen. Der Präsident STEMANN, der im Auftrag der Deutschen Kanzlei in Altona für Ruhe und Ordnung zu sorgen hatte und mit der Verfolgung der Altonaer Jakobiner beauftragt war, wird darin als "Schelm" und "Tropf" lächerlich gemacht:

... so rathen wir dich, werde bey Zeiten ein guter bürgerlich gesinnter Mann, ehe sich die Sache der Freyheit völlig für Uns entwickelt, den jtzt ligt sie schon in starker Gährung. - wirst du nun Unsern guten Rath nicht beyzeiten folgen, so glaube, daß zur Zeit der Reife der Sache der Freyheit die erste Laterne die Beste, zu deine Bewillkommnung bereit seyn soll.[53]

Der Wink mit der Laterne zeigt deutlich, daß das französische Beispiel bei den Altonaer Jakobinern nicht ohne Eindruck geblieben war. Ablesbar ist das auch an zwei Flugschriften, die mit den Revolutionsparolen Freiheit und Gleichheit eröffnet werden:

Freyheit und Gleichheit! sind der Menschen urprüngliche Rechte![54]

In einer anderen Flugschrift wird direkt auf das französische Beispiel Bezug genommen:

Mitbürger, Brüder, Freunde! Versäumet keinen Augenblick, diesen hier euch vorgeschlagenen Plan mit Ausreißung des euch so lästigen Barthaars auszuführen (mit dieser Metapher ist der Sturz des Königs gemeint, I.S.),

denn jtzt ist der waare Zeitpunct da, jhr könnts ia selbst mit euren Augen
sehen an das edle Franken-Volk, wie es nächst denn guten Amerikanern
alle Monarchischen Bande Euch zum Beispiel zerrißen hat.[55]

Die Flugschriften sind aber nicht nur beeinflußt von der Revolution und
ihren Parolen, sie sind auch geprägt von den popularphilosophischen Positionen der Aufklärung: Gesellschaftsvertrag, Menschenrechte, Volkssou-
veränität, Republikanismus kommen direkt als Stichworte vor, ohne daß jedoch eine geschlossene Argumentationskette entwickelt wird. Das aufklärerische Gedankengut steht unvermittelt neben sehr konkreten Forderungen,
wie z.B. der Abschaffung der "Kopfsteuer", "Procentsteuer", "Vermögens-
steuer", "Brandsteuer" und vor allem der verhaßten "Lotto-Pest", in der die
Flugblattschreiber zu Recht eine indirekte Steuer sehen, mit der der Bevölkerung zusätzlich Geld aus den Taschen gezogen werden soll. Ebenso unvermittelt ist der argumentative Sprung von der Abschaffung der vielen
Steuern hin zur Beseitigung der Monarchie. Wie in der Gattung Flugblatt
üblich, tritt an die Stelle der Argumentation die Agitation, die vor allem auf
schlagkräftige Parolen und eindrucksvolle Bilder setzt.[56]

Im ganzen gesehen vermitteln die Flugschriften einen zwiespältigen
Eindruck. Zweifellos sind sie Dokumente einer radikalen Opposition. Ge-
stärkt durch die Aufklärung und das Beispiel der Revolution, melden sich
in ihnen Schichten als politische Subjekte zu Wort, die bis dahin Objekte
monarchischer Willkür oder bestenfalls Objekte karitativer Fürsorge liberaler Kräfte gewesen sind. Auf der anderen Seite sind die politischen Vorstellungen, die in den Flugschriften zum Ausdruck kommen, vage und ihrer
Vagheit wegen immer in Gefahr, in konservative Muster abzuleiten. Der
Ton der Aufsässigkeit kann nicht darüber hinwegtäuschen, daß die Altonaer Jakobiner von ihrem oppositionellen Impetus her Traditionalisten
waren. Ähnlich wie bei den Handwerkergesellen, denen es um die Wiederherstellung der 'alten Ordnung' ging, finden sich auch in den Flugschriften
der Altonaer Jakobiner Hinweise darauf, daß sie 'altes Recht' wiederher-
stellen wollten und sich als Hüter eben dieses Rechts verstanden. Freilich
lag bereits in dieser Einforderung des 'alten Rechts' eine erhebliche
Sprengkraft, wie die Besorgnisse der Obrigkeit zeigen. Wie stark das Be-
harrungsvermögen - das Pochen auf alten Rechten und Gewohnheiten - in
breiten Schichten der Bevölkerung war, läßt sich übrigens sehr schön an
einem Aufsatz ablesen, der in SCHÜTZens "Neuem Niedersächsischen
Merkur" von 1799 erschien. Dort stellte ein anonymer Verfasser die provo-
kante Frage, wie es mit der Aufklärung in Altona eigentlich beschaffen sei,
und kam dabei zu einem deprimierenden Fazit:

Man sollte denken, in Altona müßte die Fackel der Aufklärung mehr als an jedem andern Orte leuchten, denn der Zusammenfluß von Fremden aller Nationen, die blühende Handlung und die Freiheit von Seiten der dänischen Regierung, die sie gern jedem ihrer Untergehörigen und am willigsten Altona, als einem Grenzorte ertheilet, dieses alles zusammen genommen, müßte die Aufklärung sehr befördern; aber doch ist es nicht so, und leider könnten manche Beispiele aufgestellt werden, die grade das Gegentheil beweisen.[57]

Als Beispiel führt der Verfasser die Einführung einer neuen Gottesdienstordnung an, die auf erheblichen Widerstand in der Bevölkerung gestoßen war:

Es ist wahr, daß viele, sehr viele Einwohner mit der proiektirten Einführung eines vernünftigen Gottesdienstes sehr zufrieden waren, aber fast eben so viele sind unter die Mißvergnügten zu rechnen. Darüber wäre nun wahrlich noch wenig zu sagen, denn mißvergnügte Menschen bei ieder geistlichen oder politischen Veränderung, giebt es an allen Orten; doch unbegreiflich ist es, da es so weit kommen konnte, daß 500 Bürger sich vereinigten, ihre Beschwerden der dänischen Regierung vorzutragen, um Kassation der neuen und Einführung der alten iämmerlichen Agende des weiland Olearius, de- und wehmütig anzuhalten. (...)

Wer sollte wohl glauben, daß fünfhundert Menschen in Altona sich vereinigen würden, der Vernunft zu trotzen und der Aufklärung Hohn zu sprechen? Wer sollte glauben, daß unter diesen fünfhundert altgläubigen Seelen nicht blos alte und seelenkranke Männer, sondern viele sogenannte angesehene Bürger mit einfinden würden, die es der Regierung laut sagen: wir sind Schaafsköpfe und wollen durchaus nichts von Veränderung, nichts von Verbesserung wissen? Und doch war es so.[58]

Ein solcher Artikel wirft ein bezeichnendes Licht auf den isolierten Ort oppositioneller Intellektueller, die noch für die Revolution kämpften, während die Konterrevolution den Schauplatz schon längst, bzw. noch immer beherrschte. Er zeigt auch, wie wenig die Altonaer Jakobiner in ihrem verbalen Ansturm auf das Gottesgnadentum der Monarchen in einer Gesellschaft verankert gewesen sein können, für die die Einführung einer neuen Gottesdienstordnung bereits eine verabscheuenswerte Revolution war.

RESÜMEE

Die Übersicht über die verschiedenen oppositionellen Gruppierungen in Hamburg und Altona am Ende des 18. Jahrhunderts - angefangen von der Lesegesellschaft über die Publizisten und den Gesellenaufstand bis hin zu den Flugblättern der Altonaer Jakobiner - vermittelt in Hinsicht auf die Ausgangsfrage nach der Radikalität der Aufklärung ein eher verwirrendes

Bild. In Hinsicht auf die zahlreichen Legendenbildungen zeichnen sich jedoch Klärungen ab: Weder war Hamburg das "Jakobinernest", als das es von der Reaktion verschrien wurde, noch der Ort bürgerlicher Selbstbestimmung, als der er z.B. von Johann Daniel CURIO gepriesen wurde:

Wir haben keinen Adel, keine Patrizier, keine Sclaven, ja selbst nicht einmal Untertanen. Alle wirklichen Hamburger kennen und haben nur einen einzigen Stand, den Stand des Bürgers.[59]

Die vielen Gruppierungen und deren Aktionen zeigen, wie wenig das soziale und politische Leben einem solchen selbstgefälligen und harmonisierenden Bild entsprach. Deutlich erkennt man, wie schwach die Oppositionsbewegung - trotz ihrer beeindruckenden Vielfalt - war und welche Macht letztlich die Obrigkeit hatte - real als Staatsgewalt und indirekt in den Köpfen der Bevölkerung. Die Gefahr eines revolutionären Umschwungs bestand zu keiner Zeit.

Die Schwäche der Oppositionsbewegung hängt stark mit der widerspruchsvollen Rolle zusammen, die die Aufklärung als Mittel der ideologischen Formierung für die einzelnen Gruppen gehabt hat.

Alle beriefen sich auf die Aufklärung, aber jeder verstand etwas anderes darunter. Selbst ein Mann wie GÜNTHER, der keineswegs in das oppositionelle Lager gehörte, argumentierte mit der Aufklärung als Rechtfertigung im Rücken. Sehr schön läßt sich an seinem Beispiel zeigen, wie selbst in konservativen Argumentationszusammenhängen die Aufklärung ihre dialektische Kraft entfaltet, und zwar paradoxerweise nicht in Hinsicht auf Unterdrückung, sondern in Hinsicht auf Emanzipation. Denn wenn Günthers Vorschlag, die Bildung der unteren Volksschichten voranzutreiben, ernst genommen wird, führt das in der Konsequenz zum Sturz eben jener Ordnung, die Günther bewahren möchte. Dieser dialektische Umschlag läßt sich übrigens auch in umgekehrter Richtung beobachten: Die kosmopolitische Argumentation von SCHÜTZ entwickelt ungewollt repressive Züge, insofern sie das Selbstbestimmungsrecht des einzelnen und ganzer Völker sogenannten höheren Zielen opfert.

FORSTER gehört zu den wenigen Intellektuellen der damaligen Zeit, die das Janusgesicht der Aufklärung erkannt und die begriffen haben, ein wie widerspruchsvolles Instrument die Aufklärung selbst in den Händen ihrer Anhänger war:

Freiheit und Gleichheit? Mein ganzes Leben ist mir selbst der Beweis, das Bewußtsein meines ganzen Lebens sagt mir, daß diese Grundsätze mit mir, mit meiner Empfindungsart innig verwebt sind und es von jeher waren. Ich kann und werde sie nie verleugnen. Es gibt wohl eine Oligarchie der Vernunft und der Empfindung, die ich nicht leugne, die aber nur so weit geht,

als sie freiwillig von Vernunft und Empfindung anderer anerkannt wird;
und auch diese ist nur die Folge von der ungleichen Verteilung der Glücks-
güter. Ein glückliches Los wollte, daß gerade dieser oder jener in die Lage
geworfen ward, wo er, anstatt sein Handwerkszeug zu schleifen, seine Ver-
nunft und Empfindung, diese edleren, besseren, moralischen Instrumente,
schärfen konnte; ist er nicht schon glücklich genug, daß ihm dieser Vorzug
blieb? muß er ihn auch noch anwenden, um herrschen zu wollen? Dann ist
er erst Despot, und zwar ein ärgerer als der, dessen ganzes Recht phy-
sische Kraft ist: Allein diese Enthaltsamkeit, diese Achtung für die Rechte
des andern, welche dem Philosphen so natürlich ist, findet in der wirk-
lichen Welt noch nicht statt; sie ist noch nicht reif dazu - und die Herr-
schaft, oder besser, die Tyrannei der Vernunft, vielleicht die eisernste von
allen, steht der Welt noch bevor. Wenn die Menschen erst die ganze Wirk-
samkeit dieses Instruments kennenlernen, welch eine Hölle um sich her
werden sie damit schaffen!60

ANMERKUNGEN

1) Vgl. zur Aufklärungsdebatte am Ende des 18. Jahrhunderts Inge STEPHAN: Die Debatte über die Beziehungen zwischen Literatur, Aufklärung und Revolution am Ende des 18. Jahrhunderts in Deutschland. In: Festschrift für Walter Grab. Duisburg 1979, S. 41-59.

2) Georg FORSTER: Werke in vier Bänden. Hrsg. von Gerhard STEINER. Bd. 4: Briefe. Frankfurt a. Main 1970, S. 876.

3) Ebd., S. 886.

4) Ebd.

5) Ebd., S. 908.

6) Ebd., S. 946.

7) Ebd., S. 944.

8) Zitat nach Walter GRAB: Demokratische Strömungen in Hamburg und Schleswig-Holstein zur Zeit der Ersten Französischen Republik. Hamburg 1966, S. 26.

9) Ebd.

10) Ebd.

11) Ebd.

12) Franklin KOPITZSCH: Ein Lied für arme Teufel. Georg Heinrich Sieveking, Johann Wolfgang Goethe und die Französische Revolution. In: Frieden für das Welttheater. Hrsg. von Jörgen BRACKER. Hamburg 1982, S. 91.

13) Ebd., S. 88.

14) Ebd.

15) Der Genius der Zeit 1799, Nr. 2, S. 255/6. ("Schreiben über Hamburg")

16) Zitat nach: Das neue graue Ungeheuer 1796, 4. Stück, S. 79.

17) Zitat nach Walter GRAB: Norddeutsche Jakobiner. Demokratische Bestrebungen zur Zeit der Französischen Revolution. Frankfurt a. Main 1967, S. 55.

18) Zitat nach GRAB: Demokratische Strömungen, S. 86.

19) Ebd., S. 87.

20) GRAB: Norddeutsche Jakobiner, S. 28.

21) Ebd. S. 32.

22) KOPITZSCH: Ein Lied für arme Teufel, S. 93.

23) Der Genius der Zeit 1799, Nr. 2, S. 262/3. ("Schreiben über Hamburg")

24) Zitat nach Walter GRAB: Demokratische Strömungen, S. 54.

25) Niedersächsischer Merkur, 1. Bändchen, 8. Stück, S. 115.

26) Ebd., 1. Bändchen, 1. Stück, S. 2 f.

27) Ebd., 2. Bändchen, 2. Stück, S. 5.

28) Ebd., 3. Bändchen, 2. Stück, S. 21.

29) Vgl. dazu Walter GRAB: Eroberung oder Befreiung? Deutsche Jakobiner und die Franzosenherrschaft im Rheinland 1792-1700. In: Archiv für Sozialgeschichte X (1970), S. 7- 94.

30) Diese Kontroverse hinderte die beiden Publizisten jedoch nicht an der Zusammenarbeit. 1797-99 gab SCHÜTZ eine Fortsetzung seines "Niedersächsischen Merkurs" als Einleitung, bzw. Beilage zu REBMANNs "Neuem grauen Ungeheuer" heraus.

31) Vgl. GRAB: Norddeutsche Jakobiner, S. 64.

32) Vgl. zur jakobinischen Publizistik Inge STEPHAN: Literarischer Jakobinismus in Deutschland (1789-1806). Stuttgart 1976, S. 151 ff.

33) Das neue graue Ungeheuer, Erstes Stück (1795). S. 83/4.

34) Ebd., zweites Stück (1795). S. 5.

35) Vgl. GRAB: Demokratische Strömungen, S. 30.

36) Vgl. dazu die detaillierte, auf ausgedehnten Quellenstudien beruhende Darstellung bei Arno HERZIG: Organisationsformen und Bewußtseinsprozesse Hamburger Handwerker und Arbeiter in der Zeit 1790-1848. In: Arbeiter in Hamburg. Hrsg. von Arno Herzig, Dieter LANGEWIESCHE und Arnold SYWOTTEK. Hamburg 1983, S. 95-101.

37) GRAB: Demokratische Strömungen, S. 33, HERZIG: Organisationsformen, S. 96.

38) Die Schrift erschien Hamburg 1792.

39) Ebd., S. 20.

40) J. A. GÜNTHER, S. 21.

41) Ebd.

42) Vgl. dazu: Reflectierende Aufbewahrung der am 29sten October 1800 in Rostock ausgebrochenen Insurrection. Vom Amtmann EGGERS zu Rostock. ²Rostock 1801, wo auch die eigentliche Irritation von dem Vandalismus des Pöbels ausgeht.

43) Zitat nach KOPITZSCH: Ein Lied für arme Teufel, S. 91.

44) Ebd.

45) Vgl. dazu den Beitrag von Arno HERZIG in diesem Band.

46) GRAB: Demokratische Strömungen, S. 152.

47) GRAB: Norddeutsche Jakobiner, S. 40.

48) Ebd., S. 107.

49) Die Flugschriften sind abgedruckt bei GRAB: Norddeutsche Jakobiner, S. 107-113.

50) Vgl. GRAB: Norddeutsche Jakobiner, S. 112.

51) Ebd., S. 42.

52) Ebd. S., 112/3.

53) Ebd., S. 112.

54) Ebd.

55) Ebd., S. 108/9.

56) Zu den Flugschriften als operativer Form bei den deutschen Jakobinern, vgl. Inge STEPHAN: Literarischer Jakobinismus, S. 156 ff.

57) Wie ist es in Altona mit der Aufklärung beschaffen? In: Neuer Niedersächsischer Merkur, zweites Heft (1799), S. 158.

58) Ebd., S. 159/60.

59) Zitat nach Detlef ZUNKER: Hamburg in der Franzosenzeit. In: Ergebnisse. Zeitschrift für demokratische Geschichtswissenschaft 23 (1983), S. 29.

60) FORSTER: Werke, Bd. 4, S. 847/8.

Bild 35: Caspar Voght.

Bild 36: Georg Heinrich Sieveking. Stich von Leo Wolf (1800).

Bild 37: Flugblatt der Altonaer Jakobiner.

445

NAMENSREGISTER*

---

* Das Register ist auf den ersten Namen eines Absatzes bezogen, d. h., es ist möglich, daß der gleiche Name auch noch auf der nächsten Seite stehen kann, wenn dort der Absatz weitergeht. In diesem Fall ist die folgende Seitenzahl nicht angegeben.

BILDVERZEICHNIS

Bild 1, Seite 62:
Peter Hessel: Hertzfliessende Betrachtungen von dem Elbe-Strom. Altona 1675, S. 155

Bild 2, Seite 67:
Stadtplan von Hamburg 1594 aus Braun & Hageberg's Städtewerk (in: Hamburgs Vergangenheit und Gegenwart, Bd. 2. Hamburg 1896, S. 405).

Bild 3, Seite 68:
Stadtplan von Hamburg nach einem Stich von Arend Petersen (in: ebd., Bd. 2, S. 411).

Bild 4, Seite 69:
Prospect und Grundriss der Kaiserl. Freyen Reichs- und Hanse Stadt Hamburg samt ihrer Gegend. Stich von Joh. Bapt. Homann 1716 (in: ebd., Bd. 2, S. 433).

Bild 5, Seite 71:
Stadtplan von Hamburg 1790 nach einem Stich von F. A. v. Lawrence (in: ebd., Bd. 2, S. 466).

Bild 6, Seite 73:
Ansicht eines Gartens, dem Bürgermeister Lucas von Borstel gehörig. Stich von F. v. Amama (in: ebd., Bd. 2, S. 424).

Bild 7, Seite 81:
Brücke zwischen Winterhude und Eppendorf. Zeichnung von Radl (in: ebd., Bd. 1, S. 103).

Bild 8, Seite 82:
Blick vom Jungfernstieg auf die Binnen- und Außenalster. Stich von G. A. Liebe, Leipzig 1770 (in: ebd., Bd. 2, S. 439).

Bild 9, Seite 83:
Eine Alsterschute um 1800. Aquatintablatt von C. Suhr (in: ebd., Bd. 1, S. 55).

Bild 10, Seite 85:
Ansicht des verbreiterten Jungfernstiegs und der Binnen-Alster am Ende des 18. Jahrhunderts. Nach einem Aquatintablatt gez. von F. W. Skerl (in: ebd., Bd. 2, S. 461).

Bild 11, Seite 122:
Johann Albert Fabricius. Stich von Christian Fritzsch, 1736 (Staats- und Universitätsbibliothek Carl von Ossietzky Hamburg [SuB], Portraitsammlung).

Bild 12, Seite 123:
Michael Richey. Stich von Christian Fritzsch (SuB, Portraitsammlung).

Bild 13, Seite 136:
Johann Georg Büsch. Stich von J. J. Faber nach einem Gemälde von I. R. Lüderitz (SuB, Portraitsammlung).

Bild 14, Seite 155:
Die erste Nummer der Moralischen Wochenschrift "Der Patriot" (SuB, Scrin A/1574).

Bild 15, Seite 156:
Die erste gebundene Ausgabe des "Patrioten", 1726. Man beachte die in den Medaillons ausgedrückte Programmatik (SuB, Scrin A/1574)!

Bilder 16 - 19, Seiten 157 - 160:
Flugschriften gegen die Zeitschrift "Der Patriot" (SuB, Scrin A/216).

Bild 20, Seite 183:
Barthold Heinrich Brockes. Stich von J. Haid nach einem Gemälde von Denner (SuB, Portraitsammlung).

Bild 21, Seite 184:
Verbildlichung der Programmatik des "Irdischen Vergnügens" mit einem Portrait von Brockes. Stich von Sysang (SuB, Portraitsammlung).

Bild 22, Seite 212:
Friedrich von Hagedorn. Stich von J. Canale nach einem Gemälde von Denner, 1744 (SuB, Portraitsammlung).

Bild 23, Seite 268:
Gotthold Ephraim Lessing. Stich von J. F. Prause, 1772, nach einem Gemälde von Anton Graff (SuB, Portraitsammlung).

Bild 24, Seite 284:
Meta Klopstock. Stich von Fleischmann, 1824, nach einem Gemälde von J. Bendixen im Museum für Hamburgische Geschichte (SuB, Portraitsammlung).

Bild 25, Seite 303:
Friedrich Gottlieb Klopstock. Nach einem Gemälde von Jens Juel, 1780, gestochen von J. H. Klinger, 1789 (Gemälde im Museum für Hamburgische Geschichte, Stich in: SuB, Portraitsammlung).

Bild 26, Seite 304:
Klopstocks Grabstein zu Ottensen. Nach einem Gemälde von S. Bendixen gestochen 1824 von G. Döbler (SuB, Portraitsammlung).

Bild 27, Seite 330:
Ansicht des Pesthofes 1742. Nach einem Aquatintablatt von Hendrik de Winter (in: Th. Denecke, St. Georg, S. 17, Abb. 7).

Bild 28, Seite 331:
Krankensaal im Pesthof. Teil eines Bittblattes aus der zweiten Hälfte des 18. Jahrhunderts nach einem Kupferstich (in: Th. Denecke, St. Georg, S. 15, Abb. 5).

Bild 29, Seite 332:
Kojen für die Irren in einem Krankensaal des Pesthofes. Teil eines Bittblattes, 1746 (Staatsarchiv Hamburg, Plankammer 134-6).

Bild 30, Seite 341:
Besuch in St. Hiob. Stich von Daniel Nikolaus Chodowiecki, in: ders., Das druckgraphische Werk. Hannover 1982, S. 79, Abbildung 426.

Bild 31, Seite 342:

Besuch in St. Hiob. Stich von Daniel Nikolaus Chodowiecki, in: ders., Das druckgraphische Werk. Hannover 1982, S. 79, Abbildung 427.

Bild 32, Seite 370:

Zwei Spinnerinnen am großen Rad (in: Bohnsack, Almut, Spinnen und Weben. Reinbek 1981, S. 77).

Bild 33, Seite 371:

Ausschnitt aus: Ein Stuhlwagen um 1800 (in: Hamburgs Vergangenheit und Gegenwart. Hamburg 1896, S. 59).

Bild 34, Seite 372:

Eine Drehlade aus Spanien

Bild 35, Seite :443

Caspar Voigt (SuB, Portraitsammlung).

Bild 36, Seite 444:

Georg Heinrich Sieveking. Stich von Leo Wolf, 1800 (SuB, Portraitsammlung).

Bild 37, Seite 445:

Flugblatt der Altonaer Jakobiner (Original im Staatsarchiv Kopenhagen; Abb. in: Walter Grab: Norddeutsche Jakobiner. Frankfurt a. M. 1967).

HERZIG, Arno (Hg.): Das alte Hamburg (1500 - 1848). Vergleiche - Beziehungen. Berlin, Hamburg 1989 (Hamburger Beiträge zur öffentlichen Wissenschaft, Band 5).

JOCHMANN, Werner und LOOSE, Hans-Dieter (Hg.): Hamburg - Geschichte der Stadt und ihre Bewohner. Band 1: Von den Anfängen bis zur Reichsgründung. Hamburg 1982.

KLESSMANN, Eckart: Geschichte der Stadt Hamburg. Hamburg 1985, 5. Auflage.

KOPITZSCH, Franklin: Grundzüge einer Sozialgeschichte der Aufklärung in Hamburg und Altona. 2 Bände. Hamburg 1982 (Beiträge zur Geschichte Hamburgs, 21).

SCHRAMM, Percy Ernst: Hamburg. Ein Sonderfall in der Geschichte Deutschlands. Hamburg 1964.

WEHL, Feodor: Hamburgs Literaturleben im achtzehnten Jahrhundert. Leipzig 1856.

WOHLWILL, Adolf: Neuere Geschichte der Freien und Hansestadt Hamburg insbesondere von 1789 bis 1815. Gotha 1914.

Rita BAKE, geb. 1952, Dr. phil., Dipl.-Bibliothekarin, Lehrbauftragte der Fachhochschule Hamburg, Fachbereich Bibliothekswesen.

William BOEHART, geb. 1947, B. A., M. A., PhD., Stadtarchivar der Städte Schwarzenbek, Geesthacht, Lauenburg, der Gemeinde Wentorf und des Amtes Büchen.

Hartmut BÖHME, geb. 1944, Dr. phil., Professor am Literaturwissenschaftlichen Seminar der Universität Hamburg.

Klaus BRIEGLEB, geb. 1932, Dr. phil., Professor am Literaturwissenschaftlichen Seminar der Universität Hamburg.

Bettina CLAUSEN, geb. 1941, Dr. phil., wiss. Mitarbeiterin am Literaturwissenschaftlichen Seminar der Universität Hamburg.

Wolfgang GRIEP, geb. 1948, Dr. phil., wiss. Mitarbeiter am Forschungsschwerpunkt "Spätaufklärung" an der Universität Bremen.

Horst GRONEMEYER, geb. 1933, Prof. Dr., Direktor der Staats- und Universitätsbibliothek Carl von Ossietzky, Hamburg.

Arno HERZIG, geb. 1937, Dr. phil., Professor am Historischen Seminar der Universität Hamburg.

Heinz HILLMANN, geb. 1934, Dr. phil., Professor am Literaturwissenschaftlichen Seminar der Universität Hamburg.

Eckart KLESSMANN, geb. 1933, Schriftsteller.

Franklin KOPITZSCH, geb. 1947, Dr. phil., Lehrbeauftragter am Historischen Seminar der Universität Hamburg.

Carsten PRANGE, geb. 1942, Dr. phil., Kusios am Museum für Hamburgische Gesichte.

Jürgen RATHJE, geb. 1932, Dr. phil., Akademischer Oberrat am Fachbereich für Angewandte Sprachwissenschaften der Universität Mainz (Germersheim).

Heinz RODEGRA, geb. 1930, Dr. med. habil., Arzt für Hals-, Nasen-, Ohrenheilkunde, Dozent für Geschichte der Medizin an der Medizinischen Fakultät der RWTH Aachen.

Jörg SCHÖNERT, geb. 1941, Dr. phil., Professor am Literaturwissenschaftlichen Seminar der Universität Hamburg.

Marianne SCHULLER, geb. 1945, Dr. phil., Professorin am Literaturwissenschaftlichen Seminar der Universität Hamburg.

Heide SOLTAU, geb. 1949, Dr. phil., freie Journalistin und Rundfunkautorin.

Inge STEPHAN, geb. 1944, Dr. phil., Professorin am Literaturwissenschaftlichen Seminar der Universität Hamburg.

Hans-Gerd WINTER, geb. 1939, Dr. phil., Professor am Literaturwissenschaftlichen Seminar der Universität Hamburg.

HAMBURGER BEITRÄGE ZUR ÖFFENTLICHEN WISSENSCHAFT

Band 1
BEWAFFNUNG DES WELTRAUMS
Ursachen — Gefahren — Folgen
Herausgegeben von Gunnar Lindström
Mit einem Geleitwort von Klaus Michael Meyer-Abich
190 Seiten mit 20 Figuren und 10 Tabellen
Broschiert DM 17,80 / ISBN 3-496-00868-7

Aus der Sicht eines Psychoanalytikers, eines Politologen, eines Soziologen und eines Physikers werden unterschiedliche Aspekte der Rüstungsproblematik untersucht und mit der strategischen Verteidigungsinitiative SDI der amerikanischen Regierung in Beziehung gesetzt. Das Resümee der Beiträge besteht in der kritisch untermauerten These, daß die angestrebte Unverwundbarkeit weder politisch wünschbar noch strategisch oder technologisch machbar ist.

Band 2
Renate Nestvogel/Rainer Tetzlaff (Hg.)
AFRIKA UND DER DEUTSCHE KOLONIALISMUS
Zivilisierung zwischen Schnapshandel und Bibelstunde
218 Seiten
Broschiert DM 28,- / ISBN 3-496-00871-7

Mit dem europäischen Kolonialismus begann für Afrika die zwangsweise Integration in das westlich geprägte Weltsystem. Schnaps- und Flintenhandel Hamburger Firmen erleichterten den deutschen Missionaren und »Kolonialpionieren« den Weg ins Innere Kameruns, Togos, Ost- und Südwestafrikas. Handel, Mission, deutschkoloniale Erziehung, Rassendünkel und kulturelle Entfremdung werden kritisch beleuchtet.

Band 3
NEUE MEDIEN — NEUE TECHNOLOGIEN
Bildung und Erziehung in der Krise?
Herausgegeben von Rolf Oberliesen und Anneliese Stiebeling
277 Seiten mit 1 Graphik
Broschiert DM 29,50 / ISBN 3-496-00900-4

Neue Medien und Technologien verändern die Formen unseres Zusammenlebens und Arbeitens. Hiervon besonders betroffen ist das Bildungs- und Schulsystem mit seinen weitreichenden Zukunftsperspektiven. Die unübersehbaren Auswirkungen dieser Entwicklung sind es vor allem, die Erziehungs- und Sozialwissenschafter veranlaßten, sich zu den möglichen pädagogischen und bildungspolitischen Konsequenzen zu äußern.

DIETRICH REIMER VERLAG BERLIN

HAMBURGER BEITRÄGE ZUR ÖFFENTLICHEN WISSENSCHAFT

Band 4

Detlev Rahmsdorf/Hans-Bernd Schäfer (Hg.)
ETHISCHE GRUNDFRAGEN
DER WIRTSCHAFTS- UND RECHTSORDNUNG

219 Seiten mit einem Glossar, einem Schlagwortindex und einer Auswahlbibliographie
Broschiert DM 29,50/ISBN 3-496-00913-6

Aus wirtschaftswissenschaftlicher, juristischer und philosophischer Perspektive diskutieren sechs namhafte Spezialisten die Rolle ethischer Normen im Wirtschaftsprozeß und ihre mögliche Verankerung in der Rechtsordnung. So umstritten das Anlegen moralischer Maßstäbe an ökonomische Mittel und Zwecke ist, so sehr belebt dieser aktuelle Aspekt die Kontroversen um Liberalismus und Wohlfahrtsstaat, Konkurrenzprinzip und Solidarität, rechtliche Steuerung und Eigengesetzlichkeit des Wirtschaftslebens.

Band 5

Arno Herzig (Hg.)
DAS ALTE HAMBURG

(1500−1848/49)

Vergleiche — Beziehungen

285 Seiten mit 20 Abbildungen
Broschiert DM 36,- / ISBN 3-496-00948-9

Hamburg wurde zwischen Spätmittelalter und 19. Jahrhundert zu einer der führenden Städte Deutschlands. Der vorliegende Band beleuchtet die vielfältigen Aspekte dieser Entwicklung, zeigt die Bedeutung der überregionalen Beziehungen der Stadt und vergleicht ihre politischen, sozialen und kulturellen Strukturen mit denen anderer Städte und Länder.

Band 7

Udo Bermbach (Hg.)
IN DEN TRÜMMERN DER EIGNEN WELT

Richard Wagners »Der Ring der Nibelungen«

275 Seiten mit Tabellen und Graphiken
Broschiert DM 34,- / ISBN 3-496-00452-5

Zehn namhafte Wissenschaftler, Publizisten und Künstler analysieren in diesem Band Richard Wagners Hauptwerk aus ihrer jeweils eigenen Perspektive. Die Spannweite der Themen reicht von inhaltlichen und musikalischen Aspekten des »Rings« über seine Entstehungs- und Wirkungsgeschichte bis hin zu Problemen der Regie und Aufführungspraxis.

Band 8

Siegbert Uhlig (Hg.)
AFRIKA AKTUELL

Probleme und Perspektiven der nordöstlichen Regionen

146 Seiten mit einem Index der Fachtermini und einer Auswahlbibliographie
Broschiert ca. DM 22,80 / ISBN 3-496-00478-9

Ausgehend von der geschichtlichen Entwicklung Afrikas, greifen die Autoren aktuelle Fragen, die überwiegend die nordöstlichen Regionen des Kontinents betreffen, auf und versuchen, Lösungen und Perspektiven anzubieten.

DIETRICH REIMER VERLAG   BERLIN